中国经济哲学年鉴

年鉴

（2019）

主编／张雄

执行主编／卜祥记

CHINESE ECONOMIC PHILOSOPHY
YEARBOOK

（2019）

社会科学文献出版社
SOCIAL SCIENCES ACADEMIC PRESS (CHINA)

《中国经济哲学年鉴2019》
编委会名单

张　雄　鲁品越　徐大建　卜祥记　范宝舟

《中国经济哲学年鉴2019》
特约编辑名单

（按姓氏笔画排序）

王　程（安徽财经大学马克思主义学院）

李淑英（东北财经大学马克思主义学院）

李琼琼（同济大学马克思主义学院）

何关银（重庆市委党校）

吴　猛（复旦大学哲学院）

沈　斐（中国浦东干部学院）

汪　璐（中南财经政法大学哲学院）

郑小霞（河北大学政法学院哲学系）

周　可（武汉大学哲学学院）

郭忠义（辽宁大学哲学与公共管理学院）

张晓兰（上海师范大学哲学与法政学院）

章　衍（南京大学哲学系）

康　翟（上海财经大学人文学院哲学系）

目　录

三 学术纵横

四　探索历程

五　年会与学术动态

六　学术机构与人才培养

一　特载

积极推进国内经济哲学的研究

张　雄

积极推进国内经济哲学的研究，是我国进入改革开放以来马克思主义哲学理论研究深度发展的内在诉求，无论是回到经典文本，还是关注当代西方马克思主义的批判意识，无论是扎根于当下中国改革开放深层矛盾的问题意识研究，还是积极探索具有时代化、大众化、中国化的马克思主义政治经济学研究范式，都刻不容缓地呼唤着国内哲学界加快推进经济哲学研究步伐，它既有利于探索哲学自身发展的创新之路，又有利于为经济学及其相关学科发展提供有价值的理论工具，更有利于为当下中国改革开放提供必要的智力支撑。

新中国成立初到十年"文革"结束，我国经济哲学没有获得独立系统的学科发展，除了少数极个别经济学家在《哲学研究》杂志上发文，呼吁经济学家要自觉学习哲学方法论外，学术界对经济哲学发展几乎没有任何进展。总的来说，从改革开放初期到现在，国内经济哲学发展大致经历了三个历史过程：现代经济哲学学术发展萌芽时期、范畴和体系讨论时期、重大现实问题深度追问时期。

一　现代经济哲学学术发展萌芽时期

早在20世纪80年代，随着史无前例的共和国改革开放大幕拉起，改革的浪潮一浪高过一浪，改革实践对哲学的挑战，促使马克思主义哲学理论工作者积极投身改革哲学的思考。这一时期经济哲学的研究特点主要是从各种体制改革实践层面上来思考经济哲学问题。从而使"形而上"、高不可攀的哲学重新返回到鲜活的、热火朝天的社会主义经济体制改革实践当中。经济哲学的发展既反映了时代的呼声，又迎合了经济社会发展的需要。在体制改革实践面前，学术界尤其是哲学界走出了一批学者，变大学书本、黑板上的哲学原理为实践的、改革的哲学思考。

二　范畴和体系讨论时期

20 世纪 90 年代初至 90 年代后期。中国经济哲学研究出现了新的形势和特点，表现在三个方面。

首先，社会主义市场经济的提出和建构，为学术界提出了许多新问题、新挑战。

其次，国内一些重要刊物相继发表经济哲学系列文章，引起学术界的浓厚兴趣。如《中国社会科学》邀请部分专家学者以经济哲学笔谈的方式就有关问题刊发了系列文章。此前，《哲学动态》《光明日报》《学术月刊》也分别发表了重要访谈或笔谈文章，作者一般都是国内著名的哲学和经济学两大领域的知名专家，他们从学理层面和分析技术路线角度提出了建立、发展和深化经济哲学研究应遵循的基本原则和方法，它标志着国内经济哲学的发展达到了一个崭新的高度。

最后，90 年代相继出版了一大批经济哲学方面的论著。主要著作有：冯景源主编的《新视野——〈资本论〉哲学新探》（1990）、杜则吉、曹唯源撰写的《经济哲学论纲》（1991）、史仲文撰写的《猛醒的中国——关于中国经济的哲学》（1992）、刘修水撰写的《经济哲学》（1992）、王进主编的《现代经济哲学》（1993）、李晓西撰写的《经济"怪圈"之谜——对经济改革的哲学分析》（1993）、陈湘舸撰写的《毛泽东经济哲学思想与经济思想》（1993）、张雄撰写的《市场经济中的非理性世界》（1995）、林德宏和步惜渔主编的《经济哲学研究》（1996）、丘挺和张先贤主编的《市场经济的哲学研究》（1996），等等。

三　重大现实问题深度追问时期

2000 年至今。以重大现实问题，特别是以经济问题的现实逻辑（货币 - 资本 - 金融 - 财富）解读为特征的现代经济哲学学科逐渐形成。

当代国内经济哲学重点关注的三个领域。

1. 马克思主义经济哲学及其当代意义研究

该方向注重马克思的经济哲学思想资源的发掘及其当代意义的阐释，不仅关涉马克思创立实践唯物主义哲学的本真逻辑与路向，而且关涉到马克思主义哲学与经济学互渗的原理体系，特别是极具理论与实践批判张力的问题域：如国家与市民社会关系的批判、人的异化与人的全面发展、经济规律与历史进化规律、唯物史观与政治经济学批判等。注重运用哲学的思辨方法和批判形式，对当下国际金融危机，尤其是我国市场经济面临的重大现实问题进行深度反思。如，货币哲学、资本哲学、财富哲学、生态哲学、人的物化、异化和幻化的精神现象学反思等。

这方面的问题集中体现在：①社会主义对资本力量如何驾驭与导控、社会主义基本经济制度的伟大创新等；②中国经济改革的哲学在场性：新"政治经济学批判"的研究。肇始于 2007 年的全球金融危机，为何整个经济界未能预见？毋庸置疑，经济学家过于依赖理想化、专门化的模型，以至于看不到宏大的图景，无法对正在发展的危机做出预警。

近几年金融危机爆发带来各种经济学解释的难题，这证明了一点：经济学的发展，需要跨学科、跨专业的学术互动。因此，金融危机的发生，也鞭策着经济学迈入更为广阔的领域。马克思的政治经济学批判具有独树一帜的价值贡献。《资本论》副标题是"政治经济学批判"，它原本不是一个单纯对当代经济生活范畴的批判，而是一个与人类的生存进化，与国民财富相关联的经济解放运动，承载着对经济现代性的诊断和批判。"追求经济的政治与哲学的实现"，这是经济哲学学术团队最重要的目标。今天的中国更加要求我们追求经济的政治与哲学的实现，要重新确立《资本论》所唤醒的新政治经济学价值和追求。"新"主要表现在对社会科学的发展和重新定位。当前为加快推进哲学社会科学发展，需要将哲学、经济学、政治学三大学科联合起来，产生巨大的凝聚力。中国的改革进入深水区，利益多元化，诉求多样化，引起诸多深层次矛盾，经济社会发展各种不确定性超常规地涌现，用什么样的思想观念，来导入如此重大的历史变革实践；用什么样的哲学社会科学，来支撑如此重大的市场制度创新；用什么样的中国学术、中国文化精神，来提升整个国家经济社会发展的平台，这些都需要哲学、经济学和政治学联合与互动，需要中国特色的新政治经济学的批判精神。未来 15~20年，全球经济竞争的格局中，中国经济实力、企业精神、国际影响力的实质性提升，任重道远，未来的市场竞争伴随着信息化、智能化、虚拟化的深度推进，精神对物质的反作用史无前例，配置精神资源，比配置物质资源更为紧要，尤其决策思维、战略思维、思辨政治和理性的判断水平、文化创新和精神资源开发的自由度，等等，都将起着非常重要的作用。

2. "伦理道德与经济社会发展"研究

一是运用马克思主义哲学理论与方法，专门探讨经济价值论问题。如，经济过程中的事实判断与价值判断的耦合问题，对经济过程及其后果进行社会评价研究，对经济行为的目的与手段进行矛盾关系的透视。二是深入市场经济实践活动领域，重点探讨经济价值取向与伦理失范、制度伦理与政府行为、经济效率与社会公平、经济发展与社会协调发展、企业诚信与社会责任、个人的经济自由与道德自律、社会主义市场经济的价值取向和道德规范、社会转型期的伦理冲突和道德重建等问题。三是互联网金融的伦理探究。互联网金融是传统金融行业与互联网精神相结合的新兴领域。目前，对互联网金融的界定不尽一致。从伦理角度看，互联网金融的出现具有一定的伦理意义。互联网"开放、平等、协作、分享"的精神对传统金融业态的渗透，对金融模式的变迁产生了积极的影响。通过互联网、移动互联网等工具，使得传统金融业务具备透明度更强、参与度更高、协作性更好、中间成本更低、操作上更便捷等一系列特征。

但同时也产生了一些伦理问题。主要表现为三个方面。第一，互联网金融的安全性问题。由于网上交易存在较大的不确定性风险且由于监督机制和担保机制不健全，存在许多安全隐患。第二，互联网金融的信任危机问题。互联网金融由于以网络为交易平台，容易产生欺骗行为，加之有的人利用平台交易机制设计的漏洞，人为进行骗贷活动。此外，由于交易数据、信用审核的权限都放在平台手里，出资人不能有效审核这些信息，也无从判断真假，就处于非常不利的地位，容易使 P2P 走入歧途。第三，互联网金融的监督问题。目前互联网金融中的监管问题十分突出。例如：市场上讨论最多的互联网金融模式，即 P2P 模式和阿里模式。由于曾经进入门槛较低，监管缺失，P2P 发展一段时间后，处于无序和乱象之中，目前国家已在出手整治。可见严格监管的重要性。

3. 大数据时代的经济哲学研究

本研究从唯物史观和经济哲学相结合的角度，揭示出大数据时代给货币化生存世界中人的生存状态带来的新的巨大变革。

一是数字化对生活世界的渗透以及控制如何体现工具理性与人本主义的

内在一致性。人的行为信息的数据化与社会化，形成了现实社会与现实的人之外的一个"数据镜像世界"。这个世界可以最大限度地扩张每个人充分利用网络以扩张自身影响的可能性。在扩大某些人与机构对社会的影响作用的同时，也使广大民众被这种数据网络力量所支配，全社会的个人成为"透明与半透明"的个体。由此带来双重的社会功能：一方面能满足政府相关部门案件侦办、社会调查等合法使用的特殊需要，满足代表人民利益的积极力量整合社会力量、治理社会秩序、促进社会发展的正向需要；另一方面也可能造成对人们隐私的侵犯，产生威胁和支配相关现实的人的行为。因此，重建生活世界工具理性与人本理性的统一显得尤为重要。

二是数字中心主义的逻各斯与资本中心主义的逻各斯的关联性思考，大数据神话的哲学解构。大数据衍生出来的镜像世界会把那些具有某一方面的共同的价值观念的人们无形地组织起来，形成一个无形的"影子组织"，该组织具有临时性、松散性、自愿性，形成一个专题性的社会舆论汇聚空间。数字逻辑与资本逻辑一旦被某些企业、组织和个人贯通，就会以"影子组织"的形式支配与利用社会。斯诺登事件凸显出应对这种局势的迫切性。

三是数字化抽象的世界观，深层次地显示了当下人类生存境域的焦虑及恐惧。对大数据时代人类数字化与形式化生存方式缺憾的批判尤为重要。基础性社会存在（生产力与生产关系系统）通过镜像化而纵向地扩张为"数据镜像世界"之后，又通过全球性通信体系而将实现社会存在的更加深入的社会化与全球化。全球的社会存在决定全球各个民族、各个国家与各个个体的社会意识，产生了极其复杂的全球性社会意识形态，以及各个国家内部各种社会意识形态的紧密相关。由此带来对个人处于全面被监控状态的焦虑和恐惧。

原载《社会科学报》总第 1671 期
作者系上海财经大学人文学院教授

二　专文

作为经济哲学的马克思哲学[*]

俞吾金

哲学史的研究启示我们，哲学思想的发展总是与重大的、基础性的理论问题的解决关联在一起的。换言之，只要重大的、基础性的理论问题没有得到认真的研究和透彻的思考，那么，关于这个研究领域的所谓"突破性的发展"云云，就只具有修辞学上的意义。在马克思哲学研究领域里，我们遭遇到的是同样的局面。研究者们普遍认为，这个领域已经获得了"实质性的进展"，但实际上，由于一些重大的、基础性的理论问题从未得到认真的反思和系统的探索，我们完全可以说，这个研究领域还在原地踏步。或者说，迄今为止，研究者们甚至从未准确地理解过马克思哲学。^①

---

* 本文为国家社会科学基金重点项目"科学发展观重大问题研究"（09AZD008）的阶段性研究成果。

① 其实，用这样的语气来表述我们的想法并没有什么不妥之处。众所周知，恩格斯在 1890 年 8 月 27 日致保·拉法格的信中提到：近二三年来，德国的一些年轻的资产者涌入了社会民主党内。"所有这些先生们都在搞马克思主义，然而他们属于 10 年前你在法国就很熟悉的那一种马克思主义者，关于这种马克思主义者，马克思曾经说过：'我只知道我自己不是马克思主义者'。马克思大概会把海涅对自己的模仿者说的话转达给这些先生们：'我播下的是龙种，收获的却是跳蚤。'"（《马克思恩格斯选集》第 4 卷，人民出版社，1995，第 695 页）马克思早已意识到，他自己的思想与自称为"马克思主义者"的那些人的思想是有差别的。换言之，那些以马克思的追随者或研究者自居的人并不一定理解马克思的思想。有趣的是，列宁在《哲学笔记》中也提出了类似的看法："不钻研和不理解黑格尔的全部逻辑学，就不能完全理解马克思的《资本论》特别是它的第 1 章。因此，半个世纪以来，没有一个马克思主义者是理解马克思的!!"（列宁：《哲学笔记》，人民出版社，1956，第 191 页）姑且按照列宁的标准来看，在我国理论界，有多少人认真地阅读过马克思的《资本论》，又有多少人系统地钻研过黑格尔的逻辑学。当然，在这个问题上，我的看法与列宁有所不同。在我看来，不理解黑格尔的《精神现象学》和《法哲学》就无法理解（转下页注）

那么，在马克思哲学研究领域里，究竟什么问题够得上是重大的、基础性的理论问题呢？我们认为，这些问题可以归结如下：马克思哲学与旧哲学的根本差异是什么？换言之，如果大家都赞同下面这个观点，即马克思在哲学史上发动了一场划时代的革命，那么这场革命的实质是什么？马克思哲学探索的进路又是什么？上述问题又导向一个根本性的、无法回避的问题：究竟什么是马克思哲学？我们认为，只有系统地、透彻地思索这些重大的、基础性的理论问题，并引申出明确的结论，才有可能在准确地理解并阐释马克思哲学的道路上迈出实质性的一步。

我们的基本见解是：马克思哲学与旧哲学的根本差别表现在如何看待"实践"的问题上，马克思划时代哲学革命的实质是创立实践唯物主义。在这个意义上，马克思哲学就是实践唯物主义，由于全部社会历史本质上都是实践的，因而实践唯物主义也就是马克思意义上的"广义的历史唯物主义"。对于这种历史唯物主义理论来说，历史涵盖着自然，换言之，自然作为人化自然，只是历史的一个组成部分（本文第二部分将对这一问题详加论述）。在马克思那里，实践的最基本、最普遍的形式是生产劳动，而生产劳动也是经济学研究中的基础性概念，因而理论探索的唯一正确的进路是把马克思哲学理解为经济哲学。当然，在马克思那里，根本不存在所谓"纯粹的经济学"，而只存在政治经济学。因而马克思的经济哲学实际上是"（政治）经济哲学"。

由此可见，马克思哲学根本不可能像目前流行的哲学教科书那样，在"辩证唯物主义和历史唯物主义"的框架内，通过自然（物质）、意识、认识论这类传统的哲学概念来表达自己，作为经济哲学，马克思哲学的核心概念系列是：生产－商品－价值－时间－自由。基于对上述重大的、基础性理论问题的重新理解，我们也将对马克思哲学中的本体论、认识论和辩证法做出全新阐释。

（接上页注①）马克思的《资本论》。因为黑格尔的《逻辑学》正文论述的都是逻辑范畴之间的必然关系，他对人类社会及其历史的论述则被放到注释中，而在黑格尔的《精神现象学》和《法哲学》中，人类社会及其历史是被放在正文中加以论述的。很多研究者都没有注意到马克思的经济学思想与黑格尔法哲学之间的内在联系。比如，马克思在《伦敦手稿》（1857－1858）中论述经济范畴在历史上出现的次序与逻辑上出现的次序的差异时曾经指出："比如，黑格尔论法哲学，是从主体的最简单的法的关系即占有开始的，这是对的。但是，在家庭或主奴关系这些具体得多的关系之前，占有并不存在。"（《马克思恩格斯全集》第46卷上，人民出版社，1979，第39页）

一　马克思哲学革命的实质

为了了解马克思哲学的独特性和实质，必须先弄明白马克思哲学与传统哲学之间的关系。其实，没有人比马克思本人更明确地阐明了这种差别。在《关于费尔巴哈的提纲》（1845，以下简称《提纲》）的第 1 条中，马克思就开宗明义地指出："从前的一切唯物主义（包括费尔巴哈的唯物主义）的主要缺点是：对对象、现实、感性，只是从客体的或者直观的形式去理解，而不是把它们当作感性的人的活动，当作实践去理解，不是从主体方面去理解。"① 显然，在马克思看来，他自己的哲学与传统的唯心主义哲学的差别是不言而喻的，因而他在这里阐明的主要是自己的哲学与"从前的一切唯物主义（包括费尔巴哈的唯物主义）"之间的差别。他认为，传统的唯物主义的主要缺点是从客体的或直观的形式出发去谈论对象、现实、感性这类概念，而没有从主体方面，从实践，即感性的人的活动出发去理解它们。要言之，传统的唯物主义遵从的是"客体 + 直观"的原则，而马克思哲学遵从的则是"主体 + 实践"的原则。从马克思对上述差别的论述可以看出，他的思想深受康德"哥白尼革命"的影响②，因为马克思以前的、以康德为代表的唯心主义哲学已高度重视主体的作用，并处处从主体出发来阐述自己的哲学理论。然而，必须指出，当时的马克思通过对"实践"概念的不同理解和阐释，已远远地超越了康德。③

由此可见，如果我们探讨的不只是马克思哲学与传统的唯物主义哲学的差别，而是马克思哲学与一切传统哲学（也包括唯心主义哲学）的差别，我们完全可以把一切传统哲学的原则进一步概括为"直观"（Anschauung），而把马克思哲学的原则进一步概括为"实践"（Praxis），因为即使像康德这样的先验唯心主义哲学家，仍然把"直观"作为自己哲学理论中的基础性概念。在《纯粹理性批判》（1871）中，康德告诉我们："思想无内容则空，

① 《马克思恩格斯选集》第 1 卷，人民出版社，1995，第 54 页。
② 参阅拙文《马克思对康德哲学革命的扬弃》，《复旦学报》（社会科学版）2005 年第 1 期；《康德是通向马克思的桥梁》，《复旦学报》（社会科学版）2009 年第 4 期。
③ 参阅拙文《论马克思对西方哲学传统的扬弃——兼论马克思的实践、自由概念与康德的关系》，《中国社会科学》2001 年第 3 期。

直观无概念则盲。"① 不难发现，康德始终把不以人的实践活动为媒介的、静态的感性直观理解为知识的根本来源。那么，把一切传统哲学的原则概括为"直观"、把马克思哲学的原则概括为"实践"，是否符合马克思的本意呢？其实，《提纲》第 11 条完全印证了我们的观点。马克思这样写道："哲学家们只是用不同的方式解释世界，问题在于改变世界。"② 显而易见，这里所说的"解释世界"表明，传统哲学家对世界的解释奠基于对世界的静态"直观"；而"改变世界"则表明，马克思哲学对世界的改变奠基于对世界的动态"实践"。研究者们在阐释马克思这段话时，把传统哲学家的"解释世界"与马克思的"改变世界"简单地对立起来，仿佛马克思哲学完全与"解释世界"无关。这显然是对马克思哲学的误解。其实，研究者们完全忽略了这段话的德语原文中的副词 nur（只是）。这个词表明，从前的哲学家"只是"停留在对世界的解释上，而马克思则"不只是"解释世界，更重要的是用实践的方式改变世界。试想，如果马克思不把"世界 2"（未来世界）解释得比"世界 1"（现存世界）更好，他又如何号召人们去改变"世界 1"、追求"世界 2"呢？因此，不应该把"改变世界"与"解释世界"抽象地对立起来，应该明白，"改变世界"始终蕴涵着"解释世界"。

由上可知，"实践"原则既显示出马克思哲学与传统哲学之间的根本差别，也显示出马克思哲学的实质。在《德意志意识形态》（1845－1846）中，马克思明确地指出："实际上，而且对实践唯物主义者（den praktischenMaterialisten）即共产主义者来说，全部问题都在于使现存世界革命化，实际地反对和改变现存的事物。"③ 尽管马克思没有直接使用"实践唯物主义"（derpraktischeMaterialismus）这个用语，但无疑地，"实践唯物主义者"这个用语已经蕴含着对"实践唯物主义"的认可。道理很简单：假如没有实践唯物主义，又何来实践唯物主义者。总之，马克思所发动的划时代的哲学革命的实质是把"实践"作为自己哲学的基础和出发点，因而马克思认为，他本人的哲学完全可以用"实践唯物主义"这个术语加以命名。从"解释

---

① 康德：《纯粹理性批判》，李秋零译，中国人民大学出版社，2004，B75/A51。
② 《马克思恩格斯选集》第 1 卷，人民出版社，1995，第 57 页。
③ K. Marx, F. Engels, *Werke*（Band 3），Berlin：Dietz Verlag, 1969, S. 42. 德语原文中的 den praktischenMaterialisten 被《马克思恩格斯选集》第 1 卷（人民出版社，1995，第 75 页）译为"实践的唯物主义者"，尽管 praktisch 作为形容词是修饰名词 Materialist 的，但译文中出现"的"字有蛇足之嫌，本文把 den praktischenMaterialisten 译为"实践唯物主义者"。

世界"的维度看，实践唯物主义把生产劳动理解为实践的最基本、最普遍的表现形式；从"改变世界"的维度看，实践唯物主义又把"使现存世界革命化"，即社会革命理解为实践的最重要的表现形式，而这两个维度又是有机地统一在马克思的实践唯物主义学说中的。

当马克思还在世的时候，恩格斯作为最重要的、正统的阐释者，已开始在《反杜林论》（1878）等论著中阐释马克思哲学。马克思逝世后，恩格斯在《自然辩证法》（1873－1886）、《家庭、私有制和国家的起源》（1884）和《路德维希·费尔巴哈和德国古典哲学的出路》（1888，以下简称《出路》）① 等一系列著作和一些重要的通信中，对马克思哲学做出了系统的阐释。平心而论，恩格斯主观上也希望把马克思哲学中最重要的内涵阐释出来，然而，遗憾的是，他的阐释活动受到了自己的先入之见的干扰。凡是熟悉恩格斯论著的人都知道，在他的哲学思想中，蕴含着以下两个基本元素。

一是黑格尔哲学的"合理内核"，即辩证法。在《反杜林论》中，恩格斯指出："马克思和我，可以说是把自觉的辩证法从德国唯心主义哲学中拯救出来并用于唯物主义的自然观和历史观的唯一的人。"② 在《出路》中，当恩格斯谈到黑格尔把辩证法引入认识过程时，又强调："就获得这种认识来说，归根到底没有一个人比黑格尔本人对我们的帮助更大。"③ 这充分表明，黑格尔元素在恩格斯哲学思想中的重要地位。按照恩格斯本人的论述，他只是从方法论（即辩证法）上借鉴了黑格尔，实际上，他从黑格尔那里借鉴的东西远远地超出了他自己所承认的东西。有的地方他甚至退回到黑格尔以前去了。

二是费尔巴哈哲学的"基本内核"，即唯物主义。如果说，上面提到的"辩证法"涉及方法论，那么这里提到的"唯物主义"则涉及基本立场。在这个意义上可以说，费尔巴哈元素在恩格斯哲学思想中拥有更为重要的地位和作用。在《出路》中，恩格斯坦承，费尔巴哈"在好些方面是黑格尔哲学和我们的观点之间的中间环节"，"在我们的狂飙时期，费尔巴哈给我们

---

① 我已经在多篇论文中指出，恩格斯这部著作的书名 Ludwig Feuerbach und der Ausgang der Klassischendeutschen Philosophie 中的 der Ausgang 应该被译为"出路"，而不应该被译为"终结"，因为不是费尔巴哈，而是黑格尔才是德国古典哲学的真正的终结者。参阅拙文《论马克思对德国古典哲学遗产的解读》，《中国社会科学》2006 年第 2 期。

② 《马克思恩格斯选集》第 3 卷，人民出版社，1995，第 349 页。

③ 《马克思恩格斯选集》第 4 卷，人民出版社，1995，第 219 页。

的影响比黑格尔以后任何其他哲学家都大"。① 恩格斯甚至提到，当费尔巴哈的代表作《基督教的本质》（1841）出版时，"大家都很兴奋：我们一时都成为费尔巴哈派了"②。

把上述两个元素综合起来，就构成恩格斯的哲学思想——"唯物主义辩证法"（diesematerialistischeDialektik）③。也就是说，恩格斯是从自己的哲学观——唯物主义辩证法出发去阐释马克思哲学的，这就使他错失了马克思哲学中基础性的、核心的概念——实践。要阐明恩格斯与马克思在哲学思想上的差别，最简便的方式是把恩格斯的《出路》和马克思的《提纲》加以对照。因为正是恩格斯本人，在出版《出路》时，把马克思的《提纲》附在书后，并称它为"包含着新世界观的天才萌芽的第一个文件"④。

众所周知，在《出路》中，恩格斯提出了所谓"哲学基本问题"的理论："全部哲学，特别是近代哲学的重大的基本问题，是思维和存在的关系问题。"⑤ 那么，"思维"和"存在"各自的含义究竟是什么呢？恩格斯发挥道："思维对存在、精神对自然界的关系问题，全部哲学的最高问题，像一切宗教一样，其根源在于蒙昧时代的愚昧无知的观念。"⑥ 显然，在恩格斯看来，"思维"相当于"精神"，而"存在"则相当于"自然界"。恩格斯又指出：凡是肯定自然界对精神来说是本原的，就是唯物主义；反之，则是唯心主义。

按照恩格斯的思路，自然界是第一性的，精神是第二性的，唯物主义哲学的出发点就是观察（即直观）自然界。这一见解很容易使我们联想起费尔巴哈的相关论述。在《关于哲学改造的临时纲要》（1842）中，费尔巴哈

---

① 《马克思恩格斯选集》第 4 卷，人民出版社，1995，第 211 - 212 页。
② 《马克思恩格斯选集》第 4 卷，人民出版社，1995，第 222 页。与恩格斯不同，马克思感兴趣的，从来就不是费尔巴哈的唯物主义，而是他的人本哲学，即他关于人的理论。关于这一点，我们将在文中适当的地方详加论述。
③ K. Marx, F. Engels, *AusgewaehlteWerke*（Band 6），Berlin：Dietz Verlag, 1990, S. 297；《马克思恩格斯选集》第 4 卷，人民出版社，1995，第 243 页。
④ 《马克思恩格斯选集》第 4 卷，人民出版社，1995，第 213 页。
⑤ 《马克思恩格斯选集》第 4 卷，人民出版社，1995，第 223 页。其实，这并不是恩格斯提出的新见解，它取自黑格尔。后者在《哲学史讲演录》中早已指出："近代哲学并不是淳朴的，也就是说，它意识到了思维与存在的对立。必须通过思维去克服这一对立，这就意味着把握住统一。"（黑格尔：《哲学史讲演录》第 4 卷，贺麟等译，商务印书馆，1981，第 7 页）黑格尔还强调，从近代起，"一切哲学都对这个统一发生兴趣"（同上书，第 6 页）。
⑥ 《马克思恩格斯选集》第 4 卷，人民出版社，1995，第 224 页。

早已指出："观察自然，观察人吧！在这里你们可以看到哲学的秘密。……自然是与存在没有区别的实体，人是与存在有区别的实体。没有区别的实体是有区别的实体的根据——所以自然是人的根据。"① 在这段值得注意的论述中，费尔巴哈既肯定自然界就是存在，又肯定自然界是其他一切哲学问题（包括人的问题）的根据。由此可见，恩格斯上述思想与费尔巴哈之间存在明显的亲缘关系。不难发现，恩格斯的上述见解与马克思《提纲》中的观点是有冲突的：一方面，马克思把费尔巴哈归入"从前的一切唯物主义"的范围内，并试图与他划清界限，而恩格斯仍然停留在费尔巴哈的唯物主义的立场上；另一方面，马克思主张从主体出发、从实践出发，而恩格斯仍然倡导从客体（自然界）出发，并撇开了马克思引入的实践概念。由此可见，蕴含在恩格斯"哲学基本问题"理论中的唯物主义立场，实际上正是马克思在《提纲》第 1 条中加以批判的"从前的一切唯物主义"的立场。

尽管恩格斯在叙述哲学基本问题理论、驳斥不可知论时曾经指出："对这些以及其他一切哲学上的怪论的最令人信服的驳斥是实践，即实验和工业"②，但一方面，恩格斯这里的实践概念只涉及"实验和工业"，从而忽略了马克思实践概念的最重要的表现形式——"使现存世界革命化"；另一方面，恩格斯只是在可知论（即认识论）的范围内谈论实践的作用，而没有意识到，马克思首先是从本体论意义上引入实践概念的。换言之，实践概念乃是马克思全部哲学思想的基础和出发点。

如果说，思维与存在关系是传统哲学，尤其是近代以来西方哲学的基本问题，那么，它却不可能像恩格斯所认为的，也是马克思哲学的基本问题。有待追问的是：马克思哲学的基本问题究竟是什么？在《提纲》中，马克思指出："全部社会生活在本质上是实践的。凡是把理论引向神秘主义的神秘东西，都能在人的实践中以及对这个实践的理解中得到合理的解决。"③这一论述充分表明，在马克思的全部哲学理论中，实践始终居于基础和核心的位置上。换言之，作为划时代哲学革命的结果，作为致力于改变现存世界的革命哲学，马克思哲学的基本问题根本不可能是恩格斯所主张的思维与存

---

① 《费尔巴哈哲学著作选集》上卷，荣震华等译，商务印书馆，1984，第 115 – 116 页。
② 《马克思恩格斯选集》第 4 卷，人民出版社，1995，第 225 页。
③ 《马克思恩格斯选集》第 1 卷，人民出版社，1995，第 56 页。

在关系，而只能是实践问题。我们知道，在马克思那里，实践具有多种表现形式，而在其所有的表现形式中，最基本、最普遍的表现形式无疑是生产劳动。在《雇佣劳动与资本》（1849）中，马克思告诉我们："人们在生产中不仅仅影响自然界，而且也互相影响。他们只有以一定的方式共同活动和互相交换其活动，才能进行生产。为了进行生产，人们相互之间便发生一定的联系和关系；只有在这些社会联系和社会关系的范围内，才会有他们对自然界的影响，才会有生产。"① 这就启示我们，作为哲学基本问题的实践（其基本形式是生产劳动）正是由以下两个侧面组成的：一是人与自然界（物）的关系；二是人与人的关系。事实上，马克思的诸多哲学论述都是围绕实践这一基本问题的两个侧面展开的。②

在《巴黎手稿》中，马克思在论述共产主义时指出："它是人和自然界之间、人和人之间的矛盾的真正解决，是存在和本质、对象化和自我确证、自由和必然、个体和类之间的斗争的真正解决。"③ 在这里，马克思把共产主义理解为私有财产即人的自我异化的积极扬弃，而这一扬弃正是通过实践来展开的，而实践则关涉到人与自然界、人与人之间关系这两个不同的侧面。在《德意志意识形态》的一个脚注中，马克思对这一基本问题做出了更明确的论述："到现在为止，我们只是主要考察了人类活动的一个方面——人们对自然的作用。另一方面，是人对人的作用。"④ 显然，马克思这里所说的"人类活动"也就是实践，而实践活动正是在人与自然界、人与人的交互关系中展开的。马克思认为，在古代社会的宗教意识的支配下，一方面，人们对自然界的狭隘关系制约着他们之间的狭隘关系；另一方面，他们之间的狭隘关系又制约着人们对自然界的狭隘关系。正是在这个意义上，马克思强调："只有当实际日常生活的关系，在人们面前表现为人与人之间和人与自然之间极明白而合理的关系的时候，现实世界的宗教反映才会消失。"⑤ 所有这些论述都表明，蕴含着人与自然界、人与人之间关系的实践才是马克思哲学的基本问题。恩格斯没有意识到马克思哲学与传统哲学在

① 《马克思恩格斯选集》第 1 卷，人民出版社，1995，第 344 页。
② 参阅拙文《关于哲学基本问题的再认识》，《北京大学学报》（哲学社会科学版）1997 年第 2 期。
③ 《马克思恩格斯全集》第 42 卷，人民出版社，1979，第 120 页。
④ 《马克思恩格斯全集》第 3 卷，人民出版社，1960，第 41 页。
⑤ 马克思：《资本论》第 1 卷，人民出版社，1975，第 96 - 97 页。

哲学基本问题上的根本差异，这充分表明，他并没有真正认识到马克思所发动的划时代的哲学革命的实质和意义。

不难发现，恩格斯的"唯物主义辩证法"实际上也就是他在其他场合下倡导的所谓"自然辩证法"（Naturdialektik）。① 在《自然辩证法》这部手稿中，恩格斯曾经表示："人的思维的最本质的和最切近的基础，正是人所引起的自然界的变化，而不单独是自然界本身，人的智力是按人如何学会改变自然界而发展的。"② 乍看起来，恩格斯似乎十分重视"人所引起的自然界的变化"，即人的实践活动的作用，但实际上，在大多数场合下，特别是在阐述自己哲学思想的关键地方，他完全撇开了人的实践活动在其自然辩证法中的基础性作用，而是退回到费尔巴哈和18世纪的唯物主义者，甚至退回到古希腊唯物主义者的立场上，把自然辩证法解释为自然界自身运动的辩证法："唯物主义的自然观不过是对自然界本来面目的朴素的了解，不附加任何外来的成分，所以它在希腊哲学家中间从一开始就是不言而喻的东西。"③ 这里所谓"不附加任何外来的成分"，在撇开"神创论"，即上帝创造世界（包括自然界）教义的同时，也撇开了人的实践活动对自然界的干预。在《出路》中，恩格斯更明确地表达了这方面的观点。在谈到自然界和社会的差别时，他强调："但是，社会发展史却有一点是和自然发展史根本不相同的。在自然界中（如果我们把人对自然界的反作用撇开不谈）全是没有意识的、盲目的动力，这些动力彼此发生作用，而一般规律就发生在这些动力的相互作用中。"④ 毋庸置疑，当恩格斯主张把"人对自然界的反作用撇开不谈"时，人的实践活动对自然界的作用也就完全从自然辩证法中被抹掉了。其实，马克思早在《巴黎手稿》（1844）中已经明确指出："被抽象地孤立地理解的、被固定为与人分离的自然界，对人说来也是无。"⑤ 显而易见，在马克思看来，与人的实践活动相分离的自然界实际上根本不可能存在，这也就等于宣布，恩格斯的以自然自身运动为基础的"自然辩证法"根本就不是马克思的哲学理论。

---

① F. Engels, *Dialektik der Natur*, Berlin: Dietz Verlag, 1952, S. 325；恩格斯：《自然辩证法》，人民出版社，1971，第278页。参阅拙文《论两种不同的自然辩证法的概念——兼论康德哲学的一个理论贡献》，《哲学动态》2003年第3期。

② 恩格斯：《自然辩证法》，人民出版社，1971，第209页。

③ 恩格斯：《自然辩证法》，人民出版社，1971，第177页。

④ 恩格斯：《自然辩证法》，人民出版社，1971，第247页。

⑤ 《马克思恩格斯全集》第42卷，人民出版社，1979，第178页。

　　总之，在恩格斯的"唯物主义辩证法"或"自然辩证法"阐释模式的支配下，马克思的实践概念被放逐到边缘的、无足轻重的位置上，马克思如此明确地加以阐述的实践唯物主义完全处于被遮蔽的状态中。在恩格斯之后，通过普列汉诺夫的媒介，列宁成了马克思哲学的最重要的阐释者。我们发现，无论是普列汉诺夫还是列宁，都深受恩格斯的影响。尤其是列宁，完全是在恩格斯哲学思想的基础上展开对马克思哲学的阐释活动的。

　　首先，在普列汉诺夫的影响下，列宁在《唯物主义和经验批判主义》（1908，以下简称《唯批》）中直接把恩格斯的"唯物主义辩证法"改称为"辩证唯物主义"，并把它阐释为马克思哲学的基础和核心部分。列宁这样写道："所有这些人都不会不知道，马克思和恩格斯几十次地把自己的哲学观点叫作辩证唯物主义。"[1] 然而，匪夷所思的是，文献学的考证表明，马克思和恩格斯从未使用过"辩证唯物主义"的概念。显而易见，在列宁的阐释思路中，作为自然观的辩证唯物主义成了马克思哲学的基础和出发点，而作为历史观的历史唯物主义则成了辩证唯物主义推广或应用到社会历史领域的结果。正如列宁在《马克思主义的三个来源和三个组成部分》（1913）中所说的："马克思加深和发展了哲学唯物主义，而且把它贯彻到底，把它对自然界的认识推广到对人类社会的认识。马克思的历史唯物主义是科学思想中的最大成果。"[2] 在列宁看来，马克思在哲学上所做的全部工作不过是"加深和发展了哲学唯物主义"，即把恩格斯创立的自然观（唯物主义辩证法或辩证唯物主义）"推广到"人类社会的结果。这就等于告诉我们，马克思创立的历史唯物主义并没有什么原创性或划时代的贡献，马克思的历史观完全是第二性的，它奠基于恩格斯的自然观。从客观上看，列宁逝世于1924年，而马克思关于"实践唯物主义者"的那段重要论述出现在《德意志意识形态》中，而这部著作的德文版第一次完整地出版是在1932年，因而列宁不可能读过这部著作。如果列宁了解马克思所使用过的"实践唯物主义"的概念，又对这一概念与恩格斯率先使用的"历史唯物主义"概念进行比较，他或许会引申出完全不同的结论来。

　　其次，如前所述，恩格斯在论述哲学基本问题的理论时，使用了存在与思维、自然界与精神这两组概念，而列宁又引入了第三组类似的概念，即物

---

① 《列宁选集》第2卷，人民出版社，1995，第12页。
② 《列宁选集》第2卷，人民出版社，1995，第311页。

质与意识。事实上，就连这组概念也源于恩格斯。在《出路》中，恩格斯对费尔巴哈的唯物主义做出了如下的概括："我们自己所属的物质的、可以感知的世界，是唯一现实的；而我们的意识和思维，不论它看起来是多么超感觉的，总是物质的、肉体的器官即人脑的产物。物质不是精神的产物，而精神本身只是物质的最高产物。这自然是纯粹的唯物主义。"① 人们完全可以把恩格斯的这段话看作是对列宁《唯批》的导读。当然，列宁以更明确的语言表达了自己对物质与意识关系的看法："物质是第一性的。感觉、思想、意识是按特殊方式组成的物质的高级产物。这就是一般唯物主义的观点，特别是马克思和恩格斯的观点。"② 其实，列宁的这段话是值得推敲的，它可能体现了恩格斯的哲学观点，却绝不可能也是马克思的哲学观点，因为马克思从来都反对脱离人的实践活动和社会历史，以抽象的、直观的方式来谈论物质与意识的关系。在《巴黎手稿》中，马克思已经指出："不仅五官感觉，而且所谓精神感觉、实践感觉（意志、爱等等），一句话，人的感觉、感觉的人性，都只是由于它的对象的存在，由于人化的自然界，才产生出来的。五官感觉的形成是以往全部世界历史的产物。"③ 由此可见，列宁完全处于恩格斯的影响之下，以至于把不以实践为中介的、费尔巴哈式的一般唯物主义理解为马克思的哲学立场。

再次，尽管在《哲学笔记（1895－1911）》中，列宁更多地关注到实践概念，但在恩格斯的影响下，他始终把实践概念囚禁在认识论中。他告诉我们："理论观点（认识）和实践的统一——要注意这点——这个统一正是在认识论中。"④ 这表明，列宁像恩格斯一样，从来没有试着从本体论出发去理解实践概念在马克思哲学中的地位和作用。

最后，以恩格斯和列宁为代表的阐释路线，通过斯大林为《联共（布）党史简明教程》（1938）撰写的《论辩证唯物主义和历史唯物主义》（该书第4章第2节）对苏联、东欧和中国的理论界产生了决定性的影响。我们注意到，无论是艾思奇主编的《辩证唯物主义历史唯物主义》（1961），还是李达主编的《唯物辩证法大纲》（1978），或肖前等主编的《辩证唯物主义原理》（1981），在论述马克思哲学时，都把抽象的物质观，即所谓"世界

① 《马克思恩格斯选集》第4卷，人民出版社，1995，第227页。
② 《列宁选集》第2卷，人民出版社，1995，第51页。
③ 《马克思恩格斯全集》第42卷，人民出版社，1979，第126页。
④ 列宁：《哲学笔记》，人民出版社，1956，第236页。

的物质性"置于基础性的、出发点的位置上，而把马克思的实践概念完全
囚禁在认识论中。或许我们只要指出下面这一点就可以了，即在艾思奇、李
达、肖前等主编的上述教科书中，实践概念分别出现在上篇第 8 章、第 5 篇
第 1 章和第 9 章中，更遑论对马克思的实践唯物主义理论的关注了。这样一
来，马克思哲学革命的实质被严严实实地遮蔽起来了，他在《提纲》第 1
条中开宗明义地加以澄清的、他自己的哲学与"从前的一切唯物主义（包
括费尔巴哈的唯物主义）"的差别完全被正统的阐释者们抹平了；他通过实
践概念在本体论领域里做出的原创性的尝试也完全被他们忽视了；他提出的
"实践唯物主义"的新观念也完全被当作偶然的、不成熟的哲学观念而加以
否定。总之，正统的阐释者们从自己的先入之见出发，创造出一个虚假的马
克思、一种虚假的马克思哲学。

那么，马克思哲学在现、当代非正统的阐释者们那里，尤其是在以卢卡
奇为创始人的西方马克思主义思潮中，是否会有不同的遭遇呢？我们的回答
是肯定的。

众所周知，意大利马克思主义者葛兰西在《狱中札记》（1929－1935）
中把马克思哲学称之为"实践哲学"（thephilosophyofpraxis），他认为："实
践哲学是以前一切历史的结果和顶点。唯心主义和实践哲学都产生于对黑格
尔主义的批判中。黑格尔的内在论变成历史主义，但只有在实践哲学那里，
它才是绝对的历史主义——绝对的历史主义或绝对的人道主义。"① 在这段
语焉不详的论述中，葛兰西只是肯定了马克思哲学与黑格尔哲学的理论联
系，并把马克思哲学理解为"绝对的历史主义或绝对的人道主义"。尽管葛
兰西在这里既未深入地探究马克思与黑格尔之间真实的理论关系，也未批判
地反思马克思与西方人道主义传统之间的理论差异，但不管如何，在意大利
学者拉布里奥拉和克罗齐的影响下，他大胆地把马克思哲学称为"实践哲
学"，从而肯定马克思哲学绝不是学院课堂里的高头讲章，而是改变现存世
界的锐利武器。

20 世纪 60 年代，在卢卡奇、葛兰西、马尔库塞等人的影响下，南斯拉
夫萨格勒布的克罗地亚哲学学会出版了《实践》杂志。该杂志的发刊词明
确指出："选择'实践'做这个杂志的名称，是因为马克思的核心概念'实
践'（Praxis）最充分地表达了上面所说的哲学概念。这个词现在以希腊语

① 葛兰西：《狱中札记》，曹雷雨等译，中国社会科学出版社，2000，第 332 页。

形式出现，并不意味着我们是按照古希腊哲学的意思来理解这个概念。同时，我们也是希望事先明确表示：我们与实用主义的实践概念以及庸俗马克思主义的实践概念相去甚远，我们要努力理解马克思的本来面目。"① 显而易见，把"实践"理解为马克思哲学的核心概念，是对马克思哲学的本真精神的恢复。事实上，正是围绕着《实践》杂志，形成了以彼得洛维奇、马尔库维奇、弗兰尼茨基等人为代表的"实践派"，在国际理论界产生了重大的影响。然而，遗憾的是，在恩格斯、普列汉诺夫和列宁的阐释路线的支配下，"实践派"对马克思的实践概念的理解仍然局限于认识论的语境中，而未从更为深刻的本体论语境去认识马克思的实践概念乃至其整个实践唯物主义理论的实质和意义。与葛兰西和"实践派"不同，德国法兰克福学派的代表人物哈贝马斯则对马克思的实践（包括劳动）概念提出了挑战。哈贝马斯认为，在19世纪最后25年的发展中出现了两种引人注目的趋势：一是国家对经济生活干扰的增加；二是科学与技术之间的依赖关系日益密切，从而使技术与科学获得了统治的合法性功能，而"技术统治意识的意识形态核心，是实践和技术的差别的消失"②。为了重新唤起这种差别，哈贝马斯区分了"劳动"（Arbeit）和"相互作用"（Interaktion）这两个概念。他这样写道："我把'劳动'或曰目的理性活动理解为工具的活动，或者合理的选择或者两者的结合。工具的活动按照技术规则来进行，而技术规则又以经验知识为基础……另一方面，我把以符号为媒介的相互作用理解为交往活动。相互作用是按照必须遵守的规范进行的，而必须遵守的规范规定着相互之间的行为期待（die Verhaltenserwartung），必须得到至少两个行动的主体［人］的理解和承认。"③ 同时，哈贝马斯批评马克思没有对"劳动"和"相互作用"这两个概念做出明确的区分："马克思对相互作用和劳动的联系并没有做出真正的说明，而是在社会实践的一般标题下把相互作用归之于劳动，即把交往活动归之于工具活动。"④ 在哈贝马斯看来，正是由于马克思的理论失误，他对生产力与生产关系的辩证关系的天才洞察才受到了曲解。

其实，哈贝马斯的批评是站不住脚的。首先，他没有把马克思的思想

① 《哲学译丛》编辑部编译《南斯拉夫哲学论文集》，三联书店，1979，第327页。
② 哈贝马斯：《作为"意识形态"的技术与科学》，李黎等译，学林出版社，1999，第71页。
③ 哈贝马斯：《作为"意识形态"的技术与科学》，李黎等译，学林出版社，1999，第49页。
④ 哈贝马斯：《作为"意识形态"的技术与科学》，李黎等译，学林出版社，1999，第33页。

与正统的阐释者们对马克思思想的阐释严格地区分开来。其次，在马克思那里，实践是一个内涵十分丰富的概念。就其要者而言，实践的最基本、最普遍的表现形式是生产劳动，对于人类的生存和发展来说，这是须臾也不能脱离的活动；而实践的最重要的形式则是"使现存世界革命化"，实际上就是进行社会革命。所以，马克思从来没有使自己的实践概念局限于单纯的"劳动"或"工具活动"的范围内。再次，从《巴黎手稿》对异化劳动的批判到《资本论》对大机器生产的反思都表明，马克思从未把技术的合理性理解为自己追求的终极目的，相反，马克思关注的始终是人的解放，是个人的全面而自由的发展。最后，哈贝马斯批评马克思"在社会实践的一般标题下把相互作用归之于劳动，即把交往活动归之于工具活动"表明，他完全没有深入地考察马克思的实践（生产劳动）概念所蕴含的两个侧面——人与自然界、人与人关系之间的差别。其实，真正与"相互作用"或"交往活动"息息相关的不是人与自然界的目的－工具关系，而是人与人之间的社会关系。哈贝马斯前面谈到的"理解和承认"并不是交往活动的始源性前提，而是人与人之间的社会关系发展到一定历史阶段的产物。比如，摩尔根在《古代社会》一书中指出："对俘虏的处理，在野蛮时代的三个阶段中经历了三个顺序相承的阶段：在第一个阶段，是把俘虏烧死在火刑柱上，第二个阶段是杀俘虏以祭神，第三个阶段是把俘虏变成奴隶。"马克思在其民族学笔记中摘录了摩尔根的这段重要论述。① 它启示我们，古代人从俘虏到奴隶的演化，即得到奴隶主的"理解和承认"，其始源性的驱动力乃是社会关系中的利益追求。也就是说，主人之所以"承认"奴隶，因为经济发展到一定阶段，奴隶不但能养活自己，还能为主人提供剩余劳动或剩余产品。其实，哈贝马斯在该书中谈论的"技术的认识兴趣"、"实践的认识兴趣"和"解放的认识兴趣"② 中的"兴趣"（Intresse）同时也可阐释为"利益"。由此可见，只有深入地领悟马克思实践（劳动）概念中的人与人关系的侧面，才能对"相互作用"或"交往活动"做出合理的说明。

---

① 《马克思恩格斯全集》第45卷，人民出版社，1985，第482页。
② 哈贝马斯：《作为"意识形态"的技术与科学》，李黎等译，学林出版社，1999，第126页。其实，马克思在其早期论著中已经启示我们："私人利益把自己看作世界的最终目的""利益不是在思索，它是在打算盘"（《马克思恩格斯全集》第1卷，人民出版社，1956，第165页）。

综上所述，正统的阐释者们忽视了实践概念在马克思哲学中的基础性的、核心的地位和作用，也忽视了马克思哲学革命的实质是创立实践唯物主义，从而使现存世界革命化。反之，现、当代的非正统的阐释者们意识到了马克思哲学是"实践哲学"，但他们对马克思的实践概念的丰富内涵和独特性仍然缺乏明晰的认识。由此可见，要准确认识马克思哲学革命的实质，就必须返回到马克思本人的文本中。

二　马克思哲学探索的进路

如同马克思明确地阐明了自己发动的哲学革命的实质，他也明确地阐明了自己哲学探索的进路。在《〈政治经济学批判〉序言》（1859，以下简称《序言》）中，马克思这样写道："我学的专业本来是法律，但我只是把它排在哲学和历史之次当作辅助学科来研究。1842－1843 年间，我作为《莱茵报》的编辑，第一次遇到要对所谓物质利益发表意见的难事。莱茵省议会关于林木盗窃和地产析分的讨论，当时的莱茵省总督冯·沙培尔先生就摩塞尔农民状况同《莱茵报》展开的官方论战，最后，关于自由贸易和保护关税的辩论，是促使我去研究经济问题的最初动因。"① 另外，《莱茵报》上经常发表具有法国社会主义和共产主义倾向的言论，尽管这些言论很肤浅，但由于马克思从未接触过这些思潮，不敢妄加评判，因此很希望自己有时间退回到书房里去，对这些思潮加以透彻的研究。

马克思接着写道："为了解决使我苦恼的疑问，我写的第一部著作是对黑格尔法哲学的批判性的分析，这部著作的导言曾发表在 1844 年巴黎出版的《德法年鉴》上。我的研究得出这样一个结果：法的关系正像国家的形式一样，既不能从它们本身来理解，也不能从所谓人类精神的一般发展来理解，相反，它们根源于物质的生活关系，这种物质的生活关系的总和，黑格尔按照 18 世纪的英国人和法国人的先例，概括为'市民社会'，而对市民社会的解剖应该到政治经济学中去寻求。我在巴黎开始研究政治经济学，后来因基佐先生下令驱逐移居布鲁塞尔，在那里继续进行研究。"② 从马克思上面的两段自述中，我们可以引申出如下的结论。

---

① 《马克思恩格斯选集》第 2 卷，人民出版社，1995，第 31 页。
② 《马克思恩格斯选集》第 2 卷，人民出版社，1995，第 32 页。

（一）马克思对自己与黑格尔之间的理论关系做了明确的论述

在黑格尔所有的著作中，马克思最重视的是他的《法哲学原理》（1821），但通过对这部著作的批判性分析，马克思意识到，法的关系根源于物质的生活关系，而物质生活关系的总和则被 18 世纪的英国人和法国人，也被黑格尔称作"市民社会"（die buergerlicheGesellschaft）。而在马克思看来，对市民社会的解剖必须诉诸政治经济学。也就是说，必须把哲学与经济学的研究综合起来，形成经济哲学的新的研究进路。

众所周知，在从康德到黑格尔的德国古典哲学家中，唯有黑格尔深入地探讨了英国古典经济学，从而开辟出经济哲学这一新的研究进路。正如卢卡奇所说的，黑格尔"是认真地把握英国工业革命的唯一的德国思想家；也是在古典英国经济学的问题和哲学及辩证法之间建立联系的唯一的人"[1]。在耶拿时期写下的《伦理体系》《实在哲学》等手稿中，黑格尔已经按照经济哲学的思路探索了欲望、需求、劳动、分工等问题，在随后出版的《精神现象学》（1807）中，黑格尔又论述了需要、劳动和异化问题。在晚年出版的《法哲学原理》中，黑格尔按照亚当·斯密的观点，把市民社会称作"需要的体系"[2]，并告诉我们："在劳动和满足需要的上述依赖性和相互关系中，主观的利己主义转化为对其他一切人的需要得到满足时有帮助的东西，即通过普遍物而转化为特殊物的中介。这是一种辩证的运动。其结果，每个人在为自己取得、生产和享受的同时，也正为了其他一切人的享受而生产和取得。在一切人相互依赖全面交织中所含有的必然性，现在对每个人说来，就是普遍而持久的财富。"[3] 黑格尔不但揭示出市民社会运作中的基础的、核心的问题——劳动和需要，而且先于马克思就已启示我们："政治经济学就是从上述需要和劳动的观点出发，然后按照群众关系和群众运动的质和量的规定性以及它们的复杂性来阐明这些关系和运动的一门科学。"[4] 由此可见，马克思改造黑格尔哲学理论的最为关键的一步，并不像恩格斯在《出路》中所说明的，是抛弃黑格尔的唯心主义"体系"，批判地借鉴其"方法"——辩证法，而是从对黑格尔法哲学的批判的分析出发，抉出其基础

[1]　G. Lukacs, *Young Hegel*, MIT Press, 1976, p. xiv.
[2]　黑格尔：《法哲学原理》，范扬等译，商务印书馆，1979，第204页。
[3]　黑格尔：《法哲学原理》，范扬等译，商务印书馆，1979，第210页。
[4]　黑格尔：《法哲学原理》，范扬等译，商务印书馆，1979，第204页。

性的概念——"市民社会",通过对市民社会的经济哲学式的解剖,创立了自己的新的历史观,并在《德意志意识形态》中初次表达了这种历史观。马克思不但指出:"这个市民社会是全部历史的真正发源地和舞台"①,而且以确定无疑的口吻写道:"由此可见,这种历史观(dieseGeschichtsauffassung)就在于:从直接生活的物质生产出发来考察现实的生产过程,并把与该生产方式相联系的、它所产生的交往形式,即各个不同阶段上的市民社会,理解为整个历史的基础;然后必须在国家生活的范围内描述市民社会的活动,同时从市民社会出发来阐明各种不同的理论产物和意识形式,如宗教、哲学、道德等等,并在这个基础上追溯它们产生的过程。"② 从上面的论述中我们发现,马克思与黑格尔之间在理论上的最重要的接触点是"市民社会"这个概念,正是通过对黑格尔法哲学中的这个基本概念的颠倒,马克思的新历史观获得了一个坚实的出发点,而要理解并把握这个出发点,又必须切入经济哲学的思路。

(二) 尽管马克思在自述中完全没有提到费尔巴哈,但费尔巴哈的缺席正好显露出马克思与他之间的真实的理论关系

如前所述,恩格斯夸大了费尔巴哈对马克思的理论影响。他不但把费尔巴哈视为黑格尔与马克思之间的"中间环节",而且表示:"在我们的狂飙时期,费尔巴哈给我们的影响比黑格尔以后任何其他哲学家都大。"③ 尽管马克思在《巴黎手稿》、《神圣家族》(1844)、《提纲》和《德意志意识形态》等论著中提到过费尔巴哈,但从理论上看,费尔巴哈对马克思的重要性远远没有恩格斯所估计得那么高。事实上,恩格斯之所以高估费尔巴哈,目的是试图用费尔巴哈的、以抽象的(即与人的实践活动相分离的)自然界为基础和出发点的一般唯物主义(即所谓费尔巴哈哲学的"基本内核"),来改造黑格尔的辩证法(即所谓黑格尔哲学的"合理内核"),从而形成他自己的哲学理论——"唯物主义辩证法"或"自然辩证法"。

在马克思看来,费尔巴哈并没有超出旧唯物主义的理论视野,他关注的焦点始终是"自然",而不是"市民社会"。马克思在《提纲》第9条中

---

① 《马克思恩格斯全集》第 3 卷,人民出版社,1960,第 41 页。
② 《马克思恩格斯全集》第 3 卷,人民出版社,1960,第 42－43 页。参阅 K. Marx, F. Engels, Werke (Band 3), Berlin: Dietz Verlag, 1969, S. 37。
③ 《马克思恩格斯选集》第 4 卷,人民出版社,1995,第 212 页。

早已明确指出："直观的唯物主义，即不是把感性理解为实践活动的唯物主义至多也只能达到对单个人和市民社会的直观。"① 在《提纲》第 10 条中，马克思进一步指出："旧唯物主义的立脚点是市民社会，新唯物主义的立脚点则是人类社会（die menschlicheGesellschaft）或社会化的人类（die gesellschaftlicheMenschheit）。"② 显然，在马克思看来，像费尔巴哈这样的唯物主义者，即使在自己的论著中涉及了社会生活，其出发点也只能是对市民社会的无批判的认同和直观，而根本不可能站在"人类社会"或"社会化的人类"（即无产阶级）的立场上来批判地考察市民社会，并主张对它进行革命性的改造。③

那么，费尔巴哈对马克思的影响是否可以忽略不计呢？我们认为，尽管费尔巴哈对马克思的影响远未有恩格斯所估计得那么大，但这种影响毫无疑问是存在的。不过，我们并不同意恩格斯如下的见解，即影响马克思的是费尔巴哈的唯物主义立场，相反，我们确信，真正对马克思产生一定影响的是费尔巴哈的人本主义学说。其实，在《神圣家族》中，马克思已经明确地告诉我们："只有费尔巴哈才是从黑格尔的观点出发而结束和批判了黑格尔的哲学。费尔巴哈把形而上学的绝对精神归结为'以自然为基础的现实的人'，从而完成了对宗教的批判，同时也巧妙地拟定了对黑格尔的思辨以及一切形而上学的批判的基本要点。"④ 显然，当马克思写下这段话时，他还不能以批判的态度去对待费尔巴哈的人本主义学说，因为马克思依然迷恋于费尔巴哈的"以自然为基础的现实的人"，在《提纲》尤其是在《德意志意识形态》中，马克思转而批判费尔巴哈的人本主义学说："毋庸讳言，费尔巴哈从来没有看到真实存在着的、活动的人，而是停留在抽象的'人'上，并且仅仅限于在感情范围内承认'现实的、单独的、肉体的人'，也就是说，除了爱与友情，而且是理想化了的爱与友情以外，他不知道'人与人之间'还有什么其他的'人的关系'。"⑤ 尽管马克思确立自己的历史观（即哲学观）以后，与费尔巴哈的哲学思想渐行渐远，但完全可以说，他批

---

① 《马克思恩格斯选集》第 1 卷，人民出版社，1995，第 56－57 页。
② 《马克思恩格斯选集》第 1 卷，人民出版社，1995，第 57 页。参阅 K. Marx, F. Engels, Werke（Band 3），Berlin：Dietz Verlag，1969，S. 7。
③ 参阅拙文《让马克思从费尔巴哈的阴影中走出来》，《南京社会科学》1996 年第 1 期。
④ 《马克思恩格斯全集》第 2 卷，人民出版社，1957，第 177 页。
⑤ 《马克思恩格斯全集》第 3 卷，人民出版社，1960，第 50 页。

判地继承了费尔巴哈的人本主义思想遗产。总之，与黑格尔比较起来，费尔巴哈的哲学思想是肤浅的，他只是满足于对抽象的自然和抽象的人的言说，他也从未下功夫去钻研过政治经济学，因而根本不可能对马克思采纳的经济哲学的研究进路提供实质性的启发。马克思之所以在《序言》的自述中完全没有提到费尔巴哈，是因为在其思想发展的道路上，真正产生实质性影响的始终是黑格尔的法哲学。

（三）在这两段重要的自述中，马克思表示，他本来学的是法律，但却把法律排在哲学和历史后面来学习

稍后，马克思又担任了《莱茵报》的编辑，一方面厕足新闻学，遭遇到了"对所谓物质利益发表意见的难事"；另一方面又涉足社会学，也遭遇到了必须对法国社会主义、共产主义的思潮发表意见的难事。后来，马克思为了解剖市民社会，又诉诸对政治经济学的研究。我们发现，在这一学习和探求真理的过程中，马克思涉及法律、哲学、史学、新闻学、社会学、政治经济学等多门学科。这就深刻地启示我们，马克思的哲学探索，一开始就是以综合多门学科齐头并进的方式展开的，当然，必须看到，在马克思理论探索的进路中，哲学和政治经济学的联姻始终具有核心的意义。当马克思说"对市民社会的解剖应该到政治经济学中去寻求"时，并不意味着马克思只是从政治经济学的视角出发去研究市民社会，事实上，马克思的探索是综合性的，包括法律、哲学、史学、新闻学、社会学、政治经济学等多重视角，而在这一多重视角中，占据核心地位的始终是经济哲学的视角。如前所述，马克思从来不像某些当代经济学家那样侈谈什么"纯粹经济学"，在他看来，经济学始终只是政治经济学，因为政治不过是经济的集中表现。事实上，经济学中的基础性理论问题，如产权、分配等，同时也是重要的政治问题。正如马克思在《资本论》第1卷第1版译文中所指出的："在政治经济学领域内，自由的科学研究遇到的敌人，不只是它在一切其他领域内遇到的敌人。政治经济学所研究的材料的特殊性质，把人们心中最激烈、最卑鄙、最恶劣的情感，把代表私人利益的复仇女神召唤到战场上来反对自由的科学研究。"[1] 因此，我们在这里所说的"经济哲学"实质上就是"政治经济学－哲学"，即自觉地运用相应的哲学观念研究经济学中各种基础性的、重

---

① 《马克思恩格斯文集》第5卷，人民出版社，2009，第10页。

大的理论问题，并把研究结果重新提升到哲学的层面上。①

肯定马克思哲学探索的进路是经济哲学，几乎可以说是不言而喻的。众所周知，马克思就读于柏林大学哲学系，后来在耶拿大学获得哲学博士学位，他从年轻的时候起就受过系统的、严格的哲学专业的训练。马克思从1844年开始在巴黎从事政治经济学研究起，始终是带着相应的哲学观念进入自己的研究活动的。马克思的《巴黎手稿》之所以被称作《1844年经济学哲学手稿》，因为它早已暗示我们，经济哲学才是马克思理论探索的真正进路；在《伦敦手稿》中，马克思引入政治经济学研究领域的独特方法——"从抽象到具体"就是批判地借鉴黑格尔哲学方法论的结果。正如马克思本人所指出的："因此，黑格尔陷入幻觉，把实在理解为自我综合、自我深化和自我运动的思维的结果，其实，从抽象上升到具体的方法，只是思维用来掌握具体并把它当作一个精神上的具体再现出来的方式。但决不是具体本身的产生过程。"② 在马克思看来，实在独立存在于人们的大脑之外，绝不像黑格尔所认为的那样，是思维的产物，但思维被合理地加以运用时，却能准确地把握实在。在《资本论》第1卷第2版跋（1873）中，马克思提到，当时的人们把黑格尔当作一条"死狗"来打，而马克思却表示："我要公开承认我是这位大思想家的学生，并且在关于价值理论的一章中，有些地方我甚至卖弄起黑格尔特有的表达方式"。③ 所有这些论述都表明，在理论探索的道路上，马克思时时处处把哲学与政治经济学的研究综合起来。换言之，撇开经济哲学的进路，人们根本不可能准确地理解并阐释马克思哲学。

在《序言》中，马克思叙述了自己治学的道路后，随即指出："我所得到的、并且一经得到就用于指导我的研究工作的总的结果（das allgemeineResultat），可以简要地表述如下：人们在自己生活的社会生产中发生一定的、必然的、不以他们的意志为转移的关系，即同他们的物质生产力的一定发展阶段相适合的生产关系。这些生产关系的总和构成社会的经济结构，即有法律的和政治的上层建筑竖立其上并有一定的社会意识形式与之相适应的现实基础。物质生活的生产方式制约着整个社会生活、政治生活和精神生活的过程。不是人们的意识决定人们的存在，相反，是人们的社会存在

---

① 参阅拙文《经济哲学的三个概念》，《中国社会科学》1999年第2期。
② 《马克思恩格斯全集》第46卷上，人民出版社，1979，第38页。
③ 马克思：《资本论》第1卷，人民出版社，1975，第24页。

决定人们的意识。社会的物质生产力发展到一定阶段，便同它们一直在其中运动的现存生产关系或财产关系（这只是生产关系的法律用语）发生矛盾。于是这些关系便由生产力的发展形式变成生产力的桎梏。那时社会革命的时代就到来了。随着经济基础的变更，全部庞大的上层建筑也或慢或快地发生变革……大体说来，亚细亚的、古代的、封建的和现代资产阶级的生产方式可以看作是经济的社会形态演进的几个时代。"① 人们常常把这段论述称作马克思对"唯物主义历史观"（经常被人们简称为"唯物史观"）或"历史唯物主义"理论的经典性表述，其实，对这样的流俗之见必须有所保留。众所周知，马克思本人从未使用过"唯物主义历史观"或"历史唯物主义"这样的术语。如前所述，马克思在《德意志意识形态》中最初论述自己的新理论时，称其为"这种历史观"（dieseGeschichtsauffassung），而在《序言》中叙述自己的新理论时，又称其为指导自己研究工作的"总的结果"（das allgemeineResultat）。事实上，最初把马克思的新理论称之为"唯物主义历史观或"历史唯物主义"的正是恩格斯，而他又是带着自己的先入之见去理解并阐释马克思的新理论的。马克思的本意与恩格斯的阐释之间的差异，我们将在下面适当的地方详细地加以讨论。

从马克思对自己新理论的上述论述可以看出，它综合了哲学、政治经济学、法律、政治学、社会学等多重学科的研究成果，而其核心要素则是体现哲学和政治经济学综合的经济哲学。这从马克思用以表述自己新理论的基本概念，如"社会生产""生产力""生产关系""生产方式""社会存在""现实基础""意识""经济基础""上层建筑""经济的社会形态"等就可以看出来。然而，遗憾的是，正统的阐释者们竭力用传统哲学的问题域和概念来阐释马克思哲学，从而不但遮蔽了马克思理论探索中的经济哲学的进路，而且也误解了马克思哲学的实质，缩小了马克思划时代的哲学革命产生的巨大影响。

人所共知，恩格斯的《反杜林论》（1878）既是全面地批判杜林哲学体系的论战性著作，也是系统地从正面论述马克思新理论的导读性的著作。这部著作分为三个部分，即"哲学"篇、"政治经济学"篇和"社会主义"篇。其实，这种分门别类的论述方式不但遮蔽了马克思理论探索中的经济哲学的进路，也使马克思新理论丧失了自己的综合性和总体性。一方面，哲学

① 《马克思恩格斯选集》第 2 卷，人民出版社，1995，第 32 - 33 页。参阅 K. Marx, F. Engels, *AusgewaehlteWerke*（Band 2），Berlin：Dietz Verlag, 1989, S. 502 - 503。

与政治经济学一旦被分离开来，对马克思哲学的阐释就不得不退回到传统哲学的框架中去。在恩格斯看来，马克思像杜林一样，其哲学探索的进路是自然哲学，而自然哲学关注的基本概念则是"自然界""物质"等。实际上，如前所述，马克思新理论的探索进路是经济哲学，而经济哲学关注的基本概念则是"社会生产""生产方式""生产力""生产关系"等。另一方面，哲学、政治经济学和社会主义一旦被分离开来，非但马克思政治经济学思想的独特性无法得到索解，而且社会主义理论也失去了相应的思想基础，因为只有在经济哲学的视野中，"经济的社会形态"的演化规律才可能被揭示出来，社会主义理论才能从空想上升为科学。

也正是在《反杜林论》中，恩格斯最初使用了"唯物主义历史观"这个术语。他这样写道："这两个伟大的发现——唯物主义历史观（die materialistische Geschichtsauffassung）和通过剩余价值揭开资本主义生产的秘密，都应当归功于马克思。"[1] 有趣的是，晚年恩格斯常用的却是"历史唯物主义"这个术语。在 1893 年 2 月 7 日致弗·雅·施穆伊洛夫的信中，恩格斯写道："关于历史唯物主义（den historischen Materialismus）的起源，在我看来，您在我的《费尔巴哈》（《路德维希·费尔巴哈和德国古典哲学的出路》）中就可以找到足够的东西——马克思的附录其实就是它的起源！其次，在《宣言》（1892 年柏林新版）的序言和《揭露共产党人案件》的序言中也可以找到。"[2] 显然，在恩格斯那里，"唯物主义历史观"与"历史唯物主义"是两个可以互换的概念。这里的关键在于，恩格斯究竟如何理解"历史"和"历史观"？在《反杜林论》的"三版序言"中，恩格斯明确指出："马克思和我，可以说是把自觉的辩证法从德国唯心主义哲学中拯救出来并用于唯物主义的自然观和历史观的唯一的人。"[3] 如前所述，既然恩格斯肯定"唯物主义历史观"是马克思的两个伟大发现之一，那么，言下之意，唯物主义自然观就是恩格斯建立的新理论了。在这里出现的一个严重的理论失误是：恩格斯把"自然观"与"历史观"分离开来了。[4] 按照

---

① 《马克思恩格斯选集》第 3 卷，人民出版社，1995，第 366 页。参阅 K. Marx, F. Engels, AusgewaehlteWerke（Band 5），Berlin：Dietz Verlag, 1989, S. 34。

② 《马克思恩格斯选集》第 4 卷，人民出版社，1995，第 721 – 722 页。

③ 《马克思恩格斯选集》第 3 卷，人民出版社，1995，第 349 页。

④ 在《出路》中，恩格斯更明确地论述了这种分离性的观点："这种历史观结束了历史领域内的哲学，正如辩证的自然观使一切自然哲学都成为不必要的和不可能的一样。"（《马克思恩格斯选集》第 4 卷，人民出版社，1995，第 257 页）

恩格斯的意思，不言而喻的是，马克思创立的"唯物主义历史观"只能研究社会历史，不能研究自然；同样地，恩格斯本人创立的"唯物主义自然观"只能研究自然，不能研究社会历史。显而易见，这种"自然观"与"历史观"的分离正是以"自然"与"（社会）历史"的分离为前提的。在《出路》中，恩格斯告诉我们："社会发展史却有一点是和自然发展史根本不相同的。在自然界中（如果我们把人对自然界的反作用撇开不谈）全是没有意识的、盲目的动力，这些动力彼此发生作用，而一般规律就表现在这些动力的相互作用中。……相反，在社会历史领域内进行活动的，是具有意识的、经过思虑或凭激情行动的、追求某种目的的人；任何事情的发生都不是没有自觉的意图，没有预期的目的的。"① 尽管恩格斯肯定社会历史的发展也有自己的客观规律，但在他看来，自然与历史始终是两个相互分离、相互外在的领域。

我们发现，在对自然与历史、自然观与历史观关系的理解和阐释上，马克思与恩格斯存在严重的分歧。在《巴黎手稿》中，马克思这样写道："在人类历史中即在人类社会的产生过程中形成的自然界是人的现实的自然界；因此，通过工业——尽管以异化的形式——形成的自然界，是真正的、人类学的自然界。"② 在马克思看来，恩格斯意义上的、可以"把人对自然界的反作用撇开不谈"的自然界实际上根本不可能存在，真正现实的自然界乃是在人类历史的发展过程中形成起来的自然界，马克思把这种自然界称作"真正的、人类学的自然界"或"人化的自然界"。③ 由此可见，在马克思看来，既不存在自然以外的（人类）历史，也不存在（人类）历史以外的自然，自然本身就是历史的一个组成部分。在《德意志意识形态》中，马克思进一步使用了"历史的自然和自然的历史"④ 的概念，并在批判把历史与自然完全分离开来的费尔巴哈时指出："他没有看到，他周围的感性世界决不是某种开天辟地以来就已存在的、始终如一的东西，而是工业和社会状况的产物，是历史的产物，是世世代代活动的结果。"⑤ 这些重要的论述启发我们，自然从来就是历史的自然、社会的自然，从来就是经过人的实践活

---

① 《马克思恩格斯选集》第 4 卷，人民出版社，1995，第 247 页。
② 《马克思恩格斯全集》第 42 卷，人民出版社，1979，第 128 页。
③ 《马克思恩格斯全集》第 42 卷，人民出版社，1979，第 126 页。
④ 《马克思恩格斯全集》第 3 卷，人民出版社，1960，第 49 页。
⑤ 《马克思恩格斯全集》第 3 卷，人民出版社，1960，第 48 页。

动媒介的自然。马克思甚至指出："我们仅仅知道一门唯一的科学，即历史科学。历史可以从两方面来考察，可以把它划分为自然史和人类史。但这两方面是密切相联的；只要有人存在，自然史和人类史就彼此相互制约。"① 显然，在马克思看来，所谓"自然史"也就是自然科学，而自然科学早已通过工业，以实践的方式进入并改变着人类的生活，自然本身就是与人类历史不可分离地关联在一起的。正如我们在前面已经指出过的，作为实践唯物主义，马克思哲学的基本问题是实践，而从经济哲学的视角看，生产劳动乃是实践的最基本、最普遍的表现形式，它本身就是由人与自然界、人与人的关系这两个侧面构成的。如果说，前者涉及自然史，那么，后者则涉及人类历史，而自然史和人类史都是历史科学的组成部分。要言之，自然和历史统一于人的实践活动中。最值得注意的是，马克思告诫我们："当费尔巴哈是一个唯物主义者的时候，历史在他的视野之外；当他去探讨历史的时候，他决不是一个唯物主义者。"② 如前所述，费尔巴哈把自然作为自己直观的对象，当他直观自然时，他注重的自然本身，完全撇开了人的实践活动和社会历史对自然的影响；反之，当他去探讨社会历史的时候，他又忽略了下面这个事实，即自然本身就是历史的一个有机的组成部分。

事实上，正是由于恩格斯把自然与历史、自然观与历史观理解为相互外在的两个研究领域，因此，他所说的"唯物主义历史观"或"历史唯物主义"中的"历史"只是外在于自然的一个实证性的领域。于是，我们发现，在对马克思哲学的理解和阐释中，始终存在两种不同的"历史唯物主义"概念（为了叙述上的简便起见，下面我们不再同时列出含义相同的"唯物主义历史观"概念）：一种是马克思所主张的"广义的历史唯物主义"概念。按照这一概念，自然作为"人化的自然"或"历史的自然"不过是历史的一个有机的组成部分，换言之，这里的"历史"和"历史观"是蕴含自然于自身之内的；另一种是恩格斯所倡导的"狭义的历史唯物主义"概念。按照这一概念，自然在历史研究的范围之外。换言之，这里的"历史"和"历史观"是不包含自然的。在恩格斯之后，其他正统的阐释者们，如普列汉诺夫、列宁、斯大林等，之所以形成了对马克思哲学的确定的阐释模式——辩证唯物主义和历史唯物主义，其根源均出自恩格斯。因为"辩证

---

① 《马克思恩格斯全集》第 3 卷，人民出版社，1960，第 20 页。
② 《马克思恩格斯全集》第 3 卷，人民出版社，1960，第 51 页。

唯物主义"对应于恩格斯所说的（唯物主义）自然观，而"历史唯物主义"则对应于恩格斯所说的（唯物主义）历史观。这种自然观与历史观的分离，使马克思哲学成了一个二元论的思想体系。① 毋庸置疑，苏联、东欧和中国出版的所谓马克思主义哲学教科书进一步强化了这种二元论的阐释模式。

由此可见，马克思哲学不是恩格斯所阐释的、以自然观与历史观的分离为出发点的"狭义的历史唯物主义"，而是马克思自己反复加以阐述的、以自然观与历史观的统一（即历史观蕴含自然观于自身之内）为出发点的"广义的历史唯物主义"。我们认为，成熟时期的马克思哲学就是（广义的）历史唯物主义，这个时期的马克思没有提出过（广义的）历史唯物主义之外的任何其他的哲学理论。易言之，根本就不存在单纯以自然作为研究对象的"辩证唯物主义"。在马克思那里，自然既不是所谓辩证唯物主义的研究专利，也不是广义的历史唯物主义研究的禁区。毋庸置疑，作为"广义的历史唯物主义"，马克思哲学早已把自然作为"人化的自然"或"历史的自然"纳入自己的研究范围。事实上，只要肯定马克思哲学是实践唯物主义，就会承认，自然与历史通过实践的媒介而获得了统一。也就是说，实践唯物主义只可能是马克思所主张的"广义的历史唯物主义"，而不可能是恩格斯所提倡的"狭义的历史唯物主义"。

由上可知，由于正统的阐释者们把马克思学说中的哲学、政治经济学、社会主义这三个维度分离开来，又把自然与历史、自然观与历史观分离开来，分门别类地加以研究，这就毁坏了马克思哲学的总体性和综合性，尤其是把马克思哲学中的核心的综合——经济哲学的进路严严实实地遮蔽起来了，而最初启发我们看到这一弊端的仍然是以西方马克思主义者为代表的非正统的阐释思路。

在《历史与阶级意识》（1923）中，卢卡奇指出："只有在这种把社会生活中的孤立事实作为历史发展的环节并把它们归结为一个总体的情况下，对事实的认识才能成为对现实的认识。这种认识从上述简单的、纯粹的（在资本主义世界中）、直接的、自发的规定出发，从它们前进到对具体的总体的认识，也就是前进到在观念中再现现实。"② 在卢卡奇看来，马克思对资本主义社会的研究，采取的是总体性的方法，即综合多重学科，全面

---

① 参阅拙文《论两种不同的历史唯物主义概念》，《中国社会科学》1995 年第 2 期。
② 卢卡奇：《历史与阶级意识》，杜章智等译，商务印书馆，1995，第 56 页。

地、综合性地把握资本主义社会的整个现实，而绝不是对资本主义社会做分门别类的、碎片式的研究。显然，后一种研究方式正是正统的阐释者们所采用的，因此，他们把马克思哲学实证化、庸俗化了。柯尔施在《马克思主义和哲学》（1923）中谈到马克思思想的发展时也指出："在较后阶段，这个总体的各个组成部分，它们的经济的、政治的和意识形态的要素，科学理论和社会实践，进一步分离开来了。我们可以使用马克思自己的一种表达说，它的自然联系的脐带已经断了。"① 柯尔施试图通过哲学的综合功能，把已经处于碎片状态的马克思学说恢复为活生生的思想整体。尽管以卢卡奇、柯尔施为代表的西方马克思主义者们试图借助于对总体意识的倡导来恢复马克思哲学的本真精神，但由于他们仍然以无批判的态度运用"辩证唯物主义""（狭义的）历史唯物主义"这些正统的阐释者们常用的概念，也没有把马克思理论探索中的核心路径——经济哲学发掘出来，因而马克思哲学的本来面目仍然处于晦暗不明的状态中。

综上所述，只有把马克思哲学理解为实践唯物主义（即马克思本人主张的"广义的历史唯物主义"），并循着经济哲学的进路，解读实践概念的基本含义，才可能准确地理解并恢复马克思哲学的本来面目。

三　马克思经济哲学的基本概念

如前所述，马克思哲学与传统哲学的根本差别在于，前者以"实践"作为自己的根本原则，而"后者"却以"直观"作为自己的根本原则。然而，仅仅意识到这个差别，从而把马克思哲学理解并阐释为实践唯物主义，仍然不能保证我们准确地把握马克思哲学的实质，因为还有以下两个问题没有得到破解。

（一）如何理解实践概念在马克思哲学中的地位和作用的问题

如前所述，无论是正统的阐释者们，还是非正统的阐释者们，他们共同的错误是把"实践"概念囚禁在认识论中。其实，实践概念在马克思哲学中的基础的、核心的地位和作用，不光贯通在认识论、方法论中，更重要的是贯通在本体论中。也就是说，只有首先从本体论（即探讨人生存在世的

---

① 柯尔施：《马克思主义和哲学》，王南湜等译，重庆出版社，1989，第24页。

方式和意义的学说）上着手去理解并阐释实践概念在马克思哲学中的基础的、核心的地位和作用，才有可能在准确理解马克思的实践概念中迈出第一步。

（二）如何理解实践概念在马克思哲学中的根本性的含义

每一个不存偏见的人都会发现，在马克思哲学的语境中，实践概念具有极其丰富的内涵，而在这一极其丰富的内涵中，马克思最重视的是以下两个根本性的含义：一是生产，二是阶级斗争和社会革命。就这两个根本性的含义的关系而言，第一含义是基础性的，第二含义是从第一含义中派生出来的。事实上，马克思在 1852 年 3 月 5 日致约·魏德迈的信中早已告诉我们："阶级的存在仅仅同生产发展的一定历史阶段相联系。"[①] 也就是说，生产（即物质生活资料的生产）对于人类的整个历史发展来说都是不可或缺的，而阶级和阶级斗争只存在于人类历史发展的某些阶段上。同样地，社会革命也只与阶级和阶级斗争存在的历史阶段相联系。正如马克思所指出的："如果我们在现在这样的社会中没有发现隐蔽地存在着无阶级社会所必需的物质生产条件和与之相适应的交往关系，那么一切炸毁的尝试都是唐·吉诃德的荒唐行为。"[②] 如前所述，尽管马克思哲学作为实践唯物主义，把"使现存世界革命化"（即社会革命）理解为自己的根本使命，但马克思一再告诫我们，这一革命是否具有现实性完全取决于实践的第一含义——生产的实际条件和关系："无论哪一个社会形态，在它所能容纳的全部生产力发挥出来以前，是决不会灭亡的；而新的更高的生产关系，在它的物质存在条件在旧社会的胎胞里成熟以前，是决不会出现的。"[③]

不难理解，既然在马克思的哲学语境中，生产是实践的最基本、最普遍的表现形式，而生产又是政治经济学研究的基本现象，所以，只有进而把马克思哲学理解并阐释为经济哲学，才可能真正理解马克思的实践概念，从而准确地把握他的实践唯物主义理论的全部内容。我们在研究中发现，作为经济哲学，以下五个概念，即生产、商品、价值、时间和自由构成马克思哲学的基本概念。下面，我们就对这些概念逐一进行考察。

---

① 《马克思恩格斯选集》第 4 卷，人民出版社，1995，第 547 页。
② 《马克思恩格斯全集》第 46 卷上，人民出版社，1979，第 106 页。
③ 《马克思恩格斯选集》第 2 卷，人民出版社，1995，第 33 页。

1. 基本概念是"生产"（die Produktion）

在马克思的著作中，经常出现"生产"、"劳动"或"生产劳动"这些不同的概念，而这些概念的内涵又随着马克思思想的发展而变化。众所周知，在《巴黎手稿》中，马克思既使用了"劳动"和"异化劳动"的概念，也使用了"生产"的概念，但并没有阐明这两个概念之间的差别。在《伦敦手稿》中，马克思写道："劳动可能是必要的，但不是生产的。"[1] 显然，在马克思看来，生产创造出新的价值，而劳动则具有两种不同的形式：一种是生产性的劳动，即创造新价值的劳动；另一种则是非生产性的劳动，比如一个仆人的劳动是必要的，但他并不创造新的价值。我们知道，在经济哲学的语境中，马克思关注的始终是生产性的劳动。因此，我们把"生产"作为马克思经济哲学的第一个核心概念，即使我们涉及其他概念，如"劳动""生产劳动"等，也只是在生产，即创造新价值的意义上阐释它们。必须指出，在马克思那里，生产概念有广义和狭义之分。

广义的生产概念主要包括以下四种生产形式，即物质生活资料的生产、人的生产、精神（或意识）生产和社会关系生产。在《巴黎手稿》中，马克思写道："宗教、家庭、国家、法、道德、科学、艺术等等，都不过是生产的一些特殊的方式，并且受生产的普遍规律的支配。……正像社会本身生产作为人的人一样，人也生产社会。"[2] 显然，马克思这里所说的家庭的生产属于人的生产的范围，宗教、法、道德、科学和艺术的生产属于精神生产或意识生产的范围，而社会、国家的生产则属于社会关系生产的范围。当然，这些生产形式并不是截然可分的，而是相互关联，甚至相互渗透的。

狭义的生产概念则指物质生活资料的生产，它的目的是满足人的基本的生存活动（吃、喝、住、穿）的需要。马克思在驳斥费尔巴哈的直观唯物主义观点时指出："这种活动、这种连续不断的感性劳动和创造、这种生产，是整个现存感性世界的非常深刻的基础，只要它哪怕只停顿一年，费尔巴哈就会看到，不仅在自然界将发生巨大的变化，而且整个人类世界以及他（费尔巴哈）的直观能力，甚至他本身的存在也就没有了。"[3] 在马克思看来，狭义的生产，即物质生活资料的生产是广义的生产的基础和出发点。在

---

[1]　《马克思恩格斯全集》第 46 卷下，人民出版社，1980，第 26 页。

[2]　《马克思恩格斯全集》第 42 卷，人民出版社，1979，第 121 页。

[3]　《马克思恩格斯全集》第 3 卷，人民出版社，1960，第 50 页。

作为经济哲学的马克思哲学的语境中，我们对生产概念的理解和阐释主要限于物质生活资料的生产。① 事实上，也只有透彻地领悟这种基本的生产形式，才能准确地揭开作为经济哲学的马克思哲学的面纱。

首先，马克思是从本体论出发去阐释生产概念在其经济哲学中的基础性地位和作用的，而这种理解和阐释又蕴含着两个不同的维度。其一，时间在先的维度。在《德意志意识形态》中，马克思这样写道："我们首先应当确定一切人类生存的第一个前提也就是一切历史的第一个前提，这个前提就是：人们为了能够'创造历史'，必须能够生活。但是为了生活，首先就需要衣、食、住以及其他东西。因此第一个历史活动就是生产满足这些需要的资料，即生产物质生活本身。"② 在这段重要的论述中，马克思把生产理解为人类的"第一个历史活动"，从而肯定，在时间在先的意义上，生产活动无疑具有自己的优先性。其二，逻辑在先的维度。在《评阿·瓦格纳的"政治经济学教科书"》（1879－1880）中，马克思指出："人们决不是首先'处在这种对外界物的理论关系中'。正如任何动物一样，他们首先是要吃、喝等等，也就是说，并不'处在'某一种关系中，而是积极地活动，通过活动来取得一定的外界物，从而满足自己的需要。（因而，他们是从生产开始的。）"③ 在瓦格纳看来，人与外部世界打交道时，逻辑上在先的是静观式的理论态度，马克思批评了这种唯心主义观念，针锋相对地指出，逻辑上在先的应该是实践态度，即"生产"。实际上，人是在生产劳动的过程中才逐步确立对外部世界的理论态度的。

更值得注意的是，马克思还把本体论分析的触角伸展到生产概念的更深的层面上。如前所述，生产蕴含着两个侧面：一个是人与自然界的关系，是比较表层的；另一个是人与人的关系，即生产关系，是看不见摸不着的，因而是隐藏在生产活动的深处的。事实上，假如人与人之间不先结成某种生产关系，任何生产都是无法进行的。也正是在这个意义上，马克思对生产关系的本体论意义做出了充分的肯定："在一切社会形式中都有一种一定的生产决定其他一切生产的地位和影响，因而它的关系也决定其他一切关系的地位和影响。这是一种普照的光，它掩盖了一切其他色彩，改变着它们的特点。

① 参阅拙文《作为全面生产理论的马克思哲学》，《哲学研究》2003 年第 8 期。
② 《马克思恩格斯全集》第 3 卷，人民出版社，1960，第 31 页。
③ 《马克思恩格斯全集》第 19 卷，人民出版社，1963，第 405 页。

这是一种特殊的以太，它决定着它里面显露出来的一切定在（Daseins）的比重。"① 在《雇佣劳动与资本》中，马克思以更通俗易懂的语言揭示出生产关系在本体论上的始源性意义："黑人就是黑人。只有在一定的关系下，他才成为奴隶。纺纱机是纺棉花的机器。只有在一定的关系下，它才成为资本。脱离了这种关系，它也就不是资本了，就像黄金本身并不是货币，砂糖并不是砂糖的价格一样。"② 毋庸置疑，所有这些论述都表明，尽管马克思没有使用本体论概念，但他却对生产概念的本体论意义做出了透彻的分析。当然，解读生产关系，诚如马克思所言，既不能用显微镜，也不能用化学试剂，而只能诉诸哲学思维。

其次，马克思通过对工业生产历史的反思，展示出人的本质力量、人对自然的人化和世界历史的形成。马克思指出："我们看到，工业的历史和工业的已经产生的对象性的存在，是一本打开了的关于人的本质力量的书，是感性地摆在我们面前的人的心理学。"③ 然而，迄今为止，人们对这种心理学还没有从人的本质力量外化和对象化的角度去加以理解。其实，工业生产正是人的本质力量的确证，但这种确证却采取了异化的形式。马克思还指出，自然科学通过工业生产，日益从实践上进入人的生活，并改变人的生活，为人的解放准备了相应的物质条件。在这个意义上，工业是自然界与人，因而也是自然科学与人之间的现实的历史关系。"因此，通过工业——尽管以异化的形式——形成的自然界，是真正的、人类学的自然界。"④ 由此可见，在马克思经济哲学的语境中，工业乃是介于人与自然界、人与自然科学之间的重要哲学概念。这个概念之所以从未进入正统的阐释者们所撰写的马克思主义哲学的教科书中，正是因为它们从来没有从经济哲学的进路出发去理解并阐释马克思哲学。

再次，马克思通过对"异化劳动"这一历史形式的批判性考察，把西

---

① 《马克思恩格斯全集》第46卷上，人民出版社，1979，第44页。德语原句中的Daseins在中央编译局的译本中被译为"一切存在"，显然不符合哲学的常识，因为"存在"只是一个抽象的概念，也无复数形式，所以"一切存在"本身就是一个自相矛盾的表达，这里按哲学语境中的常规译法，把Daseins译为"一切定在"，因为"定在"（Dasein）作为具体的存在物，是无限多样的，自然可以有复数的形式。参阅 K. Marx, F. Engels, Aurgewaehlte Werke（Band 2），Berlin：DietzVerlag, 1989, S. 492。

② 《马克思恩格斯选集》第1卷，人民出版社，1995，第344页。

③ 《马克思恩格斯全集》第42卷，人民出版社，1979，第127页。

④ 《马克思恩格斯全集》第42卷，人民出版社，1979，第128页。

方人道主义的思想传统提升到一个新的高度上。一方面，马克思认为，"异化劳动是私有财产的直接原因"①，也就是说，正是异化劳动导致了私有制的产生；但另一方面，马克思也敏锐地发现，私有制的发展，尤其是资本主义私有制的形成，又进一步把异化劳动推向极端："生产不仅把人当作商品、当作商品人、当作具有商品的规定的人生产出来；它依照这个规定把人当作精神上和肉体上非人化的存在物生产出来。"② 在马克思看来，异化劳动具有四种主要的表现形式，即劳动过程的异化、劳动产品的异化、人的类本质的异化、人与人之间关系的异化；而要扬弃异化，就要诉诸共产主义："共产主义是私有财产即人的自我异化的积极的扬弃，因而是通过人并且为了人而对人的本质的真正占有；因此，它是人向自身、向社会的（即人的）人的复归，这种复归是完全的、自觉的而且保存了以往发展的全部财富的。"③ 在马克思的视野中，无神论是"理论的人道主义"，共产主义则是"实践的人道主义"，是"以扬弃私有财产作为自己的中介的人道主义"④，而这种扬弃必定要诉诸实践。既然异化得以实现的手段是实践的，扬弃异化自然也必须诉诸实践。由此可见，马克思后来提出的"实践唯物主义"理论正源于这种"实践的人道主义"概念。事实上，共产主义就是马克思对西方人道主义传统的发展和提升。

2. 基本概念是"商品"（die Ware）

众所周知，生产的发生和发展必定蕴含着分工的出现，而分工的出现又使交换得以发生。正如马克思所指出的："如果没有分工，不论这种分工是自然发生的或者本身已经是历史的结果，也就没有交换。"⑤ 一旦交换得以发生，生产的结果就从产品转化为商品。显而易见，商品不是为生产者本人生产的，而是为他人生产的。在马克思重点考察的现代资本主义社会中，商品乃是社会的细胞，也是马克思经济哲学语境中的一个基础性概念。其实，把我们周围的物品理解为商品乃是作为经济哲学的马克思哲学与传统哲学在探索思路上的根本差别。遗憾的是，正统的阐释者们（包括目前流行的马克思主义哲学教科书的作者们）囿于传统哲学家们的思路，完全看不到马

① 《马克思恩格斯全集》第 42 卷，人民出版社，1979，第 101 页。
② 《马克思恩格斯全集》第 42 卷，人民出版社，1979，第 105 页。
③ 《马克思恩格斯全集》第 42 卷，人民出版社，1979，第 120 页。
④ 《马克思恩格斯全集》第 42 卷，人民出版社，1979，第 174 页。
⑤ 《马克思恩格斯全集》第 46 卷上，人民出版社，1979，第 36 页。

克思经济哲学关心的真正主题。下面，我们简要地考察马克思对商品概念的论述。

首先，马克思批判了"抽象物质"观。如前所述，只要人们不用经济哲学的眼光去看待商品，商品就隐藏在产品中，产品就隐藏在（事）物中，（事）物就隐藏在物质中。所谓"抽象物质"，就是人们撇开人的实践活动，尤其是生产劳动的媒介，空泛地谈论"物质"概念。众所周知，传统哲学家，不论是唯物主义者，还是唯心主义者，都热衷于谈论抽象物质。英国哲学家贝克莱最早揭示出抽象物质的秘密："物质就是虚无。"[1] 这句名言遭到了许多人的驳斥，但恩格斯却表达了与贝克莱类似的见解："物质本身是纯粹的思想创造物和纯粹的抽象。当我们把各种有形地存在着的事物概括在物质这一概念下的时候，我们是把它们的质的差异撇开了。因此，物质本身和各种特定的、实存的物质不同，它不是感性地存在着的东西。"[2] 在恩格斯看来，物质是看不见摸不着的，它不过是"纯粹的思想创造物和纯粹的抽象"，所以必须结合"各种有形地存在着的事物"来考察物质。但从"抽象物质"下降到"具体事物"是否能够克服物质的抽象性呢？对这个问题，贝克莱和恩格斯都没有深入地思索下去。所以，当流行的马克思主义哲学教科书一开头就侈谈"世界的物质性"或"世界统一于物质"时，它们甚至退回到前贝克莱的思想水准上去了。

我们发现，只有马克思才对抽象物质观进行了透彻的反思和深入的批判。在《巴黎手稿》中，马克思表示，自然科学正通过工业，日益从实践上进入并改变人们的生活，因此"自然科学将失去它的抽象物质的或者不如说是唯心主义的方向，并且将成为人的科学的基础"[3]。在《资本论》第1卷中，马克思以更明确的口吻指出："那种排除历史过程的、抽象的自然科学的唯物主义的缺点，每当它的代表越出自己的专业范围时，就在他们抽象的和唯心主义的观念中立刻显露出来。"[4] 在马克思看来，只要人们抽去人的实践活动或排除历史过程来谈论物质，这种物质就始终是抽象的、无意义的。

① George Berkeley, "Principles, Dialogues, and Philosophical Correspondence", edited by C. M. Turbayne, *The Library of Liberal Arts*, 1965, p. 61.
② 恩格斯：《自然辩证法》，人民出版社，1971，第 233 页。
③ 《马克思恩格斯全集》第 42 卷，人民出版社，1979，第 128 页。
④ 马克思：《资本论》第 1 卷，人民出版社，1975，第 410 页注（89）。

　　那么，就像恩格斯所设想的，假如人们从抽象物质下降到物质的具体样态——（事）物上，是否就能够摆脱抽象物质呢？显然，马克思的回答是否定的。在《巴黎手稿》中，马克思提示我们："非对象性的存在物，是一种非现实的、非感性的，只是思想上的即只是虚构出来的存在物，……"①意思是说，物只有进入人的实践活动，成为这种活动的对象，它对人来说才是现实的存在物。或者换一种说法，"只有当物按人的方式同人发生关系时，我才能在实践上按人的方式同物发生关系。"② 这就深刻地启示我们，哪怕人们的注意力已从物质转向物，但只要他们撇开人的实践活动去谈论物，就像物质一样，物仍然处于抽象的状态下。

　　这种"抽象物"，按马克思的说法，仍然不过是"非存在物"。在马克思看来，只有进入人的实践活动，尤其是生产劳动过程中的物，对人来说，才是现实的存在物。这些现实的存在物的具体表现形式是：生产原料、生产工具、生产设备（包括厂房）、产品、生产的排泄物，等等。显而易见，在环绕生产劳动过程展开的物的世界中，产品是最重要的存在物，因为生产的目的就是创造相应的产品。就某一生产过程，如制鞋过程来说，它的产品是确定的，即鞋子。但我们立即就会发现，制鞋用的原料、工具、设备等，也是其他生产过程的产品。甚至某一生产过程的排泄物完全可能成为另一生产过程的原料，如此等等。这就表明，参与任何生产过程的物实际上都是产品。而在人类历史发展的一定阶段上，当产品完全被用于交换时，就成了商品。由此可见，只有以人的实践活动，尤其是生产劳动为媒介，告别传统哲学关于"抽象物质"和"抽象物"的观念，才有可能进入马克思经济哲学的基本主题——商品和商品世界。

　　其次，马克思揭示了商品的基础性地位和"商品拜物教"的真正秘密。如前所述，物不一定是商品，只有在现代资本主义社会中，物才普遍地以商品的形式出现。在这个意义上，商品是现代社会的细胞。人的全部社会活动都是在与商品打交道的过程中展开的。在这个意义上，商品构成现代社会生活的基础。正如马克思所指出的："商品首先是一个外界的对象，一个靠自己的属性来满足人的某种需要的物。"③ 物作为商品具有两重性：一方面，

---

①　《马克思恩格斯全集》第 42 卷，人民出版社，1979，第 169 页。
②　《马克思恩格斯全集》第 42 卷，人民出版社，1979，第 124 页。
③　马克思：《资本论》第 1 卷，人民出版社，1975，第 47 页。

商品的有用性使它具有使用价值，使用价值是商品的自然属性；另一方面，商品必然进入交换之中，因而它具有交换价值，交换价值是商品的社会属性。马克思写道："最初一看，商品好像是一种很简单很平凡的东西。对商品的分析表明，它却是一种很古怪的东西，充满形而上学的微妙和神学的怪诞。……例如，用木头做桌子，木头的形状就改变了。可是桌子还是木头，还是一个普通的可以感觉的物。但是桌子一旦作为商品出现，就变成一个可感觉而又超感觉的物了。它不仅用它的脚站在地上，而且在对其他一切商品的关系上用头倒立着，从它的木脑袋里生出比它自动跳舞还奇怪得多的狂想。"① 为什么劳动产品一经采取商品的形式，就会产生谜一样的结果呢？马克思认为，这种商品拜物教"来源于生产商品的劳动所特有的社会性质"②，它使人与人之间的真实关系通过物与物之间的虚幻关系表现出来。在商品拜物教中，物主体化，人客体化，物成了支配人的巨大力量。批判商品拜物教，就是要穿破物与物之间的虚幻关系，看到隐藏在其后面的人与人之间的真实关系。

再次，马克思探讨了财富的意义。什么是"财富"？马克思告诉我们："不论财富的社会形式如何，使用价值总是构成财富的物质内容。"③ 当财富以商品的形式出现时，使用价值又是交换价值的物质承担者："资本主义生产方式占统治地位的社会的财富，表现为'庞大的商品堆积'，单个的商品表现为这种财富的元素形式。"④ 由此可见，在商品经济的社会中，商品的秘密就在于它是财富的元素，因而对财富的考察，同时也是对商品考察的延伸。

在商品经济的背景中，财富的第一个漂亮的转身体现在"货币"上。货币的诞生不失为财富发展史上的一个重大的飞跃。如果说，作为财富元素的商品各自具有单一的使用价值，那么，货币则间接地拥有一切使用价值，因为人们可以用货币去购买他们所需要的任何商品。正如马克思所说的："货币作为纯抽象财富——在这种财富形式上，任何特殊的使用价值都消失了，因而所有者和商品之间的任何个人关系也消失了——同样成为作为抽象人格的个人的权力，同他的个性发生完全异己的和外在的关系。但是货币同

---

① 马克思：《资本论》第 1 卷，人民出版社，1975，第 87 - 88 页。
② 马克思：《资本论》第 1 卷，人民出版社，1975，第 89 页。
③ 马克思：《资本论》第 1 卷，人民出版社，1975，第 48 页。
④ 马克思：《资本论》第 1 卷，人民出版社，1975，第 47 页。

时赋予他作为他的私人权力的普遍权力。"在马克思看来，货币自身只是"纯抽象财富"，但货币持有者可以用它换来他所需要的任何具体的财富。在这个意义上，任何人拥有货币，也就等于拥有了"普遍权力"。所以，马克思说：资产者"像鹿渴求清水一样，他们的灵魂渴求货币这唯一的财富"①。

在商品经济的背景下，财富的第二个漂亮的转身是转化为"资本"。正如马克思所说的："资本作为财富一般形式——货币——的代表，是力图超越自己界限的一种无止境的和无限制的欲望。"② 马克思认为，与以前的社会形态比较起来，财富转化为资本有其积极的意义，因为"只有资本才掌握历史的进步来为财富服务"③。然而，资本主义的发展正在走向自己的反面。马克思写道："在资本－利润（或者，更好的形式是资本－利息），土地－地租，劳动－工资中，在这个表示价值和一般财富的各个组成部分同财富的各种源泉的联系的经济三位一体中，资本主义生产方式的神秘化，社会关系的物化，物质生产关系和它的历史社会规定性直接融合在一起的现象已经完成：这是一个着了魔的、颠倒的、倒立着的世界。在这个世界里，资本先生和土地太太，作为社会的人物，同时又直接作为单纯的物，在兴妖作怪。"④ 在马克思看来，社会化大生产与少数人拥有巨大的财富乃是资本主义生产方式固有的、无法克服的矛盾。因此，只有剥夺剥夺者，把这个着了魔的世界重新颠倒过来，才能使人类自己创造的财富真正为人类服务。

在马克思看来，财富的意义在于，它不啻是社会发展的重要推动力，也是人类进入未来理想社会的必要前提。在《哥达纲领批判》中，马克思从财富的生产和分配的角度阐述了他对作为自由人联合体的未来共产主义社会的理解和期待："在共产主义社会高级阶段，在迫使个人奴隶般地服从分工的情形已经消失，从而脑力劳动和体力劳动的对立也随之消失之后；在劳动已经不仅仅是手段，而且本身成了生活的第一需要之后；在随着个人的全面发展，他们的生产力也增长起来，而集体财富的一切源泉都充分涌流之

① 马克思：《资本论》第1卷，人民出版社，1975，第159页。有趣的是，威廉·配第把货币理解为"国家躯体的脂肪"，脂肪过多会妨碍躯体的灵活性，而过少则会使躯体生病（马克思：《资本论》第1卷，第166页注［114］）。
② 《马克思恩格斯全集》第46卷上，人民出版社，1979，第299页。
③ 《马克思恩格斯全集》第46卷下，人民出版社，1980，第88页。
④ 马克思：《资本论》第3卷，人民出版社，1975，第938页。

后，——只有在那个时候，才能完全超出资产阶级权利的狭隘眼界，社会才能在自己的旗帜上写上：各尽所能，按需分配！"① 马克思在这里提到的"集体财富的一切源泉都充分涌流"的目的是形成未来共产主义社会对财富的新的分配方式，即"各尽所能，按需分配"。也就是说，每个人都将自觉地尽自己的能力进行工作，而社会将根据每个人的需要来分配集体的财富。

3. 基本概念是价值（der Wert）

如前所述，商品具有两方面的价值：一是作为自然属性的使用价值，二是作为社会属性的交换价值。马克思指出："作为使用价值，商品首先有质的差别；作为交换价值，商品只能有量的差别，因而不包含任何一个使用价值的原子。"② 如果把商品的使用价值撇开，生产不同商品（物）的劳动的特殊性也就被撇开了，余下来的就只是无差别的人类劳动的单纯凝结。"这些物现在只是表示，在它们的生产上耗费了人类劳动力，积累了人类劳动。这些物，作为它们共有的这个社会实体的结晶，就是价值——商品价值。"③ 在马克思看来，某个商品的价值作为无差别的人类劳动的凝结是确定的，而商品的交换价值作为其价值的表现形式，却可能随市场的供求关系而发生变动。马克思进而指出，商品的价值取决于社会必要劳动时间。正是在这个意义上，他指出："作为价值，一切商品都只是一定量的凝固的劳动时间。"④

由于正统的阐释者们忽略了马克思哲学作为经济哲学的这一特异性，因而价值概念从未进入他们的眼帘。只要浏览一下苏联、东欧和中国曾经流行过的马克思主义哲学教科书，就不会对这一点产生任何怀疑。近年来，尽管价值问题在马克思哲学中的重要性已经引起不少研究者的注意，然而，我们发现，马克思的价值概念仍然处于普遍地被误解的状态中。在这种情况下，阐明马克思的价值概念以及它在马克思哲学中的地位和作用，就显得十分必要了。

首先，马克思揭示了价值概念的起源和意义。在《伦敦手稿》中，马克思指出："价值这个经济学概念在古代人那里没有出现过。价值只是在揭露欺诈行为等等时才在法律上区别于价格。价值概念完全属于现代经济学，因为它是资本本身的和以资本为基础的生产的最抽象的表现。价值概念泄露

① 《马克思恩格斯选集》第 3 卷，人民出版社，1995，第 305 - 306 页。
② 马克思：《资本论》第 1 卷，人民出版社，1975，第 50 页。
③ 马克思：《资本论》第 1 卷，人民出版社，1975，第 51 页。
④ 马克思：《资本论》第 1 卷，人民出版社，1975，第 53 页。

了资本的秘密。"① 在马克思看来，价值概念之所以在现代经济学中才引起研究者们的普遍重视，因为这个概念是与现代经济学的核心概念——资本紧密关联在一起的。马克思在分析创造新价值的生产劳动时，把劳动者的时间分为两个部分：一部分是必要劳动时间，在这部分时间内劳动者创造必要价值，而这一价值又以工资的形式返回到劳动者那里，以维系他自身的生存；另一部分是剩余劳动时间，在这部分时间内劳动者创造剩余价值，而这一价值却落入了资本家的腰包。实际上，资本家之所以愿意投入资本，从事生产或其他活动，其全部目的就是使自己的资本通过对劳动者所创造的剩余价值的攫取而增殖："价值只是物化劳动，而剩余价值（资本的价值增殖）只是超过再生产劳动能力所必需的那部分物化劳动而形成的余额。"② 由于资本的本能就是不断地吸附劳动所创造的剩余价值，所以马克思才说"价值概念泄露了资本的秘密"。这就启示我们，正统的阐释者们一旦撇开了价值概念，就根本不可能真正理解马克思的资本理论。

其次，马克思表明自己的价值理论是"劳动力价值理论"，而不是"劳动价值理论"。迄今为止，正统的阐释者们仍然喋喋不休地侈谈"马克思的劳动价值理论"，这充分表明，他们完全没有看到马克思与英国古典经济学家在价值理论上的差别。实际上，"劳动价值理论"是英国古典经济学家提出的价值理论。尽管这一理论肯定劳动创造了价值，因而在历史上具有进步意义，但它同时又掩盖了剩余价值的秘密，因为笼统地谈论劳动，容易造成这样的假象：劳动者付出了自己的劳动，资本家支付给劳动者工资，双方似乎是完全平等的。其实，劳动者通过工资得到的只是自己付出的一部分劳动的报酬，另一部分劳动的报酬却作为剩余价值被资本家所获取。在马克思看来，要揭露剩余价值的秘密，就必须超越英国古典经济学家提出的"劳动价值理论"，因而马克思把自己的价值理论理解为"劳动力价值理论"。由于劳动力本身就是商品，可以在市场上出售，这样就建立了资本家与劳动者之间的雇佣关系。然后，马克思通过对劳动力使用过程中必要劳动时间与剩余劳动时间的区分，揭示出劳动者在剩余劳动时间里无偿地为资本家创造的

---

① 《马克思恩格斯全集》第 46 卷下，人民出版社，1980，第 299 页。在《伦敦手稿》的另一处，马克思指出："在理论上，价值概念先于资本概念，而另一方面，价值概念的纯粹发展又要以建立在资本上的生产方式为前提，同样，在实践上也是这种情况。"（《马克思恩格斯全集》第 46 卷上，人民出版社，1979，第 205 页）
② 《马克思恩格斯全集》第 46 卷上，人民出版社，1979，第 379 页。

剩余价值。尽管"劳动力价值理论"与"劳动价值理论"只有一字之差，却体现出马克思与英国古典经济学家在价值理论上的根本差别。

再次，马克思反复强调，不能从使用价值的意义上去理解价值。在《评阿·瓦格纳的"政治经济学教科书"》中，马克思以下面的文字概括了瓦格纳对价值概念的理解："'价值'这个普遍的概念是从人们对待满足他们需要的外界物的关系中产生的。"① 遗憾的是，大多数阐释者竟然把马克思概括瓦格纳价值观的这段话理解为马克思本人的价值观。明眼人一看就知道，瓦格纳上述价值观的根本错误是把价值概念与使用价值概念混淆起来了，因为只有使用价值涉及外界物与人的需要之间的关系。比如，一只杯子可以满足我盛水和喝水的需要。而在马克思看来，假如从使用价值出发去理解价值，就完全错失了价值的本质："我不是把价值分为使用价值和交换价值，把它们当作'价值'这个抽象分裂成的两个对立物，而是把劳动产品的具体社会形式分为这两者；'商品'，一方面是使用价值，另一方面是'价值'——不是交换价值，因为单是表现形式不构成其本身的内容。"② 这段话最清楚不过地表明，价值既不源于使用价值，也不包含使用价值。马克思只是指出，商品既包含使用价值，又包含交换价值，而交换价值只是其价值（无差别的人类劳动的凝结）的表现形式，因而在这里重要的是价值。如果说，使用价值只是商品的自然属性，那么，价值及其表现形式——交换价值则是商品的社会属性。正如马克思所说的："价值是商品的社会关系，是商品的经济上的质。……作为价值，商品是等价物；商品作为等价物，它的一切自然属性都消失了。"③ 显而易见，在马克思看来，当人们探索价值概念时，不但不应该把它同使用价值概念混淆起来，反而应该完全撇开使用价值这一自然属性。总之，使用价值涉及的是人与物之间的关系，而价值涉及的则是人与人之间的关系。也就是说，只有把价值与使用价值的概念严格地区分开来，研究者们才可能对马克思的价值概念做出准确的理解与阐释。

4. 基本概念是"时间"（dieZeit）

如前所述，商品的价值是由生产该商品的"社会必要劳动时间"（Gesellschaftlichnotwen – digeArbeitszeit）决定的。也就是说，一个商品的价

---

① 《马克思恩格斯全集》第 19 卷，人民出版社，1963，第 406 页。
② 《马克思恩格斯全集》第 19 卷，人民出版社，1963，第 412 页。
③ 《马克思恩格斯全集》第 46 卷上，人民出版社，1979，第 84 – 85 页。

值量的高低取决于投入生产这个商品的社会必要劳动时间的多少。那么，究竟什么是"社会必要劳动时间"呢？马克思解答道："社会必要劳动时间是在现有的社会正常的生产条件下，在社会平均的劳动熟练程度和劳动强度下制造某种使用价值所需要的劳动时间。"① 显然，马克思把"社会必要劳动时间"理解为客观时间，而商品价值的客观性正是通过"社会必要劳动时间"的客观性而得到保证的。这样一来，马克思自然而然地把自己的研究触角从价值概念转向时间概念。

首先，马克思的时间概念是以生产劳动作为基础和出发点的。马克思指出："劳动是活的、塑造形象的火；是物的易逝性，物的暂时性，这种易逝性和暂时性表现为这些物通过活的时间而被赋予形式。"② 假定未被加工过的原料是没有确定的形式的，那么正是劳动赋予产品以确定的形式，犹如劳动者把一块质朴的大理石雕刻成一尊亚里士多德的头像。所以古尔德（Carol C. Gould）在研究马克思的《伦敦手稿》时指出："对于马克思来说，劳动是时间的起源——既是人类时间意识的起源，又是对时间进行客观的测量的起源。"③ 由此可见，马克思对哲学上讨论的时间概念的理解是从"劳动时间"（Arbeitszeit）出发的。然而，遗憾的是，正统的阐释者们却颠倒了马克思本人的阐释过程，试图用传统哲学家们的时间观来阐释马克思的时间观。众所周知，传统哲学家们是从（与人的实践活动相分离的）抽象的自然界或抽象的物质出发去阐释时间概念的，因而他们根本无法理解马克思时间概念的真谛。因此，受到误导的马克思主义哲学教科书的作者们热衷于谈论下面的主题，即世界统一于物质，物质是运动的，时间与空间是运动着的物质的存在方式，等等。其实，这种退回到传统哲学那里去的言说方式根本就不符合马克思探讨时间概念的思路。如前所述，马克思是从人的实践活动，尤其是生产劳动出发去探讨时间概念的。

其次，马克思通过时间概念揭示了现代资本主义社会的秘密。马克思指出："社会的自由时间是以通过强制劳动吸收工人的时间为基础的，这样，工人就丧失了精神发展所必需的空间，因为时间就是这种空间。"④ 在现代资本主义社会的普遍的雇佣关系中，被雇佣者为了维持自己的生计，被迫出

---

① 马克思：《资本论》第 1 卷，人民出版社，1975，第 52 页。
② 《马克思恩格斯全集》第 46 卷上，人民出版社，1979，第 331 页。
③ Carol C. Gould, *Marx's Social Ontology*, MIT Press, 1978, p. 41.
④ 《马克思恩格斯全集》第 47 卷，人民出版社，1979，第 344 页。

让自己的时间。如前所述，被雇佣者，即劳动者正是在剩余时间中创造剩余价值的，而剩余价值则完全为雇佣者无偿地占有。正是在这个意义上，马克思一针见血地指出："现今财富的基础是盗窃他人的劳动时间。"① 由此可见，马克思的时间观完全与传统哲学家的时间观不同，它绝不是大学课堂里的高头讲章，而是"使现存世界革命化"的观念武器。

最后，马克思强调时间是空间的本质。马克思反复告诫我们："时间实际上是人的积极存在，它不仅是人的生命的尺度，而且是人的发展的空间。"② 马克思启示我们，不但生命在时间的地平线上展开，而且人用以发展自己的空间也是以时间地平线为基础的。正是在这个意义上，马克思强调："一切节约归根到底都是时间的节约。"③

5. 基本概念是"自由"（die Freiheit）

在马克思经济哲学的语境中，为什么紧随时间概念出现的是自由概念？因为人的自由活动也是在时间的地平线上展开的。如同马克思的价值概念的遭遇一样，马克思的自由概念也被正统的阐释者们所误解，而且至今这种误解仍然占据着主导性的位置。因而，阐明马克思自由概念的本来含义就具有特别重要的意义。

首先，马克思认为，自由概念源于现代经济领域中的平等交换。马克思这样写道："如果说经济形式，交换，确立了主体之间的全面平等，那么内容，即促使人们去进行交换的个人材料和物质材料，则确立了自由。可见，平等和自由不仅在以交换价值为基础的交换中受到尊重，而且交换价值的交换是一切平等和自由的生产的、现实的基础。作为纯粹观念，平等和自由仅仅是交换价值的交换的一种理想化的表现；作为在法律的、政治的、社会的关系上发展了的东西，平等和自由不过是另一次方的这种基础而已。"④ 这段重要的论述启发我们，只有从经济哲学的视角出发去理解马克思的自由概念，才能准确地把握其本真含义。在马克思看来，与上面提到的现代自由不同，古代自由非但不以交换价值为基础，反而由于交换价值的发展而陷于毁灭，因为在古代社会中还未出现以平等和自由的交换活动为基础的经济关系。这就表明，现代自由本身就是资本主义生产关系的产物。

① 《马克思恩格斯全集》第 46 卷下，人民出版社，1980，第 218 页。
② 《马克思恩格斯全集》第 47 卷，人民出版社，1979，第 532 页。
③ 《马克思恩格斯全集》第 46 卷上，人民出版社，1979，第 120 页。
④ 《马克思恩格斯全集》第 46 卷上，人民出版社，1979，第 197 页。

其次，马克思的自由概念是本体论意义上的自由概念，而不是认识论意义上的自由概念。正如正统的阐释者们把马克思的实践概念囚禁在认识论中一样，他们也把马克思的自由概念囚禁在认识论中。在《反杜林论》中，恩格斯写道："黑格尔第一个正确地叙述了自由和必然之间的关系。在他看来，自由是对必然的认识。'必然只是在它没有被了解的时候才是盲目的。'自由不在于幻想中摆脱自然规律而独立，而在于认识这些规律，从而能够有计划地使自然规律为一定的目的服务。……因此，意志自由只是借助于对事物的认识来做出决定的能力。因此，人对一定问题的判断越是自由，这个判断的内容所具有的必然性就越大；而犹豫不决是以不知为基础的，……因此，自由就在于根据对自然界的必然性的认识来支配我们自己和外部自然。"① 从这段常被研究者们引证的论述可以看出，恩格斯完全把自由概念禁锢在认识论的范围内，即把自由视为人们对自然必然性或自然规律的认识。如果他们处于犹豫不决的状态下，这就表明他们还没有真正把握自然必然性。其实，康德早就告诉我们，认识论涉及的自然必然性属于现象领域，而这个领域根本与自由无涉，真正涉及自由的是本体论领域。如果说，认识论涉及人与自然界的关系，那么，本体论则涉及人与人的关系。事实上，只有关涉到生命、情感、爱情、忠诚、反叛、罪恶、信念、信仰这类人与人之间的关系问题时，本真意义上的自由才会显现出来。马克思批判地加以继承的正是康德从本体论意义上阐释出来的自由概念，但他进一步把这个概念置于经济哲学的视域中。马克思告诉我们："这个领域内的自由只能是：社会化的人，联合起来的生产者，将合理地调节他们和自然之间的物质变换，把它置于他们的共同控制之下，而不让它作为盲目的力量来统治自己；靠消耗最小的力量，在最无愧于和最适合于他们的人类本性的条件下来进行这种物质变换。"② 马克思这里说的"最无愧于和最适合于他们的人类本性的条件"表明，马克思的自由概念始终落脚在人与人的关系上，而不是像恩格斯那样落脚在人与自然的关系上。

最后，马克思主张，缩短劳动时间是追求自由的根本条件。作为实践的、革命的哲学，马克思哲学的首要任务是使无产阶级争得自己的自由。因而马克思指出："事实上，自由王国只是在由必需和外在目的规定要做的劳

① 《马克思恩格斯选集》第3卷，人民出版社，1995，第455－456页。
② 马克思：《资本论》第3卷，人民出版社，1975，第926－927页。

动终止的地方才开始；因而按照事物的本性来说，它存在于真正物质生产领域的彼岸。……但是，这个自由王国只有建立在必然王国的基础上，才能繁荣起来。工作日的缩短就是根本条件。"[1] 马克思这里说的"工作日的缩短"也就是工人劳动时间的缩短。在他看来，这正是工人走向自由的"根本条件"。正如马克思在《伦敦手稿》中所说的："节约劳动时间等于增加自由时间，即增加使个人得到充分发展的时间……"[2] 由此可见，在马克思哲学中，自由与时间是不可分离地联系在一起的。

上面，我们简要地论述了作为经济哲学的马克思哲学的五个基本概念。在我们看来，只有在这些基本概念的基础上来重建马克思哲学体系，才能真正超越正统的和非正统的阐释者们的视域，准确地塑造出马克思的理论形象。

四　对马克思哲学的历史命运和未来发展的反思

任何一种伟大的学说在其发展的进程中都面临着被误解的危险，马克思哲学也不例外。事实上，马克思在世时，这种误解就已经开始了；马克思逝世后，这种误解进一步加剧，以至于马克思哲学的实质和特征都被严严实实地遮蔽起来了，而建基于种种误解之上的虚假的"马克思哲学"却到处泛滥。作为理论工作者，我们有责任清除附加在马克思哲学上的各种误解，恢复马克思哲学的本来面目和本真精神。我们对马克思哲学的历史命运和未来发展的反思主要围绕以下四个问题展开。

（一）马克思主义，还是实证主义？

从《巴黎手稿》中对"异化劳动"的扬弃到"实践的人道主义"口号的提出，从《提纲》中倡导的"改变世界"到《德意志意识形态》中的"实践唯物主义"学说的降生，从《共产党宣言》（1848）中提出的"用暴力推翻全部现存的社会制度"[3] 到《资本论》第 1 卷中发出的呼喊"剥夺者就要被剥夺了"[4]，无不证明，马克思哲学是实践的哲学、革命的哲学。然

---

① 马克思：《资本论》第 3 卷，人民出版社，1975，第 926 - 927 页。
② 《马克思恩格斯全集》第 46 卷下，人民出版社，1980，第 225 页。
③ 《马克思恩格斯选集》第 1 卷，人民出版社，1995，第 307 页。
④ 马克思：《资本论》第 1 卷，人民出版社，1975，第 832 页。

而，在正统的阐释者们那里，实证主义的思想倾向却不断地侵蚀着马克思哲学的实践性和革命性，以至于马克思哲学陷入了严重的危机。我们这样说肯定不是危言耸听。

众所周知，恩格斯的思想深受以法国哲学家孔德作为肇始人的实证主义思潮的影响。在《反杜林论》的"引论"中，恩格斯告诉我们："现代唯物主义把历史看作人类的发展过程，而它的任务就在于发现这个过程的运动规律。……现代唯物主义概括了自然科学的新近的进步，……在这两种情况下，现代唯物主义本质上都是辩证的，而且不再需要任何凌驾于其他科学之上的哲学了。一旦对每一门科学都提出要求，要它们弄清它们自己在事物以及关于事物的知识的总联系中的地位，关于总联系的任何特殊科学就是多余的了。于是，在以往的全部哲学中仍然独立存在的，就只有关于思维及其规律的学说——形式逻辑和辩证法。其他一切都归到关于自然和历史的实证科学中去了。"① 显然，恩格斯这里说的"现代唯物主义"（包括唯物主义自然观和唯物主义历史观）是指他和马克思的思想。但当恩格斯说，除了"形式逻辑和辩证法"，"其他一切都归到关于自然和历史的实证科学中去了"，也就等于告诉我们，"现代唯物主义"并不是哲学理论，它属于"关于自然和历史的实证科学"的范围，至多不过是其基础理论部分罢了。毋庸置疑，按照这样的阐释思路，作为"现代唯物主义"的马克思哲学竟然成了实证科学的一个组成部分。众所周知，"实证科学"和"实证主义"（der Positivismus）都以德语形容词 positiv 作为词根。Positiv 可以被译为"实证的"、"肯定的"或"积极的"。事实上，这三个含义是相通的，意思是对外部世界采取肯定的态度。而既然"实证科学"和"实证主义"都对外部世界采取肯定的态度，因此其研究方式也只能是对外部世界做出肯定的或积极的描述，而根本不可能以批判的、革命的方式去对待外部世界。由此可见，一旦马克思哲学被归属到实证科学的范畴内，它的实践的、革命的特征必定处于被遮蔽的状态下。

也许有人会辩解说，恩格斯的上述见解是偶然的。然而，只要阅读过恩格斯主要著作的人都会发现，把马克思哲学实证科学化乃是恩格斯一贯的主张。在《自然辩证法》中，恩格斯也以同样的口吻写道："自然科学家满足于旧形而上学的残渣，使哲学还得以苟延残喘。只有当自然科学和历史科学

① 《马克思恩格斯选集》第3卷，人民出版社，1995，第364页。

接受了辩证法的时候，一切哲学垃圾——除了关于思维的纯粹理论——才会成为多余的东西，在实证科学中消失掉。"① 在这里，恩格斯以更明确的口气表达了相同的见解，即除了"思维的纯粹理论"，哲学将"在实证科学中消失掉"。人所共知，这里所说的"自然科学"和"历史科学"都属于实证科学的范围，事实上，即使它们"接受了辩证法"，它们仍然是实证科学！在《出路》的结尾处，当恩格斯提到马克思的历史观时写道："这种历史观结束了历史领域内的哲学，正如辩证的自然观使一切自然哲学都成为不必要的和不可能的一样。现在无论在哪一个领域，都不再要从头脑中想出联系，而要从事实中发现联系了。这样，对于已经从自然界和历史中被驱逐出去的哲学来说，要是还留下什么的话，那就只留下一个纯粹思想的领域：关于思维过程本身的规律的学说，即逻辑和辩证法。"② 如前所述，恩格斯把自己视为"辩证的自然观"的创始人，把马克思视为"辩证的历史观"的创始人，并主张这两种"自然观"和"历史观"已经结束了自然领域和历史领域内的哲学，也就等于说，"辩证的自然观"和"辩证的历史观"都不属于哲学的范围。而他关于哲学只留下"一个纯粹思想的领域"的见解也进一步印证了我们前面提出的结论，即马克思的历史观根本不属于哲学的范围，那它究竟属于什么呢？在恩格斯看来，自然是属于实证科学的范围了。

当恩格斯反复使用"关于思维的纯粹理论""一个纯粹思想的领域""逻辑和辩证法"这些字眼时，我们自然而然地联想起对恩格斯影响极大的一位哲学家——黑格尔。有趣的是，恩格斯在杜林的著作中发现了黑格尔的影子，同样地，我们也在恩格斯的著作中发现了黑格尔的影子。难道黑格尔的《逻辑学》不正是"关于思维的纯粹理论"，不正是"一个纯粹思想的领域"（黑格尔自称为"概念阴影的王国"）吗？原来，恩格斯主张，未来哲学的发展应该退回到黑格尔《逻辑学》所展示的"纯粹思想的领域"中去。我们发现，恩格斯终其一生都是一个隐蔽的黑格尔主义者。正如马克思在批判以"德国的批判"自诩的青年黑格尔主义者时指出："德国的批判，直到它最后的挣扎，都没有离开过哲学的基地。这个批判虽然没有研究过它的一般哲学前提，但是它谈到的全部问题终究是在一定的哲学体系，即黑格尔

---

① 恩格斯：《自然辩证法》，人民出版社，1971，第 187 - 188 页。
② 《马克思恩格斯选集》第 4 卷，人民出版社，1995，第 257 页。

体系的基地上产生的。"①

假如未来哲学只留下了"一个纯粹思想的领域",而哲学的其他部分则只能"在实证科学中消失掉",那么,被恩格斯称之为"唯物主义历史观"的马克思学说当然就不再是哲学了,它只有一个命运,即消失在实证科学中。这样一来,马克思关于异化劳动和人道主义、阶级斗争和社会革命、人的解放和人的全面发展、必然王国和自由王国等学说又安顿在哪里呢?显然,"一个纯粹思想的领域"是容不下这些理论的。于是,它们只能像"漂泊的荷兰人",永远游荡在实证科学的丛林中。与此相应的是,以实践性和革命性为根本特征的马克思哲学也在错误的阐释中被变形为对外部世界采取肯定态度的实证主义学说。事实上,在恩格斯的影响下,第二国际的领袖们就是以这样的思路来理解并阐释马克思和马克思主义的。所以才会有以卢卡奇、葛兰西等人为代表的西方马克思主义者对第二国际思想路线的批判和反拨,对实践性和革命性的呼求才会重新出现在西方马克思主义者的论著中。

(二) 社会生产关系本体论,还是物质本体论?

众所周知,康德的神秘概念"自在之物"被叔本华阐释为"意志"。叔本华这样写道:"自在之物是什么呢?就是——意志。"② 毋庸置疑,叔本华对这个概念的阐释是富有创造性的,但与此同时,他对意志的理解又是不准确的。他告诉我们:"意志本身根本就是自由的,完全是自决的;对于它是没有什么法度的。"③ 也就是说,意志完全不受束缚,是一种自由自决的东西。叔本华对意志理解的失误表明,他对意志的探讨缺乏经济哲学的维度,而正是马克思,从经济哲学的视角出发,对意志做出了深刻的阐释。马克思指出,人生存在世,首先要满足吃、喝、住、穿这些基本的需要,因此,人的第一个历史活动就是生产满足这些需要的物质生活资料。也就是说,人的意志在相当程度上是不自由的,它不得不把人一生中最好的时光都消耗在谋生的生产劳动中,而生产劳动要变得可能,人与人之间就不得不先行结成一定的关系,即生产关系。正如马克思所说的:"只有在这些社会联系和社会关系的范围内,才会有他们对自然界的影响,才会有生产。"④ 显然,马克

---

① 《马克思恩格斯全集》第 3 卷,人民出版社,1960,第 21 页。
② 叔本华:《作为意志和表象的世界》,石冲白译,商务印书馆,1982,第 177 页。
③ 叔本华:《作为意志和表象的世界》,石冲白译,商务印书馆,1982,第 391 页。
④ 《马克思恩格斯选集》第 1 卷,人民出版社,1995,第 344 页。

思已经意识到，意志只能在一定的社会生产关系的基础上发挥作用，正是在这个意义上，马克思把意志称作"由物质生产关系所决定的意志"①。这样一来，马克思已经以自己独特的经济哲学的思路解开了康德神秘的"自在之物"的秘密。马克思认为，"自在之物"并不是叔本华所说的"意志"，而是决定意志如何活动的"物质生产关系"或"社会生产关系"。从更大的范围来看，社会生产关系从属于社会关系，然而，前者却构成后者的基础性的、始源性的层面。正如列宁在《什么是"人民之友"以及他们如何攻击社会民主党人？》（1894）中谈到马克思的社会分析方法时所指出的，他"从社会生活的各个领域中划分出经济领域，从一切社会关系中划分出生产关系，即决定其余一切关系的基本的原始的关系"②。

其实，社会生产关系的概念之所以在马克思哲学中拥有根本性的地位，因为它不仅涉及人类最基本的实践活动——生产劳动的一个侧面，也涉及马克思最重视的实践活动——社会革命的对象。在《德意志意识形态》中，马克思告诉我们："……只有实际地推翻这一切唯心主义谬论所由产生的现实的社会关系，才能把它们消灭；历史的动力以及宗教、哲学和任何其他理论的动力是革命，而不是批判。"③ 而马克思这里所说的"现实的社会关系"的基础部分正是社会生产关系。此外，马克思也正是从社会生产关系的视角出发去考察资本这个现代社会的灵魂的。马克思反复告诫我们："资本也是一种社会生产关系。这是资产阶级的生产关系，是资产阶级社会的生产关系。"④ 总之，马克思认为，社会生产关系是"一种特殊的以太，它决定着它里面显露出来的一切定在的比重"⑤。在马克思看来，社会生产关系是看不见摸不着的，它居于超感觉世界的本体论领域中，只有靠人的理性才能加以把握。正是在这个意义上，我们把马克思哲学称作"社会关系本体论"⑥。

然而，遗憾的是，正统的阐释者们从一开始就撇开了马克思在《提纲》中赋予"实践"概念的基础性的、核心的地位，而热衷于谈论与人的实践活动相分离的抽象的物质（或自然），并在亚里士多德、笛卡尔等传统哲学

---

① 《马克思恩格斯全集》第3卷，人民出版社，1960，第213页。参阅拙文《康德是通向马克思的桥梁》，《复旦学报》2009年第4期。

② 《列宁选集》第1卷，人民出版社，1995，第6页。

③ 《马克思恩格斯全集》第3卷，人民出版社，1960，第43页。

④ 《马克思恩格斯选集》第1卷，人民出版社，1995，第345页。

⑤ 《马克思恩格斯全集》第46卷上，人民出版社，1979，第44页。

⑥ 参阅拙文《马克思哲学是社会生产关系本体论》，《学术研究》2001年第10期。

家的影响下，直接把马克思哲学阐释为"物质本体论"。流行的马克思主义哲学教科书则满足于重复以下的废话：世界统一于物质，物质是运动的，运动着的物质是有规律的，时间和空间是运动着的物质的存在形式，等等。其实，这些书斋里的高头讲章与马克思哲学有什么相干。如前所述，马克思哲学作为实践的、革命的哲学，一开始就激烈地批判了传统哲学的抽象物质观，马克思从抽象物质下降到物，再从物下降到资本主义经济关系中的"社会的物"——商品，并力图通过对商品拜物教、货币拜物教和资本拜物教的批判，从物与物的虚幻关系下揭示出人与人之间的真实关系。假如马克思也有"物质观"的话，他的物质观的核心就是批判商品拜物教，使无产阶级认清自己在资本主义社会中的真实处境，从而起来参与颠覆资本主义制度的社会革命。无数事实表明，只有告别这种传统哲学所崇尚的、抽象的物质本体论，把马克思哲学阐释为社会生产关系本体论，马克思划时代的哲学革命的意义才会得到充分的显现。

（三）实践诠释学，还是抽象认识论？

众所周知，马克思从来没有以传统哲学的方式来谈论过认识论。实际上，他以他自己创立的"实践诠释学"取代了传统的、抽象的认识论。在马克思的著作中，尽管 Hermeneutik 这个词只出现过一次①，但这并不意味着他没有诠释学的理论。恰恰相反，马克思先于海德格尔完成了诠释学发展史上的本体论转折。如前所述，马克思首先是从本体论意义上来阐发实践概念在自己哲学中的地位和作用的。《提纲》第 8 条告诉我们："全部社会生活在本质上是实践的。凡是把理论引向神秘主义的神秘东西，都能在人的实践中以及对这个实践的理解中得到合理的解决。"②《提纲》第 2 条又告诫我们："人的思维是否具有客观的（gegenstaendliche）真理性，这不是一个理

---

①　马克思在 1858 年 1 月 28 日致恩格斯的信中，曾经写下了这么一段话："Bei Auslegung und Vergleichung von Stellen mag ihm die juristische Gewohnheit der Hermeneutik behuelflich gewesen sein."（Karl Marx, Friedrich Engels, Werke, Band 29, Berlin: Dietz Verlag, 1963, S. 267）《马克思恩格斯全集》第 29 卷（人民出版社，1972，第 257 页）把上面这段话译为："在对某些字句进行解释和比较时，看来解释法律的习惯帮助了他。"显然这段译文没有把我们这里探讨的 Hermeneutik 这个德语名词的确切含义翻译出来。我们尝试做出以下新的翻译："在对各种字句进行解释和比较时，法学诠释学的惯例帮助了他（指拉萨尔。——译者注）。"

②　《马克思恩格斯选集》第 1 卷，人民出版社，1995，第 56 页。

论的问题，而是一个实践的问题。"① 我们不妨把这两段话理解为马克思实践诠释学的座右铭。

如前所述，在马克思那里，实践的最基本、最普遍的表现形式是生产劳动，而在生产劳动中占支配地位的阶级，也必定在精神生产或思想生产中占据支配性的地位："统治阶级的思想在每一时代都是占统治地位的思想。这就是说，一个阶级是社会上占统治地位的物质力量，同时也是社会上占统治地位的精神力量。支配着物质生产资料的阶级，同时也支配着精神生产的资料。因此，那些没有精神生产资料的人的思想，一般地是受统治阶级支配的。占统治地位的思想不过是占统治地位的物质关系在观念上的表现，不过是表现为思想的占统治地位的物质关系；因而，这就是那些使某一个阶级成为统治阶级的各种关系的表现，因而这也就是这个阶级的统治的思想。"② 在马克思看来，普通人的认识、理解和阐释活动正是在统治阶级的占支配地位的思想前提下展开的。只要人们对先入之见，即对统治阶级的占支配地位的思想观念还没有获得批判意识，那么这种认识、理解和阐释活动至少是肤浅的，严重时会误入歧途。这样一来，对认识的起源、过程和本质（反映论，还是先验论）的讨论突然变得微不足道了，甚至整个认识论也变得微不足道了，它接下来的命运就是被超越。换言之，认识论必定会转化为诠释学，而诠释学的核心问题则是：人们可能会把什么样的先入之见带入自己的认识、理解和阐释活动中？如何通过反思和批判来清除自己的先入之见？而马克思的实践诠释学为我们展示了一条崭新的道路——意识形态批判的道路。因为前面提到的统治阶级的占支配地位的思想观念实际上就是意识形态。马克思的实践诠释学启示我们，在人们开展自己的认识、理解和阐释活动之前，最重要的是通过意识形态的批判，先行地澄清他们的先入之见。在这个意义上，马克思的实践诠释学也可称作"批判诠释学"。

然而，正如我们在前面指出过的，正统的阐释者们试图把马克思的实践诠释学拉回到传统认识论的思维框架中，尤其是流行的马克思主义哲学教科书把认识论安放在"辩证唯物主义"领域中，而作为认识主体的人和认识背景的社会则被放到"（狭义的）历史唯物主义"领域中去加以叙述。显然，这种脱离社会历史，脱离实践活动的、抽象的认识主体，只能演绎出抽

---

① 《马克思恩格斯选集》第 1 卷，人民出版社，1995，第 55 页。
② 《马克思恩格斯全集》第 3 卷，人民出版社，1960，第 52 页。

象的认识论，即满足于以抽象的方式谈论认识的起源、过程和本质。作为抽象认识论的极端表现形式——反映论，实际上还停留在洛克的"白板说"的水平上，它既没有意识到，认识者总是带着自己的先入之见进入认识活动的；也没有意识到，认识者不是在静态的反映中，而是在动态的社会实践活动中开始自己的认识活动的。关于这一点，我们在前面已经做了充分的论述，在这里就不再展开了。

（四）社会历史辩证法，还是自然辩证法？

在马克思那里，辩证法一开始就是以人的实践活动，尤其是生产劳动作为载体的。在《巴黎手稿》中，马克思指出："黑格尔的《现象学》及其最后成果——作为推动原则和创造原则的否定性的辩证法——的伟大之处首先在于，黑格尔把人的自我产生看作一个过程，把对象化看作失去对象，看作外化和这种外化的扬弃；因而，他抓住了劳动的本质，把对象性的人、现实的因而是真正的人理解为他自己的劳动的结果。"① 由此可见，对社会历史运动辩证法的探讨首先就是对人的实践活动，尤其是对生产劳动中的辩证法的探讨。在这个意义上，马克思社会历史辩证法的基础性层面乃是"实践辩证法"，而实践辩证法的最基本、最普遍的表现形式则是"劳动辩证法"。

如前所述，实践活动，尤其是生产劳动，是在人与自然界之间展开的，而自然科学又通过工业，以实践的方式进入人们的生活并改变他们的生活。马克思在批评费尔巴哈的抽象自然观时指出："这种先于人类历史而存在的自然界，不是费尔巴哈在其中生活的那个自然界，也不是那个除去在澳洲新出现的一些珊瑚岛以外今天在任何地方都不再存在的、因而对于费尔巴哈说来也是不存在的自然界。"② 在马克思看来，与人的实践活动相分离的自然界根本就不存在，只有经过人的实践活动媒介的自然界，即"人化的自然界"或"人类学的自然界"才是现实的自然界。这种"人化自然辩证法"构成了马克思社会历史辩证法的第二个层面。

在对以人的实践活动为基础的人类历史的考察中，马克思的社会历史辩证法又形成了第三个层面，即社会形态辩证法。在《巴黎手稿》中，马克思实际上把人类社会的发展划分为三个不同的阶段：第一个是异化劳动产生

---

① 《马克思恩格斯全集》第 42 卷，人民出版社，1979，第 163 页。
② 《马克思恩格斯全集》第 3 卷，人民出版社，1960，第 50 页。

前的阶段，第二个是异化劳动和私有制的阶段，第三个是扬弃异化劳动和私有制后的阶段。在《伦敦手稿》中，马克思又从人与物、人与人的关系出发，把人类历史的发展划分为以下三个不同的社会形态：一是以"人的依赖关系"为基础的社会形态；二是以"以物的独立性为基础的人的独立性"为特征的社会形态；三是以"建立在个人全面发展和他们共同的社会生产能力成为他们的社会财富这一基础上的自由个性"为特征的社会形态。

显然，马克思的社会历史辩证法为我们准确地理解并阐释人类社会的结构和历史发展提供了重要的思想方法。然而，正统的阐释者们却把与人的实践活动和社会历史相分离的、抽象的自然界作为辩证法的载体，满足于谈论自然界自身运动的辩证法。这样一来，辩证法就蜕变为一种中性的、与人的社会活动无关的描述性的方法，辩证法的批判性和革命性完全被遮蔽起来了。毋庸置疑，要恢复马克思社会历史辩证法的活力，就要牢记马克思在《资本论》第 1 卷第 2 版跋（1873）中留下的名言："辩证法不崇拜任何东西，按其本质来说，它是批判的和革命的"①。

综上所述，马克思哲学是实践唯物主义，即"广义的历史唯物主义"；在马克思那里，实践的最基本、最普遍的表现形式是生产劳动，而生产劳动属于经济领域，因而只有借助于经济哲学的进路，才有可能准确地把握马克思哲学的原初面貌和基本概念——生产、商品、价值、时间和自由；马克思哲学面临的严重危机是被实证科学化，即其实践性和革命性的衰退，必须恢复马克思哲学的本真精神，创造性地重塑马克思的理论形象。

作者单位：复旦大学哲学学院

---

① 马克思：《资本论》第 1 卷，人民出版社，1975，第 24 页。

马克思经济哲学思想的理论
路径与现实意义

魏小萍

马克思的经济哲学思想渊源于对古典经济学、国民经济学或政治经济学的继承、批判,当古典经济学家致力于论证国民经济的增长路径,而面对理念与现实的悖论,国民经济学家致力于对这一增长路径进行辩护性论证时,马克思的政治经济学批判思路产生于对这一悖论形成路径的分析论证。这使得马克思形成了自己独特的批判性理论研究思路,今天我们对马克思的政治经济学批判性研究思路,结合其历史轨迹,从理论与现实两个方面进行梳理和分析,论证在当今经济全球化的发展趋势下,马克思政治经济学批判思路的现实意义。

一 马克思经济哲学思想的发展路径

马克思在《1857－1858 年经济学手稿》中对国民经济学家蒲鲁东等围绕着自由与平等、公平与正义问题的观点进行了批判,马克思的批判思路形成于对资本主义经济关系从历史进程到现实程序所展开的分析,并且通过这些分析论证了资产阶级革命理念在现实的经济关系中走向自身反面。马克思这一分析思路的关键之处在于对两种不同质的经济交换关系从历史进程上进行区分,即由简单商品交换到资本主义商品交换,前者是物与物的交换,后者包含着劳动力的商品化过程。马克思的劳动价值理论是这一分析的基础理论,它揭示了劳动力价值(劳动报酬)与劳动创造价值之间的不等价交换关系。正是在这种经济交往关系中,原则上的自由与平等、公平与正义在合法的程序中走向自身的反面，并且产生了社会分化。

自由与平等、公平与正义是早期资产阶级革命的基本理念，在资本主义现实社会的境遇中，各种思想家之间的争论围绕着这些基本理念及其现实性而展开，同样马克思早年与各种社会批判思潮之间的论争也离不开这些基本的理念。但是马克思与这些批判思潮有所不同的地方在于，他既没有从正面主张这些理念，也没有将这些理念本身作为批判的对象，通过对资本主义经济关系的分析，马克思揭示并且论证了理念与现实之间悖论的存在。马克思与国民经济学家之间的分歧及其对蒲鲁东从哲学－经济学视角所进行的批判，体现了他这一研究思路的进展。

在资本主义经济关系中，自由概念的特定涵义是与财产所有权直接相关的，它从个体角度蕴含着人们拥有、处置财产的权利，它既是一个经济哲学概念，也是一个法学概念。平等在最初的诉求是交换主体双方在经济地位上的平等（规则平等），而并非今天人们在财富分配意义上所理解的平等（结果平等），它针对的是封建等级制。货币作为交换手段的确立，在经济交往关系中从形式上确保了主体在交换中的平等关系。自由与平等相对于封建社会的人身依附关系、等级关系，无疑是一种历史性进步，然而这一进步同时蕴含着自身的否定性，因为自由与平等的经济交往关系同时成为资本主义发生社会分化的合法路径，社会分化发展到一定程度，势必要颠覆起点的平等，因而为资本主义进行论证的自由主义理论自身蕴含着悖论。

与马克思同时代的激进批判家对资本主义贫富分化的社会现象及其所产生的各种问题的批判止步于社会现象、滞留于意识形态领域，而国民经济学家的关注焦点是社会财富的增长机制，并不是与社会财富增长同时递增着的社会分化问题。

马克思既不满意于激进批判家的现象性批判和观念性批判，又不满意于国民经济学家以自由、平等原则为依托的辩护性论证，这种论证看到的只是人与人之间的经济交往活动。与此不同，马克思对这一问题的认识是立体的，他深入人与人、人与物的双重关系中，不仅从人与人之间的关系，而且从人与物之间的联系机制以及这一联系机制对主体之间相互关系的制约作用角度来理解这一问题，看到了经济交换关系的发展在什么意义上走向了初始原则的反面。国民经济学家看不到这种发展所带来的经济交往关系的深刻变化，相反，在他们那里："每一个主体都是交换者；因此，每一个人与另一个人之间、如另一个人与他人之间，都有着同样的关系。作为交换的主体，他们之间的关系是平等的。在他们之间不可能看到区别，更不可能看到对立，甚至连丝毫的差异也没有。进而，他们交换的商品是交换价值相等的或者至少是当作交换价值相等的商品。"①

这里涉及的平等概念包含着三个涵义：其一，主体双方地位的平等，这并非指处于不同政治、经济层面意义上的地位平等，而是法律独立、自主意义上的地位平等；其二，交换价值的相等；其三，规则的统一（平等）。

从这一在形式上是如此平等的经济规则中，看不到差异，更看不到对立，从理论设计上来说，它完全符合资产阶级民主派的自由、平等理念。

交换双方主体地位的平等、交换规则的普遍化是通过个体自我利益的一般化来完成的，普遍的规则建立在每一个交换主体的自我利益基础之上。由于个体地位的平等和交换规则的普遍化，个人的交换行为因此又是自由的，他可以自由地支配自己的物品，在市场中遵循普遍的规则以完成交换行为。资产阶级民主派通过这一从平等到自由的推论过程，完成了对资本主义经济体制从理念到现实的论证。在马克思看来，资产阶级民主派的理论是建立在对国民经济学理论的理解基础上的，黑格尔哲学可以为这一理解模式做出解读。"平等和自由不仅在以交换价值为基础的交换中受到尊重，而且以交换价值为基础的交换是所有平等和自由的产物、现实基础。"②

对于同样的世界，马克思看到的是不同的画面："从总体上来说，在现实的市民社会里，价格和流通等等的规则是表面的过程，在其深处完全是另一个过程，在这一过程中，个人之间这种表面上的平等和自由就消失了。"③这一真实而潜伏于深处的过程，在自由而平等的现象下面产生着社会分化，

---

① Mrax/Engels Gesamtausgabe, Band Ⅱ/1.1, Dietz Verlag Berlin 1976, S. 165. 参见《马克思恩格斯全集》第 30 卷，人民出版社，1995，第 195 页："每一个主体都是交换者，也就是说，每一个主体和另一个主体发生的社会关系就是后者和前者发生的社会关系。因此，作为交换的主体，他们的关系是平等的关系。在他们之间看不出任何差别，更看不出对立，甚至连丝毫的差异也没有。"

② Mrax/Engels Gesamtausgabe, Band Ⅱ/1.1, Dietz Verlag Berlin 1976, S. 168. 参见《马克思恩格斯全集》第 30 卷，人民出版社，1995，第 199 页："平等和自由不仅在以交换价值为基础的交换中受到尊重，而且交换价值的交换是一切平等和自由的生产的、现实的基础。"

③ Mrax/Engels Gesamtausgabe, Band Ⅱ/1.1, Dietz Verlag Berlin 1976, S. 171. 参见《马克思恩格斯全集》第 30 卷，人民出版社，1995，第 202 页："在现存的资产阶级社会的总体上，商品表现为价格以及商品的流通等等，只是表面的过程，而在这一过程的背后，在深处，进行的完全是不同的另一些过程，在这些过程中个人之间这种表面上的平等和自由就消失了。"

资本主义经济关系通过自由、平等的合法途径积累着差异，其程度和速度远非人们之间存在的自然差异可以解释。这一切是如何发生的，是马克思关注的问题。

马克思认为国民经济学家之所以被表面上的平等和自由现象所迷惑，是因为他们"在对货币关系的规定中，至今都是从它的纯粹发展出发，而没有与更高发展程度的生产关系相联系，在简单理解的货币关系中，资产阶级（或译市民）社会一切内在的对立都难以体现。正是从这一方面来看，这一对立消失了，资产阶级民主派因此比资产阶级经济学家（这将导致对交换价值和交换的更加简单的规定）更加容易为迄今存在着的经济关系辩护。"①

从自由与平等的理念，到社会贫富分化的现象，在马克思看来，这其中一定存在不为人们所察觉的原因，马克思通过对资本主义经济关系的历史进程进行分析，认为这一原因存在于经济交往关系本身随着劳动力的商品化发生了质的变化，他认为，看不到这一点，就看不到资本主义社会自身蕴含着的对立因素，这正是资产阶级民主派更加倾向于为现实的经济关系进行辩护的缘由。

例如，蒲鲁东式的法国社会主义就认为等价交换制度是自由和平等的体现，只是被货币和资本扭曲而已，只要对这一扭曲进行矫正，也就是说阻止资本的形成，就能维持其自由和平等的特征。马克思从历史进程的角度指出："认为交换价值不会发展成为资本，或者生产交换价值的劳动不会发展成为雇佣劳动，这是一种虔诚和愚蠢的愿望。"② 而一旦资本成为资本，获取利润就是它的存在方式，蒲鲁东则要求资本作为简单的交换价值进入经济交换程序，以确保经济交往中的公平和正义。

在马克思看来，这是经济学概念上的混乱，"关于公平和正义的空谈，

---

① Mrax/Engels Gesamtausgabe, Band Ⅱ/1.1, Dietz Verlag Berlin 1976, S. 162 – 165. 参见《马克思恩格斯全集》第30卷，人民出版社，1995，第195页："既然迄今为止对货币关系的阐述是在其纯粹形式上进行的，并没有同发展程度较高的生产关系联系起来，那么，货币关系的规定的特点就在于：在从简单意义上来理解的货币关系中，资产阶级社会的一切内在的对立在表面上看不见了，因此，资产阶级民主派比资产阶级经济学家（后者至少是前后一贯的，以致他们会后退到交换价值的和交换的更简单的规定上去）更多地求助于这种简单的货币关系，来为现存的经济关系辩护。"

② Mrax/Engels Gesamtausgabe, Band Ⅱ/1.1, Dietz Verlag Berlin 1976, S. 172. 参见《马克思恩格斯全集》第30卷，人民出版社，1995，第204页："认为交换价值不会发展成为资本，或者说，生产交换价值的劳动不会发展成为雇佣劳动，这是一种虔诚而愚蠢的愿望。"

只是要用适应于简单交换的财产权关系和法的关系的标准，去衡量交换价值的较高发展阶段上的财产和法的关系"。① 马克思的批判思路以区分历史发展进程中两种不同的交换关系为基础：第一种或者早期的经济交往关系是简单的商品交换，第二种或者较高发展阶段上的经济交往关系在内容上与早期的交换关系是不同的。正是由于这一不同，在简单交换关系中奉行的公平和正义原则，在较高发展阶段的经济交换关系中蕴含着悖论。

马克思认为，蒲鲁东不是没有看到这一区别，而是试图用简单的经济交换关系取代较高发展阶段中的经济交换关系，让资本改变其职能，这就多少带有幻想成分了，因为他的这一设想忽略了资本的本质。

区分两种不同的经济交往关系是马克思能够对国民经济学家和资产阶级民主派的辩护性观点进行批判的依据所在，这一思路形成于对资本主义经济关系历史发展进程的分析，前提是马克思对交换主体一方即劳动力自身商品化的理解。正是通过这一区分，马克思从资本主义经济运行方式的程序论证了自由与平等悖论产生的现实路径。历史性的纵向分析与现实性的程序分析，是马克思对资产阶级理念与资本主义现实反差进行论证的基本方式。今天，马克思当初与论争对手所涉及的理论问题与国内外左右翼思潮争论的焦点问题仍然存在很大的相关性，但是与今天人们的争论在更大程度上向着政治权利、道德伦理的视域而延伸有所不同，马克思的批判思路是向经济领域延伸的。

从现实程序上来看，自由、公正、平等的理念体现的是自由而等价的交换关系，后者以契约原则为基础、以法律制度为保障，是资本主义经济关系的灵魂。等价交换中的"等"体现在主客两个方面：一方面主体表现为具有同等地位的交换者，另一方面客体也表现为具有同等价值的交换物。

马克思对等价交换不相等的揭示，是通过主体客体化，即劳动者被商品化的过程来完成的：等价交换在最初的意义上指主体双方用来进行交换的物品在价值上相等，但是这只是在简单经济交换关系中的情况，一旦交换主体的一方，例如工人，既作为交换主体，又作为交换客体时，情况就

---

① Mrax/Engels Gesamtausgabe, Band Ⅱ/1.1, Dietz Verlag Berlin 1976, S. 236. 参见《马克思恩格斯全集》第 30 卷，人民出版社，1995，第 279 页："关于公平和正义的空谈，归结起来不过是要用适应于简单交换的所有权关系或法的关系作为尺度，来衡量交换价值的更高发展阶段上的所有权关系和法的关系。"

发生了变化。

马克思的研究思路朝着历史与现实两个方向努力：其一是沿着历史纵向维度进行的发掘，分析现有的经济交往关系在历史上是如何演进、形成的；其二是沿着现实横向维度进行的发掘，存在于等价交换现象背后的不等价交换是如何可能的，以等同的交换价值身份出现在交换活动中的价值本身，其源泉是什么？

从第一个方面来看，马克思尝试着通过经济交往关系的发展史来论证现有的经济交往关系并非是偶然形成或随意构成的现象，而是历史发展的必然产物；从第二个方面来看，马克思在古典政治经济学劳动创造价值理论的基础上，进一步通过对劳动者创造价值与劳动者消费价值（工资）的差异来揭示劳动与资本交换结果的不平等或者资本利润的来源，而这是通过劳动力概念的形成来完成的。

马克思的思维方式是对价值加以抽象，使其不同于价格概念，对劳动加以抽象，使其与具体的劳动区别开来，并且将劳动力概念与劳动时间的概念区别开来。不过，在《1857－1858年经济学手稿》中，马克思还没有从概念上对劳动（die Arbeit）与劳动力（die Arbeitsfähigkeit）进行区分，这一区分是在后来的研究过程中逐渐清晰起来的。

马克思的劳动价值理论包含着这样两层基本含义：第一，劳动创造价值——以社会必要劳动时间来衡量；第二，维持劳动力的价值——以生活品费用中包含着的价值来计算。对问题第一个方面的认识受着古典经济学的影响，对问题第二个方面的认识是马克思在思考中逐渐发展起来的。正是劳动力概念的形成，使得马克思从劳动者创造的价值与自身消费价值（劳动报酬）的差价中看到了资本利润（劳动者创造的扣除自身维持费用之后的剩余价值）的来源。

在古典经济学那里就形成的劳动价值理论，已经蕴含着用劳动时间来衡量劳动产品价值的思路，在劳动时间与劳动价值（劳动报酬）之间寻找直接的对等性，不过，这一模式并不能解释资本利润这一新增价值的来源。在马克思看来，资本作为既往劳动，是已经创造了的价值，不能产生新增价值（没有新增劳动量），因此，古典经济学自己的劳动价值理论并没有给这一问题以合理的解释。

古典经济学看到的是问题的第一个方面（这在他们那里的表达是一般劳动时间），由此形成的观点是工人在一定时间中付出了劳动，资本家为这一劳动时间支付了相应的工资，两者扯平了，谁也不欠谁。

马克思则通过对问题第二个方面的认识，揭示劳动力付出的劳动时间与为了维持劳动力而消费的劳动时间（生活费用）在量上的差，前者大于后者，这个差就是利润的空间，后者以工资形式获得了支付，前者支付工资后的剩余部分以利润的方式成为资本收益。

仅仅强调价值以社会必要劳动时间来衡量的理论，并不能将马克思与古典经济学的劳动价值理论区别开来，马克思的贡献在于揭示了创造价值的主体创造了的价值与消费了的价值之间差价的存在，前者大于后者，这一差价通过既往积累了的价值（即资本）进一步在资本一端得到积累，这个过程运行于劳动力商品化的经济交往关系之中，或者说，产生于合法的资本主义经济秩序中。

劳动力商品化是资本主义经济关系得以形成和存在的基本前提，揭示劳动力商品化是马克思批判思路形成的核心要素，正是这一认识将马克思与其他经济学家、批判理论家的辩护性观点区别了开来。不过这些辩护性论证并不仅仅局限于既有的资本主义经济关系，它向前延伸至资本的原始积累，向后扩展至针对其弊端而形成的矫正思路及其措施，与此相应，马克思的批判思路也随着辩护观点所到之处而展开。

从前者来看，由以货易货的简单经济交往关系向劳动力商品化的复杂经济交往关系的发展伴随着资本原始积累的形成，而积累了的资本进一步为劳动力商品化提供了现实可能性。对此，马克思的批判思路一方面从历史进程分析资本主义经济关系的形成、发展，另一方面从现实程序展开了以劳动价值概念为核心的理论分析，形成了论证资本利润来源的剩余价值理论。

当马克思的研究思路向资本的原始积累进行追溯时，他进一步将这一积累区分为资本的积累和前资本的积累，从源头探讨自由与平等悖论的形成路径。马克思这样分析了资本的积累和前资本的积累："应当对资本的积累进行区别；这一产生资本的前提条件；这一既成的资本的关系；形成了资本与劳动、价格（固定资本和流通资本）、利息和利润的关系。但是为了形成资本，就必须以一定的积累为前提；这些积累已经作为独立的对立面存在于对象化劳动与活劳动的相互对立中，各自确立了对立面。这一为形成资本而必须的积累，已经作为前提条件——作为因素——在资本的概念中被把握，这一积累在本质上同已成为资本的资本积累有所区别。在后一种积累中资本必然已经存在。"①

这是一种追根究底的实证科学的研究思路，在这里马克思对前资本的积累与资本的原始积累所进行的区分，在认识上显然比《1844 年经济学哲学手稿》以原始积累方式出现的私有财产与异化劳动关系的认识进了一步，在《手稿》中马克思对私有财产与异化劳动关系的阐述在一定程度上陷入了循环论证。

与资本的原始积累有所不同，前资本积累存在两种可能的路径：①劳动积累于劳动者之手；②劳动积累于他人之手，反过来说，积累了的是他人的劳动。当马克思从活劳动与对象化劳动相对立的关系中来理解这一前资本的积累时，他显然是在第二个意义上，即劳动积累于他人之手的意义上来理解前资本积累的，也就是说是从"原罪"的意义上来理解前资本积累的。然而，无论在历史上还是在现实中，第一个意义上的前资本积累，即积累于劳动者之手，也是有可能的。

无论如何，将前资本积累与资本积累这两种积累区别开来，可以解决马克思与经济学家在巴黎手稿阶段就存在的一个分歧：在马克思看来，资本作为占有他人劳动的前提（经济学家的观点），本身是占有他人劳动的结果，这蕴含着马克思对原始积累的认识，在资本的概念中把握这些为形成资本而必需的积累。

从后者来看，面对资本主义现实社会中产生的贫富分化现象，当时的理论家提出了各种各样的解释及其相应的对策，从意识形态领域的道德约束、规范到经济领域的工资调节、资本抑制等不一而足。蒲鲁东的批判观点由此展开，马克思在对蒲鲁东的批判观点进行批判时，进一步形成并且发展着自己的批判思路。

例如，资本主义经济关系在现实的运行过程中必然产生社会贫富分化现象，针对这一现象，通过再分配途径进行调节的思路和措施在当时就已经出

---

① Mrax/Engels Gesamtausgabe, Band Ⅱ/1.1, Dietz Verlag Berlin 1976, S. 236 - 237. 参见《马克思恩格斯全集》第 30 卷，人民出版社，1995，第 280 页："原始积累应当同资本积累区别开；后者以资本为前提，以现存的资本的关系为前提，因而也就是以资本同劳动、价格（固定资本和流动资本）、利息以及利润的关系为前提。但是，为要生成资本，就要以一定的积累为前提，这种积累已经包含在对象化劳动与活劳动的独立的对立中，包含在这种对立的独立存在中。这种积累是生成资本所必需的，因而已经作为前提，即作为一个因素包含在资本的概念中，这种积累应当在本质上同已成为资本的资本积累区别开，在后一种积累中资本必然已经存在。"

现，对此，批判家蒲鲁东就进行了批判。他对市场经济先生产出贫困，然后对贫困进行福利政策扶持的现象进行原则上的质疑，认为这是国民经济学理论的自相矛盾，并且对这一矛盾现象感到纳闷：既然要对贫困进行福利政策的扶持，为什么不直接生产出平等呢？

在蒲鲁东看来，经济学家通过社会福利宣布了一个真谛，这个真谛可以理解为：每一个人的基本生存需要应该得到满足，这是一个人人平等的基本要求。然而资本主义市场经济在不可避免地创造着贫困和不平等，因此，这一真谛本身，是对其理论自身的谴责，即以自由主义理论为基础的资本主义市场经济的不平等结果是对自由主义平等理念的否定，这一理念只有借助于公共福利政策来得到补偿。蒲鲁东对此进行诘难：你们的理论与你们的理念为什么不能直接统一呢？他因此期盼平等的分配规则。

这让人想起，150 年以后，分析马克思主义的学者柯亨在几乎同样的意义上对罗尔斯进行的批评：有利于弱势者（穷人）或者向弱势者（穷人）倾斜的自由原则，是以生产出弱势者（穷人）为前提条件的，这本身就是一个悖论。观点的相似在很大程度上是以历史境遇的相似为基础的。

马克思从资本主义生产方式的角度批判了蒲鲁东的平等幻想，并将贫困归咎于等价交换背后的不等价这一资本运行机制，将批判的矛头指向资本主义经济结构。在马克思看来，蒲鲁东本人也是矛盾的，一方面，他追求平等主义的理念，另一方面，他并没有从生产方式的意义上去理解为什么平等的理念会产生不平等的结果，而是提出了对剩余劳动在工人中间进行平均分配的设想，这一设想在原则上与经济学家们的公共福利设想并没有区别。

因此，与蒲鲁东不同，马克思从另一个侧面来看待问题，马克思认为经济学家们的这一矫正措施，是对资本主义经济关系进行维护。我们不难发现，资本主义初期阶段就产生的社会福利政策，已经蕴含着 100 多年以后罗尔斯差异理论的雏形：差异的存在，能够最终改善或者有利于改善贫困者的处境。这一理论将对资本主义市场经济不可避免带来贫富分化结果的谴责转化为对资本主义市场经济效率的辩护，因为差异模式下产生的经济效率，在一定程度上改善了贫困者自身的利益，一方面效率带来的发展同样惠及于底层社会，另一方面公共福利政策为那些被甩出竞争领域或进入不了竞争领域的弱势者提供了最低生活保障。

蒲鲁东将公共福利看作资本主义经济运行方式的自我谴责，马克思将公共福利看作资本主义经济关系的自我维护、自我辩护，两种观点都是对资本主义经济在矛盾中运行的一种谴责。不过，马克思与蒲鲁东发生分歧的地方并不在这里，马克思认为，蒲鲁东没有真正认识到问题所在，在市场经济中，平等规则必然产生不平等的结果，这由资本的本质所决定，所以，从马克思的视角来看，公共福利的矫正措施只是资本主义社会的一种自我修正路径。

马克思早期对资本主义的批判思路形成并发展于与不同思想家的论争，论争的核心问题围绕着自由与平等、公平与正义的理念与现实，马克思的批判思路没有停留于观念的层面，而是从现实的经济交往关系中去寻找问题的答案。他将问题聚焦于劳动与资本的交换，通过对剩余价值的论证即劳动者自身维持劳动力的价值（工资）小于劳动者创造的价值来揭示形式上的平等是如何蕴藏着并且产生着实际上的不平等，而这一不等交换的存在既是资本利润的来源，也是社会发生贫富分化的合法途径。正是基于这种认识，马克思对资本主义的批判思路及对未来理想社会的诉求与蒲鲁东等都有所不同。

二　马克思经济哲学思想的理论与现实

马克思对资本主义经济关系的批判在《1844年经济学哲学手稿》中是通过异化劳动的概念体现出来的，在这一问题上他与国民经济学的分歧在于：私有财产是占有他人外化劳动的原因还是结果？同样是因果关系，国民经济学以原因为依据来认识问题，认为一个人正是因为拥有了私有财产，才能够占有他人异化了的劳动；而马克思从结果的角度认识问题，认为私有财产首先是占有他人异化劳动的结果，其次才是能够继续占有他人劳动的原因。无论是国民经济学的理解，还是马克思的理解，共同认可了劳动与劳动结果相分离，即劳动创造了的财富与劳动在一定条件下发生异化的现状。国民经济学似乎并不否定这一点，而是尝试着通过对既有财产权的合法性论证对此进行辩护；马克思质疑既有财产权的来源，因而不认可这种辩护。

为了弄明白这种对立现象为什么会发生，他将问题聚焦于私有财产与外化劳动、异化劳动之间的关系。与国民经济学的辩护性论证思路不同，马克思尝试着论证私有财产作为能够占有他人劳动的依据（原因），本身是占有他人劳动的结果。

带着私有财产与异化劳动关系的问题意识，在与德国意识形态纷争的清算中，马克思与恩格斯一起，将研究思路转向现实社会的经济关系，并且继续深入政治经济学研究领域。在初期的政治经济学批判性研究中，马克思的关注焦点首先是原则与现实的悖论，即自由、公正与平等的交换原则为什么在现实的资本主义经济关系中带来严重的不平等？他对答案的探求包含着偶然因素和必然因素，既不排除战争、暴力等因素，同时从合法程序中寻找问题的答案。

在《1857－1858年经济学手稿》中，马克思从合法程序的意义上，尝试着从资本主义生产关系形成的起点对一般财富积累（货币等）与资本积累的性质做出区别：一旦资本的积累形成，无论从资本持有一方，还是从劳动一方来说，从表现形式上来看，双方继续在既有经济交往关系中履行自己的权利和义务，从提供资本的一方来说，把换取他人劳动的一部分看成是自己的权利，从提供劳动的一方来说，作为换取劳动条件的权利，把支付一部分劳动看成是自己的义务。

我们从马克思此时所讨论的问题中可以清晰地看到，他在批判性思考中蕴含着的分配正义原则是在劳动者与劳动手段直接统一的条件下，劳动者的外化劳动结果归己所有的原则，简单经济交往关系中的平等交换，是以遵循这一原则为前提的。然而，即使对于马克思来说，劳动者与劳动对象的直接统一也只是历史性前提，在历史的进程中，一旦生产力的发展为财富积累提供了可能，这一前提同时也就具备了瓦解的条件，原则也就具有了被颠覆的可能性。显然，在马克思的批判思路中蕴含着分配正义原则，但是马克思的分析批判并不是从抽象的原则出发，而是从现实社会的经济关系出发，并且不是立足于劳动关系中的个体，而是立足于在一定生产关系中地位不同的群体（阶级群体）。

我们从马克思早期对资本主义的批判路径中看到，他虽然从来没有阐述过抽象的分配正义原则，但是在他的批判思路中蕴含着一种抽象的分配正义原则，他从资本主义经济关系的形成史中去论证这一原则的被颠覆，是以对这一原则的认可为基础的。在马克思那里，使得分配正义成为一个问题的不是其抽象的原则，而是经济关系发展的历史进程，正是在一定的历史境遇中，这一抽象的原则不得不以悖论的方式行使着职能。

与当时的激进批判家、国民经济学家、道德批判家的观点都有所不同，马克思通过生产关系来解读这一历史现象，并且把握这一历史进程，形成了不是从主观因素（抽象原则），而是从客观因素来理解和解决分配正义问题的思路。显然，马克思批判思路中的历史性维度并不是说他忽略或者无视抽象的正义原则，而是在他看来，这一原则在一定的历史境遇中走向悖论：它既是资本主义生产关系的前提，又为资本主义生产关系所否定。

那么使得分配正义成为一个问题的历史性契机是什么呢？马克思在《1857－1858 年经济学手稿》中尝试着说明这一历史性契机在于财富积累（或货币积累）向资本职能转换后所带来的诡异性变化：原则不变，内容变了。这一变化是如何发生的？这首先涉及资本原始积累的渊源和程序问题。马克思分别从两个角度讨论过这一问题，其一是合法程序，其二是非法程序。

从合法程序的角度来看："财产所有权的最初起源是基于自己的劳动。财产现在表现为能够占有他人劳动的权利，而劳动不能够占有自己的产品。财产、进一步说财富与劳动的完全分离，现在表现为从其同一性规则出发的结果。"①

在后来的《资本论》写作中，马克思从非法程序的角度讨论这一问题："大家知道，在真正的历史上，征服、奴役、劫掠、杀戮，总之，暴力起着巨大的作用。但是在温和的政治经济学中，从来就是田园诗占统治地位。正义和'劳动'自古以来就是唯一的致富手段，自然，'当前这一年'总是例外。事实上，原始积累的方法决不是田园诗式的东西。"②

对于前资本的财富积累，我们可以这样来归纳马克思讨论过的两种程序：第一，从非法的程序（原罪的）来理解，战争、暴力、抢劫等以各种方式强占他人劳动等等。第二，从合法的程序（无罪的）意义上来理解，由简单交换关系过程中的差异（包含继承遗产）累积产生，这种差异可以来自交换中的贱买贵卖、生产中的能力、努力、各种自然条件或偶然机遇等等因素，这种情况不仅在历史上，在现实中也存在。

显然，能够带来诡异性转变的分离本身，既可以是偶然因素，也可以是必然因素，既可以是非法的因素，也可以是合法的因素。当马克思用"一

① Mrax/Engels Gesamtausgabe, Band Ⅱ/1.1, Dietz Verlag Berlin 1976, S. 367. 参见《马克思恩格斯全集》第 30 卷，人民出版社，1995，第 450 页："所有权最初表现为以自己的劳动为基础。现在所有权表现为占有他人劳动的权利，表现为劳动不能占有它自己的产品。所有权同劳动之间，进一步说，财富同劳动之间的完全分离，现在表现为以它们的同一性为出发点的规律的结果。"
② 《马克思恩格斯文集》第 5 卷，人民出版社，2009，第 821 页。

种意外的结果"或者"总是例外"之类的表述来理解这一转变的契机时，他讨论的是非法的，甚而暴力等因素。

然而无论是哪种程序，这一积累一旦转化为资本，就有可能使问题发生蹊跷的变化，也就是马克思所尝试着阐述和讨论的问题：积累了的对象化劳动，在一定的条件下，可以成为进一步积累他人劳动的前提条件，形成一种合法的、累进的社会分化程序。

在马克思对积累财富向资本转化这一诡异性转变的理解中，劳动与资本的分离是一个非常关键的因素，分离发生了，规则还是那个规则，但是事物的性质已经完全不同了。因此，问题就在于，财富积累向资本职能的转换是如何又同时必然伴随着劳动与资本的分离，以及前者的转换又以后者的分离为前提条件，如何从理论上来理解并且阐述这一问题？

在《1857－1858年经济学手稿》的写作时期，马克思显然纠结于这一问题，并且因此又将初始资本分解为剩余资本Ⅰ和剩余资本Ⅱ，以对资本的形成史和资本的当下史进行区分①，从经济关系发展的自然进程中、从自然而又必然的因素中探讨经济关系发生诡异性变化的契机。正是这一变化使得同一原则在运行中并不违反自身的情况下，走向了自身的反面，而一般的政治经济学理论并没有能够论证这一事物发生转变的契机。

在马克思看来，经济学家们所面临的困境是："没有能力把资本作为资本所采用的占有方式同资本主义社会自身所宣扬的一般的财产法调和起来。"② 即经济学家们不能用同一个原则来协调资本对他人剩余劳动的占有与资本主义私有财产法以保护每一个人的私有财产权这一一般原则之间的矛盾：这个原则宣扬保护私有财产，但是资本通过占有他人私有财产（剩余劳动）的途径实现自身的增值，或者说通过侵占他人劳动的方式实现自身的增值。这正是资本关系使人困惑的地方：以资本运行为主导的生产关系在形式上是交换双方之间的平等和自由的交换关系，它是符合市民社会法的精神的。马克思看到："这一形式的表现，这一迷惑人的表现，从其所涉及到

① 参见 Mrax/Engels Gesamtausgabe, Band Ⅱ/1.2, Dietz Verlag Berlin 1976, S. 367－368.《马克思恩格斯全集》第30卷，人民出版社，1995，第451页。
② Mrax/Engels Gesamtausgabe, Band Ⅱ/1.2, Dietz Verlag Berlin 1976, S. 369. 参见《马克思恩格斯全集》第30卷，人民出版社，1995，第452页："没有能力把资本作为资本所采用的占有方式同资本主义社会自身所宣扬的所有权的一般规律调和起来。"

的法的关系来说，体现为自身之外的东西。"①

　　合乎法律形式的经济关系，为什么在实质内容上违背法的精神，成为置身于法律之外的东西？这一切发生于奉行同一原则的合法程序，但是原则已经发生了自我背离。所以，马克思说，这里存在经济学家没有能力进行解释的理论困境。马克思当时的分析思路是追根溯源地关注这一历史性转折的契机，这是马克思的研究出发点与国民经济学家有所不同的地方。

　　马克思对历史性转折契机的分析是借助于历史性的考证来进行的，这一考证的方法具有很强的实证科学的色彩。马克思考证的问题是使原则陷于悖论的生产关系是如何演变、形成的，而对原则产生悖论的理论论证，则是借助于经济学－哲学的研究来进行的。当马克思尝试着论证资本与劳动之间的交往在形式上的"等价"而实际上的不等价时，这一论证有赖于两个基本概念，其一是经济学的价格概论，其二是经济学－哲学的价值概念。

　　劳动价值概念在古典经济学家那里就已经形成，李嘉图已经借助于这一概念来讨论财富的增长（资本的增殖）问题，马克思进一步借助于这一概念来解释原则的悖论是如何在平等的交换行为中发生的。"构成资本和雇佣劳动的交换，并不简单地是对象化劳动和活劳动的交换——从这一点来看，存在着两种不同的规定，使用价值表现为不同的形式，一个是客体的规定，另一个是主体的形式，而是对象化劳动作为价值，自我保存的价值，与活劳动的使用价值（不是供某种特定的、特殊需要或消费的使用价值，而是从其作为价值的使用价值方面来说）之间的交换。"②

　　马克思在这里表达的是以价值形式（资本）存在的被对象化了的劳动和同样以价值形式（工资）存在，但是具有使用价值的活劳动（劳动力）之间的交换。因为，价值与使用价值在价值的概念上并不具有同等涵义，或者说，两者之间并不存在直接的交换关系，直接发生交换的是价值（资本）

---

① Mrax/Engels Gesamtausgabe, Band Ⅱ/1.2, Dietz Verlag Berlin 1976, S. 372. 参见《马克思恩格斯全集》第30卷，人民出版社，1995，第457页："至于这种形式是表面现象，而且是骗人的表面现象，这一点在考察法律关系时表现为处于这种关系之外的东西。"

② Mrax/Engels Gesamtausgabe, Band Ⅱ/1.2, Dietz Verlag Berlin 1976, S. 376. 参见《马克思恩格斯全集》第30卷，人民出版社，1995，第462页："构成资本，从而构成雇佣劳动的，不单纯是对象化劳动同活劳动——这两种劳动从这一角度来看是两种不同的规定，即两种不同形式的使用价值，一种劳动是客观形式上的规定，另一种劳动是主观形式上的规定——之间的交换，而是作为价值，作为自身保持的价值的对象化劳动同作为这种对象化劳动的使用价值（不是供某种特定的享用或消费的使用价值，而是用来创造价值的使用价值）的活劳动之间的交换。"

与价值（工资）。两者进行交换的共同尺度是社会必要劳动时间。

马克思同时从相反的方面，即从市民社会财产关系的劳资双方博弈及其内在规定的自我否定性中来讨论这一问题："为了将资本和雇佣劳动的关系表述为财产的关系或者法的关系，我们不需要将双方在价值增值过程中的行为表述为占有过程。例如，将剩余劳动规定为资本的剩余价值，即工人不占有自己的劳动产品；这一产品对他来说，已经表现为他人的产品；反之，他人的劳动表现为资本的财产。市民财产的这第二个规定，由第一个规定转变而来——并通过继承权等等保存下去，不受个别资本家的短暂的偶然性的影响，并与第一个规定一样，被接受为规定。第一个规定是劳动与财产（Eigenthum）的同一性；第二个规定是劳动与被否定的财产或者被否定的财产表现为异化了的他人劳动。"① 马克思要论证这两种规定的区别。

第一种规定是市民社会财产法的规定，它奠基于劳动与财产权的统一性，谁劳动，谁拥有由此带来的财产。第二种规定，严格说来，是马克思的界定或者论证，它体现的是劳动与财产权的否定性关系，一方面，劳动，而不能获得由此带来的财产（从劳动方面来说），另一方面，财产是异化了的他人劳动（从资本方面来说）。

第二种规定是以第一种规定为前提，从合乎规则、合乎法律的形式上你看不出来，既有的规定已经产生了规定的逆转。对第二种规定的揭示，有赖于经验性的实证性论证，马克思致力于剩余价值理论的研究，就是为了揭示和论证第二种规定的存在。

作为近代资产阶级民主社会所认可的行为原则或者说符合市民社会的道德规范，如何在一定的经济关系中以自我否定的方式存在，是马克思尝试着进行揭示并且加以论证的问题。这一论证程序的起点是生产关系发生转折的契机，关键点是在古典经济学那里形成而马克思加以进一步发展的劳动价值

---

① Mrax/Engels Gesamtausgabe, Band Ⅱ/1.2, Dietz Verlag Berlin 1976, S. 377. 参见《马克思恩格斯全集》第 30 卷，人民出版社，1995，第 463 页："为了把资本同雇佣劳动的关系表述为所有权的关系或规律，我们只需要把双方在价值增殖过程中的行为表述为占有的过程。例如，剩余劳动变为资本的剩余价值，这一点意味着：工人并不占有他自己劳动的产品，这个产品对他来说表现为他人的财产，反过来说，他人的劳动表现为资本的财产。资产阶级所有权的这第二条规律是第一条规律转变来的，并通过继承权等等而长期存在下去，不受单个资本家的易逝性的影响；它同第一条规律一样被承认为规律。第一条是劳动和所有权的同一性；第二条是劳动表现为被否定的所有权，或者说，所有权表现为对他人劳动的异己性的否定。"

概念。

在马克思的问题意识中存在一种正义原则，他对资本主义经济关系进行批判所涉及的最基本问题，即剥削关系的批判正是由于这一原则的被否定。从这一角度来说，马克思的批判具有价值观取向。然而马克思的批判并没有止步于抽象的价值观，他的政治经济学批判研究尝试着通过对客观事实的分析来论证这一抽象原则在现实经济关系中的被否定，从这一角度来说，马克思对资本主义具有价值观取向的批判，通过其劳动价值理论进行了客观事实的论证。

引起国外学者广泛争议，并且在一定历史条件下这一争议又在中国学者中间延续下去的主要缘由是马克思在不同场合类似的陈述，例如在《资本论》第三卷中马克思写道："生产当事人之间进行的交易的正义性在于：这种交易是从生产关系中作为自然结果产生出来的。这种经济交易作为当事人的意志行为，作为他们的共同意志的表示，作为可以由国家强加给立约双方的契约，表现在法律形式上，这些法律形式作为单纯的形式，是不能决定这个内容本身的。这些形式只是表示这个内容。这个内容，只要与生产方式相适应，相一致，就是正义的。只要与生产方式相矛盾，就是非正义的。"①这里马克思对资本主义生产关系所进行的正义判断，是从其合乎当时的法律、法规的角度来说的，是从生产关系适应当时生产力发展的合理性角度来说的，并非价值观涵义的正义概念。

马克思对资本主义经济关系的价值观批判与对资本主义经济关系的合法性论证在其深层次上体现了资本逻辑在矛盾中的存在，作为原出发点的正义走向了自身的反面：正是由于正义原则自身在一定的历史进程中走向了悖论，合乎法律形式的行为，本身具有违背正义原则的非正义性，是对正义原则的背叛，即用正义原则来批判在现实的经济活动中走向自身反面的现实关系，并且去论证这一现实关系得以形成并且在其正义原则被遮蔽的情况下得以存在的机理。马克思的剩余价值概念可以看作是揭示这一遮蔽的理论工具。

显而易见，马克思对资本主义经济关系的合法性论证与对资本主义经济关系的非正义性批判并不是出于同一层面的陈述，两者之间并不矛盾，尽管两者涉及的德文词汇，同样翻译成英文时所涉及的英文词汇是同一的，但这同一词汇具有不同的涵义。或许我们可以说，正是正义（die Gerechtigkeit）

---

① 《马克思恩格斯全集》第25卷上，人民出版社，1974，第379页。

这一概念的双重涵义，引起了国内外学者关于马克思对资本主义的批判是不是一种正义批判的质疑与争议。

显然，正义概念的合理性、合法性涵义基于法理判断，正义概念的价值观涵义基于道德判断，两者不能直接等同，对这一概念在两个涵义上不加区别、各执一念地使用，在一定程度上引起了这一质疑与争议。如果说人们对马克思的剩余价值理论在高科技、信息化时代的适用性持怀疑态度，那么皮凯蒂的《21世纪资本论》① 建立在大数据基础上的结论，用另一种方式，一种奠基在当代数字化、信息化基础上的论证方式，在刻意避开马克思剩余价值理论的情况下，论证了同样的问题：社会新增财富在资本一端的积累所带来的贫富分化这一历史趋势并没有发生变化。皮凯蒂的论证没有触及财富的形成这一社会本体论的基础，他专注于对资本收入与国民经济收入的量化比较，从资本利润分配的意义上论证资本在占有社会新增财富中的优势。他看到了问题的严重性，论证了马克思问题式的客观存在。

由于皮凯蒂避开了新增社会财富的劳动价值基础，他对现代西方民主社会价值观的批判，也与马克思所强调的有所不同，他用资本利润收入总是大于国民经济总收入（即 r > g）的公式，将道义性的批判指向现代民主社会价值观的被颠覆，即社会财富在少数人手上集中的发展趋势，在一定程度上导致了现代民主社会的劳动致富价值观向承袭制的回归。

在马克思对资本主义社会的批判思路中显然存在着一种分配正义原则，马克思通过对资本主义生产关系的分析，论证了这一原则是如何在形式上自由、平等的经济交往关系中被颠覆的，并且进而从人类社会生产关系的发展中去论证资本主义生产关系的历史形成，从生产力发展的动力机制上去论证这一生产关系在一定历史阶段中存在的合理性。因此，马克思对资本主义社会的道义性批判与对资本主义社会在一定历史阶段存在的合理性判断，虽然使用的是同一词汇，但是涵义是不同的，两者之间并不矛盾。

三　全球化时代马克思经济哲学思想的现实意义

经济全球化所伴生的一个现象是阶级关系的跨境式发展，资本借助于跨国公司的大规模跨境运作催生了跨国资本家阶级的形成，资本主义世界在诸

---

① 托马斯·皮凯蒂：《21世纪资本论》，巴曙松等译，中信出版社，2014。

多固有矛盾的基础上形成一些新的矛盾关系，这使得世界局势变得更加错综复杂。20世纪末，国外就有一些学者开始关注这一现象，从跨国资本家阶级的形成在全球范围带来的贫富分化、跨国资本家阶级与全球霸权、跨国资本家阶级与世界体制等诸多方面对这一现象进行了讨论，随之国内一些学者也开始对国外学者的讨论进行了关注。本文尝试着用唯物史观方法论对这一现象进行初步的理论分析，同时对国外学者的一些观点进行梳理和评述。

20世纪末的东欧剧变、中国社会主义的改革开放加速了经济全球化以及世界市场一体化的发展进程，西方世界的资本以跨国投资、跨国公司、合资企业等诸多途径向新兴市场经济国家挺进。在推动和促进这些地区经济发展的同时，也产生了资本主义世界固有矛盾的蔓延效应，伴随着跨国投资、跨国公司、合资企业的发展而来的是公司经纪人的跨国生长，由此形成了相应的跨国资本家阶级（TCC）①。这些跨国资本家是否构成一种特殊的世界范围的经济利益群体？在经济全球化的发展进程中扮演着怎样的一种角色？与资本主义固有矛盾的关系如何？某种新的世界体制是否会应运而生？

资本逻辑的基本特征是扩张性的外延式发展模式，这是由其积累与消费之间的固有矛盾所决定的，跨国公司的形成就是这一矛盾的产物。在资本主义发展早期阶段，这一现象就已经出现，老牌英帝国的东印度公司就是一个形成于17世纪并且延续200多年的最早跨国公司。今天，在经济全球化的发展趋势下，跨国公司已然成为一个全球性的普遍现象。

这一现象正在促使全球范围阶级关系发生变化，与跨国公司相伴而生的是跨国资本家，他们是否构成一个不同于其本国资本家、超越于民族国家利益之上的独立的利益群体，并因此能够被命名为跨国资本家阶级？这个问题在学术界还是存在争议的。这里我们暂且搁置其命名的争议，借用这一名称来指代这一特殊的群体及其作用，分析这一群体对全球范围阶级关系已经产生并且正在产生的特殊影响。

跨国公司的产生以及资本的跨境流动，意味着生产、科学技术的开发和应用以及销售领域的跨国界合作，即生产、研发和销售的全球流通，随之而来的是世界银行和国际金融组织的应运而生。同是跨国公司，根据其内容不同，在早期资本主义发展阶段和当代资本主义发展阶段对其本国经济发展所

---

① TCC 是 the Transnational Capitalist Class 的简称，国内学者用跨国资本家阶级而不是跨国资产阶级来翻译，显然是比较确切的。

起的作用是不同的：在其早期发展阶段，主要以贸易公司的形式出现，通过销售商品和掠夺资源发展本国经济；而当代资本主义的跨国实体公司不同于开拓市场和采掘自然资源的早期贸易性公司，跨国实体公司是将生产资本向外转移，在他国进行生产活动。借助于独资或者合资的方式在他国开办公司，雇佣他国低廉劳动力进行生产，然后将在他国生产的产品返销国内，不仅具有绝对的价格优势，而且能够获取超出于本国数倍的利润。他国经济越落后，劳动力越便宜，资本获取差额利润的空间就越大。这一以获取他国廉价劳动力为手段的资本跨境逐利运作模式，带来两种效应。

其一，从其本国的角度来看，实体经济资本在被抽离的同时，也在削弱着本国的劳动力就业市场，增加本国的失业率，造成本国劳动力因就业竞争的增强而收入下降。这样一方面，跨国资本家通过在他国雇佣廉价劳动力、使用廉价原材料获取在本国难以比拟的超额利润，另一方面，本国就业市场萎缩、劳动力价格下降，其客观结果是加剧了本国的贫富分化。

其二，从跨国公司所进入的他国来看，资本输入往往伴随着先进生产力和科学技术的引进，即使在很多情况下，这些引进的是已经被资本输出国淘汰了的过时技术，由于差距的存在，相对于引进国落后的产能来说，在初期也能发挥些作用，引进国的整体生产力和经济发展水平会相应提高。而且受雇于跨国公司或者合资企业雇主的劳动者收入通常高于那些受雇于本国雇主的劳动者收入，从这一方面来说，有利于资本输入国雇佣劳动者收入的增加。不过这种资本输入必然伴随着本土既有生产关系发生相应的变化，资本逻辑固有的贫富分化功能会在这些国家重演，其结果是社会财富的相对增长与社会贫富分化同步进行。

从全球经济发展的角度来看，实体经济资本的跨国界流动，促使发达国家的科学技术、经济管理惠及于欠发达国家，带动这些国家的经济发展，而随着其经济发展与劳动力价格的提升，寻求超额利润的资本又会向更加落后的地区转移。这种由资本的本能所决定的资本运动，从一定意义上来看，似乎起着平衡全球经济发展的作用，但是实际上又在加剧着不同地区间的经济矛盾。

世界市场与跨国阶级的形成，在加大资本收入与雇佣劳动收入差异的同时，也在一定程度上通过资本向廉价劳动力市场流动从而带动当地经济的发展，促使全球经济向着地区发展差异的减少和劳动力市场价格的均质化方向发展，这是事物发展的形式上的一个方面。由于资本自身的逻辑，这种发展趋势并不意味着各国资本与雇佣劳动者之间的差距在减少，恰恰相反，这种差距的自然发展趋势是不断增加的。

从资本逻辑的角度来看，实体经济资本的跨国界流动，尤其是金融资本的跨国界流动，在促使经济交往的同时，为全球范围内的社会财富在少数人手上积累打开了运行渠道，与此同时，雇佣劳动者面对着更大的就业市场竞争，承受着本国资本与外来跨国界资本的双重压力，从而在资本输出国与资本引进国加剧着贫富分化。由此出现了与跨国阶级相关的经济与政治的种种矛盾。

美国左翼学者威廉·鲁宾逊（William I. Robinson）和杰里·哈里斯（Jerry Harris）从三个方面对全球化主流观点进行了归纳，即保守主义的自由市场化理论、自由主义的建构主义理论、自由主义的调节主义理论①。其中，第一种自由放任的观点无疑只会在全球范围激化各种社会矛盾并有可能导致法西斯主义的再现，第二种和第三种观点出自自由主义左翼，前者强调某种世界体制的建构，后者强调宏观调节的作用。在他们看来，这三种观点从其规划来看都意在建构全球资本主义。

杰里·哈里斯在一篇最近撰写的文章中进一步从三个方面分析了全球经济在跨国资本家阶级形成的条件下有可能产生的三种发展路径：首先，用新凯恩斯主义来调节新自由主义，其结果是产生持续的全球经济停滞；其次，美国新权威主义通过对民族主义策略的粉饰，以国家安全为幌子，通过在全球建立军事化体系，以实现资本集聚的战略；第三，借助于科学技术的新发展而形成生态资本主义的发展模式。② 前两种发展路径显然是悲观的预测，同时否定了上面提到的三种观点，而第三种发展路径，并没有触及跨国资本家阶级的形成所带来的种种新矛盾。

跨国资本的投资人、经纪人从某种意义上来说，脱离其本国利益，构成为一种相对独立的经济利益群体。马克思主义理论认为，政治是经济的集中表现，政治为经济服务，这对于跨国资本家阶级来说，也不例外。国外研究跨国资本家阶级理论的左翼学者，同样从这一角度来认识问题，在他们看来，跨国资本家阶级在全球追逐超额经济利益的同时，同样具有明确的政治

---

① W. I. Robinson and Jerry. Harris, "*Towards a global ruling class: Globalization and the Transnational Capitalist Class*", Science & Society Vol. 64, No. 1, Spring 2000, US, pp. 11 – 54.

② Jerry. Harris, "*The future of globalisation: neo-fascism or the Green New Deal*", Race& Class. July 61 (1) 2019, US.

及其意识形态导向，极端自由主义的市场化理论是其意识形态的体现，而在政治领域，则是对世界霸权的追逐。

与之相反，对于雇佣劳动者来说，在全球政治语境中，则陷于不对等的处境之中。在民族国家存在的在一定程度上能够保护雇佣劳动者利益的工会组织，在国际政治权力的角逐中存在空场。对此，一些左翼学者认为，在发展中国家，即使是最微弱的工会组织，对本国的雇佣劳动者来说也能起到一些保护作用，但是对于受雇于外来跨国公司的雇佣劳动者，这些工会组织所能够提供的保护作用是非常有限的。这一局面从经济和政治的双重路径加剧了全球范围的贫富分化。

资本跨国界流动的目的是追逐利润最大化，这促使其无视甚或冲破一切障碍从一个国家向另一个国家涌动，这一从资本诞生起就存在的固有运动进程，自20世纪末以来发生了加速的现象。一方面，由于不同地区经济发展水平差异的存在，跨国资本从发达地区向不发达地区流动，并且继而在发展中国家之间从相对发展了的地区向相对落后地区流动，以追逐更加低廉的劳动力市场；另一方面，跨国资本在不同经济发展地区之间的流动，同样形成了劳动力市场的跨国界竞争，并且在一定范围内形成了劳动力的跨国界流动。一方面，跨国界资本竞相追逐更加廉价的劳动力，另一方面，跨国界劳动力市场的形成在雇佣劳动者之间形成竞争关系，这双重因素进一步加剧劳动力价格的贬值。一国之内的社会贫富分化趋势在世界范围内再现，尽管再现的逻辑并不完全相同。

一国之内，以贫富分化为特征的阶级分化产生于遵循普遍抽象原则的市场经济，即以平等交换为规范性理念的契约准则。面对抽象原则与其现实结果之间的悖论，二战以来，一方面在东方世界的威慑之下，另一方面为了防止本国的矛盾激化，更为重要的是在劳动者自己的政治组织工会的强大作用影响下——这种现象在北欧尤为明显，与一味强调市场化的极端自由主义右翼倾向有所不同，出现了强调宏观调控的自由主义左翼倾向。

资本主义国家借助于再分配的社会调节机制，例如各种社会福利和社会保险制度，缓和了资本逻辑固有的社会分化趋势，但是这样一种能够在资本主义一国之内在一定程度上缓和、调节社会矛盾的作用机制，在全球范围内显然并不存在。资本主义固有矛盾不断积累，21世纪初发端于美国而蔓延全球的金融危机、经济危机在一定程度上就是其固有矛盾积累的爆发。

跨国实体经济与国际化金融资本的融合，促进了经济全球化的进程，构成了全球庞大的你中有我、我中有你、多国联合、纵贯全球的国际经济联合体，尤其是实体经济难以企及的金融资本的数字化、虚拟化，能够使得抽象货币在全球范围内瞬间大规模流动，因而具有前所未有的巨大风险机遇，冒险游资在全球范围的流动，带来了资本脱实向虚的发展趋势，这是金融危机爆发的又一个重要导火索。

显然，当经济全球化进程中的阶级矛盾和国与国之间的经济矛盾交织在一起、民族国家之内的贫富分化跨越国界成为一种国际趋势时，并没有相应的国际性政治组织去调节这一矛盾，至今人们谈到的全球化体制，例如世界银行或者WTO，以及各种区域性、局部性的跨地区国际组织等等，严格说来，都是跨国界的经济组织，其主要作用是制定并且规范各国或者各地区之间的经济运行法则，而不是在一定程度上能够调节跨国界矛盾和争端的政治组织。

在全球没有相应的政治组织的情况下，在世界市场呼风唤雨的跨国资本对各个民族国家来说影响甚大，各国资本之间的冲突进一步伤害雇佣劳动者的利益，在激烈的国际竞争中，各国资本为了加强自身在国际市场上的竞争力，争相压低本国雇佣劳动者的工资、降低社会福利以达到降低产品成本的目的。在金融危机余波持续发酵的冲击下，在资本仅仅失去部分利润的同时，雇佣劳动者甚而部分中产阶级不得不降低自己的生活水准，甚至被迫失业。这与马克思当初所批判的情况是何等相似。哈里斯将此现象描述为：资本与贫穷的过度积累、中产阶级状况的停滞，环境危机的日益严重①。国外左翼学者又通过生命政治学这一概念来阐释马克思在其早期就分析过的现象，即雇佣劳动者在劳资双方博弈中的弱势者地位，在这一博弈中，雇佣劳动者的不利处境迫使其不得不接受更加低劣的工作条件，而资本则可以尽可能追逐更多的利润。

显然，无论从生命政治学还是国际政治的角度来看，与资本的力量比较起来，雇佣劳动者都是弱势群体，这一从经济到政治上的双重因素，在经济全球化的发展趋势下，进一步加剧着全球范围的阶级分化。

经济全球化的发展除了在跨国界资本与雇佣劳动之间形成了经济与政治的双重不平衡，阶级冲突与各个国家之间的冲突也是相互交织着的。跨国资

---

① Jerry. Harris：*"The future of globalisation: neo-fascism or the Green New Deal"*, Race& Class. July 61（1）2019, US.

本家阶级在输出资本追逐他国超额利润的同时，对本国经济的发展在某种程度上起着负面作用。跨国资本家阶级的概念或许因此而形成，即他们构成了超越本国统治阶级利益的特殊利益群体。

在激烈的国际竞争环境中，各国为了维护本土企业的经济利益，除了通过减税、削减社会福利的方式增加自身在国际竞争中的优势，更是通过关税壁垒，为他国商品的进入制造障碍。这是 2008 年以来在金融危机的持续蔓延中，欧美各国通常采取的应对措施，这不仅伤及本国雇佣劳动者的利益，同时伤及本国中产阶级的利益，国际经济争端此起彼伏，激化了国与国之间的经济矛盾。各国的经济利益与各国不同阶级之间的利益纵横交错，各国内部的资本利益与他国之间的资本利益相互交织。

金融危机的爆发对发达资本主义国家自身经济产生巨大冲击，金融危机之后，美国挑起的贸易保护主义经济战，试图通过加强关税壁垒、减免本国税收的途径，以增加跨国资本在廉价劳动力区域生产的产品回流成本，为其在外获利制造障碍，以吸引本国资本回流，提振本国经济。然而，加强关税壁垒，不仅伤及新兴市场经济体的利益，同样伤及其跨国资本的经济利益，这一逆势操作的政策导向，带来一种反经济全球化的逆向趋势。反全球化的贸易战争，加剧了国与国之间经济利益的冲突，在全球引发连锁反应，最终是否会导致国际的经济冲突政治化，从而带来冲突升级？是人们普遍担心的问题。

经济全球化的发展趋势与反全球化的逆向趋势是一个事物的两个方面，在其背后起作用的是资本追逐利润的逻辑，资本输出与资本回归，开放市场与增加贸易壁垒，都可以从资本追逐利润的运动中得到解释。跨国资本作为一个特殊的利益集团，与本国经济利益并非总是一致的，反全球化的逆向措施在某种程度上既是资本主义国家对本国市场的控制，也是对自家跨国资本的调控，引导实体经济的回归。对内降息对外加税作为两种常规的手段，继而在国际范围内引发国与国之间的经济贸易纠纷。

由于在全球范围内，并不存在具有有效制约性的国际政治组织，在这种国际经济贸易纠纷中，文明规范的制约机制是有限的，强国霸权随时可以根据自身的需要，在很多情况下任意退出具有约束性的国际组织，让自身处于国际级别的"无政府"状态。

资本的跨国运作带来经济全球化，跨国资本家阶级的形成是这一全球化的产物，从某种意义上可以说，反全球化逆势是其发展的结果，在缺乏有效的国际政治制约机制的条件下，反全球化逆势所引起的只能是贸易战争，这一现代文明社会中的不文明现象，就是人们用通俗语言所表达的当代文明社会的政治特征，即本身不受现代文明规范约束的霸权政治。

肇始于美国而逐步蔓延全球的 2008 年金融危机在某种程度上与跨国资本的运作存在一定的相关性，同样美国目前所挑起的国际贸易纠纷正是为了应对金融危机的后果所采取的逆向措施，由此引发了诸多国与国之间的贸易争端。与此相应，在全球范围并不存在能够容纳全部而又置于其上的国际政治组织来有效地调节争端、治理矛盾。至今存在的世界银行、WTO 以及各个区域范围的诸多国际经济组织只是对彼此的行为起着有限的相互制约作用，参与者可以简单地通过退出契约组织的方式而不受其制约，所谓的经济制裁成为政治霸权随意挥舞的大棒。这些经济组织并没有真正的国际司法或者政治意义上的治理权力。

联合国在一定程度上对于大部分国家来说，可以看作一个综合性的国际政治、经济和文化组织，即使对于这样一个国际组织来说，其主要功能也只是去调节、处理不同民族国家之间的事物、矛盾，完全无涉跨国界的阶级冲突与矛盾。这些矛盾在困境中，例如金融危机与贸易战中，往往被激化，为了应对经济困境所采取的措施，最终结果是扩大了全球贫富分化。历史性地来看，一国内的市场竞争在国际范围会再次重演，但是我们已经知道，国际情景不同于民族国家，不存在凌驾于社会之上的国家权力机构，其结果就是在世界范围内阶级差异的扩大。

显而易见，与资本逻辑向全球蔓延以及世界市场的形成相比较而言，并不存在相应的跨国界政治权力组织或者跨国界政治体制去应对由此产生的冲突与矛盾，应运而生的只能是在经济、科技、军事上占据着优势地位的政治霸权。哈里斯因此指出："全球资本主义带来的是政治动荡。2008 年严重的经济危机加剧了这一现象，资本主义合法性的面纱早已被不断加剧的不平等和社会矛盾所撕去，这已经成为一个众所周知的事实。"[①]

面对这一现实，在国际范围内存在两种不同的观点。在自由主义看来，资本主义的发展模式，无论从政治还是经济的角度来看，将遍及世界的每一个角落。自由主义的这种观点难道不正是资本逻辑的意识形态表现？是为资

---

① Jerry. Harris，"*The future of globalisation: neo-fascism or the Green New Deal*"，Race& Class. July 61（1）2019，US.

本能够追逐多的、更多的利润从一个地区向另一个地区流动铺平道路的诉求，与此同时，自由主义尝试着在世界范围内建立起在发达资本主义国家内起主导作用的能够使资本逻辑畅通无阻的普遍规则。但是面对资本逻辑在世界范围运行所产生的人与人、国与国之间的贫富分化及其矛盾、冲突，自由主义理论却处于完全的无语状态，并不能提出相应的应对策略。

我们也可以对哈里斯所讨论的左翼阵营的观点进行归纳，在他看来，左翼阵营存在分歧、分化为两个派别，一派寻求比较彻底的替代道路（alternative），即以某种意义上的社会主义替代资本主义。在他们看来，我们的世界，问题并不在于是否应该有一个能够治理跨国阶级问题的跨界国家（即世界国家，从逻辑上来说，这种世界国家具有唯一性，并且只有对内职能，没有对外职能），问题在于我们目前仍然坚持的世界模式，人们需要去探讨另一种不同于目前这种失能的跨国界资本主义世界体系的经济运行模式，因为，这种当下的模式在产生贫富分化的同时，也在带来社会分裂。另一派则只是批判资本主义的政治霸权，尝试着去发掘一种新的与当代民主体系相适应的、能够容纳市场经济的解决问题的路径。

另一个著名的左翼社会学家卡尔·博格斯（Carl Boggs），在跨国资本形成与全球政治治理体制不平衡的矛盾中，察觉到法西斯因素正在迅速抬头。在他看来，在这个世界上最具有自由民主信誉的美国，正在逐渐形成一种新型的法西斯主义路径，这种新型的法西斯路径也可以称之为"类法西斯"（fascist equivalent），是当代权力结构的产物，即当代不断被强化的政治、经济与文化上的寡头和霸权。美国当代政治的这种特征，对于那些长期以来将其体制视之为当代宪政民主、社会多样性、意识形态宽容、慈善的外交政策等等楷模的人们来说，是一个巨大的冲击。这一教科书中的民主楷模，在现实中正在嬗变成为一架全球战争机器。①

跨国资本在全球范围的运作与无例外全球权力结构平衡制约机制的缺乏，使得资本的固有属性在国际领域得不到在民族国家内部或多或少还存在的制约和调节，近几年虽然各国都加强了对其跨国资本的监管，但是要建立世界范围内有效的监管和调控机制，没有统一的、强有力的世界政治体制显然是难以胜任的。正因如此，跨国资本运作所引发的世界体制问题成为近年

---

① Carl. Boggs, *Fascism Old and New*：*American Politics at the Crossroads*, Rutledge, 2018, New York and London, p. 1.

来国外学者热议不断的话题，而金融资本在国际范围内的风险机遇无疑是实体资本固有属性的放大，加剧了问题的严重性。

对跨国资本及其所带来的诸多矛盾的分析与批判，针对的是全球化运动中所存在的危险和消极因素。经济全球化在促进各国政治、经济、文化的交流与沟通中，对人类社会进步所起到的积极推动作用是毋庸置疑的，资本在流动的同时也伴随着科学技术的普及与流通、促使各国文化互通有无、取长补短，推动人类社会的文明进步。国内外学者对经济全球化所包含着的内在矛盾的分析与批判，基于资本逻辑的固有属性，对于这一属性，马克思在毕其一生的研究成果《资本论》一书中做了淋漓尽致的分析。我们的时代无论从经济发展水平，还是从政治、文化、精神等人类社会的综合文明发展程度来说，都不可能与马克思的那个时代同日而语，但是资本逻辑的固有属性，并没有发生实质性的变化，相反，金融资本的虚拟化、信息化，使得资本逻辑的固有属性如虎添翼。抑制资本主义的丛林法则、创建互利共赢、和谐发展的全球环境，并最终用社会主义取代资本主义，是这个时代我们追求的主旋律。

综上所述，理解马克思的政治经济学批判思路，不仅能够使我们能够比较清晰地理解马克思与当时的国民经济学、与今天的自由主义左右翼分歧所在，同样能够有助于我们从理论上更好地理解经济全球化发展的轨迹与未来发展趋势，融入人类探讨全球文明发展之路的历史潮流之中。

马克思引文说明：加注了 MEGA 版的引文直接翻译自 MEGA 版德文原文，同时参照中文版，并注明出处，只供研究参考，不作为转引依据。

主要参考文献

Mrax/Engels Gesamtausgabe, Band Ⅱ/1.1, Dietz Verlag Berlin 1976.

Mrax/Engels Gesamtausgabe, Band Ⅱ/1.2, Dietz Verlag Berlin 1976.

《马克思恩格斯全集》第 30 卷，人民出版社，1995。

《马克思恩格斯全集》第 44 卷，人民出版社，2001。

G. A. Cohen, *Rescuing Justice and Equality*, Harvard University Press, Cambridge, Massachusetts, London, England, 2008.

托马斯·皮凯蒂：《21 世纪资本论》，巴曙松等译，中信出版社，2014。

Wiliam. I. Robinson and Jerry. Harris，"Towards a global ruling class: Globalization and the Transnational Capitalist Class"，*Science & Society* Vol. 64，No. 1，Spring 2000，US.

Carl. Boggs，*Fascism Old and New: American Politics at the Crossroads*，Rutledge，2018，New York and London.

Jerry. Harris，"The future of globalisation: neo – fascism or the Green New Deal"，*Race& Class.* July 61（1）2019，US.

作者单位：中国社会科学院哲学研究所

论马克思经济哲学的存在形式问题

宫敬才

从 20 世纪 80 年代中期到现在，我国经济哲学研究的历史有 30 余年，马克思经济哲学研究的历史是 20 年。世纪之交经济哲学研究发展到马克思经济哲学研究是重大进步，但"瓶颈"性问题凸显出来：马克思经济哲学的存在形式是什么？到目前为止，这一问题仍未得到重视和研究。研究和回答这一问题，马克思经济哲学研究才能深化一步，其体系性架构就会出现在我们面前：对资产阶级经济学哲学基础的批判、政治经济学范畴中的哲学、政治经济学命题中的哲学和政治经济学理论中的哲学。马克思经济哲学存在形式承载的内容是马克思政治经济学的内生变量，准确理解前者，才能对后者做出符合马克思政治经济学文献的理解和阐释。

一 社会和理论背景

从整个中国历史的意义说，改革开放是重大事件。改革开放的结果有目共睹，中国由穷变富，由弱成强。这一历史过程的起步之处是党在 1978 年召开的十一届三中全会，正是这次会议决定，彻底改变既有方针，以全新思路进行社会主义建设。新思路的核心是把阶级斗争为纲变为以经济建设为中心，与此相伴随，一系列全新的观念、方针和政策出现在人们面前：贫穷不是社会主义，发展才是硬道理，科学技术是第一生产力，效率优先、兼顾公平，等等。新思路、新观念和新方针政策的实践形态是改革开放的社会历史性运动，结果是中国社会历史的根本性转型。在当时，巨大变化是国际国内特定社会历史情势激发的结果。资本主义世界开启新一轮全球化，对中国而言是重大机遇，也是严峻挑战。在国内，经济社会状况已处于危险境地，用当时的话说，国民经济到了崩溃的边缘。这种社会历史情势中的中国，改革开放是唯一出路。

社会主义建设思路的改变使理论领域形成全新格局，阶级斗争为纲和计划经济体制条件下形成的理论不能适应新思路条件下社会主义建设的需要，突出表现是"理论贫困"。围绕以阶级斗争为纲方针形成的哲学强调"革命"和"斗争"，如何"建设"则处于空白状态；基于计划经济体制而来的政治经济学视商品经济进而市场经济为"洪水猛兽"，适应社会主义商品经济进而社会主义市场经济建设需要的政治经济学有待创制。

像政治和经济领域的状况一样，理论领域也进行大胆探索和尝试，以期尽快改变"理论贫困"状态，找到适应社会主义市场经济建设需要的新理论。急迫的理论需要是根本动力，催促理论工作者哲学和政治经济学相结合地看问题，观照改革开放需要进行的理论创新，提出以往条件下难以想象的新观点、新理论。社会和理论情势都表明，经济哲学进而马克思经济哲学研究的出现实属必然。

二　演进历史

1985 年，朱川发表《开展经济哲学的研究》的论文，主张如下。第一，马克思主义哲学可分为革命哲学和建设哲学。第二，在建设哲学意义上创立马克思主义经济哲学。第三，马克思主义经济哲学主要研究三个方面的内容：经济规律的客观性质、经济规律的连续性质及其特征和经济规律的体系及其合力作用。[①] 细加品味这篇论文，得出如下结论不能被认为是唐突之举。其一，该论文印有深深的时代痕迹，"革命哲学"和"建设哲学"的区分证明这一点，急于摆脱"理论贫困"和找到救"困"之道的心迹溢于言表。其二，该论文提出了前所未有但对后来影响巨大的新概念即"经济哲学"和"马克思主义经济哲学"。虽然"革命哲学"和"建设哲学"的提法及其区分没有在学术界流行开来，但前两个概念却是稍后理论研究的新指向和新范式。其三，该论文具有马克思主义理论创新的新视野，即哲学和政

---

① 朱川：《开展经济哲学的研究》，《财经问题研究》1985 年第 3 期。

治经济学相结合地看问题。现在，此种看问题的视野是人们理解马克思主义的常识，但在当时的社会和理论背景下，确实是大胆的创新之举。其四，在提法上，从"经济哲学"和"马克思主义经济哲学"到马克思经济哲学之间只有一步之遥的距离。提法的启导和指向作用不容小觑，随后出现的事实证明了这一点。

如果说《开展经济哲学的研究》一文的出现略显偶然，那么，1993 年党的十四届三中全会明确提出社会主义市场经济建设纲领则注定经济哲学研究热潮的出现是必然趋势。1994 年南京召开"经济哲学与建设有中国特色社会主义理论"学术研讨会，紧随其后的 1996 年和 1998 年，上海两次召开全国性经济哲学研讨会，说明作为研究范式的经济哲学已进入不少人的学术视野，引起了学术界的普遍关注。与此同时，国家社科基金项目中单独为经济哲学研究课题立项（1996 年），而像《中国社会科学》《哲学动态》《学术月刊》等权威学术刊物则开设发表经济哲学论文的专栏。马克思文献研究视野明显地扩大，哲学领域以往不甚关注的《哲学的贫困》《政治经济学批判大纲》《资本论》等成为经济哲学研究的对象。诸多事实表明，到 20 世纪末，我国经济哲学研究的热潮已然形成。

研究热潮中"经济哲学"和"马克思主义经济哲学"两种提法同时存在，不同研究者赋予两种提法的含义之间区别很大，此为交叉性新兴学科刚产生时必然要经历的阶段。对于马克思经济哲学研究来说，关键年份是1999 年，俞吾金发表《经济哲学的三个概念》一文。[①] 关键之处有三。其一，在我国经济哲学研究的历史上，俞吾金首先提出和使用"马克思经济哲学"概念，对马克思经济哲学研究事业做出了学术贡献。其二，对"马克思经济哲学"概念做出大体符合文献的说明。马克思是狭义经济哲学的开创者，《1844 年经济学哲学手稿》《政治经济学批判大纲》《资本论》等都是狭义经济哲学的典范之作。马克思开创的狭义经济哲学研究范式从根本上改变了对传统哲学及其基本概念的理解。其三，俞吾金的说明发挥了马克思经济哲学研究指向的固定作用，这种哲学存在于马克思政治经济学文献中，游离于文献之外地寻找马克思经济哲学是偏离正确方向之举。

进入 21 世纪，马克思经济哲学研究有了新变化，什么是马克思经济哲学的问题成为关注和探讨的焦点。依先后顺序出现的如下观点可为例证。

---

① 俞吾金：《经济哲学的三个概念》，《中国社会科学》1999 年第 2 期。

（1）"马克思经济哲学的要义是经济学批判。而'批判'意味着澄清前提和划定界限。"①

（2）"经济哲学奠基于马克思开创的经济现象学传统，它从理论范式的高度完成了对传统哲学和经济学的双重超越，将社会经济存在理解为人的本根存在方式，将一切事物规定为服务于人的发展需要的社会经济存在物。"②

（3）马克思经济哲学是"哲学对经济学的批判和经济学对哲学的改造"。③

（4）"马克思的经济哲学，既是一门研究'财富'的学问，更是一门研究'人'的学问。"④

（5）"理论探索的唯一正确的进路是把马克思哲学理解为经济哲学。""作为经济哲学，马克思哲学的核心概念系列是：生产－商品－价值－时间－自由。"⑤

如上所列何谓马克思经济哲学的界定实质是看待马克思经济哲学的不同角度。第一种和第三种界定从批判功能角度看待马克思经济哲学，可称之为功能论；第二种界定借用黑格尔哲学和胡塞尔哲学的提法看待马克思经济哲学的特性，可称之为特性论；第四种界定聚焦于马克思经济哲学的研究对象，可称之为对象论；第五种界定在范畴层面看问题，已无意识地触及马克思经济哲学的存在形式问题，可称之为范畴存在形式论。

几种看问题的角度对人们理解何谓马克思经济哲学的问题具有启发意义，但其中存在共性且是"瓶颈"性问题：马克思经济哲学的存在形式是什么？虽然稍后有人在自觉意识层面提出和探讨这一问题，⑥ 可惜的是学术界几无反应。有一点可以肯定，不在自觉意识层面探讨和回答这一问题，马克思经济哲学研究就无法深入下去。这是我国目前马克思经济哲学研究中急

①　吴晓明：《马克思经济哲学之要义及其当代意义》，《湖南师范大学社会科学学报》2002 年第 1 期。

②　王善平：《经济哲学：传统哲学和经济学的解毒剂——试论作为经济现象学的经济哲学》，《广东社会科学》2004 年第 6 期。

③　彭学农：《论马克思〈1844 年经济学哲学手稿〉中的经济哲学思想》，《上海大学学报》（社会科学版）2005 年第 1 期。

④　陈宇宙：《财富异化及其扬弃：马克思经济哲学的人学向度》，《马克思主义研究》2011 年第 7 期。

⑤　俞吾金：《作为经济哲学的马克思哲学——兼论马克思哲学革命的实质和命运》，《中国哲学年鉴》，2011。

⑥　宫敬才：《马克思经济哲学的存在形式论纲》，《河北大学学报》2013 年第 6 期。

待解决的问题。

其中的例外是俞吾金的界定。他已意识到马克思经济哲学的存在形式之一是范畴，即马克思政治经济学范畴中存在哲学性内容。虽然马克思经济哲学的存在形式不仅仅是政治经济学范畴中的哲学，我们还是应该感谢俞吾金，像因提出和说明马克思经济哲学概念而对马克思经济哲学研究事业做出贡献一样，在马克思经济哲学存在形式问题上他又先人一步，为马克思经济哲学研究事业做出了新贡献。

需要关注的是，俞吾金的界定涉及了更大且更复杂的理论问题：马克思哲学与马克思经济哲学是什么关系？俞吾金构筑的语境似乎回答了这个问题，马克思哲学就是马克思经济哲学。但是，俞吾金既没有提出也没有回答提法中隐含的如下问题。其一，既然马克思哲学是马克思经济哲学，那么，马克思哲学中除经济哲学外是否还存在其他哲学如政治哲学、历史哲学、法哲学、社会哲学、工艺哲学和伦理哲学？对问题做出否定性回答不符合马克思文献实际；做出肯定性回答？如此回答问题的结论是马克思哲学就是马克思经济哲学的提法不能成立。其二，马克思经济哲学毕竟是领域性哲学。如果说马克思哲学就是经济哲学，那么，结论必然是马克思哲学确为领域性哲学。问题在于，如果说马克思哲学是领域性哲学，那么，作为领域性哲学的马克思哲学中有否一般性因而可以单独存在的内容？这样的内容是什么？其三，马克思哲学是由传统哲学演变而来的领域性哲学，这是否说明，马克思哲学革命中包括哲学存在形式革命？检视文献便知，俞吾金未对上述三个问题做出回答。俞吾金已驾鹤西归。在纯学术层面与已仙逝者的学术观点论长道短，唯一目的是推进马克思经济哲学研究事业的发展。

三　基本内容

马克思经济哲学的存在形式到底是什么？

看似简单陈述句能够回答的问题其实不简单。马克思经济哲学具体内容的丰富性使然，从不同角度出发，显现出来的经济哲学存在形式之间有很大区别。在笔者看来，这里的角度有四种。

第一，自成体系角度。在马克思政治经济学文献中存在自成体系的哲学性内容是人人皆知的事实，即人们耳熟能详的历史唯物主义理论。这一理论的经典表述出自马克思《政治经济学批判》（第一分册）序言，其与政治经济学密不可分的内在联系表明，历史唯物主义理论是马克思经济哲学的存在形式之一。细检马克思政治经济文献就可发现，上述历史唯物主义理论可称之为方法论历史唯物主义理论，旨在解决如何看待社会历史的认识路径问题，除此外还有其他历史唯物主义理论内容，如人学历史唯物主义理论、劳动哲学本体论和工艺学历史唯物主义理论。四者有机统一，构成马克思原生态的历史唯物主义理论，可称之为劳动历史唯物主义理论。

第二，随机角度。马克思政治经济学文献中存在海量具有巨大理论分析功能的经济哲学观点，人们所熟悉者是劳动异化论、人学三段论和社会历史物质生产决定论等；有待人们发掘和探讨的有：生产方式三段论、诚信经济规律论和工艺决定论等。这一角度呈现出来的马克思经济哲学存在形式给人以内容丰富之感，初涉马克思经济哲学的研究者容易领悟和操作，但不足之处明显可见：随意性大，马克思经济哲学的整体性质和不同内容间的有机联系难有表示存在的机会，不能发现马克思经济哲学体系性架构的理论逻辑空间，等等。我国目前的马克思经济哲学研究正处于这种状态。

第三，元哲学角度。两千多年的哲学历史跌宕起伏，大家辈出，学派林立，思想各异。这种情势造成的结果是各派之间互竞雄长，争论不休，因此形成哲学的历史。拔高一个层面即从元哲学角度看问题，现象背后的本质显现出来，不同时代和不同哲学家总在论说的无非是如下问题：哲学本体论问题、哲学认识论问题、哲学方法论问题、哲学价值论问题和哲学历史观问题。从这种角度出发检视马克思文献，就可发现马克思经济哲学的元哲学存在形式：政治经济学逻辑前提论、经济哲学本体论、经济哲学认识论、经济哲学方法论、经济哲学价值论和经济哲学历史论。马克思经济哲学的元哲学存在形式中只有政治经济学逻辑前提论是新组成部分，其他部分在思维方式意义上与传统哲学无异，区别只在于研究对象及基于对象而来的内容不一样。这是我国目前马克思经济哲学研究尚未涉足的话题。笔者相信，只要有志者尝试于此，取得足能推动马克思经济哲学研究事业发展的成果指日可待。

第四，微观角度。实证性地检视马克思文献，到马克思政治经济学内部探寻经济哲学内容，就可发现微观存在形式的马克思经济哲学思想体系，四个方面的内容是其有机组成部分：对资产阶级经济学哲学基础的批判、政治经济学范畴中的哲学、政治经济学命题中的哲学和政治经济学理论中的哲学。微观存在形式的马克思经济哲学是全新提法，但就其中的部分性内容说，人们已不自觉地进行了相应研究。方法论历史唯物主义即传统历史唯物主义是马克思政治经济学理论中的哲学，所要解决的问题是如何在宏观层面看待社会历史，解决这一问题是马克思确定政治经济学研究对象历史坐标位置的必要举措。从恩格斯开始到现在，方法论历史唯物主义理论始终是人们研究的课题，总体性成就是成为马克思主义哲学的有机组成部分，并以教科书的形式固定下来。像劳动异化论、自由时间论和人学三段论等是对马克思政治经济学范畴中哲学思想的研究，其成果的丰富程度达到了汗牛充栋的数量级。俞吾金的马克思经济哲学研究是更明显的例证。他在 2011 年发表长篇论文《作为经济哲学的马克思哲学》，其核心观点无非是说，马克思经济哲学进而马克思哲学的具体内容存在于政治经济学范畴中，他为我们列出的范畴是：生产、商品、价值、时间和自由。俞吾金提出的"核心概念系列"只能在例证意义上理解，在马克思政治经济学范畴"森林"中，还存在同样重要甚至更重要的范畴，举出如下例证足能说明问题：劳动、资本、货币和剩余价值等。俞吾金的思维路向是正确的，基于此，我们应该感谢他。

融合如上看待马克思经济哲学存在形式问题的四个角度，马克思经济哲学微观存在形式的体系性内容就会出现在我们面前。这些内容可凝练为一个定义：马克思经济哲学是马克思文献中哲学的一种，以四种微观形式表示自己的存在：对资产阶级经济学哲学基础的批判、政治经济学范畴中的哲学、政治经济学命题中的哲学和政治经济学理论中的哲学。

（一）定义的内涵说明

第一，"马克思文献中的哲学"的提法旨在表明，非马克思文献中的哲学不是马克思哲学，他人对马克思哲学的解释只是对马克思哲学的个人性理解，但不是马克思哲学本身。第二，"一种"的限定表明，马克思文献中还有其他哲学。其他哲学是领域性哲学，除经济哲学外还包括：历史哲学、政治哲学、法哲学、社会哲学、工艺哲学和伦理哲学等。第三，马克思文献中其他哲学与经济哲学的关系是同时并存，相互支撑，密不可分，相得益彰。第四，马克思确实发动并完成了哲学革命，这一革命由两部分组成，其一是内容革命，其二是存在形式革命。从 20 世纪 80 年代中期到现在，我国马克思主义哲学研究领域总在讨论马克思哲学革命问题，可惜的是，参与讨论者没有自觉意识到并明确提出马克思哲学革命中存在的形式革命问题。不具体化到存在形式层面探讨马克思哲学革命问题，其结果不可能符合马克思哲学革命的实际。

（二）定义的外延说明

把马克思经济哲学的微观存在形式具体化，能够见到的是如下内容。

1. 对资产阶级经济学哲学基础的批判

这种批判包括四个方面的内容：资产阶级经济学的人学前提批判、制度前提批判、阶级立场批判和方法论批判。马克思政治经济学研究的学术语境是资产阶级经济学，要确立自己的政治经济学，前提条件之一是批判资产阶级经济学，其中包括对资产阶级经济学哲学基础的批判。这种批判在马克思政治经济学文献中随处可见，是马克思经济哲学的有机组成部分，也是研究马克思经济哲学宝贵且无可替代的思想资源。①

2. 政治经济学范畴中的哲学

马克思政治经济学中范畴众多，众多的程度只能用"范畴森林"而不是"范畴丛林"表征。说其中的每一个范畴都具有哲学性内容稍显夸张，也是实证意义上无法确立的提法，但说马克思政治经济学中大部分范畴具有哲学性内容肯定符合实际。这样的范畴可以列出长长的单子，如下范畴只能作为例证看待：商品、价值、货币、资本和剩余价值；劳动、奴役劳动、徭役劳动、雇佣劳动和自由劳动；生产、生产力、生产关系和生产方式；生产资料、劳动资料、科学技术和工艺学；公有制、私有制和资本主义私有制；资本家、产业资本家和职能资本家，等等。这些范畴是马克思政治经济学理论"大厦"的"建筑材料"，挖掘和提炼其内含的哲学性内容的学术意义非常巨大，首先是能使我们准确全面地理解马克思政治经济学思想，更直接的意义是能够使我们对马克思经济哲学的理解和把握具体到范畴这种微观层面。此为马克思经济哲学研究的基础性工作，也是真正进入马克思经济哲学语境的便捷门径。

3. 政治经济学命题中的哲学

像政治经济学范畴一样，马克思政治经济学命题中的哲学性内容同样是经济哲学思想的宝库，更是我们研究马克思经济哲学取之不尽的思想资源。例证众多到无法一一枚举，变通办法是在马克思代表性政治经济学文献《1844年经济学哲学手稿》《政治经济学批判大纲》《资本论》第一卷中各

---

① 对这一批判的展开和说明见宫敬才《马克思对资产阶级经济学哲学基础的批判》，《马克思主义与现实》2018年第1期。

取三个例证。

《1844 年经济学哲学手稿》。例证一："国民经济学不考察不劳动时的工人，不把工人作为人来考察。"例证二："国民经济学从私有财产的事实出发。它没有给我们说明这个事实。"例证三："私有财产的主体本质是劳动。"①

《政治经济学批判大纲》。例证一："一切节约归根到底都归结为时间的节约。"例证二：所有权规律的第一个"是劳动和所有权的同一性"。例证三："劳动本身越是客体化，作为他人的世界，作为他人的财产而同劳动相对立的客观的价值世界就越来越扩大。"②

《资本论》第一卷。例证一："工业较发达的国家向工业较不发达的国家所显示的，只是后者未来的景象。"例证二："各种经济时代的区分，不在于生产什么，而在于怎样生产，用什么劳动资料生产。"例证三："工艺学揭示出人对自然的能动关系，人的生活的直接生产过程，从而人的社会生活关系和由此产生的精神观念的直接生产过程。"③

如上所列存在于马克思政治经济学文献中的例证首先是政治经济学命题，但谁又能说这些命题中不包含哲学性内容呢？如果基于马克思文献且顾涉社会历史背景与学术背景地分析这些命题，提炼其中的经济哲学思想，我们马上就会感悟到，政治经济学命题中的哲学这种经济哲学的微观存在形式，其内容的丰富程度是多么惊人。再做解释实属多余，径直做出结论名正言顺，马克思政治经济学命题中包含哲学性内容，这种内容是马克思经济哲学的微观存在形式之一。

4. 政治经济学理论中的哲学

此处的"理论"之谓意在指明，在学科意义上政治经济学与哲学密不可分，哲学是政治经济学的内生变量，以示与马克思经济哲学前三种微观存在形式相区别。这里的密不可分指称两项内容，一是在一般意义上政治经济学与哲学密不可分，哲学是政治经济学的内生变量；二是马克思政治经济学与哲学密不可分，哲学是马克思政治经济学的内生变量。这里的哲学是马克思经济哲学第四种微观存在形式的具体内容。这种内容极为丰富，概略地说

---

① 《马克思恩格斯文集》第 1 卷，人民出版社，2009，第 124、155、178 页。

② 《马克思恩格斯全集》第 46 卷上，人民出版社，1979，第 120、469、452 页。

③ 《马克思恩格斯文集》第 5 卷，人民出版社，2009，第 8、210、429 页。

由四部分组成。

第一部分是人学理论。马克思政治经济学理论中的人学理论有如下内容。其一，政治经济学人学前提论。与资产阶级经济学的人性自私论（经济人）正相反对，马克思政治经济学的人学前提是"完整的人"。① 其二，劳动人之本质论。② 其三，主体历史观。③ 其四，人学价值论。人学价值论具体表现为三种价值立场：人类立场、劳动者立场和无产阶级立场。人学理论的四个部分有机统一，使马克思政治经济学具有区别于资产阶级经济学的内在灵魂。

第二部分是经济哲学本体论。按照亚里士多德的界定，哲学本体即研究对象是整体性、一般性和本质性存在。④ 依此类推，马克思政治经济学的本体即研究对象是什么？在马克思政治经济文献中，有三种与经济哲学本体论的本体相类似的说法。第一种是"资本主义生产方式以及和它相适应的生产关系和交换关系"。⑤ 马克思为自己的说法给出的理由是，资本"是全部资产阶级污垢的核心"。⑥ 第二种是"资本主义生产方式占统治地位的社会的财富，表现为'庞大的商品堆积'，单个的商品表现为这种财富的元素形式"。⑦ 第三种说法往往被人忽略，但具有更重要的经济哲学本体论意义，雇佣劳动是资本和地产的基础。⑧ 孤立地看，把资本或资本主义生产方式、商品和雇佣劳动理解为马克思政治经济学的研究对象进而理解为马克思经济哲学本体论的本体皆有文献根据，但综合地看，雇佣劳动才是马克思政治经济学的根本性研究对象，因而是马克思经济哲学本体论的本体。商品生产和交换是资本主义生产方式的历史起点，也是叙述资本主义生产方式的逻辑起点，但商品变为资本，进而形成资本主义生产方式，必须以雇佣劳动的社会历史性诞生为客观基础，否则，就不会有资本主义生产方式，更遑论商品成为社会财富的"元素形式"。由此说，雇佣劳动是马克思经济哲学本体论的

① 《马克思恩格斯文集》第 1 卷，人民出版社，2009，第 189 页。相关的文献梳理及其论证请见宫敬才《论马克思政治经济学的人学前提》，《学术研究》2015 年第 5 期。
② 《马克思恩格斯文集》第 1 卷，人民出版社，2009，第 205、519 页。
③ 《马克思恩格斯文集》第 1 卷，人民出版社，2009，第 185 - 186 页；第 8 卷，第 52 页。
④ 〔古希腊〕亚里士多德：《形而上学》，吴寿彭译，商务印书馆，1959，第 56 页。
⑤ 《马克思恩格斯文集》第 5 卷，人民出版社，2009，第 8 页。
⑥ 《马克思恩格斯文集》第 10 卷，人民出版社，2009，第 178 页。
⑦ 《马克思恩格斯文集》第 5 卷，人民出版社，2009，第 47 页。
⑧ 《马克思恩格斯文集》第 10 卷，人民出版社，2009，第 158 页。

本体，对这一本体的哲学性理解及其结果，便是马克思经济哲学本体论。进一步说，对雇佣劳动进行社会历史性还原，我们见到的是它在资本主义社会生活中的基础地位；对雇佣劳动进行逻辑还原，我们见到的是它与商品、资本和地产相比较而言的基础地位。扩大视野地说，只有把马克思经济哲学本体论的本体确定为雇佣劳动，才能真正发现剩余价值理论和科学社会主义理论社会历史性的客观基础。

第三部分是经济哲学认识论。在马克思政治经济学文献中，经济哲学认识论内容非常丰富，可惜的是现有马克思经济哲学研究语境没有给它表示存在的机会，原因是没有在自觉意识层面发现马克思经济哲学认识论的客观存在，并对其进行专题性研究和讨论。这不是马克思的过错，而是马克思经济哲学研究者无意识忽略所致。概括地说，马克思政治经济学文献中的经济哲学认识论内容是：理解、充分地占有材料、关注细节、分析历史演化、探寻内在联系和让当事人出场说话。① 马克思政治经济学是利用这几种认识形式进行研究的结果，由此可以看出，马克思政治经济学与经济哲学认识论之间具有多么密不可分的关系。

第四部分是经济哲学方法论。在人类学术史意义上说，马克思是人文社会科学方法论的集大成者。用丰富或极其丰富的限定词无法表征马克思经济哲学方法论思想博大精深的意蕴，替代性办法是描述其独特之处。

其一是方法论历史唯物主义或叫历史唯物主义方法论，由四个具体性观点构成：社会历史物质生产决定论、社会基本矛盾辩证运动论、生产方式三段论和工艺决定论。社会历史物质生产决定论解决经济生活与其他领域生活决定与被决定的层级关系问题，社会基本矛盾辩证运动论和生产方式三段论解决资本主义生产方式或雇佣劳动的社会历史方位问题，工艺决定论则比生产力决定论更深化一步，解决了社会历史物质生产决定论、生产方式三段论和社会基本矛盾辩证运动论的技术基础问题。

其二是解剖典型方法。从整个政治经济学史的意义说，解剖典型方法的发明者和运用者是马克思，其开创性意义不言自明。典型的国别指称对象是工业革命及其前后时期的英国，社会历史性指称对象则是人类社会历史中首次出现的资本主义生产方式及其客观基础——雇佣劳动。正是这种方法，唯

---

① 《马克思恩格斯文集》第 5 卷，人民出版社，2009，第 22、21 - 22 页；第 8 卷，第 318 页；《资本论》第一卷第八章和第十三章。

有这种方法，才能使资本主义社会经济生活逻辑与历史有机统一地再现出来。

其三是叙述方法。马克思很重视并长期研究叙述方法。马克思自己对叙述方法的概括是"从抽象上升到具体"，[1] 恩格斯的归纳则是"历史从哪里开始，思想进程也应当从哪里开始"。[2] 后人根据列宁"逻辑的和历史的"提法把马克思叙述方法概括为逻辑与历史的有机统一。[3] 这一方法确实有思想来源，具体说是维科和黑格尔的思想，但把这种方法运用到炉火纯青的程度，只有马克思才能做到。

四　讨论性结论

第一，如果从"马克思经济哲学"提法的第一次出现算起，我国的马克思经济哲学研究已有 20 年的历史。总结这一历史，检视其成就和不足适逢其时。成就是经济哲学成为不少人探讨马克思哲学的研究范式，"瓶颈"性问题是尚未在自觉意识层面重视和探讨马克思经济哲学的存在形式问题。探讨和回答这一问题，新的学术空间就会出现在我们面前，马克思经济哲学研究就有可能进入学术成果井喷式出现的新时期。

第二，马克思经济哲学微观存在形式的内容源自马克思政治经济学文献，即便来自纯哲学文献如《德意志意识形态》，其主要研究基础是政治经济学。如此说的文献根据是《巴黎笔记》《布鲁塞尔笔记》《曼彻斯特笔记》。如果有人说这样的根据不充分，那么，《德意志意识形态》中运用的海量政治经济学范畴和知识则是进一步的根据。[4]

第三，上述看待马克思经济哲学的前三个角度即自成体系、随机和元哲学角度的内容都能在微观存在形式中以适当方式表示自己的存在，说明这种存在形式作为体系性架构能够含纳和表征马克思经济哲学的整体性内容。

第四，在马克思经济哲学微观存在形式中，经济哲学认识论和经济哲学方法论二者之间有交叉之处。经济哲学方法论中包括认识方法的内容如解剖

---

[1]　《马克思恩格斯全集》第 30 卷，人民出版社，1995，第 42 页。

[2]　《马克思恩格斯文集》第 2 卷，人民出版社，2009，第 603 页。

[3]　列宁：《哲学笔记》，人民出版社，1956，第 357 页。

[4]　对这一问题的详细论证见宫敬才《〈德意志意识形态〉的政治经济学"基因"》，《中国社会科学（内部文稿）》2017 年第 1 期。

典型，从经济哲学认识论角度看问题，经济哲学方法论中的认识方法属于经济哲学认识论的内容；从经济哲学方法论角度看问题，经济哲学认识论是其有机组成部分，区别只在于它不是叙述方法。

第五，假如让马克思自己讲经济哲学的微观存在形式或叫体系性架构会是我们如上呈现出来的样子吗？马克思生前并未涉及这一问题，去世后再向他提出这样的问题实属过分。如果我们记起哲学解释学集大成者伽达默尔"视界融合"的学说，这个问题会迎刃而解。作为马克思经济哲学体系性架构的微观存在形式是我们基于既有经济哲学训练与马克思政治经济学文献对话的结果。说这样的体系性架构是无中生有的编造或原样来自马克思文献都不符合实际，唯一符合实际者，它是基于马克思政治经济学文献对马克思经济哲学存在形式的理解。

原载《北京师范大学学报》（社会科学版）2018 年第 6 期。

作者单位：河北大学政法学院哲学系

加强哲学与经济学的内在结合

——余源培教授专访

一 当初您是怎么想到从马克思主义哲学发展史的研究中
提出经济哲学研究方向的重要性的? 在您看来,
马克思主义哲学与经济哲学有着何种联系?

这是"文革"结束后自己教学和科研中的新拓展。那时在老一辈学者
黄楠森、庄福龄、林利等人的组织下,我参加了国内最早从事马克思哲学发
展史研究的团队。当时马哲史的研究与思想解放大讨论是相互呼应的,旨在
实现思想上的拨乱反正,破除对马克思主义的教条式态度。这就必须把马克
思主义的发展看成是历史的科学。它是不断发展的,有低潮与高潮,不是直
线式的,不是僵化不变的。当时我们感觉到一个问题,就要真正地弘扬马克
思的"第一小提琴手"的声音。大家知道,尽管这门学科是以马克思的名
字命名的,但在过去的教科书中由于受到斯大林的影响,引证最多的并不是
马克思,而是恩格斯、列宁、毛泽东,也就是说马克思的声音是比较薄弱
的。在这种情况之下,努力改变过往对马克思主义存在的上述偏见,对我来
说是通过马哲学史的研究来实现的。

我的体会是研究马克思主义哲学要做好三方面的对话:第一是和文本对
话。这个文本不是第二手,第三手,而是第一手的马克思的原著文本。回到
经典,才能做到入门正,学到真经,免除某些对马克思主义哲学创始人的误
读和谬传。第二个是要和历史对话。马克思与恩格斯在建立新哲学时,本身
就有一个转变、创立和发展的过程,他们的观点并非一成不变。马克思和恩
格斯俩人之间有着世上最伟大的友谊,进行了最有成效的合作。这种合作绝

不意味着一个人简单重复另一个人的声音，是一种互补性和创造性的合作。在马克思与恩格斯逝世之后，这门学问的发展经过了列宁、毛泽东、邓小平等人，他们的思想也都是历史的产物。学习他们的思想，如果不实现和历史进行对话，就会变成抽象的泛泛而谈。第三个是要和现实对话，要和活生生的生活实践对话。实践观点是马克思主义哲学的核心观点，它不仅仅局限于解释世界，更强调改变世界。马克思将新哲学比喻为报晓的"高卢雄鸡"，形象地展现了其"改变世界"的实践取向。就以上这三点体会来说，它们直接引导或者启发了我对经济哲学的兴趣。

当你和马克思经典文本对话时，就会发现马克思毕生重视对政治经济学的研究。这从他的许多重要著作中足以看出：《1844年经济学－哲学手稿》《政治经济学批判》《资本论》等。第二国际的理论家们曾认为马克思缺少哲学著作，多的是经济学或历史学著作，他们习惯于旧传统将哲学与经济学分离，比如认为《资本论》只是经济学著作，而不是哲学著作。但是列宁认为，正是《资本论》使得唯物史观从假设变成了科学。所以如果你真的是跟马克思的文本对话，你就会发现，马克思有很多文本都是我们进行经济哲学研究的范本，经济哲学的真正开山鼻祖是马克思。包括《哲学的贫困》，我觉得这部著作今天重视还是不够。所以在和马克思文本进行对话后，我个人的看法就有改变。过去认为《反杜林论》《费尔巴哈与德国古典哲学的终结》才是哲学著作，而对《资本论》《1848年经济学－哲学手稿》等重视不够到位。但实际上，马克思所创立的唯物史观正是政治经济学批判的哲学产物。1857年12月8日马克思在给恩格斯的信中说："我现在发狂式地通宵总结我的经济学研究。"其成果经典式地表达在1859年的《〈政治经济学〉序言》中。

当你和历史进行对话时，我们就会发现马克思理解历史，不同于过去的一些思想家，归根结底是因为，马克思认为"历史之谜"的谜底蕴藏在经济学的领域中，社会历史的发源地不是存在"天上的云雾中"，而是在"尘世的粗糙物质生活中"。马克思有那么多的批判，宗教批判、政治批判、意识形态批判，他有很多这方面的历史批判，但是，在马克思那里最重要的是政治经济学批判，是对经济运动的历史批判。前面说的那么多批判都还是"副本"批判，必须将这些批判推进到对"原本"的批判，即政治经济学的批判。所以你要真正地研究历史，只是研究意识形态史是远远不够的，归根结底要从经济基础研究开始。这也是为什么费尔巴哈虽然恢复了唯物主义却不能向着唯物史观前进的深刻原因，因为他没有进入政治经济学批判，费尔巴哈还只能是半截子的唯物主义。马克思留下的启示是，只有在哲学与经济学的结合中方能走向历史的深处。

当你和现实对话时，你会发现马克思哲学的一个很大特性就是现实性。我觉得马克思是把经济学看成是哲学联系现实的最佳的与最直接的途径。过去被思想家所看不起的、被哲学家所忽视的社会实践运动，马克思首先把它看成是生产史、经济发展史。认识社会现实要从经济分析开始，改造社会现实也要从经济改造入手。我觉得马克思哲学的基本概念不只是停留于一般的"存在"，而是"社会存在"，经济活动是社会存在的基本活动。如果哲学不关心社会经济运动，就会脱离生活、脱离实践，就会失去生命力。

总之，新时期对马哲史的研究给予自己重要的启发，从此对经济哲学发生浓厚兴趣。我从马哲史领域拓展到经济哲学，大概是以 1995 年前后为界。这里面还有一个因素，张雄教授在复旦大学哲学学院读博士，后来又到复旦经济学院读博士后，我们之间的学术交流，促成我开始关心经济哲学的机遇。张雄迈向经济哲学的实际行动是早于我的。他在完成博士论文《历史转折论》后，又在博士后阶段开展了对"理性经济人"的哲学思考与批判。在他看来，我们应当尊重亚当·斯密古典经济学"理性经济人"这一基本的前提，但是这一前提也是历史的产物，因此有历史的局限性。张雄决定要对这个问题进行研究，这在当时是很大胆的，在经济学领域也有一定的阻力，因为西方政治经济学最基础的范畴就是"理性经济人"设定。但在 19 世纪末 20 世纪初，哲学领域对传统理性主义的反思和对非理性的研究，已经不是那样不能碰的问题，出现了一批哲学家对非理性进行研究，这是当代西方哲学转向的表现之一。我当时只是从哲学角度出发支持张雄的研究，他后来就以这个作为博士后的出站论文，并于 1995 年出版了《市场经济的非理性世界》这本书。如果从我国经济哲学历史发展过程来看，这本书那时是相当有影响的，包括对我的影响。上述就是自己对经济哲学研究发生兴趣的简单过程。如果要问我对经济哲学发生兴趣出发点的话，那还是从对马克思哲学的深入理解、解读和研究开始的。

二　您认为中国的经济哲学发展经历了哪几个阶段？它的基本特征和成果是什么？

我个人认为，经济哲学在我国早期的萌芽形态，还是将经济学当作一种举例，用来说明哲学原理的正确性，或者将经济学的实证例子上升到哲学层面进行提升。这种"经济例子＋哲学原理"的做法，在最初虽然也具有一定的意义，但还称不上真正意义上的经济哲学，还停留在哲学和经济学两门学科的外在相加上。

经济哲学在我国成为新的学科生长点，成为一些学者关心的一门显学，我觉得是从实现哲学和经济学的内在结合开始的。它有三个强烈的磁场：一是学术背景，即经济学和哲学发展融合和范式变革的要求；二是全球化背景，人类生存状态面对的一系列重大问题，需要哲学和经济学的协同攻关；三是中国背景，深刻的社会转型需要在经济学和哲学的结合中开辟道路。这是我国经济哲学研究进入一个新阶段的客观必然性。

在这种情势下，领军人物就会应运而生。这是一批人，其中当时有两本书给我印象较深：一本就是张雄教授的《市场经济的非理性世界》（1995年出版）。他深入古典经济学的最根本前提"理性经济人"设定，对这个范畴进行了马克思主义的哲学思考，并且这种思考是在中国经济改革确定搞社会主义市场经济的历史转折背景下展开的。另一本就是南京大学张一兵教授的《回到马克思——经济学语境中的哲学话语》（1999年出版）。这本书深入探讨了马克思哲学的经济学语境问题，并且将这一维度提高到"回到马克思"的理论高度。回答了我国哲学家要不要以及如何关注经济学的问题，也即怎样以马克思为榜样的问题。张雄教授和张一兵教授分别从古典政治经济学的基本范畴和马克思哲学的基本思路出发，推动了我国经济哲学的学术发展。在他们的带动下，一批经济哲学的研究论文和著作纷纷发表出版，其中如唐正东教授的《斯密到马克思——经济哲学方法的历史性诠释》（2002年出版）等，其他的著作这里恕我不一一列出。以此为契机，在张雄教授等人倡议下，全国经济哲学研究会于2012年正式成立。

从此，我国经济哲学学术活动进入有组织开展的自觉阶段，历届学会活动都努力办成专业化的论坛、开放的论坛、具有相对恒久学术价值的文献性论坛。这些学术活动有着以下几个特点：第一，明确以马克思主义为指导，努力探索马克思主义经济哲学在中国社会主义现代化事业中的运用。同时也对现代西方各种经济学流派以及各个哲学流派的经济学基础进行深入的探讨与研究。第二，它的学术视野相对比较开阔。我们生活在全球化、信息化的大环境下，经济发展问题几乎成为全人类的共同话题，无论是发达国家还是发展中国家，在经济发展面前都面临着许多普遍的问题有待解决。经济学界也好，哲学界也好，都希望联手共同对这些问题进行冷静地协同思考。因此历届经济哲学学会年会，都能吸引哲学界和经济学界的同仁参加，成为层次比较高级的学术研讨聚会。第三，全国经济哲学活动更加具有规划性，研究成果有序得以继续和得到保存。在学会组织下分别就市场经济、货币哲学、资本哲学等重大问题进行研讨，并且出版了有关论文集。学会每次年会活动倡导读一本书，如西美尔的《货币哲学》、托马斯·皮凯蒂的《21 世纪资本论》等，集中讨论一个专题，以问题为中心，使大家有话可谈，避免了形式化的泛泛而谈。年会结束后坚持出版一期一期的《中国经济哲学评论》非常不容易，期期有内涵，值得保存。第四，把经济哲学上升到硕士和博士点的建设，在抓学科建设的同时十分重视人才队伍的培养。就全国范围来讲，这几年硕士和博士生以经济哲学为大方向进行论文选题的数量日趋增多，出现了不少青年学者的经济哲学论文和著作。培养一支比较稳定的、有研究兴趣的队伍，经济哲学的发展得以可持续。

三　您认为当前我国经济哲学研究应该重视的问题是什么？

我是搞马克思主义哲学的，后来才拓展到经济哲学。从这个角度谈一点想法：现在搞经济哲学研究这支理论队伍，主要参加者还是在哲学家的圈子这一边，经济学家相对少一些，哲学家还没有和经济学家建立很好的联盟，学会的活动对经济学界吸引力还不够理想，致使经济学家参加的积极性还不够高。

改善这种状况需要在观念认识上继续提高。什么是"经济哲学"？我为《辞海》撰写的释义是："经济哲学是哲学与经济学结合，产生的跨学科交叉科学。它旨在通过经济学家与哲学家的联盟，发挥两门学科的优势，对当代人类社会面临的重大问题进行整体性综合研究。"前面说过，我一直认为经济哲学不是两门学科的外在相加，它是内在结合产生的新学科，其功能不但有助于人类社会发展和我国社会转型重大问题的解决，而且能够推动经济学和哲学自身的发展。如果将经济哲学只是确定为哲学原理的推广和应用，就会容易导致"原则在先"的做法，意味着某些哲学原则是确定不变的，变数只是经济学的基本概念；反之，如果将经济哲学仅仅确定为运用经济事实和经济学道理来检验和改造哲学，那么确定的就会是经济学，变数则会是哲学。这两种认识都具有片面性。真正意义上的经济哲学需要的是两门学科的内在结合。因为，一方面整个社会结构的基础是经济，"历史之谜"的谜底蕴藏在经济生活领域中；另一方面一切真正的哲学都是"自己的时代精神的精华"，能够给人们提供真切的理解力、批判力和判断力。因此推进我国经济哲学发展，需要建立哲学家和经济学家（包括企业家）在平等双利基础上的联盟，发挥各自的学科优势，实现这种优势的强强互补。哲学家不应当把经济学当作"形而下"予以轻视，经济学家也不能将哲学当作"形而上"予以排斥。观念上不提高认识，联盟就不能牢固建立，经济哲学研究就难以向前推进。

对于搞哲学的人来说（例如我自己），我们还普遍缺少对经济学著作的了解和研究，基本上没有像马克思那样刻苦钻研过经济学，可以说是一知半解。参加经济哲学研究，自身的知识结构是有重大局限的，特别需要对经济学的基本知识有一个进行"脱毛"的过程。"脱毛"是恩格斯在研究自然辩证法时，他感到自己对自然科学不怎么了解，因此要进行"脱毛"，进行顽强刻苦的学习。当代经济学发展很快，诺贝尔奖中除各门自然科学学科外，人文社会科学一共设有两个奖项，一个是文学，另一个就是经济学。那么多经济学家，一届一届的得奖了，对于他们的著作，我们是否认真去研读了？在这方面个人觉得张雄教授做得不错。他获得哲学博士后，又去攻读经济学博士后，在博士后出站著作《市场经济中的非理性世界》中，主要参考文献列的基本上都是著名经济学家的著作，他对经济学进行了一番"脱毛"。我国经济哲学有一个长处，就是比较务实，比如说研究"市场""资本""财富"等，这些不光是经济学范畴，也是哲学的范畴。我们需要去研究，而且进行一些必要的"脱毛"。我们还要更加努力，要有毅力，要向经济学家学习，要尊重经济学的研究，这样才能够和经济学家更好地沟通，建立联盟需要有共同的语言、问题、兴趣。要用我们自己对于现代经济学的了解，来打消经济学界那种排斥"形而上"的传统偏见。这可能是经济哲学研究和创新的一条基本路径。

我想起大约是十多年前，诺贝尔经济学奖获得者阿马蒂亚·森《以自由看待发展》在我国翻译出版。他的著作力图改变传统狭隘发展观的旧范式，阐述人的"实质自由"是发展的最终目的和重要手段。瑞典皇家科学院的公告中特别提到，"他结合经济学和哲学的工具，在重大经济学问题讨论中重建了伦理层面"；特别是由于他十分强调"自由"是"实质的"而非

"抽象的"，尤其关心社会经济问题的实质性解决，他被称作"穷人经济学的代言人"和"经济学的良心"。联合国的《人类发展报告》就是按照他的理论框架设计的。我当时看了这本书感到应当引起哲学界的重视，但是很遗憾，哲学家那时表现出的热情并不高。当代经济学发生了许多变化，在一些经济学家那里出现了对传统功利主义发展观的质疑，对古典经济学"理性经济人"前提的批评，对现代经济学派孤芳自赏的叛逆，对经济学"数字化"成为"黑板经济学"的忧虑等待。我认为经济学发生的这些变化，是方向性的改变，是本质性的改变，是内生性的，而不是哲学家从外面强加给他们的。正因为这一点，我觉得非常可贵。《21世纪资本论》佐证了这一点。著作提出全球范围出现的收入和财富分配不平等的趋势日益严重，呈现出两极分化，出现劳动与资本间收入的巨大差距，这些问题若得不到解决，将会撕裂全球化的进程。我以为，哲学家要主动拥抱和引导经济学研究正在发生的上述转向，这也是经济哲学应当充分重视的问题。

还有一点想法是，我国经济哲学研究应当具有世界历史眼光。中国如今已经深度融入全球经济链，许多问题都是无法回避的。例如怎样看待全球化背景下的国际贸易战。前些天我读了《美国陷阱》，记述的是发生在阿尔斯通公司与美国司法部之间纠纷案件的始末。美国司法部在反腐败的理由下，占据法律和道德的制高点，通过追诉阿尔斯通这一跨国公司的几个高管，甚至把他们长期投进监狱，强迫他们认罪，成功地瓦解了这个为法国能源独立做出过重要贡献的企业，迫使它贱卖给它的主要竞争对手美国通用电气公司，同时支付出高额的罚金。掩卷思考这样一个问题，就是要全面看待全球化背景下的世界市场与市场经济的特点，既要看到其存在合作性的一面，更要看到其竞争性这一本质面；国际经济合作始终是相对的，国际经济竞争则是绝对的；相对的合作往往是绝对竞争的一种表现。因此要充分认识到竞争的根本性和长期性，同时防止竞争蜕变成"丛林法则"，防止竞争走向对抗。再一个想法就是，要重视对民粹主义的经济哲学研究。如今民粹主义已经不是一国现象，美国等西方主要国家和大多数拉美国家都奉行它，多国举办过"21世纪的民粹主义"研讨会。这种现象与经济全球化存在什么联系？怎样解决全球化产生的问题？民粹主义与自由主义的关系又是什么？2018年9月出版的《经济学人》在纪念创刊175年之际，呈现了一万多字的《复兴自由主义宣言》为21世纪再造自由主义造势。这些情况我觉得都需要我国经济哲学界加以关注。

四　请您从经济哲学研究的角度，谈一谈您对中国改革开放 40 年发展的感悟？

40 年来我国社会主义现代化事业取得举世瞩目的伟大成就，我觉得这条道路是在哲学与经济学的结合中开拓的。我国经济哲学因改革开放之势而产生，并为改革开放鸣锣开道。我算是这段历史的一名"剧中人"，一路走过来很不容易，深有切身感悟。

改革开放带来我国社会极其深刻的变化：从"以阶级斗争为纲"到"以经济建设为中心"；从封闭半封闭到改革开放；从传统计划经济到社会主义市场经济。实践证明这条道路是正确的，必须继续坚持和发展。将哲学与经济学相结合，我们成功有效地破解了建设中国特色社会主义的许多难题。诸如：对我国社会发展阶段的定位，确定我国相当长的历史时期处于社会主义初级阶段；把发展问题提高到人类的高度来认识，中国发展问题的核心是实现社会主义现代化；社会主义也可以搞市场经济，创建人类历史上崭新的社会主义市场经济体制；将改革开放定位为决定中国命运的关键抉择，视作实现中华民族伟大复兴的必由之路，等等。党的十八大以来，习近平总书记发表系列重要讲话，深刻回答了新形势下党和国家事业发展的一系列重大理论和现实问题，提出了许多富有创见的新思想新观点新论断新要求，将中国特色社会主义推向一个新阶段。个人觉得，其中同样体现了将哲学与经济学相结合的大思路。

改革开放已经走过 40 年，有许多成功经验，也有某些缺憾和教训。确实需要总结，使大家达成共识，使改革开放更加进入自觉的阶段。怎么进行总结？我觉得应当按照马克思的思路，"始终站在现实历史的基础上，不是从观念出发来解释实践，而是从物质实践出发来解释观念的形成"。这同样需要经济学与哲学的结合。如习近平总书记所说，当代中国的伟大社会变革，不是简单延续我国历史文化的母版，不是简单套用马克思主义经典作家设想的模板，不是其他国家社会主义实践的再版，也不是国外现代化发展的翻版。眼下改革开放之所以常常被一些人误解，我想根源就在于此。我国经济哲学应当以澄清这些偏见为己任。

我还想借此机会，谈一点看法。经济文化相对落后的国家怎样搞社会主义建设是一历史性课题。马克思晚年曾经设想，这些东方国家在一定历史条件下可以"跨越卡夫丁峡谷",但同时必须充分享用资本主义发展的一切积极成果。列宁十月革命后说过,俄罗斯既苦于资本主义发展,更苦于资本主义不发展。晚年列宁决定扬弃"战时共产主义"政策搞新经济政策。主要做法之一就是搞国家资本主义,也即苏维埃国家能够驾驭的、限制的、控制的资本主义,形式包括租让制、租赁制,合作社制等,目的是有利于发展生产力。这种做法没有改变苏维埃政权的性质,却根本改变了对社会主义的传统看法。可惜斯大林将新经济政策结束得太早。毛泽东也设想过搞中国式的新经济政策,就是在社会主义改造基本完成之后,回过头来再搞资本主义。后来由于历史原因没有搞成。斯大林认为,社会主义与资本主义是两条永不相交的平行线。这是不可能的。无论在国内还是国际,我们都面临着跟资本主义的关系问题。照我看来,两者是你中有我,我中有你,在市场和市场经济的舞台上相交量,关键是谁引导谁,谁服务谁,谁是经济主体。民营经济过去认为是体制外的,现在认为也是我们国家体制内的,民营企业家是自己人。总之,经济文化相对落后的国家进行社会主义建设,如何处理好与市场、资本、资本主义之间的关系,这是个大问题,现在还没有完全解决。中国不能回到过去的老路,中国也不能走西方的邪路。

对于这个问题,我觉得不能简单套用"西马"的观点。东方社会的中国必然有自己的一系列特点,区别于西方资本主义的发展。拿建设社会主义事业来说,它不是立足于资本主义充分发展的历史基础,而是经济文化相对落后的国情,长期会处于社会主义初级阶段。国情有别于西方,存在的社会时间和社会空间不同,许多措施和办法就不能只是立足于西方的思维定式。大家可以去看《共产党宣言》中"德国的或'真正的'社会主义"那一节,一开始就说到那时德国与法国的区别:"法国的社会主义和共产主义的文献是在居于统治地位的资产阶级的压迫下产生的,并且是同这种统治作斗争的文字表现,这种文献被搬到德国的时候,那里的资产阶级才刚刚开始进行反对封建专制制度的斗争。"马恩批评说:"德国的哲学家、半哲学家和美文学家,贪婪地抓住了这种文献,不过他们忘记了:在这种著作从法国搬到德国的时候,法国的生活条件却没有同时搬过去。在德国的条件下,法国的文献完全失去了直接实践的意义,而只具有纯粹文献的形式。"说得真好啊!"生活条件"是客观的社会存在,是不能脱离、不能无视的,它不会因照搬书本而得到改变!照搬就会使文献"完全失去直接现实意义"。

马克思哲学立场的当代意义

——兼论治国原则与重建社会存在本体论

孙承叔

在马克思思想的研究中，一个长期被我们忽视的问题是马克思的哲学立场问题，一般讲，立场、观点、方法是一个整体，与观点相比，立场似乎是个可有可无的东西，然而它却是决定观点、决定方法的更加根本的东西。历史唯物主义教科书框架结构上的缺陷在某种程度上是与忽视马克思的哲学立场有关，改革开放以来，一些人过于重视金钱、财富、货币而失于对民生的关怀和整个社会的和谐、共存，也与忽视马克思的哲学立场有关。马克思哲学立场还是国家治理的最高原则，因此必须从根基上思考清楚。

一 什么是马克思的哲学立场

哲学立场，就是哲学家思考社会历史问题的立脚点和最后归宿，也就是说，你站在什么立场上看问题，为谁谋利益。它与我们平时所说的阶级立场有所区别，阶级立场是一种政治立场，例如无产阶级立场，反映的是国家、社会应由谁来领导，而哲学立场更多的是反映一个人思考社会问题的立脚点、视野和服务的方向。马克思认为分析现代社会有两种基本哲学立场，一种是市民社会立场，另一种是人类社会立场，正如马克思在《提纲》第十条所说："旧唯物主义的立脚点是'市民'社会；新唯物主义的立脚点则是人类社会或社会化了的人类。"[①] 那么什么是市民社会？什么是人类社会？二者是一种什

---

① 《马克思恩格斯全集》第3卷，人民出版社，1960，第5-6页。

么关系？马克思为什么要把新旧唯物主义的区别归结为立脚点的区别？

市民社会的本意就是指社会的经济活动、经济领域。它有广义、狭义两种理解。狭义的市民社会是指 16 世纪以来以资本与劳动关系为基础、以市场交换为内核的全部经济活动，正如马克思在《德意志意识形态》中所说："市民社会包括各个个人在生产力发展的一定阶段上的一切物质交往。它包括该阶段上的整个商业生活和工业生活，……'市民社会'这一用语是在 18 世纪产生的，……真正的资产阶级社会只是随同资产阶级发展起来的。"① "这种物质的生活关系的总和，黑格尔按照 18 世纪的英国人和法国人的先例，概括为'市民社会'"，② 因而市民社会的第一个含义就是指现代资产阶级经济社会，即一切物质的生产关系的总和，整个社会的商业生活和工业生活，这是一个"一切人反对一切人"的战场，如黑格尔所说："市民社会是个人私利的战场，是一切人反对一切人的战场。"③ 这一视角也为马克思所接受，正如他所深刻指出的："现代市民社会中的一切人反对一切人的战争。这个战争，这个为了活命、为了生存、为了一切而进行的战争，因而必要时也是你死我活的战争，不仅在社会各个阶级之间进行，而且也在这些阶级的各个成员之间进行。"④ 正是这一特殊领域的发现，使马克思把握住了现代社会的根本。不仅如此，马克思还由此发现了人类历史的秘密，因为正是在对 18 世纪流行的市民社会的研究中，马克思发现了市民社会内涵的普遍历史意义，从而把它上升为历史唯物主义的普遍哲学范畴，认为市民社会所指向的经济领域是历史的真正发源地，市民社会"这一名称始终标志着直接从生产和交往中发展起来的社会组织，这种社会组织在一切时代都构成国家的基础以及任何其他的观念的上层建筑的基础。"⑤ 这里指的是"一切时代"，而不仅仅是资产阶级时代，在同一著作中，马克思还指出："在过去一切历史阶段上受生产力所制约、同时也制约生产力的交往形式，就是市民社会。……这个市民社会是全部历史的真正发源地和舞台。"⑥ 因而广义的市民社会就是指以往一切社会的经济基础，它构成国家与上层建筑的基

---

① 《马克思恩格斯全集》第 3 卷，人民出版社，1960，第 41 页。
② 《马克思恩格斯全集》第 2 卷，人民出版社，1995，第 32 页。
③ 黑格尔：《法哲学原理》，商务印书馆，2009，第 351 页。
④ 《马克思恩格斯全集》第 2 卷，人民出版社，1957，第 359 页。
⑤ 《马克思恩格斯全集》第 3 卷，人民出版社，1960，第 41 页。
⑥ 《马克思恩格斯全集》第 3 卷，人民出版社，1960，第 40－41 页。

础，是历史的真正发源地和舞台，马克思历史观的形成，与这一普遍领域的发现有很大关系。马克思投身于政治经济学研究，与这一领域的发现也有很大关系，如马克思自己所说："我的研究得出这样一个结果：法的关系正像国家的形式一样，既不能从它们本身来理解，也不能从所谓人类精神的一般发展来理解，相反，它们根源于物质的生活关系，这种物质的生活关系的总和，黑格尔按照 18 世纪的英国人和法国人的先例，概括为'市民社会'，而对市民社会的解剖应该到政治经济学中去寻求。"① 但是无论广义还是狭义，市民社会都是指一个社会的经济基础或经济领域。

　　既然市民社会是指一个社会的经济基础或经济领域，它是决定政治、法和意识形态的东西，那么立足于市民社会看问题为何又受到马克思的批评呢？因为市民社会和人类社会是两个不同的概念，市民社会是指"一切人反对一切人"的经济社会或经济领域，而人类社会则指人们生活的全体，它除了经济领域，还包括所有人的生活领域，即人们除了进行物质生产，还必须进行其他各种生产，包括人的自身再生产，人的社会关系再生产，人与自然关系再生产和人的精神生产，因而人类社会是指人们生活的总体，包括每一个人，他们的生活和他们的生活世界。这是一个更大的概念，包括人的所有活动和所有生活。如果从结构上看，现代社会好比三层楼的圆锥体，最上面那层是政治上层建筑，中间这一层是市民社会或经济社会，底下最大的那层是所有人共同的生活世界或民生世界，真正的人类社会是包括生活世界在内的社会生活总体。因而市民社会与人类社会是两个不同的概念，旧唯物主义维护市民社会的利益，新唯物主义维护人类社会的利益。从内涵和结构上讲，只有人类社会是生活总体，而政治和经济只是社会生活的一小部分。离开了生活世界，旧唯物主义所理解的社会只是小社会，即我们平时所说的经济基础与上层建筑的统一，它是不包含所有人共同生活的生活世界的。而马克思所理解的人类社会是大社会，即不仅包括经济基础与上层建筑，而且包括生活世界或民生世界，在这里生活是作为政治和经济的原生性基础和目的出现的。现在学界和社会生活中的主要问题，是人们只从经济角度思考问题，只关注政治与经济之间的关系，而忽视民生，忽视生活世界，从而忽视政治与大社会、经济与大社会之间的关系，这是社会生活普遍异化的根本原因。马克思哲学立场的提出，不仅揭示了新旧两种唯物主义的区别，而且从

---

① 《马克思恩格斯选集》第 2 卷，人民出版社，1995，第 32 页。

根基上揭示了两种治国原则的区别，因而是一个普遍的时代问题，是一个更加要引起我们反思和关注的领域。

二　哲学立场就是国家治理的最高原则

在今天，我们要强调哲学立场的根本原因，就在于哲学立场本质上就是国家治理的最高原则。

现代市民社会本质上就是以市场经济为内核的经济过程，即以雇佣劳动为基础，以金钱为目的，以资本为竞争主体的经济过程。因而从经济的角度看问题，站在市民社会立场是正确的，因为没有雇佣劳动，没有资本，没有普遍的竞争，经济就发展不起来。但是如果把市民社会立场作为国家治理的根本立场，把市民社会利益作为国家维护的最高利益，把市民社会原则作为国家治理最高原则，其结果必然背叛人民，背叛大社会。马克思反对的正是作为国家最高理念的市民社会立场。这种立场的实质是把人看作经济人，把社会看作经济社会，把金钱原则、财富原则、利润原则、竞争原则看作社会运作的最高原则，其结果必然导致社会的两极分化，导致自然生态的破坏，导致社会共同生活原则的瓦解，导致生活世界殖民化和人民群众的边缘化，由于这种立场在客观上维护了资本的利益，因此这个立场本质上就是资本立场。马克思反对的正是以资本为最高原则的市民社会立场，在这种治国理念下，不是资本为人民和社会服务，而是人民和社会成为资本增殖的工具。

资本主义发展至今已经 500 年了，一个基本的事实就是世界范围严重的两极分化，根据国际施乐会报告，"2016 年全球最富有的 1% 人口所拥有的财富将超过其余 99% 人口的财富总和"。而"全球 8 个超级富豪拥有的财富，相当于全球较贫穷的一半人口（36 亿人）的财富总和"。财富急剧地向 1% 最富有人手里集中，这就是资本主义 500 年的基本事实。资本不仅统治着经济，而且统治政治，使国家异化为资本的工具，正如马克思所说："现代的国家政权不过是管理整个资产阶级的共同事务的委员会罢了。"[1] 在资本和国家的双重统治下，社会也发生了普遍异化，"整个人类社会只是成为创造财富的机器"。[2] 正如西方有识之士列菲弗尔所批评的，现代社会的本质

---

① 《马克思恩格斯文集》第 2 卷，人民出版社，2009，第 33 页。
② 《马克思恩格斯全集》第 42 卷，人民出版社，1979，第 263 页。

是没有人性的，只是金钱，"道德和意识、爱情和科学都成了贸易手段。……'金钱的数量日益成为人的唯一主要的品质'。……社会的本质是没有人性的，只是金钱。它的本质就成了纯粹经济性的了：'……一种没有人性的力量支配着一切。'"① 不难发现，当今世界的两极分化，当今世界的金钱化、资本化，正是资本原则统治世界 500 年的必然结果，是市民社会哲学立场统治世界的必然结果。马尔库塞把一味追求金钱的社会称为单面社会，把一味追求金钱的人称为单面人。面对当代中国铺天盖地的金钱大潮，我们难道没有必要反思吗？

马克思认为在政治国家、市民社会、人类社会三者关系中，最高最基本的存在是人类社会，不是市民社会高于人类社会，而是人类社会高于市民社会，只有人类社会构成国家治理的最高原则，构成一切政治、经济行为的本体论基础，构成马克思思考一切政治、经济、社会问题的根本哲学立场。旧唯物主义，包括当代一切资本主义治国理念的根本局限就是遗忘了人类这一基本的社会存在。在马克思看来，人与社会是一体的。因而真正的人类社会必然是以人为本质和基础的存在，正如马克思所说："人是全部人类活动和全部人类关系的本质、基础。"② 因而社会就是以人的存在为本质和基础的人类全部活动和关系的总和，是一种以人为本的总体性存在。由于人是现实的人，而不单纯是经济人，因而人的需要是全面的，人的活动也是全面的，为了生活得更好，人不仅要劳动，以满足吃、穿、住的需要，而且要生儿育女，进行人的自身再生产，不仅要追求人与人之间的最佳关系，而且要追求人与自然之间的和谐，追求人的精神自主和独立。因而社会不是一种抽象的存在，而是人为满足自身各种需要而实行的一种联合，如马克思所说："社会，即联合起来的单个人"。③ "社会关系的含义是指许多个人的合作。"④正是赖于这种联合和合作，人类才能高于自然、战胜自然并成长为人，这是人类真正的力量源泉。历史上一切关系，包括地缘的、血缘的、民族的、国家的、政治的、经济的、思想的、党派的、宗教的、法权的、阶级的、财富的、生活的等各种关系，都表明了人与人之间的这种联合，每一种联合都成倍地放大了人类的个体力量，历史正由此而获得进步。正是在这个意义上，

① 《西方学者论〈1844 年经济学哲学手稿〉》，复旦大学出版社，1983，第 193 - 194 页。
② 《马克思恩格斯选集》第 2 卷，人民出版社，1957 年，第 118 页。
③ 《马克思恩格斯全集》第 46 卷下，人民出版社，1980，第 20 页。
④ 《马克思恩格斯全集》第 3 卷，人民出版社，1960，第 33 页。

马克思才说人的本质，在其现实性上是一切社会关系的总和，"人就是人的世界，就是国家、社会。"① "社会本身，即处于社会关系中的人本身。"② 因而人与社会本质上是一体的，它包括全部人类活动和全部人类关系。把人看成经济人，把社会看成经济社会是非常片面的。

对于历史而言，人类社会不是一种可有可无的存在，而是整个人类生活的基础、本体和总体。一切旧唯物主义思想体系，一切以资本原则为治国原则的实践体系，一切以市民社会为根本立脚点的哲学立场，其要害就是否定人类社会相对于政治、经济的基础性、本体性和总体性。

首先，从基础讲，人类社会是以所有人的共同生活世界为基础的，民生是社会之本，正是生活的需要推动了政治和经济的发展，因此人类社会是作为政治和经济的基础出现的。必须从根基上确立人的自然存在和社会存在是人类从事政治、经济活动的基础性存在。因为"人是全部人类活动和全部人类关系的本质、基础"。③ 没有人就没有历史，因此"任何人类历史的第一个前提无疑是有生命的个人的存在"。④ 正是有生命的个人的生活需要和生存需要导致了人类最初的劳动。马克思展开劳动的逻辑顺序是"人体、需要、劳动"，⑤ 因此人的存在、人的需要是人的劳动的前提、基础和目的，其他活动也是这样，否定了这一基础，也就否定了历史发展的动因。由于人就是人的社会，因此人类社会是作为人类经济政治活动的前提和目的出现的。否定这一前提，就使人类的经济政治活动成为无根之木。

其次，从内涵讲，人类社会意指人类的全部活动和关系，因此，除了经济活动和政治活动外，它还包括所有人的生活，包括所有人的生活世界，因此从社会生活的总体性而言，它不仅包括物质生产，而且包括人的自身再生产、人的社会关系再生产、人与自然关系再生产和人的精神生产，人类社会就是五种生产的内在统一，任何一种生产的缺失都会导致社会总体生命的中断，社会和谐的本质就是五种生产的内在平衡，这是一种不同于物质生产的新的社会规律，因此用一种生产取代五种生产是根本错误的，其实质是对社会作了形而上学的理解。从市民社会出发，本质上就是否定了社会生活的全

---

① 《马克思恩格斯全集》第 1 卷，人民出版社，1956，第 452 页。
② 《马克思恩格斯全集》第 46 卷下，人民出版社，1980，第 226 页。
③ 《马克思恩格斯全集》第 2 卷，人民出版社，1957，第 118 页。
④ 《马克思恩格斯全集》第 3 卷，人民出版社，1960，第 23 页。
⑤ 《马克思恩格斯全集》第 3 卷，人民出版社，1960，第 31 页。

面性和人的需要的全面性，作为治国理念，本质上也就否定了现实的人及其生活世界，这是资本主义普遍两极分化的根源。由于人类社会就是人的全面需求和全面活动，因此只有社会才是人的政治、经济行为的真正起因和归宿，政治、经济也只有为社会服务才是合理和合法的，人类社会构成人类政治、经济活动的本体论基础。

最后，从结构讲，在政治国家、市民社会、人类社会三层结构中，人类社会是总体，而政治国家和市民社会只是生活的局部，是影响社会生活的重要因素。社会好比是一个有机整体，在社会系统中，要素、局部是为总体服务的，因此，不是政治、经济高于社会，而是社会高于政治和经济，政治、经济归根结底是为社会总体服务的。马克思曾从方法论上指出："这种有机体制自身，作为整体来看，有它的各种前提，而它所以能发展为一个整体恰恰就在于：所有的种种因素都从属于社会，或把它还缺少的器官从社会中创造出来。这样，它就在历史上发展为一个整体了。向整体的转化构成了这种有机体制过程中的一个环节，它发展中的一个环节。"① 由于"种种因素都从属于社会"，"向整体的转化"并构成"有机体制过程中的一个环节"，因此，整体是高于部分的，而政治、经济归根结底是从属于社会并为社会服务的。立足于市民社会，本质上就是否定了社会本体的总体性。

由于人类社会是人类历史的基础、本体和总体，因此，作为人类生活基础、本体和总体的人类社会就成为马克思思考一切问题的根本出发点和终生维护的最高利益。衡量任何政治行为和经济行为对错的标准，不是政治和经济，而是人民和社会。马克思的哲学立场，就是以人为本的人类社会立场。在马克思看来，不是市民社会、政治国家高于人类社会，而是人类社会高于政治国家和市民社会，只有人类社会才是生活的总体。

旧唯物主义之所以坚持市民社会立场，是因为他们看到了市场经济的必然性，并试图从人的本性，尤其是自私自利本性角度解答这种必然性，而新唯物主义不仅看到了市场经济的必然性，而且看到了人类社会的至上性，正是这两种不同的哲学立场，导致了两种不同的治国理念，一种是资本主义治国理念，另一种是社会主义治国理念。资本主义与社会主义这两种理念都起源于市场经济，现在看来，社会主义与资本主义的区别不是要不要搞市场经济，而是在市场经济之上，以什么作为国家治理的最高原则，以资为本的是

① 《政治经济学批判大纲》第 2 分册，人民出版社，1962，第 51 页。

资本主义，以人为本、以社会为本的才是社会主义，因此，一个国家的性质在相当程度上是由治国理念决定的。在资本主义看来，金钱原则、利润原则、资本原则是社会进步的根本原则，因此不是社会高于资本，而是资本高于社会，人本质上是经济人，社会本质上也是经济社会，它们都是为资本和金钱服务的。在社会主义看来，人本原则和社会原则是社会生活的最高原则，不是资本高于社会，而是社会高于资本，承认资本、发展资本的目的是让资本更好地为社会服务。由于哲学立场与治国理念紧密相连，因此对于当代中国具有更加紧迫的意义。改革开放以来，经过近40年市场经济的洗礼，中国经济和国力取得了举世瞩目的伟大成就，中国生产总值，从改革开放初的3645亿元猛增到2016年的76万亿，增长了208倍，成为第二大经济体。但是在取得伟大成就的同时我们也遇到了新中国成立以来前所未有的两极分化、生态破坏、官场腐败。在改革开放初期，我们说贫穷不是社会主义，那么在40年后，我们同样可以说两极分化不是社会主义，生态破坏不是社会主义，官场腐败不是社会主义，社会主义道路如何走已经成为国人关心的核心问题，因此从哲学立场上思考当代中国的根本问题，成为坚持和发展中国特色社会主义的关键一环。而马克思哲学立场则是分析当代中国问题的指路明灯。

三　从根基上重建马克思的社会存在本体论

既然马克思哲学立场就是治国的基本原则，那么从这样的原则高度去思考我国占统治地位的思想体系，尤其是马克思主义哲学教科书体系，你就会发现缺失最多的就是马克思的社会理论。

传统哲学教科书一般是不研究人、人的社会、人的生活世界的，在它看来，地理环境不重要，人口也不重要，只有生产方式最重要，因而它是从生产出发，从经济出发展开整个思想体系的。虽然抓住了影响整个社会发展的最主要环节，确立了政治与经济之间的关系，但是由于缺失了对社会总体的研究，缺失了对生活世界和现实的人的研究，因而整个体系成为缺乏根基的无根之木，社会生活的三层楼结构变成了二层楼，经济成为决定政治和意识形态的唯一因素，人和人的生活世界完全被边缘化了，这种哲学立场本质上是市民社会立场，而不是马克思所坚持的人类社会立场。其结果很容易导致经济或政治的独大，失去了社会对于政治和经济的至上性和批判性。

马克思认为社会生活由政治国家、市民社会（经济社会）、生活世界三层结构构成，由于人类社会是包括生活世界在内的社会总体，因此人类社会构成整个社会生活的基础、本体和总体，经济、政治只是社会生活的局部，缺失了社会生活的基础、本体和总体，政治、经济必然畸形发展，成为损害社会生活的根源。这主要表现在以下几方面。

第一，政治、经济是为社会生活服务的，是服从于社会总体生命的，如果缺失了民生、社会这一服务方向，无论是政治驾驭经济，还是经济驾驭政治，其最后都可能畸形发展而损害社会。如果经济驾驭政治，其发展方向就是资本主义，如果是政治驾驭经济，其发展方向就可能是极权主义，法西斯主义就是这种逻辑的极端表现。这两种方向都不是人民所盼望的。苏联模式发展到最后，就是政权越来越脱离人民，这是苏联解体的根本原因。党的十九大最高意义就是再一次强调了中国共产党的初心和使命，"为中国人民谋幸福，为中华民族谋复兴"，"永远把人民对美好生活的向往作为奋斗目标"。[①] 第一次明确把满足人民的美好生活作为社会主义的本质，作为党的根本出发点和奋斗目标，这是市场经济条件下坚持社会主义的最高自觉，是500年社会主义运动的最新发展。只有以人民为本，以社会为本，它的发展方向才是社会主义。

第二，离开了社会本体，政治就失去了根本方向，失去了权力存在的合法性基础。目前我们只是在政治与经济的关系中讨论国家权力，实际上这是非常狭隘的。按照马克思、恩格斯的理解，国家是社会的代表，国家起源于社会并凌驾于社会之上，如果国家不为民服务，人们还要国家干什么？因此不能只在经济与政治的关系中讨论国家，而必须要在社会与国家的关系中讨论国家，社会才是本体。与经济任务相比，国家的最高任务是为社会服务，为民生服务，离开了后一方向，这样的国家不可能是社会主义的。因此衡量国家的标准是两个，一个是经济，我们把它归结为 GDP，另一个是社会，是民生，我们可以把它归结为人民的幸福度，与 GDP 相比，人民幸福度是更重要的指标，GDP 不是唯一的指标。失去了社会本体这一维度，本质上就是失去了评判政治国家的标准。我们必须从苏联解体的高度去理解社会存在本体论的重要性。

第三，同样，不能只在政治与经济的关系中讨论经济，而必须在与社会的关系中讨论经济。市场经济不相信眼泪，搞市场经济除了经济的发展外，

---

① 《习近平谈治国理政》第 3 卷，外文出版社，2020，第 182、135 页。

其必然的结果是社会的两极分化，是社会总体的分裂。在市场经济条件下，任何个人都无法与资本抗衡，因此这种两极分化是不可能通过个人的努力改变的，只有通过建立真正的人民国家，我们才可能引导资本、驾驭资本，使资本更好地为社会服务。在人民、国家、资本三者关系中，人民是通过国家驾驭资本的，承认资本，发展资本的目的是引导资本，驾驭资本，使资本更好地为人民服务。因而评判经济的最高标准依然是人民和社会。缺失社会和人民这一维度，本质上就缺失了评判经济的最高标准。传统经济学从理性经济人出发，把经济从社会生活中抽象出来，越来越数量化、模型化，其实质就是割断社会与经济的联系，它量化资本，但从来不量化贫困，因而客观上成为一种为资本服务的工具。

因此要发展社会主义，在哲学体系中确立马克思的社会本体论，不是可有可无的东西，而是坚持社会主义之必需，坚持马克思基本理论之必需。

从这点讲，从斯大林以来的哲学教科书体系并没有达到马克思的高度，并在相当程度上偏离了马克思的哲学立场。

以斯大林为代表的哲学教科书与马克思哲学立场的分歧首先表现在对社会结构的理解上，斯大林理解的社会是经济基础与上层建筑的二层楼结构，而马克思所理解的社会是包括生活世界的三层楼结构。因此他们的分歧首先表现在历史唯物主义的出发点上。斯大林认为地理环境不重要，人口也不重要，只有生产方式构成历史的基础，因而是从生产出发的。其实质就是把生产、劳动看作人的唯一本性，把物质生产作为社会的唯一生产。马克思认为这是片面的，因为人是"现实的人"，生产劳动虽是人的主要品质，但推动历史进步的人是有全面需求的人，从经济人展开的社会是经济社会，只有从人的全面性展开的社会才是现实的人类社会。斯大林从生产方式展开的社会是经济与政治两层楼结构，而不是马克思所理解的三层楼结构。

马克思是从"现实的人"展开历史唯物主义体系的，这集中体现在《德意志意识形态》第一章关于历史唯物主义出发点的论述中。"任何人类历史的第一个前提无疑是有生命的个人的存在。"[1] 因此"一切人类生存的第一个前提也就是一切历史的第一个前提，这个前提就是：人们为了能够'创造历史'，必须能够生活。但是为了生活，首先就需要衣、食、住以及其他东西。因此第一个历史活动就是生产满足这些需要的资料，即生产物质

---

① 《习近平谈治国理政》第3卷，外文出版社，2020，第23页。

生活本身。"① 马克思是从有生命的个人引出人的需要再引出劳动的，有生命的个人的存在是人类历史的第一个前提。但是马克思的分析并没有至此为止，"第二个事实是，已经得到满足的第一个需要本身、满足需要的活动和已经获得的为满足需要用的工具又引起新的需要。这种新的需要的产生是第一个历史活动。"② 因此，第一个历史活动不仅包含劳动，而且包含需要的满足和新的需要的产生，而新的需要则是新的历史活动的内在动因，是历史能动性基础。在作了以上二点分析后，马克思又作了第三点分析："一开始就纳入历史发展过程的第三种关系就是：每日都在重新生产自己生活的人们开始生产另外一些人，即增殖。这就是夫妻之间的关系，父母和子女之间的关系，也就是家庭。这个家庭起初是唯一的社会关系。"③ 也就是说，一开始纳入历史发展过程的，除了物质生产，还有人的自身再生产，没有自身再生产需要的人是不存在的，因此人的需要也必然是两种需要，物质生产和人的自身再生产需要，这是人们最初的活动和最初的社会关系，否则就不是现实的人。这里的关键不在于三点分析，而在于马克思从方法论上所做的总结："不应把社会活动的这三个方面看作是三个不同的阶段，而只应看作是三个方面，……三个'因素'。从历史最初时期起，从第一批人出现时，三者就同时存在着，而且就是现在也还在历史上起着作用。"④ 这就道出了贯穿于人类历史始终的人的基本活动，物质生产与人的自身再生产；人的基本需要，物质生产需要和人的自身再生产需要，纯粹的经济人是不存在的。在相当程度上，人的自身再生产还是物质生产的内在动因。随后，马克思作了第四方面的分析："这样，生活的生产——无论是自己生活的生产（通过劳动）或他人生活的生产（通过生育）——立即表现为双重关系：一方面是自然关系，另一方面是社会关系。"⑤ 正是在这里表达了人对最佳社会关系和人与自然关系的追求，没有这种追求的人也不是现实的人。最后是第五方面，"只有现在，当我们已经考察了最初的历史的关系的四个因素、四个方面之后，我们才发现：人也具有'意识'。但是人并非一开始就具有'纯粹

① 《马克思恩格斯全集》第3卷，人民出版社，1960，第31页。
② 《马克思恩格斯全集》第3卷，人民出版社，1960，第32页。
③ 《马克思恩格斯全集》第3卷，人民出版社，1960，第32页。
④ 《马克思恩格斯全集》第3卷，人民出版社，1960，第33页。
⑤ 《马克思恩格斯全集》第3卷，人民出版社，1960，第33页。

的'意识。'精神'从一开始就很倒霉，法定要受物质的'纠缠'"。① 因此人还有精神上的要求。正是这五个方面的不可分割性，才构成了人的现实性。也正是人的现实性，才构成人类社会的全面性。因此马克思非常强调历史唯物主义的出发点："这种观察方法并不是没有前提的。它从现实的前提出发，而且一刻也不离开这种前提。它的前提是人，但不是某种处在幻想的与世隔绝、离群索居状态的人，而是处在一定条件下进行的、现实的、可以通过经验观察到的发展过程中的人。"② 正是这一现实的人，作为历史唯物主义出发点的人，从历史唯物主义教科书中消失了，其结果也就肢解了人类社会的完整性。

以斯大林为代表的哲学教科书与马克思哲学立场的分歧还表现在对社会总体的生产与再生产中。在马克思看来，"人就是人的世界，就是国家，社会"。③ "社会本身，即处于社会关系中的人本身。"④ 因此从人的现实性展开的恰恰是社会生活的全面性和总体性。由于人必须进行五方面的活动，因此社会也必须进行五方面的生产，即不仅要进行物质生产，而且要进行人的自身再生产，社会关系再生产，人与自然关系的再生产以及人的精神生产。社会是一个有机整体，离开了其中任何一种生产，社会有机体的生命就有可能中断，不仅如此，五种生产还必须协调发展，物质生产上去了，工人却下岗了，人的自身生产受到了中断，社会就可能发生动乱。所谓社会和谐，本质上就是五种生产的内在平衡，这是一种不同于物质生产的更高的社会规律。由于物质生产一元论，马克思所强调的这些重要内容从历史唯物主义教科书体系中消失了，从而客观上肢解了社会存在本体论，似乎马克思只是一个经济决定论者，只强调物质生产，这是背离马克思哲学立场的。正是针对传统哲学教科书，这些占主导地位的教科书的缺陷，我们今天要重建马克思的社会存在本体论，以摆正政治、经济与社会的关系，奠定社会主义的本体论基础。

如何理解马克思的社会存在本体论呢？

1. 首先必须在物质生产之外，承认其他四种生产的必然性和必要性

在社会存在本体论中受到攻击最多的是马克思的人的自身再生产理论。1884 年，恩格斯在《家庭、私有制与国家的起源》一书中把它归结为两种

---

① 《马克思恩格斯全集》第 3 卷，人民出版社，1960，第 34 页。
② 《马克思恩格斯全集》第 3 卷，人民出版社，1960，第 30 页。
③ 《马克思恩格斯全集》第 1 卷，人民出版社，1956，第 452 页。
④ 《马克思恩格斯全集》第 46 卷下，人民出版社，1980，第 226 页。

生产理论，结果遭到了第二国际理论家的激烈批判，库诺夫在《马克思的历史、社会和国家学说》一书中攻击恩格斯"把性交同经济方式等量齐观的作法"，"完全破坏了唯物主义历史观的统一性"。否定了"社会制度和社会观点取决于经济发展水平这一一元论的结论"。① 苏联也在恩格斯《起源》一书编者说明中批评恩格斯"犯了二元论的错误。"但是，离开了人的自身再生产，即自己生命的生产和他人生命的生产，人类社会还能持续吗？这样的社会还叫人类社会吗？从历史唯物主义的观点看，人类自身再生产是整个人类生存、发展的第一需要，是整个人类生存和发展的基础和根本目的，它构成整个社会生活运动发展的内在动因和力量源泉，是人类一切活动的起点和终点，正是人类自身再生产的需要，构成了其他四种生产发生发展的内在动因和前提，从而推动整个社会有机体的不断再生和发展。因此现实的社会生活必须包含人的自身再生产。

在社会存在本体中长期受到忽视的还有马克思的社会关系再生产理论。马克思认为人的本质在其现实性上是一切社会关系的总和，因此社会性是人之为人的本质属性，人因社会而强大。经济主义历史观认为人的唯一属性是对财富的追求，而马克思认为人的更高属性是对最佳社会关系的追求。因为"对不希望把自己当愚民看待的无产阶级说来，勇敢、自尊、自豪感和独立感比面包还要重要"。② 因此在分析资本主义生产过程后果时马克思强调："生产过程和价值增殖过程的结果，首先是资本和劳动的关系本身的，资本家和工人的关系本身的再生产和新生产。这种社会关系，生产关系，实际上是这个过程的比其物质结果更为重要的结果。"③ 因此，我们必须对人的本性或本质作两方面的分析，一方面，他是物质财富和精神财富的创造者和追求者；另一方面，他既是原有社会关系的承继者，同时也是新的社会关系的追求者和创造者，同劳动是人的本质一样，追求最有利于自身发展的最佳社会关系同样是人之为人的内在本质，是人的生命活动的本质要求，否则怎么理解为中国革命成功而牺牲的无数先烈呢。

由于社会关系对于社会生活具有伟大的组织和推动作用，因而改变一种旧的社会关系，创造一种新的最佳社会关系就成为历史上无数志士仁人共同

---

① 库诺夫：《马克思的历史、社会和国家学说》第二卷，上海人民出版社，1996，第107、141页。

② 《马克思恩格斯全集》第4卷，人民出版社，1958，第218页。

③ 《马克思恩格斯全集》第46卷上，人民出版社，1979，第455页。

的奋斗目标，从这方面讲，一切职业革命家、政治家、思想家、艺术家、神学家都可以看作社会关系再生产的最自觉生产者，他们终身的奋斗不是为了生产某种具体的产品，而是为了创造一种关系，改变一种关系，他们是本阶级、本民族、本集团利益的最自觉代表者。在实际斗争中，职业革命家、政治家、思想家还是社会关系再生产的指挥者、组织者、创导者。只要仔细分析，整个上层建筑的建立、巩固和发展，其目的也只是维护一种社会关系或发展一种社会关系。在现代社会中，人们进行道德、法治建设的目的同样是维持或发展一种社会关系，即使像宗教、哲学这样抽象理论的研究和传播，其目的也不超出发展和维护某种社会关系，而一切军队、警察、监狱、法庭的存在，其目的更是维护或发展一种社会关系。因此社会关系不是一种可有可无的存在，它是社会上相当一部分人自觉奋斗的目标，是每一个社会人内在最紧迫的需求，是社会形成最佳合力的基本前提。只要人活着，就不可能停止对最佳社会关系的追求。

因此从历史唯物主义高度看，社会关系再生产是人类生存和发展的基本前提和最有力保证。建立最佳社会关系是人的生命活动的本质要求。离开了社会关系，任何社会生产都不能进行，它是其他四种生产的基本前提、要素，同时也是其他四种生产的结果、动力。能否建立最佳社会关系是人类自决能力的标准。社会关系再生产是社会存在不可分割的重要内容，因而是一种基本的社会存在。

除了人类自身再生产和社会关系再生产，社会存在或社会的全面生产还应包括人与自然关系的再生产，尤其是面临今天的生态破坏，已经没人敢说洁净的水、空气、阳光对人类的生存毫无意义。自然界是人类生存的前提，但是自然界的真正复活是在人类产生以后，正如马克思所说："人类社会的形成过程中生成的自然界，是人的现实的自然界。"[1] "只有在社会中，人的自然的存在对他来说才是人的合乎人性的存在，并且自然界对他来说才成为人。"[2] 因此，"社会是人同自然界的完成了的本质的统一，是自然界的真正复活。"[3] 显然不能离开自然去理解社会，人与自然的关系自然是社会存在的题中应有之义。

---

① 《马克思恩格斯文集》第 1 卷，人民出版社，2009，第 193 页。
② 《马克思恩格斯文集》第 1 卷，人民出版社，2009，第 187 页。
③ 《马克思恩格斯文集》第 1 卷，人民出版社，2009，第 187 页。

最后必须强调精神生产对人类生存和发展的意义。人类高于自然，除了人的实践、组织能力外，还在于人的思想，人能反映、总结、提高，并进一步规划下一步的行动。因此，物质生产和人的自身再生产虽然是精神生产的前提，但是这些生产的进一步发展却取决于精神生产。任何一个民族，为了维持和推进本民族的发展，都必须进行两方面的精神生产，其一是上层建筑意识形式的生产，核心是社会科学；其二是非上层建筑意识形式的生产，核心是自然科学。离开了前者，人类就失去了自我调节和升华的能力，就聚不成社会，就形成不了任何自觉的集体行为。而离开了后者，人们至今可能仍处于自然的奴役之下。一个民族的传承，除了肉体的和物质的，更重要的是精神、文化的传承。因此从历史唯物主义高度看，精神生产是人类生存和发展的能动司令部，是人类最自觉的生产，它对社会生活具有伟大的组织作用、动员作用和改造作用，在整个社会演进过程中具有举足轻重的地位，它是社会心理的升华，但却能驾驭社会心理，它是社会存在的升华，却能变革社会存在，它是经济基础的升华，却能推进经济基础，它受制于上层建筑，却又构成上层建筑的灵魂，是上层建筑控制、调节社会力量的精神司令部，它是整个社会有机体理性和谐发展的最自觉动因，忽视它，必将不能完整准确地解释和指导历史。如果说"我思故我在"① 是人之为人的基本条件，那么精神生产就是社会有机体存在的基本条件，它是社会存在本体的不可分割的组成部分，而且是作为灵魂而存在的部分。

完整的社会生活必然包括以上五个部分，离开了其中任何一个部分，社会生命就可能中断，我们所理解的社会本体就是五种生产的统一，就是全部人类活动和全部人类关系总和。

2. 必须把社会理解为统一的整体，理解为社会有机体

当我们把社会生活区分为五种生产的时候，这仅仅是对社会生活总体性的一种粗略的表达，实际上整个生活是连成一体的，每一种生产都不是独立自存的，而是与其他各种生产有着千丝万缕的联系，物质生产的发展会影响其他各种生产，但物质生产要进一步发展却必须依赖于其他各种生产的发展，既离不开精神生产（科学技术）的发展，也离不开人的自身再生产（劳动者的素质和能力），更离不开社会关系的再生产（生产关系和政治关系）。各种生产互相依存，互为条件，形成统一的整体，我们有时用有机体

---

① 《马克思恩格斯全集》第41卷，人民出版社，1982，第204页。

表达这种联系，原因之一就是要表达社会内部的有机性。并不是只有物质生产才是唯一的生产，相反离开了其他各种生产，物质生产本身也不可能发展起来。社会只有在有机的关系中才能发展，粗略的表示就是五种生产必须内在平衡，任何一种生产的缺失都可能引起社会有机体生命的中断。

社会生活五种生产的表达，一方面表达了现实的人的五种需要，人以其需要的全面性而区别于其他一切动物，另一方面则揭示了推动历史进步的五种动力，并不是只有物质财富，只有金钱才是唯一动力，除了物质财富，人们还追求最佳的人与人之间的关系，追求人与自然的最佳关系，追求精神的自由和独立，追求更好的自身再生产，只有全面需求的人才是现实的人，只有全面满足各种需要的社会才是最好的社会。市民社会哲学立场虽然推进了经济的发展，却破坏了社会有机体的内在平衡，违背了社会发展的更高规律。

强调社会是一个有机整体的另一个原因是要表达社会是一种最高的存在，一种总体性的存在，总体大于部分的叠加，而社会的每一个局部要素本质上是从属于总体的，因此政治、经济虽然是影响社会生活的最主要因素，但是在社会生活中的它们的地位不是至上的，而是服务于总体生命的。我们只有从总体性的视角才能真正理解马克思的立场，理解马克思的社会存在本体论。

西方有些学者，例如哈贝马斯把政治系统和经济系统从社会总体中分割出来，那么剩下的就是我们所说的私人生活世界，既相对独立又互相依存的生活世界，在金钱和权力的压榨下，越来越边缘化、殖民化。但是这个生活世界却是其他社会生活的真正发源地和最终归宿，是人类生命传承和文化传承的母体，历史唯物主义不能忘记这一母体的存在。

马克思的哲学立场就是以现实的人为前提，以生活世界这一母体为基础，以五种生产的内在平衡为内核，以政治系统和经济系统为要素的社会存在本体论，因而它既是人类生活的基础，也是人类生活的本体，更是人类生活的总体，这是一种以人为本，以社会总体为本的哲学立场，他的价值指向就是人民的幸福和社会的共存与和谐，这是有史以来最高的哲学境界和世界观，是社会主义运动的直接理论基础。传统哲学教科书忽视了对人、人的生活世界和社会总体的研究，它把物质生产作为唯一的生产，因而虽然正确处理了政治与经济的关系，但是却没有正确处理政治与社会的关系以及经济与社会的关系，没有正确处理一种生产与其他各种生产的关系，一种生产与社会有机体的全面生产的关系。在政治国家、市民社会、人类社会三层结构中，它只是从市民社会与政治国家两层结构上认识社会，因而它的立场实际上是市民社会的，也就是经济社会的，它没有从总体上认识人类社会。要坚持社会主义，我们必须要坚持马克思的哲学立场，坚持社会存在本体论。

面对市场经济大潮，面对一切向金钱看的价值追求，面对新中国成立以来前所未有的两极分化、生态破坏、官场腐败，在国家治理中，我们是要坚持马克思的哲学立场，还是要坚持市民社会立场？马克思主义哲学教科书是否应从根基上思考它结构的合理性并重建马克思的社会存在本体论？结论应该是明确的，而这正是坚持马克思哲学立场的当代意义。

作者单位：复旦大学哲学院

观念体系与社会制序的生成、演化与变迁[*]

韦 森

一 引言：Every social order rests on an ideology?

在有文字记载的人类社会历史中，不同国家、文明和社会总是有自己的政治、经济和法律制度，且在不同的历史时期，这些制度也不断发生演化和变迁。即使在现代和当代社会，各国的政治、经济、法律、宗教和社会制度有许多共同的地方，也有巨大的差异。用比较经济学的一个术语来讲，不同国家在不同时期的资源配置方式实际上差异很大。世界各国的政治、经济、法律、宗教与社会制度是如何产生的？为什么不同的国家在不同历史时期会有不同的政治、经济、法律、宗教与社会制度以及不同的资源配置体制？人类社会的种种制度是如何形成、维系、演化和变迁的？人类社会历史上不同

---

* 这篇文章最初成长自笔者为复旦大学经济学院方钦博士的新书《观念与制度：探寻社会制度运作的内在机理》的序言，主要观点曾于 2018 年 12 月 13 日在北京召开的 INET-INSE Joint Conference on New Structural Economics 国际会议上用英文宣讲过。笔者感谢英国 Adair Turner 勋爵，Robert Johnson，沈联涛（Andrew Sheng）以及雷鼎鸣等诸位教授现场做的评论，笔者也在巴黎由张伦教授所组织的一个中国留学生的小型研讨会上宣讲过这篇文章的一些内容，并于 2019 年 4 月 26 日在天津松间书院的讲座中用中文做过这篇文章主要内容的讲座，得到李炜光教授和书友们的许多有益的评论。也感谢林毅夫、张伦、田国强、郭苏建教授的评论。张维迎教授阅读了这篇长文的最后定稿，提出了诸多意见和建议，纠正了我的一些打字错误和认识上的盲点，促使我对这篇文章做了诸多修改，这里特致谢忱！方钦博士在这篇文章的初稿形成时提供了一些信息和修改意见。我的学生、现在北京大学国家发展研究院执教的席天扬教授也提出了许多修改意见；陶丽君女士曾多次阅读了此文的几个文稿，提出了许多意见和修改建议，促使这篇文章的观点不断展开和理论讨论不断深入。李秀辉和杨荷博士也阅读了此文，不仅做了评论并提出了一些建议。这里一并致谢。但是，文中的所有观点均由作者自己负责。

文明和国家社会变迁的最终动因是什么？这些都应该是社会科学的一些元问题。

20 世纪 40 年代，在《通往奴役之路》这本书一开始，哈耶克就曾指出："观念的转变和人类意志的力量，塑造了今天的世界"①。哈耶克所说的今天世界，就是指当时西方各国的政治、经济与法律制度所构成的各国的不同社会制度安排。在 20 世纪 70 年代所撰写的《法、立法与自由》中，哈耶克也曾说过，"每一种 social order 都建立在一种 ideology 之上"（这句话的英文原文是："Every social order rests on an ideology"②）。在哈耶克之前，另一位奥地利学派的最重要的思想家路德维希·冯·米塞斯在其巨著《人的行为》一书中对此讲得更明白："任何社会事务的具体秩序都是一些 ideology 的结果"；"任何已有的社会秩序，都是在它实现以前被想出和设计出来的。ideological factors 在时序上和逻辑上的领先，并不意味着人们像一些空想家（utopians）所做的那样完全设计一个社会体制的完整计划预先想出来的，而必须预先想出来的，不是协调各个人的行动并将其纳入一个社会组织的整体系统之中，而是在考虑到其他人的行动——尤其是已经形成一些个人集团的行动——而协调诸多个人的行动"。最后，米塞斯认为，"任何存在的社会事务的状态，都是先前想出的一些 ideology 的产物"；"任何持存的统治制度（a durable system of government）必定建立在大多数人所接受的 ideology 之上"③。对此，米塞斯还进一步解释道："如果我们把 ideology 这个概念实体化或拟人化（hypostatize or anthropomorphize），我们可以说，ideology 对人们有支配性的威能（might）"④；"构成政府基础而赋予统治者用暴力压迫少数反对者集团之权力（power）的'实在的'因素和'实在的力量'，

① Hayek, F. A., *The Road to Serfdom*, (The Collected Works of F. A. Hayek, Vol. Ⅱ), ed. By Bruce Caldwell, Chicago: The Chicago University Press, 1944 /2007, p. 66.

② Hayek, F. A., *Law, Legislation and Liberty: the Mirage of Social Justice* (Ⅱ), Chicago: The University of Chicago Press, 1976, p. 54.

③ 现在看来，哈耶克在 20 世纪 70 年代之所以提出 "Every social order rests on an ideology"，显然是受了他的老师米塞斯的观点的启发，尤其是米塞斯在《人的行为》这里的一些论述的影响。见 Mises, Ludwig von, *Human Action: A Treatise on Economics*, 3rd ed., New Heaven: Yale University Press, 1966, pp. 187 – 189。米塞斯：《人的行为》，夏道平译，上海社会科学院出版社，2015。

④ 同上，p. 188。

本质上是观念（体系）的、道德的和精神的”。①

　　除哈耶克和米塞斯之外，另一位研究人类社会大范围制度变迁的经济学家道格拉斯·诺思在晚年也几乎达至了同样的认识。诺思最后认为，种种社会制度（social institutions）变迁的最终源泉和动力，取决于人们信念和观念。为了说明这一点，诺思晚年曾发现并创造了许多新的术语，来解释这一道理。譬如，在1990年出版的《制度、制度变迁与经济绩效》一书中，诺思就提出：制度变迁的动力（亦可能是阻力和张力——这一点是诺思可能没有意识到的）和最终源泉，乃在于人们的“先存的心智构念（preexisting mental constructs）”，从而诺思最终强调的是人们的信念（beliefs）、认知（cognition）、心智构念（mental constructs）和意向性（intentionality）在人类社会变迁中的作用。在2005年出版的《理解经济变迁过程》一书的“前言”中，诺思也明确指出：“人类演化变迁的关键在于参与者的意向性（the intentionality of the players）。……人类演化是由参与者的感知（perceptions）所支配的；选择和决策是根据一些人们旨在追求政治、经济和社会组织目标的过程中的不确定性的感知中做出的。因而，经济变迁在很大程度上是一个为行为人对自身行动结果的感知所型塑的一个刻意过程（a deliberate process）。”在其后的分析中，诺思又一再指出：“理解变迁过程的关键在于促动制度变迁的参与者的意向性以及他们对问题的理解”；“人们所持的信念决定了他们的选择，而这些选择反过来又构造（structure）了人类处境（human landscape）的变化”②

　　值得注意的是，中国经济学家林毅夫教授在英国剑桥大学马歇尔讲座讲演稿《经济发展与转型：思潮、战略与自生能力》（北京大学出版社，2008）一书

---

① 同上，p.189。与米塞斯的认识相类似，英国政治学家和历史学家塞缪尔·E. 芬纳（Samuel E. Finer）在《统治史》中也指出：“统治者如果不能使自己的统治合法化，就无法维持自己的权威，而这种合法化是通过信仰系统来实现的……如果今天的英国君主以君权神授为理由想拥有绝对权力，这是毫无用处的。但是在古埃及和美索不达米亚，这被当成是毋庸置疑的。如果统治者对权威的要求和社会上盛行的信仰系统不一致，他要么做出改变，让自己可以为信仰系统所接受，要么变得不合法而下台。信仰系统比当权者更强大，因为统治者之所以能够实施统治，正是借助于信仰系统”（见塞缪尔·E. 芬纳：《统治史》，第一卷《古代的王权和帝国——从苏美尔到罗马》，王震、马百亮译，华东师大出版社，2014，第29页）。

② North, Douglass C., Understanding the Process of Economic Change, Prninceton, NJ.: Princeton University Press, 2005, pp. 3, 23. 道格拉斯·诺思：《理解经济变迁过程》，钟正生、邢华等译，中国人民大学出版社，2008。

中，也提出了他对在人类社会种种制度产生和制度变迁的源泉和动因的理解，提出制度变迁的最终源泉取决于人们的思想和认识这一洞见。张维迎教授这些年也一直指出，人的行为不仅受利益的支配，也受理念的支配；社会的变革和人类的进步基本上都是在新的理念推动下出现的，没有理念的变化就没有制度和政策的改变；中国过去三十多年所取得的成就是理念变化的结果，中国的未来很大程度上取决于我们能否走出一些错误的理念陷阱。[1]

二　什么是"ideology"和"socialorders"，二者应该如何准确翻译？

如果说许多思想家都认为每一种"socialorders"都是建立在一定的"ideology"之上，那么，到底什么是 ideology？什么是哈耶克、米塞斯和晚年诺思、瓦利斯和温加斯特均专门使用的"social orders"？尽管这两个词都有现有的中文翻译，但我们必须从根本上对此做一些词源上的考证，才能进一步理解为什么这些思想家有这样一种判断，也才能理解人类社会为什么会出现不同经济、政治、法律和宗教的制度，才会慢慢梳理出人类社会变迁的原因和动力在哪里。

首先，让我们讨论一下"ideology"这个概念。自 20 世纪 60 年代以来，在中国大陆，几乎大多数学者均不加思考地把它翻译为或认作为"意识形态"。但是，自民国时期以来，在中国大陆、港台和海外华人的知识界，对这个法文、德文和英文中共有的概念有各种各样的译法。由于这个词很难精确地用一个汉语来对译它的含义，民国时期的许多学者（如李达）一开始把它音译，如把它翻译为"意德沃罗基"。[2] 哈耶克的关门弟子林毓生先生则主张用"意蒂牢结"来对译这个概念。而米塞斯《人的行为》的翻译者、台湾著名的自由主义经济学家夏道平先生在这部著作中把它翻译为"意理"。

要弄清"ideology"这个西方文字中的概念到底如何翻译到中文中才更合宜，关键还在于要从词源上弄清这个概念是怎么产生和演变的，以及在西方语言文字中的含义到底是什么。据考证，"ideology"是由法国哲学家、政治家安托万·德斯蒂·德·特拉西（Antoine Destutt de Tracy，1754－1836）

---

① 张维迎：《理念的力量》，西北大学出版社，2014。
② 李达：《社会学大纲》，上海笔耕堂书店，1937。

在 1817－1818 年所出版的五卷本的 *Eléments d'idéologie* 一书中最早创生出来的。这个词的法文形式是"idéologie"。在德语世界中，应该是马克思根据特拉西所使用的这个法语词而最早在德语中使用了"ideologie"这一概念的。马克思与恩格斯一起，在 1845－1846 年写作了一部大部头的著作 *Die Deutsche Ideologie*（中文本现在被翻译为《德意志意识形态》），之后这个词在德语中开始流行起来。从词源上来看，法文的"idéologie"（英文为 ideology，德文为 ideologie）是由"idéo"加上"logie"构成的，而法文的"idéo"和英文的"idea"均来自希腊语的"$\iota\delta\varepsilon\alpha$"，即"观念"或"理念"，这个希腊词也有中文"信念"（beliefs）的含义。《维基百科》对"ideology"这个词的解释是："An ideology is a collection of ideas or beliefs shared by a group of people. It may be a connected set of ideas, or a style of thought, or a world-view"，维基百科还进一步解释道："There are two main types of ideologies: political ideologies, and epistemological ideologies. Political ideologies are sets of ethical ideas about how a country should be run. Epistemological ideologies are sets of ideas about the philosophy, the Universe, and how people should make decisions."根据维基百科的这种解释和定义，再根据西方人实际使用这个词的意指，我觉得应该把这个词翻译为"观念体系"，因为这个词本身并不含有"形态"的意思，而是一套"观念"。因为，一套观念也不是个人的（尽管可以是个人创造的）而是被一群人所接受和信奉的，因此这个西方语言中所共有的词也可以翻译为"社会观念（体系）"。

　　从这个法文、德文和英文词的原初含义来看，它既没有"意识"（英文为"consciousness"或"awareness"，法文为"conscience"，德文为"Bewusstsein"）的意思，本身也并不具有"形态"（英文为"form"、"shape"和"morphology"）的含义，但为什么现在中国学界被人们所广泛接受为"意识形态"的译法？据一些研究者（董学文、凌玉建[①]；刘霞[②]）考证，"ideology"被翻译为中文的"意识形态"，是从日本马克思主义经济学家河上肇的《马克思的社会主义理论体系》一文中的日文译法借用来的。在中国当代社会历史上，是一位民国时期的学者陈溥贤发表于 1919 年 5 月

---

① 董学文、凌玉建：《汉语语境中意识形态概念论泛化源头略说——以李大钊 1919 年后一些文本为考察对象》，《湖南社会科学》2008 年第 4 期。

② 刘霞：《意识形态概念在近现代中国的生成与流变——兼与董学文先生商榷》，《理论导刊》2013 年第 8 期，第 38－42 页。

5 日《晨报副刊》上的"马克思的唯物史观"一文中最先使用的。接着，中国共产党的创始人之一李大钊在发表于 1919 年的著名论文"我的马克思主义观"文章中，也随陈溥贤把马克思《〈政治经济学批判〉导言》中的一段话在中文翻译中使用了"意识形态"这个词。但是，今天我们知道，马克思和恩格斯是在 1845－1846 年写作 *Die Deutsche Ideologie* 一书中开始使用 Ideologie 一词的，但在 1857 年写作的《〈政治经济学批判〉导言》一书中，马克思并没使用"Ideologie"，而主要使用了"Gesellschaftliche Bewuβtseinsformen"，而这个德文词组在英译中被翻译为"forms of social consciousness"，很显然这个德文词组恰好应该翻译为"社会意识形式"。在《〈政治经济学批判〉导言》中，马克思确实使用了"Ideologischen Formen"（英译为"ideological forms"）一词。但是，由于"ideology"本身源自"idea"，并没"意识"的含义，现在看来也不宜把它翻译为"意识形态"或"意识形式"，而应该把它翻译为"观念诸形式"或"观念诸形态"。后来，民国时期中国国民党早期主要领导人之一胡汉民[①]于 1919－1920 年在《建设》杂志上发表"唯物史观批评之批评"一文中，将马克思唯物史观公式中那段话中的 Gesellschaftliche Bewuβtseinsformen 翻译为"社会的意识形态"，而将 Ideologischen Formen 翻译为"观念上的形态"。胡汉民的这一理解和翻译今天看来是比较精确的。

　　另据刘霞博士[②]等学者的考证，对于 Ideologie，在民国时期中国学界也曾有"社会思想""观念"等多种译法。譬如，瞿秋白就曾把 ideologie 翻译为"社会思想"。同样，他在翻译俄国郭列夫的著作《唯物史观的哲学》（初版于 1927 年，原名《无产阶级之哲学——唯物论》）一书时，就把"Ideologie"翻译为"社会思想"，并把宗教、哲学、科学、艺术称之为"各种'思想'的形式"。民国时期另一位学者许楚生翻译的布哈林《唯物史观与社会学》（1929）一书，曾把 Ideologie 译为"观念"。1941 年上海珠林书店出版了周建人（克士）翻译的马克思和恩格斯的 *Die Deutsche Ideologie* 的部分章节，也把这本书翻译为《德意志观念体系》。今天看来，周建人以及

---

①　胡汉民（1879－1936）为中国近代民主革命家，中国国民党的早期主要领导人之一，曾任过国民党党主席。1919 年之后，胡汉民专心在上海创办《建设》杂志。1919 年 9 月至 1920 年 7 月，他在《建设》杂志上发表了 10 篇文章，致力于对马克思的唯物史观的研究和宣传。

②　刘霞：《意识形态概念在近现代中国的生成与流变——兼与董学文先生商榷》，《理论导刊》2013 年第 8 期。

民国时期的一些其他学者把"ideology"翻译为"观念体系"是比较准确和合适的。另据刘霞博士考证，1949 年新中国成立后，Ideologie 曾一度被翻译为"思想体系"，"Ideologischen Formen"被翻译为"思想形式"。1954 年莫斯科出版的《马克思恩格斯文选》中译本，就将《序言》里的"Gesellschaftliche Bewußtseinsformen"译成"社会意识形态"，而"Ideologischen Formen"则译成"思想形式"。在《列宁全集》中文版里，"Ideologie"多半被翻译为"思想体系"。从 1955 年出版的苏联罗森塔尔和尤金编的《简明哲学辞典》译本和其他一些出版物中，我们可以了解到，该书的中文翻译者一度把马克思和恩格斯的 *Die Deutsche Ideologie* 一书的书名译为中文的《德意志思想体系》①。正是因为这一点，中国共产党的领袖毛泽东在新中国成立前的著作和文章中从未出现过"意识形态"字眼，但却多次出现德文 Ideologie 意义上的"观念形态"和"思想体系"等词语②。

在中国最早把马克思和恩格斯著作中的概念 Ideologie 翻译为"意识形态"的，是我国文艺理论家、作家邵荃麟③。但真正把马克思和恩格斯的 *Die Deutsche Ideologie* 一书确定翻译为中文书名《德意志意识形态》始作俑者却是郭沫若。1935 年至 1937 年艾思奇在上海参加编辑《读书生活》杂志时，曾写过《非常时的观念形态》一文，文中谈道："观念形态，也有人写作'意识形态'，两个名词意思全然没有分别，是大家知道的。它所包括的东西，就是文学、哲学、科学、宗教、道德、法律之类，总之，是和社会的物质组织（如经济组织政治组织军事组织之类）相对待的东西"；"能够代表某一集团的共同意识的形式，就是意识形态，或观念形态。"④ 但到这时，

---

① 刘霞：《意识形态概念在近现代中国的生成与流变——兼与董学文先生商榷》，《理论导刊》2013 年第 8 期。

② 刘霞：《意识形态概念在近现代中国的生成与流变——兼与董学文先生商榷》，《理论导刊》2013 年第 8 期。

③ 邵荃麟于 1937 年 2 月在南京《时事类编》第 5 卷第 3 期刊载的《社会意识形态概说》，即《德意志意识形态》第 1 卷摘译。

④ 中国哲学家贺麟先生在为黑格尔《精神现象学》所写的"译者导言"中指出，"德文'Ideologie'一字一般译作'意识形态'，也常译作'思想体系'或'观念体系'。这个字不见于黑格尔的著作中。但是精神现象学中所最常见的一个术语，就是'意识形态'（*Die Gestalten des Bewusstseins*，形态二字常以复数出现，直译应作'意识诸形态'）这一名词。每一个精神的现象就是一个意识形态，因此'意识形态'可说是'精神现象'的同义语"（见黑格尔《精神现象学》上卷，贺麟、王玖兴译，商务印书馆，1979，译者导言第20 - 21 页）。

"意识形态""观念体系"或"观念形态""思想体系"的中译法还不统一。但是，郭沫若于 1938 年 11 月在上海言行出版社出版的马克思和恩格斯的 *Die Deutsche Ideologie* 这部著作的中译本，出版时最后把书名定作为《德意志意识形态》，这影响了中国大陆学界和官方的后来的翻译和认识①。按照《中国翻译通史》（现当代部分第一卷）② 的考证，20 世纪 50 年代后期，在中共中央编译局翻译出版《马克思恩格斯全集》时，曾"指派长期从事马列著作翻译的谢唯真承担《德意志意识形态》的全文翻译，并给他配了几个年轻助手。今天我们知道，这部著作的全译本，最初是他们根据俄译并参照德文译出的。在翻译过程中，遇到难处理的地方，他们就拿郭沫若的译本作为参考。书名的翻译，首先是一难。如何译出原意，谢唯真及其几个助手绞尽脑汁，也想不出更好的译法，只好沿用郭沫若译的书名（即 1938 年由上海言行出版社出版的《德意志意识形态》——韦森注）"③。之后法文、德文和英文中的"ideology"才在中国大陆官方文件和社会科学的术语中被统一翻译为"意识形态"，并随后在中国出现了不断将"ideology"扩大化和泛化的趋势，成了当代中国社会科学理论中的一个重要术语，之后这个中文词也写进了《新华字典》和《现代汉语词典》。

尽管西方文字中尤其是在马克思和恩格斯的早期著作中"ideology"（法文为"idéologie"，德文为 Ideologie）自 20 世纪 50 年代后期以来在中国大陆汉语世界里已经被人们普遍接受为"意识形态"，但是从上边对这个词的含义和词源的考证中，我们已经知道，将它翻译为"意识形态"实际上并不合适。从西方文字这个词本身的"a set of ideas"基本含义来看，按照近代和民国时期的一些学者的主张把它翻译为"观念体系"，至少还是比较靠谱的。由于这个词本身并不是一个人的 ideas，而是由社会众多人所接受和信奉的 ideas，也可以把它理解为"社会观念（体系）"，即"socialideology"。

在对"Ideologie"的含义及其中译法做了上述探究后，我们再来看英语

---

① 据刘霞博士考证，郭沫若于 1938 年 11 月在上海言行出版社出版的《德意志意识形态》其实初译于 1931 年，原名仍为《德意志观念体系论》在书中的用词仍然是"观念体系"。但在上海言行出版社，1938 年出版郭沫若翻译的马克思和恩格斯这部著作的中译本时，书名却被改为《德意志意识形态》。这到底是郭沫若的本意还是出版社的意思？现在就不得而知了。

② 马祖毅：《中国翻译通史》，湖南教育出版社，2006，第 73 页。

③ 刘霞：《意识形态概念在近现代中国的生成与流变——兼与董学文先生商榷》，《理论导刊》2013 年第 8 期，第 40 页。

中的"socialorders"这个概念。在米塞斯、哈耶克英文著作中，以及在道格拉斯·诺思，约翰·瓦利斯和他的合作者晚年的著作中，这些大思想家在晚年均大量使用了"social orders"这个概念；在德国社会学家马克斯·韦伯的著作中，他一直大量使用一个德语词"Gesellschaftordnung"，其对应英语词组也恰恰是"socialorders"。在林荣远先生所翻译的韦伯的《经济与社会》一书中，德文词 Gesellschaftordnung 一律被翻译为"社会制度"。这主要是因为德文"Ordnung"本身就有中文中的"制度"和"秩序"双重涵义。实际上，即使在英文中，"order"一词本身也具有中文中"制度"的含义。譬如，按照《新牛津英汉双解大辞典》对"order"的解释，这个单词在英语中本身就有"a particular social, political or economic system"的含义。在这个词这种含义的例释中，该词典就有"the social order of Britain"，并接着用中文具体解释为"英国的社会制度"。德语的"Ordnung"和英语的"order"的这种含义，尤其是德语的"Gesellschaftordnung"和英语的"socialorders"这两个词组的这重含义，常常被中国的学者所忽视。结果，在哈耶克晚期著作——如 The Constitutions of Liberty[①] 和 Law, Legislation and liberty[②] 等著作中，以及在诺思、瓦利斯和温加斯特的 Violence and Social Orders（North, Wallis and Weingast，2009）及其后来的几本著作中大量使用的"social orders"概念，均被翻译为"社会秩序"，今天看来，这种直译法是有问题的。因为哈耶克、米塞斯、诺思、瓦利斯、温加斯特这些思想家在使用"social orders"这一概念，绝不是在中文的"社会秩序"（反义词是"social disorder"）概念上使用的，而是指一种"a particular social, political or economic system"。从现有的汉语词汇中，我反复琢磨，即使把哈耶克、诺思等学者中的"social orders"翻译为中文的"社会制度"，实际上也比翻译为"社会秩序"（反义词是"社会无序"和"社会动乱"）更接近作者的原意。

正是因为考虑到东西方语言中的这一差异，在2001年回国执教后，我在汉语中新创了一个"社会制序"的概念[③]。我最早创出这个词，首先感觉

---

① Hayek, F. A., *The Constitution of Liberty*, Chicago: The University of Chicago Press, 1960.

② Hayek, F. A., *Law, Legislation and Liberty: Rules and Order*（Ⅰ），Chicago: The University of Chicago Press, 1973.

③ 见韦森《社会制序的经济分析导论》，上海三联书店，2001；韦森《文化与制度》，上海人民出版社，2002；韦森《语言与制度》，商务印书馆，2014。

到英语和西方文字中的"institution"的概念，是远比中文的"制度"概念的含义丰富得多的一个概念。以拉丁语为共同祖先的均质欧洲语中的"institutions"一词有多种含义。除了"组织"、"机构"和中文中的"制度"〔当代著名语言哲学家 John R. Searle 和著名经济学家诺思（Douglass North）以及哈耶克（F. A. von Hayek）基本上是在中文"制度"含义上使用 institutions 一词的〕外，这个词还涵有"习惯"（usage）、"习俗"（custom）、"惯例"（practice, convention）、"规则"（rule）、中文的"建制"和"制度"（英文中含义较对应的词为"constitution"）、法律（law）、法规（regulation）等义。近些年来，笔者一再指出，把西方语言中的"institution"翻译为"制度"是不合适的，会造成并已经造成中国经济学界的一些理论话语（discourse）问题和混乱。经过多年的反复揣摩，我觉得最能切近或精确界定西方文字中的"institution"一词的还是《牛津英语大词典》中的一种定义："the established order by which anything is regulated"。《牛津英语词典》中的这一定义翻译成中文是："（由规则）调节着建立起来的秩序"，即我们可以把它理解为"由制度规则调节着的秩序"。这一定义恰恰又与哈耶克在《法、立法与自由》中所主张的"行动的秩序"是建立在"规则系统"基础之上的这一洞识不谋而合。现在看来，若把德文词 Gesellschaftordnung 翻译为中文的"社会制序"，正好也对应"social institution"这一主要含义。因为，中文组合词"社会制序"恰恰综合涵盖了德文"Gesellschaftordnung"以及英文中"social orders"一词中的"制度"与"秩序"两个层面的涵义。因为，人类社会中"制度"和"秩序"，不像自然界和其他生物和动物界中的"秩序"（orders）一样，是有着人类的意志建构和规则约束的意思在其中，是由制度规则所调规着的秩序，一个社会运作的系统和体系，因而，使用"社会制序"这个概念，以区别自然界和生物和动物界的"自然秩序"，又区别中文中不发生社会动乱和社会混乱无序的"社会秩序"一词的含义，看来是再恰当不过了。

三 观念体系与不同社会制序的生成、演化与变迁

弄清了"ideology"和"social orders"概念及其中文的确当翻译，我们就可以进一步分析不同历史上乃至不同文明和国家的社会制序的生成和演变的内在机理和机制了。

　　人类采取一种什么样方式来组织社会，构建一个什么样的国家制度和政府管理形式、国家如何管理和治理社会，乃至人们到底如何组织生产、交易并进行收入分配和消费，以及人们选择、接受、顺从和按照一种什么样的生活方式进行实际生活，完全取决于社会中的大多数人相信什么，取决于人们的认知、理念和文化信念。这也就是说不同的社会观念决定了不同社会制序的式样。

　　为什么是如此？这是因为人是有理性、有自由意志并能进行个人和集体选择的一种动物，人类要生活、生存、交往和延存下去，就要组织成一定的社群、部落、社会和国家①，会通过结合成一定的社会经济组织，并制定和

---

① 说到"国家"，在中文中只有一个词，但在英文和西方文字中则有三个词：叫 state、nation、和 country。我自己揣摩，state 严格来说应该翻译为"政国"，nation 应该翻译为"族国"，而 country 应该翻译为"域国"。但在当代政治学和社会学中，主要是用 state 用来指一个国家（在英语中常常有人用它来指称政府）。人们一般相信，19 世纪到 20 世纪，"nation-state"在欧洲历史上的形成，正是人类诸社会现代化的一个重要组成部分。在政治学中，这个组合词一般被翻译为"民族国家"（英国著名的政治学家和历史学家塞缪尔·E. 芬纳认为，是法国人最早发明了"现代 ideology"这个概念，同时也发明了"民族国家"的概念。他还具体界定说："所谓民族国家，就是属于一个民族，而不是一个王朝和外来势力的国家"。见塞缪尔·E. 芬纳：《统治史》，第一卷：《古代的王权和帝国——从苏美尔到罗马》，王震、马百亮译，华东师大出版社，2014，第 95 页）。在 1903 年出版的《欧洲政体的发展》一书中，剑桥大学著名的经济学家和伦理学家亨利·西季维克（HenrySidgwick，1903）也曾使用过"country-state"的说法，这个词看来只能被译为"疆域国家"。在人类社会历史上自 1299 年到 1922 年存在 600 多年的奥斯曼帝国，显然就是一个"疆域国家"。在欧洲历史上，也在很长的历史时期中存在过许多 city-states，如古希腊时期的雅典、斯巴达等，以及在意大利统一前的威尼斯、热那亚、佛罗伦萨等。而 city-states 只能被翻译为"城市国家"或"城邦国家"。在中文中，从词源上考究考查"國"的词义，可知"國"最早作都城、城邑讲。甲骨文的"或"即"國"。"或"从"戈"从"口"，戈是武器，亦是军队；口为四方疆土，亦象城。"國"本身近于城墙之形，孙海波释"或"谓"國象城形，以戈守之，國之义也，古國皆训城"（见袁建平：《中国早期国家时期的邦国与方国》，《历史研究》2013 年第 1 期）。袁建平还认为，邦国是初始的早期国家，之后的方国是典型的早期国家，方国晚期则为过渡形态的早期国家——准王国阶段。袁建平认为，中国古代国家的演进历程更准确的表述应为"邦国－方国－王国－帝国"四个阶段，而不是"古国－方国－帝国"或"邦国－王国－帝国"三部曲。他认为，邦国是以古城为中心的小国寡民式的地方性国家，是中国早期国家第一阶段——初始的早期国家阶段，大体相当于前 3500 年至前 2500 年；地处长江中游的澧阳平原经历约 2000 多年的社会复杂化历程，距今约 5500 年步入邦国阶段。方国是邦国的联盟体，即由一个较大的核心邦国联合周边的邦国或武力征服使一些邦国处于从属或半从属地位的地区性国家，是早期国家的进一步发展，时间为前 2500－前 2000 年邦国，方国为早期国家的中国模式（同上）。至于现代汉语中的"国家"一词，从词源上看，目前我们所知道的是最早在《周易·系辞下》出现的："是故君子安而不忘危，存而不忘亡，治而不忘礼，是以身安而国家可保也。"在古汉语中，诸侯之封地为"国"，大夫之封地为"家"，合用表示皇帝统治的天下，略等于现在说的"全国"。

遵从一定社会规则来进行生产、交易、交往和生活。生活在不同疆域上的人类群体要组织成国家，以及某一时期的一个国家要采取什么样的政治、经济和法律制度，那就要取决于社会中的大多数人相信什么、认为如何安排自己的生活和生存。于是，在人类社会漫长历史演变中，在不同的疆域上就形成了不同的族群和国家，也在不同的文化和文明中慢慢形成了这些观念，也同时演化生成了各国不同的政治、经济、法律、宗教与社会制度。在世界各国进入近代社会之后，西方思想界开始讨论一些人类当如何生活和生存的问题，一些思想家也创生出了人类当如何生活、如何生活会更幸福的理论观念，这些思想观念慢慢被社会大多数人所接受，于是就发生了巨大的社会变迁，在西方各国慢慢建立起了现代的政治、法律和市场经济制度。

当然，作为文艺复兴和启蒙运动的副产品，在西方思想界也曾出现一些思想家设想了如何组织人类社会生活的非同于约翰·洛克（John Locke，1632－1704）和孟德斯鸠（Charles Montesquieu，1689－1755）等启蒙思想家的一套社会理念或言观念体系，并在19世纪中期的法国和世界其他各国进行过各种全新的社会实验。这包括1871年在法国短暂出现的巴黎公社，以及自20世纪初开始到80年代从俄罗斯到苏联，以及到东欧各国和中国所进行的世界范围的计划经济国家模式的实验。在经过几十年的中央计划经济这种社会经济体制的实验后，人们发现这种组织人类社会生活的计划经济体制模式是不可行的、低效率的和失败的，于是就导致了苏联的改革、转制和解体，东欧国家的转制，以及中国的市场化改革。

通过大范围地回顾人类社会发展史，我们不得不承认，正是生活在不同疆域上的人们的共同认识和信念，尤其是夺取和掌握了国家权力的人（们）和集团所提出的一套观念体系，决定了一定时期一个国家的政治、经济和法律制度。当社会的大多数人的观念和信念发生了变化，那个社会的变革也就会到来了。

正是在一个疆域上的人群在其社会大范围的演进中逐渐形成了一套关于国家如何管理、经济如何运行、人们如何生活和生存，乃至发生社会冲突后，该用什么样的社会规则和约束机制来保证该社会运行的一套"理念"、"观念"和"信念"即"观念体系"。有了一定的社会观念体系，人们才按照其来构建由一定的经济、政治、法律、宗教和社会制度所构成的特定的社会制序。尤其是自中世纪开始，西方各国逐渐形成了人类社会当如何生活和生存一套现代的政治、经济和法律的信念或言"观念体系"，才发生了西方各国的现代社会转型。这也就是今天人们所说的世界各国的现代化过程。这正符合哈耶克所说的"观念的转变和人类意志的力量，塑造了今天的世界"这句话的意思。尤其是美国这个现代最发达的国家，最初也是由一些有着共同信念和信仰的清教徒在一块人口稀少的印第安人居住地上依照他们的共同理念而建构出来一个现代国家，建立起由民选总统、"三权"分立、权力制衡和联邦制的政治制度，以及依据英国普通法为主体并吸收欧洲大陆制定法的成分而构建起来的法律制度，并采取了保护个人权利、私有产权、自由企业和自由交易的市场经济制度。甚至连 20 世纪初在俄罗斯十月革命后所建立起一个苏维埃国家政权开始，在世界范围内进行的几十亿人口的中央计划经济的实验，无疑也是按一整套观念体系而构建出来一种社会制序。今天回过头来看，苏联时期的计划经济模式或斯大林模式、南斯拉夫的市场社会主义模式、匈牙利模式以及东欧其他国家和中国在计划经济时期的经济与社会体制，无疑也是按照从马克思、恩格斯、列宁、斯大林、铁托、毛泽东等革命领袖人物所创生和演绎出来的一套理论观念和信念体系而构建出来的一整套的政治、经济、法律的形态有同也有异的社会制序。从这个角度上来看，人类社会和世界各国在一定历史时期所存在的社会制序，主要是根据一定的社会观念体系而建构出来。①

　　当然，在人类近代社会历史的演变史上，按一些观念体系创造型的思想家和统治者个人的理念所人为构建的政治、经济与法律制度在社会的实际建构时可能会走样，在现实的制度变迁过程中，一些错误的理念所导致的制度建构并不能完全在社会现实层面上实行，从而不断地为现实所修正，因而会发生一定的变异。即使能按照一定的社会理想模式将其付诸实施并建构出来一定的制度安排，但因为这些政治的、经济的和法律的制度并不符合人类社会运行的基本法则而导致经济衰退、政府官员腐败、社会衰朽而直至最后整个社会的解体。人类历史上的一些开始非常强大的帝国或国家也随之灭亡或解体了。在人类社会历史上，罗马帝国、拜占庭帝国、奥斯曼帝国、元帝国

---

① 塞缪尔·E. 芬纳在《统治史》第一卷的概念性序言曾还指出，"法治政府"的观念是古希腊哲学家亚里士多德最早提出来的，但直到罗马帝国才得到实现："罗马帝国最新颖、最持久的发明是'法治国'的概念。个人受法律制约，至少在原则上是如此。罗马帝国接受罗马共和国的问责制概念，发明了一些制度，使统治者可以挑战帝国代理的行为是否合法。无论这些代理是行省总督，还是像国库这样的机构。是法律至上，还是个人至上，亚里士多德所勾画的'法治政府'，而不是'人治政府'在罗马帝国得到了实现。"（见塞缪尔·E. 芬纳：《统治史》第一卷：《古代的王权和帝国——从苏美尔到罗马》，王震、马百亮译，华东师大出版社，2014，第 93 页）

的最后分裂和解体，都是人类社会历史上的一些例子。即使在当代，苏联的解体以及俄罗斯和东欧原中央计划经济国家的转制，也都是些鲜活的例子。

从不同文明和国家的历史演变来看，各种文明和社会都会自发地衍生出商品交换和市场交易，也都会产生出各种各样的货币来作为市场交易的媒介和支付手段。由此可以说各种文明和社会的经济制度有大致相同的地方。但是，就不同的文明和国家对市场的管理和政府管制机构和方法的设置来看，又有很大的不同。就连货币制度和货币形式在世界各国历史上实际上也有很大的不同。同时不同文明和社会在不同的历史时期对商品交换和市场贸易的观念也有很大不同。因此，用今天的话语来说，不同文明和国家的市场经济制度也有共同之处，但实际上也有很大的区别。

不但在整个社会制序安排上人们的信念——尤其是夺取并掌握政权的统治者和观念体系的创造者的信念——会影响乃至改变一个国家的政治、经济、法律和社会制度的整体式样，甚至在一个社会的不同历史时期，一些社会的、宗教组织的乃至一些有社会影响力的人物的信念，也会直接影响一些国家的政治、经济与法律制度的演变，最后也会影响乃至决定一国的经济增长和社会发展路径。反过来看，一个文明社会和国家所形成关于人类如何生活和生存的社会观念越长久，以致依此社会观念体系所构建的由各种政治、经济、法律、宗教和社会制度所构成的社会制序整体存在和维系得越久远，即使一些不同文明社会和国家中人们的生活和生存方式是低效率的，甚至是非公正的和扭曲的，但却越来越难以改变，且改革的张力会越来越大，结果这社会和国家的经济与社会发展表现就越差。于是，在整个人类文明社会的数千年的演变历史上，就有了不同文明和国家的兴起和衰落。

如果说任何文明和国家的社会制序都是建立在一种观念体系之上，那么，又怎么看待哈耶克在《自由的构成》[①]、《法、立法与自由》[②] 中所提出的 "spontaneous social orders" ——任何人类社会的社会经济制度都是自发产生的，而不是 "人为设计和建构出来"？实际上，今天看来，哈耶克所讲的，实际上是在人类历史上各文明和社会中的商品交换和市场交易以及与之相联系的货币制度和劳动分工组织都会自发产生出来的。或者按今天的话来

[①]　Hayek, F. A., *The constitution of Libery*, Chicago: The University of Chicago Press, 1960.

[②]　Hayek, F. A., *Law, Legislation and Liberty: the Political Order of a Free People* (Ⅲ), Chicago: The University of Chicago Press, 1979.

说，任何文明和社会中的市场经济都是一种"spontaneoussocialorder"。但尽管如此，通观大范围的人类社会发展史，就会发现，在任何文明和国家中，尽管商品交换、市场交易乃至国际贸易都会自发产生和成长，但是受不同国家的法律制度以及"政府"管理社会的方式乃至"政策"（"政府"和"政策"这都是些现代社会科学的术语）的影响，以及受不同社会的文化传统乃至宗教信仰的影响，世界各国的市场交易形式也有很大的不同。尤其是受不同国家在不同历史时期保护私有产权的法律制度存在与否以及是否完善的影响，导致了不同国家和社会的商品贸易和市场经济的自发成长和经济繁荣（乃至衰退）。而今天我们所说人类社会的现代化过程，恰恰是各国保护私有产权的法律制度的逐渐确立和完善过程，也是市场经济成长的过程。因而，可以认为，正是近现代以来西方国家保护私有产权的法律制度的完善，才导致了西方各国具有劳动分工和专业化合作的经济组织的出现和市场经济的成长，才有西方世界的兴起。因此，哈耶克的整个自由主义社会理念，正是主张在一个法治化的政治制度安排中个人自由选择、自由企业自发成长、自由市场交易自发扩展的一种理想的社会经济制序。这正是哈耶克的《自由的构成》、《法、立法与自由》三卷①以及《致命的自负》②等几部晚期著作中所讲述的基本理念。

　　大范围地研究人类社会历史，我们会发现，任何国家、文明和朝代的社会制序都是按照一定的社会观念体系构建起来的，那么，进一步的问题是，在一定历史时期人们的社会观念和思想认识是如何产生的？诺思本人也思考过这个问题。在 20 世纪 90 年代所撰写的《经济史上的结构与变迁》一书中，诺思曾指出，在古代和传统社会中乃在近代和当代的世界各国社会中，一些原创性的思想家如苏格拉底、柏拉图、亚里士多德、老子、孔子、马克思等，以及像耶稣基督、穆罕默德、释迦牟尼这样世界三大宗教的创建者，乃至像列宁、斯大林、霍梅尼等这样的国家领袖和思想家，会原创性地提出某些思想和学说。这些思想和学说通过国家的政府科层、宗教组织、政党、信仰和社会团体中官员、神职人员、信徒在社会中进行传播，并在历史过程不断被

---

① Hayek, F. A., *Law, Legislation and Liberty: Rules and Order* (Ⅰ), Chicago: The University of Chicago Press, 1973; Hayek, F. A., *Law, Legislation and Liberty: the Mirage of Social Justice* (Ⅱ), Chicago: The University of Chicago Press, 1976, p. 54; Hayek, F. A., *Law, Legislation and Liberty: the Political Order of a Free People* (Ⅲ), Chicago: The University of Chicago Press, 1979.

② Hayek, F. A., *The Fatal Conceit: the Errors of Socialism*, Chicago: The University of Chicago Press, 1988.

他人进行新的解说，就在这种传播和解释中形成了某种社会上流行的观念和信念体系。这些信念体系又通过一定人类社会生活过程中的文化濡化、文化播化机制把某种信念理解为当然正确的，而这种被信以为当然正确的社会观念，又反过来支持并构建了某种国家制度和社会经济组织形式。另外，任何一种文明社会中，都会产生各种各样的观念体系，当一种观念体系依据政权的统治力量占据了社会的支配地位后，社会的统治者就会按照这种观念来组织人们的生产和生活，并在统治者与被统治者以及社会各种力量的"相互社会博弈"和"调适"中形成了不同文明和国家的各种类型的社会经济制序①。对此，马克思和恩格斯在《德意志意识形态》（按照我们的理解应翻译为《德意志的观念体系》）中也说："统治阶级的思想在每一时代都是占统治地位的思想。这就是说，一个阶级是社会上占统治地位的物质力量，同时也是社会上占统治地位的精神力量。支配着物质生产资料的阶级，同时也支配着精神生产的资料，因此，那些没有精神生产资料的人的思想，一般地是受统治阶级支配的。占统治地位的思想不过是占统治地位的物质关系在观念上的表现，不过是表现为思想的占统治地位的物质关系；因而，这就是那些使某一阶级成为统治阶级的各种关系的表现，因而这也就是这个阶级的统治的思想。此外，构成统治阶级的各个个人也都具有意识，因而他们也会思维；既然他们正是作为一个阶级而进行统治，并且决定着某一历史时代的整个面貌，不言而喻，他们在这个历史时代的一切领域中也会这样做，就是说，他们还作

---

① 席天扬博士在读到这篇文章的初稿时曾指出："哈耶克说，'Every social order rests on an ideology'，我觉得这个表述是比较严谨的。我认为这里说 every social order 而不是 every society 是正确的，因为任何社会不是只有一种 social order，而是有好多种互相竞争的 social orders，相应的也有多种相互竞争的 ideologies。一个有活力的社会，必需能够容纳许多竞争的、多元的 social order 和意识形态话语共存，相互交锋博弈，凝聚一定程度的共识、把社会推向进步。比如，您在后文中提到美国的宪政基础是'建立起由民选总统、三权分立、权力制衡和联邦制的政治制度，以及依据英国普通法为主体并吸收欧洲大陆制定法的成分而构建起来的法律制度'这无疑是正确的。但是如果把 constitution 理解成一种决定了 polity 如何运行的规则和规律的制度总和，那么今天美国的制度和 constitution 显然比这个建国的基础走得更远、更多元，反映了更多的 social orders 和 ideologies。比如，founding fathers 所构想的那个秩序里面没有处理族群（ethnic groups）的问题，不太有基于个体的政治平等和反对歧视的概念，而这些在今天的美国政治和公共政策领域都是极为重要的问题。William Eskridge 和 John Ferejohn（他也是我在 NYU 的 committee 成员，宪政经济学的元老级人物）前几年有一本引起争议的书叫 *A Republic of Statutes：The New American Constitution*，他们提出一个观点就是美国虽然建国 200 多年来宪法的基本内容没有大的变动，但是国家的治理体系发生了巨大的变化，这个变化是通过行政法里面的法条、法规和政府监管来实施的。"席天扬博士的这一段评论非常有见地。

为思维着的人，作为思想的生产者而进行统治，他们调节着自己时代的思想的生产和分配；而这就意味着他们的思想是一个时代的占统治地位的思想。"① 马克思和恩格斯这里所使用的"思想"和"观念"，显然是通用的。

　　除了在人类社会历史上这些如诺思所说的观念体系的创造者提出某些观念外，许多关于人类社会如何组织成国家，如何建立政府，如何进行生产、交易和生活的观念实际上也是在不同文明和文化中慢慢演化出来的。譬如，私有财产观念，在西方社会中已有几千年的历史，但私有财产从何时产生的？按照法国学者库朗热（Fustel de Coulanges）在《古代城邦——古希腊罗马祭祀、权利和政制研究》一书中曾发现，西方社会的"私产的观念出自宗教本身"，土地是以宗教的名义而成为家庭的私产的，进而"大多数远古社会所有权的建立，都是由于宗教的原因"。② 在《古代社会》一书中，美国著名民族学家路易斯·亨利·摩尔根（Lewis Henry Morgan，1818－1881）曾指出："无论怎样高估财产对人类文明社会的影响，都不为过甚。它是使雅利安人和闪族人摆脱野蛮社会、进入文明社会的力量。人类头脑中的财产观念的发展，开始十分微弱，最终却成为其最主要的欲望。政府与法律的建立主要就是为了创造、保护和使用财产。"③ 摩尔根还发现，早在三千多年前古希腊、古希伯来和古罗马就有了土地财产的继承法。他甚至发现，古希伯来部落早在进入文明社会前便有了个人对土地的所有权④。

---

①　马克思、恩格斯：《马克思恩格斯全集》第3卷，人民出版社，1956，第52页。

②　笔者是从我们复旦大学经济学院的方钦博士最近将在商务印书馆出版的一本新书《观念与制度：探寻社会制度运作的内在机理》的书稿中知道库朗热的这一见解的。根据库朗热的这一认识，方钦在这部多年研究的专著的第3章就专门探讨了远古社会中的礼物交换与产权的关系，发现"产权观念就是伴随着原始宗教的思维模式而起源的。正是由于物品上携带着人的本质的一部分——这是比任何世俗力量都更为强大的超自然力量，产生了对于所有权观念的朴素理解"。

③　Morgan, Lewis Henry, *Ancient Society or Research in the Line of Human Progress from Savagery Through Barbarism to Civilization*, Chigago: Charles H. Kerr & Company. 路易斯·亨利·摩尔根：《古代社会》，杨冬存、马雍、马巨译，商务印书馆，1981，第510页。

④　摩尔根还指出，保护私有财产的法律制度在古希腊、古希伯来和古罗马社会中均早就形成了，并且这源自前文明社会的风俗习惯："在文明社会开始之后，希腊、罗马和希伯来的最早的法律，只不过是把它们前代体现在风俗习惯中的经验变成法律条文而已"（同上，第547页）。摩尔根还特别举了圣经中记载的摩西对私有财产的继承法和遗产归宗法的例子："也要晓谕以色列人说，人若死了没有儿子，就要把他的产业归给他女儿。他若没有女儿，就要把他的产业给他的弟兄。他若没兄弟，就要把他的产业给他父亲的弟兄。他父亲若没弟兄，就要把他的产业给他族中最近的亲属，他便要得为业。"实际上，在《旧约·民数记》第27章，摩西还接着明确指出，以上这些均是以色列的一项法律要求（同上，第552页）。

　　尽管在西方社会私有财产制度已经有数千年的历史，但是在传统中国社会中，两三千年来就一直没有真正形成稳定和刚性的私有财产制度。尤其是传统中国社会中，农业一直是中国古代经济的最主要的部门（手工制造业和商业一直并不发达），而最重要的农业"生产资料"土地的占有、拥有、使用乃至交易和转让，就成了整个经济社会运作的基础了。但是，中国古代的土地制度（这是一个现代的术语，古代最近接的词为"田制"）一直就是不稳定的，很难用现代社会意义上的"公有"和"私有"来界定之。中国哲学家侯外庐先生在1954年就提出了传统中国社会的土地"王有制"的观点，认为"君王是主要的土地所有者"。[①] 我国著名历史学家王毓铨（1910－2002）也在深入研究数千年中国皇权专制社会的土地制度后，明确指出，

---

① 但是美籍华人学者赵冈、陈锺毅则持完全不同的判断。他们认为："中国历史与欧洲历史发展最主要的差别之一，就是私有财产制在中国发展极早。重要的经济财货分别由为数众多的个人和家庭所占有，他们对于这些经济资源有充分的使用权与处分权，于是形成了众多的小生产单位。"（赵冈、陈钟毅：《中国经济制度史论》，联经出版事业公司，1997，第2页）对于中国的土地制度，这两人的判断更离谱："公地私有化在战国时期已是普遍存在的事实，但是还不能算是法定的土地制度。到了秦孝公，商鞅变法，废井田，开阡陌，私有土地合法化，私人正式获得了政府认可的土地所有权。从此以后，私有土地是中国历史上最主要的土地所有权制度。各朝各代也有各种形式的公有土地，但数量上都远不及私有土地多。"他们还进一步解释道："土地私有制的产权，原则上应该包括自由使用权（出租或自营）、自由买卖及遗赠之权。不过有的朝代的法律对于上述产权之行使曾多少设有一些限制。土地买卖，自秦汉开始已经是公开而合法的，但是有些学者竟然不承认这个时期有土地私有制。"（同上，第15、16页）现在看来，二位美籍华人经济史学者关于传统中国社会的产权制度尤其是土地制度的判断误识很多，很多是王毓铨先生所说的是那种"皮相之论"。中国学界也有人认为，在中国传统社会中封建土地私有制是"地主私有制"，还有学者则认为，除了存在地主所有制外，我国小农经济中长期存在大量的自耕农，因此"自耕农小土地私有制"也占据了相当大的比例。如清华大学的龙登高教授在其《地权市场与资源配置》就认为，"唐代以前，中国土地制度经历了从实田制、占田制到均田制的曲折历程。井田制瓦解后，土地私有产权逐渐确立，成为战国秦汉时期的基本制度。"（龙登高：《地权市场与资源配置》，福建人民出版社，2012，第3页）在之后的历史分析中，龙登高教授还认为，秦代从法律上进一步确认"废井田，民得买卖"土地之后，中国的土地交易市场一直存在和活跃，成为中国传统市场不同于欧洲传统市场的一个重要特征。因此他认为："土地私有产权在农业中国源远流长，明清近世更趋发展。"（同上，第193页）但是，按照侯外庐等哲学家和历史学家的观点，在中国传统社会中，由于"溥天之下莫非王土"，"作为耕作者的农民只有占有权、使用权而无所有权"（侯外庐：《中国思想通史》第四卷，人民出版社，1959，第23、27页）。南开大学的刘泽华教授也认为："编户小民虽然占有一小块土地，甚至可以进行买卖，但在观念上最高所有权一直属于皇帝，诚如唐代陆贽所说：'土地，王者之所有；耕稼，农人之所为。'《陆宣公集》卷二《均节赋税恤百姓》）当编户小农人身还是被占有的时候，他们的土地占有权的意义是不会超过他们的人身的意义的。"（刘泽华：《中国的王权主义》，上海人民出版社，2000，第84页）

在传统中国社会中，土地的所有权最终属于朝廷，而所有百姓则根本不可能在个人"私有"意义上获得真正的"所有权"，那种认为中国皇权社会中的土地是地主、自耕农拥有的、可以自由买卖之私产的说法，完全是皮相之论①。后来，王家范先生则认为，过去我国史学界所认识到的那种传统社会的"私产"现象，实际上只是"私人占有"，因为在皇权之下，没有任何个人——豪强地主或自耕农——能够防止权力对权利的掠夺。缺乏制度保障的"私产"不能称为"私有制"，其实质仍然是"国家主权是最高产权"②。程念祺教授在一些著作中也持相似的观点，认为中国古代是土地国有制，但并不稳定，因为"中国古代的土地国有制，强调的是国家主权及其意识形态。它在本质上，是把土地的所有权从属于国家主权，把土地制度纯粹地意识形态化。而它所忽视的，是制度制定的法理，以及必要的制度安排与组织"③。

---

① 王毅：《中国皇权制度研究：以16世纪前后中国制度形态及其法理为焦点》上下册，北京大学出版社，2007，第23页。王毓全先生的原话是："今之人研究中国古代社会土地所有者，多力称编户民（各类役户的总称）占有的土地是他们私有的，各具有所有权，得'自由'（'自由'！）买卖，若果如此，若果得自由买卖，何以买卖中又附加以苛刻的超经济强制条件——必须过割粮差（王毅注：'过割粮差'是指在民间的土地交易中，必须将该土地被官府强制附着的缴纳赋役的法律责任一并转给买田人）？若果是私有的，私有者具有所有权，又何以能被禁止典卖？须知封建社会的土地不是市场上的私有商品，它是一种手段。通过这种手段能以使佃种者（占有者）供办超经济强制性的劳役。因为佃种者对它没有所有权，所以能以被所有者朝廷禁止典卖。"（见王毓铨《户役田述略》，《明史研究》1991a年第1辑，黄山书社，第13页）

② 王家范：《中国传统社会农业产权"国有"性质辩证》，《华东师范大学学报》（哲学社会科学版）1999年第3期，第21－29页。

③ 程念祺：《论中国古代土地国有制基础的不稳定性》，《史林》1998年第2期，第21－29页。传统中国社会的土地制度是不是私有制，是学界争论多年而永远争论不清的问题。辽宁大学的耿元郦（耿元骊：《唐宋土地制度与政策演变研究》，商务印书馆，2012，第9－11页）教授的研究曾发现，到2010年前后，研究中国古代土地制度史的专著就超过了30部，论文就超过了1200多篇。另外还有大量日本和海外学者的研究。现在史学界较为占主流的观点是，自秦"废井田、开阡陌""令黔首自实田"之后，皇帝允许土地进行私人交易和买卖，中国历朝历代的"土地私有"全面实行，出现土地国有（皇帝和政府所有）、官僚地主和自耕农私有，以及均田制公田多种土地制度，而在大多数朝代土地主要集中在官僚大地主手中。但是，从现代社会的意义上，中国数千年来一直没有稳定的土地"私有财产"制度，经历了井田→授田→屯田→土地由皇帝（"国有"）、官僚、豪强、地主、农民乃至寺院占有并在一定程度上能允许转让和交易的一种独特的土地制度。且在中国历史上，限田、均田、井田的主张史不绝书，也屡有变"私田"为"公田"的尝试。尤其是一个朝代更替后，整个社会的土地的拥有和占有格局几乎会全部打破，土地田产的拥有和占有又被几乎打乱和重新开始。赵俪生（赵俪生：《中国土地制度史》，齐鲁书社，1984。）先生的研究发现，在中唐之后，"贵者有力可以占田"始终超过"富者有赀可以买田"的力量而在"土地兼并"中占据了主导地位（见耿元骊《唐宋土地制度与政策 （转下页注）

实际上，在 1987 年发表在《东岳论丛》上一篇文章中， 笔者当时也提出：
"在两三千年前的西周时期，中国就曾出现过'溥天之下，莫非王土'① 的

（接上页注③）演变研究》，商务印书馆，2012，第 12 页）。这也说明，传统中国社会的"土地私有权"一直未能得到充分和刚性的保护，尽管在秦之后，在诸朝代土地都可以交易和买卖，甚至在《梁书·太宗王皇后传》有记载皇帝与世家之间土地买卖的事（见龙登高：《地权市场与资源配置》，福建人民出版社，2012，第 15 页）。另外，在中国历史上许多朝代都屡屡发生过均田和限田的事。这也说明中国古代社会中的土地占有和拥有一直是不稳定的。另外，研究中国土地国有制史的著名经济史学家李埏先生等甚至发现，均田制也具有国有和私有两重性质，分口田和永业田也都具有两重性（李埏、武建国主编《中国古代土地国有制史》，云南人民出版社，1997；见耿元骊：《唐宋土地制度与政策演变研究》，商务印书馆，2012，第 12 页）。因此可以认为，自秦代以来，中国的土地制度一直是一种不稳定和不具完整形态的"私产制度"。正是传统中国社会的土地占有、拥有和使用的这种不稳定性，甚至认为中国古代社会存在着"土地私有制"的经济史家孔经纬（1955）教授也发现"秦汉以来的中国是没有土地私有权的"（见耿元骊《唐宋土地制度与政策演变研究》，商务印书馆，2012，第 12 页）。也可能正是因为这一点，连马克思也曾认为"亚细亚社会的核心特点在于缺乏真正意义上的产权和产权制度"（见 Melotti, Umberto, *Marx and the Third World*, London: The MacMillan Press, 1977。梅洛蒂《马克思与第三世界》，高铦、徐壮飞、涂光南等译，商务印书馆，第 124 页）。在《资本论》第 3 卷，马克思也曾指出："如果不是私有土地的所有者，而象在亚洲那样，国家既作为土地所有者，同时又作为主权者而同直接生产者相对立，那末，地租和赋税就会合为一体，或者不如说，不会再有什么同这个地租形式不同的赋税。在这种情况下，依附关系在政治方面和经济方面，除了所有臣民对这个国家都有的臣属关系以外，不需要更严酷的形式。在这里，国家就是最高的地主。在这里，主权就是在全国范围内集中的土地所有权。但因此时也就没有私有土地的所有权，虽然存在着对土地的私人的和共同的占有权和使用权。"（见《马克思恩格斯全集》第 25 卷，人民出版社，1974，第 891 页）今天看来，马克思在 19 世纪的这些判断也是符合事实的。

① 我的学生席天扬博士和陶丽君几乎同时提醒我，在《诗经·小雅·北山》"溥天之下，莫非王土；率土之滨，莫非王臣"后面还有一句"大夫不均，我从事独贤"。陶丽君指出，这里的原文是表达作者的当时的一种抱怨，倾诉了心中的不平和牢骚：同为王臣，却劳逸不均，自己差事特别繁重，"都是君王的事，我却特别累"。《毛诗序》说："《北山》大夫刺幽王也。役使不均，己劳于从事，而不得养其父母焉。"注曰："笺云：'此言王之土地广矣，王之臣又众矣，何求而不得？何使而不行？……王不均，大夫之使而专以我有贤才之故，独使我从事于役，自苦之辞。"由此来看，此诗是针砭周幽王政治弊端的，这就告诫执政者，要注意做事公正。治国不能没有差役，但是，国土广袤，官员众多，不能偏劳几个人，鞭打快马，却使有些人只顾享受清闲。从诗中的主人公来说是幽怨之情，但对执政者来说则是借鉴。在此，"溥天之下，莫非王土，率土之滨，莫非王臣"不是重点，重点在于"大夫不均，我从事独贤"。而现在大家都理解为在奴隶、封建社会，天下是君王的"家天下"，"国家为君王的私有财产"等等。天扬和丽君的以上这些提醒非常重要。但是，自商周社会到晚清中国两千多年的皇权专制社会中，国家的土地皆在法律上最终为皇帝所有，即"溥天之下，莫非王土"，这确实是事实。中国古代社会的土地王有制的观念，不仅仅是诗经中的这段话。例如，在公元前 219 年，秦始皇东巡，在《琅琊刻石》中专门刻下"六合之内、皇帝之土"。秦始皇当年东巡时刻下这话，绝不仅仅是单纯显示他的皇威，而是他是这么认为的。正如王毅教授在《中国皇权制度研究》一书中所言，（转下页注）

'国有'经济及其与之相适应的财产归属观念，在西周以后漫长的中国封建社会中，虽然屡屡出现社会的大动乱和王朝的更替，经济和政治制度也发生了一定的演变，但总的来看，王朝官僚政治机器一直对经济过程有着超强的一体化的调控力量。"以至近代工业在中国萌生出现时，其主体形式也基本上是官办或官商合办经济。民国时期的中国的资本主义经济，更主要是以官僚资本占主导地位并为其基本特征。因此，除了从理论上说我们今天的国有是劳动人民的公有从而与中国封建社会的皇亲国戚、官僚地主的私有有着本质区别外，仅就形式而论，'国有'似乎在中国已有了几千年的历史传统。从这一点上来看，新中国成立后我国之所以能从国外移植来一套高度中央集权的统制经济运行模式以及与之相配套、相适应的国有制这种虚所有制的潜构架，原因之一就在于在中国几千年的社会制度、经济结构、文化传统、民族心理中都有它的遗传模板"。①

如果说数千年来在传统中国社会中基本上就没有形成刚性的私有财产制度，那么，到今天，1986 年通过和 2004 年修订的《中华人民共和国土地管理法》仍然规定"中华人民共和国实行土地的社会主义公有制，即全民所

（接上页注①）在传统中国社会中，皇帝作为天下一切财产的最终所有者，"普天之下一切财富，在根本上都是由圣德齐天的帝王们所创造和统辖的，而卑微子民们所能够享用或多或少的财富，全是出于这些仁德帝王之恩庇与福赐；因此普天之下的一切财富，在法理上最终都是绝对和天然地属于皇帝所有"（见王毅：《中国皇权制度研究：以 16 世纪前后中国制度形态及其法理为焦点》上下册，北京大学出版社，2007，第 820 页）。实际上，不但中国传统社会有"溥天之下、莫非王土"的观念，在英国，在 1066 年诺曼人入主英格兰之后 800 多年的历史中，英国也实行"英伦之域，莫非王土"的土地保有制，即英王为法律上为全英的唯一土地所有者，国王将土地授予封建贵族或其他人，这些人是土地的持有人或租借人，但必须向英王尽这样或那样的义务。这样，从 1066 年到 1925 年的英国《财产法》（The Law of property Act）等一系列与土地产权和管理使用有关的法律（包括 The Settled Law Act, The Trustee Act, The Land Registration Act, The Land Changes Act 和 The Administration of Estates Act 等）的颁布实施之前，英国各地和各层次的土地保有者、租用者，都没最终的土地所有权，而只能根据自己的身份获得这样和那样的自由土地保有权（英文为 freehold，保有人永久占有，世代相传，并能自由处置和出卖）和用益权（见由嵘：《1925 年改革与现代英国的财产法》，《中外法学》第 1 期，1993；孙一明、严金明：《英伦之域，莫非王土——以使用权为核心的英国土地产权制度的启示》，《中国土地》2008 年第 4 期；盛洪：《制度应该怎样变迁——中英土地制度变迁比较》，《学术界》2014 年第 12 期）。这与传统中国数千年的土地制度有相似之处？这又牵涉到私有产权制度一个核心问题：产权实质是自由处置权（出卖、转让）和用益权。世界各国的土地产权制度恰恰说明了社会的经济制度是一定社会观念的结果这一点。

① 李维森：《"硬化"企业的财产关系是建立完备的市场机制的先决条件》，《东岳论丛》1987 年第 1 期。

有制和劳动群众集体所有制"，就更明确地规定中国土地的非私有制这一点。从产权理论上来说，"集体所有"是个非常不确定的规定。尽管"集体所有"在一定时点上看是排他的，即一个集体之外的人在一定时点上不能拥有这个集体的一份土地的所有权。但是，随着人口的流动（人口流入和流出集体和一个集体中的人口的自然出生和死亡而对这个集体土地"所有权"的获得和丧失），这种名义上的"所有权"实际上是不排他的，因而"集体所有"实际上是一个人群整体的在短时期的"集体占有"。当一个人进入这个集体，如通过嫁入和移民进入一个集体，她（或他）就自动进入了这个集体的"所有者群体"，当一个人移民出和嫁出一个集体，她（或他）也就自动丧失在这个集体中所拥有的"所有权"而实际上又不会得到任何补偿。一个婴孩出生在这个群体中，就会自然获得这个集体的一份"所有权"。一个老人过世后，他（或她）就会失去这个集体的土地所有权，而其子女——尤其是已经不在这个集体中生活的子女——又不能继承其父母的"土地所有权"，因而这种土地的"集体所有制"实际上是不确定、不稳定和临时的，从而实际上是虚的。今天中国的这种土地集体所有制，尽管在具体经营形式上有区别，但至少中国目前还不是土地私有财产制度。按《中华人民共和国土地管理法》的说法，中国现下的土地集体所有制按《中华人民共和国土地管理法》的说法是一种"公有制"，而实际上只是一种一个集体中所有农户的临时的占有、使用和拥有。这与两千多年来中国历朝历代的名义上的"王有制"，而实际上的皇亲国戚、士族豪门、地主和自耕农的土地占有制在本质上是一样的，即还不是一个完整和稳定的土地所有制（私有制）形式。只不过区别在于：在古代中国，土地是在"普天之下莫非皇土"的名义产权形式下的皇亲国戚、士族豪门、地主和一些自耕农的一定时期的占有和拥有，且这种占有和拥有随着战争、王朝更替、朝廷和官府的令状以及社会力量的博弈（包括一定时期的一定形式的契约的"买卖"和强占）而不断地调整、转换和变化；在现代中国，土地拥有、占有和使用，则随着政府政策的调整和"法律的规定"改变而不断地转变、调整乃至转让。换句话说，数千年来，中国一直没有形成完备的土地所有（私有产权）制度。一直到今天还是如此。

在传统中国社会形成的这种没有刚性或言完整的私有产权结构，因而在两千多年来中国社会中一直保持了一种皇权专制的社会制序，一个很重要的原因是在中国人的文化意识中没有个人权利的概念，并且在传统中国社会一直存在着久远的根深蒂固的"抑私"的观念。实际上，在中国文化的深层，数千年来就有天下为公，以公为善，以私为恶的基本观念，这些观念在中国人的心灵中，源远流长、根深蒂固，乃至今天还是如此。据台湾学者陈弱水①先生考证，"'公'是中国集体意识中的非常根本的观念"。从中国历史上看"'公'的这个观念是夹带着巨大的力量出现的"，到战国晚期，普遍的、全体义的公的观念，出现在儒家、墨家、法家乃至诸家的典籍之中："'公'脱离政府、朝廷的范畴，取得了超越的意涵，意味着普遍、全体以及其他的价值，似乎和'天'的观念的发展有关"②。在《道德经》第七章，就有"知常容，容乃公，公乃王，王乃天，天乃道，道乃久，没身不殆"。《礼记·礼运》则有"大道之行也，天下为公"之说。《吕氏春秋·贵公》则说得更明显："昔先圣王之治天下也，必先公。公则天下平。"扬公，必然灭私、抑私和去私。孔子就说："天无私覆，地无私载，日月无私照。奉斯三者以劳天下，此之谓三无私。"（《礼记·孔子闲居》）在《尚书》中，更有"以公灭私"（《尚书·周官》）的明确理念；《管子·正》中也有"废私立公"的明确表述；《慎子·威德》中则更明确地有"立公所以弃私也"的说法。在其他中国古典文献中，亦有"公而不私"（《贾谊集校注·耳痹》）、"为人臣者主耳忘身，国耳忘家，公耳忘私，利不苟就，害不苟去，唯义所在"（《汉书·贾谊传》）。到了宋代，宋明理学诸家也是传承了古代中国文化中的这种普遍的崇公抑私的文化信念。譬如，朱熹就说："天命至公，人心便私。……而今讲学，便要去得与天地不相似处，要与天地相似。"（《语类》卷三十六）"公只是无私，才无私，这仁便流行。"（《语类》卷一一七）明代的思想家王阳明虽然宣扬心学，但在"公私观"上仍然循旧，认为人之善恶仍然取决于心的公私："心即理也。此心无私欲之杂，即是天理"（《传习录》卷一）；"世之君子，惟务致其良知，则自能公是非，同好恶，视人犹己，视国为家"（《传习录》卷二《答聂文蔚》）。

　　中国传统文化中诸家的这种公为天理、存公灭私、崇公抑私的观念，使得私在中国传统文化乃至中国人的心理结构中变成了一个有负面和贬义的

---

① 陈弱水：《中国历史上"公"的观念及其现代变形——一个类型的与整体的考察》，《知识分子论丛——公共性与公民观》第五辑，江苏人民出版社，2006，第26页。

② 同上，第9页。

词。这种立公灭私的观念，又导致了"国家至上"观念的形成。正是对国家权力至上观念的普遍认同，才会出现"使天下之人不敢自私，不敢自利，以我之大私为天下之大公"（《明夷待访录·报国无门的诤言》）的天下皆为皇帝私产的文化观念，才使得中国数千年来一直演化并维持了一个政治上皇权专制、经济上刚性的私有产权制度一直没有形成，因而市场经济不发达、法律一直是私有产权不能得到保护而只是维持皇权专制统治之工具的一个独特的中国经济社会制序①。在 1949 年中华人民共和国成立后，中央计划经济的资源配置方式之所以能够在中国得以实行了近 30 年，1978 年后中国的经济与政治体制改革之所以到目前为止都步履维艰，说到底均与传统中国社会和中国传统文化中的这种公为天理、大公无私、存公灭私、崇公抑私的文化观念密切联系在一起。

四　西方各国现代的代议制民主政制的普遍实行也是西方人思想观念长期演进的结果

从人类社会大范围、长时段的社会历史变迁的视角来看，不但传统中国社会乃至源远流长传统中华文化观念中"天下为公""大公无私""崇公抑私"的观念对数千年乃至今天中国的社会制序仍产生至远至深的影响，甚至连西方各国当代的法治化的市场经济制序乃至近代和现代西方各国所普遍实行的代议制民主政制，也是西方各国社会或言文化观念长期演进的一个社会结果。

西方各国今天所普遍实行的代议制民主政制，其起源在什么时候？是怎么产生的？研究古代西方政制史和政治思想史的学者发现，代议制民主政制的观念大致产生于欧洲中世纪（古希腊的城邦国如雅典的民主政制还是直接选举）。研究中世纪政治思想史的先躯卡莱尔兄弟（R. W. Carlyle 和 A. J. Carlyle，1903－1936）的六卷本的《西方中世纪政治学说史》一书以丰富翔实的史料展示了代议制民主的实践和观念在中世纪的发展和演变，是该

---

①　陈弱水先生还非常深刻地指出："本土'公'观念在现代中国的最重要作用，发生于一个关键性的历史发展，这就是革命政党与政治集体主义的兴起。至迟从 1898 年的戊戌变法开始，中国经历接连不断的政治大变动，建立新政治秩序的尝试不断失败，国家的整体力量始终无法凝聚——君主立宪、士绅政治、民族革命、共和政体、地方自治、政党政治、军阀统治，都归于无效或化为烟尘。"同上，第 36 页。

领域最早的成果之一。另一位研究中世纪政治思想史的专家厄尔曼在其《中世纪政治思想》中，对中世纪的民主思想也有深入的阐述。按照他们的研究，代议制民主制度是在欧洲中世纪形成的，但其思想源头却是日耳曼人的部落民主传统，并同时汇合了希腊城邦民主传统和罗马共和传统，故可以认为这一思想或言观念是在欧洲中世纪的一个漫长的历史过程中慢慢形成的。①

　　人类社会的种种社会制序是照某种观念形成的，在 1997 年由牛津大学出版社出版的塞缪尔·E. 芬纳的《统治史》中也曾做了概括性的描述。在这皇皇三巨卷的《统治史》的总序言中，芬纳就指出，单从人类社会的统治史来看，苏美人和埃及人均发明了神性王权的概念，但这并没有演进到犹太的神权，也与古希腊、罗马和中国的世俗政治没有任何必然的联系。古代亚述人发明了帝国的概念，最早将征服的土地分为行省，由中央任命的官员进行统治。犹太王国发明了有限君主模式，全社会相信只有上帝才是国王，世俗君主不能违反上帝启示给犹太会众的成文法。古希腊人发明了公民概念和民主制。古罗马共和国和罗马帝国发明了法治国和权力制衡的概念，并产生了影响后来全世界的法律制度。中世纪的欧洲产生了无头封建制以及教会神权与世俗政权向冲突和相互制约的制度安排，但后来复兴了古希腊罗马政治的一些关键传统，并逐渐创造了代议制的政治制度。近现代早期，英国又发明了受程序性约束的君主的概念，演化生成了现在仍然实行的"君主立宪制"，并在此过程中组建形成了代议制民主不可缺少的竞争性政党。法国在大革命后则发明了民主国家的概念。美国在 1776 年建国后则创生了"现代国家的四个基本特征，分别是：成文宪法、公民权利的宪法保证、司法审查和联邦制度"。在这部三卷集的巨著中，芬纳也注意到了中华帝国的独特的历史发展路径："这个伟大的政体是世界上最古老的政体。……但是由于其统治传统至今依然存在，还因其占世界人口五分之一的人口，它并不是我们所说的发明者，但也不是一个死胡同。中华帝国的统治方式多种多样，十分复杂，我们可以从中选择六个大的创新。这里我们只说一点，即这个国家最早出现了受专业训练的领薪酬的官僚阶层，以及具有同样特征的常备军，

---

① Ullman, Walter, *A History of Political Thought: The Middle Ages*, Harmondsworth: Penguin, 1970. 沃尔特·厄尔曼：《中世纪政治思想史》，夏洞奇译，译林出版社，2011。

两者都是按照理性原则组织起来的。"① 最后芬纳指出："我在这里要重复一遍，列举这份发明清单，我不想给人造成这样一种印象，以为统治史的发展是按照一种线性演进的模式进行的。实际上，这是这本书最不愿给人留下的印象。死胡同是如此之多，断裂和倒退到野蛮状态的情况是如此频繁和广泛。如果将整个过程看成是不断向前的演进，这完全是误入歧途。实际情况是，世界上最早的伟大政体出现在某个极其野蛮的地方。一些观念和制度开始在这里萌芽，然后有以物质或观念的形式传到后来的世世代代，直到最后时机成熟，获得充分发展，成为所谓的现代欧洲国家。此时，这个原本贫瘠的野蛮之地，变得人口繁盛、经济富庶、军事强大，足以对时间上的其他政体实行殖民和征服。而这些被征服的政体要么是出于景仰而效仿，要么是为了复仇而复制征服者的政体模式。这就是为什么欧洲现代国家会成为当今整个世界的模型。"②

五　观念与社会制序：社会改革的前提在于转变观念

人类社会的种种政治、经济和法律制度和各种各样的生产和交往方式以及经济组织形式主要是依照某些观念和观念体系而产生、演化和变迁的，自近代以来在许多世界上社会思想家的著作都做了一些论述，尽管他们并不是专门来论述这个问题。如哈耶克、诺思、马克斯·韦伯（Max Weber，1864-1920）以及桑巴特（Werner Sombart，1863-1941）等等经济和社会思想家在他们的一些著作中，就在某些方面实际上已经做了一些这样的工作。这其中包括哈耶克的《通往奴役之路》（1944）、《自由的构成》（1960）和《致命的自负》（1988）；诺思的《理解经济变迁过程》（2005），诺思、瓦利斯和温加斯特的《暴力与社会秩序》（2013），韦伯的《新教伦理与资本主义精神》（1905）、《中国的宗教：儒教与道教》（1915）、《印度的宗教：印度教与佛教》（1917）、《古犹太教》（1919）；以及桑巴特的《19世纪的社会主义和社会运动》（1896）、《现代资本主义》（1902）、《犹太人与经济生活》（1911）、《资本主义》（1930）和《新社会哲学》（1934），等等。而美

① 塞缪尔·E. 芬纳：《统治史》，第一卷《古代的王权和帝国——从苏美尔到罗马》，王震、马百亮译，华东师大出版社，2014，第91-95页。
② 同上，第96页。

国著名的政治理论家拉塞尔·柯克（Russell Kirk）在他巨著《美国秩序的根基》① 一书中，实际上把美国的政治、经济与法律制度完全建立在从《旧约》先知时代、古希腊、罗马到中世纪的宗教改革，英国的法律与市场的自由观念形成和演变之上，以及由此所派生出美国和西方现代各国的私有财产、自由市场和有限政府的社会制序（socialorders）。

反过来看，按照台湾学者陈弱水的认识，"'公'观念的各种类型在中国长期存在，意涵相互渗透，深厚沉淀于人心的各个角落。十九世纪下半以还，中国虽然面临'三千年未有之变局'，'公'观念的力量还是不可能迅速消退的。各种迹象显示，这套观念仍然顽强地栖身于（中国）社会的集体意识，时时发生或大或小的作用"。② 今天看来，中国自 1949 年建立中央计划经济的资源配置体制，至 1978 年改革开放后逐渐要建立起以保护型构和保护私人产权为主要经济制度形式的市场经济体制比较困难，乃至今天中国的市场化改革还在半路上，均与中国人"公"观念仍然顽强地栖身于社会的集体意识，时时发生或大或小的作用有关。

马克思在《德意志意识型态》中曾说过："思想、观念、意识的生产最初是直接与人们的物质活动，与人们的物质交往，与现实生活的语言交织在一起的。……意识在任何时候都只能是被意识到了的存在，而人们的存在就是他们的实际生活过程。如果在全部意识形态（in der ganzen Ideologie）中人们和他们的关系就像在照像机中一样是倒现着的，那末这种现象也是从人们生活的历史过程中产生的，正如物象在眼网膜上的倒影是直接从人们生活的历史过程中产生的一样。"马克思还说："我们的出发点是从事实际活动的人，而且从他们的现实生活过程中我们还可以揭示出这一生活过程在意识形态上的反射和回声的发展。……因此，道德、宗教、形而上学和其他意识形态，以及与它们相适应的意识形式便失去独立性的外观。它们没有历史，没有发展；那些发展着自己的物质生产和物质交往的人们，在改变自己的这个现实的同时也改变着自己的思维和思维的产物。"③ 熟悉马克思的经济与社会思想的我们都知道，在《政治经济学批判导言》中，马克思曾提出了

---

① Kirk, Russell, *The Roots of American Order*, 3rd ed., Washington, DC: Regnery Gateway, 1991. 中译本：拉塞尔·柯克：《美国秩序的根基》，张大军译，江苏凤凰文艺出版社，2018。

② 陈弱水：《中国历史上"公"的观念及其现代变形——一个类型的与整体的考察》，《知识分子论丛——公共性与公民观》第五辑，江苏人民出版社，2006，第 30 页。

③ 《马克思恩格斯全集》第 3 卷，人民出版社，1956，第 29 - 30 页。

生产力决定生产关系、经济基础决定上层建筑的历史唯物史观，这一唯物史观在《德意志意识形态》一书中就有了其理论雏形。尽管如此，在《德意志意识形态》的序言一开篇，马克思就指出："人们迄今总是为自己造出关于自己本身、关于自己是何物或应当成为何物的种种虚假观念。他们按照自己关于神、关于模范人等等观念来建立自己的关系。他们头脑的产物就统治他们。他们这些创造者就屈从于自己的创造物。我们要把他们从幻想、观念、教条和想像的存在物中解放出来，使他们不再在这些东西的枷锁下呻吟喘息。我们要起来反抗这种思想的统治。"[①] 马克思的这些话是在 19 世纪中期（1845－1846 年）说的。现在，人类诸社会都走到 21 世纪了，在一些国家和社会中，人们与某些统治性社会观念体系之间的关系是否还是如此？正因为如此，研究社会观念体系与制度的关系，以及探究什么样的观念和什么样的制度安排才是正义的和最能增进人类福祉的，就变得极具理论和现实意义了。

韦森于 2018 年 9 月 30 日初识于复旦

2019 年 4 月 5 日于法国巴黎布罗代尔研究所 *Maison Suger* 寓所修改

5 月 9 日改定于复旦

原载《学术界》2019 年第 5 期

作者单位：复旦大学经济学院

参考文献

程念祺：《试论中国古代土地制度的公有、私有与国有问题》，《史林》1997 年第 3 期。

方钦：《观念与制度：探寻社会制度运作的内在机理》，商务印书馆，2019。

侯外庐：《中国封建社会土地所有制形式的问题——中国封建社会发展规律商兑之一》，《历史研究》1954 年第 1 期，第 17－32 页。

胡汉民：《唯物史观与伦理之研究》，黄昌毂译，民智书局，1926。

林毅夫：《经济发展与转型：思潮、战略与自生能力》，北京大学出版社，2008。

龙登高：《中国传统地权制度及其变迁》，中国社会科学出版社，2018。

[①] 《马克思恩格斯全集》第 3 卷，人民出版社，1956，第 52 页。

王毓铨：《明朝田赤契与赋役制度》，《中国经济史研究》1991b 年第 1 期。

赵冈、陈钟毅：《中国土地制度史》，新星出版社，2006。

Carlyle, R. W. &A. J. Carlyle, 1903 – 1936, *A History of Mediaeval Political Theory in the West*, Edinburgh and London, W. Blackwood and sons.

Coulange, Fustel de, 1903, *La cité antique : étude sur le culte, le droit, les institutions de la Grèceet de Rome.* 18. éd., Paris：Hachette. 库朗热《古代城邦——古希腊罗马祭祀、权利和政制研究》，华东师范大学出版社，2006。

Sidgwick, Henry, *The Development of European Polity*, London：Macmillan, 1903.

【评论一】 北京大学新结构经济学研究院的林毅夫教授的评论

韦森吾兄：

大作拜读了，文中讨论的"社会观念体系"是一个至关重要的课题。观念、信念、理念、意识形态等是重要的，也是有影响的，这我是同意的，并在马歇尔讲座中做了讨论。不过，就对经济发展、社会进步而言，这种影响可能是正的也可能是负的。

在一个发展中国家的工业化、现代化进程中是否需要有某种西方发达工业化国家在工业化、现代化前就已经有的或现在有的某种观念、信念、理念、意识形态才可能成功，在韦伯以后，一直有不少学者和理论认为需要。按韦伯的理论，资本主义和工业革命产生的前提是基督新教的伦理，其构建的理论，逻辑自洽，也和 19 世纪前的经验一致，但是，二战后，东亚也实现了工业化、现代化和资本主义的发展，然而，东亚是在儒家伦理的基础上实现的，证伪了韦伯所主张的基督新教伦理是工业化、现代化的必要前提的看法。除了韦伯的理论之外，还有许多其他在发展中国家实现工业化现代化需要的必要前提的理论，这些理论通常总结于发达国家的经验和现象，为学界和现有国际发展机构所重视，并推荐到发展中国家实践，我和 Celestin Monga 合著的《战胜命运》（北大出版社，2017，英文版 Beating the Odds, Princeton University Press, 2017）对这些理论进行了讨论，发现许多发展中国家按那些建议做了，经济没有发展起来，接着就会有一个新的理论提出另外的必要条件，发展中国家再按此来做还是没有发展起来，接着就会有另外一个新的理论出现，如此循环往复。值得注意的是，二战后少数发展成功的经济体一般是在不具备那些必要前提的基础上发展起来的。

经过这些年的思考，我主张回归到亚当·斯密研究问题的方法，以常无的心态，直接观察、分析所要研究的问题的"本质"，以此作为切入点来研究其"决定因素"，而不从任何现有的理论或经验作为研究问题的切入点，以避免带上了有色眼镜对号入座，而未能发现更重要、更根本的决定因素。现代社会建立在现代经济增长之上，现代经济增长的本质是生产力水平的不断提高，而其决定因素是现有产业技术不断创新、新的附加价值更高的产业不断涌现，以及随着新的技术和产业的特性和需要，基础设施和制度安排不断完善的过程。在我看来，现有理论在指导发展中国家现代化的努力中屡遭挫折，原因在于现有理论总结于发达国家的经验，并以此作为参照系，来看发展中国家缺什么或什么做得不好，但是，这种理论忽视了发达国家"有什么、能做好什么"，以及发展中国家"缺什么、做不好什么"通常是具有内生性的。我发现成功的少数经济体一般是反其道而行之，从"自己有什么、根据自己有的能做好什么，把能做好的做大做强"。当然，因为观念、理念和制度安排是内生的，发展中国家随着经济的发展，许多观念、理念和制度需要在路径依赖的方式下演进，和发达国家现有的观念、理念和制度安排特征上不见得完全相似，但本质上则会趋同，否则，则可能成为经济社会进一步发展的障碍。

以上思考，请指正。《战胜命运》一书如果吾兄没有，请告知，当即寄上。

顺颂春祺！

毅夫顿首

2019 年 2 月 14 日

【评论二】北京大学国家发展研究院张维迎教授的评论

韦森兄：

大作粗略看了一篇，还要再仔细读。我同意你的大部分观点，但有些观点需要讨论。比如中国历史上的土地私有问题，你用了缺乏"刚性"这个词，我大致明白你想表达的意思。但我觉得简单地说没有确立私有权是有问题的。我认为，私有权可能有纵、横两个维度。横是指不同个人（家庭）之间产权的界定，从而有了私有和共有的区别；纵是指国家权力（政府）与个人之间的关系。从横的角度看，中国［土地产权私有制］是在春秋战国时期就确立了，否则不可能形成土地的买卖。但纵的方面有问题，就是统治者可以不尊重私有权。因此，我更愿意将其看作是 ill-protected property。如果没有基本的土地私有制度的确立，很难理解中国历史的延续。产权甚至在国家之前，没有私产，文明不可能。问题是自秦始皇之后的中国专制制度使得统治者的权力不受约束，私有产权没有办法避免公权的任意有害。如同今天的情况一样。"普天之下莫非王土"，我更愿意理解为是统治者的主权概念。欧洲中世纪土地是王权的私产，这与周朝早期类似。也算一种形式的私有产权吧。

关于1949年后的土地国有化，与中国文化有关，但我认为主要还是马克思主义的意识形态（观念体系）。

关于观念的演化过程，或许你有兴趣看看我的《博弈与社会》第14章"制度企业家与儒家社会规范"（见附件）。是观念的变化塑造出新的统治者。观念来自创新，创新就是与现在的正统观念不符的东西，所以新观念总是从边缘引入的。思想家是制度企业家。他们提出的观念逐步扩散开来，制度就要变了。统治者或者接受新思想，或者被取代。当然，在位的统治者也会强化思想（如汉武帝"独尊儒术"），从而加强和延续统治。但引起制度变化的新思想不大可能是现任的统治塑造的。

你频繁适应"构建"一词，容易使读者觉得秩序（制序）是 construct 的结果。是理性设计的产物。我倾向于接受 VERNON SMITH 的说法：理性设计"变异"（创新），但演化选择结果。他用建构理性和生态理性区别二者。就我理解，这也是哈耶克的思想，哈耶克分析法的演化时就是这样描述的：法官（或者立法者）是用理性发现法的不完善，然后加以改进。这是社会演化与自然（如生物）演化的不同。生物演化完全是基因在复制中犯的错误，社会演化是观念的变异，而观念的变异是个体理性思考的结果。所以，理性与演化不矛盾，恰恰相反，正是理性导致了演化，尽管如 SMITH 所说，理性不擅长选择。但理性不能一下子改变整个秩序，否则就是灾难，如计划经济制度。

这个问题与中国改革过程有关。现在重读我1984年4月写的双轨制价格改革文章，其实就是一个演化的思路，完全符合哈耶克的理论。总体设计有问题，因为他高估了人的知识和认知能力。双轨制是一个试错的过程。中国价格改革的成功，可以说是观念的力量，但同时又是一个演化的过程。所以是从观念（理念）到秩序的一个很好例子。

　　附上我双轨制价格论文的原始文章扫描件，文字可以读（你也可以看上次转你的公号上发的文章）。

　　非常感谢你能来参加 6 月 12 号的讨论。到时候我们再抽点时间细聊。我 6 月 11 号晚上有课，根据你的时间，我们提前确定一下。

　　祝好！

维迎

2019 年 5 月 1 日

【评论三】北京大学国家发展研究院席天扬助理教授的评论

李老师好，

　　这几天把手头正在修改的一篇文章完成后，拜读了您春节期间发给我的《社会观念体系与社会制序的起源与变迁》一文，读了有很多思考和启发。我有一个印象，是您和林毅夫老师、张维迎老师都很认同和强调 ideas 在塑造社会制度和决定各种政策中的作用。我也非常认同这一点。受马克思主义影响的政治经济学传统比较强调经济技术、社会结构对于制度的影响，而剑桥学派、伯尔曼这些人更多地从思想史、法律和语言的角度来理解社会制度的演化。我去年思考中想到一点，许倬云在《汉代农业》曾经提到中国进入汉代以后发生了不可逆转的从工商业社会向农业社会的转型，决定了之后两千年大而一统的总体政治格局。这个看法很有道理，但是在向汉代转型的过程中另一个重要的变化，是思想上从百家争鸣走向以儒学为中心的统一的意识形态，而这个意识形态对于维护农业社会的社会制度起到了重要的锚定作用。近来许多考古学和历史学的著作也表明，中国在春秋战国时代的城市化率、工商业占的比例要高于后世，而这一时期的政治思想也是多元竞争的。我猜想这个判断可能和您在文章中基于中西方路径对比的分析有契合的地方，未来也许可以作为进一步研究的题目。

　　我赞同您的文章的绝大部分观点，只有几处地方我觉得可以有延伸讨论之处。

　　（1）您在文章第二页引用哈耶克的话说"Every social order rests on an ideology."我觉得这个表述是比较严谨的。我认为这里说 every social order 而不是 every society 是正确的，因为任何社会不是只有一种 social order，而是有好多种互相竞争的 social orders，相应的也有多种相互竞争的 ideologies。

一个有活力的社会，必须能够容纳许多竞争的、多元的 social order 和意识形态话语共存，相互交锋博弈，凝聚一定程度的共识、把社会推向进步。比如，您在后文中提到美国的宪政基础是'建立起由民选总统、三权分立、权力制衡和联邦制的政治制度，以及依据英国普通法为主体并吸收欧洲大陆制定法的成分而构建起来的法律制度'这无疑是正确的。但是如果把 constitution 理解成一种决定了 polity 如何运行的规则和规律的制度总和，那么今天美国的制度和 constitution 显然比这个建国的基础走得更远、更多元，反映了更多的 social orders 和 ideologies。比如，founding fathers 所构想的那个秩序里面没有处理族群（ethnic groups）的问题，不太有基于个体的政治平等和反对歧视的概念，而这些在今天的美国政治和公共政策领域都是极为重要的问题。William Eskridge 和 John Ferejohn（他也是我在 NYU 的 committee 成员，宪政经济学的元老级人物）前几年有一本引起争议的书叫 A Republic of Statutes：The New American Constitution，他们提出一个观点就是美国虽然建国 200 多年来宪法的基本内容没有大的变动，但是国家的治理体系发生了巨大的变化，这个变化是通过行政法里面的法条、法规和政府监管来实施的。我觉得这个看法有一定的见地。

（2）关于中国古代是否存在对于私有产权的刚性保护，我觉得可能需要对什么是私有产权和刚性保护做更清晰的定义。从诺思到近来 Acemoglu 等人的论述其实缺乏一个清楚的定义，主流经济学对于产权保护的理解，从经验的角度理解为法律或者 constitution 对于行政部门权力的约束。但是从历史上来看，欧洲历史也有很多暴君，中国历史上的皇帝也受到各种约束。著名的如北宋的改革，并非君王可以凭一己之力改变制度，宋神宗问文彦博："更张法制，于士大夫诚多不悦，然于百姓何所不便？"文彦博回答："为与士大夫治天下，非与百姓治天下也。"可见士大夫和精英阶层对于君主是存有相当的制衡。

此外，您文中提到"溥天之下，莫非王土；率土之滨，莫非王臣"，我读到的解说是这一段话未必彰显大一统的王权。其《诗经·小雅·谷风之什·北山》的一段原文是"溥天之下，莫非王土；率土之滨，莫非王臣；大夫不均，我从事独贤。四牡彭彭，王事傍傍；嘉我未老，鲜我方将；旅力方刚，经营四方。或燕燕居息，或尽瘁事国；或息偃在床，或不已于行。"在《孟子·卷九·万章上》中专门论述了这一段话，谈到"咸丘蒙曰：……诗云：'溥天之下，莫非王土；率土之滨，莫非王臣。'而舜既为天子矣，敢问瞽瞍之非臣如何？"曰："是诗也，非是之谓也，劳于王事而不得养父母也。曰：'此莫非王事，我独贤劳也。'故说诗者，不以文害辞，不以辞害志；以意逆志，是为得之。如以辞而已矣，云汉之诗曰：'周馀黎民，靡有孑遗。'信斯言也，是周无遗民也。"这段话的意思，是从一个政府官员的角度来陈述自己的工作，因为普天之下，都是国王的子民，一个也不能剩下，都要照顾到，所以"尽瘁事国""靡有孑遗"，连自己的父母也没有时间照顾。当然《诗经》的语言比较凝练，可能不同角度的解读都是有其道理的。

　　以上是一点零星的想法，请李老师哂正。

　　祝春节愉快！

天扬

2019 年 2 月 12 日

【评论四】中国著名历史学者吴思先生的评论

韦森兄，

　　你好。大作拜读了。总体感觉挺好，强调了一个我们严重忽略的问题，论证细密，说服力强。同意之处我就不多说了，我说两点阅读随想。

　　一、中国的土地产权制度。

　　你谈到的对中国土地制度的各种看法，在我看来都有道理，问题不在论述者，而在论述所用的概念。所有权、占有权、使用权，都是来自西方的概念。这套概念的使命并不是描述中国的土地产权制度。

　　如果把土地权利看作合法暴力或政治权力认可并支持的一套制度安排，把暴力最强者看作最高权力的掌握者，即元权力、决定权力的权力，那么，土地权利体系的面貌，描述这个体系的概念系统，也要随之变形。

　　中国的元权力掌握者就是一个人，合法暴力的垄断者，于是，普天之下莫非王土。不仅土地，人身亦然。率土之滨莫非王臣。无论元权力如何宣布，如刘邦的约法三章，事实上，皇帝总是有能力和权力侵犯各种层级的土地权利的。没有权利可以修订权利，立法权和修法权在元权力手里。在这个意义上，不受侵犯的所有权，最高档次的土地权利，在中国是无法想象的。用所有权描述中国的土地权利，从根本上就不对劲。这不是土地制度问题，不是生产关系问题，而是暴力集团与生产集团的关系问题，暴力要素与生产要素的关系问题，超出了生产关系和经济制度的范围。经济概念的宽度和深度不够。

欧洲的元权力不在一个人手里，从罗马共和，到中世纪欧洲，权力或暴力实体呈现多元化格局，没有独大的元权力。各个暴力－权力主体就在博弈中演化出稳定策略，ESS，形成稳定的问题解决方案。那就是一套多元权力共同认可的规矩，半法治的状态由此浮现。在半法治体制下，在元权力是一套打出来的稳定合约的条件下，土地所有权才有可能是真的，其地位才有可能是最高的。

总之，中国和欧洲的元权力的结构不同，于是权力及权利体系也不同，概念随之不同。我把元规则－决定规则的规则，称为暴力最强者说了算，而所有权被西方人想象为最高位格的规则，这在西方的元权力结构下可以理解，在中国的一元化大一统格局下不可理解。最高位格的东西只能有一个，限制皇帝权力的土地所有权，在形式逻辑上就属于自相矛盾的概念。

对土地权利体系的描述，要符合中国的史实，恐怕必须引入元规则和元权力的概念，在暴力集团与生产集团的关系的角度重新定义土地权利体系，据此形成不同层次的概念，描述不同的关系。

田面权和田骨权等等，那是描述生产集团内部的权利安排。权利分享者为地主或农民、佃户或二级佃户等等，都对，都有价值，但这些概念不描述暴力集团与生产集团的关系。

皇庄，王庄，官庄，各级衙门的官田，这些土地权利，属于暴力集团内部的权利关系，也有一套规则和概念，也是有价值的，准确的，但依然不是所有权的概念所能准确描述的。

二、观念体系与社会实践

你对观念体系的翻译和作用的论述，我都同意。我的联想是：那些社会实践的主体，他们在实践中必须使用某种观念体系，识别并表述各种实践对象，想象这些对象之间的关系，推测其中的相互作用。这就是实践者装备的概念、规律和观念体系。这个观念体系还伴随着各种主张，批评，掩饰或扭曲，夸大或忽略。

一旦实践受挫，就会出现调整修正观念、规律乃至整个体系的动机，严重的挫折，可能导致整个观念体系被抛弃，例如无产阶级专政下继续革命的观念体系。

观念体系，确实要服从一个规律，就是观念跟着利益走，受到利益的调解或扭曲。同时，观念也跟着认识过程走，还有路径依赖。

于是，我们眼前展现出一幅观念与使用这套观念的实践者之间的互动。观念大错，实践受挫。观念大对，实践受益。如此优胜劣汰，适者生存，观念以社会实践为演化环境。在这幅图景里，强调观念是社会发展的动因，当然不错。强调实践或经济或政治或生产力是动因，也不错。但在中国此时占据主导地位的观念体系中，老兄所强调的，正是对长期偏差的纠正。

外行人多嘴，老兄一哂。

吴思

2019 年 6 月 4 日

经济学中的哲学与哲学中的经济学

——追寻马克思开辟的经济哲学道路

韩庆祥

在马克思那里，哲学与经济学不是"非此即彼"，而是"你中有我，我中有你"。马克思给我们开辟出一条哲学与经济学彼此理解和互动的道路，这就是：哲学的"问题"本性内在要求从经济问题中寻求实现，而经济问题只有提升到哲学高度才能揭示其本质并找到根本性的解决路径。马克思主义研究的发展与创新必须基于马克思理论的本性，马克思推动哲学与经济学互动的本性本应成为马克思主义研究的一种传统。然而，在马克思主义发展过程中，我们有的马克思主义研究往往偏离马克思开辟的经济哲学道路，哲学与经济学各自划界、彼此分离、缺乏对话，从而造成各自的研究陷入某种片面化和碎片化。那么，马克思为我们开辟的哲学与经济学彼此理解和互动的道路究竟是什么？我们是否可以从这条道路中寻求破解当今我国马克思主义哲学和经济学研究困境的出路？

一 经济学中的哲学：哲学变革，经济寻求

在《莱茵报》时期，与普鲁士政府的论辩，使马克思在哲学上遇到了"对物质利益发表意见的难事"。[①] 现实难题的求解、费尔巴哈著作的出版与理论批判的勇气，促使马克思改弦更张自己原有的哲学唯心主义立场，展开了对德国国家哲学和法哲学的批判。对于批判的结果，马克思在后来的回顾

---

① 《马克思恩格斯全集》第 31 卷，人民出版社，1998，第 411 页。

中写道："我的研究得出这样一个结果：法的关系正像国家的形式一样，既不能从它们本身来理解，也不能从所谓人类精神的一般发展来理解，相反，它们根源于物质的生活关系，这种物质的生活关系的总和，黑格尔按照18世纪的英国人和法国人的先例，概括为'市民社会'，而对市民社会的解剖应该到政治经济学中去寻求。"① 这里，马克思实际上是开辟了"哲学变革，经济寻求"的道路，即要在经济研究中，"既找到经验的基础，也找到理论的基础"②，这种寻求，使马克思既揭示了资本主义现实生活世界的本质又洞悉了人类社会历史发展的规律，最终实现了哲学革命，创立了唯物史观，并且通过经济学理论的逻辑论证与社会历史发展的实践检验使历史唯物主义成为真正的科学。

在马克思那里，经济学研究对其哲学研究的影响具体体现在以下方面。

（一）经济学研究促使马克思清算其哲学信仰

1845年春，马克思决定把"从前的哲学信仰清算一下"，这一清算明显受到从1843年开始的经济学研究的影响。马克思在后来的回忆中写道："自从弗里德里希·恩格斯批判经济学范畴的天才大纲（在《德法年鉴》上）发表以后，我同他不断通信交换意见，他从另一条道路（参看他的《英国工人阶级状况》）得出同我一样的结果，当1845年春他也住在布鲁塞尔时，我们决定共同阐明我们的见解与德国哲学的意识形态的见解的对立，实际上是把我们从前的哲学信仰清算一下。"③ 可见，恩格斯由于经济学研究及对英国工人阶级状况的考察而产生了与德国哲学的意识形态对立的见解，而马克思这一时期的经济学研究成果（《1844年经济学哲学手稿》）、同恩格斯不断通信交换意见以及得出同样的结果，也使经济学研究在推动其清算哲学信仰中的作用得以呈现。正是在经济学研究的推动下，通过对自己的哲学信仰的清算，马克思得出结论："只要这样按照事物的真实面目及其产生情况来理解事物，任何深奥的哲学问题——后面将对这一点作更清楚的说明——都可以十分简单地归结为某种经验的事实。"④ 比如对经济学的深入研究，使马克思看到了生产力和生产关系在社会历史发展中的作用，进而使马克

① 《马克思恩格斯选集》第2卷，人民出版社，1995，第32页。
② 马克思：《1844年经济学哲学手稿》，人民出版社，2002，第82页。
③ 《马克思恩格斯选集》第2卷，人民出版社，1995，第33～34页。
④ 《马克思恩格斯选集》第1卷，人民出版社，1995，第76页。

思能够清晰地洞察并深刻地批判黑格尔哲学。黑格尔注重概念演绎，并构建了用思辨逻辑形式解释世界的哲学体系。对于这种对"既在"事物进行解释的"黄昏时起飞的猫头鹰"式的哲学，马克思指出，它实际上是以"最抽象的形式"表达了"最现实的"人类状况，即"个人现在受抽象统治，而他们以前是互相依赖的。但是，抽象或观念，无非是那些统治个人的物质关系的理论表现。"而这种物质关系首要就是生产关系，"物的依赖关系无非是与外表上独立的个人相对立的独立的社会关系，也就是与这些个人本身相对立而独立化的、他们互相间的生产关系"[1]。再如通过经济学研究，马克思既明确地指出了商业和工业"这种活动、这种连续不断的感性劳动和创造、这种生产，正是整个现存的感性世界的基础"[2]，又深刻地揭示了工业在本质上是一本打开了的关于人的本质力量的书，从而能够清晰地洞察到费尔巴哈的人本学唯物主义的主要缺点是："对对象、现实、感性，只是从客体的或者直观的形式去理解，而不是把它们当作感性的人的活动，当作实践去理解，不是从主体方面去理解。"[3]

（二）经济学研究推动马克思实现哲学变革

马克思如何看待自己所创立的新哲学，在某种意义上就表明马克思实现了怎样的哲学革命以及马克思哲学具有怎样的本性。在马克思那里，哲学是对"尘世"进行批判并确立"此岸世界"真理的"批判哲学"；哲学是"非常懂得生活"并为现世提供智慧的"生活哲学"；哲学是理解现实人的生活世界、进入同时代人的灵魂、为劳苦大众提供心灵引导的"人的哲学"；哲学是超越现实并改变世界的"实践哲学"；哲学是关注无产阶级解放并成为人民精髓的"政治哲学"。同时，哲学也是揭示人类经济活动的本质与规律并批判西方政治经济学的逻辑前提及其价值取向的"经济哲学"。马克思的"经济哲学"研究是其"批判哲学"、"生活哲学"、"人的哲学"、"实践哲学"和"政治哲学"研究等的驱动力与实现条件。这在马克思对其哲学主题（现实的人、物质生产活动、生产力和交往形式、社会历史发展规律）的一些经典论述中清晰地呈现出来。在经济学的视野中，马克思首

① 《马克思恩格斯全集》第46卷上，人民出版社，1979，第111页。
② 《马克思恩格斯选集》第1卷，人民出版社，1995，第77页。
③ 《马克思恩格斯选集》第1卷，人民出版社，1995，第54页。

先把人看作现实的人，现实的人首先要满足其肉体组织的需要，为此就必须从事与分工相关的物质生产活动，在生产活动过程中，人既与自然发生关系，由此产生生产力，又与人发生关系，由此产生生产关系，生产力和生产关系的矛盾运动构成社会历史发展的基本规律，而历史唯物主义就是关于现实的人及其历史发展规律的科学。唯物史观的创立，使马克思实现了哲学变革。于是马克思说："个人怎样表现自己的生活，他们自己就是怎样。因此，他们是什么样的，这同他们的生产是一致的——既和他们生产什么一致，又和他们怎样生产一致。因而，个人是什么样的，这取决于他们进行生产的物质条件。"① 还指出："历史不外是各个世代的依次交替。每一代都利用以前各代遗留下来的材料、资金和生产力；由于这个缘故，每一代一方面在完全改变了的环境下继续从事所继承的活动，另一方面又通过完全改变了的活动来变更旧的环境。"②

正是基于对经济活动与经济事实的经济学研究，促使马克思实现了哲学领域里的一场划时代变革，或者说，没有经济学研究，就不会有唯物史观的创立，也不会有马克思的哲学变革。对此，陈先达明确指出，"没有英国古典经济学的劳动和劳动价值论，就很难由异化上升为异化劳动理论并经异化劳动理论而升华为物质生产方式在社会生活中起决定作用的唯物史观"；③ 张一兵也指出，"马克思越是深入研究政治经济学，他就越是接近历史唯物主义，并最终经由经济哲学批判创立了历史唯物主义。"④

（三）马克思还在经济学语境中对唯物史观做了经典表述

马克思关于唯物史观的经典表述主要有两处。一是在《德意志意识形态》中，"这种历史观就在于：从直接生活的物质生产出发阐述现实的生产过程，把同这种生产方式相联系的、它所产生的交往形式即各个不同阶段上的市民社会理解为整个历史的基础，从市民社会作为国家的活动描述市民社会，同时从市民社会出发阐明意识的所有各种不同理论的产物和形式，如宗教、哲学、道德等等，而且追溯它们产生的过程。这样当然也能够完整地描述事物（因而也能够描述事物的这些不同方面之间的相互作用）。这种历史

---

① 《马克思恩格斯选集》第 1 卷，人民出版社，1995，第 67 - 68 页。
② 《马克思恩格斯选集》第 1 卷，人民出版社，1995，第 88 页。
③ 陈先达：《马克思主义哲学关注现实的方式》，《中国社会科学》2008 年第 6 期，第 46 页。
④ 张一兵：《回到马克思——经济学语境中的哲学话语》，江苏人民出版社，2003，第 305 页。

观和唯心主义历史观不同，它不是在每个时代中寻找某种范畴，而是始终站在现实历史的基础上，不是从观念出发来解释实践，而是从物质实践出发来解释观念的形成。"① 这里，马克思通过到政治经济学中去寻求对市民社会的解剖，初步提出了唯物史观的基本观点：物质生产是历史的出发点；市民社会是历史的现实基础；从物质实践出发来解释观念的形成等。马克思对唯物史观的这些经典表述，无论是使用的概念术语还是运思的理论逻辑，都清楚地显示了其经济学语境。二是在《〈政治经济学批判〉序言》中，"我在巴黎开始研究政治经济学，后来因基佐先生下令驱逐移居布鲁塞尔，在那里继续进行研究。我所得到的、并且一经得到就用于指导我的研究工作的总的结果，可以简要地表述如下：人们在自己生活的社会生产中发生一定的、必然的、不以他们的意志为转移的关系，即同他们的物质生产力的一定发展阶段相适合的生产关系。这些生产关系的总和构成社会的经济结构，即有法律的和政治的上层建筑竖立其上并有一定的社会意识形式与之相适应的现实基础。物质生活的生产方式制约着整个社会生活、政治生活和精神生活的过程。不是人们的意识决定人们的存在，相反，是人们的社会存在决定人们的意识。社会的物质生产力发展到一定阶段，便同它们一直在其中运动的现存生产关系或财产关系（这只是生产关系的法律用语）发生矛盾。于是这些关系便由生产力的发展形式变成生产力的桎梏。那时社会革命的时代就到来了。随着经济基础的变更，全部庞大的上层建筑也或慢或快地发生变革。"② 这里更加清楚地看到：马克思关于唯物史观的经典概括是通过政治经济学研究而获得的；马克思阐释唯物史观的基本结构时所使用的"生产力"、"生产关系"、"经济结构"与"上层建筑"等概念，是从经济学中提炼出来的；马克思得出的唯物史观的基本观点，如"经济基础决定上层建筑"，"物质生活制约社会生活、政治生活与精神生活"，以及"社会存在决定社会意识"，是经济学研究必然逻辑得出的结论；社会革命也是由生产力与生产关系的矛盾运动规律推动的。

二　哲学中的经济学：经济问题，哲学分析

1844 年，马克思完成了对宗教的批判而转向对现实生活世界的政治批

---

① 《马克思恩格斯选集》第 1 卷，人民出版社，1995，第 92 页。
② 《马克思恩格斯选集》第 2 卷，人民出版社，1995，第 32 - 33 页。

判，开始研究资本主义现实世界中的劳动异化，为此，马克思注重去解剖资本主义市民社会；为解剖市民社会，马克思便去研究国民经济学；马克思通过研究认为，国民经济学只就经济去谈经济，既不关心经济对社会发展和人的发展的影响，也不把经济问题提升到哲学层面来分析，对经济问题缺乏哲学批判。马克思通过哲学与经济学的初步结合开辟了二者彼此理解与互动式发展的道路。1846 年，马克思力求把经济问题与人、生产劳动和社会历史发展结合起来，从社会历史的根本结构和发展规律上对经济问题进行哲学思考，以历史唯物主义为经济学研究的内在驱动机制，实现了哲学与经济学的深层结合。《资本论》是马克思实现哲学与经济学结合的典范，"三位一体"的哲学、政治经济学与科学社会主义形成了"一整块钢铁"（列宁语），"经济问题，哲学分析；经济问题，政治解决"的理论思维逻辑显示了马克思理论体系的严谨性与科学性。

总体来说，在马克思那里，分析研究的经济总问题，是资本占有劳动及资本控制社会的逻辑。面对这一问题，马克思所做的就是："经济问题，哲学分析"。在这里，马克思的经济学研究所蕴涵的哲学思维方式及所具有的哲学高度，使其在各个层面和一切细节上超越了古典政治经济学与同时代人的经济研究成果，马克思的唯物史观推动了其经济学革命。

（一）马克思关注经济问题的哲学前提

作为一种深邃而有洞察力的思维方式，哲学的基本特征是反思、批判和超越。而作为哲学理论创新的不竭动力的批判性突出地表现为"前提批判"，即以否定性的思维方式去反思各种知识或理论的逻辑前提，以揭示知识或理论的前提所蕴含的更深层次的前提或价值取向。马克思在批判国民经济学时开宗明义地指出，"我们是从国民经济学的各个前提出发的。"① 从国民经济学的前提出发，马克思首先揭示了私有财产是国民经济学的基础："私有财产是一个事实，国民经济学对此没有说明理由，但是，这个事实是国民经济学的基础"，"没有私有财产的财富是不存在的，国民经济学按其本质来说是发财致富的科学。因此，没有私有财产的政治经济学是不存在的。这样，整个国民经济学便建立在一个没有必然性的事实的基础上。"②

---

① 《马克思恩格斯选集》第 1 卷，人民出版社，1995，第 39 页。
② 《马克思恩格斯文集》第 1 卷，人民出版社，2009，第 783 页。

马克思进一步追问了作为国民经济学的基础的私有财产的本质，通过研究，发现异化劳动是私有财产的基础。在深刻剖析了异化劳动的本质及其内容之后，马克思又阐释了扬弃异化的共产主义："共产主义是私有财产即人的自我异化的积极的扬弃，因而是通过人并且为了人而对人的本质的真正占有；因此，它是人向自身、向社会的（即人的）人的复归，这种复归是完全的、自觉的而且保存了以往发展的全部财富的。"① 这里，在马克思从私有财产到异化劳动再到共产主义的理论思维逻辑中，其经济学研究的人本立场和前提鲜明地呈现出来了。实际上，马克思的人本立场和前提在其经济学研究的一系列观点中都得到了充分体现，而"现实的人"是马克思分析经济问题的基本哲学前提：现实的个人是经济生产的出发点；人的抽象劳动与具体劳动是商品的价值和使用价值的来源；社会的人及其交往关系是货币的基础；工人劳动是资本增殖的基石；人的本质力量是工业的本质；人本学是国民经济学的秘密；人的解放是生产关系的评价标准；人是一切经济活动和经济关系的基础和承担者。

此外，通过对经济问题的"前提批判"，马克思还深刻揭示了国民经济学对"历史性"的忽视。在这里，马克思既批判了国民经济学家像神学家"用原罪来说明恶的起源"那样"把他应当加以说明的东西假定为一种具有历史形式的事实"②；又揭露了资产阶级庸俗经济学的理论逻辑是"非历史的和反历史的"③；还清算了古典经济学家关于人类天性的看法，批判了他们把"合乎自然的个人"看成是由自然造成的错觉，进而指出在生产一般的抽象中忘记历史的差别是"那些证明现存社会关系永存与和谐的现代经济学家的全部智慧"④。

（二）马克思运用哲学方法来分析经济问题

马克思分析经济问题的基本方法是唯物辩证法和历史唯物主义方法。在马克思看来，"分析经济形式，既不能用显微镜，也不能用化学试剂。二者都必须用抽象力来代替"。⑤ 因此，当季别尔教授说马克思的《资本论》

---

① 《马克思恩格斯全集》第 42 卷，人民出版社，1979，第 120 页。
② 《马克思恩格斯选集》第 1 卷，人民出版社，1995，第 40 页。
③ 《马克思恩格斯全集》第 46 卷上，人民出版社，1979，第 9 页。
④ 《马克思恩格斯选集》第 2 卷，人民出版社，1995，第 3 页。
⑤ 《马克思恩格斯选集》第 2 卷，人民出版社，1995，第 99 - 100 页。

"就理论本身来说，马克思的方法是整个英国学派的演绎法"，① 而德国的评论家大叫这是黑格尔的诡辩，甚至认为马克思的"研究方法是严格的实在论的，而叙述方法不幸是德国辩证法的"② 时候，马克思则强调指出自己的分析方法是"辩证方法"，而这种辩证方法"不仅和黑格尔的辩证方法不同，而且和它截然相反"③。实际上，在 1847 年出版的概述"我们见解中有决定意义的论点"④ 的《哲学的贫困》中，马克思就曾批判过蒲鲁东以抽象的哲学范畴及逻辑体系涵摄经济现实的企图，并进一步把历史唯物主义方法作为经济学研究的哲学指导方法。马克思在接下来的论述中，具体阐释了他的辩证法的三大特点。⑤ 恩格斯也说明过马克思分析经济问题的基本方法，他认为，"黑格尔的思维方式不同于所有其他哲学家的地方，就是他的思维方式有巨大的历史感作基础"，更重要的是，"这个划时代的历史观是新的唯物主义观点的直接的理论前提，单单由于这种历史观，也就为逻辑方法提供了一个出发点"，然而关键问题在于"从黑格尔逻辑学中把包含着黑格尔在这方面的真正发现的内核剥出来，使辩证方法摆脱它的唯心主义的外壳并把辩证方法在使它成为唯一正确的思想发展形式的简单形态上建立起来"，在恩格斯看来，"这个方法的制定，在我们看来是一个其意义不亚于唯物主义基本观点的成果"，而"马克思过去和现在都是唯一能够担当起这样一件工作的人"，恩格斯最后明确指出，"马克思对于政治经济学的批判就是以这个方法作基础的"。⑥ 正是这种分析方法，使马克思既超越了经济学实证分析中纯粹的表象描述而具有强烈的理性思辨，又超越了纯思辨的抽象论证而具有透彻的经验说服力，从而推动马克思从古典政治经济学的劳动价值论中发现了剩余价值，实现了经济学革命。具体来讲，马克思分析经济问题的哲学方法主要体现为：①运用矛盾分析方法，马克思深入剖析了作为商品使用价值和价值来源的由抽象劳动与具体劳动构成的劳动二重性，进一步揭示了作为历史内在本质的生产力和生产关系的矛盾运动规律；运用"从抽象到具体"的研究方法，从劳

---

① 《马克思恩格斯选集》第 2 卷，人民出版社，1995，第 109 页。

② 《马克思恩格斯选集》第 2 卷，人民出版社，1995，第 110 页。

③ 《马克思恩格斯全集》第 23 卷，人民出版社，1972，第 24 页。

④ 《马克思恩格斯全集》第 31 卷，人民出版社，1998，第 414 页。

⑤ 《马克思恩格斯选集》第 2 卷，人民出版社，1995，第 109 - 112 页。

⑥ 《马克思恩格斯选集》第 2 卷，人民出版社，1995，第 42 - 43 页。

动与商品出发，具体再现了"资本主义生产方式以及和它相适应的生产关系和交换关系"①；运用否定之否定的分析方法，阐释了"既不同于资本主义前的各社会形态又不同于未来的共产主义社会的资产阶级社会的一般特征"及其发展规律②；运用历史与逻辑相统一的分析方法，解释了"在现代资产阶级社会中的相互关系决定的"，取决于"在现代资产阶级社会内部的结构"的经济范畴及其先后次序③。②运用历史唯物主义的结构分析方法，剖析了由生产力结构、经济结构、政治结构与意识结构等构成的人类社会的纵向结构与整体性；运用历史唯物主义的过程分析方法，揭示了人类历史发展的五种经济社会形态的更替④。

（三）马克思注重对经济问题设置哲学价值导向

在马克思那里，人的自由全面发展是经济问题的哲学价值导向。马克思在展开自己的经济学探讨时，首先对他当时面临的国民经济学进行清理与反思。通过反思，马克思认识到国民经济学之最大局限，就是它从私有财产的事实出发，但没有给我们说明这个事实；它只考察经济事实的经济学意义，而忽视其"人"的意义；它只从经济学角度来看待经济现象和经济问题，而对经济现象与经济问题缺乏人文关怀和人本取向。与国民经济学相反，马克思则用哲学的头脑与方法思考问题，把"人本"理念引入经济学，既从彻底的革命人道主义出发，明确批判资本主义社会压抑人的个性全面发展的现实，又从社会历史发展规律出发，论证在未来共产主义社会实现每个人自由、平等和全面发展的历史必然性，明确把每个人自由而全面发展作为人类社会发展所追求的一个根本的理想价值目标。实际上，人的自由全面发展这一哲学价值导向，贯穿于马克思经济学研究的始终。在1844年的经济学研究中，马克思认为，在"对人的漠不关心"⑤的政治经济学所关注的物质世界之外还有一个人的世界，并且这个"物的世界的增值同人的世界的贬值成正比"⑥。马克思通过对作为造成这一现象的直接原因的异化劳动的深刻

① 《资本论》第1卷，人民出版社，1974，第8页。
② 《马克思恩格斯全集》第46卷上，人民出版社，1979，第102页。
③ 《马克思恩格斯全集》第46卷上，人民出版社，1979，第45页。
④ 《马克思恩格斯选集》第2卷，人民出版社，1995，第33页。
⑤ 《马克思恩格斯全集》第42卷，人民出版社，1979，第74页。
⑥ 《马克思恩格斯全集》第42卷，人民出版社，1979，第90页。

剖析，批判了"国民经济学以不考察工人（即劳动）同产品的直接关系来掩盖劳动本质的异化"①。马克思通过批判国民经济学，完成了批判尘世中的自我异化的任务，力图追求幸福、自由、每个人的全面发展这些人类的伟大理想，其消除人的异化、使人获得解放和全面发展的经济学研究的价值主题清晰地呈现出来。对此，马克思曾明确地表达了自己的价值取向："人以一种全面的方式，也就是说，作为一个完整的人，把自己的全面的本质据为己有"，并且"以全部感觉在对象世界中肯定自己。"② 在《1857－1858年经济学手稿》中，马克思又主要从人的发展角度考察了社会历史发展并提出了人的发展的三形态理论："人的依赖关系（起初完全是自然发生的），是最初的社会形态，在这种形态下，人的生产能力只是在狭窄的范围内和孤立的地点上发展着。以物的依赖性为基础的人的独立性，是第二大形态，在这种形态下，才形成普遍的社会物质变换、全面的关系，多方面的需求以及全面的能力的体系。建立在个人全面发展和他们共同的社会生产能力成为他们的社会财富这一基础上的自由个性，是第三个阶段。"③ 人的自由全面发展的价值导向在这里突出地体现为对自由个性的追求。在马克思那里，自由个性主要包含以下含义：与他律相对应的自律性，能自己制约、支配自己；与强制性相对应的自由性；与盲目自发性相对应的自觉性，能意识自身和外部条件；与依附性相对应的独立自主性，能自己支配自己的生存条件和活动；与重复性相对应的独创性。在《资本论》中，马克思主要着眼于人的能力的全面发展。在马克思看来，资本主义商品经济对人的能力的全面发展具有双重性：一方面，它使每个人处在特定的职业分工中，这必将使人的能力畸形发展；不仅如此，资本主义的雇佣劳动也会导致人的全面异化。另一方面，马克思强调，商品经济及市场机制也促进着社会财富的增长和社会生产力的发展，从而能为个人能力的充分发展提供物质基础；资本主义生产的扩张性也使交往具有普遍性，使个人冲破地域、民族和职业局限，吸收世界成果来发展和丰富自己；资本主义机器大工业的发展必将增加劳动者全面发展个人能力的自由时间；商品经济把人的理性和能力突出出来，并使人的理性和能力之地位得以确立。

---

① 《马克思恩格斯全集》第42卷，人民出版社，1979，第93页。
② 《1844年经济学哲学手稿》，人民出版社，1979，第77－79页。
③ 《马克思恩格斯全集》第46卷上，人民出版社，1979，第104页。

三　马克思开辟的经济哲学道路的当代启示

马克思开辟的经济哲学道路具有重要的当代启示。在当代中国，只有实现哲学与经济学的结合，才能既避免经济研究中的片面化，也有利于破解"中国问题"。

（一）经济问题缺乏哲学引导容易走偏

马克思开辟的经济哲学道路启示我们，既要对经济问题注入人文关怀，注重从人学层次上考察经济问题，研究经济问题中人的问题，既见经济又见人，不能把人变成纯粹的经济动物，又要注重两面性看问题，避免看待经济问题的"单向度"。然而，第一，当前一些经济学家看待经济问题的一个重大缺陷，就是往往更多地仅从经济角度考察和研究经济问题，而没有自觉地把经济问题提到哲学上的"人"的层面来考察。比如，关于转变经济发展方式问题，它绝不仅仅是一种经济行为，也绝不仅仅是打破旧体制的障碍机制，建立加速经济发展和社会进步的相应机制，它同时也是人的解放和发展的过程。从哲学上讲，转变经济发展方式首先要明确经济发展"依靠谁与为了谁"，这就是既要最充分地发挥每个人的积极性、主动性和创造性，提高人的自主创新能力，也要强调经济发展成果由人民群众共享。要言之，要突出转变经济发展方式中人的自主创新能力问题，要从以物为本的发展理念转向以人为本的发展理念；在对待劳动问题上，一些经济学家往往多关心劳动创造财富而不大注重劳动者的基本权利，结果导致了改革开放 32 年来劳动者做出很大贡献但却做出了许多牺牲。从哲学上讲，我们就应特别注重劳动者的基本权利，提高劳动者的地位，在经济活动中确立劳动本位论；在对待资本问题上，一些经济学家往往多关心资本拉动经济，看不到资本的吃人本性。如果我们把资本问题提高到哲学上的"人"的层面来考虑，就既要尊重资本运作的逻辑，又要合理规范资本；在对待财富问题上，一些经济学家往往较多关心物质财富而不注重劳动是财富最直接的源泉，看不到能力创造财富。马克思的哲学高明于他以前经济学家的地方，就在于他比较注重从人的角度考察财富问题；在分配问题上，一些经济学家往往注重资本、管理在分配中的地位与作用，不大注重劳动、能力在分配中的地位与作用（劳动报酬较低），多注重分配的效率性不大注重分配的正义性和人道性。如果将分配问题提升到哲学高度，我们就需要注意分配中的结构问题，科学对待各种要素的分配比例，使分配日趋合理化；关于消费问题，一些经济学家多看到消费拉动生产，注重扩大内需，却没有从哲学上看到劳动者能力的发挥也是最大的生产力；在当前人们广泛关注的房子问题上，许多人较多关注其中的经济价值，然而却忽视了哲学所强调的民众的基本住房权；在拆迁问题上，一些人为了"经济"而实施"暴力拆迁"，却忽视了哲学所强调的尊重民众基本权利的"和谐拆迁"。第二，当前我国的一些经济学研究缺乏辩证思维。要么过于追求实证分析，缺乏理性批判；要么过于追求微观求证，缺乏宏观把握；要么过于注重事实判断而忽视价值判断。一个缺乏辩证思维的经济学家，是难以真正成为卓越的马克思主义经济学家的。

（二）哲学不关心经济问题就解释不了我们的世界

问题是哲学之源，现实生活世界及其产生的根本问题是哲学发展的动力源。哲学必须关注它那个时代的问题，并对时代问题做出符合时代所要求的水平的哲学阐明。正如马克思所言："一个时代的迫切问题，有着和任何在内容上有根据的因而也是合理的问题共同的命运：主要的困难不是答案，而是问题"，"每个问题只要已成为现实的问题，就能得到答案。……问题却是公开的、无所顾忌的、支配一切个人的时代之声。问题是时代的格言，是表现时代自己内心状态的最实际的呼声"。① 就是说，哲学思考源于时代的呼唤，是对时代发展的理论回应。马克思正是通过准确捕捉时代的、实践的根本问题来把握现实世界的，而马克思集中捕捉的实践问题就是经济问题。马克思发现，经济活动是人类最基础、最重要的活动，其他一切活动都是在物质生产以及物质生活条件的历史前提下展开的，因此，哲学要解释世界以及进一步改变世界，首要的就是关心经济活动，研究经济问题，透过经济现象把握人类历史发展的规律。当前我国马克思主义哲学研究的一个困境，一定程度上就在于脱离当代中国社会实践，缺乏对改革开放和现代化建设过程中最突出的经济问题的关注，尤其缺乏对"中国问题"的经济学考量，而往往局限于纯哲学概念的抽象思辨。哲学首先要关心经济问题，没有对经济问题的研究与经济学理论的支撑，哲学就会流于空论，就会停留于问题的表层，无法深入我们活生生的具体现实世界，也就无法解释我们所面临的生活

---

① 《马克思恩格斯全集》第 1 卷上，人民出版社，1995，第 203 页。

世界。在当代中国，如果我们的哲学不了解经济发展方式转变、劳动、资本、财富、分配、消费、房子、拆迁、上访等问题，你能解释我们这个现实生活世界吗？还需要指出的是，现实生活世界尤其是占支配地位的经济生活必然通过影响人们的生存方式而渗透到人的精神世界，对于当代中国人的精神世界来说，市场经济既激发了人们的竞争意识、能力意识和创新精神，也摧毁了一些传统的生活习惯与精神信仰，致使一些人焦虑、困惑、茫然；资本逻辑导致的技术统治与工具理性一定程度上造成科学精神单极发展，而人文精神却日益式微；消费社会误导了人们的精神需求，泛滥夸张的广告通过引导人们的消费观念制造了大量虚假需求，致使有些人的价值追求出现混乱；商品经济的不健全也导致一些人利己主义、拜金主义、享乐主义极度膨胀，盲目满足生理需求与物质欲求，相反精神追求却显得苍白无力，甚至理想信念出现严重缺失，等等。如果我们的哲学不关心这些经济问题，不研究经济活动及其对人的精神生活的渗透与影响，既无法解释当代中国人的精神生活，也无法重建当代中国人的精神世界，更谈不上为人们提供"安身立命之本"了。

原载《社会科学战线》2011 年第 7 期

作者单位：中央党校专家工作室

当代资本主义经济的发展趋势鸟瞰

鲁品越

人类社会进入 20 世纪后半叶以来发生了巨大变化。特别是第三次工业革命，使人类从机器大工业时代进入发达的信息时代，发达的交通、通信系统使地球成为"地球村"，发达资本主义国家内部的阶级结构也发生了巨大变化。而在国际关系方面，西方发达国家也从奉行海盗法则的野蛮的殖民主义演变为文明的资本输出方式，出现了霸权主义世界格局，世界各国人民面临各种危机的威胁，其复杂性程度也超乎人们的想象。

马克思说，"资本是资产阶级社会的支配一切的经济权力。"① 时代虽然发生了巨大变化，但就整个资本主义世界来说，资本支配一切的局面并没有发生根本改变。一切变化归根到底是由资本的表现形式发生变化所引起的。因此，透视当今世界资本表现形式的变化，就会使我们能够"不畏浮云遮望眼，只缘身在最高层"，洞视当代复杂现实的深层本质与发展趋势，加强我们的战略定力，从而在复杂的挑战中立于不败之地。

纵观资本形式的历史演变，我们可以概括为资本权力的表现形式的"四化"：全球化、知识化、福利化和金融化。这些变化的胚芽在马克思主义时代已经开始萌发，《资本论》对此也有原则性的分析。因此，立足当代实践，发掘和发展《资本论》中的相关思想，对于理解和应对当代资本主义的发展趋势具有重要意义。

---

① 马克思：《1857 - 1858 年经济学手稿》，《马克思恩格斯文集》第 8 卷，人民出版社，2009，第 31 - 32 页。

一　第二代全球化：霸权主义与人类共同体的矛盾

《资本论》指出，剩余价值转化为资本，启动了无止境扩张的社会关系生成过程：资本为了追求自身增殖，必须为其所生产的剩余价值开拓新的投资空间，由此产生了资本的无止境的扩张性循环，将整个世界卷入资本的循环圈中。因此，资本的扩大再生产的循环圈必然突破国界，迅速延伸到整个地球。人类历史上产生的各种文明形式从此不断地被资本循环所吞噬，而被纳入"资本主义文明体系"中。这就是资本主义全球化过程，人类历史由此而成为"世界历史"。

（一）　资本扩张困境与两代全球化模式

资本要实现最大程度的增殖，面临两难情境。

从劳动力市场的要求来看，资本要最大限度地增殖必须使劳动者永远处于贫困状态。这不仅是因为资本要尽可能从劳动者创造的价值中多分一杯羹，因而尽可能地少给工人工资，而且因为只有使劳动者阶层处于贫困状态，才可能创造出供给充裕的廉价劳动力市场。贫困到极限的朝不保夕的工人，为了活命不得不以最低廉的价格出卖自己的劳动力，而没有任何与资本家讨价还价的余地。在有大量失业人口，而且没有社会福利保障的情况下更是如此。正因此故，古典自由主义与新自由主义都一致主张废除最低工资制度与社会福利制度，其目的是使工人处于贫困状态，给资本增殖创造最丰裕的廉价劳动力市场。

然而，从产品消费市场的要求来说，资本要实现增殖又必须使工人具有随着资本积累而不断增长的购买力，只有如此才能使生产的商品能够卖得出去，其中凝结的价值得到实现。这就要使工人摆脱贫困状态，其工资与工人的劳动生产率的增长同步。如果这个要求得不到满足，必然会发生产品过剩的经济危机，无法实现资本家的资本增殖的目的。

这是摆在资本增殖面前的逻辑悖论。"鱼与熊掌不可兼得"，资本家的上述两项要求不可能同时实现，因此经济危机必然发生。如果资本主义是个封闭在某个国家的经济体系，这种经济危机必然常常发生。为了避免和延缓这种经济危机的发生，于是资本出现了寻找外部市场的强大冲动，由此形成了资本的全球化浪潮。

　　在马克思时代，工业化进程刚刚在西方国家开始，资本主义国家必然使本国工人处于极度贫困状态，以实现最大速度的扩张。然而这样就使本国的购买力水平低下，必然造成产品过剩。解决这个矛盾的手段正是"第一代全球化"：开拓殖民地，打开落后国家的市场，用过剩产品交换落后国家的黄金白银，并且拿出一部分购买落后国家的原材料乃至奴隶。由此形成臭名昭著的"黑三角贸易"：资本主义工业国家将本国制造的工业产品到非洲贩卖黑奴（出程），然后再用黑奴到美洲换取黄金白银与原材料（中程），运回欧洲资本主义母国进行资本的扩大再生产（归程）。这个"贸易黑三角"支撑欧洲资本主义扩张达四百年之久。① 这就是说，那时资本主义全球化的核心任务是解决资本主义国家产品出口，以获得最廉价的生产要素进行本国的资本扩张。由此引起的结果是使欧洲和美洲的资本主义国家出现日趋严重的两极分化。资本主义只是给工业资本家与商业资本家带来巨额利润，而带给全世界劳动人民的只是灾难与贫困：贩卖黑奴给非洲黑人带来的是人道主义灾难，而给资本母国的白人劳动者带来的则是失业与极度的贫困。这就注定了一次次经济危机仍然不断爆发。随着非洲人民和世界各国人民的反抗，这种违背最起码人道主义的罪恶的"黑三角贸易"不得不终结。资本主义全球化方式必须变革。

　　于是，第二代全球化应运而生。如何既要使劳动者处于贫困状态以培育廉价劳动力市场，又要使人民生活水平提高以培育社会购买力不断增长的商品市场？资本的"第二代全球化"使这种"不可能"变为"可能"，似乎产生了"神奇的结果"。其方法是：使所有产业拉长为国际产业链，需要低端劳动力的处于中段的制造部门转移到发展中国家，用资本权力最大化地榨取其剩余价值，使其成为贫穷的生产国；而资本的母国掌握资本控制权的两头——研发发展部门与品牌营销部门，于是大量的剩余价值流向母国，发达国家成为富裕的消费国，产品价值由此得到实现。这就是发达国家的"产业空心化"与发展中国家的低端工业化。于是，贫穷的生产国与富裕的消费国相分离，资本对劳动力市场的要求与它对商品的消费市场的要求，分别得到了满足。这就是由国际产业链产生的国际贫富分离的"神奇效应"。它增加了资本主义生产方式对生产力的容量，延缓了资本主义危机的发生。

---

　　① 张莉、宋文：《从"黑三角贸易"看国际贸易对出口国制度的影响》，《经济研究导刊》2013 年第 25 期。

随着资本全球化方式的上述改变，世界格局也发生了巨大改变，使资本主义根本矛盾表现为不同形式的国际矛盾。第一代全球化产生的是以英国为代表的西方资本主义国家依靠武力征服世界的殖民主义世界格局。由此引起的国际矛盾是殖民地国家与帝国主义国家的矛盾，以及资本主义国家之间抢夺殖民地的激烈冲突。于是发生 20 世纪上半叶的两次世界大战。二战后，这种国际矛盾则表现在社会主义与资本主义冷战背景下，亚非拉国家的反帝独立运动。于是，与第一代全球化方式相应的殖民主义终于被迫退出历史舞台，而与第二代全球化方式相应的霸权主义世界格局逐步形成。

霸权主义追求的根本目的与殖民主义并无区别，但是其手段发生了从"鲁莽笨拙"到"理性精巧"的变化。在政治军事上，不再主要依靠直接侵略扩张来占领他国土地，而是采取对关键资源的控制与对相关地区的武力威慑：占领全球各个关键水道，使用密布太空的卫星通信系统（空基系统）来控制国际交往渠道，以强大的军事力量作为其最终威慑手段。在经济手段上，不再是直接掠夺他国资源来进行本土制造，而是利用货币霸权和资本输出，通过垄断性国际产业链和金融链，通过利用落后国家的廉价劳动力与自然资源，分割生产国的劳动人民创造的剩余价值，以转化为其超额利润。这是当代国际垄断资本主义的最基本的特征。由此形成了以霸权国家为中心，以发达国家为同盟，以第三世界国家为边缘的国际秩序。这种由国际产业链与国际金融链为骨架的国际资本循环圈是这种国际秩序的经济基础。

（二）霸权主义世界秩序的内在矛盾及其自我否定

在新的第二代全球化中，资本主义基本矛盾——生产力的社会化与资本的私有制的矛盾，上升到当代国际领域，表现出新的形式——全球化的生产力的发展要求与霸权主义世界格局之间的矛盾。霸权主义国家追求的只是自身资本扩张，追求"本国第一"，为此罔顾世界各国在全球化生产力发展进程中的客观需要。由此必然造成世界的分裂和国际冲突加剧，同时也导致对霸权国家自身的自我否定。

首先，导致国际关系分裂，国际冲突加剧。在政治军事上，国际霸权必须通过政治军事结盟才能实现，于是整个世界分裂为霸权国家的"同盟国"与非同盟国，以至"假想敌"，并且通过制造对立与冲突来强化同盟国对霸权国家的依赖。这就必然导致错综复杂、越演越烈的国际冲突、民族冲突、宗教冲突，进而导致国际恐怖主义蔓延。而在国际经济领域，霸权国家必须依靠在国际金融链上的金融霸权、国际产业链上的高科技霸权和国际市场的品牌霸权，为此必然千方百计利用其货币霸权优势地位，频繁使用关税壁垒和经济制裁手段，来扼杀发展中国家的高科技产业的发展和品牌发展。由此必然引起日趋激烈的国际经济冲突，导致经济上的国际分裂。这些政治军事和经济上的分裂，形成了对国际生产力发展的巨大阻碍。

其次，霸权政策也会导致霸权国家自身竞争力衰退与国内矛盾激化。霸权国家通过国际金融链和国际产业链攫取全球剩余价值和财富，这种寄生性扩张方式也导致其自身基础性能力的衰退——这是因为它导致其经济脱实向虚，产业空心化，于是基础制造业急剧衰退。而高科技产业与金融产业，无论从就业总量上还是就业结构上，都无法满足全社会的就业需要，导致大量蓝领工人失业，进而导致社会收入分配两极分化：金融圈人士可以一夜暴富，而失业工人却长期贫困，由此引发一系列社会问题。不仅如此，蓝领工人长期失业还将导致整个国家制造业工艺水平的降低，产业工人断代，操作技能失传，进而导致制造业的长期国际竞争力衰退。与此同时，发达国家经济的过度金融化必然导致金融体系过度膨胀，一旦其膨胀程度超过实体经济的承受能力，便会爆发金融危机和债务危机。

再次，维护霸权的成本越来越高昂，世界面临的军事威胁越来越严重。通过军事上的绝对优势来维护其霸权，同时也由于霸权主义遭受到越来越强烈的国际反抗，导致霸权国家维护霸权的成本不断上升。发达国家也常常通过局部战争来维护霸权，使人类和平面临威胁。列宁说过，"试问，在资本主义基础上，要消除生产力发展和资本积累同金融资本对殖民地和'势力范围'的瓜分这两者之间不相适应的状况，除了用战争以外，还能有什么其他办法呢？"[1] 这必然导致：帝国主义就是战争，这在今天的霸权主义时代，仍然是活生生的现实。

由此可见，霸权主义世界秩序已经陷入严重危机。霸权主义的国际经济关系和政治关系，已经严重阻碍高度社会化的生产力——全球化生产力发展。因此，当今世界需要一种新型的国际生产关系与国际政治关系，这正是中国国家主席习近平倡导的世界各国人民"共同建构人类命运共同体"。

---

[1] 列宁：《帝国主义是资本主义的最高阶段》，《列宁专题文集：论资本主义》，人民出版社，2009，第185页。

（三）"共同建构人类命运共同体"——新全球化的必由之路

全球化生产力的发展是不可阻挡的历史潮流。由全球化生产力建立起来的全球网络，如国际交通通信网络、国际产业链、金融链、互联网、物联网，等等，是人类文明发展的积极成果，也必然随着历史的发展而日益发展。它所产生的问题，不是其本身所致，而是以它为载体的国际垄断资本力量所致。因此，生产力的发展要求它们将不断摆脱霸权主义的控制，而由各国人民来掌握。各国人民之间内在联系只能越来越紧密深入，越来越休戚相关。适应这种生产力发展的新的生产关系与政治关系，正是各国人民同舟共济的"命运共同体"。建构人类命运共同体将会成为替代第二代全球化的新的全球化方式，当代国际社会正处在由"霸权主义世界秩序"向"建构人类命运共同体"的伟大历史转换的进程中。

习近平指出，"当今世界，人类生活在不同文化、种族、肤色、宗教和不同社会制度所组成的世界里，各国人民形成了你中有我、我中有你的命运共同体。"[①] 建构人类命运共同体所追求的世界秩序是大小国家一律平等，共同建构"持久和平、普遍安全、共同繁荣、开放包容、清洁美丽的世界。"[②] 中国是这种世界秩序的倡导者和推进者，"一带一路"伟大倡议正是这种倡导与推进的具体体现。中国倡导和推进建构人类命运共同体秉承的理念是："中国人民的梦想同各国人民的梦想息息相通，实现中国梦离不开和平的国际环境和稳定的国际秩序。"[③] 中国绝不谋求在这种新时代世界秩序中的领导地位或霸权地位，因为反对霸权主义正是建构人类命运共同体的历史使命。

二　资本的知识化与知识的资本化：人力资本与中产阶级的出现

作为商品的劳动力的生产所消耗的劳动价值，包括两个部分：一是

[①] 习近平：《文明因交流而多彩，文明因互鉴而丰富》，《习近平谈治国理政》，外文出版社，2014，第261页。

[②] 习近平：《决胜全面建成小康社会，夺取新时代中国特色社会主义伟大胜利——在中国共产党第十九次全国代表大会上的报告》，《求是》2017年第21期。

[③] 习近平：《决胜全面建成小康社会，夺取新时代中国特色社会主义伟大胜利——在中国共产党第十九次全国代表大会上的报告》，《求是》2017年第21期。

"人的自然力"的生产即生产出人类天然具有的体力与智力，这需要提供人类生存与繁衍所必需的生活资料；二是给劳动者提供掌握一定技能的教育与培训，这也需要一定的费用。马克思说："为改变一般人的本性，使它获得一定劳动部门的技能和技巧，成为发达的和专门的劳动力，就要有一定的教育或训练，而这又得花费或多或少的商品等价物。劳动力的教育费用随着劳动力性质的复杂程度而不同。因此，这种教育费用——对于普通劳动力来说是微乎其微的——包括在生产劳动力所耗费的价值总和中。"① 在马克思时代，机器大工业的科学技术发明不断把工人的经验技能规范化、标准化。"在简单协作中，资本家在单个工人面前代表社会劳动体的统一和意志，工场手工业使工人畸形发展，变成局部工人，大工业则把科学作为一种独立的生产能力与劳动分离开来，并迫使科学为资本服务。"② 因此那时代科学技术的发展反而是对工人本身技能的剥夺，工人沦为基本上不需要文化教育只拥有"人的自然力"的劳动工具。

但是，当社会生产力从大工业时代到信息化时代，情况发生巨大变化。生产过程高度信息化之后，抽象符号性操作（如计算机编程）越来越多，需要一定的专业训练才能进行；专业分工越来越细，需要长期的专门训练的专用知识越来越强。此外，由于生产的社会化、全球化程度越来越高，同时产品创新速度越来越快，需要花费大量时间培育劳动者的创新能力。所有以上各方面的因素，使工人的劳动力生产，除了生理性的体力与智力再生产外，教育和训练所占的比重不再是当年马克思所说的"微乎其微"，它在劳动力的社会必要劳动价值中的占比，远远超过维持生命的生存所需。于是，社会生产需要的较高教育水平与专业技能的白领工人越来越多，在整个工人阶级队伍中所占比重越来越大。而在人才竞争激烈的领域，工人所具有的知识和技能，必须超过其工作所需要的知识和技能也即具有一定的知识储备，才能适应社会生产力发展的需要。这些都大大增加了劳动力生产过程中，教育和培训所占的比重。

因此，人类劳动力的发展有两个阶段：一是全社会劳动力生产中，生理性再生产占主要地位的"自然人劳动力"阶段，主要任务是"人的自然力"

---

① 马克思：《资本论》第一卷，《马克思恩格斯文集》第 5 卷，人民出版社，2009，第 200 页。

② 马克思：《资本论》第一卷，《马克思恩格斯文集》第 5 卷，人民出版社，2009，第 418 页。

的再生产；二是教育和培训占主要地位的"知识性劳动力"阶段。在这个阶段中，劳动力的必要劳动价值的构成发生了变化：不仅包括劳动者个人及其养育后代所要进行的生理性再生产耗费的价值，而且占相当大的比例是劳动者本人及其后代的教育与培训所花费的劳动价值。因此，劳动力的必要劳动价值必然成倍增长。于是，知识型工人的工资必然远远超过马克思时代工人的工资，中产阶级由此形成。

知识型劳动力的特征，不仅表现在其必要劳动价值（其价格表现即工资）大幅度提高，而且其个性化、差异化特征越来越突出地表现出来。在"自然人劳动力"生产中，人们之间维持生存需要所要消耗的劳动产品大致相同，可以有一个社会统一标准，因而工人的工资大致有一个统一的尺度。而在"知识型劳动力"生产中，其需要投入的劳动价值具有个性化特征，不同行业、不同职位之间差距很大。对各种特殊人才所需要投入的价值各不相同，这就是"知识型劳动力"培育的差异化特征。

人类的劳动能力从"自然人劳动力"到"知识性劳动力"的发展，是生产力发展的巨大历史进步。那些高于由社会公共产品生产出的一般劳动力的科学文化知识与技能，也即人们所受的特殊的差异化教育的部分，是在劳动力生产上的投资，称"人力资本"。在资本主义生产方式下，这种知识性劳动力被资本化，而出现了"人力资本"。"人力资本"是人的智力和知识的"资本化"，同时也是资本的"知识化"：这就是说，除了生产简单劳动力的可变资本之外，资本还有两种形态：一是投资于生产资料的物质化资本，二是投资于人的知识与技能教育的"知识化资本"，也即"人力资本"。

人力资本具有和资本家所具有的物质资本进行博弈的能力，它使劳动者能够获得高于一般劳动力的工资，其差值即人力资本的收益。实证研究表明："随着科学技术的发展和产业结构的变化等，劳动者的知识、技能（即人力资本）得到了很大提高，人力资本在经济发展的作用日益突出，由此人力资本产权对收入分配的影响力也越来越大。在理论上出现了马丁·魏茨曼首先提出的分享经济理论，在实践中也产生了多种形式的利润分享制。"[①]这使劳动者能够用自己的"人力资本"与资本家的"物质资本"相抗衡。于是，生产力上的巨大进步对劳动者知识文化素质要求的提高，一旦被资本化就会产生资本新形态——人力资本。这是资本发展史上的巨大变化，它使

<hr>

① 黄乾：《论人力资本产权功能》，《财经科学》2002 年第 5 期。

"中产阶层"劳动者家庭成为人力资本的投资单位，其不断繁殖而出现"中间大、两头小"的橄榄型社会结构。

但在看到人力资本带来的生产力和生产关系上的历史进步的同时，还要看到资本主义根本矛盾——生产的社会化与资本私有制之间的矛盾，获得了新的表现形式——社会在人力资本上的两极分化。当代家庭已将大量的剩余劳动价值投入于自己和后代的人力资本的投资中。于是家庭成为人力资本的自我繁殖单位，而进行的人力资本的世代积累。穷人只能接受由公共服务提供的普通教育而没有特殊的"人力资本"，受到某种特殊教育的富裕阶层则会在人力资本中占优势。于是社会的两极分化，不仅表现在人们占有的物质财富上，而且还表现在拥有的知识化的人力资本及其决定的人们的社会地位上。由家庭的血缘关系在人力资本上的投入，产生了新的两极分化。与此相伴而生的是教育的产业化。许多实证研究表明：教育不平等仍是当前个人收入不平等的最主要原因。[①] 皮凯蒂在《21世纪资本论》中所说的"拼爹的资本主义"现象，部分原因正在于此。

三　社会的福利化：建立在寄生性与社会分裂基础上的资本主义

资本为了最大限度地增殖，必然最大限度地压低劳动者的工资与福利，导致劳动者的贫困化。但是二战后欧洲资本主义国家纷纷实行高福利政策。工人不仅工作日缩短和工资增长，而且从出生到死亡，在医疗、教育、失业补助等方面，享受较高的福利待遇。这就是"社会福利化"，而其一部分来源于资本，所以战后出现了部分资本转化为社会福利的现象，所以也可视作部分资本形态的新转变——福利化。这种转变明显违背了资本本性，因此有人据此断言，战后资本性质发生了根本转变，不再以自身增殖为唯一目的，因而《资本论》已经过时。

但是，深入分析这种福利化趋势，我们将会发现，正是《资本论》的深刻见解，我们才能理解这种福利化的实质及其历史发展趋势。

---

① 谢周亮：《家庭背景和人力资本对个人收入差异的影响》，《现代物业》2010年第2期。

（一）福利化政策的三大原因

福利化不但违背历史上的资本本性，也违背当代和将来的所有资本的本性。资本本性并未改变，也不会改变，否则就不再是资本。而资本主义国家实施福利化政策，实属资本在外部压力下迫不得已之举。这种压力主要来源于以下三个方面：一是过剩性经济危机的压力，二是由社会两极分化所产生的无产阶级的抗争，三是社会主义阵营的出现导致的冷战需要。

1929年到1932年席卷资本主义国家的经济危机，使发达国家政府接受了凯恩斯主义。凯恩斯没有看到危机产生的真实的原因是资本积累与穷困积累的两极分化，而是将过剩的原因片面地归结为"边际消费倾向递减"。凯恩斯由此开出了一系列增加有效需求的处方：增加公共产品的生产，以增加对过剩产品的购买力，由此出现了发达国家的福利化趋势。这是资产阶级在过剩危机压力下的迫不得已之举。

以苏联为首的社会主义阵营的出现，使资本主义国家感到了巨大的政治压力，因而不得不改善工人阶级生活状况——不然的话将会招致本国广大工人阶级会向往社会主义制度，直接威胁资产阶级统治。同时社会主义国家以工人阶级为领导，这是对资本主义国家的工人运动的强有力的鼓舞。于是在资本主义国家内部，工会的力量空前强大，工人组织起来与资方进行集体谈判，以提高工资与福利待遇。工会组织使工人在国家政治机构的选举中具有很强的影响力。尽管工人们只能在资本集团选定的候选人中进行选举，但也会使某些候选人在福利政策上给出竞选许诺，从而使福利制度得到实现。

正是出于以上各个方面的压力，代表全社会资本集体利益的资本主义国家，不得不在一定限度内实施福利化政策，而将部分资本利润用于社会福利。而资本的发展和全球扩张，也为这种福利化提供了可能性。生产力的知识化导致了上面所述的人力资本的出现，于是社会出现了大量的具有较高收入的中产阶层，它为支撑福利化提供了剩余价值的来源——这就是以中产阶层为主要纳税对象的国家税收体系。而全球化则把资本吸收剩余价值的触角伸向全世界广大的发展中国家，这些国家的丰富的劳动力资源成为支撑福利化的剩余劳动价值的主要源泉。因此，所有的福利化资本主义国家都是以高科技产业为主，以出口为主的国家。福利化的上述必要性与可能性相结合，自然就产生了福利化现实。

（二）福利化导致资本主义根本矛盾的新表现

正因为福利化本身是与资本本性相悖的，将它植入资本主义体系之中，就会产生重重矛盾，由此形成资本主义根本矛盾的一系列新表现。最主要是滞胀的出现。福利化的庞大支出来源于税收，这必然导致资本的运营成本上升，这直接导致两大后果：一是成本推进型通货膨胀；二是社会总投资量减少，于是经济停滞和衰退。这二者合在一起，形成了滞胀。这是资本主义生产方式的根本矛盾所导致的经济危机，在福利化条件下的表现形式。其次表现为国家主权债务危机。滞胀的结果是政府的福利支出越来越庞大：通货膨胀导致福利支出的货币越来越多，同时经济衰退导致需要救济的失业与贫困人口越来越多。因此，政府的税收越来越无法应对庞大的福利支出，财政赤字不断积累，最后导致国家的主权债务危机。"2007 年至 2015 年期间，美国政府债务负担率（政府债务余额占 GDP 比重）由 64% 上升至 106%，日本由 183% 快速上升至 250%，英国由 44% 上升至 89%，法国由 64% 升至 97%，希腊、意大利、葡萄牙、西班牙等国政府债务负担都快速突破了 100% 以上。即使是财政状况最为稳健的德国，其政府债务负担也于 2010 年一度突破了 80%。"① 这些国家的政府债务水平都远高于《欧盟条约》规定的 60% 警戒线之上。美国的主权债务可以通过印刷货币（也即"量化宽松"的货币政策）部分地解决，而欧洲国家就比较困难了。主权债务积累到一定程度，将发生还贷无望，国家主权信用等级下降，于是无法继续借债，高福利政策就无法持续下去，由此暴发主权债务危机。希腊、意大利、葡萄牙、西班牙、爱尔兰五个国家发生了主权债务危机，2012 年的到期债务有 4061 亿欧元，长期债务规模有 4 万亿欧元之巨，根本无力偿还。② 主要依靠出口支撑的北欧国家，其高福利也难以为继。

上述经济矛盾必然导致发达国家内部的社会矛盾。高福利导致一些不劳动者也能获取较高的福利，加重了社会负担，其中相当大的负担由社会的中产阶级纳税承担。于是在西方社会形成了赞成与反对福利制度的两大政治派

① 黄志龙：《当务之急是突破"3% 财政赤字警戒线"传统思维束缚》，《证券日报》2016 年 9 月 3 日。
② 孙涛、臧秀玲：《欧债危机与资本主义福利国家新变化》，《财经科学》2012 年第 6 期。

别，左派支持而右派反对。这种政治对立使西方国家政府常常左右轮换，政治取向高度不稳定。而且全社会越来越趋向于分裂状态。

福利化不仅导致发达国家上述国内矛盾，还导致以下一系列国际矛盾：一是发达国家与发展中国家的国际矛盾。高福利违背了资本最大化增殖的本性，因此发达国家的资本必然要从发展中国家分割到更多的剩余价值来补偿。这就使发展中国家的工人本来应当具有的最基本的福利被剥夺了，用于维系发达国家的高福利。这些来自发展中国家的剩余价值，通过发达国家的资本向本国交纳高额累进制税，来支撑社会福利体系。这些税收表面上直接来自发达国家的高收入群体，实质上其中相当大的一部分，间接来自发展中国家的劳动者的辛勤劳动。二是发达国家之间的国际矛盾。违背资本增殖本性的高福利系统，使各国政府在财政上出现长期的支出大于收入的矛盾。于是，欧洲国家为了支持高福利政策，把其国家军事安全主要委托给北约之首美国来承担，导致美国与欧洲国家之间的矛盾：美国要向这些国家收取防务保护费，这显然是各个盟国不愿承担的。在高福利的西方国家内部，由于经济发展水平不一致，导致一些国家主要依靠向德国、法国、英国借债来维持其高福利，而且缺乏偿还能力，于是产生了债权国与负债国之间的矛盾。这些矛盾错综复杂，直接影响各国经济发展和政治局势。

总而言之，资本主义国家的福利化现象，并没有使《资本论》的理论过时。与此相反，《资本论》可以使我们深刻透视资本主义内在矛盾由此产生的上述新表现形式，更深刻地把握历史发展趋势。在资本主义制度的框架下，无法实现不依靠剥削他国人民的真正的高福利。只有通过探索新的社会主义制度，才能建立与社会生产发展相一致的福利制度。

四　第二代金融化：虚拟资本的权力结构及其危机

金融最根本的功能是融资，而资本的本性是追求价值增殖，并且尽可能将剩余价值转化为资本。随着生产力的社会化、规模化的程度越来越高，投资所需要的资本越来越多。因此，资本家不能仅仅靠自己赚取的剩余价值转化为资本，还要将全社会的剩余价值集中起来转化为资本。由此产生了金融。最早的金融借贷，后来则出现了将资产转化为证券，进行证券交易活动，这个过程则称为金融化。

（一）第二代金融化：金融化世界和虚拟经济的诞生

正像全球化分为第一代全球化与第二代全球化一样，金融化也可以分为两代。第一代金融化始自股票——将企业资产对未来利润的分割权证券化，股票是"是有权取得未来剩余价值的所有权证书"。[①] 而到了垄断资本主义时代，则出现了金融寡头通过股份对产业资本的直接控制，因而产业资本被金融化了。这就是第一代金融化。金融资本控制产业资本是第一代金融化的基本特征。希法亭指出，金融资本"是由银行支配并被产业资本家使用的。"[②] "它将曾经骄傲的商人变成了被金融资本垄断的产业的代理人。"[③] 列宁对此进行了高屋建瓴的概括："金融资本就是和工业家垄断同盟的资本融合起来的少数垄断性的最大银行的银行资本"[④]。正是通过金融资本对产业资本的支配和控制，使全社会资本迅速集中，资本主义进入由金融寡头主宰的垄断资本主义时代。金融资本登上了资本权力的巅峰，也相应地出现了第一代全球化——殖民主义瓜分世界的全球化的巅峰，同时也意味着它们正走向衰败，被资本主义新的时代所取代。

与第一代全球化导致两次世界大战而走向衰落相呼应，第一代金融化——金融寡头对产业资本的统治产生了历史上最严重的经济危机——1929年到1932年的大萧条。我们知道，由资本积累和贫困积累必然造成的产品过剩是资本主义头上挥之不去的阴霾。在资本主义制度的框架内，唯一出路是通过各种途径增加社会资金的流动性，以创造需求，消化过剩产品。大萧条使凯恩斯主义由此应运而生，但治标不治本，必然导致滞胀，其理由已如上述。那么，能不能在资本主义框架内，不通过政府财政，而通过与资本本性一致的市场途径来增加社会资金流动性？这种途径终于被发现了——这就是资本的第二代金融化。

第二代金融化主要目的是通过对各种资产进行证券化，创造出一个游离于产业资本之外的虚拟资本世界，它通过金融市场的投机性暴利与风险吸引社会资金用以创造流动性，以代替凯恩斯通过政府财政支出。其实现路径是

---

①　《马克思恩格斯文集》第 7 卷，人民出版社，2009，第 519 页。

②　鲁道夫·希法亭：《金融资本》，李琼译，华夏出版社，2017，第 259 页。

③　鲁道夫·希法亭：《金融资本》，李琼译，华夏出版社，2017，第 260 页。

④　列宁：《帝国主义是资本主义的最高阶段》，《列宁专题文集：论资本主义》，人民出版社，2009，第 175 页。

所谓"金融创新"或"金融深化"，想方设法使一切缺乏流动性的资产证券化，创造各种金融衍生品，用证券价格的涨落所形成的风险与暴利吸引投机者。"资产证券化是将金融资产组合转化为与原标的资产拥有不同风险状况的可交易证券的过程。"① 已经金融化了的资本（例如已经贷款的债权资本），以及把诸如股票指数、汇率指数、气候指数等等本来并不直接具有资产价值的金融数据，都可以成为证券化的标的物，因为只要给它们确定一个定价方法，都可以成为价格可以变动的有价证券，然后进行期货化操作，那么其价格的波动便会吸引人们投下赌注进行投机。最典型的虚拟金融产品（又称为金融衍生品）是 CDO（担保债务凭证），它是反复将房贷资产证券化，以吸收社会资金而创造流动性的方法。

由于一切可以形成价格波动的标的物，都可以进行证券化而成为虚拟的金融产品。由此产生了一个"金融化世界"："而金融化世界是指金融的范式及价值原则对生活世界的侵蚀，它在政治生态圈、经济生态圈、文化生态圈以及社会生活生态圈里占据了十分重要的位置。"② 金融产品对投资者的吸引力，主要不是它的微薄的利息与股息，而是来自利用价格波动的价格差带来的投机收益。

通过上述资产证券化和期货化，第二代金融化就创造了一种由证券价格构成的"价值体系"，如股票市值、期货产品市值等等，它们用实体经济的货币来度量（并且其中只有小部分能够按现行价格兑换成货币），但是并不直接等于实体经济货币（不能用来进行实体经济中的交易），所以是虚拟价值体系。它们不经过实体经济的生产过程而进行自我扩张、收缩和自我循环。这就是虚拟经济体系。这是第二代金融化的本质特征。

（二）第二代金融化与资本主义根本矛盾的新表现

第二代金融化的最大的功能，是能够不经过政府扩大财政支出，而通过资产证券市场把全社会零散的闲置资金集中起来，创造流动性，一是缓解由购买力不足所造成的实体经济危机，二是由汇集起巨额的风险投资资金，扶持有一定前途的处于孵化期的科技创新产业。因此，它能在一定程度上有效

---

① 所罗门·迪古、阿尔珀·喀拉：《资产证券化：过去、现在和未来》，崔梦婷译，中国金融出版社，2018，第 145 页。

② 张雄：《金融化世界与精神世界的二律背反》，《中国社会科学》2016 年第 1 期。

地克服凯恩斯主义导致的"滞胀"，创造了资本主义经济"繁荣"。

但是金融化仍然是治标不治本。它将实体资本的无限扩张建立在虚拟经济通过证券化而无限吸纳社会闲散资金的金融供给上。一旦证券化受挫，金融产品卖不出去，虚拟经济的资金链便会断裂，由此爆发金融危机，进而引起实体经济危机。资本主义根本矛盾——生产的社会化与资本的私人所有制的矛盾，进入更深的金融化层次，以新的形式表现出来。主要有以下方面。

一是虚拟经济内部矛盾。随着金融化，实体资本的根本矛盾必然延伸到虚拟经济领域，产生了虚拟经济内部的矛盾。虚拟经济通过资产证券化将大量民众的剩余价值圈入证券市场中，通过价格变动来牟取暴利。于是，整个证券市场上充满了资本权力的斗争。金融垄断资本通过各种形式影响甚至直接操纵股市、债市、汇市、期货市场价格，席卷社会大众辛苦积累的剩余价值，席卷发展中国家辛苦积累起来的财富，成为国际金融玩家追求的目标。这极大地扩大和加剧了资本主义固有的资本积累与贫困积累的矛盾，使贫富分化往往发生在一夜之间。

二是虚拟经济与实体经济之间的矛盾。虚拟经济本来只是为实体经济融资服务的，但是相当多的金融资本脱离实体经济，不再生产价值，而仅仅以分割剩余价值为唯一目标。金融资本越雄厚，操纵市场的能力越强，越容易在短时期内获取暴利。于是虚拟经济会从实体经济中抽走大量资本，脱实向虚，从而使实体经济萎缩，由此形成经济虚拟化趋势，虚拟经济与实体经济之间的矛盾冲突。

三是金融危机的发生。无止境地追求自身增值扩张的金融资本，无休止地进行所谓"金融创新"，创造出形形色色的金融产品来吸引来自民间的闲置资金，使民间资金日趋枯竭。一旦民间闲置资金不足以购买这些金融产品，便会发生资金链断裂，引发金融危机。2008年席卷全球的美国金融危机，就是如此发生的。正是资本主义固有矛盾在金融领域的当代表现。

五　贸易战、科技战与金融战：资本主义国际矛盾新形式

上述资本的全球化、知识化、福利化和金融化，导致国际产业结构上的两大结果：一是由发达国家的"产业空心化"及其产生的国际产业链，二是发达国家的"经济虚拟化"及其产生的国际金融链。其总体目标是使作

为生产国的发展中国家永远处于贫困状态，而这正是资本赚取劳动力剩余价值的天堂。同时将分割与掳掠的剩余价值流向资本的母国，而使母国成为消费市场的天堂。资本主义生产方式具有与生俱来的根本矛盾似乎由此而找到一种几乎近于完满的"解决方式"。然而，资本主义根本矛盾不可能由此得到解决，它只是变得更加复杂，由此产生了一系列新的矛盾。正是由这些新的矛盾引起了国际关系矛盾的新形式，这就是国家之间的贸易战、金融战与科技战。

（一）贸易战：没有前途的逆全球化的复旧之路

"产业空心化"和"经济虚拟化"使霸权主义国家从发展中国家攫取了大量剩余价值。这看来对发达国家是好事，延缓了其经济危机的发生。但却产生了下述矛盾。

第一是产生了日益严重的两极分化。国际垄断资本所分割与掳掠的剩余价值，大部分流到了发达国家的金融部门和实体经济垄断寡头的手中，小部分流向中产阶级，还有小部分用作社会福利。这就导致《21 世纪资本论》所指出的现象：资本的收益率高于经济增长率，发达国家两极分化日益严重。截至 2010 年，美国最富有的 10% 人群的财富比重超过 70%，其中一半被最富有的 1% 人群所占有；也即 90% 的人只占有社会总财富的 30%。[①] 不仅如此，由于"产业空心化"和"经济虚拟化"，昔日的美国经济中心，如匹兹堡等工业城市，不断走向萧条而成为荒芜的"铁锈地带"，制造业工厂成为废墟。[②] 因此社会的劳动力结构必然两极分化：极小部分成为高薪白领阶层，而大量的普通劳动力则由于这种产业荒废，而沦为一无所长的社会被救济者。越来越多的劳动力无法在金融部门与科技部门就业，失业人口不断增长。由此产生了发达国家内部的矛盾冲突。美国的占领华尔街运动、法国的黄马夹运动等等都是这种表现。

第二，由于产业空心化，能够掌握熟练技能的产业工人将越来越少，而且后继无人。靠福利化过日子的新一代劳动力，已经不再具备老一代劳动者所具有素质，这就使发达国家生产力发展潜力严重不足。没有制造业的支

---

① 皮凯蒂：《21 世纪资本论》，巴曙松等译，中信出版社，2014，第 358 页。
② 李刚：《发达国家"铁锈地带"的转型治理实践与我国复兴路径》，《上海城市管理》2017年第 1 期。

撑，不能与制造过程紧密结合，导致发达国家的研发部门的研发能力也会受到严重限制。中国华为在 5G 技术上能够遥遥领先于发达国家，其原因之一正在于中国有优秀的产业工人队伍。

因此，发达国家通过"产业空心化"与"经济虚拟化"，使生产国与消费国相分离，虽然表面上暂时解决了矛盾，却使自己陷入了新的矛盾。面对这种困境，霸权主义国家想通过对中国这样的制造业大国的产品征收高额关税的贸易战，迫使在产业空心化过程中转移到他国的制造业回流本国。然而这种使用政治强权违背市场规律的倒行逆施必将失败：因为它无法从根本上解决制造业在发达国家内部，必然面临的生产成本过高、环境污染代价过高等一系列问题，同时在经历长期的产业空心化之后，霸权国家的国内已经缺乏熟练的一线工人，同时缺乏适合其发展的产业结构环境。更重要的是：一旦大量资本回流，发达国家资本主义固有矛盾将得不到国际空间的疏解，必将导致在发达国家国内发酵，发达国家将会重新回到经济危机频发的二战之前的状态。因此，这种逆全球化的资本回流的复旧之路，没有前途。发达国家通过发动贸易战解决上述矛盾，只是违背历史规律的空想。只有走上世界各国人民共同建构人类命运共同体的正确轨道，才是解决危机的正确出路。

（二）科技战：阻扼不了社会主义中国的发展之路

如果说贸易战是经由全球化所致发达国家内部矛盾而引发的国际冲突，那么科技战则是由全球化本身直接引起的国际矛盾。

如上所述，由跨国资本主宰的国际产业链，导致发展中国家成为贫穷的生产国，而发达国家则成为福利化的消费国，由此不仅产生经济上的两极分化，同时还伴随着生态环境上的两极分化——发达国家将资源消耗与环境污染的产业转移到穷国，还把消费后产生的垃圾再运回穷国。穷国作为劣势方，必然产生各种反抗霸权的活动，甚至会诱发破坏性的极端行动。这种现实矛盾与各民族遗留的历史冲突相结合，产生了错综复杂的动荡不安的国际局势，甚至发展为局部性战争。

因此，穷国不再甘心永远是穷国，不甘心永远处于国际产业链中受控制受剥削的低端。随着生产力水平不断提高，尤其是处于技术的更新换代期，发展中国家通过其后发优势而弯道超车，逐渐掌握越来越多的具有核心竞争力的高科技成果。这就使霸权秩序下的国际产业链不得不面临改变，其科技霸权总会在某些领域失去竞争优势。于是为了确保自身的科技霸权，霸权主义国家会对像中国这样的具有竞争力的发展中国家，实行技术封锁等一系列"卡脖子"政策，实施"科技战"。美国企图通过进出口禁令封杀以华为公司为代表的中国高科技企业，就是突出的案例。

然而，这种科技战并不可能永远封杀发展中国家的发展机会。相反，它从反面提醒发展中国家：在核心技术上不能长期依赖发达国家，必须花大力气进行科技创新，把核心知识产权牢牢掌握在自己手中。由此产生的结果是：发达国家的高科技产品将会失去巨大市场。从而注定会损害发达国家自身利益，不仅是经济利益，更重要的是失去了对发展中国家产业控制权，从而从根本上改变当今国际格局。

（三）金融战：发展中国家面临的巨大挑战

与贸易战、科技战相伴随的必然有金融战。这是因为每项人为制定的贸易政策、海关政策都必然会引起股市、汇市和期货市场的巨幅价格波动，从而给各种套利投机行为提供大发横财的机会。正因如此，如果掌握决策权的政治人物一旦与金融市场上的从业者存在某种外界无法搞清楚的错综复杂的联系，必然会预先知晓将会推出的政策，从而预先布局来利用这种价格波动来套利，由此会产生市场上疯狂的巨额套利行为。例如，提高某类产品的关税，或者对某些企业进行打压，必须引起相关股票价格下跌。如果有人能够预料到这种政策出台，那么在股票市场、期货市场上提前做空，通过金融杠杆，必然会赢得难以想象的数以亿计的巨额暴利。而金融界的人物在如此巨额套利的诱惑面前，必然千方百计要进行这种联系，他们也会用各种手段来掩盖这种联系。如果这种行为被垄断国际资本所利用，必然成为掳掠发展中国家剩余价值的巨大的市场机会。一旦发展中国家辛辛苦苦积累起来的家底被国际金融资本掏空，那么能够对抗贸易战与科技战的本钱就会丧失。因此，我们一方面要大力推进金融上的对外开放，另一方面对此类金融风险务必保持高度的警惕！

因此，发展中国家不要只看到公开的贸易战与科技战，同时还要看到与其相伴的隐蔽的金融战。这是在贸易战与科技战发生之际，发展中国家面临的最为严峻的挑战。为了从根本上应对这种挑战，像中国这样的发展中大国，必须走不同于发达国家的另一条新路，来实现自己国家的现代化。这就是中国特色社会主义道路，才能成功应对挑战，充分利用这种挑战带来的历史机遇。

总结与展望

资本权力作为继血缘关系与建立在土地的封建所有制基础上的等级制关系之后，一种新的社会组织纽带，使人类社会发生了根本性变革，产生了由资本与市场组织起来的新的社会结构。由资本增殖意志所驱动的资本的最本质特征，是追求资本权力的无限扩张，由此既产生了驱动生产力发展的强大动力，又产生了生产力的高度社会化与资本的私人占有之间的矛盾。这种矛盾产生了第一代资本主义：这就是以资本宗主国作为制造业中心，通过殖民扩张开拓世界市场来掳掠全球生产要素的资本主义。其产物包括两个方面：一是资本宗主国的工人阶级的极端贫困与工商业资本家的暴富相对立，二是对全世界各文明的侵略扩张建立的殖民主义世界秩序。这种野蛮的资本主义秩序终于无法维系下去：抢夺殖民地国际资本的矛盾导致了两次世界大战。而由资本主义国家内部矛盾产生的经济危机，以及无产阶级的反抗运动，使资产阶级不得不改变其生产方式。正是在这种情况下，发生了从"第一代资本主义"向"第二代资本主义"的转变。

本文从四个方面分析了这种转变。在世界格局上，从第一代全球化——殖民主义向第二代全球化——霸权主义的转变，产生了由国际产业链与国际金融链，以及建立其上的国际政治军事链组成的新的中心 - 边缘国际结构。而在发达国家的产业结构与资本结构上，产生了知识的资本化的转变，其最典型的产物是与物质资本相匹配的人力资本；在劳资关系上，发生了社会福利化的历史转变；而在资本形态上，发生了资产金融化转变。所有这些转变，都是企图减轻与化解资本主义固有矛盾——生产的社会化与资本的私人占有制之间的矛盾，客观上扩展了资本主义生产关系对生产力发展的容量。但是它们并没有消除资本主义根本矛盾，而只是使这种矛盾以越来越复杂的形式表现出来，由此产生了当今世界的复杂乱象。美国对中国主动发起的贸易战、科技战与金融战，便是美国遭遇的国内外困境的必然产物。

总之，资本主义几乎使用了一切可以使用的手段，来转嫁和延缓其自身面临的基本矛盾，现在正面临着左右两难的困境。霸权主义世界秩序越来越难以维持，发达国家的国内的两极分化越演越烈。正因如此，世界面临着习近平总书记所说的"百年未有之大变局"。在这种情况下，发达国家资本主义到底要走向何处？要发生怎样的改变？会不会出现"第三代资本主义"

形式？中国在这个过程中，如何应对国际资本主义形式的变化？《资本论》所揭示的关于资本逻辑的真理将会获得怎样的发展？这些都是需要进一步研究的问题。

（本文写作过程得到了上海财经大学人文学院博士生姚黎明的辅助）

作者单位：上海财经大学马克思主义学院

主要参考文献

《马克思恩格斯文集》第 8 卷，人民出版社，2009。

《马克思恩格斯文集》第 5 卷，人民出版社，2009。

列宁：《列宁文集：论资本主义》，人民出版社，2009。

习近平：《习近平谈治国理政》，外文出版社，2014。

习近平：《决胜全面建成小康社会，夺取新时代中国特色社会主义伟大胜利——在中国共产党第十九次全国代表大会上的报告》，《求是》2017 年第 21 期。

张莉、宋文：《从“黑三角贸易”看国际贸易对出口国制度的影响》，《经济研究导刊》2013 年第 25 期。

黄乾：《论人力资本产权功能》，《财经科学》2002 年第 5 期。

谢周亮：《家庭背景和人力资本对个人收入差异的影响》，《现代物业》2010 年第 2 期。

孙涛、臧秀玲：《欧债危机与资本主义福利国家新变化》，《财经科学》2012 年第 6 期。

张雄：《金融化世界与精神世界的二律背反》，《中国社会科学》2016 年第 1 期。

托马斯·皮凯蒂：《21 世纪资本论》，巴曙松等译，中信出版社，2014。

李刚：《发达国家“铁锈地带”的转型治理实践与我国复兴路径》，《上海城市管理》2017 年第 1 期。

经济伦理的基本问题

徐大建

一个学科的基本问题规定了这个学科的研究内容和性质特征，在学科理论框架的构建中起着提纲挈领的关键作用。因此，阐明一个学科的基本问题，对于学科的理论体系建设具有至关重要的意义。经济伦理作为经济哲学的一个主要分支和一门跨学科研究，迄今为止它的研究内容十分纷乱庞杂，缺乏一个统一的理论框架，其根本原因在于，研究者对于它应当研究的问题众说纷纭，却并没有从理论上深入探讨这些问题的由来，形成对学科基本问题的统一认识。这种状况虽然并不影响具体的经济伦理问题研究，但毕竟对学科的理论体系建设是不能令人满意的。本文试图从伦理学的基本问题出发，分别从经济学、政治经济学和经济社会学的视野，合乎逻辑地导出经济伦理的基本问题，为经济伦理学科的理论框架构建提供一个可供参考的坚实基础。

一 经济伦理问题种种

顾名思义，"经济伦理"应当探讨经济活动领域中的伦理问题，所以是一种跨学科研究。不过，由于这种研究涉及伦理学、经济学、政治哲学和社会学等有关学科的研究，从不同的学科视角出发，经济活动所涉及的伦理问题并不相同，因此经济伦理的基本问题究竟是什么，国内外专家并没有一致的看法。

根据笔者不完全的文献搜索，国内专家对经济伦理问题的研究大致有如下三种。①从经济学的视野出发，汪丁丁（1996）和韦森（2002）等人着重研究的经济伦理问题是市场经济的道德基础问题，旨在说明伦理道德在有效率的市场经济制度中所起的作用。① ②从西方管理学中的企业伦理视野出发，陆晓禾（1998）等人认为经济伦理是一种应用伦理学研究，其对象是经济管理活动领域中的行为规范或制度的合理性问题，包括宏观的社会经济制度伦理问题，中观的企业社会责任伦理问题，以及微观的个人商业伦理规范问题。② ③从哲学伦理学的视野出发，万俊人（2000）狭义地认为，经济伦理问题主要是市场经济的内在价值尺度或合道德性问题与外在价值评价或道德规范问题；③ 而夏卫东（2004）、王小锡（2008）和王泽应（2000）等人则广义地认为，经济伦理学的任务在于揭示经济活动中道德的形成、发展和发挥作用的规律，注重研究社会再生产过程中的生产、交换、分配、消费四个环节和宏观、中观和微观等三个层次中的各种道德问题。④

国外学者一般把"经济伦理"表述为"Economics and Ethics"或者"Economic Ethics"而区别于"Business Ethics"（企业伦理），但也没有对"Economics and Ethics"或者"Economic Ethics"给出明确的定义，他们对经济伦理问题的看法大致也可概括为三种。①Peil 和 Staveren（2009）在其编辑的具有较大影响的 The Handbook of Economics and Ethics 一书中仅仅非常含糊地将"Economics and Ethics"称之为经济学与伦理学的交叉学科，继而描述了其五花八门的讨论主题，包括效率与价格的关系、全球化和公司社会责任乃至女权运动和实在论等等，但没有对其基本问题进行讨论。⑤②Brink、Alexander、Rendtorff 和 Dahl（1995 - 2014）在他们共同编辑、至今已出版 50 余本著作、具有广泛影响的一套丛书 Studies in Economic Ethics and Philosophy 的"导论"中认为，经济伦理是经济学、管理学与伦理学和哲学的跨学科研究，并将其问题定义为经济和商业的伦理前提问题以及经济

① 参阅汪丁丁《谈谈市场经济的道德基础问题》，《在经济学与哲学之间》，中国社会科学出版社，1996；韦森，《经济学与伦理学》，上海人民出版社，2002。
② 参阅陆晓禾《论经济伦理学的研究框架和学科特征》，《上海社会科学院学术季刊》1998 年第 4 期。
③ 参阅万俊人《论市场经济的道德维度》，《中国社会科学》2000 年第 2 期。
④ 参阅夏卫东《经济伦理学是什么》，《苏州科技学院学报》第 21 卷第 1 期；王小锡《中国经济伦理学体系研究》，《江苏社科规划》2008 年第 5 期；王泽应《关于经济伦理学研究的几个问题》，《上海社会科学院学术季刊》2000 年第 3 期。
⑤ See Peil, & van Staveren, eds., The Handbook of Economics and Ethics, "Introduction", Edward Elgar Publishing, 2009.

体系的伦理基础问题，但也没有对这些伦理前提问题或基础问题做出明确的论述。① ③阿马蒂亚·森（1987/2000）和权威的《新帕尔格雷夫经济学大辞典》有关词条则明确地认为，经济伦理的中心问题只有两个，即经济活动的"人类行为的动机问题"和"社会成就的判断问题"，由此将经济伦理问题仅仅归结为经济学的伦理前提问题。②

简而言之，对于经济伦理应当研究什么问题，国内外专家大多数只是根据自己的视角做出了一些论断，少数学者可能出于对理论体系缺乏兴趣，不愿意对之发表意见而仅仅对事实上正在探讨的问题做出了某种描述。这些看法虽然各有自己的道理，却十分庞杂，导致各种经济伦理问题研究彼此之间缺乏严密的逻辑联系，使得经济伦理这一学科尽管充满了各种问题研究，却缺乏统一的理论框架，无法形成一个比较成熟的学科理论体系。究其原因，研究者往往只从自己熟悉的学科领域出发进行经济伦理问题研究，既没有对伦理学基本问题及其在经济领域中的表现进行深入分析，也没有去考察思想史中经济伦理思想的发展，从而未能将有关学科的经济伦理问题融会贯通，深入探讨能够把各种经济伦理问题联系在一起的基本问题。为了构建一个比较完整的经济伦理学科理论体系，我们应当按照问题本身的发展逻辑，从伦理学基本问题出发，沿着思想史的发展渐次探讨这些问题在经济学、政治经济学和经济社会学领域中的表现，由此得出经济伦理研究的基本问题，奠定经济伦理学科理论体系的基础。

二　伦理道德的基本问题

如果说经济伦理研究的基本问题就是经济活动中的基本伦理问题，那么很明显，要说明什么是经济伦理的基本问题，首先就要说明什么是伦理道德的问题，其次才能将伦理道德的基本问题应用于经济活动，由此说明经济活动中的基本伦理问题。但要说明什么是伦理道德的基本问题，关键的一点是要明白，伦理问题不同于科学问题。不同之处，简而言之在于，伦理问题探讨评价和价值取向，旨在解决人类行为的目的选择问题，而科学问题探讨事

---

① See Brink, Alexander, Rendtorff&Dahl eds., *Studies in Economic Ethics and Philosophy*, "Introduction", Springer, 1994 – 2014.

② 阿马蒂亚·森：《伦理学与经济学》，王宇、王文玉译，商务印书馆，2000；杜尔劳夫与布卢姆：《新帕尔格雷夫经济学大辞典》，经济科学出版社，2016。

实和因果关系，旨在解决人类行为的手段选择问题。

让我们从科学问题开始。众所周知，科学研究各种事物的运动规律，也即存在于事物活动中的普遍因果关系，其学科差别除了所研究的对象有所不同之外别无其他不同，只不过自然科学研究物体的各种运动规律：事物为什么会发生某种变化？社会科学则研究人类的各种行为规律：人为什么会做出某种行为？这样的行为又会对他人和社会产生什么后果？

不过，由于研究对象的不同，研究人类行为的社会科学与研究物体运动的自然科学便有了一种性质上的不同。人类行为在本质上不同于无生命物体的活动，也不同于本能的活动，这种本质不同在于：物体没有意识，不能自主选择自己的活动，本能也是无意识的，同样不能自主选择自己的活动；人类行为却是有意识的自觉的活动，不断地在做出自己的选择。物体运动既然是无意识的，缺乏有目的的自觉选择，其运动规律便不含自主选择的动机或目的，研究物体运动规律的自然科学也就不需要考虑物体有什么动机或目的。人类行为既然是有目的的自觉选择，其行为规律便必然要围绕着自主选择的动机或预期后果展开：它们无非是动机、行为与后果彼此之间的因果关系，而由于人类可能怀有无限多的行为动机，由此引发的行为又会导致各种后果，研究人类行为规律的社会科学也就必须要考虑行为的目的：我们应当选择什么样的行为动机或预期后果作为出发点，从而可以研究它们与行为彼此之间的各种因果关系？

社会科学与自然科学的这种性质上的不同，便预设了以人类行为的善恶评价为研究对象的伦理学或道德哲学。自然科学不需要考虑物体有什么动机或目的，社会科学却必须首先选择行为的动机或预期后果，然后才能研究它们与行为彼此之间具有的因果关系，否则我们就不知道要研究什么样的行为因果关系。不过，行为动机或预期后果的选择需要正当的理由，无正当理由的选择会导致无意义的因果关系研究，而这种基于正当理由的动机或目的的选择并不属于科学研究。对行为动机或预期后果的正当选择，取决于对其善恶、价值、利益的评价：凡是合乎我们的利益、从而是善的即有价值的东西，才是我们应当追求的目的，科学性质的因果关系研究无法解决这种评价问题。这样，为了开展人类行为规律的社会科学研究，我们就必须首先通过伦理评价选择某种动机或目的作为研究对象，继而才能研究其事实上涉及的因果关系。于是，由于人类行为的研究，产生了以道德评价为研究对象的伦理学，产生了涉及伦理问题的人文研究。

　　例如，经济学当然是一种事实研究，作为一门社会科学，经济学的任务是研究人的经济行为中普遍存在的因果关系。这些因果关系自然要涉及一些外在的约束条件，如给定的科学技术、各种经济资源和合作交往方式，但更重要的是，这样的因果关系研究首先要选择行为的目的，将行为目的确定为因果关系中的"果"，然后才能研究这个"果"与行为本身及其动机彼此之间的因果关系，否则我们根本就不知道从何处着手研究，要研究什么。经济学研究总是在有关经济行为的个人目的和社会目的的假定下展开它们彼此之间的因果关系研究，这样的假定决定了经济学研究的逻辑架构和内容范围。新古典经济学将"个人的经济利益最大化"作为经济活动的个人现实动机，将"社会福利最大化"作为经济活动应当追求的社会目的，由此才能展开它们彼此之间的经济行为规律或因果关系的描述性研究，并决定了新古典经济学研究的逻辑架构和主要内容。但这种行为动机和预期后果的选择需要伦理道德的辩护，否则无法用来指导我们的经济活动。

　　这样，自然科学与社会科学的同异就显现出来了。一方面，它们都是研究因果关系的事实研究；另一方面，研究物体运动的自然科学不需要考虑物体运动自身的目的选择问题，所以与伦理研究无关，[①] 研究人类行为的社会科学则要涉及行为目的的选择问题，便需要伦理研究为社会科学提供目的框架，蕴含着伦理评价。社会科学的事实研究表现为对某种人类行为的规律做出假说，其蕴含的伦理评价则表现为这种假说的政策含义或价值意义，即为什么要进行这种行为规律的研究，其目的是什么。这种伦理评价在自然科学本身中是不存在的，我们只会说某种东西事实上就是这样活动的，而不会说某种东西应当怎样活动。

　　由此可见，伦理问题产生于人的行为研究。由于任何研究都是对事物运动的分门别类的研究，事物又可以分为人与物两大类，对事物的研究因此也可以分为两大类，即研究物体运动的学科和研究人类行为的学科，而在研究人类行为的学科中，又可根据研究对象的不同区分为社会科学与人文学科。于是，各种学科便可区分为三类：研究物体运动规律的自然科学、研究人类行为规律的社会科学以及涉及人类行为善恶评价的人文学科。

　　人们可能会质疑，伦理问题仅仅是行为目的或动机的评价和选择问题

---

① 　当然，我们仍然可以从人的目的出发，来确定我们应当研究何种物体运动，以便为我们所用，并进而对自然科学研究进行伦理评价，但这样的研究与自然科学研究本身无关。

吗？的确，人类行为研究在目的确定之后，我们还必须选择实现目的的手段或者说采取什么行为来达到目的，难道作为手段的行为本身不存在善恶的评价和选择问题吗？要弄清这个问题，我们必须区分不同的行为评价标准。

　　一般而言，作为手段的行为选择至少可以根据两种评价标准。第一种评价标准是"手段的有效性"，亦即，既然人的行为总是有目的的，那么合理的行为就应当能够有效地达到预期的后果，换言之，行为的合理性首先在于其有效性。这种评价标准虽然涉及行为的目的，但不指向目的，而指向作为手段的行为是否符合手段与目的之间的因果关系，或者说，它只考虑行为能否有效达到目的或是否有效达到了预期后果，但既不考虑表现了行为目的的动机或后果属于私人利益还是属于公众利益，也不考虑动机或后果是否会引起利益冲突。因此这种评价标准仅仅是对行为作为手段的评价，而非对行为目的的评价，不属于行为的善恶评价，其研究从属于科学领域。

　　第二种评价标准是"手段的善恶性"，与第一种评价标准不同，它考虑的不是行为达到目的的有效性，而是行为作为手段的善恶性，也就是说，它不考虑行为是否或能否有效达到目的，而只考虑行为的动机或后果是否会损害他人或社会的利益，由此判定行为的合理性。显然，由于"手段的有效性标准"并不涉及利益冲突，其合理性就不能仅仅根据它是否或能否有效达到目的，还要根据它旨在的目的是否会损害他人或社会的利益，一个行为如果能有效达到目的，但这种动机或后果会损害他人或社会的利益，那么我们就不能说这个行为是一个好的行为。不仅如此，一个行为往往能够导致多种后果，在达到目的的同时产生其他各种后果，即便其动机并不打算损害他人或社会的利益，也仍然有可能产生损害他人或社会利益的后果，因为同一个行为会产生各种后果，例如一方面有利于个人或社会，而另一方面又有害于个人或社会的行为，由之产生所谓的伦理两难问题。所以行为的评价除了"有效性"之外还有"善恶性"的问题，即有关利益冲突的评价问题，但行为的善恶评价标准衡量的并不是行为的合目的性，而是行为的动机或后果是否会损害他人或社会的利益，属于对行为目的的评价而不属于对行为作为手段的评价。

　　总结起来说，人类行为研究可区分为行为目的选择与行为手段的选择。行为目的选择的研究在于行为目的的善恶评价，属于伦理问题。行为手段选择的研究则在于能使行为达到目的的因果关系探索，属于科学问题。至于行为手段的善恶选择，不在于其合目的性而在于其目的的善恶评价，因此不属于科学问题而属于伦理问题。行为目的选择研究与行为手段选择研究的关系是：伦理研究为各门科学研究指明了方向，划定了各门科学的研究范围，人生的正当目的或追求是多种多样的，于是需要各种手段和科学。

人类行为研究需要研究行为目的的选择，于是产生了伦理问题和伦理学。由行为目的选择的研究产生了伦理学的核心分支规范伦理学①。继而，出于规范伦理学的逻辑论证需要，又产生了方法论性质的元伦理学；出于规范伦理学的事实论证以及社会科学的需要，又产生了属于科学研究的各种描述伦理学。需要指出的是，元伦理学和描述伦理学探讨的问题已不属于伦理评价问题了，而属于逻辑问题和科学问题了。

规范伦理学人类行为有不同的目的，但人类行为的终极目的只有两类："旨在个人生存发展的最终目的"和"旨在社会生存发展的最终目的"。围绕着这两类目的，便构成了规范伦理学的三个基本问题。

第一个问题，我们可以从"旨在个人生存发展的最终目的"这一角度来研究行为目的的选择：对个人而言终极的善或价值究竟是什么？或者说个人的根本利益究竟是什么？这个问题是人生的意义问题。因为人生的意义也就是人生的目的，问人生的意义是什么也就是问人生的目的是什么，如果我们知道了哪些事物就其本身而言对个人是好的或善的，或者说人生中哪些终极目的是好的或善的，那么我们也就知道了人生的意义是什么。在这个问题上，人们一般会说，个人应该追求的终极善或价值就是幸福。于是，这个问题就会围绕幸福的构成要素和必要条件展开，而这些构成要素和必要条件离不开人的基本需要、基本权利和努力奋斗。

第二个问题，我们还可以从"旨在社会生存发展的最终目的"这一角度来研究行为目的的选择：对社会而言终极的善或价值究竟是什么？或者说社会的根本利益究竟是什么？这个问题是社会道德问题。人类是社会动物，

① 国内外现在有人将具有代表性的伦理学理论区分为功利主义、道义论与德性论三种类型，并将功利主义和道义论纳入规范伦理而与德性伦理相对立，但这种区分是成问题的。如果这种对立是指规范与德性的对立，那显然不成立，因为德性不过是规范的内化而已，德性伦理也讲规范，规范伦理也讲德性。如果这种对立是指，规范伦理强调外在制约，德性伦理强调内在制约，那也不成立，一方面，所有的规范理论都需要论证，这种论证本身就意味着对人类行为目的的理性选择，意味着康德所说的理性的"意志自由"或内在制约，即便是功利主义也是如此；另一方面，现实中人的德性形成需要规范的内化，既需要理性的思考和批判，也需要通过实践养成习惯，这意味着道德规范既存在外在制约，也存在内在制约，其内化是从外在制约逐渐演变为内在制约的，无论哪一种伦理莫不如此。

任何个人脱离了社会就无法生存。由于资源的稀缺性，生活在社会中的个人之间必然会发生矛盾和冲突，导致社会的动荡乃至毁灭，为了维持社会的生存和发展，我们必须追求社会和谐与公平正义。另外，只要人类社会还未发展到大同社会，便必然存在不同社会之间的竞争，为了在竞争中生存发展，我们还必须追求社会繁荣与总体效率。于是社会的生存发展便至少有了两个基本条件或两种基本目的，即社会和谐与社会繁荣。围绕着和谐与繁荣，才产生了分别属于公平正义与总体效率性质的各种道德规范。同时，和谐与繁荣这两种基本的社会目的也为政治学、经济学等社会科学划定了研究框架。

第三个问题，人生意义问题不同于社会道德问题。人生意义问题探讨的是作为个人利益的"至善"问题，社会道德问题探讨的是作为社会利益的"至善"问题。你可以认为自己的人生意义在于社会利益，由此为了社会利益牺牲自己的个人利益，却不能认为社会利益就是个人利益，因为两者毕竟不是同一个东西。于是就会派生出这样一个问题：两者的关系如何？如果一个行为的目的或后果面临个人利益与社会利益的冲突，我们该如何决定行为的选择？

传统伦理学解决这个问题的办法，是将社会利益作为正当个人利益的标准。但这样的做法混淆了正当的个人利益与社会利益这两个不同的概念，并由此把社会道德说成是人生意义，中国的儒家学说和西方的亚里士多德伦理学都是如此。原因在于，当时的生产力低下，生产交往方式和社会等级结构决定了人与人的不平等和人对人的依赖关系，使得个人利益融化于社会利益之中，强调公平正义在于各尽本分。然而现代社会是一个人人平等、独立自主的市场经济社会，用马克思的话来说是一个人依赖于物而不是人依赖于人的社会，这决定了社会利益以个人利益为本，强调公平正义在于对个人权益的肯定和保护，于是个人利益与社会利益的差别和冲突就明显起来。

在现代社会，由于个人利益从社会利益中独立出来，由于人生意义价值观的多元化，解决个人利益与他人利益或社会利益的冲突的办法便不能像古代社会那样，将个人价值归结为社会利益，而只能在肯定个人利益的前提下强调：虽然旨在个人生存发展的最终目的是根本目的，但无论个人应当追求何种人生价值，其行为都不能违背社会利益违反社会道德，因为，虽然社会的存在是为了个人的生存发展，其生存发展却是个人生存发展的前提，侵犯社会利益无异于毁坏个人生存发展的基础。一般而言，人生意义问题值得探讨的一些"终极价值"，如健康、情谊、创造等，都是不可分配的，都必须靠个人自我的努力，但个人自我创造自己的人生价值需要一些必不可少的条件或价值，典型的如罗尔斯所说的"基本善"，包括个人的基本权利、机会和各种形式的物质财富，而这些"基本善"的生产和分配原则，就构成了社会道德问题及其追求的社会利益。没有社会的稳定有序和繁荣富强，个人追求自己的人生价值就失去了基础。正因为如此，个人无论追求何种人生价值，都不能违反道德规范，破坏自己赖以实现的条件。①

1. 元伦理学

规范伦理学研究需要批判论证，于是产生了研究伦理学批判论证方法的元伦理学。伦理学虽然是规范性的学问，却着重理性论证，注重价值判断的理由与批判论证。批判论证的基本方法是概念澄清和逻辑推导，因此元伦理学的基本问题是规范伦理学基本概念的澄清和推理方法的界定，属于逻辑学研究。前者的问题主要有"善"、"正当"或"正义"，"应当"或"应该"，"价值与事实"等概念的澄清问题；后者的问题主要是道德评价方法和支持这类评价的批判方法，其基本逻辑形式是：由于评价标准 S 和事实 F，因此 X 是善的或 Y 是正当的；而因为 X 是善的或 Y 是正当的，所以我们应该追求 X 或应该做 Y。

元伦理学对规范伦理学的论证只能解决逻辑问题，即概念的清晰和推导的合理问题，不能解决规范伦理学的推导前提或立场是否正确的问题。元伦理学的逻辑研究表明，规范伦理学的推导前提或公理既不能直接根据事实逻辑推导出来，而要依赖于人的创造性直觉，也不能直接根据公认的事实予以取舍。就此而言维特根斯坦曾说，一个事物的价值有两种含义，一种是相对意义上的价值，即这个事物相对于其目的而言的价值，另一种是绝对意义上的价值，即它本身具有的价值。前一种意义上的价值其实不是价值问题而是事实问题，只有后一种意义上的价值才是真正的价值问题或伦理学问题，这

---

① 西方进入现代社会之后，由于个人意识的觉醒所导致的个人主义和价值多元化潮流，产生了两种对立的伦理倾向，一种是发源于尼采、经由存在主义到后现代意识的价值相对主义乃至虚无主义，另一种是诸如麦金太尔等人的对相对主义和多元文化的批判，主张回到亚里士多德。前者会导致价值观的激烈冲突和文化的衰退，后者则是脱离实际的空想。两者的错误都在于没有区分个人利益和社会利益，前者试图用个人利益取代社会利益，后者则试图用社会利益取代个人利益。在市场经济社会，个人价值可以多元化，但社会价值不可以多元化，尽管相对于古代社会，现代社会除了和谐稳定之外，增加了繁荣兴旺这一社会价值，使得社会矛盾更为复杂。

个问题虽然重要，却不是科学问题，无法讨论。①

　　根据维特根斯坦的观点，规范伦理学的推导前提虽然重要，却因为不是科学问题而无法讨论，因为对这些推导前提的创造性直觉因人而异，且无法根据逻辑推导与公认的事实来判定其合理性。如此我们便无法对创造性直觉进行取舍，从而进行规范伦理学的批判论证了。然而伦理学家们至今仍然在不断地提出创造性直觉并进行批判论证！这就表明，我们是可以根据一些标准对规范伦理学公理的直觉做出取舍的。在笔者看来，这样的取舍标准至少有两个：一是它们在主观上是否符合某种价值共识，二是它们在客观上是否有利于个人和社会的生存发展。没有这两个取舍标准，我们的确无法进行规范伦理学的实质性论证，而借助于这两个取舍标准，我们就能够跨越价值和事实的逻辑鸿沟，从各种描述伦理学中汲取间接的事实依据，进行规范伦理学的实质性论证。不过，这种论证并不是为了获得唯一正确的伦理原则的演绎性证明，而是一种归纳性的过滤和筛选，其结果可能是存在多种合理的伦理原则。

2. 描述伦理学

　　首先，规范伦理学的推导前提必须符合某种价值共识。由于主观的评价并无客观的取舍标准，其取舍便只能依据通过对话形成的价值共识。例如人生意义的论证可以依赖"人生的终极价值应当体现人的本质"这一价值共识，这一价值共识从古希腊亚里士多德提出以来一直为大多数西方伦理学家所遵循。又如社会道德的论证可以诉诸道德传统，即符合社会公认的伦理原则，这些伦理原则在学术上又可追溯至休谟所谓的"同感"和康德所谓的善良意志。于是，个人终极价值的取舍便可以求助于关于人的本质的心理学和人类学等科学研究；社会道德规范的取舍便可以求助于关于道德规范的心理基础和社会形成及演变的心理学、社会学和历史学等科学研究。

　　其次，规范伦理学的推导前提必须有利于个人和社会的生存发展。例如人生意义的探讨要能够为人生提供精神支柱，有益于个人的生存发展；社会道德的探讨要有利于社会的和谐与繁荣，为社会的生存发展提供基本条件。这是伦理道德本身的功能和意义所在，没有这些功能，伦理道德便没有意义，伦理道德如果无益于个人和社会的生存发展，那么拥有这样的伦理道德

---

①　参见维特根斯坦《关于伦理学的讲演》，《维特根斯坦全集》第 12 卷，江怡译，河北教育出版社，2003，第 1－10 页。

的个人和社会就会消亡，伦理道德也会随之消亡。遗传基因和文化传统决定了人的行为方式，在竞争中生存和发展，遗传基因很难改变，但文化传统是可以改变的，因此文化传统往往是我们生存发展的决定因素。于是，个人终极价值的取舍便可以求助于关于人性、人的精神诉求的心理学等科学研究；社会道德规范的取舍便可以求助于关于伦理道德的社会功能和社会发展规律的社会学和历史学等科学研究。

此外，为了实现伦理道德的功能，我们还需要通过宣传，传播经过规范伦理学批判论证的社会道德传统，将它们付诸实践，这还需要我们进行有关个人伦理道德形成的道德心理学等科学研究。这样便产生了科学性质的各门描述伦理学。

总结起来说，伦理学研究发源于规范伦理学探讨的基本伦理问题，因此规范伦理学是全部伦理学的核心。由于基本伦理问题的探讨需要理性论证，又派生出了为规范伦理学提供逻辑论证方法的元伦理学，以及为规范伦理学提供理论取舍的事实依据的描述伦理学。随着人类生产交往方式的演进和古代社会向现代社会的转型，随着宗教的衰落和科学的兴起、价值一元论向价值多元论的转变所导致的上帝死亡或永恒真理的破灭，为了论证伦理观点的可取性，单凭理性直觉和逻辑推理的思辨性论证虽然仍然需要却已远远不够，而越来越需要跨越价值判断求助于科学事实，于是描述伦理学在整个伦理学的研究中将起着越来越重要的作用。但无论如何，元伦理学探讨的问题属于逻辑问题，描述伦理学探讨的问题属于科学问题，这些问题严格来说已不属于伦理问题，也就不属于伦理道德的基本问题了。

三　经济伦理的基本问题

经济活动是旨在物质生产的人类活动，是全部人类活动的基础，不同于旨在利益分配的政治活动和旨在社会构成的社会活动。根据上述对伦理道德基本问题的分析，将伦理道德的基本问题应用于经济活动，经济活动中的基本伦理问题便应当是经济活动的终极目的选择问题。需要指出的是，人类的物质生产活动、利益分配活动和社会构成活动都是社会性的，其终极目的选择问题主要是社会终极目的选择性质的道德规范问题，而非个人终极目的选择性质的人生意义问题。

因此，经济活动中的伦理基本问题首先是经济活动的社会目的问题，亦

即经济效率与其衡量标准问题以及相关的人性基础问题，它不同于政治活动
的基本伦理问题——公平正义问题，也不同于社会构成的基本伦理问题——
效率与公平兼顾的问题。不过，由于经济效率与个人利益分配相关，便会衍
生出其他两个经济伦理的基本问题，即经济活动的道德规范或制度问题或旨
在经济效率的公平正义问题，以及由此产生的社会经济发展与道德法律传统
的因果关系问题。第一个问题属于经济学的伦理框架问题，第二个问题属于
政治经济学中的伦理问题，最后一个问题属于经济社会学问题。

（一）经济学视野中的经济伦理问题

既然经济活动是经济学的研究对象，那么经济伦理的基本问题必定始于
经济学的视野，即经济活动的社会目的是什么？这个问题构成了经济学的伦
理框架，决定了经济学的研究方向和研究内容。

表面上看，实证经济学似乎是纯粹的事实研究，与伦理评价无关。新古
典经济学从个人经济活动的利益最大化动机假设出发，探讨了市场经济条件
下消费者和厂商的利益最大化经济行为，得出了商品的市场价格形成规律，
以及最后有关市场经济有效性的福利经济学第一、第二定律。但是，现实的
经济活动往往是无效率的，现实中人的经济行为动机也不一定都是追求利益
最大化的，那么我们为什么要假定人的经济行为都是追求利益最大化的呢？
难道不是因为以此为基础的经济行为规律可以为我们的目的所利用吗？换言
之，正是因为我们认为社会福利最大化和个人福利最大化是我们追求的合理
目的，以社会福利最大化为核心的经济行为规律能够成为我们实现自己目的
的有效手段，我们才去做这样的研究。

其实，作为经济学研究框架的所谓公认的行为目的和人性假设，在经济
学的发展中始终存在分歧，并由此形成了不同的经济学内容和逻辑架构，但
经济学本身并不研究也不能解决目的的问题，因此就需要从哲学伦理学的角度
加以批判和研究。

就经济活动的社会目的而言，从道德评价上说，经济学的社会福利最大
化追求本身并无多大争议，但其具体内涵是充满了争议的。经济学家进行经
济研究，当然是为了更好地发展社会经济，因为社会经济的发展是社会繁荣
这一社会最终目的的核心内容，但我们究竟应当追求什么样的经济发展？应
当如何衡量经济发展？在经济学中不仅存在不同的看法，而且由此形成了不
同的经济学基本问题和研究内容。

　　古典经济学一般将经济发展看作是以商品衡量的"国民财富的增长"，由此认为经济学的基本问题是"如何促进国民财富的增长，以便为人民提供普遍的富裕生活"。为了解决这个问题，古典经济学的研究集中于国民财富是什么、其来源是什么以及怎样才能迅速积累国民财富等一系列问题，亚当·斯密的不朽著作《国民财富的性质和原因的研究》的书名便揭示了古典经济学的研究取向。而对这些问题的回答，如分工交换论和规模经济说、劳动价值论、自由放任说等等，便构成了古典经济学的基本内容。如果可以用 GDP 来近似地衡量国民财富的增长，那么经济活动和经济研究的目的也可以说成是为了 GDP 的增长。

　　与此不同，新古典经济学一般将经济发展看作是以效用衡量的"社会福利"的增长，由此认为经济学的基本问题是如何在社会福利方面提高帕累托效率。在罗宾斯看来，古典经济学对经济学基本问题的说法不太科学。首先，认为经济学仅仅研究物质财富的原因，会排除许多现实的经济问题。更重要的是，商品增长不能反映出经济发展的本质，经济的本质应当是"稀缺"以及由此而来的效率，因为没有稀缺，就不需要有效地配置资源。人为了生存发展必须满足多种需求，但由于生产资源（自然资源、劳动时间、资本物品和技术知识等）不是无限的，不可能生产出人们所需要的全部物品，于是就必须做出选择，一是选择各种目的或效用偏好，二是选择各种手段或资源配置方式，从而在既定资源的约束条件下达到最大效用："经济学是把人类行为当作目的与具有各种不同用途的稀缺手段之间的一种关系来研究的科学"。① 因此，经济学的基本问题和研究内容，按西蒙的说法便可归结为：怎样有效地配置资源，使效率达到这样的高度，以至于若不损害

---

① 　罗宾斯：《经济科学的性质和意义》，朱泱译，商务印书馆，2000，第 16－20 页。罗宾斯和弗里德曼等人认为，经济学的研究对象虽然是行为目的与稀缺手段之间的关系，但不同于科学技术对行为目的与稀缺手段之间关系的研究：科学技术研究只稀缺手段与一个目的之间的关系，经济学则研究稀缺手段与两个以上目的的关系，因此科学技术研究的是有效达到目的的技术手段问题，而经济学研究的是如何在两个以上不同目的之间有效分配稀缺资源的手段问题。至于行为目的，那不是经济学的研究对象，而是其他学科的研究对象：心理学研究目的的形成，伦理学研究目的的评价。参阅罗宾斯，同上，第 34－35 页；弗里德曼《价格理论》，华夏出版社，2011，第 2 页。然而，即便经济学不关心人们追求的是黄油还是大炮，只要它关心在两个以上不同目的之间分配资源，那就必然有一个如何配置资源这样的经济行为目的问题，于是必然存在伦理评价问题，无论是根据效率原则还是根据公平原则。

至少其中某一个人的效用，就无法提高社会任何成员的效用。①

　　就经济活动的个人目的而言，经济学家为了避免价值判断之争，一般都将这个问题作为理性经济人的事实假定问题来处理，并将它看作经济活动的社会目的亦即社会福利最大化的事实基础。然而如前所述，由于经济学规律是围绕着经济活动的目的展开的，本质上是以经济行为为中介的个人经济动机与社会经济后果之间的因果联系，如果不对经济活动中追求个体利益最大化的理性经济人假定做出道德评价，乃至认为凡是自利的行为都是不道德的，那么就无法说明经济学理论如何能够指导人们的经济活动。所以，理性经济人假设作为经济学的基石，就不仅仅是一个事实的假定或抽象，而必定具有合理的道德因素。首先，在不损害他人利益的市场经济条件下，理性经济人的个人利益最大化追求是达致社会福利最大化的动力和必要条件；其次，这种个人利益最大化追求虽然谈不上人生意义，但却是实现各种人生意义的基础。

　　在这种道德肯定的背景下，经济学中的理性经济人假设在事实层面上也是充满了争议的。一方面，古典经济学虽然也以经济人假设为其伦理前提，但并不主张完全理性假设，所以古典经济学中不乏新古典经济学所不讨论的商业欺诈和法律制度问题。另一方面，尽管新古典经济学是目前经济学教科书中的主流，经济学界内外有识之士对其完全理性经济人假设的质疑却始终不绝于耳，其理由很简单，不仅经济人假设不完全符合现实中的经济行为动机，其中的完全理性假设就更是天方夜谭了，因此新古典经济学就不过是一种"黑板经济学"，根本无法用来指导实践。近半个多世纪以来，一些经济学大师针对完全理性假设提出来的有限理性假设，已经突破了新古典经济学主流的限制，开创了信息经济学和新制度经济学等经济学分支，极大地改变了经济学的逻辑架构，推动了经济学研究内容的发展。

（二）政治经济学视野中的经济伦理问题

　　在作为经济学主流的新古典经济学中，经济行为主体具有完全的理性和完全的信息，无所不知无所不能，因此不可能受到欺诈，彼此之间并不存在利益冲突。如此，个人利益最大化的追求与社会福利最大化的追求必然是一致的无矛盾的，从而不需要研究人的激励约束和制度问题。但在现实中，其

---

① 　参阅西蒙《基于实践的微观经济学》，上海人民出版社，2009，第13页。

一，任何人都不具有完全的理性和完全的信息，个人为了自己的利益往往会采取机会主义行为，损害他人与社会的利益，于是个人利益最大化的追求与社会福利最大化的追求就必然会发生冲突乃至损害社会的经济发展，于是需要建立制度来激励和约束个人的行为。其二，即便我们能够通过制度约束来克服个人的机会主义行为，实现社会福利最大化，但在市场经济中，由于个人的天赋差异、努力不同以及风险和运气的作用，社会也必然会走向贫富两极分化，继而产生严重的社会矛盾乃至损害社会的经济发展，于是需要建立缓和贫富两极分化的各种制度。

显然，有效的生产活动离不开财富的合理分配，社会效率离不开公平正义。为了解释和解决现实的经济问题，我们不得不探讨经济活动中的利益冲突、公平分配和制度约束等政治问题，进入政治经济学的领域。由于这些问题本质上属于利益分配性质的公平正义问题，我们就需要研究什么是公平正义，由于研究这些问题最终仍然是为了经济发展或经济效率，我们便还需要研究公平正义与经济效率的关系。这就形成了政治经济学视野中两个彼此关联的经济伦理问题：偏向经济效率的规则公平问题和偏向社会正义的结果公平问题。在这两个问题上，功利主义主张偏向经济效率的规则公平理论，正义论则主张偏向社会正义的结果公平理论。

按照经济活动自身的目的，经济活动需要遵循的首要道德原则是社会效率，因此具有哲学头脑的经济学家在这个问题上大都认同功利主义。他们认为，经济活动虽然应当遵循"每个人得其应得"或"不侵害任何人的正当权益"性质的公平正义原则，但公平正义的实质却是社会效率，因为衡量具体行为是否公平正义的标准只能是"最大多数人的最大幸福"所表达的效率原则。其基本理由是，由于人与人的不同必然导致利益冲突，现实中根本就不存在大家一致同意的天道，因此我们只能根据"最大多数人的最大幸福"来判定行为是否公平正义，并由此来取得社会共识。这样来处理经济效率与公平正义的关系，必然将公平正义限于规则公平。新政治经济学中的新制度主义学派、政治哲学和法哲学中的功利主义学派，在公平正义及其与效率的关系问题上采取的都是这样一个思路和观点。

然而，公平正义当然不仅仅限于规则公平，它还包括结果公平，如上所说，规则公平虽然有利于结果公平，但人的不同天赋处境和机遇风险等因素仍然会导致贫富两极分化这种不公平的结果，并由此会导致严重的社会冲突，破坏公平正义所旨在的社会稳定目的。传统的道义论伦理学家认为，社会的稳定有序是最重要的道德问题，公平正义是道德的核心概念，就公平正义与经济效率的关系而言，既然社会的稳定有序是最重要的道德问题，那么经济活动需要遵循的首要道德原则便也是公平正义，即便不利于经济发展也在所不惜，正如罗尔斯所说："正义是社会制度的首要价值，正像真理是思想体系的首要价值一样。……某些法律和制度，不管它们如何有效率和有条理，只要它们不正义，就必须加以改造或废除。"① 因此，"每个人得其应得"或"不侵害任何人的正当权益"性质的规则公平虽然必要，却仍然是不够的，因为它无法消除人的不同天赋处境和机遇风险所造成的道德上不公平的结果差别；为了社会的稳定有序，还必须建立消除贫富分化的制度，由此遏制利益冲突，保障社会公平。

可见，在经济活动应当遵循何种道德原则以及公平正义与经济效率的关系这类经济伦理问题上，存在着两种对立的观点。功利主义者认为经济活动的道德原则就是经济效率，由此把公平正义归结为规则公平，实现效率与公平的统一；道义论者则认为公平正义才是社会经济制度的首要原则，我们不能为了经济发展而放弃结果公平。

（三）社会学视野中的经济伦理问题

为了解决上述公平正义及其与经济效率的关系等问题，我们可以在哲学层面上分析澄清公平正义和经济效率各自的概念涵义，并在此基础上分析它们的逻辑关系，由此得出问题的答案。但这些研究只是逻辑分析，虽然可以帮助我们提出一些假设，却不能验证这些假设在事实层面上是否合理。要验证这些理论假设在事实层面上是否合理，我们就不得不求助于社会学的研究，进入社会学的领域。

社会学的主题是社会的构成和发展规律。社会要生存发展，如前所述必须满足两个基本条件：社会的稳定有序和繁荣富强。没有稳定有序，社会就会在内部的冲突中崩溃消亡，没有繁荣富强，社会就会在对外的竞争中失败消亡。于是，社会学就要研究有利于稳定有序和繁荣富强的各种社会因素，如经济、政治、法律、道德等要素，以及它们彼此之间的因果关系。在这些因果关系中，一个根本的基础性因果关系就是作为事实因素的道德法律传统与社会经济发展之间的因果关系。由于社会的道德法律传统在价值追求上主

① 罗尔斯：《正义论》，何怀宏等译，中国社会科学出版社，2001，第3页。

要体现为公平正义，社会的经济发展在价值追求上主要体现为经济效率，我们就能够将作为价值概念的公平正义和经济效率，与作为事实因素的道德法律传统和社会经济发展对应起来，运用社会学关于道德法律传统与社会经济发展之间因果关系的研究成果，来检验经济伦理学在公平正义及其与经济效率关系问题上提出的哲学观点在事实层面上是否合理。

这就产生了社会学视野中的经济伦理问题：道德法律传统与社会经济发展的关系究竟是什么？当然，社会学在这个问题上也存在着不同的观点，例如韦伯的观点就不同于马克思的观点。历史唯物主义认为，生产力是社会发展中最为根本的决定因素，一方面，经济是社会的基础，生产关系决定了政治法权和伦理道德的面貌；另一方面，生产关系及其决定的政治法权和伦理道德必须适应生产力的发展，否则就会被生产力的发展所否定。但按照韦伯的观点，道德法律传统与社会经济发展处于复杂的互动关系之中，一方面，道德法律传统虽然不是社会经济发展的充分条件，却是社会经济发展的必要条件之一，对社会经济发展具有积极的促进作用；另一方面，社会经济发展和生产交往方式也在很大程度上决定了道德法律传统的面貌。这个问题的研究不仅加深了我们对社会发展规律的理解，也有助于我们理解公平正义与经济效率两者之间的关系。

（四）经济伦理基本问题的历史演变

从经济伦理思想的历史演变来看，经济伦理基本问题的历史演变与经济伦理基本问题的逻辑展开是一致的。由于社会道德的主题随着从古代社会到现代社会的转型，经历了从社会和谐与公平正义到社会繁荣与总体效率的重点转移，再到效率与公平并重这样一个过程，经济伦理的基本问题也经历了从经济正义到经济效率的重点转移，再到经济效率与经济正义并重的过程。

古代社会由于生产力低下以及建立在其上的生产交往方式和社会结构，物质生产活动受人鄙视，也不存在独立的经济学研究及其追求的经济效率，社会重视的是政治和军事活动，与此相应，实践哲学的内容唯有政治学、伦理学及其追求的公平正义。在这样的社会背景条件下，由于不存在对社会经济效率的研究，与经济伦理相关的问题便只是从社会稳定或政治的目的用公平正义来对经济活动及其结果进行道德评价，这样的问题虽然可以称之为经济正义问题，却不是从经济活动本身的目的来看经济伦理问题，谈不上真正的经济伦理研究，而至多是政治领域中的经济伦理问题。在思想史上，古希腊哲学家和中世纪基督教神学家从伦理和政治哲学的视野出发，以公平正义为核心概念，探讨了政治领域中的经济正义问题，这种研究严格来说不属于经济伦理研究，却使得经济伦理研究开始萌芽。

随着商品经济的出现和生产力的飞速发展，人类社会发生了从古代到现代的转型。在这一转型过程中，物质财富的惊人增长和人们生活水平的飞速提高在社会竞争中显示出巨大的威力，这导致了人们对物质财富的追求和对物质生产活动的重视，经济学研究由此出现，人类行为的社会目的也由此经历了从社会和谐与公平正义到社会繁荣与总体效率的重点转移。在此社会背景条件下，出现了经济伦理的基本问题：经济活动的社会目的是什么？应当如何衡量作为经济活动社会目的的经济效率？随着这一经济伦理基本问题的出现，在思想史上，以休谟、斯密和穆勒等经济学家－哲学家为代表人物，从经济学的视野出发，以自由平等和经济效率为核心概念，以经济活动的目的选择为核心问题，在市场经济社会兴起的背景中探讨了古典经济学的功利主义伦理框架，表明了经济伦理研究的诞生。

不过，当社会繁荣与经济效率成为人们的重点关注对象，从而出现了以经济效率为核心问题的经济伦理研究之后，经济正义问题仍然不可避免。一方面，经济效率离不开公平竞争，另一方面，即便是公平竞争产生的经济效率，仍然会产生贫富两极分化和环境急剧恶化等严重社会问题，从而衍生出经济效率与规则公平、结果公平乃至起点公平的关系等经济伦理基本问题。在效率优先的前提下，人们一般将公平正义归结为规则公平，从而公平正义从属于经济效率，当人们由于严重的社会问题重新重视公平正义时，公平正义就不仅仅是规则公平，也涉及结果公平乃至起点公平了。与此相应，经济伦理的基本问题也经历了从经济正义到经济效率的重点转移，再到经济效率与经济公平并重的过程。于是在思想史上出现了经济活动的道德规范、社会经济发展与道德法律传统的关系这两个经济伦理基本问题：一方面，以罗尔斯、科斯、阿马蒂亚·森等哲学家和经济学家为代表人物，从政治经济学的视野出发，以经济效率和公平正义为核心概念，以经济活动的道德规范为基本问题，探讨了经济活动的公平正义原则及其与经济效率原则之间的伦理关系，另一方面，以马克思、韦伯、哈耶克等社会学家和经济学家为代表人物，从经济社会学的视野出发，以经济效率和公平正义为核心概念，以社会经济发展与道德法律传统的关系为基本问题，探讨了经济效率、公平正义与社会发展之间的因果关系。这些探讨表明了经济伦理研究的发展。

　　综上所述，当我们根据基本伦理问题关注经济活动领域中的伦理问题时，便能够根据问题自身的逻辑与思想史上经济伦理研究的实际发展两个方面，得出经济学视野中经济活动的社会目的选择、政治经济学视野中经济效率与公平正义两者之间的伦理关系、经济社会学视野中社会经济发展与道德法律传统两者之间的因果关系等三个基本的经济伦理问题。以这三个经济伦理基本问题为纲，我们还可以导出市场经济的伦理基础，企业的社会责任与商业道德规范，经济活动中道德的形成、发展和发挥作用的规律，社会再生产过程中的生产、交换、分配、消费等环节与宏观、中观和微观等三个层次中的各种道德问题等等比较具体的经济伦理问题，由此勾勒出经济伦理的理论体系。

作者单位：上海财经大学人文学院哲学系

马克思经济哲学思想研究的理论逻辑与问题域

卜祥记

改革开放的 40 年，既是中国经济、政治、文化、社会和生态建设全面发展的 40 年，也是经济哲学研究不断推进的 40 年。依托于哲学与经济学的自我反思和理论创新，植根于经济体制改革和市场经济建设的伟大实践，在经济学与哲学的学科交叉视域中，面向中国经济社会发展中的重大现实问题，当代经济哲学研究经历了从无到有、不断深化的 40 年发展历程。大致说来，我们可以把这一发展历程划分为四个十年。①20 世纪 80 年代。伴随着党和国家工作重心向经济建设的转移和改革开放基本国策的逐步确立，如何实现哲学和经济学的理论创新，并在哲学与经济学的学科交叉视域中为经济体制转型提供智力支持，成为一个紧迫的时代课题。正是在这样的时代背景下，经济哲学应运而生。在经济哲学诞生之处，从学理层面上看，主要是围绕经济哲学何以可能展开的。这是一个对经济哲学的合法性进行论证的时期。②20 世纪 90 年代。随着经济体制改革的不断深化，伴随着有计划的商品经济向社会主义市场经济体制的转轨，新旧经济体制的掣肘和新旧思想观念的冲突日益凸显，哲学与经济学的理论创新滞后于改革开放实践的格局愈发突出地暴露出来；立足于哲学与经济学的交叉视野，推进哲学与经济学的交互性理论创新，探索具有中国特色的现代化发展道路，已经成为学界的共识。从学理层面上看，20 世纪 90 年代的经济哲学研究主要是围绕经济哲学的学科性质、研究领域、研究方法等基本问题展开，并尝试性地构建经济哲学的理论体系。③21 世纪第一个十年。这是中国特色社会主义市场经济建设取得辉煌成就的十年，也是社会发展转型过程中各种矛盾逐步暴露出来的十年。经济哲学研究逐步放弃了构建学科理论体系的任务，转而聚焦于对中国经济社会发展中一系列重大现实问题的研究，为改革开放建言献策，并借此深耕经济哲学的理论领地。④21 世纪的第二个十年。改革开放进入攻坚克难的深水区，新时代中国特色社会主义实践对经济哲学研究提出了更高要求，以 2013 年"全国经济哲学研究会"成立为标志，国内经济哲学研究也进入了一个新时期，即依托于这一全国性的经济哲学研究的学术平台，通过相继举办的十余次全国性和国际性学术会议，经济哲学研究进入了凝聚学者队伍、凝练学术议题、聚焦学术热点、创新学术话语、引领学术前沿、构建学术共同体的新时期。面对新时代中国特色社会主义建设的未打扫实践，回顾经济哲学的发展历程，如何系统推进马克思经济哲学研究，已经成为亟待反思的重要课题。

一　马克思经济哲学的哲学基础

对马克思经济哲学之哲学基础的追问，这是开展马克思经济哲学思想研究必须首先解决的前提性问题。这一问题的前提在于：对马克思哲学革命本真性内涵的不同理解，直接决定了探析马克思经济哲学思想的不同视角、关注马克思经济哲学思想的不同层次、呈现马克思的哲学与政治经济学批判关系的不同类型以及展示马克思经济哲学思想之当代性意义的不同路径。换言之，如果把马克思哲学革命的发生本质性地归之于以黑格尔的辩证法对旧的自然唯物主义的改造，即归之于辩证唯物主义的创制，并把历史唯物主义看作辩证唯物主义在人类社会领域的推广应用，那么在这里出现的探析马克思经济哲学思想的理论视角就是传统的并且至今依然具有广泛影响的辩证唯物主义视角，即辩证法与唯物论的视角；基于这一特定视角，它对马克思经济哲学思想的关注必然会像罗森塔尔一样仅仅局限于《资本论》的辩证方法，而这种所谓的辩证方法不过是卢卡奇曾经指责过的外在的形式主义的辩证法。拘泥于这种形式主义的辩证法——在某种意义上它实际上乃是折中主义或诡辩论，马克思经济哲学思想的丰富内容就会消失不见了；它们变成了仅仅从属于形式主义辩证法的工具与质料。由此一来，马克思的哲学与政治经济学批判之间的内在关系就会被实质性地割裂开来，而马克思经济哲学的当代意义也就成为抽象的哲学教条。在阿尔都塞对《资本论》的哲学解读中，我们似乎看到了与此不同的对内容的呈现，但由于其哲学解读同样拘泥于辩证唯物主义的理论视角，因而我们看到了与罗森塔尔式的解读同样的理论后果。只有本真性地还原马克思发动哲学革命的本来面貌，呈现马克思哲学革命的本真境域，才能真正揭示马克思政治经济学批判的哲学基础，厘清马克思的哲学与政治经济学批判之间的关系，展示马克思政治经济学批判的丰富内涵及其当代意义。

在我们看来，马克思哲学革命的本质所在，乃在于他突破了传统自然唯物主义的理论路向，开创出一种全然不同于"理论哲学"的"实践哲学"范式；当这一"实践哲学"由于其内在的理论规定性而不可避免地走向"唯物史观"的建构时，它也就奠定了马克思经济哲学研究的哲学基础[①]。换言之，马克思经济哲学的哲学基础只能被理解为作为理论范式的实践哲学和作为实践哲学范式具象化展开的唯物史观；这是赋予马克思经济哲学以直接现实性内涵和当代性活力的基础所在，也是使马克思经济哲学真正走入现时代的哲学路径。为此，马克思经济哲学的研究就不能不特别关注马克思哲学革命的发生历程及其本质所在。

（1）走出青年黑格尔派，是马克思发动哲学革命的必经环节。在关于马克思实现哲学革命、开辟全新哲学境域的探讨中，人们有充分的理由强调费尔巴哈和黑格尔在马克思思想历程中的重要地位。但是，如果缺失了完整意义上的青年黑格尔派在马克思思想历程中的影响，那么马克思对费尔巴哈和黑格尔的超越就会变成一个突发性事件。作为青年黑格尔派代表人物之一的青年马克思，他的思想发展历程的最初环节只能开始于对青年黑格尔派的超越。因此，缺失了对青年黑格尔派的总体性研究，我们就无法真正理解马克思何以进入并走出青年黑格尔派，并逐步开始走向哲学范式之革命性历程的。只有当马克思意识到施特劳斯与鲍威尔用以从事宗教批判的哲学工具——"实体"与"自我意识"，不过是被夸大了的黑格尔哲学的片段和因素时，费尔巴哈对黑格尔思辨哲学的批判才能真正进入马克思哲学批判的理论视野；只有当马克思意识到费尔巴哈像施特劳斯与鲍威尔一样，也是思辨哲学之一种时，马克思的哲学革命才有可能发生。[②] 由于相关文献的限制和理论兴趣的因素，目前国内学界对青年黑格尔派与马克思哲学革命之关系的

---

① 参阅拙作《感性活动：〈1844 年经济学哲学手稿〉的核心成果与理论高度》，《中国社会科学内部文稿》2012 年第 2 期。

② 参阅拙著《青年黑格尔派与马克思》，商务印书馆，2015。

研究，还是比较薄弱的。

（2）以《关于费尔巴哈的提纲》为标志的实践哲学纲领的创立，是马克思发动哲学革命的理论宣言。马克思哲学范式的建构之所以被称为一场伟大的哲学革命，就在于他创建了一种与以往的"理论哲学"范式完全不同的新哲学范式，即"实践哲学"范式；正是在这个意义上，马克思的哲学才能被恰当地称为"实践唯物主义"。换言之，所谓"实践唯物主义"，乃是一种不同于唯物主义与唯心主义的全新哲学范式。正如马克思自己指出的那样，它"既不同于唯心主义，也不同于唯物主义，同时又是把这二者结合起来的真理"①，它超越了唯物主义与唯心主义、主观主义和客观主义之争的狭隘理论视野，因而表现为具体而全面的真理性。以往的哲学之所以陷入唯物主义与唯心主义、主观主义和客观主义之争，并且一直"未能解决这个任务"，"正是因为哲学把这仅仅看作理论的任务"；当马克思意识到"理论对立本身的解决，只有通过实践方式，只有借助于人的实践力量，才是可能的"时候，"主观主义和客观主义，唯灵主义和唯物主义"就已经"失去它们彼此间的对立，从而失去它们作为这样的对立面的存在"。② 在这里出现的就是作为全新哲学范式的实践唯物主义或实践哲学。③

（3）实践哲学纲领的生成之所以是可能的，它源自对黑格尔和费尔巴哈哲学的"实践性"超越，源自费尔巴哈宗教批判与哲学批判之精髓的"感性对象性原则"与黑格尔否定性辩证法之精髓的"对象性活动原则"的融合。这一重要的融合过程发生于《1844 年经济学哲学手稿》中。因此，我们必须意识到：首先，该手稿绝不能像阿尔都塞以及许多国内学者所理解的那样，只是费尔巴哈抽象人本学唯物主义立场的再现；恰恰相反，它乃是马克思新哲学世界观的理论发源地。否则，《关于费尔巴哈的提纲》中的实践哲学范式就会成为一个突然发生或者横空出世的奇异事件。其次，我们还必须重新认识和评估黑格尔和费尔巴哈哲学的得失；只要立足于马克思哲学革命的"实践哲学"或"实践唯物主义"的立场，我们就会发现黑格尔哲学的伟大之处并不在于它给我们提供了某种形式主义的辩证法，而是像马克思在《1844 年经济学哲学手稿》中指出的那样，它抓住了劳动的本质，给

①　《马克思恩格斯文集》第 1 卷，人民出版社，2009，第 209 页。
②　《马克思恩格斯文集》第 1 卷，人民出版社，2009，第 192 页。
③　参阅拙作《马克思哲学的实践唯物主义性质与唯物史观的理论空间》，《徐州工程学院学报》（社会科学版）2016 年第 1、2 期。

我们提供了劳动辩证法；黑格尔哲学的错误也并不是通常所理解的所谓"唯心主义"，而是像马克思自己指出的那样，它是思辨唯心主义、非批判的唯心主义或主观主义；同时，我们也会发现，费尔巴哈哲学的伟大功绩也并不是通常所理解的恢复了唯物主义的权威，而是像马克思自己指出的那样"创立了真正的唯物主义和实在的科学"，而费尔巴哈所创立的"真正的唯物主义"已经不再是前康德的自然唯物主义，而是"使社会关系即'人与人之间的'关系"成为"理论的基本原则"① 的唯物主义，是把人与人之间的社会关系作为哲学对象与问题域的社会唯物主义。

（4）"实践哲学"只是马克思哲学的纲领性表达，它必然要走向唯物史观，因而唯物史观是马克思哲学纲领的具象化。当马克思本质性地意识到费尔巴哈只是对人的社会性采取直观性立场而未能揭示出它的现实性根据时，黑格尔的劳动辩证法才可能以感性活动的形式被输入直观唯物主义之中，成就为新哲学的理论基石，并因此而开引出"实践唯物主义"的哲学路向，创制出与一切理论哲学完全不同的实践哲学范式。但是，必须指出的是：作为"实践唯物主义"的"实践哲学"或者作为"实践哲学"的"实践唯物主义"，只不过是马克思哲学范式的一般性表达，是马克思发动哲学革命的理论宣言；它绝不是像某些国内外学者所理解的那样再度把"实践"本身神秘化，而是把现实个人的劳动活动作为诠释人类社会生成发展过程及其内在运行机制的前提与根据。换言之，马克思绝不会也绝不可能止步于《关于费尔巴哈的提纲》，他必然要以"实践唯物主义"为准则，从现实个人的劳动活动出发揭示人类社会历史的开启与展开历程。就此而言，《关于费尔巴哈的提纲》又可以被看作是《德意志意识形态》的导言，而发生于《德意志意识形态》中的对人类社会历史发展过程及其规律的宏大理论叙事，不过是实践唯物主义的具象化展开。在这里出现的就是马克思从实践哲学范式走向唯物史观草创的思想逻辑与现实逻辑必然性，也是马克思经济哲学之哲学基础的真实奠基。因此，对马克思经济哲学之哲学基础的追问，只能被合理地理解为作为哲学范式的实践哲学和作为实践哲学范式的唯物史观；它们乃是把马克思的经济哲学与当代鲜活的中国特色社会主义现实密切关联起来的理论通道和枢纽所在。

---

① 《马克思恩格斯文集》第 1 卷，人民出版社，2009，第 200 页。

二　马克思哲学的经济哲学性质

当我们把实践哲学和唯物史观作为马克思经济哲学的哲学基础时，实践哲学和唯物史观之与经济哲学的关系绝不是外在的；如果说马克思发动了一场伟大的实践哲学革命，那么这一实践哲学的基本性质就是经济哲学的。如果说唯物史观不过是实践哲学范式的具象化，那么唯物史观的本质性内涵及其理论宗旨也是经济哲学的。对马克思哲学的经济哲学性质的追问与确证，突破了传统所理解的马克思哲学与政治经济学的断裂，展示了马克思的哲学与政治经济学批判的内在关联。马克思哲学归根到底就是经济哲学，是对政治经济学的哲学批判，是对哲学的政治经济学展开。对马克思哲学之经济哲学性质的反思应当抓住如下基本理论事实，即马克思的哲学批判无不是由物质利益问题或政治经济学问题牵引出来的，而马克思新哲学的全部建构也无不服务于或从属于政治经济学批判的理论主题。对于马克思来说，在其一生的理论工作中，哲学的工作即对旧哲学的批判和对新哲学的建构从来都不是马克思的本来目的或核心工作——或者更准确地说，它并不是与政治经济学批判这一核心理论课题相并列的另一个理论目标；纵观马克思一生的思想演进，不论在思想逻辑上，还是在思想成果上，马克思都没有把实践哲学或唯物史观的理论建构本身作为理论目的；在马克思这里，他实际上只有一个理论目标，那就是为工人解放提供思想武器，这个思想武器就是政治经济学批判，而实践哲学或唯物史观的理论建构只不过是被这一核心理论目标牵引出来并服务于这一核心理论课题的理论工具。

对马克思哲学之经济哲学性质的追问，本质上乃是作为一个新的解读视角的马克思经济哲学的合法性问题，而这一合法性本身植根于马克思系列经典文本所内含的经济哲学逻辑及其承继关系；只有合理呈现这一承继逻辑，才能不仅有效破解阿尔都塞意义上的以及作为其多重理论变形的"断裂论""对立论"观点①，而且也才能凸显出马克思哲学的经济哲学性质。在马克思经典文本逻辑序列背后隐藏着的是马克思思想发展的问题逻辑，其中既有每一时期直接面对的特殊问题，也有贯穿于整个思想历程中的普遍性问题；但是，不论是特殊问题还是普遍性问题，也不论是典型的哲学问题还是直接

---

① 阿尔都塞：《保卫马克思》，商务印书馆，2006，第15页。

性的经济学问题，实际上都是经济哲学的问题。

（1）对黑格尔哲学的怀疑、动摇与初步批判，源自从宗教批判转向政治批判的马克思在《莱茵报》时期所遇到的物质利益困惑；对物质利益的困惑是马克思早期经济哲学思想的源头。正如马克思自己指出的那样，为了解决物质利益的困惑，他写的第一本书是对黑格尔《法哲学原理》的批判。基于这一批判，马克思原则性地颠覆了黑格尔的理性国家观，初步澄清了物质利益的困惑，同时也遗留了或者意识到两个亟待解决的问题：其一，如果不是国家决定市民社会，而是市民社会决定国家，那么对这一理论判断的论证就要到关于市民社会的科学即政治经济学中去寻找；其二，黑格尔的法哲学在国家与市民社会关系上的错误不只是法哲学的错误，而是黑格尔的《逻辑学》即一般哲学立场的错误，因此对市民社会决定国家之关系的确证同时还是一个哲学任务，即必须上升到对黑格尔哲学的批判。因此，在马克思经济哲学思想的最初理论环节上，哲学批判就已经与政治经济学的研究诉求紧密关联，对黑格尔哲学的批判就已经成为服务于政治经济学研究的前提性工作。

（2）"对黑格尔的辩证法和整个哲学的批判"不仅为"异化劳动和私有财产"提供了哲学基础，而且也确定了国民经济学批判的理论高度。经过《德法年鉴》的理论环节，已经公开宣称转向共产主义并旨在为工人解放提供"大脑"的马克思，开始沉浸于对政治经济学、黑格尔哲学和共产主义问题的反思，给我们留下了《1844 年经济学哲学手稿》这一经典文本和思想宝库。该手稿既是克罗茨纳赫时期遗留的经济学批判、哲学批判和社会思潮批判任务的汇聚与展开，又是马克思开展经济学研究与批判工作的初步尝试。就"对黑格尔的辩证法和整个哲学的批判"之对"异化劳动和私有财产"重要性而言，经由对黑格尔否定性辩证法伟大之处的批判性凝练而形成的劳动辩证法，乃是马克思展开国民经济学理论前提批判的哲学基础；没有作为"感性活动"的劳动辩证法的初步奠基，马克思就无法基于对劳动本质的确证展开对异化劳动四重规定性的分析，也无法在超越费尔巴哈人本学唯物主义的理论高度上展开对国民经济学理论立场的批判，自然也就无法提出重构国民经济学范畴体系的重大理论课题。马克思深刻地指出："黑格尔是站在现代国民经济学家的立场上的"①；在这个意义上，对黑格尔哲学

---

① 《马克思恩格斯文集》第 1 卷，人民出版社，2009，第 205 页。

的批判就是对国民经济学哲学立场的批判，并且只有基于这一批判才能从根基上颠覆国民经济学的私有财产立场。因此，我们绝不能仅仅关注"对黑格尔的辩证法和整个哲学的批判"与《关于费尔巴哈的提纲》的理论关联，更应当看到这一哲学工作所蕴含的国民经济学批判意义——它是对国民经济学哲学立场的批判，而且为这一批判奠基了哲学基础，同时还代表着对国民经济学私有财产前提批判的理论高度。①

（3）基于哲学批判所展开的对国民经济学理论前提的批判不仅使马克思意识到必须重构国民经济学的理论体系，而且意识到国民经济学理论体系的重构必须以唯物史观为前提。当马克思基于劳动辩证法展开异化劳动四重规定性的分析，得出不是私有财产导致异化劳动，而是异化劳动导致私有财产的结果，从而彻底颠覆了国民经济学理论前提之后，马克思给自己提出了重构国民经济学理论体系的重大课题。马克思指出："正如我们通过分析从异化的、外化的劳动的概念得出私有财产的概念一样，我们也可以借助这两个因素来阐明国民经济学的一切范畴，而且我们将重新发现，每一个范畴，例如买卖、竞争、资本、货币，不过是这两个基本因素的特定的、展开了的表现而已。"② 在这里发生的是马克思对《资本论》研究课题的初步自觉。但是同时，马克思也已经非常清晰地意识到："在考察这些范畴的形成以前，我们还打算解决两个任务：①从私有财产对真正人的和社会的财产的关系来规定作为异化劳动的结果的私有财产的普遍本质；②我们已经承认劳动的异化、劳动的外化这个事实，并对这一事实进行了分析。现在要问，人是怎样使自己的劳动外化、异化的？这种异化又是怎样由人的发展的本质引起的？"③ 这两个问题直接地看来是对资本主义前史或来历的追问，但内在地看来则是对人类历史发展过程的唯物史观叙事。就此而言，唯物史观的理论建构显然已经成为即将展开的《资本论》研究的本质性前提。

（4）历经《神圣家族》的理论过渡，《关于费尔巴哈的提纲》既是马克思全新哲学范式的理论宣言，又是唯物史观的导论。作为《1844 年经济学哲学手稿》的后续展开，《神圣家族》理论环节的重要性乃在于它是马克思与民主主义思想的哲学划界与新哲学之共产主义理论指向的深化。与鲍威

---

① 参阅徐文越、卜祥记《唯物史观视域中的〈黑格尔法哲学批判〉及其思想路向》，《新视野》2018 年第 3 期。

② 《马克思恩格斯文集》第 1 卷，人民出版社，2009，第 167 页。

③ 《马克思恩格斯文集》第 1 卷，人民出版社，2009，第 167 - 168 页。

尔的思想划界，既是对民主主义政治立场的共产主义批判与超越，更是与作为其直接理论基础的黑格尔哲学——鲍威尔自我意识哲学不过是黑格尔哲学的碎片——的划界；尽管此时的哲学批判依然借助了费尔巴哈哲学的形式，但马克思所理解的"和人道主义相吻合的唯物主义"① 显然具有明确的共产主义定向，并因而酝酿着超越费尔巴哈唯物主义的思想要素。作为天才世界观萌芽的第一个文件，"提纲"的根本意义体现在：它既是在《1844 年经济学哲学手稿》中发源并进而在《神圣家族》中酝酿的实践唯物主义哲学范式的公开宣示，又是即将问世的《德意志意识形态》的导言。在《德意志意识形态》中草创的唯物史观本质上不过是实践唯物主义哲学范式和哲学精神在社会历史领域中的展开或具象化。

（5）基于《关于费尔巴哈的提纲》的理论准备，《德意志意识形态》直接回答了《1844 年经济学哲学手稿》遗留的两个问题，从而草创唯物史观，并以此为即将开始的《资本论》研究奠定了哲学基础。直接说来，《形态》旨在彻底划清与旧哲学的理论界限；间接地但却是本质地看来，该文本则是遵循实践唯物主义范式的哲学精神，回答《1844 年经济学哲学手稿》的遗留问题：异化劳动何以发生以及由异化劳动所导致的私有财产如何演变为工业资本，从而生成出对人类社会历史发展规律的宏大理论叙事。如果我们清醒地意识到这两个遗留问题本来就是从属于在《1844 年经济学哲学手稿》遗留的为重构国民经济学理论体系而必须首先解决的问题，那么我们自然就会得出如下基本判断：唯物史观的草创本身并不是马克思的本来或唯一目标，它只是马克思为重构国民经济学理论体系所做的理论准备，旨在为即将展开的《资本论》研究奠定坚实的世界观基石和方法论前提。因此，在得知出版商拒绝出版《德意志意识形态》之后，在他自己已经搞清楚了问题之后，马克思旋即放弃了该书的写作，并且自此之后马克思再无写作一部系统论述唯物史观理论体系之哲学巨著的计划。经过《哲学的贫困》和《共产党宣言》的再度理论准备，马克思即刻转入了《资本论》研究。据此我们认为，以《德意志意识形态》——包括《哲学的贫困》和《共产党宣言》为代表的唯物史观不过是马克思走向《资本论》研究并服务于该研究的必要理论环节和理论准备。

马克思早期思想的演进与走向显然既非单纯哲学的，亦非单纯经济学

---

① 《马克思恩格斯文集》第 1 卷，人民出版社，2009，第 327 页。

的，而是"经济哲学"的，并因之具有科学的学术性和鲜明的现实性品格。马克思的实践唯物主义哲学范式颠覆了以往的理论哲学范式，具有典型的学术性品格；而据此范式对人类社会历史发展规律的宏大叙事无疑也是人类哲学学术史上的伟大革命。但是，马克思显然无意于哲学体系的创造，而是迅疾转入对时代课题的探究：以全新哲学范式和唯物史观为基础，揭示资本主义生产方式的运行规律及其历史命运，为工人解放提供理论武器。它启示我们：马克思的早期经典文本虽然具有广阔的理论空间和多向度理论展开的可能性，但依据马克思早期思想的发展逻辑，哲学与经济学内在融合的经济哲学属性具有毋庸置疑的基础性或主体性地位，因而我们看到马克思早期经典文本具有鲜明的《资本论》定向或经济哲学的意蕴；决不能把马克思哲学与其政治经济学批判的核心主题割裂开来，对马克思哲学的研究也不能仅仅局限于单纯实践哲学或者唯物史观的视角与领域，必须把政治经济学批判引入马克思哲学的理论场域，立足于经济哲学的综合视角看待马克思哲学；当代中国马克思主义哲学的理论创新和话语体系建构，不是单纯的理论创造，必须再度立足于哲学与经济学的交叉互动，面向中国经济社会发展面临的重大现实问题，解决中国问题，讲好中国故事，发出中国声音，贡献中国智慧。[1] 只有立足于马克思哲学的经济哲学视域，当代马克思哲学研究才能真正融入现时代，才能把马克思的实践哲学精神与唯物史观观点与方法与中国特色社会主义的伟大实践密切结合起来，在破解中国经济社会发展一系列重大现实问题的过程中鲜活地展现马克思哲学的当代意义，在讲好中国故事的过程中创建中国的马克思主义哲学——它本质上依然是经济哲学的——话语体系。

三　马克思经济学的经济哲学意蕴

正如马克思的哲学不是纯粹的哲学一样，马克思的经济学也不是纯粹的经济学，而是经济哲学。对马克思政治经济学批判之经济哲学性质与意蕴的研究，首先必须破除马克思早期思想与后期思想、哲学批判与政治经济学批判之间的"双重断裂"及其各种表现形式，还原马克思哲学与经济学、唯

---

[1]　参阅拙作《马克思哲学的学术性革命及其直接现实性品格》，《马克思主义与现实》2018 年第 5 期。

物史观与《资本论》在理论空间上的贯通与融合，深度确证马克思政治经济学批判的哲学意蕴，即确证《资本论》的唯物史观性质与高度，确证以《资本论》为代表的政治经济学批判本质上就是经济哲学的研究。① 其次，必须理性地意识到：作为马克思经济哲学思想主干的《资本论》乃是浓缩版的唯物史观，唯物史观是我们判别《资本论》当代价值的根本准则。因此，正如当代马克思哲学的研究必须走向与经济学的学科交叉和融合一样，当代经济学的研究也应当走向与哲学的学科交叉和融合。

1. 必须立足于经济学与哲学理论空间融合的视角呈现《资本论》研究的唯物史观性质

如果说对马克思经济哲学之哲学基础的追问是开展马克思经济哲学思想研究必须首先解决的前提性问题，那么如何理解马克思的哲学革命与经济学革命之间的关系，则是探究马克思经济哲学思想的又一前提性问题。对此，我们必须意识到：尽管经济学问题是马克思一生思想的核心主题，但绝不可以把马克思的经济学研究作为马克思之所以能够发动哲学革命的前提与根据，似乎没有对经济学的探讨马克思就绝不能够实现哲学的革命；恰恰相反，从《莱茵报》后期到克罗次纳赫时期，虽然马克思对黑格尔哲学的怀疑和动摇是由作为经济问题的物质利益的困惑引发的，但不论是对黑格尔国家与市民社会关系的颠覆性重构，还是由此得出的必须走向对关于市民社会的科学即国民经济学的关注与研究，都具有鲜明的哲学前提与哲学高度，因而具有显而易见的哲学性质。没有对黑格尔哲学的反思与批判，就不可能有对国家与市民社会关系的正确把握，而对作为市民社会的科学即政治经济学的研究也必须以对黑格尔逻辑学的批判为前提，因而正向马克思意识到的那样，必须上升到对黑格尔哲学的批判。因此，我们看到，在《1844 年经济学哲学手稿》中，马克思用很大篇幅写下了"对黑格尔辩证法和整个哲学的批判"；同样，没有《德意志意识形态》对唯物史观理论体系的草创，《资本论》研究实质上也是无法展开的。本质地看来，马克思的《资本论》绝非单纯的经济学研究，而是正像它的副标题所展示的那样，它本质上是"政治经济学批判"，而这种批判的本质内涵、理论高度和现实旨归都是哲学的，《资本论》之于古典经济学的巨大区别就在于其归根结底是一部唯物史观的哲学巨著。

① 参阅拙作《〈资本论〉的理论空间与哲学性质》，《中国社会科学》2013 年第 10 期。

2. 决不能在哲学与经济学断裂的视域中把《资本论》视作单纯的经济学著作

对《资本论》的理论性质及其当代意义的科学讨论，决不可以在哲学与经济学断裂的视域中，紧紧围绕其经济理论设计的严密性与否进行纯技术性的经济学论证；必须破除哲学与经济学的理论界限，跳出单纯的经济学视域，把《资本论》同时视作唯物史观的哲学巨著，以彰显其唯物史观的品格。[①] 对《资本论》的实证化经济学解读肇始于第二国际及苏联教科书的所谓理论正统。在作为主要代表人物的考茨基、伯恩斯坦甚至普列汉诺夫那里，对《资本论》的解读已经丧失了唯物史观的哲学高度，因而把马克思的政治经济学批判降低到它本已全面超越了的古典经济学水平，更多的是在李嘉图意义上解读马克思的价值理论。因此，尽管他们在表面上并不否定《资本论》与唯物史观的统一，但已处于实质性的分离状态，并因而完全无法应对来自被马克思主要地称之为庸俗经济学流派的新古典政治经济学的攻击。面对由庞巴维克挑起的论战，尽管希法亭写了专门的论战著作，但马克思主义阵营基本处于守势，伯恩斯坦甚至以"边际效用论"取代了"劳动价值论"，彻底背离了马克思政治经济学批判的理论立场。然而，在进一步的理论反思中，一些马克思主义经济学家却把根源归结为马克思政治经济学方法论上的陈旧落后和理论上的不够实证精确，因而把应对马克思主义经济学"过时论"批评的出路看作是必须在方法论上更为主动地向主流经济学靠拢，用主流经济学的实证方法替代马克思的辩证法。作为这一理论努力的典型代表就是"分析的马克思主义"和"数理马克思经济学派"。分析的马克思主义基本否定了马克思主义经济学本身的独特哲学方法，主张运用分析的实证的现代研究方法重新界定马克思的问题和理论，以便使其更具"科学"性质。数理马克思经济学派也将数理分析运用于马克思经济学研究，并在吸纳主流经济学方法论的前提下与主流经济学展开论战，以维护马克思的经济理论。森岛通夫就转型问题与萨缪尔森的论战及其对扩大再生产理论的新解，置盐信雄在价值理论上的"马克思基本定理"和关于平均利润的"置盐定理"等，都是颇有影响的理论尝试，但也更为彻底地加剧了《资本论》与唯物史观的分离。

---

① 参阅拙作《〈资本论〉：哲学与政治经济学批判的内在贯通》，《中国社会科学报·马克思主义月刊》2017 年 3 月 30 日，第 3 版。

3. 决不能在哲学与经济学断裂的视域中把《资本论》看作是单纯的哲学巨著

对《资本论》的理论性质及其当代意义的科学讨论，也决不可以在哲学与经济学断裂的视域中，仅仅把它看作是单纯的哲学著作，把《资本论》有关资本主义经济运行机制的经济学分析看作是从属于价值形式分析的从属性要素，并据此把《资本论》看作是黑格尔《逻辑学》的理论翻版。第二国际理论家们的实证化经济学解读直接催生出卢卡奇的哲学化解读路径。作为哲学化解读路径的开创者，卢卡奇的"《历史与阶级意识》代表了当时想要通过更新和发展黑格尔的辩证法和方法论来恢复马克思理论的革命本质的也许是最激进的尝试"①。但是，由于他"将总体在方法论上的核心地位与经济的优先性对立起来"②，因而"关于资本主义矛盾和无产阶级革命化的论述都不自觉地带上了浓厚的主观主义色彩"③。从物化批判推进到物象化批判，从人的本质异化批判上升到价值形式批判，这是日本学者广松涉和德国新马克思阅读学派的巴克豪斯，在卢卡奇启发下试图超越卢卡奇人本主义病症的理论尝试。与卢卡奇诉诸青年马克思的人本主义解读路径不同，"新黑格尔派马克思主义"更多的是借助黑格尔的《逻辑学》对《资本论》展开一种系统辩证法与价值形式的分析，其势头甚至完全压过了英美本土产生的"分析的马克思主义"。最早开启价值形式分析视角的当首推苏联的鲁宾，而对其发生直接影响的则是德国新马克思阅读学派。以弗雷德里克·詹姆逊、罗伯特·奥尔布里顿、托尼·史密斯为主要代表的新黑格尔派马克思主义者，特别是新辩证法学派的克里斯多夫·约翰·阿瑟等人，则最为突出地以黑格尔的《逻辑学》对《资本论》进行实质性的对照解读。一方面，他们把马克思"仅仅视作对他叙述方式上的帮助"的"黑格尔逻辑框架"看作是"一种本体论意义上的引进"④，把《资本论》第 1 卷与《逻辑学》的存在论、本质论和概念论进行本体论的对应，把表达现实社会关系的经济范畴抽象为单纯的范畴形式，把对价值形式的具体分析转变为抽象的价值形式分析，从而把《资本论》看作《逻辑学》的翻版。另一方面，当他们

---

① 卢卡奇：《历史与阶级意识》，杜章智、任立、燕宏远译，商务印书馆，1999，第 16 页。
② 卢卡奇：《历史与阶级意识》，杜章智、任立、燕宏远译，商务印书馆，1999，第 15 页。
③ 卢卡奇：《历史与阶级意识》，杜章智、任立、燕宏远译，商务印书馆，1999，第 12 页。
④ 克里斯多夫·约翰·阿瑟：《新辩证法与马克思的〈资本论〉》，高飞等译，北京师范大学出版社，2018，第 12 页。

"以黑解马"时，他们"对黑格尔的新兴趣点主要不在于恢复黑格尔历史哲学的宏大叙事并将之与历史唯物主义相联系，而在于关注黑格尔的《逻辑学》及其如何切合马克思《资本论》的方法"。① 但是，在如上双重维度上，他们一方面虽然彻底成就了《资本论》的哲学化解读路径，但同时也最为彻底地将《资本论》变成了纯粹的哲学著作，而且变成了黑格尔《逻辑学》理论翻版，从而与唯物史观彻底对立起来。

4. 决不能在马克思早后期思想断裂的视域中呈现《资本论》的唯物史观性质

对《资本论》唯物史观性质的论证，决不可以在"早期马克思"与"成熟马克思"的断裂视域中，仅仅把《资本论》看作先行草创的唯物史观理论在资本主义经济社会研究中的具体应用，必须破除"早期马克思"与"成熟马克思"的理论界限，跳出"应用"与"反证"的论证模式，立足于《资本论》与唯物史观理论空间的内在贯通和协同演进，从而赋予《资本论》本就是一部伟大哲学巨著以合法性根据，并确立如下重要判断：真正的唯物史观就存在于《资本论》中。《资本论》与唯物史观理论空间的内在贯通与协同演进，是马克思思想发展史中的客观逻辑。马克思对《资本论》研究理论诉求的初始表达，发生于作为实践哲学和唯物史观理论发源地的《1844年经济学哲学手稿》。直接地说来，它发端于对国民经济学理论前提的颠覆与重构，但不仅就其发生的理论可能性而言，而且就其实现的理论必要性而言，它都具有必不可少的哲学基础与哲学前提；正是国民经济学理论体系重构的这一哲学性质牵引着马克思历经《神圣家族》和《关于费尔巴哈的提纲》走向《德意志意识形态》并继而走向《资本论》研究。在这里看到的已经不再是马克思早期思想与后期思想的断裂，而是以政治经济学研究为核心主题，以唯物史观建构为政治经济学批判之理论前提的早期与后期思想发展的一惯性。只有打通马克思思想发展的如此一惯性的逻辑通道，才有有效确证《资本论》的哲学性质，从而本质性地确证马克思政治经济学批判的经济哲学品格。

5. 《资本论》是马克思经济哲学思想体系的理论主干，是浓缩版的唯物史观

《资本论》既是一部经典性的经济学著作，更是一部伟大的唯物史观的

① 克里斯多夫·约翰·阿瑟：《新辩证法与马克思的〈资本论〉》，高飞等译，北京师范大学出版社，2018，第3页。

哲学巨著；而且，作为一部哲学巨著，它内在包含的实践唯物主义的哲学高度、唯物史观的哲学立场、分析经济现实的哲学方法和追求人类解放的哲学旨归，远比它所直接表达的经济学主张具有更为深远的理论意义和现实意义。从马克思思想的发展逻辑看，《资本论》是唯物史观建构历程中的必然理论环节，整个唯物史观的基本理论要素都若隐若现地贯穿于《资本论》中。就《资本论》文本而言，在它的经济学语言和内容中，直接地包含着唯物史观的理论精粹——资本是一种社会关系；资本是历史性的生产逻辑；准确地阐明资本概念是为了超出资本本身的界限。如果我们放弃了作为《资本论》之唯物史观精粹的一系列基本判断，也就放弃了《资本论》的根本立场。[①]

6. 唯物史观是判别《资本论》当代价值的根本准则

在资本主义发展的现时代，尽管《资本论》的某些经济学意义上的个别判断可以失去理论效力，但它所内涵的唯物史观精粹，依然具有重要的当代性意义。换言之，随着资本主义的当代发展，即使《资本论》在纯粹经济学意义上所表达某些论断、公式和规律失去了对当今现实的理论解释力，它所贯彻和坚持的解剖资本主义经济运行机制的唯物史观的基本立场和研究方法，在今天依然具有重要的现实意义——更何况不论我们把今天的资本主义称作何种意义上的资本主义（后资本主义、后帝国主义、金融资本主义等等），也不论"资本"从马克思当时所关注的"等级资本""商业资本""工业资本"历史地发展为当下的"金融资本"，乃至于还会有新的资本存在形式，但资本原则本身依然是支配当今市场经济运行的根本性逻辑，这一本质是不变的，因而《资本论》依然具有当代意义。[②]

7. 当代经济学研究应当走向与哲学的学科交叉和融合

当代主流经济学作为一门实证性的经济科学，它聚焦于对当下市场经济所面临的重大经济课题的破解，这是非常有意义的；但是，为了追求经济学的实证科学性质，它回避或放弃了马克思主义经济学研究特有的哲学前提、

---

① 参阅拙作《〈资本论〉的唯物史观性质及其理论精粹》，《江苏师范大学学报》（哲学社会科学版）2016 年第 2 期；《〈资本论〉是浓缩版唯物史观巨著》，《中国社会科学报》2015年 2 月 6 日。

② 参阅拙作《唯物史观是判别〈资本论〉当代效用的根本准则》，《学习与探索》2016 年第7 期。

哲学基础和哲学诉求，从而程度不同地丧失了它所应有的唯物史观意义上的历史性维度。在这里出现的已经不仅是韦伯所言的实证科学与精神科学的界限，而是市场经济如何实现共享发展、实现什么样的共享发展的差异。当代马克思哲学的研究必须走向与经济学的学科交叉和融合。对《资本论》的哲学思想研究当然旨在凸显它的哲学性质，但对其哲学性质的凸显只能立足于《资本论》内在包含的唯物史观立场和方法，而不能回归到黑格尔思辨哲学的所谓辩证法，即不能对马克思在《资本论》中所说的当德国的知识界把黑格尔"当作一条'死狗'了"时，"我（马克思——引者注）公开承认我是这位大思想家的学生，并且在关于价值理论的一章中，有些地方我甚至卖弄起黑格尔特有的表达方式"① 做形式主义的肤浅理解，以至于像目前某些国内学者所进行的那样，采取黑格尔思辨辩证法的理论形式对《资本论》做纯哲学的诠释。②

四　马克思经济哲学的现实问题域

马克思经济哲学的实践哲学基础和马克思哲学的经济哲学性质，赋予了马克思经济哲学以鲜明的实践性指向和现实性品格。立足于马克思经济哲学的理论立场和理论原则，直面新时代中国特色社会主义的理论探索和建设实践，回答经济社会发展面临的重大现实问题，并据此推进马克思经济哲学思想的当代性发展，创新与构建中国哲学的当代性学术话语体系，这是马克思经济哲学研究的当代使命。从经济哲学必须直面的问题域看，马克思经济哲学可以被称作广义上的生态哲学，必须把生态文明建设——它包括自然生态和社会生态，作为当代马克思主义经济哲学的核心主题，并以此为中心展开其他延伸性或相关性研究。为此，作为一项基础性工作，我们必须直面国内外学界的种种误解与质疑，重建马克思生态哲学的理论基础，并据此开启马克思经济哲学走向现实的理论通道。

1. 马克思主义经济哲学是创新中国哲学话语体系的必由之路

马克思哲学的经济哲学性质和马克思经济学的经济哲学意蕴，使得经济哲学内在地成为创新与构建中国哲学当代性学术话语体系的必由之路。在

---

① 《马克思恩格斯全集》第 44 卷，人民出版社，2001，第 22 页。
② 参阅卜祥记、张飞岸《哲学的在场性与经济学的立场》，《中国社会科学》2009 年第 2 期。

《德意志意识形态》中，马克思曾经原则性地界定了唯物史观的理论价值。马克思指出："对现实的描述会使独立的哲学失去生存环境，能够取而代之的充其量不过是从对人类历史发展的考察中抽象出来的最一般的结果的概括。这些抽象本身离开了现实的历史就没有任何价值。它们只能对整理历史资料提供某些方便，指出历史资料的各个层次的顺序。但是这些抽象与哲学不同，它们绝不提供可以适用于各个历史时代的药方或公式。相反，只是在人们着手考察和整理资料——不管是有关过去时代的还是有关当代的资料——的时候，在实际阐述资料的时候，困难才开始出现。"① 在马克思看来，作为对思辨哲学的本质性超越，唯物史观只不过是"从对人类历史发展的考察中抽象出来的最一般的结果的概括"，它不是也"绝不提供可以适用于各个历史时代的药方或公式"，它唯一的理论意义只在于"对整理历史资料提供某些方便，指出历史资料的各个层次的顺序"。因此，只有当我们依据唯物史观"着手考察和整理资料""实际阐述资料"的时候，"困难才开始出现"。如此一来，我们也就可以理解如下基本理论事实，即当马克思在《德意志意识形态》中草创唯物史观之后，他没有在详细构建唯物史观理论体系大厦、建构新的哲学理论体系的工作上做任何停留，而是依据唯物史观迅疾转入对资本主义经济运行机制的研究。换言之，马克思的理论兴趣显然完全不在于把这种"抽象出来的最一般的结果的概括"发展成为哲学巨著，而是以此为据进入那个真正困难的"实际阐述资料"的工作，即进入《资本论》的研究工作。这就是在马克思的思想历程中实际发生的由《德意志意识形态》走向政治经济学批判的真实过程，而《资本论》不过是唯物史观走向现实世界的理论成果；真正的唯物史观就存在于《资本论》中。这一理论事实的重要启示在于：坚持和发展马克思哲学唯一正确的路径，并不是仅仅聚焦于对马克思哲学本身的理论研究，而是依据马克思哲学的理论精神研究全球化背景下中国经济社会发展面临的重大现实问题；正是在这个意义上，经济哲学研究成为创新马克思哲学当代话语体系的必由之路。

2. 从经济哲学必须直面的问题域看，马克思经济哲学可以被称作广义上的生态哲学

马克思经济哲学的现实问题域乃是中国特色社会主义的伟大实践；而

---

① 《马克思恩格斯文集》第 1 卷，人民出版社，2009，第 526 页。

贯穿于中国特色社会主义实践的总问题则是如何在经济社会发展过程中协调好人与人、人与自然界的矛盾，实现人与自然界、人与人之间在发展基础上的和谐共存。这个总问题与人类未来的发展道路有关，它本质性地意味着一条与西方传统工业化截然不同的全新发展道路的探索与展现。当我们把这一发展道路称之为与"工业文明"模式不同的"生态文明"类型时，它不仅意味着当代中国特色社会主义乃是立足于人类共同命运对人类未来的实践探索——这是一个具有重大意义的历史性事件，而且还意味着当代意义上的马克思经济哲学同时也就是广义的生态哲学，是对自然生态和社会生态之双重文明样态的理论关注。如果说以《资本论》为主干的马克思经济哲学更多地聚焦于社会生态问题，即聚焦于由资本逻辑所导致的人与人之间的冲突与对抗，那么当下经济哲学研究则需同时关注自然生态问题，即关注同样由资本逻辑所导致的人与自然界之间的冲突与对抗。为此，当代马克思经济哲学现实问题域的展开就必须紧扣人与人、人与自然界关系的基本问题，在理论上祛除理智形而上学传统对马克思实践哲学的遮蔽，突破"人类中心主义"与"自然中心主义"的二元对峙模式，澄清西方学者对马克思唯物史观的种种误解，还原马克思感性自然观和生态社会观的基本内涵，吸取中国传统生态文化的精髓，构建具有中国特色与智慧的生态哲学话语体系；同时在实践上，立足于中国特色社会主义市场经济的现实前提，探索出合理驾驭资本逻辑，实现经济发展与生态平衡、经济效率与社会公正良性互动的实践方案，建构人与自然、人与人和人与社会之间和谐发展共存的格局。

3. 对马克思经济哲学的生态哲学立场的呈现必须直面各种理论质疑与挑战

近年来，基于对当代人类面临的双重矛盾及其后果——吴晓明老师恰当地把它称之为社会生活和自然生活的界限——反思，国外学者对马克思生态哲学的哲学立场做出了诸如机械世界观、经济决定论、进步强制论和技术决定论等各种理论解释。在传统的唯物史观理论体系中，人们对作为唯物史观核心理论的劳动辩证法和生产力理论的诠释本质上不过是一种工业资本主义的解释方案。依据这一解释方案，作为人类社会前提与基石的劳动被理解为征服自然和改造自然的活动，而生产力被解释为基于现代性交往方式征服和改造自然的能力。海德格尔据此把马克思哲学看作是"当代性之思想"，而这个思想的核心是"进步强制"，我们今天所面临的生态危机与自然家园的丧失就是这种"进步强制"的必然结果，因而他认为马克思应该为今天的环境恶化负责①。针对西方学者对马克思应当为当今生态问题负责的指责和传统马克思主义的经济决定论倾向，作为西方生态学马克思主义的主要代表人物之一的福斯特竭力把马克思主义生态学化，这是一个应当给予高度肯定的理论尝试。但是，在其全部理论努力中，福斯特却是基于马克思早就超越了的自然唯物主义重构"绿色"马克思的。在福斯特这里，围绕"新陈代谢断裂"② 所展开的马克思生态哲学的理论基石依然被设定为某种类型的自然唯物主义——在其最先进的理论形式上，它不过就是辩证唯物主义。在为马克思生态哲学奠定辩证唯物主义哲学基础的理论道路上走得最远的，乃是最近几年来在国内外一度声名鹊起的"有机马克思主义"。他们认为马克思主义是以"经济决定论"为基础的机械世界观③，因而是与工业主义同谋性的现代性思想；因此，只有把马克思主义哲学与怀特海的有机哲学嫁接起

---

① 海德格尔："现今的'哲学'满足于跟在科学后面亦步亦趋，这种哲学误解了这个时代的两重独特现实：经济发展与这种发展所需要的架构。马克思主义懂得这［双重］现实。"(F. 费迪耶等/辑录：《晚期海德格尔的三天讨论班纪要》，《哲学译丛》2001 年第 3 期，第53 页）"马克思主义把生产设想为：社会之社会性生产（gsellshaftliche Produktion der Gesellschaft）——社会生产其自身——与人作为社会存在体（soziales Wesen）的自身生产。既然马克思主义这么想，它就正是当今之思想，在当今进行统治的就是人的自身生产与社会的自身生产。我愿断言，或毋宁说我想揣测，海德格尔说道，人的自身生产带来了自身毁灭的危险。我们实际上究竟看到了什么呢？是什么通过规定了整个大地的现实而统治着当今呢？［是］进步强制（Progrssionszwang）。这一进步强制引起了一种生产强制，后者又与一种对不断更新的需求的强制联系在一起。"(同上，第 57 页）"今天感到身陷越来越紧密迫人的'强制'之网的人（从存在历史来看，在强制中表现出来的乃是支架）），能否自己产生一种手段，来摆脱'强制'造成的困境呢？人如何才能做到这一点，如果他不放弃自己作为生产者的规定性？此外，在当今的现实环境下，这样的放弃可能吗？这种弃绝实际上将意味着什么呢？人也许会进而弃绝进步本身，并且参与对消费和生产的普遍限制。一个简单、直观的例子：在这种弃绝的视野中，'旅游'也许就不再可能了，相反人们会节约一些并呆在家。然而，在这个时代，还有诸如'在家'、寓所、住处之类的事情么？不，只有'居住机器'（Wohnmaschine）、都市的稠密地带，简言之，只有工业化的产物，却再也没有家了。"(同上，第 58 页）

② John Bellamy Foster, "Capitalism and Robbery——The Expropriation of Land, Labor, and Corporeal Life", *Monthly Review*71, No. 7 (December 2019): 1 - 27.

③ 对于马克思之作为现代性或现代主义思想家的判定，与有些学者比较隐晦的表达不同，杨志华有公开的指证："在这个意义上，怀特海的有机哲学与马克思主义之间的差异性也有迹可循，最大的差异在于：前者是后现代性哲学纲领，后者则是现代性哲学纲领"；"在建设性后现代思想家看来，马克思仍然是现代主义的思想家，马克思主义的一些现代主义假设——比如，决定论的历史原则，工人阶级革命的自发性，将自然界仅仅看作阶级斗争发生的背景，只为人们提供唯物主义的素材，贡献原材料和提供劳作机会——已经不能符合后现代的科学和后现代的生活情境"(《何为有机马克思主义？——基于中国视角的观察》，《马克思主义与现实》2015 年第 1 期，第 80 页）。

来，才能为生态文明建设构建一种基于"共在"和"动在"的所谓"有机世界观"基础①。他们对马克思主义的基本性质理解显然是一种严重的误判，是不可接受的。对马克思经济哲学之生态哲学思想的当代解释，必须直面并回应如上理论质疑与挑战。

4. 必须重启被现代性思想所遮蔽了的马克思社会生态思想的哲学基础

不论在马克思思想的早期，还是在马克思思想发展的后期，作为具有生态哲学指向的马克思经济哲学都既不是以"经济决定论"为基础的机械世界观，也不是某种形式的现代性思想，而是本质性地超越了机械世界观的对资本主义现代性的批判。作为这一批判之全面展开的哲学基础乃是在马克思所发动的哲学革命中诞生了实践哲学以及作为实践哲学范式展开的唯物史观。在这里，问题的关键是回归马克思思想的原初理论境域，在作为"感性活动"的"实践"与"劳动"概念的意义上重新为唯物史观奠基，即依据马克思的早期经典文本，把现实个人的实践与劳动活动本质性地诠释为与改造征服活动完全不同的感性对象性活动，从而据此把生产力和生产方式诠释为人与自然界、人与人和谐共存的能力与方式。只有这样，我们才能真正理解马克思为何把实践哲学与唯物史观理论的现实性批判矛头直指资本逻辑以及奠基于资本逻辑之上的资本主义机器大工业生产，并把替代资本主义生产方式的共产主义方案原则性地言说为"自然主义＝人道主义"，即言说为"人和自然界之间、人和人之间的矛盾的真正解决"，"存在和本质、对象化和自我确证、自由和必然、个体和类之间的斗争的真正解决"②；也只有这样，我们才能真正理解马克思经济哲学之与中国特色社会主义市场经济实践的当代性意义，即当我们把市场经济作为发展手段与基础的前提下，我们必须：在基本发展理念上，合理处理效率与公平的关系，突破效率优先、兼顾公平的思维模式，做到既重效率又重公平、效率公平兼顾；在利益分配机制上，平衡利益关系，破除利益集团，建构合理流动的利益结构；在社会阶层结构问题上，处理好社会阶层分化和阶层固化问题，构建正向流动的社会阶层结构；③ 在社会关系

---

① "由于在有机哲学中，关系是作为宇宙本性的东西被看待的，一切存在都是关系性的存在，任何'动在'都是'互在'，万物一体，相互依存，休戚与共。离开他者，自我无法存在，因此，我们必须'责无旁贷地关心他者'。"（王治河、杨韬：《有机马克思主义及其当代意义》，《马克思主义与现实》2015 年第 1 期，第 85 页）

② 《马克思恩格斯文集》第 1 卷，人民出版社，2009，第 185 页。

③ 参阅拙作《中国社会阶层结构变迁与财富观嬗变的经济哲学分析》，《哲学动态》2019 年第 11 期。

调试上，促进原子个人发育，破除以血缘伦理为基础的弹性社会关系，构建以理性规则和法制体系为基础的刚性社会结构关系。① 就此而言，对马克思经济哲学之社会生态学思想的当代性拓深，必须加强与社会学的结盟，密切关注现代西方社会学有关现代社会阶层结构关系研究的理论成果与最新进展。这是被习惯于宏大理论叙事方式的国内唯物史观研究长久忽视了的重要研究领域。

5. 必须重启被现代性思想所遮蔽了的马克思自然生态思想的哲学基础

作为马克思自然生态哲学思想理论基石，马克思的自然观既不是福斯特意义上的"新陈代谢断裂"，也不是有机马克思主义意义上的"共在"和"动在"，而是早在《1844 年经济学哲学手稿》中就已经开启出的"感性自然观"。有机马克思主义通过怀特海哲学与马克思主义哲学的嫁接试图构建的所谓有机世界观，不过是已经被马克思彻底超越了的自然唯物主义的复活；他们试图通过"共在"和"动在"，即通过自然唯物主义意义上的普遍联系和永恒发展思想对生态文明的全部论证，不仅在理论水平上完全低于实践唯物主义基础上的马克思生态哲学思想，而且反倒会成为为工业文明之合理性进行论证的理论工具，因为工业文明及其奠基于其上的工业主义自然观并不否定自然界与人的普遍联系和永恒发展，而是把这种联系与发展作为人类自我中心主义的前提性根据。② 当某些国内学者试图通过为工业主义自然观附加上"人对自然界的征服与改造必须以尊重客观规律为前提"，并以此为生态文明奠定自然观基石时，它并没有真正突破工业主义自然观和奠基于其上的工业文明的界限；只有彻底颠覆工业主义自然观，才能为生态文明建设奠定全新的自然观基础。

"生态文明"是继"工业文明"之后的人类文明的新样态，从哲学的角度反思工业文明的症结、建构生态文明，最为核心的问题是如何划清作为工业文明与生态文明哲学基础的自然观之间的界限。③ 针对理论界依然在工业主义自然观基础上为生态文明奠基的哲学态度，我们必须在马克思早期思想所提出的"感性自然观"的基础上为生态文明建设奠定坚实的自然观基础。它与工业自然观的根本差异在于：工业主义自然观把人类对自然的征服与改

---

① 参阅拙作《马克思"社会公正"理论的当代意义》，《哲学研究》2014 年第 4 期。

② 参阅拙作《对"有机马克思主义"哲学理念的质疑》，《黑龙江社会科学》2015 年第 6 期。

③ 参阅拙作《"生态文明"的哲学基础探析》，《哲学研究》2010 年第 4 期。

造作为人类生存的第一原理，自然界仅仅成为满足人类需求的质料和手段，而感性自然观强调人与自然界之间的对象性关系——按照马克思自己的表述，自然界不仅是"人的现实的生活要素"，更是"人的合乎人性的存在"①，"是另一个对他来说感性地存在着的人"②，而"整个所谓世界历史不外是人通过人的劳动而诞生的过程，是自然界对人来说的生成过程"③，"历史是人的真正的自然史"④，"历史本身是自然史的一个现实部分，即自然界生成为人这一过程的一个现实部分"⑤。

6. 必须正确对待西方学界对中国生态文明发展理念与发展道路的期许与建议

针对工业文明的现实症候，国外学者——有机马克思主义是近年来最典型的代表——对中国的生态文明发展理念和发展道路给予了高度评价，同时也为中国生态文明的发展战略提供了许多有意义的建议。比如，在实践方案上，有机马克思主义主张彻底放弃传统的"经济增长"理念，反对农业现代化并回归传统农业模式，放弃工业现代化并走向制造业的本土化，放弃银行商业化并走向非营利性的银行服务业等。他们把这样的所谓生态文明发展理念和发展道路，称之为"第三条道路"。同时，他们还主张"文化嵌入式"的生态文明的发展道路，并对中国基于特有的传统文化引领人类生态文明的发展道路寄予厚望。我们认为，他们对"生态文明"发展理念的倡导和对中国走生态文明发展道路的期许是值得肯定的。但是，在原则性的高度上，我们必须看到：他们对马克思主义之作为机械世界观和经济决定论的现代性思想的定性，乃是对马克思哲学基础的严重误读；他们为中国当代生态文明建设所开具的"药方"实质上抛弃了全球化背景下的国际性经济、政治和文化利益的博弈，寄希望于中国独善其身，但这只能让中国的经济社会发展陷入极大的被动；他们的建议性方案也完全抛开了中国经济社会发展的基本国情，不懂得彻底放弃经济增长只能让中国再度陷入贫困与动荡。⑥

---

① 《马克思恩格斯文集》第 1 卷，人民出版社，2009，第 187 页。
② 《马克思恩格斯文集》第 1 卷，人民出版社，2009，第 194 页。
③ 《马克思恩格斯文集》第 1 卷，人民出版社，2009，第 196 页。
④ 《马克思恩格斯文集》第 1 卷，人民出版社，2009，第 211 页。
⑤ 《马克思恩格斯文集》第 1 卷，人民出版社，2009，第 194 页。
⑥ 参阅拙作《"有机马克思主义"的理论局限与实践困境》，《马克思主义研究》2016 年第 9 期。

五　经济哲学研究亟待突出发展的瓶颈

早在 20 世纪 80 – 90 年代，在哲学社会科学领域曾经产生过众多交叉学科和应用学科，诸如教育哲学、价值哲学、体育哲学等；自 20 世纪 90 年代以来，又相继诞生了作为交叉或应用学科的道德哲学、法哲学、文化哲学、政治哲学、生态哲学等。回顾 40 余年的发展历程，许多新生的交叉学科或应用学科已经走向凋零，而经济哲学则不仅已经稳固地确立了它在传统学科和众多交叉学科、应用学科格局中的地位，率先成立了"全国经济哲学研究会"，而且也取得了丰硕的理论成果，并呈现出蓬勃发展的良好势头。据统计，在"中国知网中国期刊全文数据库"中，仅输入"经济哲学"，分别以关键词、主题、摘要进行搜索，1980 – 2018 年的论文就分别达到 323、876、1224 篇。近年来，仅上海财经大学人文学院经济哲学系一家单位就出版经济哲学专著 20 余部、经济哲学评论文集 6 部。当然，在充分肯定经济哲学研究已经取得成绩的基础上，我们也必须看到经济哲学研究在新时期的深度推进还存在众多亟待解决的问题；其中，有些问题甚至已经成为制约经济哲学研究发展的瓶颈。

1. 进一步澄清经济哲学的学科性质与研究图式

对经济哲学学科性质和研究图式的讨论集中发生在 20 世纪 90 年代。围绕学科性质的争论集中在经济哲学是分支学科还是交叉学科的界定问题上。在持有分支学科属性的观点中，又存在着经济哲学是哲学的分支学科，因而属于应用哲学，还是经济哲学是经济学的分支学科，因而属于元经济学的争论；在认为经济哲学是交叉学科的看法中，又存在着线性跨学科（把哲学的基本原理、方法运用于经济学）与结构性跨学科（经济学和哲学的交叉综合）的争论。对经济哲学学科性质的认识直接影响到经济哲学的研究图式。作为经济哲学学科创始人和建构者之一的张雄教授认为：经济哲学不是应用哲学，也不是经济学的分支，而是一门经济学与哲学结构性跨学科的交叉科学，因此，经济哲学的研究图式应当包括经济本体论、经济认识论、经济方法论、经济进化论等，其相关学科包括经济人类学、经济伦理学、经济心理学等。[1] 这一观点在一定程度上统一了学界认识，但仍然有学者至今依

---

① 张雄：《经济哲学研究的图式》，《复旦学报》（社会科学版）2001 年第 5 期。

然坚持应用哲学的看法，也有一些学者逐步放弃了经济哲学的提法，而把经济哲学仅仅看作经济学方法论。这些看法极大地缩小了经济哲学的研究领域，并由于把经济哲学看作哲学在经济学或经济领域中的运用，看作是运用哲学原理说明经济学或经济领域中的现实问题而直接限制了经济哲学创新的理论空间。因此，再度澄清经济哲学的学科性质和研究图式，是十分必要的。

2. 亟待加强哲学与经济学的结盟

经济哲学研究必须加强哲学与经济学的结盟，这是由经济哲学的交叉科学性质所决定了的。只有突破哲学与经济学的固有学科界限，才能推动经济哲学的深度发展。在由《中国社会科学》杂志社的孙麾先生倡导发起，并由上海财经大学人文学院承办的学科对话系列之二——"经济学与哲学：面对共同未来"的对话中，陈先达先生再次强烈呼吁：没有经济学作为理论支撑，就不可能真正理解马克思主义哲学；不懂得或不承认历史唯物主义的经济学家也不可能解决中国的现实问题，更不可能成为卓越的马克思主义经济学家；哲学与经济学合则两立，分则两败俱伤。[①] 多年来，作为国内经济哲学研究的理论重镇，上海财经大学经济哲学团队一直坚持哲学与经济学结盟的交叉研究路径，并率先——并且也是唯一——在国内面向经济学专业的本科生和硕士研究生，与经济学院联合培养经济哲学专业的硕士和博士研究生。但是，从全国经济哲学研究会自 2013 年以来历届年会的与会专家构成来看，经济学家的参与度依然不高；而且，由于种种原因，上海财经大学取消了与经济学院联合培养经济哲学人才的国内独有而领先的模式，经济哲学硕士和博士点从一个独立的二级学科再度成为作为二级学科的马克思主义哲学下的一个培养方向。如何在学术研究和人才培养中，进一步探索加强哲学与经济学结盟的现实路径，这是一个亟待解决的课题。

3. 加强经济哲学研究队伍的整合，拓宽经济哲学研究的问题域

自 20 世纪 90 年代到 21 世纪的第一个 10 年，是国内从事经济哲学研究的队伍大发展的一个时期。2012 年"全国经济哲学研究会"的成立和随后连续召开的年会，进一步发挥了队伍整合的作用。目前，已经形成了一个以哲学和经济学学者为主干，并由金融学、政治学、社会学、法学等多学科学者相补充的稳定研究队伍，并初步形成了一个有影响力的学术共同体。但同

---

① 陈先达：《马克思主义哲学关注现实的方式》，《中国社会科学》2008 年第 6 期。

时我们也应当看到，仍然有一批从事经济哲学研究的国内学者，甚至是有一定影响力的学者并未进入经济哲学研究的学术共同体中。它与现有经济哲学研究的问题域过于狭窄、目前国内相关学会的多样性和交叉性有关。就前者来说，国内许多学者所从事的诸如财富分配与社会公正、拜物教与消费主义、空间哲学与城市正义、阶层结构变迁与社会转型等一系列问题的研究，实际上就是经济哲学的研究，但他们却并不认为自己的研究可以或者应当归属于经济哲学。从后者来说，在全国经济哲学研究会之外，还同时存在着应用哲学研究会、中国《资本论》研究会、中国人学学会、全国当代国外马克思主义研究会等等许多学会。虽然它们讨论的主要问题直接地都是经济哲学问题或者具有极大的互通性或交叉性，但相互之间却缺乏交流与合作。如何加强研究队伍的整合和相关研究的融合、拓宽经济哲学研究的问题域，也是一个亟待解决的问题。

4. 亟待实现理论体系建设与重大现实问题研究的良性互动

如何建构经济哲学的理论体系，这是 20 世纪 90 年代曾经热烈讨论的一个课题。针对当时经济哲学的研究现状，作为该学科倡导者和推动者之一的余源培先生认为，在经济哲学研究发展的初期就急于构建理论体系是不现实的，经济哲学研究的当务之急应是聚焦于对现实具体问题的研究。历经 20 余年的发展，现在有学者认为经济哲学理论体系的建设期已经到来。但是，我们应该看到，按照张雄教授有关经济哲学研究图式的基本规划及其发展现状，经济本体论、经济认识论、经济方法论和经济进化论等议题的研究进展是极不均衡的。因此，在我看来，当下国内经济哲学理论体系建设的条件仍然是不成熟的，在总体上经济哲学学科依然处于研究具体问题的学术发展期；当然，从另一方面看，今天我们对具体问题进行研究的同时也已经进入到一个需要考虑经济哲学理论体系如何构建的时期。我把这个时期称之为理论体系建设与重大现实问题研究的良性互动期。

5. 以"全国经济哲学研究会"为基础，拓展经济哲学研究的学术平台

早在 2013 年"全国经济哲学研究会"成立之前，除了不定期召开的全国性经济哲学会议之外，国内经济哲学研究的平台主要是由上海财经大学人文学院定期发布的《中国经济哲学评论》和《中国经济哲学博士文库》。随着"全国经济哲学研究会"的成立和经济哲学研究的繁荣，亟须拓展经济哲学研究的学术平台，即发布国内经济哲学研究的年度报告，并以既有的《中国经济哲学评论》为基础，创办一个集中反映国内外经济哲学研究成果和学术动态的专业性刊物，以引领国内经济哲学的发展。

6. 加强国际学术交流与合作，推动国内经济哲学研究走向世界

经济哲学研究是一个具有深厚学术传统、悠久学术传承和广泛学术议题的国际性学术话语体系。国内经济哲学研究历经 40 余年的发展，目前已经具备了开展国际学术交流与合作，在国际上发出自己声音的基本条件。通过译介当代国外经济哲学研究的学术成果，举办国际性的学术会议，围绕一系列全球性话题合作开展国际性合作研究，必将推动经济哲学研究走向世界。

作者单位：上海财经大学人文学院

三　学术纵横

《资本论》唯物史观的呈现方式与独特作用

丰子义

近年来，《资本论》成为我国马克思主义哲学研究关注的一大重点。有关历史唯物主义、马克思主义整体性、全球化、现代性、公平正义、生态文明等重大问题的讨论，都集中涉及《资本论》。在《资本论》哲学研究中，其中的唯物史观研究又成为重中之重。因为许多重要理论问题和现实问题的理解和把握都与其唯物史观直接相关，而且马克思的两大理论发现及其相互关系本来就是马克思理论的重心所在。站在新的历史起点上，如何看待《资本论》的唯物史观？如何看待《资本论》中经济学研究和哲学研究的内在关联？如何看待《资本论》唯物史观对于研究和考察社会生活的方法论意义？这都是需要继续深入探讨的问题。对《资本论》的唯物史观加以总体性的把握，不仅对于深化《资本论》哲学的研究以至整个马克思主义哲学的研究，而且对于推进今天的经济学研究、马克思主义整体性以及相关重大问题的研究，都是非常重要的。本文仅就《资本论》唯物史观的呈现方式与独特作用提出自己的一些看法。

一 《资本论》中唯物史观的呈现方式及其特点

《资本论》既是一部重要的经济学著作，同时也是一部重要的哲学著作。作为一部哲学著作，它的哲学尤其是唯物史观究竟是以什么样的方式呈现出来的？对此，从不同的角度来观照，可能有不同的回答。我们这里所讲的呈现方式，主要是相对于唯物史观创立过程中的表现方式而言的。由于唯物史观在其创立时期和在《资本论》中经历了不同的思想行程、体现了不同的方法特征，因而形成了不同的呈现方式。

从马克思主义哲学发展史来看，马克思在创立唯物史观的过程中，其思想行程主要体现的是一种"归结"的方式。出于对人类幸福和人的自由全面发展的强烈追求，马克思从始至终对社会问题予以特别关注。在其理论生涯的最初阶段，马克思信仰的是黑格尔哲学，因而更多强调的是从理性出发来看待社会问题，把国家看作是人类理性的体现和普遍利益的代表，理性与国家由此在社会生活中取得了决定性的作用。《莱茵报》时期的社会实践，使马克思第一次遇到了对物质利益发表意见的难事，由此引起对原有信仰的动摇，因而在《黑格尔法哲学批判》中明确提出：不是国家决定市民社会，而是市民社会决定国家；并不是社会中的各种矛盾、问题都能在"国家"中来解决，而只有解决市民社会的利益冲突才能从根本上解决这些矛盾、问题。在《1844 年经济学哲学手稿》中，马克思通过经济学的研究和异化劳动的分析，深化了原有的认识，其思想进展在于从"物质的生活关系的总和"的市民社会中划出生产来，并将其作为社会生活的基础，提出生产决定社会生活的一切方面，"宗教、家庭、国家、法、道德、科学、艺术等等，都不过是生产的一些特殊的方式，并且受生产的普遍规律的支配"[1]。在《神圣家族》中，马克思不仅把物质生产看作"历史的发源地"，而且通过生产和生活过程中"实物关系"的分析，触及"人对人的社会关系"。列宁认为，这一分析极富有代表性，"表明马克思如何接近自己的整个'体系'（如果可以这样说的话）的基本思想——即如何接近生产的社会关系这个思想"[2]。到了《德意志意识形态》马克思社会历史思想的实质性进展就在于在阐述历史出发点即现实生产的同时，通过交往和交往形式的分析，形成了生产关系的科学概念和思想。正是借助于现实的生产和生产关系的研究，马克思正确地揭示了社会生活的本质、社会发展的内在矛盾及其运动规律，从而创立了唯物史观。纵观这一过程，可以清楚地看到，马克思是从理性王国出发，通过层层分析，一步步地抓住了社会生活的本质，创立了唯物史观。从理性－国家－市民社会－生产－接近生产关系－生产关系这一发现唯物史观的思想进程，按照马克思的话说，就是一个从天国到尘世的过程。

---

① 《马克思恩格斯全集》第 42 卷，人民出版社，1979，第 121 页。

② 《列宁全集》第 55 卷，人民出版社，1990，第 13 页。

因此，唯物史观的创立过程，就其思维方法的特点来看，运用的是"归结"的方式。唯物史观的基本立场、观点就是通过这种归结的方式呈现出来的。

在《资本论》中，唯物史观呈现的方式或所体现的思想行程正好与之相反：它是从最基本的经济关系－商品关系入手，经过分析研究，一步步地揭示出资本主义社会生活的全部内容，直至它的最抽象的思想形式，从而生动地再现了唯物史观关于社会生活的内在联系及其发展规律。这样的研究方式和思想行程显然采取的是"上升法"，即通过从抽象上升到具体的方法，具体地揭示了经济关系是如何支配和影响社会生活的各种关系及其演变的，而唯物史观的精神实质就是在这一上升过程中得到具体体现的。就其内容来看，《资本论》第一卷重点是从商品分析入手，阐明了资本主义社会最为本质的关系就是商品关系，资本主义社会的基本矛盾及其演化趋向就是由商品关系的内在矛盾决定的。第二卷和第三卷则是从本质层次进入现象层次的分析和说明，尤其到第三卷，马克思通过资本主义生产总过程以及各类资本家分割剩余价值过程的分析，具体阐明了资本主义生产关系对资本主义社会生活各种现象的作用和影响，以致使资本主义社会的文化、道德、情感、观念、人格等都得到深刻的揭露。这种分析过程所体现的基本观点是和唯物史观完全一致的。再从马克思写作《资本论》的谋篇布局来看，也是如此。在《〈政治经济学批判〉导言》关于"政治经济学的方法"部分中，马克思在讲完"五篇结构"后，又专门列了一节阐述其研究的思路与内容安排，其标题是"生产。生产资料和生产关系。生产关系和交往关系。国家形式和意识形式同生产关系和交往关系的关系。法的关系。家庭关系"①。标题所示的内容，实际上展现的就是唯物史观的基本内容，它以要点的方式反映了唯物史观的基本观点和方法。在写作《1857－1858 年经济手稿》的过程中，马克思又将"五篇"结构改为"六册"结构：①资本；②地产；③雇佣劳动；④国家；⑤国际贸易；⑥世界市场②。在这一结构中，从资本与雇佣劳动关系的分析开始，一直分析到资本与国家的关系、与国际的关系、与世界市场和世界历史的关系，同样展现的是一种宏大的历史视野和"上升"的研究方法。

对于上述"归纳"与"上升"两种方式，马克思在《资本论》中曾经

① 《马克思恩格斯选集》第 2 卷，人民出版社，1995，第 27 页。
② 见《马克思恩格斯〈资本论〉书信集》，人民出版社，1976，第 124 页。

有过这样一个评论："事实上，通过分析来寻找宗教幻想的世俗核心，比反过来从当时的现实生活中引出它的天国形式要容易得多。后面这种方法是唯一的唯物主义的方法，因而也是唯一科学的方法。"① 在这里，他和在《〈政治经济学批判〉导言》中一样，把两种方法做了对照，并且得出了同样的结论。这一结论性的看法实际上讲了两层意思：其一，仅仅从人们的精神生活、政治生活以及其他社会生活中找到其共同的现实基础，即社会物质生产过程，相对说来还是比较容易的事情，因为它只是提供了一种宏观的历史解释方式，用不着各种细节的说明和阐述。相反，要从现实生活中引出它的"天国形式"，则远为复杂，需要做出具体的阐释和说明，因而要困难得多。其二，尽管这是一种困难的方法，但它却是"唯一的唯物主义方法，唯一科学的方法"。为什么？因为科学认识的目的就在于把握"具体"，把直观和表象中的具体变为思维中的具体；而要真正认识和把握作为社会整体的"具体"，不能靠黑格尔式的纯粹逻辑演绎，也不能靠"历史公式"的简单套用和推演，而是需要研究社会生活的大量实际材料及其内在联系，研究从抽象到具体的各种中介环节。只有通过不断的"上升"，才能在思维的具体中再现现实的具体，从而达到对一个社会的具体认识和把握。离开了具体历史过程的分析，离开了各个环节及其相互关系的考察，最后的结论难免是远离现实，不可能如实反映对象存在和发展的真实状况。所以，马克思在做完上面的评论后马上指出："那种排除历史过程的、抽象的自然科学的唯物主义的缺点，每当它的代表越出自己的专业范围时，就在他们的抽象的唯心主义的观念中立刻显露出来。"② 这就是说，脱离了具体的历史过程分析和"上升"性的研究，极有可能走向"抽象的唯心主义"。正因如此，《资本论》在剖析资本主义社会时，坚持的是从抽象上升到具体的方法，通过这种方法贯彻了唯物史观的基本立场。

由于唯物史观在《资本论》的呈现方式就体现在这样的思想行程和上升性方法之中，因而在《资本论》中，唯物史观与经济学研究的关系也发生了重大的变化：唯物史观不再是以外在的形式表现为经济学批判的哲学前提，而是直接变为经济学研究本身的内在方法和内在要素。这从《资本论》的研究与此前的经济学研究的对比中可以明显反映出来。在 19 世纪 40 年代

---

① 《马克思恩格斯全集》第 23 卷，人民出版社，1972，第 410 页。
② 《马克思恩格斯全集》第 23 卷，人民出版社，1972，第 410 页。

中后期，马克思也研究经济学，进行政治经济学批判，但主要是用刚刚创立的唯物史观来分析、评判相关的经济学，哲学与经济学的界分还是比较明显的。如在《哲学的贫困》中，马克思对蒲鲁东的观点进行了总清算。这种清算一方面表现在对蒲鲁东经济学研究方法的批判，指出蒲鲁东是借助于对黑格尔辩证法的歪曲来构成自己的经济学体系；另一方面表现在用唯物史观来分析各种经济范畴，如对交换、分工、货币、价值等经济范畴做出了与蒲鲁东完全相反的结论，同时阐明了自己关于价值和剩余价值的思想。在这部著作中，马克思在经济学研究上的一大转变是直截了当地承认了劳动价值论。这样的转变，固然是钻研经济学特别是合理吸收李嘉图价值理论的成果，更重要的是用唯物史观观照的成果。如在此前的《1844 年经济学哲学手稿》中，马克思之所以拒斥劳动价值论，原因在于此时他所持的还是人本主义的立场：既然"自由自觉的劳动"是人的应有本质，那么，国民经济学的劳动价值论恰恰是以私有制和异化劳动为基础的，它所肯定的不是劳动的价值，而是"异化劳动"的价值，因而必须否定劳动价值论。到了《哲学的贫困》马克思已经创立了以现实的物质生产为出发点的唯物史观，因而充分肯定劳动价值论并发展原有的劳动价值论，这是思想发展的必然逻辑。在同一时期所写的《雇佣劳动和资本》和《关于自由贸易的演说》等文本中，唯物史观的这种作用方式同样体现得非常明显。而在《资本论》中，唯物史观与经济学研究不再是一种外在性的关系，而是内在地结合在一起，即唯物史观不再是从外部表现为经济学分析和批判的哲学前提与尺度，而是直接转化为经济学研究的内在方法和内在思维方式。从商品关系入手解剖资本主义社会的过程，既是经济学分析的过程，也是唯物史观实际发挥作用并得以充分呈现的过程，二者融为一体。在具体的分析研究过程中，唯物史观虽然没有以"显性"的方式出场，但它以"隐性"的观点和方法在发挥着重要的作用，可谓不在场的"在场"。

《资本论》研究的这种思想行程，同时充分体现了这样几个明显的特点。

一是批判与建构的统一。《资本论》的主要任务无疑是要通过政治经济学批判，分析解剖资本主义社会，而在批判分析的过程中，又实际上对唯物史观做了具体、深入的阐发。马克思有关社会历史许多新的观点、方法都是在这种批判中得以阐释和体现的；经济学批判的同时又是唯物史观的一种理论建树。这样的研究特点，也是由马克思的理论本性尤其是其哲学本性决定的。马克思哲学创立伊始，就不是追求什么体系哲学、意识哲学，而是要面向现实，改造现实，"从批判旧世界中发现新世界"。既然哲学批判不是仅仅满足于抽象地否定旧世界，而是要通过批判旧世界来建立一个新世界，因而马克思所进行的研究不仅是批判性的，而且是建构性的。或者说，唯物史观诸多理论建构就深藏于经济学批判之中。如从总体来看，唯物史观虽然早已创立，但其透彻的阐述和详细的论证则是在《资本论》的批判研究之中。正是通过资本的批判和剩余价值理论的阐发，马克思深刻揭示了资本主义生产方式的内在矛盾及其演化趋势，唯物史观关于"两个必然""五形态"依次更替等核心理论才得到可靠的理论支撑，而不是仅仅停留于一般的哲学论证。就此而言，没有剩余价值理论，也就没有坚实的唯物史观。此外，唯物史观的许多具体理论、观点也往往是在这种批判分析中阐发和确立起来的。如近些年学界讨论的马克思公平正义观，在一些学者看来，这可能是一个伪命题，因为马克思在谈到公平正义问题时，往往是在批判的语境中呈现的，更多用的是批判的语气。其实，马克思并不是一般地贬斥公平正义，而只是强烈拒斥资产阶级经济学家所讲的那种形式上的"公平正义"。恰好是在这种批判的过程中，马克思表明了关于公平正义的基本立场、观点以及评价方法，从中形成了自己独具特色的公平正义理论。如果仅仅看到批判的外观，而不关注其思想实质，很难发现马克思在唯物史观上的理论建树。

二是唯物史观的运用与其证明、深化、发展的一致。从最基本的经济关系即商品关系入手来渐次展开对资本主义社会的分析过程，是对唯物史观的一个具体运用过程。对此，马克思在其《〈政治经济学批判〉序言》中有过明确的说明，认为唯物史观就是"我所得到的、并且一经得到就用于指导我的研究工作的总的结果"[1]。这里所说的"我所得到的"，就是为了解剖市民社会而从政治经济学研究中得到的；这里所说的"用于指导我的研究工作"，就是用创立的唯物史观指导后来的经济学研究工作。因此，不能讳言《资本论》对唯物史观的运用。但是，必须注意到，《资本论》的分析对于唯物史观来说，既是一种具体运用，又是一种验证或证明。诚如列宁所说："自从《资本论》问世以来，唯物主义历史观已经不是假设，而是科学地证

---

[1] 《马克思恩格斯选集》第2卷，人民出版社，1995，第32页。

明了的原理。"①《资本论》之所以是一种证明，就在于它用资本主义社会发展的大量实证材料、用资本主义社会的生活实践，对唯物史观进行了实际检验。大量的事实依据、确凿的发展现实，使唯物史观的基本原则与精神实质得到了无可辩驳的证实。所以，《资本论》的证明并非是纯粹的逻辑证明，说到底是实践检验。

　　《资本论》的分析研究过程，同时也是对唯物史观的一种深化和发展。其深化和发展主要是通过这些方面体现出来的：一是对唯物史观基本范畴的科学制订与表述。如生产力、生产关系、生产方式、经济社会形态、社会经济结构等基本范畴，不再像以前那样主要限于一般性的说明与理解，而是将其置入经济过程的分析之中，有了具体的内涵和规定，其精确化、科学化的程度大为提高。像生产力范畴，在《资本论》中就有着系统的分析：生产力的本质与构成要素、生产力的量的规定与质的规定、自然生产力与社会生产力、客体生产力与主体生产力、物质生产力与精神生产力、现实生产力与潜在生产力、直接生产力与间接生产力等等，都被纳入生产力系统之中，生产力概念由此有了更为丰富的内容和精确化的特点。范畴与术语上的变化实际上反映了思想的成熟程度。二是对一些基本原理的具体阐发。《资本论》的任务不是要重新阐释唯物史观，但在其剖析资本主义社会的过程中，又实际上对其许多基本原理做了进一步深入的阐发。如关于生产一般与特殊、生产力的内在矛盾、生产关系各环节之间的联系、生产的技术组织方式与社会组织方式及其相互关系、物质生产与精神生产和艺术生产之间的关系、资本的发展同法律、法权演变的内在关联等原理，或是在以前没有提出过，或是以前论述较为薄弱，现在通过解剖、分析，使其得到了具体、深入的阐发。在《资本论》中，这些原理不再是抽象的哲学原则，而是从现实生活中提取出来的实际道理。三是对历史方法论的新阐释。要对资本主义社会给以合理的解剖，必须有其合理的方法论。《资本论》在研究历史中所体现的方法论是对唯物史观的一大创新。如在该著中，除了通常提到的从抽象到具体的方法、逻辑与历史相一致的方法、"三者同一"的方法之外，特别富有新意的是提出了考察历史的"从后思索"法、"人体解剖"法、"普照的光"法等等。这些方法不仅对于研究资本主义社会，而且对于研究整个人类社会历史都是非常重要的。总的说来，《资本论》的研究确实是对唯物史观的一个

---

① 《列宁选集》第1卷，人民出版社，1995，第10页。

实质性的推进和发展，诚如有的学者所说：不懂得《资本论》就不懂得马克思主义哲学。

二 《资本论》唯物史观研究的核心思想与主要贡献

在《资本论》中，从最基本的经济关系入手来一步步地揭示资本主义的全部社会生活，这主要是就唯物史观的呈现方式或研究方式而言的。而就其唯物史观的研究内容来看，主要是抓住生产关系这一核心来展开的。要了解这一特点，有必要对唯物史观的形成和发展有一个准确的把握。

从唯物史观发展史来看，生产关系这一概念和思想的提出，在唯物史观的形成和发展过程中具有十分重要的地位。如上所述，唯物史观的创立走的是一条从天国到尘世的路线，亦即从理性 - 国家 - 市民社会 - 生产 - 接近生产关系 - 生产关系。"生产关系"的提出，对于揭示社会生活的本质、结构以及社会实践的内在矛盾及其发展规律至为重要。一方面，只有借助于生产关系，才能正确理解和把握社会结构的其他基本范畴，如生产力、政治上层建筑、思想意识等。如在马克思之前，生产力的问题已经有了广泛深入的研究，尤其到古典政治经济学那里，达到了一个新的高度。但是，以往的生产力研究有两大局限：一是只从客体的方面、物的方面来理解生产力，从未突出人在生产力中的主体地位；二是离开生产关系来谈论生产力，更多关注的是资源如何配置，生产如何更有效率。而正是生产关系的提出与引入，使得这些局限得到了克服：既阐明了生产力不可能离开一定的社会关系孤立地进行，又阐明了不能离开一定的社会关系来发挥物的作用、实现物的增长。又如对上层建筑尤其是阶级斗争的理解，在近代以来尤其是在法国复辟时期的历史学派那里得到了详细的论述，但因其缺乏生产关系的思想，最终不能说明阶级斗争的根源问题，难以摆脱唯心史观。只是在引入生产关系之后，阶级斗争才得以真正科学的说明。另一方面，只有借助于生产关系，才能揭示社会生产实践的内在矛盾，进而揭示社会发展的一般规律与特殊规律。所谓社会生活实践的内在矛盾，最根本的是生产力与生产关系的矛盾；正是这一矛盾，决定和影响着社会生活的其他矛盾，从而决定着社会发展的走向。恰好是借助于生产关系，才使得这些矛盾及其发展规律得到深刻的揭露与阐释。总之，离开了生产关系，就不可能创立唯物史观。

　　《资本论》中的唯物史观就是抓住生产关系这一核心问题来展开的。《资本论》的研究对象，按马克思自己的话说，就是"资本主义生产方式以及和它相适应的生产关系和交换关系"①。生产关系不光是《资本论》经济学研究的对象，同时也是其唯物史观研究的核心所在。《资本论》的整个体系就是围绕着资本主义生产关系即劳动与资本的关系展开的，而它的历史观也恰好是体现在生产关系及其相关问题的分析上。借助于生产关系，解剖清楚了资本主义社会，同时其历史观也得到了具体呈现。

　　要深刻认识生产关系在《资本论》经济学研究和唯物史观阐释中的地位，应当关注马克思在其手稿中关于生产的理解。在《〈政治经济学批判〉导言》中，马克思开篇的第一句话就是："摆在面前的对象，首先是物质生产。"② 但在接下来的讨论中，马克思又明确地指出，任何生产都是在一定社会发展阶段上的生产。作为生产，它在各个时代都有某些共同标志、共同规定，因而抽象出生产一般是合理的；但是，抽象出"生产一般"，不能忘记了生产特殊，不能忘记各个时代生产之间的"本质的差别"。生产的本质差别是由什么造成的？就是生产发展不同阶段上所形成的生产关系。要研究生产，必须研究"生产的一般规定在一定社会阶段上对特殊生产形式的关系"③。由于构成不同历史阶段生产本质差别的是生产关系，因而马克思认为，研究现代资产阶级生产，"事实上是我们研究的本题"④；把现代资产阶级生产作为研究的本题，事实上就是把资本主义生产关系作为研究的本题，二者是完全一致的。这种一致不仅体现在《资本论》的经济学之中，同时也贯穿于它的历史观之中。

　　要分析生产关系，前提性的工作就是要剥离和区分自然关系和社会关系。为此，马克思在一些基本问题认识上做了这样一些实质性的推进：一是从物的关系中看到人的社会关系。即如列宁所说："凡是资产阶级经济学家看到物与物之间的关系（商品交换商品）的地方，马克思都揭示了人与人之间的关系。"⑤ 二是从量的关系中看到质的关系。资产阶级经济学家感兴趣的向来是商品交换中量的关系，而非质的方面，他们很少关注商品交换背

---

① 《马克思恩格斯全集》第 23 卷，人民出版社，1972，第 8 页。
② 《马克思恩格斯选集》第 2 卷，人民出版社，1995，第 1 页。
③ 《马克思恩格斯选集》第 2 卷，人民出版社，1995，第 4 页。
④ 《马克思恩格斯选集》第 2 卷，人民出版社，1995，第 3 页。
⑤ 《列宁选集》第 2 卷，人民出版社，1995，第 312 页。

后所实际形成的劳动关系和生产关系。与此相反，马克思始终把关注的重点放到商品交换"质"的规定上，突出研究交换量背后所隐藏的特定的经济关系，尤其是生产关系。三是从"自然形式"中发现"历史形式"。同样是论述社会经济制度，资产阶级经济学家们的论证方式是非常奇怪的，"他们认为只有两种制度：一种是人为的，一种是天然的。封建制度是人为的，资产阶级制度是天然的……以前是有历史的，现在再也没有历史了"①。在马克思看来，这种观点的错误在于抽掉了经济发展的社会性质，抽掉了资本主义生产在其中进行的特殊的社会关系。只要联系社会性质与社会关系来考察，资本主义生产方式也是一种特殊的、具有独特历史规定性的生产方式，而非什么"自然形式"。

在做了这样的剥离和区分之后，马克思重点围绕资本主义生产关系对资本主义社会加以剖析，其唯物史观的丰富内容主要是通过两大思想的阐发得到具体体现：一个是关于"社会有机体"的思想，另一个是关于"社会经济形态的发展是一种自然历史过程"的思想。这两大思想是对《资本论》唯物史观的集中反映和高度概括，是对唯物史观的一种独特贡献。

先来看关于"社会有机体"的思想及其理论贡献。在《资本论》第一卷第一版序言中，马克思明确指出："现在的社会不是一个坚实的结晶体，而是一个能够变化并且经常处于变化过程中的机体。"② 如何解剖这一"机体"？马克思用的"解剖刀"就是唯物史观的基本方法。其解剖的路径就是紧紧抓住生产关系这一基本环节，并且弄清它与其他环节的联系，具体地再现了资本主义社会这一有机体的内在结构及其运动规律。在马克思看来，社会有机体的"骨骼"就是社会的生产关系。生产关系之所以成为"骨骼"，就在于它是整个社会的经济结构，构成了社会形态的基础，并决定着社会的变迁。因此，列宁评论说，"要研究这个机体，就必须客观地分析组成该社会形态的生产关系"③。《资本论》正是这样，它"一次也没有利用这些生产关系以外的任何因素来说明问题"④。

由于生产关系是和生产力联系在一起并受生产力制约的，所以在研究"骨骼"时必然要涉及生产力的发展状况。在叙述资本主义生产的发展过程

---

① 《马克思恩格斯选集》第1卷，人民出版社，1995，第151页。
② 《马克思恩格斯全集》第23卷，人民出版社，1972，第12页。
③ 《列宁选集》第1卷，人民出版社，1995，第32页。
④ 《列宁选集》第1卷，人民出版社，1995，第9页。

《资本论》唯物史观的呈现方式与独特作用　253

时，马克思分别从劳动的要素构成、主客体的结合方式、科学技术的运用、生产工具的改进、人的主体力量的发挥和人的发展等不同角度对生产力做了详细的论述，形成了生产力的系统思想。特别是关于科学技术是生产力、真正的财富就是所有个人的发达的生产力、生产力的发展依赖于人的发展等思想，是对原有生产力观点的进一步扩展和完善，是新的理论创造。

《资本论》是紧紧抓住生产关系来分析和说明问题的，但"马克思并不以这个骨骼为满足，并不仅以通常意义的'经济理论'为限；虽然他完全用生产关系来说明该社会形态的构成和发展，但又随时随地探究与这种生产关系相适应的上层建筑，使骨骼有血有肉"①。由于资本的发展总是在一定的社会经济、政治、文化条件下进行的并受这些条件的制约，因而资本要实现增殖，必须冲破一切不利于自身发展的各种条件的束缚和限制，寻求相应的支持。上层建筑的各种问题也由此进入马克思的视野。如国家问题，无论从历史还是从现实来看，国家的职能是以保证资本主义剥削制度能"正常地"进行为目的的。在原始积累时期，资本因经济实力不足，往往借助国家的力量来剥夺和掠夺；在资本确立统治地位之后，资本又总是通过对政治权力、法律的渗透和控制来推行自己的意志，满足自己的欲望。又如法权问题，每一种生产方式都会产生出它所特有的法权关系。资产阶级所标榜的权利的平等和公平，不过是商品生产关系的抽象表达，而且随着简单商品生产向资本主义商品生产的转变，所谓以个人劳动为基础的平等权利也立即转化为不平等的权利。还有教育、文化、宗教、伦理、心理等问题，都是如此。正是通过这些问题的研究，马克思得出了这样一个总结性的结论："由生产关系本身产生的经济制度的全部结构，以及它的独特的政治结构，都是建立在上述的经济形式上的。任何时候，我们总是要在生产条件的所有者同直接生产者的直接关系——这种关系的任何形式总是自然地同劳动方式和劳动社会生产力的一定的发展阶段相适应——当中，为整个社会结构，从而也为主权和依附关系的政治形式，总之，为任何当时的独特的国家形式，找出最深的秘密，找出隐蔽的基础。"② 这实际上是对社会结构最重要、最深刻的揭示。

对于现代社会机体的发育及发展规律，马克思也有独到的理解。在

---

① 《列宁选集》第 1 卷，人民出版社，1995，第 9 页。
② 《马克思恩格斯全集》第 25 卷，人民出版社，1974，第 891－892 页。

《资本论》最初草稿中，通过研究各种经济现象的产生、发展及其内在关联，马克思对资本主义体制提出这样一个规律性的说明："这种有机体制本身作为一个总体有自己的各种前提，而它向总体的发展过程就在于：使社会的一切要素从属于自己，或者把自己还缺乏的器官从社会中创造出来。有机体制在历史上就是这样向总体发展的。它变成这种总体是它的过程即它的发展的一个要素。"① 在这里，实际上阐述了社会机体发展中前提与结果的关系、器官与机体的关系、从属与内生的关系、过程与结构的关系等，使其社会结构确实赋有"有机"的性质。相对于此前的社会结构理论来说，这样的概括和分析更趋于全面、深入。

再来看关于"社会经济形态的发展是一种自然历史过程"的思想及其理论贡献。如果说"社会有机体"理论是对社会生活横向维度的阐释，那么，"自然历史过程"理论则是对社会历史纵向维度的揭示。通过对资本主义社会的解剖，发现社会发展是一种自然历史过程，这是对社会历史内在矛盾运动及其规律的深刻把握，也是唯物史观有关社会发展理论的集中概括和体现。这一过程的发现和阐释，实际上以综合的、浓缩的形式反映和再现了唯物史观的诸多原理，从而使这些基本原理不再成为抽象的原则，而是成为以大量事实材料为依据并用资本主义社会的实际发展加以验证的科学理论。因此，深入考察马克思关于社会发展是一种自然历史过程的重要论述，对于深入理解和把握《资本论》的唯物史观是非常重要的。

马克思究竟是怎样发现社会的发展是一个自然历史过程的？

首要的一点，还是突出生产关系的研究。这就是从社会生活的各种领域中划分出经济领域来，从一切社会关系中划分出生产关系来，并把它当作决定其余一切关系的基本的原始的关系。抓住了这一"基本的原始的关系"，也就确立了社会发展规律的客观性。因为发现历史现象的规律性，并不一定能够保证历史观上的科学性，例如"主观主义者虽然承认历史现象的规律性，但不能把这些现象的演进看作自然历史过程，这是因为他们只限于指出人的社会思想和目的，而不善于把这些思想和目的归结于物质的社会关系。"② 像德国古典哲学的康德、黑格尔莫不如此。所以，能否实现这一"归结"，这是能否发现社会发展是一个自然历史过程的基础和关键。对

---

① 《马克思恩格斯全集》第 46 卷上，人民出版社，1979，第 235－236 页。
② 《列宁选集》第 1 卷，人民出版社，1995，第 9 页。

此，列宁明确认为，以往的社会学家当他们还局限于思想的社会关系时，始终不能发现各国社会现象中的重复性和常规性，他们的科学至多不过是记载这些现象、收集素材；而"一分析物质的社会关系（即不通过人们的意识而形成的社会关系：人们在交换产品时彼此发生生产关系，甚至都没有意识到这里存在着社会生产关系），立刻就有可能看出重复性和常规性，把各国制度概括为社会形态这个基本概念"①。《资本论》正是这样，将其考察的对象牢牢确定在生产关系上，而且又从各种生产关系中找出支配着一切关系的"普照的光"，从而保证了对资本主义生产关系纯粹形态的研究。

在突出生产关系研究的基础上，马克思重点抓住生产力与生产关系的内在矛盾运动来揭示资本主义社会的形成和发展。这是贯穿《资本论》的一条主线。在《资本论》中，马克思具体论证了资本主义生产关系是怎样随着生产力的发展而发展，最后导致资本主义走向灭亡的运动过程，从而以其全部内容证明："一种历史生产形式的矛盾的发展，是这种形式瓦解和改造的唯一的历史道路"。②

资本主义生产直接的历史前提是简单商品生产，而简单商品生产则以生产资料分散在许多相互独立的生产者手中这一事实为前提，这种生产一旦"发展到一定程度，就造成了消灭自身的物质手段"③。个人的分散的生产资料转化为社会的积聚的生产资料，多数人的小财产转化为少数人的大财产，生产者也从生产资料中分离出来。这就是资本主义的形成过程。资本主义生产方式一旦确立下来，同时也就产生了资本主义的基本矛盾。随着资本主义生产由简单协作到工场手工业再到机器大工业的发展，这种矛盾也在不断深化和发展。资本的积累和集中加快进行，使银行资本、商品资本、借贷资本、土地的经营和地租的作用明显增大，资本主义生产关系也日趋复杂。资本与劳动的关系已不单单表现为产业资本家和劳动者的关系，而是表现为各类资本家以及大土地所有者和劳动者之间的关系，这就导致基本矛盾的进一步加深。所有资本家唯一追求的是最大限度的剩余价值，赢利的目的和行为推动生产力快速发展，生产力的发展使资本有机构成日益提高，因而产生了

① 《列宁选集》第 1 卷，人民出版社，1995，第 8 页。
② 《马克思恩格斯全集》第 23 卷，人民出版社，1972，第 535 页。
③ 《马克思恩格斯全集》第 23 卷，人民出版社，1972，第 830 页。

平均利润率下降的趋势；利润率下降又迫使资本家追加资本以保存资本、增加利润，当利润率下降与生产力发生尖锐冲突时，经济危机就到来了。经济危机的周期性爆发又必然引起资本家之间更大的竞争，由此促使资本积累加剧，资本日益集中。这样，劳动和生产资料越来越社会化，而资本巨头则越来越少，结果是，"资本的垄断成了与这种垄断一起并在这种垄断之下繁盛起来的生产方式的桎梏。生产资料的集中和劳动的社会化，达到了同它们的资本主义外壳不能相容的地步。这个外壳就要炸毁了。资本主义私有制的丧钟就要响了。剥夺者就要被剥夺了。"① 可见，资本主义社会由其内在矛盾所决定，它的发展确实是一个自然历史过程。这一过程以确凿的事实证明了社会的发展根源于生产力与生产关系的矛盾运动，证明了社会经济发展有其内在的逻辑，证明了社会形态的更替有其客观规律。

强调社会发展是一个自然历史过程，并不意味着轻视人的创造活动。马克思指出："一个社会即使探索到了本身运动的自然规律……它还是既不能跳过也不能用法令取消自然的发展阶段。但是它能缩短和减轻分娩的痛苦。"② 这就是说，人们虽然不能改变历史发展规律，但人在规律面前也并不是无能为力的，完全可以创造条件改变规律发生作用的方式以适应自己发展的需要，从而"缩短和减轻分娩的痛苦"。假如人在规律面前完全是被动的，那么，探索这样的规律也就毫无意义了。探索规律，说到底是为了获得更大的自由。而且，历史发展规律与人的活动本来就不是分离的，离开了人的活动，根本没有什么超验的"规律"。规律就是人们活动间的内在联系及其发展趋向。随着人们活动的改变，规律的作用方式也会得到相应调整，这就为人的能动创造、人的发展留下了充分的空间。这也正是《资本论》探究资本主义经济发展规律的最终目的所在。

总体来看，在《资本论》中，通过对资本主义这一"活的有机体"的解剖和资本主义发展"自然历史过程"的考察，马克思以翔实的材料阐发了深刻的唯物史观。这种唯物史观不仅仅是早前唯物史观的再现，更重要的是一种新的理论阐发和创造，其许多思想都是在资本批判中呈现出来的。因此，《资本论》对唯物史观有着不容忽视的理论贡献。

---

① 《马克思恩格斯全集》第 23 卷，人民出版社，1972，第 831－832 页。
② 《马克思恩格斯全集》第 23 卷，人民出版社，1972，第 11 页。

三 唯物史观在《资本论》中的独特作用

唯物史观既在《资本论》中得到深化和发展，又在其经济学研究中发挥着独特的功能。离开唯物史观，就不可能有《资本论》的产生，就不可能有马克思政治经济学的创立。对此，恩格斯有一个总体性的评价，认为马克思的"经济学本质上是建立在唯物主义历史观的基础上的"①。事实确实如此，资本的批判和经济学的分析离不开唯物史观，其经济学研究和哲学阐释是融为一体的。

唯物史观对于资本批判和经济学研究的作用是多方面的，但就总体认识和把握资本主义经济及其发展来说，则有着颇为特殊的作用，其作用主要是通过这样一些形式体现出来的。

一是驱雾解蔽的作用。要清楚地认识社会历史，必须驱除各种历史迷雾；要深刻认识资本主义经济及其发展规律，同样需要驱除各种认识迷雾。在剖析资本主义社会时，马克思首先是从商品入手进行分析，而要真正认识、理解商品，必须对商品加以解蔽，还其真实面目。用于解蔽的方法就是唯物史观。这在商品拜物教批判中体现得最为明显。所谓商品拜物教，简单说来，就是商品生产条件下人与商品（物）关系的颠倒，商品物异化为一种支配人的力量，进而使人们对商品物形成一种类似宗教的崇拜观念。产生商品拜物教的根源是什么？马克思认为："商品世界的这种拜物教性质，……来源于生产商品的劳动所特有的社会性质。"② 这种特有的社会性质，就是商品生产条件下私人劳动与社会劳动的矛盾。私人劳动能否现实地转化为社会劳动，被社会所承认，只有在产品的交换中并通过这种交换才能得以实现或得到证明。"他们的私人劳动的特殊的社会性质也只有在这种交换中才表现出来。"③ 正是私人劳动与社会劳动的矛盾，产生了商品生产和商品交换以及与之相联系的商品的拜物教性质。所以，商品拜物教是商品生产的必然产物。同商品拜物教一样，货币拜物教和资本拜物教都是商品生产的必然产物。货币本来是一种充当一般等价物的商品，是交换的工具，但在

① 《马克思恩格斯选集》第2卷，人民出版社，1995，第38页。
② 《马克思恩格斯全集》第23卷，人民出版社，1972，第89页。
③ 《马克思恩格斯全集》第23卷，人民出版社，1972，第89页。

商品经济条件下，谁握有货币，谁就有权力，就有支配的力量，因而货币拜物教达到了登峰造极的程度，资本主义社会"颂扬金的圣杯是自己最根本的生活原则的光辉体现"①。资本拜物教也是如此。资本本来不是物，而是一定的社会关系，但在商品经济条件下，谁占有作为资本的"物"，谁就拥有统治和占有别人劳动的力量，因而资本本身也就具有了一种神奇的力量。正是通过这些拜物教的批判，马克思从"物与物的虚幻关系"揭示出了人与人之间的真实关系，从而使商品世界的真实原像得到还原。这样的批判之所以能够进行彻底，最终得益于唯物史观的立场与方法。

二是透析现象的作用。唯物史观的形成，就是马克思通过各种社会现象的研究，穿透各种表层，走向历史深处的结果。在《资本论》中，唯物史观的这种穿透作用同样得到明显的体现。马克思之所以能够超越各种资产阶级经济学，形成新的政治经济学，最重要的一点，就是贯彻和运用了唯物史观的分析方法。在《资本论》中，马克思正是借助唯物史观，对资本主义社会呈现出来的各种经济现象和经济关系做了透彻的分析，从而揭示了资本主义经济生活的本质和发展规律。这种透析或穿透的作用几乎反映到各种问题的分析上。就总的情况来看，正如前面所讲，在资产阶级经济学家看到物与物的地方，马克思都揭示了人与人之间的关系；在资产阶级经济学家把各种经济现象认作永恒"自然形式"的地方，马克思都将其揭示为社会的"历史形式"。就具体的分析来看，对于一些习以为常的经济现象和经济范畴，都没有囿于表面的或通常的理解，而是给以实质性的考量和解析。如资产阶级古典经济学对利润、利息、地租等有着较多的关注和细致的研究，触及了剩余价值问题，但他们并未做进一步的深入考察，并未明确地提出过剩余价值问题。为何如此？因为"这些资产阶级经济学家实际上具有正确的本能，懂得过于深入地研究剩余价值的起源这个爆炸性问题是非常危险的。"② 与此相反，马克思透过这些现象，直指问题的实质，认为利润、利息、地租等不过是剩余价值的表现形式，而剩余价值才是资本主义社会各种剥削收入的总源泉。又如资产阶级庸俗经济学，只描述的是经济的表面现象，而抹杀其本质联系，从各种庸俗的观点来为资本主义辩护。像法国萨伊、英国西尼尔、法国巴师夏、英国詹姆斯·穆勒、美国凯里等，均是如此。对此，马克思给以深刻的

---

① 《马克思恩格斯全集》第 23 卷，人民出版社，1972，第 153 页。
② 《马克思恩格斯全集》第 23 卷，人民出版社，1972，第 564 页。

揭露："庸俗经济学所做的事情，实际上不过是对于局限在资产阶级生产关系中的生产当事人的观念，教条式地加以解释、系统化和辩护。因此，毫不奇怪，庸俗经济学对于各种经济关系的异化的表现形式……感到很自在，而且各种经济关系的内部联系越是隐蔽，这些关系对庸俗经济学来说就越显得是不言自明的（虽然对普通人来说，这些关系是很熟悉的）。"① 正是借助于唯物史观，马克思在众多方面克服了古典经济学和庸俗经济学的局限。

三是揭露矛盾的作用。恩格斯在《社会主义从空想到科学的发展》中指出："唯物主义历史观……只有借助于辩证法才有可能。"② 这一观点极为重要。之所以重要，就在于讲唯物史观不能离开辩证法，辩证法就内在于唯物史观。这里所讲的辩证法，涉及的内容很多，但最为重要的是根源于实践的"合理的辩证法"。马克思明确指出："辩证法，在其合理形态上，引起资产阶级及其夸夸其谈的代言人的恼怒和恐怖，因为辩证法在对现存事物的肯定的理解中同时包含对现存事物的否定的理解，即对现存事物的必然灭亡的理解；辩证法对每一种既成的形式都是从不断的运动中，因而也是从它的暂时性方面去理解；辩证法不崇拜任何东西，按其本质来说，它是批判的和革命的。"③《资本论》正是这样，它不是使"现存事物显得光彩"，而恰恰是要给以否定性的批判分析。为此，揭露矛盾、分析矛盾便是辩证法的必然要求。这种矛盾分析的方法贯穿《资本论》的始终，凡是在资产阶级经济学作为前提和结论的地方，马克思都看到问题的存在。这种方法不仅充分体现在对资本主义社会基本矛盾、阶级矛盾等重大问题的分析之中，而且反映在对各种具体现象内在矛盾的揭露之中。如关于资本主义条件下的平等，在马克思看来，它并非抽象的理解那样，而实际上包含着深刻的矛盾。在市场上，平等的权利可以表现为资本与劳动的自由交换，但这种初看起来完全平等的交换关系，仅仅属于流通过程的一种表面现象，而与内容无关。"劳动力的不断买卖是形式。其内容则是，资本家用他总是不付等价物而占有的别人的已经物化的劳动的一部分，来不断再换取更大量的别人的活劳动。"④ 又如对于正义的理解，按照马克思的看法，经济交易中的规则和行为，"只要与生产方式相适应，相一致，就是正义的；只要与生产方式相矛盾，就是非正

---

① 《马克思恩格斯全集》第25卷，人民出版社，1974，第923页。
② 《马克思恩格斯选集》第3卷，人民出版社，1995，第691-692页。
③ 《马克思恩格斯全集》第23卷，人民出版社，1972，第24页。
④ 《马克思恩格斯全集》第23卷，人民出版社，1972，第640页。

义的"。① 这就是说，正义总是与一定生产方式相适应的正义，是包含着内在矛盾的正义，抽象的正义是没有的。同样一种规则和契约，用于资本和劳动，其正义性是大相径庭的。可以说，马克思就是通过运用"合理的辩证法"、运用矛盾分析的方法，破解了剩余价值的秘密和资本主义的"历史之谜"。

四是价值指向的作用。唯物史观作为一种历史观，总是要对社会历史的形成、发展以及演化做出规律性的解释。具体到资本主义社会来说，不仅要阐明资本主义社会从何而来，而且要阐明向何而去，其中体现的价值指向是明显的。尽管在 19 世纪 40 年代初期，马克思在分析资本主义社会时就提出了共产主义理想目标，但此时理解的共产主义以及所做的论证与《资本论》还不可同日而语。如果说，在《1844 年经济学哲学手稿》中马克思还基本上是按着人本学的逻辑来论证共产主义的，在《德意志意识形态》中也主要是从社会基本矛盾的一般推论中来提出共产主义的，那么，在《资本论》中，马克思则主要是通过资本主义经济内在矛盾的分析，特别是劳资关系的分析，用翔实的事实和严密的逻辑揭示了资本主义社会经济的内在联系及其发展规律，阐明了未来社会发展的走向。所以，《资本论》所提出的未来发展目标和价值指向是建立在严格的历史分析基础之上的，其价值观是建立在历史观基础之上的。马克思不仅通过对资本主义社会的具体解剖揭示了共产主义取代资本主义的历史必然性，而且通过资本主义社会阶级矛盾的分析，阐明了人类解放的具体道路，形成了完整的关于人的解放学说。因此，《资本论》提出的价值目标或价值理想并不是什么虚幻的"乌托邦"，而是以人类社会发展规律和资本主义社会基本矛盾发展为其依据的。就此而言，《资本论》所阐述的经济学并不是一种纯粹的经济学，而是包含着鲜明价值指向的经济学，其价值指向的合理性就来源于历史观的科学性。

总的来说，在《资本论》中，唯物史观发挥作用的方式是多种多样的，同时也是潜移默化的。看似经济学的分析，实际上背后潜藏和蕴涵的是唯物史观的观点和方法。正是借助于这些观点和方法，马克思实现了经济学上的一场革命，以致在今天的影响仍经久不衰。

原载《中国高校社会科学》2015 年第 6 期

作者单位：北京大学哲学系

---

① 《马克思恩格斯全集》第 25 卷，人民出版社，1974，第 379 页。

当前中国的"贫富差距"
为什么是不正义[*]的?

——基于马克思《哥达纲领批判》的相关论述

段忠桥

进入 21 世纪以后,随着"贫富差距拉大"① 在我国社会生活中日益凸显,"贫富差距"是否正义不但已成为上至政府、下至百姓经常谈论的话题,而且也成为学术界关注的热点论题。然而,翻阅一下近期的相关论著就不难发现,对当前中国的"贫富差距"是否正义做深入探讨的多是从事西方经济学和西方哲学研究的学者,特别是从事当代西方政治哲学研究的学者②,而少有从事马克思主义研究的学者。马克思主义研究的一个重要使命是指导社会实践,"贫富差距"无疑是当今中国面临的重大现实问题,那为什么我国从事马克思主义研究的学者在这一问题上却出现了集体失语的情况?本文试图揭示导致这一情况的两个主要原因,并进而依据马克思在《哥达纲领批判》中有关按劳分配的论述,对当前中国存在的"贫富差距"为什么是不正义的提出一种新论证。

---

* 本文讲的"正义"在马克思恩格斯的德文原著中是用 Gerechtigkeit 表示的,这一概念在中文版的《马克思恩格斯全集》中有时也被译为"公正"或"公平",因此,国内很多学者都把"公平"、"公正"和"正义"作为同一概念来使用的,本文也遵循这种用法。

① 据中新网报道(2012 年 5 月 23 日电,财经频道李金磊),数据显示,我国收入最高的 10% 群体和收入最低的 10% 群体的收入差距,已经从 1988 年的 7.3 倍上升到目前的 23 倍。

② 例如,早在 2004 年,姚洋就主编了一本题为《转轨中国:审视社会公正和平等》的论文集,论文的撰写者主要是韩水法、邓正来、林毅夫、樊纲、张曙光等人;姚大志教授在《哲学研究》2011 年第 3 期发表的《分配正义:从弱势群体的观点看》一文,针对当前我国存在的"严重的不平等,贫富差距过大"问题,提出并论证了一种意在解决这一问题的分配正义主张;2011 年 12 月出版的一本题为《看懂中国贫富差距》的著作,其作者徐滇庆、李昕都是西方经济学方面的专家。

一

在我看来，导致上述失语情况的一个主要原因，是一些人对马克思有关正义的主张存在错误理解，尤其是下述两种错误理解。

一种错误理解认为马克思本人拒斥、批判正义。这种错误理解在我国传统的马克思主义教科书中虽早有体现①，但对其给出较为充分论证的是华南师范大学的林进平教授。他早在 2005 年与徐俊忠合写的论文《历史唯物主义视野中的正义观——兼谈马克思何以拒斥、批判正义》中就明确提出，"一般而言，正义都会被当作具有积极意义或者说是某种体现为善的价值理想。然而正义在马克思成熟时期的作品中，却有着与这种流行观点几乎不同的境遇：正义并不是马克思诉求的对象，而是马克思拒斥、批判的对象。"② 在其 2009 年出版的《马克思的"正义"解读》一书中他又进而论证说，"马克思为何拒斥、批判正义？这一问题如果单从理论角度考虑，当然可以认为是正义论存在着局限或缺陷，才使得马克思拒斥、批判正义。但是，一种有缺陷，甚至是错误的理论假如只是停留在理论之中，或封闭在个人的私人领域，对现实没有作用的话，也可以不必理会。但是，正义论者却是试图把他们的正义观念运用在具体的社会实践上。"③ 如果他的这些理解是正确的，那我国从事马克思主义研究的学者自然就无须回应"贫富差距"是否正义的问题了。然而，林进平的这种理解是不正确的。

首先，从"正义"这一概念本身的含义来看，说马克思拒斥、批判正义在逻辑上是难以成立的。什么是"正义"？按照学术界的通常理解，正义的含义是"给每个人以其应得"。对此，牛津大学的 G. A. 科恩教授在其《拯救正义与平等》一书中讲过这样一段话："但如果因为我的一些批评者坚持要求我必须仅以通常的话语说出我认为正义是什么，那对这些对此将感到满足的人来讲，我就给出正义是给每个人以其应得这一古

① 传统的马克思主义教科书往往只提及马克思、恩格斯对各种资产阶级、小资产阶级的正义观念的批判，而从不谈及他们自己的正义观念。
② 《历史唯物主义视野中的正义观——兼谈马克思何以拒斥、批判正义》，《学术研究》2005年第 7 期，第 56 页。
③ 《马克思的"正义"解读》，社会科学文献出版社，2009，第 135 页。

老的格言。"① 牛津大学的戴维·米勒教授对正义概念的理解与科恩大体相同："在断定每一种关系模式具有其独特的正义原则时,我诉诸读者对我们所谓正义的'语法'的理解。依照查士丁尼的经典定义,作为一种一般意义上的德性的正义乃是'给予每个人应有的部分这种坚定而恒久的愿望'。这一箴言表明,存在着 A 将会给予 B 的待遇的某些模式以及他将会给予 C 的某些其他的模式(也许一样,也许不同),依此类推。正义意味着以适合于每个个体自己的方式对待每个人。它也意味着待遇是某种 B、C、D 等等应有的东西——换句话说,某种他们能够正当地要求的东西和 A 归属给他们的东西。"② 著名伦理学家阿拉斯代尔·麦金泰尔也持有与科恩同样的看法,即"正义是给予每个人——包括他自己——他所应得的东西以及不以与他们的应得不相容的方式对待他们的一种安排"③。由于正义概念本身的含义是"给每个人以其应得",因此,从逻辑上讲,任何人都不会拒斥和批判正义。当然,对于与正义密切相关的"应得"意指什么,处于不同历史时期的不同阶级或社会集团的人们,往往持有不同的,甚至截然相反的看法,但尽管如此,却没有一个阶级或社会集团的人们会反对"给每个人以其应得"的正义本身,相反,他们都把正义作为维护自身利益的口号。如果"正义"这一概念的含义就是"给每个人以其应得",那说马克思拒斥、批判正义在逻辑上显然就是不能成立的,因为马克思怎么会拒斥、批判"给每个人以其应得"呢?

其次,从马克思为国际工人协会起草的《协会临时章程》来看,他明确肯定了无产阶级的正义要求。依据马克思以及恩格斯的相关论述,正义是人们对现存分配关系与他们自身利益关系的一种价值判断。由于自原始社会解体后出现了在生产关系中处于不同地位的阶级或社会集团,而这种同一生产关系又往往为它们带来不同的利益,因此,不同的阶级或社会集团总会从自身利益出发提出各自的正义要求。在资本主义社会中,虽然资产阶级的正义要求占据主导地位,但无产阶级也有自己的正义要求。正因为如此,马克

---

① G. A. Cohen, *Rescuing Justice and Equality*, Harvard University Press, 2008, p. 7. 不过,科恩接着补充说,"但就我而言,我对这一格言并不完全满意,因为仅就它本身来讲,这一格言与两种相互对立的有关正义和什么是人们应得的关系的观点的每一个都相容。根据这两种观点中的一个,正义的观念是由人民应得什么的信念而形成的;根据另一种观点,有关什么是人们应得的信念在于来自最后阶段的(独立的可确认的)关于正义的信念"。

② 《社会正义原则》,应奇译,江苏人民出版社,2008,第 39–40 页。

③ A. MacIntyre, *Whose Justice? Which Rationality?* London: Duckworth, 1988, p. 39.

思在 1864 年为国际工人协会起草的《协会临时章程》写道："这个国际协会以及加入协会的一切团体和个人，承认真理、正义和道德是他们彼此间和对一切人的关系的基础，而不分肤色、信仰或民族。"① 在七年之后，即 1871 年为国际工人协会起草的《国际工人协会共同章程》中他又重申："加入协会的一切团体和个人，承认真理、正义和道德是他们彼此间和对一切人的关系的基础，而不分肤色、信仰或民族；……"② 在这个问题上恩格斯同马克思一样，也明确肯定了无产阶级的正义要求。他在 1887 年 6 月对"英国北方社会主义联盟纲领的修正"中写道："现今的制度使寄生虫安逸和奢侈，让工人劳动和贫困，并且使所有的人退化；这种制度按其实质来说是不公正的，是应该被消灭的。现在，劳动生产率提高到了这样的程度，以致市场的任何扩大都吸收不了那种过多的产品，因此生活资料和福利资料的丰富本身成了工商业停滞、失业，从而千百万劳动者贫困的原因，既然如此，这种制度就是可以被消灭的。我们的目的是要建立社会主义制度，这种制度将给所有的人提供健康而有益的工作，给所有的人提供充裕的物质生活和闲暇时间，给所有的人提供真正的充分的自由。请所有的人在这个伟大的事业中给予社会主义联盟以协助。赞同者应该承认他们彼此之间以及他们同所有的人之间的关系的基础是真理、正义和道德。他们应该承认：没有无义务的权利，也没有无权利的义务。"③ 如果马克思以及恩格斯都明确肯定无产阶级也有自己的正义要求，那说马克思拒斥、批判正义就是不能成立的。

最后，马克思虽然严厉批判过工人运动中出现的错误的正义要求，但也高度评价过工人阶级的正确的正义要求。针对当时工人运动中一度流行的"做一天公平的工作，得一天公平的工资"的口号，马克思指出，"他们应当屏弃'做一天公平的工作，得一天公平的工资！'这种保守的格言，要在自己的旗帜上写上革命的口号：'消灭雇佣劳动制度！'"④ 但由此却得不出马克思拒斥、批判工人阶级的任何正义要求的结论，因为仔细研究一下就不难看出，马克思这里批评的只是那种无视所有制关系的改变，从而把工人阶级的斗争只局限在分配领域的口号。实际上，马克思曾高度赞扬过工人阶级超出分配的局限而直指所有制关系的正义要求。例如，他在分

① 《马克思恩格斯全集》第 16 卷，人民出版社，1964，第 16 页。
② 《马克思恩格斯全集》第 17 卷，人民出版社，1963，第 476 页。
③ 《马克思恩格斯全集》第 21 卷，人民出版社，1965，第 570 页。
④ 《马克思恩格斯选集》第 2 卷，人民出版社，1995，第 97 页。

析劳动和资本的关系时明确指出，"认识到产品是劳动能力自己的产品，并断定劳动同自己的实现条件的分离是不公平的、强制的，这是了不起的觉悟，这种觉悟是以资本为基础的生产方式的产物，而且也正是为这种生产方式送葬的丧钟，就像当奴隶觉悟到他不能作第三者的财产，觉悟到他是一个人的时候，奴隶制度就只能人为地苟延残喘，而不能继续作为生产的基础一样"。① 从马克思的这段话能得出他拒斥、批判正义的结论吗？显然不能！

另一种错误理解认为马克思主张只要与生产方式相适应、相一致就是正义的，只要与生产方式相矛盾就是非正义的。② 按照这种理解，正义在马克思那里不是一种价值判断，而是一种事实判断，即判断正义与非正义的依据只在于与生产方式相一致还是相矛盾。如果马克思真是这样主张的，那我国从事马克思主义研究的学者也无须回应"贫富差距"是否正义的问题，因为这一问题只与价值判断相关，而与事实判断无关。但这种理解也是不正确的。

首先，这种理解的文本依据来自被误译的马克思的原文，即中央编译局翻译的马克思在《资本论》第三卷第21章"生息资本"中的一段话：

> 在这里，同吉尔巴特一起（见注）说什么自然正义，这是荒谬的。生产当事人之间进行的交易的正义性在于：这种交易是从生产关系中作为自然结果产生出来的。这种经济交易作为当事人的意志行为，作为他们的共同意志的表示，作为可以由国家强加给立约双方的契约，表现在法律形式上，这些法律形式作为单纯的形式，是不能决定这个内容本身的。这些形式只是表示这个内容。这个内容，只要与生产方式相适应、相一致，就是正义的；只要与生产方式相矛盾，就是非正义的。在资本主义生产方式的基础上，奴隶制是非正义的；在商品质量上弄虚作假也是非正义的。③ （注释：一个借钱为了获取利润的人，应该把利润的一部分给予贷出者，这是一个不言而喻的合乎自然正义的原则。）

---

① 《马克思恩格斯全集》第30卷，人民出版社，1995，第455页。
② 这种理解在当前我国的马克思主义研究中非常流行，在几乎所有涉及马克思主义思想研究的论著中都可发现这种理解。
③ 《马克思恩格斯全集》第25卷，人民出版社，1974，第379页。

对于这段译文存在的误译的问题，我曾在一篇论文①中做过详细的论证。受本文篇幅限制，我这里只给出我重译的译文，并简要指出它与中央编译局的译文的区别。我重译的译文是：

> 在这里，像吉尔巴特那样（见注）说什么天然正义是荒谬的。这种生产当事人之间进行的交易的正义性基于这一事实：这些交易是从生产关系中作为自然结果产生出来的。这些经济交易作为当事人的意志行为，作为他们的共同意志的表示，作为可以由国家强加给立约双方的契约，表现在法律形式上，这些法律形式作为单纯的形式，是不能决定这个内容本身的。这些形式只是表示这个内容。这个内容是正义的，只是在它与生产方式相符合，相适宜时；这个内容是非正义的，只是在它与生产方式相矛盾时。基于资本主义生产方式的奴隶般的劳动是非正义的，在商品质量上弄虚作假也是非正义的。（注释：一个用借款来牟取利润的人，应该把一部分利润付给贷放人，这是不证自明的天然正义的原则。）

我的译文与中央编译局的译文之间的区别，主要体现在马克思是如何批判吉尔巴特说的"天然正义"这一问题上。我的译文表明，马克思指出并论证了，吉尔巴特说的"正义"是用借款来牟取利润的人和贷放人之间进行的，前者把一部分利润付给后者的交易的正义性，而这些交易只是从资本主义生产关系中作为自然结果产生出来的，因此，吉尔巴特说的"正义"根本不是什么"天然正义"。中央编译局的译文则让人只能做这样的理解：马克思在批判吉尔巴特的"天然正义"时还提出了自己的正义观点，即只要与生产方式相适应、相一致，就是正义的，只要与生产方式相矛盾，就是非正义的。如果中央编译局的译文确实存在误译问题，那上述错误理解实际上也就失去了文本依据。

其次，这种理解与马克思以及恩格斯涉及正义问题的其他论述存在明显的矛盾。马克思、恩格斯在其著作中曾多次谈到正义问题，但除了上面给出的中央编译局的那段译文以外，他们都把正义视为一种价值判断，即不同阶

---

① 《马克思认为"与生产方式相适应，相一致就是正义的"吗？——对中央编译局〈资本论〉第三卷一段译文的质疑与重译》，《马克思主义与现实》2010年第6期。

级或社会集团的人们对于什么是正义的往往持有不同的看法。马克思在
《哥达纲领批判》中谈到拉萨尔主张的"公平的分配"时说道："什么是
'公平的'分配呢？难道资产者不是断言今天的分配是'公平'的吗？……
难道各种社会主义宗派分子关于'公平的'分配不是也有各种极不相同的
观念吗？"① 恩格斯在批判普鲁东的法权观时也指出："希腊人和罗马人的公
平观认为奴隶制度是公平的；1789 年资产阶级的公平观则要求废除被宣布
为不公平的封建制度。在普鲁士的容克看来，甚至可怜的专区法也是破坏永
恒公平的。所以，关于永恒公平的观念不仅是因时因地而变，甚至也因人而
异，它是如米尔伯格正确说过的那样'一个人有一个理解'。"② 这些论述表
明，正义在马克思和恩格斯那里是一种价值判断，而不是一种事实判断。这
样说来，如果认为马克思、恩格斯在对正义概念的使用上是一以贯之的，那
认为马克思还主张"只要与生产方式相适应，相一致，就是正义的；只要
与生产方式相矛盾，就是非正义的"，在逻辑上就是自相矛盾的。

　　最后，这种理解混淆了"正义"与"历史正当性"的不同含义。马克
思在批评当时工人运动中流行的"做一天公平的工作，得一天公平的工资"
的口号时强调指出，"在雇佣劳动制度的基础上要求平等的或仅仅是公平的
报酬，就犹如在奴隶制的基础上要求自由一样。你们认为公道和公平的东
西，与问题毫无关系。问题就在于：一定的生产制度所必需的和不可避免的
东西是什么？"③ 这里讲的"你们认为公道和公平的东西"，是与正义相关的
东西，而这里讲的"一定的生产制度所必需的和不可避免的东西"则是与
"历史的正当性"相关的东西。关于"历史的正当性"，恩格斯在谈到马克
思对剥削的看法时有一段极为明确的论述："马克思了解古代奴隶主，中世
纪封建主等等的历史必然性，因而了解他们的历史正当性，承认他们在一定
限度的历史时期内是人类发展的杠杆；因而马克思也承认剥削，即占有他人
劳动产品的暂时的历史正当性；……"④ 恩格斯这里讲的剥削的"历史正当
性"，其含义是剥削的历史必然性，即剥削在人类社会一定历史时期是不可
避免的，并且还是推动这一时期历史发展的动力。由此不难看出，上述错误
理解，即认为马克思主张"只要与生产方式相适应、相一致就是正义的，

---

① 《马克思恩格斯选集》第 3 卷，人民出版社，1995，第 302 页。
② 《马克思恩格斯全集》第 18 卷，人民出版社，1964，第 310 页。
③ 《马克思恩格斯选集》第 2 卷，人民出版社，1995，第 76 页。
④ 《马克思恩格斯全集》第 21 卷，人民出版社，1965，第 557 - 558 页。

只要与生产方式相矛盾就是非正义的"，其错误就在于将作为价值判断的"正义"等同于作为事实判断的"历史正当性"了。

总之，对马克思有关正义的主张的错误理解，特别是上述两种错误理解，是导致我国从事马克思主义研究的学者在"贫富差距"是否正义问题上出现集体失语的一个主要原因。

二

在我看来，导致上述失语情况的另一主要原因，是一些人还未摆脱马克思的剥削不正义的观念的束缚。

剥削在马克思的论著中是一个多次出现的重要概念，从他的相关论述来看，这一概念具有两种不同的含义。

其一是指资本家对工人劳动的无偿占有。对此，马克思在《工资、价格和利润》讲过这样一段话："假定预付在工资上的资本为 100 英镑。如果所创造出的剩余价值也是 100 英镑，那就表明这工人的工作日一半是无偿劳动，并且——如果我们用预付在工资上的资本价值去测量这个利润的话——我们就可以说，利润率等于 100%，因为预付的价值为 100，而所实现的价值则为 200。另一方面，如果我们不是只看预付在工资上的资本，而是看全部预付的资本，即假定为 500 英镑，其中有 400 英镑代表原料、机器等等的价值，那么我们就看到，利润率只等于 20%，因为这 100 英镑的利润只为全部预付资本的 1/5。前一种表示利润率的方式，是表明有偿劳动和无偿劳动间的实在对比关系，即对劳动进行 exploitation〔剥削〕（请允许我用这个法文字）的实在程度的唯一方式；后一种表示方式是通常习惯用的，并且它确实也适用于某几种目的，至少是非常便于掩盖资本家榨取工人无偿劳动的程度。"① 马克思的这段话表明，资本家对工人的剥削就是对工人劳动的无偿占有。在马克思、恩格斯的论述中，剥削不仅体现在资本家对工人劳动的无偿占有上，还体现在奴隶主对奴隶劳动和封建主对农奴劳动的无偿占有上，对此恩格斯有一段明确的表述："现代资本家，也像奴隶主或剥削农奴劳动的封建主一样，是靠占有他人无偿劳动发财致富的，而所有这些剥削

---

① 《马克思恩格斯全集》第 16 卷，人民出版社，1964，154 页。

形式彼此不同的地方只在于占有这种无偿劳动的方式有所不同罢了。"①。

其二是指资本家对工人劳动的无偿占有是不正义的。从马克思的相关论述不难看到，他还常常把资本家对工人的剥削，即对工人劳动的无偿占有，说成是对工人的"抢劫"和"盗窃"。例如，在《1857—1858年经济学手稿》中，他明确指出"现今财富的基础是盗窃他人的劳动时间"②。在《资本论》第一卷中，他把剩余产品称作"资本家阶级每年从工人阶级那里夺取的贡品"③；把逐年都在增长的剩余产品说成是"从英国工人那里不付等价物而窃取的"；④把资本家无偿占有的剩余价值视为"从工人那里掠夺来的赃物"。⑤对此，科恩教授曾做过这样的分析：马克思认为资本主义剥削是资本家对工人的"盗窃"，而"盗窃是不正当地拿了属于他者的东西，盗窃是做不正义的事情，而基于'盗窃'的体系就是基于不正义"。⑥他还进而指出，你能从某人那里盗窃的只能是完全属于那个人的东西，这样说来，马克思对资本主义剥削是不正义的谴责就"暗示着工人是他自己的劳动时间的正当的所有者"⑦。在我看来，科恩的分析是有道理的。因此，剥削在马克思那里的第二种含义是资本家对工人劳动的无偿占有是不正义的，而其之所以不正义，说到底是因为资本家无偿占有了本应属于工人自己的劳动。

对于剥削的第一种含义可能没人会提出质疑，因为马克思对其有过大量明确的论述。对于剥削的第二种含义却有不少人提出质疑，其中一种质疑讲的是：尽管马克思在一些地方确实把资本家对工人剥削说成是对工人的"抢劫"和"盗窃"，但由此却得不出他认为剥削不正义的结论，因为他从未明确讲过剥削是不正义的。⑧对于这一质疑，西方一些学者已做出各种不同的回应⑨。我在这里要提出一个反对这种质疑的新论据，这就是恩格斯在1884年写的《马克思和洛贝尔图斯。"哲学的贫困"德文版序言》讲的一段话：

① 《马克思恩格斯全集》第19卷，人民出版社，1963，第125页。
② 《马克思恩格斯全集》第46卷（下），人民出版社，1980，第218页。
③ 《资本论》第一卷，人民出版社，1975，第638页。
④ 《资本论》第一卷，人民出版社，1975，第671页。
⑤ 《资本论》第一卷，人民出版社，1975，第655页。
⑥ 转引自《马克思与正义理论》，中国人民大学出版社，2010，第158页。
⑦ G. A. Cohen, *Self-ownership, freedom, and equality*. Cambridge University Press, 1995, p. 146.
⑧ 参见《马克思与正义理论》，中国人民大学出版社，2010，第169—173页。
⑨ 例如诺曼·杰拉斯，参见《马克思主义与正义》，中国人民大学出版社，2010，第177—179页。

　　李嘉图理论的上述应用，——认为全部社会产品，即工人的产品属于唯一的、真正的生产者，即工人——直接引导到共产主义。但是，马克思在上述的地方也指出，这种应用在经济学的形式上是错误的，因为这只不过是把道德运用于经济学而已。按照资产阶级经济学的规律，产品的绝大部分不是属于生产这些产品的工人。如果我们说：这是不公平的，不应该这样，那末这句话同经济学没有什么直接的关系。我们不过是说，这些经济事实同我们的道德感有矛盾。所以马克思从来不把他的共产主义要求建立在这样的基础上，而是建立在资本主义生产方式的必然的、我们眼见一天甚于一天的崩溃上；他只说了剩余价值由无酬劳动构成这个简单的事实。但是，在经济学的形式上是错误的东西，在世界历史上却可以是正确的。如果群众的道德意识宣布某一经济事实，如当年的奴隶制或徭役制，是不公正的，这就证明这一经济事实本身已经过时，其他经济事实已经出现，因而原来的事实已经变得不能忍受和不能维持了。因此，在经济学的形式的谬误后面，可能隐藏着非常真实的经济内容。①

　　恩格斯这里讲的"李嘉图理论的上述应用，——认为全部社会产品，即工人的产品属于唯一的、真正的生产者，即工人——直接引导到共产主义"，是指当时社会主义者的通常的做法。对此，恩格斯解释说："现代社会主义，不论哪一派，只要从资产阶级政治经济学出发，几乎没有例外地都同李嘉图的价值理论相衔接。李嘉图在1817年他的'原理'中，一开头就提出两个原理：第一，任何商品的价值仅仅取决于生产这个商品所需要的劳动量，第二，全部社会劳动的产品分配于土地所有者（地租）、资本家（利润）和工人（工资）这三个阶级之间。在英国，早在1821年，就已经从这两个原理中做出了社会主义的结论，并且有一部分提得这样尖锐和这样果断，使得那些现在几乎完全被忘记了的、很大一部分靠马克思才再次发现的文献，在'资本论'出版以前，一直是不可超越的东西。"② 说得再具体一点就是，对于李嘉图的商品的价值决定于劳动时间的原理，一些资产阶级经济学家提出了这样的非难："如果一个产品的交换价值等于它所包含的劳动

---

① 《马克思恩格斯全集》第21卷，人民出版社，1965，第209页。
② 《马克思恩格斯全集》第21卷，人民出版社，1965，第206页。

时间，一个劳动日的交换价值就等于一个劳动日的产品。换句话说，工资应当等于劳动的产品。但是实际情形恰好相反。"① 这些资产阶级经济学家对李嘉图的这种非难后来被社会主义者抓住了。"他们假定这个公式在理论上是正确的，责备实际与理论相矛盾，要求资产阶级社会在实践中贯彻它的理论原则的臆想的结论。英国的社会主义者至少就是这样把李嘉图的交换价值公式倒转过来反对政治经济学。"②

从恩格斯的这段话不难看出，他讲的"我们"，指的是马克思和他本人；"产品的绝大部分不是属于生产这些产品的工人"，指的是资本家对工人的剥削，即前者无偿占有了后者生产的剩余产品；"我们"说资本主义剥削"是不公平的，不应该这样"，是基于"认为全部社会产品，即工人的产品属于唯一的、真正的生产者，即工人"这样一种道德意识，这种应用在经济学的形式上是错误的，因为这只不过是把道德运用于经济学而已；马克思（以及恩格斯）从来不把他们的共产主义要求建立在这样的基础上，而是建立由经济学揭示的资本主义生产方式的必然的、他们眼见一天甚于一天的崩溃上，所以，"马克思只说了剩余价值由无酬劳动构成这个简单的事实"；道德意识不是没有任何意义的，因为"在经济学的形式的谬误后面，可能隐藏着非常真实的经济内容"。从这段话可以推断：虽然马克思、恩格斯反对当时的社会主义者把道德运用于经济学的做法，但他们并不反对后者的道德意识本身，并且认为这种道德意识是有意义的，进而言之，马克思、恩格斯同当时的社会主义者一样，也认为资本主义剥削是不公平的，其理由也是"产品应当属于真正的生产者"。从这段话还可以推断，马克思以及恩格斯之所以不谈剥削是不正义的以及为什么是不正义的问题，这首先是因为当时的社会主义者已多次谈过这一问题，而且他们认同这些人的看法；此外还因为，他们认为共产主义的实现不是基于某种道德意识，而是基于历史发展的客观必然性，因而不能只停留在对资本主义剥削的道德谴责上，而应超越这种道德谴责去深入研究揭示这种客观必然性的政治经济学。

简言之，恩格斯的这段话提供个这样一个佐证，这就是，虽然马克思在其论著中没有明确说出资本家对工人的剥削是不正义的，但他确实认为这种剥削是不正义。

---

① 参见《马克思恩格斯全集》第13卷，人民出版社，1962，第52页。
② 《马克思恩格斯全集》第13卷，人民出版社，1962，第52页的注释。

随着马克思主义在中国的传播，马克思的剥削不正义的观念开始被中国的马克思主义者，特别是中国共产党人所接受①，但与此同时，他们却忽略了马克思以及恩格斯在剥削问题上的两个重要观点：一是剥削的消灭必须基于生产力的高度发展，因为"剥削阶级和被剥削阶级、统治阶级和被压迫阶级之间的到现在为止的一切历史对立，都可以从人的劳动的这种相对不发展的生产率中得到说明"②；二是在生产力没有达到足以使剥削彻底消灭的程度以前，人为地消灭剥削只能导致普遍的贫困，因为"生产力的这种发展（随着这种发展，人们的世界历史性的而不是地域性的存在同时已经是经验的存在了）之所以是绝对必需的实际前提，还因为如果没有这种发展，那就只会有贫穷、极端贫困的普遍化；而在极端贫困的情况下，必须重新开始争取必需品的斗争，全部陈腐的东西又要死灰复燃"③。由于这种忽略，再加之在新中国成立前，被剥削者，无论是农村中的贫雇农还是城市中的工人，又都确实是贫困者，于是，在很长一段时间内中国马克思主义者和中国共产党人一直认为，剥削不但是不正义的，而且还是导致被剥削者贫困的根本原因。这种认识从中国大革命时期传唱的两首革命歌曲就看得十分清楚：

　　《工农革命歌》：冲！冲！冲！我们是革命的工农！冲！冲！冲！我们是革命的工农！手挽手，勇敢向前冲，肩并肩，共同去斗争。地主、买办剥削，造成了我们的贫穷，帝国主义侵略，造成了民族灾难深重。流尽血和汗，落得两手空。我们创造了人类财富，他们享受；我们受尽了剥削、压迫，养肥寄生虫。④

　　《工农一家人》：工农弟兄们哪，我们是一家人哪，本是一条根哪，

---

① 不过，他们对于剥削是不正义的以及为什么是不正义的问题，也没做过任何明确的论述。根据目前我所看到的相关文献，对这一问题给出明确论述的只有近期发表的一篇题为"深化对马克思主义关于剥削理论的认识"论文。这篇论文的作者谭劲松提出："剥削作为一种社会现象或社会行为，它对社会公平公正有何作用和影响，我们应采用道德标准去衡量和评价。剥削作为一种社会现象或社会行为，就其实质而言，是无偿占有他人或社会的劳动，不管其采取什么手段和形式，剥削都是不劳而获，无耕而食，不织而衣，是对社会公平公正的破坏和践踏。"（《马克思主义研究》2007年第12期，第86页。）从这段话不难看出，他之所以认为剥削即"不劳而获，无耕而食，不织而衣"是不正义的，也是因为不劳而获的剥削者占有了本应属于劳动者的产品。

② 《马克思恩格斯选集》第3卷，人民出版社，1995，第525页。

③ 《马克思恩格斯选集》第1卷，人民出版社，1995，第86页。

④ 引自《中国革命历史歌曲集》，花山文艺出版社，1998。

都是受苦人，工农本是一条根哪，工农本是一条根。我们盖的房，我们
种的粮，地主买办黑心肠，都把我们剥削光。①

　　正是基于这种认识，中国共产党人，特别是夺取政权后的中国共产党
人，一直把消灭剥削作为党的一项基本任务。从 1956 年的八大到 1997 年的
十五大，历次党的代表大会通过的党章都包含"消灭剥削"的内容。② 然
而，新中国成立以后的历史发展却表明，剥削的消灭并没有带来贫困的消
灭。1949 年新中国成立以后，随着土地改革以及后来的对农业、手工业和
资本主义工商业的社会主义改造的完成，剥削现象在我国已基本消失，但广
大农民和工人的贫困状态却没发生根本性的改变，这种状态到"文化大革
命"后期发展到极端，以致使普遍的贫穷成了那时中国广大群众生活的真
实写照。1978 年我国实行改革开放以后，在国家政策的鼓励和支持下，首
先是"三资"企业，进而是私营经济在我国开始出现并得到快速发展，与
此相应，早在 1956 年就已被消灭的剥削现象又再次出现并呈现逐渐扩大的趋
势。由于"三资"企业和私营经济对我国经济的发展和贫困的消灭起了明显
的促进作用，因此，在改革开放以后，虽然剥削不正义的观念在很多人的心
目中还依然存在，但剥削不正义的问题却几乎再没有人提起。在 2002 年通过
的十六大党章中，"消灭剥削"不再出现，取而代之的是"消灭贫穷"。③

---

① 引自《中国革命历史歌曲集》，花山文艺出版社，1998。
② 1956 年通过的八大党章是这样写的："中国共产党的任务，是继续采取正确的方法，把资
　　本家所有制的残余部分改变为全民所有制，把个体劳动者所有制的残余部分改变为劳动群
　　众集体所有制，彻底消灭剥削制度，并且杜绝产生剥削制度的根源。"1969 年通过的九大
　　党章和 1973 年通过的十大党章是这样写的："中国共产党的基本纲领，是彻底推翻资产阶
　　级和一切剥削阶级，用无产阶级专政代替资产阶级专政，用社会主义战胜资本主义。"1977
　　年通过的十一大党章是这样写的："中国共产党在整个社会主义历史阶段的基本纲领，是坚
　　持无产阶级专政下的继续革命，逐步消灭资产阶级和一切剥削阶级，用社会主义战胜资本
　　主义。党的最终目的，是实现共产主义。"1982 年通过的十二大党章和 1987 年通过的十三
　　大党章是这样写的："马克思和恩格斯运用辩证唯物主义和历史唯物主义，分析资本主义社
　　会的发展规律，创立了科学社会主义理论。按照这个理论，经过无产阶级革命斗争的胜利，
　　资产阶级专政必然为无产阶级专政所代替，资本主义社会必然被改造为生产资料公有、消
　　灭剥削、各尽所能、按劳分配的社会主义社会；社会主义社会经过生产力的巨大发展和思
　　想、政治、文化的巨大进步，最后必然发展为各尽所能、按需分配的共产主义社会。"1992
　　年通过的十四大党章和 1997 年通过的十五大党章是这样写的："社会主义的本质，是解放
　　生产力，发展生产力，消灭剥削，消除两极分化，最终达到共同富裕。"以上均引自《中
　　国共产党历次党章汇编（1921－2002）》，中国方正出版社，2006。
③ 同上书。

改革开放以来，我国广大人民群众的收入虽然都有了不同程度的提高，但"贫富差距"也随之出现，并在进入21世纪后迅速拉大。据中国经济网2010年5月10日报道："近些年来，我国地区、城乡、行业、群体间的收入差距有所加大，分配格局失衡导致部分社会财富向少数人集中，收入差距已经超过基尼系数标志的警戒'红线'，由此带来的诸多问题正日益成为社会各界关注的焦点。……收入最高10%人群和收入最低10%人群的收入差距，已从1988年的7.3倍上升到2007年的23倍。""贫富差距"的拉大不仅引起广大群众的普遍不满，而且也受到党和政府的高度关注。时任总理温家宝在2010年9月13日第四届夏季达沃斯年会开幕式和企业家座谈会上指出："我们现在存在的一个突出问题是社会收入分配不公，一部分人收入过高，还有相当的人生活在贫困线下。我们要采取有力措施，包括财税改革、收入分配改革来逐步改变收入分配不公的现象，这是推进社会公平正义、保持社会稳定的重要基础。"① 温总理这里讲的"一部分人收入过高，还有相当的人生活在贫困线下"，也就是本文所说的"贫富差距"问题，"社会收入分配不公"也就是本文所说的"贫富差距"的不正义问题。那"贫富差距"为什么是不正义的？正是在这一问题上，一些还未摆脱马克思剥削不正义观念束缚的学者陷入了难以回应的困境。

首先，"贫富差距"中的贫者和富者不是以被剥削者和剥削者来界定的，而是以其收入的高低来界定的。换句话说，贫者指的不是被剥削者，而是指其收入低于国家规定的贫困线的人；富者指的不是剥削者，而是指其收入超过一定高限的人。② 正因为如此，当前我国农村贫困人口虽然收入很低，属于贫者的范围，但没人认为他们是被剥削者；与此相应，各类"明星"（如"影星""球星"等等）以及国企的一些高管③尽管收入很高，但他们不能说是剥削者。当然，贫者中也有被剥削者，如私营企业的打工者，

---

① 中国新闻网，2010年9月14日。

② 关于"贫富差距"中"贫"和"富"的具体标准，即收入多少属于贫者，收入多少属于富者，目前我国尚无一个统一的、稳定的、权威的标准。例如，中央在2011年决定将农民人均纯收入2300元（2010年不变价）作为新的国家扶贫标准，这个标准比2009年提高了92%。按照新标准，我国农村贫困人口将从2688万人增加到1.28亿人。但我国存在一个收入过高的富者群体和一个收入过低贫者群体却是一个不容置疑的事实，本文讲的"贫富差距"，指的就是这两个群体在分配收入上的差距。

③ 据《经济参考报》2010年5月10日发表的署名"新华社调研小分队"的调查报道——《中国贫富差距正在逼近社会容忍"红线"》报道，"上市国企高管与一线职工的收入差距在18倍左右，国有企业高管与社会平均工资相差128倍"。

富者中也有剥削者，如私营企业主，但他们分属于贫者和富者却不是因为他们被人剥削和他们剥削了人，而是因为前者的收入过低和后者的收入过高。

其次，导致"贫富差距"的原因主要不是剥削，而是不同的身份等级、不同的生活环境和不同的天赋。先看贫者。农村贫困人口的贫困状态显然不是因为他们的劳动被人无偿占有，而是因为他们生活的自然环境和社会环境的恶劣①。城市贫困人口中的一部分是国企改革的下岗职工，他们的贫困状态也不是由剥削导致的，而是由我国经济发展多年积累的深层矛盾及改革开放的特殊进程造成的；另一部分是进城的农民工，他们既包括在私营企业打工的人，也包括在国有企业打工的人②，由于他们之间在收入和待遇上无大差别，即都属于贫困人口，因而导致他们贫困的主要原因就不能说是剥削③。实际上，正如很多人所指出的，当前导致农民工贫困的主要原因是我国存在的城乡二元体制，即他们在户籍、就业、社会保障、教育、医疗、住房等方面享受不到与城市人口同等的待遇。④再看富者。富者中的一部分人是各类"明星"以及大导演、大作家、大艺术家、大科学家等等，这些人的收入都很高，但他们的高收入不是来自剥削，而是来自其具有的特殊才能；富者中的另一部分人是国企的高管，他们的收入也很高，但他们的高收入也不能说是来自剥削；富者中还有一部分人是私营企业主，他们的高收入有一部分无疑是来自剥削，但还有很大一部分是来自与政府部门的各种交易，例如，当前最富有的房地产开发商，其收入有相当大的部分来自与各级政府在土地买卖上的交易⑤。不难看出，当我们把贫者视为一个社会群体，

---

① 以贵州为例，据新华社北京 6 月 23 日电（记者林晖、周芙蓉），贵州省是全国贫困人口最多、贫困面最大、贫困程度最深的省份。截至 2011 年底，按 2300 元扶贫标准，贵州有贫困人口 1149 万人，贫困发生率 33%，占全国近 9.4%。贵州的贫困状况无疑与其自然环境和社会环境的恶劣有直接的关系。

② 据工人日报 2012 年 5 月 25 日报道，在煤炭、建筑、纺织、冶金等行业，国有企业一线劳动力队伍中，农民工已占了很大比重。

③ 按照传统马克思主义的剥削理论，私营企业中的农民工是受剥削的，国企中的农民工则不能说是受剥削的。当然，对后者是否受剥削存在很多争议，受篇幅限制，本文将不涉及这一问题。

④ 国家发改委城市和小城镇改革发展中心主任李铁在参加 2012 年 APEC 中国工商领导人论坛时表示，到现在为止，2.2 亿农民工仍被排斥在政府的公共服务范围之外（中广网北京 6 月 26 日消息，记者冯雅）。

⑤ 中国社科院研究员唐钧认为，"房地产业的基本要素就是土地，卖房子实际上是卖土地。而对于土地，按照现行土地用途管理政策，政府和房地产商既是'垄断买方'，又是'垄断卖方'，一方面从农民手里低价征地，另一方面向群众高价售房。房地产业产生的级差暴利，除了地方政府财政收入外，都被少数房地产商拿走了"（引自《经济参考报》2010 年 5 月 10 日）。

把富者视为另一个社会群体时，导致二者收入差距的主要原因就不是剥削，而是他们不同的身份等级（如城市户口与农村户口）、不同的生活环境（如大城市与边远山区，穷人家庭与富人家庭）和不同的天赋（如具有特殊才能的人与智力、体力低下的人）。

如果说"贫富差距"中的贫者和富者不是以被剥削者和剥削者来界定的，而是以收入的多少来界定的，导致"贫富差距"的原因主要不是剥削，而是不同的身份等级、不同的生活环境和不同的天赋，那依据马克思剥削不正义的观念就无法回应"贫富差距"为什么是不正义的问题。但我国一些从事马克思主义研究的学者至今仍未摆脱这种观念的束缚，因而，面对这一问题他们只能保持沉默，这是导致前边讲的集体失语的又一主要原因。

三

我国从事马克思主义研究的学者在"贫富差距"是否正义问题上的集体失语，使不少人认为马克思的正义观念已无法回应这一问题。为此，不少学者，包括一些研究马克思主义的学者，开始把目光转向在 20 世纪末被介绍到我国的当代西方政治哲学的各种分配正义理论，特别是罗尔斯的《正义论》并进而依据它们对我国当前存在的"贫富差距"是否正义提出各种论证。[①] 这种情况向我国从事马克思主义研究的学者提出了一个挑战：还能否依据马克思有关分配正义的论述对当前我国存在的"贫富差距"之不正义提出一种新论证？

对于所说的这种挑战，人们肯定会提出疑问：如果认为马克思剥削不正义的观念已无法回应当"贫富差距"是否正义的问题，那怎能再依据马克思有关分配正义的论述提出对这一问题的新论证呢？这不等于说除了剥削不正义的观念，马克思还持有其他不同的分配正义观念吗？在回答这一疑问之前，让我们先来看看马克思在《哥达纲领批判》有关"按劳分配"的一些论述[②]：

> （1）每一个生产者，在作了各项扣除以后，从社会领回的，正好是他给予社会的。他给予社会的，就是他个人的劳动量。
>
> （2）显然，这里通行的是调节商品交换（就它是等价的交换而言）

---

① 关于这些论证是否站得住脚，本人将在其他地方另做论述。
② 《马克思恩格斯选集》第 3 卷，人民出版社，1995，第 304－305 页。

的同一原则。内容和形式都变了。因为在改变了的情况下，除了自己的劳动，谁都不能提供任何其他东西，另外，除了个人的消费资料，没有任何东西可以转化为个人的财产。

（3）在这里平等的权利按照原则仍然是资产阶级权利，虽然原则和实践在这里已不再互相矛盾，而在商品交换中，等价物的交换只是平均说来才存在，不是存在于每个个别场合。

（4）虽然有这种进步，但这个平等的权利总还是被限制在一个资产阶级的框框里。生产者的权利是同他们提供的劳动成比例的；平等就在于以同一尺度——劳动——来计量。但是，一个人在体力或智力上胜过另一个人，因此在同一时间提供较多的劳动，或者能够劳动较长时间；而劳动，要当作尺度来用，就必须按照它的时间和强度来确定，不然它就不成其为尺度了。这种平等的权利，对不同等的劳动来说是不平等的权利。它不承认任何阶级差别，因为每个人都像其他人一样只是劳动者；但是它默认，劳动者的不同等的个人天赋，从而不同等的工作能力，是天然特权。所以就它的内容来讲，它像一切权利一样是一种不平等的权利。

（5）其次，一个劳动者已经结婚，另一个则没有；一个劳动者的子女较多，另一个的子女较少，如此等等。因此，在提供的劳动时间相同、从而由社会消费基金中分得的份额相同的条件下，其中一个人事实上所得到的比另一个人多些，也就比另一个人富些，如此等等。

（6）要避免所有这些弊病，权利就不应当是平等的，而应当是不平等的。

（7）但是这些弊病，在经过长久阵痛刚刚从资本主义社会产生出来的共产主义第一阶段，是不可避免的。权利决不能超出社会的经济结构以及由经济结构制约的社会的文化的发展。

这里的（1）讲的是按劳分配的含义，即每一个生产者，在作了各项扣除以后①，从社会领回的，正好是他给予社会的。他给予社会的，就是他个

---

① 马克思在《哥达纲领批判》中列出了6项内容：①用来补偿消耗掉的生产资料的部分；②用来扩大生产的追加部分；③用来应付不幸事故、自然灾害等的后备基金或保险基金；④同生产没有直接关系的一般管理费用；⑤用来满足共同需要的部分，如学校、保健设施等；⑥为丧失劳动能力的人等等设立的基金。参见《马克思恩格斯选集》第3卷，人民出版社，1995，第302-303页。

人的劳动量；（2）讲的是按劳分配的实现意味着资本主义剥削的消灭，因为除了自己的劳动，谁都不能提供任何其他东西，另外，除了个人的消费资料，没有任何东西可以转化为个人的财产；（3）讲的是按劳分配体现的"平等的权利按照原则仍然是资产阶级权利"，即等价物交换的平等权利；（4）讲的是按劳分配存在的一个弊病，即虽然它不承认任何阶级差别，但它默认劳动者的不同等的个人天赋，从而不同等的工作能力，是天然特权；（5）讲的是按劳分配存在的另一个弊病，即它使劳动者个人因家庭负担不同而实际所得不平等，即"一个人事实上所得到的比另一个人多些，也就比另一个人富些"；（6）讲的是要避免上述弊病，权利就不应当是平等的，而应当是不平等的；（7）讲的是这些弊病在共产主义第一阶段是不可避免的，因为权利绝不能超出社会的经济结构以及由经济结构制约的社会的文化的发展。

我认为，在马克思的这些论述中蕴含着一种新的、不同于剥削是不正义的正义观念。前边表明，马克思之所以认为资本主义剥削是不正义的，是因为资本家无偿占有了本应属于工人的劳动，就此而言，按劳分配相对资本主义剥削是一种正义的分配原则，因为它使劳动者获得了他应得的与其劳动量相等的产品（当然是在作了各项必要的扣除以后）。然而，在讲完按劳分配消灭了剥削以后马克思又紧接着提出，按劳分配作为平等权利原则还存在两种"弊病"，一是它默认了因劳动者个人天赋不同导致的所得不平等，二是它使劳动者个人因家庭负担不同而实际所得不平等。我们知道，"弊病"这一概念本身的含义是"缺点、欠缺或不足"，那由此可以推断，马克思将它用在这里无疑含有这样的意思，即他认为上述两种情况都是"不应当"，即不正义的。那它们为什么是"不应当"的？对此，马克思没做进一步的明确说明。不过，从他讲的第一个"弊病"，即"默认劳动者的不同等的个人天赋，从而不同等工作能力，是天然特权"我们可以推断，其原因只能是劳动者的不同等的个人天赋是由偶然因素造成的，即不是由他们自己选择的，因而从道德上讲是不应得的，因此，由其导致的劳动者所得的不平等是不应当的。那对第二个"弊病"又应如何理解呢？在回答这一问题之前，让我们再来看看马克思的原话："一个劳动者已经结婚，另一个则没有；一个劳动者的子女较多，另一个的子女较少，如此等等。因此，在提供的劳动时间相同，从而由社会消费基金中分得的份额相同的条件下，其中一个人事实上所得到的比另一个人多些，也就比另一个人富些，如此等等。"仔细分析一下这些话可以看出,马克思讲这些话无非是要表明,尽管每个劳动者提供的劳动时间相同,从而由社会消费基金中分得的份额相同,但因其家庭负担不同,他们的实际所得是不平等的。具体说来就是,每个劳动者都要负担他自己及其家庭成员的生活,但每个劳动者家庭成员的状况往往不同,因而他们的负担也不相同,正是由于家庭负担不同,他们的实际所得是不平等的。将马克思这里举的两个例子展开来说就是:一个劳动者已经结婚,另一个没有结婚,那前者就要负担两个人的生活(马克思在这里肯定假定妻子的生活是由丈夫负担的),而后者只需负责一个人的生活,因此,前者的实际所得只是后者的一半;一个劳动者的子女较多,另一个的子女较少,那前者要负担较多人的生活,后者则负担较少人的生活,因此,前者的实际所得要比后者少。如果再将这两个例子与马克思在讲完它们之后说的"如此等等"联系起来理解,那我们还可以进而做这样的推论:在马克思看来,除了上述两个例子讲的情况以外,造成劳动者不同负担的还有很多类似的情况。沿着马克思在这两个例子中的思路,我们可以再举出两个造成劳动者不同负担的例子:两个劳动者都已结婚,都各有三个子女,但前者还有两个需要负担的老人,后者则没有需要负担的老人,那前者的负担就比后者更多,因此,前者的实际所得就比后者要少;两个劳动者各有两个子女,前者的子女都是健康人,后者的子女都是残疾人,那后者的负担就比前者更重,因此前者的实际所得就比后者要多。无疑,这样的例子还可以举出很多。那马克思为什么认为由不同家庭负担导致的劳动者实际所得的不平等是不正义的?从马克思的两个例子及其"如此等等"的用语来看,其原因也在于劳动者不同的家庭负担是由各种偶然因素造成的,即不是他们自己有意选择的,因而从道德上讲是都不应得的,因此,由其导致的劳动者实际所得的不平等是不应当的。

以上表明,在马克思有关按劳分配的论述中确实隐含着一种不同于剥削是不正义的正义观念,即由偶然的天赋和负担的不同所导致的,进而言之,由非选择的偶然因素所导致的人们实际所得的不平等是不正义的。① 我认为,从马克思的这一正义观念出发,我们就能对当前我国存在的"贫富差距"之不正义提出一种新论证。

前边表明,导致当前我国存在"贫富差距"的主要原因有三个,即不同的身份等级、不同的生活环境和不同的天赋。不同的身份等级主要表现在

① 至于这两种不同的分配正义观念之间的关系,那则是一个需要进一步深入研究的问题。

农村户口与城市户口两种不同的户籍身份上。据国家发改委城市和小城镇改革发展中心主任李铁提供的情况，目前我国有 6.9 亿的城市人口，其中有城市户籍的人口只占 73.5%，没有城市户籍的农民工有 2.2 亿，到现在为止，这 2.2 亿农民工仍被排斥在政府的公共服务范围之外。① 农民工的农村户籍身份使他们在就业服务、社会保障、子女入园上学、住房租购等方面享受不到与拥有城市户籍身份的人同等待遇，这是导致他们处于贫困状态的一个重要原因。一个人生来就应拥有城市户口，另一个人生来就应拥有农村户口吗？如果拥有哪种户口完全是由偶然因素造成的，那让人们承受由此而导致的"贫富差距"就是不正义的。不同的生活环境表现在两个方面，一是所处的自然环境不同，二是所处的家庭环境不同。就前者而言，生在自然环境优越、经济发达的地区，获得高收入的机会就多，生在自然环境恶劣、经济落后的地区，获得高收入的机会就少，我国的贫困人口为什么大多分布在西部地区就充分证明了这一点。就后者而言，生在富人家庭获得高收入的机会就多，生在穷人家庭获得高收入的机会就少。为什么"富二代"与"穷二代"的差距引起人们的广泛不满，其原因就在于此。一个人就该生在贫穷落后的边远山区，另一个人就该生在经济发达的大城市吗？一个人就该是"富二代"，另一个人就该是"穷二代"吗？如果这些也都是由偶然因素造成的，那让人们承受由此而导致的"贫富差距"也是不正义的。不同的天赋不仅表现在人们的体力和智力上，而且还表现在一些人生来就具有某种特殊才能和一些人生来就具有某种残疾上。天赋差异无疑也是导致"贫富差距"的一个重要原因，但天赋差异更是由偶然因素造成的，因而，由其导致的"贫富差距"也是不正义的。简言之，依据马克思的由偶然因素导致的人们实际所得的不平等是不正义的观念，当前我国存在的"贫富差距"显然是不正义的。

对于这种新论证也许有人会提出质疑：你讲的马克思的由非选择的偶然因素导致的实际所得的不平等是不正义的观念，不也正是罗尔斯、科恩等人所持有的观念吗？如果这样，那你不是把他们的观点强加给了马克思吗？我认为，这种质疑是不能成立的。

首先，马克思的正义观念与罗尔斯的正义观念有重大不同。不错，罗尔斯在谈到他的正义观的确立时的确说过，由于人们的自然天赋和社会出身是

---

① 中广网北京 6 月 26 日消息（记者冯雅）。

偶然任意的，不是道德上应得的，因而，"没有一个人应得他在自然天赋的分配中所占的优势，正如没有一个人应得他在社会中的最初有利出发点一样——这看来是我们所考虑的判断中的一个确定之点"。① 但是，他并不认为由自然天赋的不同和社会出身的不同所导致的收入和财富分配的不平等是不正义的。对此，他论证说，"自然资质的分配无所谓正义不正义，人降生于社会的某一特殊地位也说不上不正义。这些只是自然的事实。正义或不正义是制度处理这些事实的方式"。② 正是基于这一认识，他提出了差异原则，即"社会和经济的不平等应这样安排，使它们：在与正义的储存原则一致的情况下，适合于最少受惠者的最大利益"③，并把它作为他的正义原则组成部分。为了说明正义或不正义只是制度处理自然天赋和社会出身这些自然事实的方式，他还对差别原则与补偿原则的关系做了进一步的说明。他指出，补偿原则讲的是，由于出身和天赋的不平等是不应得，这些不平等就多少应给予某种补偿。但"补偿原则并不是提出来作为正义的惟一标准，或者作为社会运行的惟一目标的。它的有道理正像大多数这种原则一样只是作为一个自明的原则，一个要与其他原则相平衡的原则。例如，我们要相对于提高生活的平均标准的原则，或相对于推进共同利益的原则来衡量它"。④ 这也就是说，补偿原则讲的"出身和天赋的不平等是不应得"只是他的正义观念的一个成分，因而，"差别原则当然不是补偿原则，它并不要求社会去努力抹平障碍，仿佛都被期望在同样的竞赛中在一公平的基础上竞争"。⑤ 罗尔斯的这些论述表明，他的正义观念与马克思的正义观念有重大的不同：前者承认"出身和天赋的不平等是不应得"的，因为它们是由偶然因素造成的，但认为由出身和天赋不平等所导致的社会和经济的不平等却不一定是不正义的，因为正义与不正义只在于社会制度处理它们的方式，而只要按照差别原则去处理，由出身和天赋不平等所导致的社会和经济的不平等就是正

---

① 罗尔斯：《正义论》，何怀宏、何包钢、廖申白译，中国社会科学出版社，1988年3月版，第104页。

② 罗尔斯：《正义论》，何怀宏、何包钢、廖申白译，中国社会科学出版社，1988年3月版，第102页。

③ 罗尔斯：《正义论》，何怀宏、何包钢、廖申白译，中国社会科学出版社，1988年3月版，第302页。

④ 罗尔斯：《正义论》，何怀宏、何包钢、廖申白译，中国社会科学出版社，1988年3月版，第101页。

⑤ 罗尔斯：《正义论》，何怀宏、何包钢、廖申白译，中国社会科学出版社，1988年3月版，第102页。

义的；后者则认为，由于天赋和负担的不同是由偶然因素造成的，因此，由它们导致的人们事实上所得的不平等是不正义的。

其次，马克思的正义观念与科恩的正义观念也有很大的不同。科恩对他的正义观念的集中表述是在一本题为《为什么不要社会主义?》的小册子中。在这本小册子中，他通过对一种野营旅行的描述，提出了一种他视为"正确的平等原则、正义认可的平等原则"，并将其称为"社会主义的机会平等"。① 为了使人们能准确把握他所讲的"社会主义的机会平等"的含义，科恩先区分了三种形式的机会平等和三种相应的对机会的限制。第一种是资产阶级的机会平等，它消除了由社会地位造成的对生活机会的限制。第二种是"左翼自由主义的机会平等"，这种机会平等超出了资产阶级的机会平等，因为它还反对那些资产阶级的机会平等没有涉及的由社会环境，即由出生和成长的环境造成的对生活机会的限制。第三种是他所说的"社会主义的机会平等"，用他自己的话来说就是，"我称之为社会主义的机会平等纠正的则是这样的不平等，这种不平等是由作为非正义的更深层根源的天赋差异引起的，它超出了由非选择的社会背景强加的不平等，因为天赋的差异同样是非选择的"。② 然后，他强调指出，他的社会主义的机会平等力图纠正上述所有非选择的不利条件，即当事人本身不能被合理地认为对其负有责任的不利条件，无论它们是反映社会不幸的不利条件还是反映自然不幸的不利条件。"一旦社会主义的机会平等得以实现，结果的差异反映的就只是爱好和选择的差异，而不再是自然和社会的能力与权力的差异"。③ 不难看出，科恩的正义观念与马克思的正义观念在一点上是相同的，即都认为由非选择的偶然因素导致的不平等是不正义的，但它们之间也有很大的不同，即前者讲的由非选择的偶然因素导致的不平等，指的是机会的不平等，而后者讲的由非选择的偶然因素导致的不平等，指的则是实际所得的不平等。

可见，我讲的马克思的正义观念，即由非选择的偶然因素导致的实际所得的不平等是不正义的观念，既不是罗尔斯持有的正义观念，也不是科恩持有的正义观念，而是马克思在100多年前，即1875年写的《哥达纲领批

---

① G. A. 科恩：《为什么不要社会主义?》，人民出版社，2011，第23 – 24 页。
② G. A. 科恩：《为什么不要社会主义?》，人民出版社，2011，第26 – 27 页。
③ G. A. 科恩：《为什么不要社会主义?》，人民出版社，2011，第27 页。

判》中蕴含的正义观念。① 因此，上面所说的那种质疑是没有道理的。

在结束本文之前，我还要再强调一个问题，这就是，尽管当前我国存在的"贫富差距"是不正义的，但由此却不能得出应将其立即消灭的结论。这是因为，首先，当代中国广大群众的价值追求是多方面，也就是说，除了正义以外，人们还追求自由、民主、福利、安全、共享、和谐等等价值，而这些价值在一定历史时期内是不能同时实现的，因此，人们对于在何时及何种程度上先实现哪些价值是有所选择的。就当前的我国情况而言，立即消除"贫富差距"虽然可以实现正义，但无疑将会带来每个人的福利的下降，因而，在获得更多福利是当下大多数人的追求的情况下，立即消灭"贫富差距"是得不到支持的。所以，我们目前能做的就只是在不使福利降低的情况下尽可能地缩小"贫富差别"。其次，正义的实现是受社会经济条件制约的。就我国当前存在"贫富差距"而言，尽管它是不正义的，但要消灭它却绝非一件易事，因为我们目前还不具备消灭它的客观条件。以前面讲过的"城乡二元体制"为例，尽管人们都认为它是不正义的，但我们现在却还不能一下子取消它。② 总之，我们既不能因为正义的东西尚无法实现就把它视为不正义的，也不能因为某些东西现在能够实现就把它视为正义的，是否正义是一个问题，正义能否实现是另一个问题。

《中国人民大学学报》2013 年第 1 期
作者单位：中国人民大学哲学院

---

① 就我所知，无论是罗尔斯还是科恩都认真研读过马克思的《哥达纲领批判》，并对马克思论述的按劳分配的两个"弊病"做过评价（参见 John Rawls, *Lectures on the History of Political Philosophy*, Harvard University Press, 2008, pp. 366 – 368；G. A. Cohen, *Self-Ownership, Freedom and Equality*, Cambridge University Press, 1995, pp. 124 – 127.）。至于马克思对按劳分配的"弊病"的论述是否对他们正义观念的形成有所影响，那是另一个值得探讨的问题。
② 参见《发改委官员：户籍制度不能简单取消了之》，2012 年 6 月 26 日，中国广播网。

马克思历史唯物主义视域中的
剥削观及其学术意义

唐正东

　　从剥削关系而不是统治权力的角度来解读当代资本主义的新变化，这本身就已经是站在马克思主义的理论立场上才可能得出的结果了。对于马克思主义的解读维度来说，剥削及其内在机理是一种基础性的理论层次，马克思、列宁等经典作家在这一理论层次上也的确展开过非常精彩的理论耕耘。但列宁之后，西方学界的不少学者便不太乐意从剥削的角度来谈论资本主义了，这种倾向自二战之后变得愈发强劲。且不说像米歇尔·阿格里塔、杰·阿瑞基这样的马克思主义理论色彩不浓的学者，即使是像保罗·斯威齐这样以马克思主义理论家自居的学者，实际上也不自觉地放弃了剥削的线索，转向了对经济剩余等问题的解读。值得指出的是，这些学者都是有意识地放弃剥削的线索的，譬如，保罗·斯威齐在他与保罗·巴兰合著的《垄断资本》中就明确地说"我们特别意识到，象我们所使用的这种方法，结果是几乎完全忽视了在马克思的资本主义研究中占据中心地位的一个题目：劳动过程"①。斯威齐当然对这一点也做出了解释，其理由是当代的阶级斗争已经被国际化了。显然，这一现象要求我们不仅要对当代资本主义社会的剥削机制展开更加深入的研究，以彰显马克思主义解读维度在当下语境中的学术力量，同时也要求我们对马克思主义经典作家关于剥削的理论观点重新展开更为深入的研究，因为上述这些西方学者大多认为马克思关于剥削的理论已经

---

① 保罗·巴兰、保罗·斯威齐：《垄断资本》，南开大学政治经济学系译，商务印书馆，1977，第14页。

过时了，需要用权力统治的理论来取代之。就自由竞争资本主义时代的剥削来说，马克思、恩格斯都做过非常精彩的论述。此处由于篇幅的原因，我们只以马克思的观点为阐述对象。

一

我们知道，在古典经济学家亚当·斯密那里，工人并没有拿回他的全部劳动成果这一客观事实是被看到的，但问题是，对他来说，这是一件很正常的事情，只有在土地尚未私有、资本尚未累积的情况下劳动的生产物才全部归劳动者所有。"土地一旦成为私有财产，地主就要求劳动者从土地生产出来或采集到的几乎所有物品中分给他一定份额。因此，地主的地租，便成为要从用在土地上的劳动的生产物中扣除的第一个项目。一般耕作者大都没有维持生活到庄稼收割的资料。他们的生活费通常是由雇佣他们的农业家从他的资本项下垫付的。除非他能分享劳动者的生产物，换言之，除非他在收回资本时得到相当的利润，否则他就不愿雇用劳动者。因此，利润成为要从用在土地上的劳动的生产物中扣除的第二个项目。"[1] 也就是说，在斯密看来，工人的工资只对应于劳动者维持其本人及家庭的生活所需，这在土地私有及资本积累的条件即资本主义条件下是一件很自然的事件。这便决定了他不可能把剥削概念作为其经济学的核心概念来看待。另一位古典经济学家大卫·李嘉图把斯密的解读思路往前推进了一步。他看到了工资与利润之间的对立关系，"如果劳动者用工资购买的除开食物以外的其他必需品的价格上涨，利润所受的影响和上面所说的一样或大致一样。劳动者购买这类必需品时既然必须增付价款，因而就不得不要求更多的工资；任何使工资增加的原因都必然会使利润减低"。[2] 但遗憾的是，由于他无法深入资本主义生产关系内在矛盾性的层面，因此，他也无法把握住劳资对立关系的本质，反而把重点放在了利润与地租之关系之研究上。也不能全怪李嘉图，因为这已经不再仅仅是一个经济学的问题，而是已经上升到了社会历史观的问题。如果你无法看到资本主义生产关系的历史暂时性，那就很难从批判性的视角来解读资本

---

[1] 亚当·斯密：《国民财富的性质和原因的研究》（上卷），郭大力等译，商务印书馆，1972，第 59－60 页。

[2] 大卫·李嘉图：《政治经济学及赋税原理》，郭大力等译，商务印书馆，1962，第 100 页。

主义的本质，并发现这种本质其实不在于资本家与地主之间的关系上，而在于劳资之间的本质矛盾上。李嘉图不具备这种历史唯物主义的方法论，因而他无法就资本家对工人的剥削问题提出明确的观点也就是顺理成章的事情了。

马克思对自由竞争资本主义时代的剥削现象的认识也是经过了一个发展过程的。在他刚开始研究资本主义经济过程的时候，譬如在《1844年经济学哲学手稿》中，马克思的确看到了剥削现象的存在，但由于哲学世界观的滞后，因此，事实上还无法对这种剥削现象进行科学的解释。在谈到作为积累劳动的资本时，马克思看到了"工人的劳动产品越来越多地从他手中被拿走，工人自己的劳动越来越作为别人的财产同他相对立，而他的生存资料和活动资料越来越多地积聚在资本家手中"①。他甚至还明确地谈到了"工资决定于资本家和工人之间的敌对的斗争"②的观点。但青年马克思由此得出的结论却只是"工人日益完全依赖于劳动，依赖于一定的、极其片面的、机器般的劳动"③。这也就难怪他在"异化劳动和私有财产"一节中从抽象人本主义的角度把这种现象界定为劳动产品和劳动过程的异化了。客观地说，马克思此时还不能完全理解这种剥削现象的内在机理，因而自然也就无法为政治层面的阶级斗争找到科学的理论支撑了。在这一意义上，马克思此时所讲的工人与资本家之间的阶级斗争只停留在政治的层面上，还没有进入唯物史观的层面。

到了《德意志意识形态》中，马克思的观点就有了很大的变化。他（跟恩格斯一起）已经不再从人的本质的异化的角度来理解工人的劳动产品被越来越多地拿走的问题，而是把它放在私有制对生产力的发展所具有的局限性的层面上来加以理解。"对这些生产力来说，私有制成了它们发展的桎梏，正如行会成为工场手工业的桎梏和小规模的乡村生产成为日益发展的手工业的桎梏一样。在私有制的统治下，这些生产力只获得了片面的发展，对大多数人来说成了破坏的力量，而许多这样的生产力在私有制下根本得不到利用。"④这种从制度而不是人性的角度来思考资本主义现实问题的解读思路，为马克思走向对资本主义剥削问题的正确解读打开了一个窗口。尽管此

① 《马克思恩格斯全集》第3卷，人民出版社，2002，第228页。
② 《马克思恩格斯全集》第3卷，人民出版社，2002，第223页。
③ 《马克思恩格斯全集》第3卷，人民出版社，2002，第228页。
④ 马克思、恩格斯：《德意志意识形态》（节选本），人民出版社，2003，第59页。

时的马克思囿于经济学水平而仍然无法正确地理解剥削的本质，但正确的方法论已经准备就绪了。

这种正确的方法论所带来的学术效应很快就体现了出来。在《哲学的贫困》中，马克思已经很清晰地意识到资本是通过对劳动的剥削来扩大自己的财富的，"消费税只是随着资产阶级的兴起才得到了真正的发展。它在工业资本即靠直接剥削劳动来维持、再生产和不断扩大自己的持重而节俭的财富的手中，是对那些只知消费的封建贵族们的轻浮、逸乐和挥霍的财富进行剥削的一种手段"。① 这显然是马克思在解读思路上从人性异化转向制度矛盾之后所产生的理论成果，因为一旦站在制度或生产关系的层面上，你就必须要考虑是什么样的经济机制导致了劳动者的生产成果被越来越多地拿走。我认为这就是推动马克思越来越接近于对资本主义剥削的正确解读的主要动力。在《关于自由贸易问题的演说》中，马克思也有同样的论述："不管商品相互交换的条件如何有利，只要雇佣劳动和资本的关系继续存在，就永远会有剥削阶级和被剥削阶级存在。那些自由贸易的信徒认为，只要更有效地运用资本，就可以消除工业资本家和雇佣劳动者之间的对抗，他们这种妄想，真是令人费解。"② 在这里，他明确地提出了资本主义剥削与资本主义生产关系之间的内在联系，这为他理解资本是如何通过剥削劳动来扩大自己的财富的提供了重要的思想基础。

在《雇佣劳动与资本》中，马克思对剥削现象的生产关系基础问题同样也有非常清晰的阐述。他明确地指出资本的社会关系本质："资本也是一种社会生产关系。这是资产阶级的生产关系，是资产阶级社会的生产关系。构成资本的生活资料、劳动工具和原料，难道不是在一定的社会条件下，不是在一定的社会关系内生产出来和积累起来的吗？难道这一切不是在一定的社会条件下，在一定的社会关系内被用来进行新生产的吗？并且，难道不正是这种一定的社会性质把那些用来进行新生产的产品变为资本的吗？"③ 能够在资本的物质维度之外看到其社会关系维度上的内容，这对于马克思下一步在区别劳动与劳动力的前提下得出剩余价值的理论是十分重要的。正像他所说的，黑人就是黑人，只有在奴隶制的生产关系下他才成为奴隶。那么，

---

① 《马克思恩格斯选集》第 1 卷，人民出版社，1995，第 177 页。
② 《马克思恩格斯选集》第 1 卷，人民出版社，1995，第 227 页。
③ 《马克思恩格斯选集》第 1 卷，人民出版社，1995，第 345 页。

根据同样的思路，劳动者就是劳动者，只有在资本主义生产关系下他才会成为雇佣劳动者。既然这样，雇佣劳动者身上一定负载着资本主义生产关系的特征，这种特征驱使着资本通过不断地与雇佣劳动相交换来实现自我增殖。沿着这种思路下去，就能发现资本与雇佣劳动之间看似平等交换、实则不平等剥削的内在逻辑。因此，尽管在此文本中，马克思依然从积累劳动的角度来看待资本，但看待的方法显然与1844年时期有了根本的不同。他不再把资本只看成积累劳动，也就是说，不再只是从物质维度来看待资本，而是更多地看到了资本的社会关系内涵。如果只从物质维度来理解积累劳动与直接劳动，那么，就只能从人的异化的角度来批评直接劳动身上所体现出来的异化特质了。而一旦发掘出了其社会关系维度的内容并且把它看作其物质维度内涵的基础，那就可以把批判的焦点集中到社会生产关系本身的缺陷上来。马克思指出："只是由于积累起来的、过去的、对象化的劳动支配直接的、活的劳动，积累起来的劳动才变为资本。"① 这里已经很清楚了：重要的不是积累劳动和直接劳动本身，而是导致前者支配后者的社会生产关系本身。

在此基础上，马克思进一步指出："资本的实质并不在于积累起来的劳动是替活劳动充当进行新生产的手段。它的实质在于活劳动是替积累起来的劳动充当保存并增加其交换价值的手段。"② 他清楚地看到了工人所创造的东西不仅能补偿工人所消费的东西，而且还能使作为积累劳动的资本具有比以前更大的交换价值。可以说，马克思此时的思想已经离区分劳动价值与劳动力价值不远了。他之所以不断地走向经济学的层面来解读剥削现象，不能简单地解释为他对经济学的偏好，而是应该从社会历史观的层面来加以看待。马克思的经济学是一种批判的政治经济学，在它身上负载着整个资本主义社会历史过程的本质。为什么资产阶级经济学家不能区分劳动价值与劳动力价值，那是因为他们不从历史发展的角度来看待资本主义社会，不把它理解为私有制社会发展的最高阶段。这使他们无法看到在这个社会阶段，工人除了自身的劳动力商品外已经一无所有，他唯一能出卖的就是自己的劳动力，因此，他在劳资交换中所获得的工资其实是对应于这种劳动力价值的，尽管在实际的使用过程中它还能创造一个增量的价值量。在这一意义上，我们可以说，从社会历史观的角度来看待资本主义剥削，就可以把这种剥削解

---

① 《马克思恩格斯选集》第1卷，人民出版社，1995，第346页。
② 《马克思恩格斯选集》第1卷，人民出版社，1995，第346页。

读为一种社会化过程的结果。正是交换关系的社会化把劳动者建构成雇佣劳动者，并使对雇佣劳动的剥削成为资本所实施的一种最社会化的剥削形式。也就是说，工人并不是因为他们作为这一类人而使资本家特别喜欢剥削他们，而是因为正是资本主义生产关系的发展才使他们成为资本剥削的核心对象。资本家不是不喜欢去剥削其他人，而是因为资本主义生产关系越来越简单化为劳资关系，雇佣劳动越来越演变为资本的最主要剥削对象。

二

在《1857－1858 年经济学手稿》中，马克思关于资本主义剥削的解读以一种完全科学的形式展现出来，这主要是通过剩余价值概念来完成了。他想要证明的是资本的增殖即剩余价值的产生，并非来源于资本本身，而是来源于资本中的可变资本所购买的劳动力商品的创造。为了论证这一观点，马克思首先推进了对资本的认识。他在这一文本中既不仅仅把资本理解为物，也不仅仅把它理解为关系，而是更进一步地把它理解为一种过程，"资本决不是简单的关系，而是一种过程，资本在这个过程的各种不同的要素上始终是资本"。① 我认为，这倒不是说马克思否认资本的社会关系本质了，而是说作为社会关系的资本其实不是一种简单的交换关系，而是指特定的资本主义生产关系。这种生产关系是与资本主义生产力发展的特定阶段相呼应的。"生产关系的即范畴的（这里指资本和劳动的）特殊规定性，只有随着特殊的物质生产方式的发展和在工业生产力的特殊发展阶段上，才成为真实的（总之，这一点在以后谈到劳动和资本的这种关系时应该特别加以阐述，因为这一点在这里已经包括在关系本身中了，而在考察交换价值、流通、货币这些抽象规定时，这一点还更多地属于我们的主观反思。）。"② 对马克思来说，在这种特定的资本主义生产关系条件下，资本必然不可能仅仅以积累劳动的身份表现出来，而是必然会以资本总体的形式表现出来。正因为如此，资本才表现为一种自我增殖的过程，一种把直接劳动转化为雇佣劳动并使之创造价值增量的过程。

有了这样的理论铺垫之后，马克思再去看待资本对雇佣劳动的剥削即资

---

① 《马克思恩格斯全集》第 46 卷上，人民出版社，1979，第 213 页。
② 《马克思恩格斯全集》第 46 卷上，人民出版社，1979，第 254－255 页。

本的价值增殖过程就显得较为轻松了。实际情况也是如此。他首先指出了资本中的不变资本部分是不可能推动价值增殖的。"在价值增殖过程中，资本价值的各个组成部分——其中一部分以材料形式存在，另一部分以工具形式存在——对于工人，即对于活劳动来说……，不是表现为价值，而是表现为生产过程的简单要素，表现为供劳动用的使用价值，表现为劳动发挥作用的物的条件，或者说表现为劳动的物的要素。"① 既然如此，这些组成部分当然不可能导致价值增殖。其次，马克思指出，真正的新价值来自可变资本部分，即它是由雇佣工人所创造的。假设 100 塔勒的资本是由 50 塔勒的原料、40 塔勒的劳动和 10 塔勒的生产工具所构成的，那么，"在生产中创造的新价值虽然只是 10 塔勒，但是按实际的比率来说，这 10 塔勒在计算时应该同40 塔勒相比，而不应该同 100 塔勒相比。60 塔勒价值没有创造任何新价值；而是工作日创造了新价值。因此，工人是把与劳动能力相交换的资本增加了25%，而不是增加了 10%。总资本增长了 10%。"② 显然，马克思在这里已经对剩余价值及其所推动的资本主义剥削现象有了很深入的理解。

　　更进一步，马克思还跃出经济学层面，上升到社会历史观层面来总结他在剩余价值及剥削问题上得出的新思想。在他看来，"生产过程和价值增殖过程的结果，首先是资本和劳动的关系本身的，资本家和工人的关系本身的再生产和新生产。这种社会关系，生产关系，实际上是这个过程的比其物质结果更为重要的结果。这就是说，在这个过程中工人把他本身作为劳动能力生产出来，也生产出同他相对立的资本，同样另一方面，资本家把他本身作为资本生产出来，也生产出同他相对立的活劳动能力"。③ 由于马克思已经准确地看到了由可变资本所推动的雇佣劳动与剩余价值之间的对应关系，因此，他看出资本主义生产关系的生产与再生产的必然性是不困难的。由此也使马克思的剩余价值概念看似只是一个经济学的概念，而实质上它同时也是一个社会历史观概念，因为剩余价值的生产与再生产所反映的，是资本主义生产关系的生产与再生产，因而也是资本主义社会历史过程的具体内容。当然，剩余价值的生产危机与实现危机，也能够反映资本主义生产关系的本质矛盾及内在危机。当马克思在《资本论》中从剩余价值概念出发，通过资

---

① 《马克思恩格斯全集》第 46 卷上，人民出版社，1979，第 333 - 334 页。
② 《马克思恩格斯全集》第 46 卷上，人民出版社，1979，第 345 - 346 页。
③ 《马克思恩格斯全集》第 46 卷上，人民出版社，1979，第 455 - 456 页。

本有机构成不断提高、一般利润率下降等中介环节，来证明资本主义经济危机及社会危机的必然性时，他实际上是赋予了剥削概念以更加丰富的内涵。

我们知道，当马克思在1844年时期从人性异化的角度来看待资本家对工人劳动产品的剥夺时，剥削只是一种不道德的现象；当马克思在1847年从劳动产品在直接劳动与积累劳动之间的不平等分配的角度来看待剥削现象时，剥削演变成了一种不公平现象；而只有在《资本论》及其手稿阶段，通过剩余价值理论，马克思才更加深入地发现了资本主义剥削还是一种十分危险的现象，因为它必然会带来资本主义的经济危机。事实上，站在上述第三个层面上，可以对第一及第二个层面的内涵做出更加清晰的把握。资本主义剥削的不道德性，主要不在于工人的劳动产品被人拿走了，而在于这种拿走的强度会愈演愈烈。资本主义剥削的不公平性也不在于这一次或那一次分配的不公平，而在于不公平是资本主义分配关系的本质。此处所凸显的实际上是资本主义剥削与一般剥削现象之间的区别，而马克思就是要强调当资本主义生产力发展到特定阶段时，必然会出现特定的资本主义剥削形式。因此，如果要谈不道德和不公正的话，最根本的是资本主义制度的不道德和不公正。这是冲着资产阶级经济学家把资本主义社会说成是天然的、自然的社会而去的。同时，这种特定的资本主义剥削形式也必然会导致资本主义制度本身的自我灭亡，因为它恰恰是引发经济危机的根本原因。这一点当然是冲着资产阶级经济学家把资本主义社会说成是永恒的社会形态的观点而去的。

三

通过上述分析，我们不难看出，马克思《资本论》视域中的资本主义剥削，是以资本主义生产的社会化为前提的。这种剥削不是对某种特定劳动形式的剥削，譬如对农业劳动或手工业劳动的剥削，而是对一般劳动形式即雇佣劳动的剥削。没有生产的资本主义社会化，就不可能有这种一般劳动形式或者说抽象劳动形式。对马克思来说，资本主义剥削采取资本剥削雇佣劳动这种形式是私有制发展到资本主义阶段的必然产物，并且，资本剥削雇佣劳动采取剩余价值剥削的方式也是一种历史发展的必然。准确地把握这一点对于理解马克思在剥削问题上的学术观点是非常重要的。西方学界有人认为，马克思对于剥削的理解是完全站在经济学层面上的，其思路中的一大弱点就是忽视了对资本主义权力关系的研究。"'剥削'首先是一个承载着权力与自由关系的概念。这是有着根本意义的一点，击中了马克思和此后马克思主义著作中最为根深蒂固的弱点。……马克思剩余生产的起源和'剩余'概念都假定为经济的性质——尽管他没有对它们进行过精确的讨论——这一种假设与其把生产力的扩张置于刺激社会变迁的首要地位的假设相一致。但是，正如我已经表明的那样，只有随着资本主义的到来，以及随着从对剩余劳动的剥削转变为对剩余价值的剥削，我们才可以从权力不对称分配的角度对'剩余'做出明确的界定"。① 吉登斯的这种批评很显然是站不住脚的。这只是吉登斯所理解的马克思，而不是真正的马克思。其原因也很简单，吉登斯是一位社会学家，他很难抓住马克思思想中的历史哲学内涵，而这种历史哲学内涵恰恰是马克思社会批判理论的突出特点。

　　其实，不仅是吉登斯，西方学界中的很多具有社会学背景的学者，都无法做到与马克思的历史哲学思路同步。他们把马克思打扮成一个契约论意义上的经济学家，似乎马克思对剥削的强调只是因为他对劳动契约之不平等的关注，似乎他对资本通过剩余价值来剥削雇佣劳动的强调只是因为他对生产力之历史作用的偏好。在对马克思思想做出上述误读的基础上，吉登斯等人通过引进权力的解读线索，似乎真的克服了马克思思路中的局限性。但问题是，他们对马克思思想的最初解读就是不对的。马克思从来没有单独站在经济学的层面上来思考剥削、剩余价值等问题，否则的话，他就不可能真正超越资产阶级政治经济学了。他是从历史唯物主义的方法论出发，从社会历史观的高度来统摄经济学的。因此，他的经济学从本质上讲应该是批判的政治经济学。譬如，他思考剩余价值问题的支援性思想背景，不是简单的经济学，不管是古典经济学还是庸俗经济学，而是历史唯物主义语境中的资本主义现实特征。是马克思时代的资本主义社会把雇佣劳动建构成了资本的剥削对象，建构成了剩余价值的来源，而不是马克思故意要把工人的劳动列为资本的剥削对象。马克思实际上是看到了资本统治权力的客观存在的，而不是像吉登斯所说的那样缺乏对权力的思考。只不过，马克思并不仅仅把这种权力置放在政治学的层面上，而是进一步把它置放在社会历史观的层面，去思考这种政治权力的社会历史根源问题的。也就是说，马克思所说的权力是一种历史唯物主义语境中的权力，而不仅仅是法权或政治学层面上的权力。看

---

① 安东尼·吉登斯：《历史唯物主义的当代批判》，郭忠华译，上海译文出版社，2010，第250页。

清了这一点，我们就不难发现，当吉登斯主张从权力不对称分配的维度来解释"剩余"概念时，他实际上还没能领悟马克思思想的社会历史观内涵。

把马克思的剥削观仅仅放在一般经济学的层面上加以理解，还会带来后续的负面效应。我们知道，随着当代资本主义的当代发展，资本剥削雇佣劳动的社会化形式也必然会发生一定的转型或变化，这本来是一件很正常的事情，我们需要做的只是运用马克思的科学方法论，不断地去研究新出现的剥削的社会化形式。但如果你从实证经济学的角度把马克思的观点误解为他只关注到了资本家对工厂中以出卖体力为主的雇佣劳动者的剥削这一种形式，那就很容易得出结论：马克思的剥削理论已经过时了，已经不符合现代资本主义社会的新特征了。这无疑是一种误解。西方学界的一些学者还因此主张要从马克思剥削概念回到他早期的异化概念，认为只有这样才能准确概括当代资本主义劳动过程的本质特征①。如果真的了解了马克思的观点，那就不难做出这样的判断：他们的这种做法是多余的。因为在马克思那个时代，是资本主义社会自身通过生产的社会化把对雇佣劳动的剩余价值剥削，凸显为最大的和最本质的异化。对资本剥削机制的批判实际上就是对最本质的那种异化的批判，区别只在于批判的方法已经有了天壤之别。

《南京社会科学》2014 年第 2 期

作者单位：南京大学哲学系、马克思主义社会理论研究中心

---

① Michael Hardt, Antonio Negri, *Commonwealth*, Cambridge, Massachusetts: The Belknap Press of Harvard University Press, 2009, p. 140.

"改革开放"与辩证精神的回归

郭忠义

国际社会盛行着这样一种观点，即认为政治集中和政府强力推动经济发展的模式对于经济增长是有害的。中国经验否定了西方经济学教科书的原则。以发展中国家经济为对象的发展经济学亦无能为力。它曾依次提出了推动现代经济增长的各种核心要素：资本、劳动力、技术、教育与技能培训、资源生产率、创新企业家、产业结构调整，80 年代后又引入了产权制度；但是在这些理论指导下，除亚洲"四小龙"外，多数发展中国家不仅没有实现预期的增长，反而相继陷入"发展困境"。相反，上述核心要素在中国30 年中都以国家战略和经济政策的形式推动了经济增长。因此以林毅夫为代表的一些学者，将中国奇迹归因于中国政府采取了适合国情的具有比较优势的发展战略。①

而中共十七大报告的解读比较准确："新时期最显著的成就是快速发展"，"新时期最鲜明的特点是改革开放。——改革开放以来我们取得一切成绩和进步的根本原因，归结起来就是：开辟了中国特色社会主义道路，形成了中国特色社会主义理论体系"。这就意味着改革开放造就了快速发展的经济奇迹，"中国奇迹"的根本原因在于中国特色社会主义理论及其实践模式。

本文认为，"中国奇迹"产生的根本原因在于中国特色社会主义理论实现了意识形态范式的变迁，这种变迁背后是辩证精神由否定性到肯定性的历史转向。

---

① 林毅夫等：《中国的奇迹：发展战略与经济改革》，上海三联书店、上海人民出版社，1999。

一 为什么消解辩证法的"否定"前提

我国学界的辩证法理解存在两大误区，一是将黑格尔的辩证法界定为"否定辩证法"①，导致大众对黑格尔辩证法的肯定性前提的遮蔽；二是将革命性、批判性做了片面的绝对化理解并推断出马克思辩证法的否定性本质，成为学者的主流共识。

黑格尔的辩证法是否定性的吗？这个问题要具体分析。笔者认为，黑格尔的辩证法或思辨逻辑主要有两种含义：一是指既是实体又是主体的绝对精神存在的本体形式，即存在的（自在）逻辑。二是指绝对精神之展开即外化或异化的逻辑形式，即绝对精神发展的历史（自为）逻辑；同时又是绝对精神借助于人而实现的自我认识逻辑。正是在这个意义上，存在论、逻辑学、认识论是同一的。从绝对内在同一的"纯存在"，到展开了的自然社会和人类思维的历史过程，都是"肯定、否定和否定之否定的统一"，"肯定、否定和否定之否定"构成了黑格尔的逻辑程式。因此将黑格尔的辩证法冠以"否定性"是误读。

首先，在《小逻辑》中黑格尔明确指出："逻辑学是研究纯粹理念的科学，所谓纯粹理念就是思维的最抽象的要素所形成的理念"。②"逻辑思想就形式而论有三个方面：（a）抽象的或知性〔理智〕的方面，（b）辩证的或否定的理性的方面，（c）思辨的或肯定理性的方面。〔说明〕这三方面并不构成逻辑学的三部分，而是每一逻辑真实体的各环节。"③ 显然，否定性绝不是黑格尔辩证法的特质，即使是在第二方面也蕴含着肯定。相反不包含肯定的否定，不是辩证法，而是怀疑主义。——"彻底怀疑一切认识形式的否定性科学"④。"哲学把怀疑主义作为一个环节包括在它自身之内，——这就是哲学的辩证阶段。但哲学不能像怀疑主义那样，仅仅停留在辩证法的否定结果方面。——辩证法既然以否定为其结果，那么就否定作为结果来说，至少同时也可说是肯定的。因为肯定中包含有它所自出的否定，并且扬弃其对方否定于自身内，没有对方它就不存在。但这种扬弃否定，否定中包含肯

---

① 赵敦华：《西方哲学简史》，北京大学出版社，2001，第 341 页。
② 黑格尔：《小逻辑》，商务印书馆，1980，第 63 页。
③ 同上，第 172 页。
④ 同上，第 171 页。

定的基本特性，就具有逻辑真理的第三形式，即思辨的形式或肯定的形式。"在这一阶段"在对立的规定中认识到它们的统一，或在对立双方的分解过渡中认识到他们所包含的肯定"①。可见，黑格尔辩证法的基本逻辑程式不是否定性的。

其次，黑格尔存在论认为，作为逻辑学开端的"纯存在"或"纯有"是绝对精神的最初形式，即"绝对就是有"。② 这种看似绝对肯定的"纯有"是纯粹的抽象，因此是绝对的否定，这种否定直接地说来，也就是无。因此"绝对即是无"。③ 否定性的涵义一是纯粹的无规定性，二是自由。当自由在自身中把自己深化到最强烈的程度，本身也成为肯定性，甚至成为绝对肯定性，这种自由就是否定性；"这种自由，虽是一种否定，但因它深入于它自身的最高限度，自己本身即是一种肯定，甚至是一种绝对的肯定"④。可见，纯粹的"无"也不是单纯的否定，只有"有"与"无"的统一才是真理。

再次，黑格尔对认识的描述亦然："正是自我意识的外在化建立了事物性，并且这种外在化不仅具有否定的意义，而且具有肯定的意义，不仅对于我们或者自在的有肯定意义，而且对于自我意识本身也有肯定意义。"——自我意识的自在（肯定）——外在化自身即把自身建立为对象（否定）——扬弃了这种外在化和对象性（否定之否定）的过程，就"是意识的（辩证）运动"。⑤ 由此可见，黑格尔的辩证法就其思维形式和思维过程而言是肯定和否定的统一，不存在否定的辩证法问题；就其体系化的宏观逻辑构架而言，具有浓重的肯定性特征。因此阿多诺才断定黑格尔的辩证法是"肯定的辩证法"。

那么，为什么人们认为黑格尔的辩证法是"否定辩证法"呢？可能的原因在于教条化片面化地理解了马克思对黑格尔的评价："黑格尔的《现象学》及其最后成果——作为推动原则和创造原则的否定性的辩证法——的伟大之处首先在于，黑格尔把人的自我产生看作一个过程，把对象化看作失去对象，看作外化和这种外化的扬弃；因而，他抓住了劳动的本质，把对象性的人、

---

① 黑格尔：《小逻辑》，商务印书馆，1980，第 181 页。
② 同上，第 190 页。
③ 同上，第 192 页。
④ 同上，第 193 – 194 页。
⑤ 黑格尔：《精神现象学》（下卷），商务印书馆，1979 年 6 月第 2 版，第 258 页。

现实的因而是真正的人理解为他自己的劳动的结果。"① 其实，在《1844 年经济学哲学手稿》中马克思是从两个维度来分析黑格尔辩证法的，一是将之作为逻辑意义上的思维形式；二是将之作为逻辑展开的创造性原则，进而也是主体把握现实的实践原则。在马克思看来，后者是时代主题的思想回声和主体对时代精神的哲学把握。这正是"否定性的辩证法"的意义所在。

首先，马克思同样积极评价了黑格尔逻辑学的思维形式："在他的思辨的逻辑学里所完成的积极的东西在于：独立于自然界和精神的特定概念、普遍的固定的思维形式，是人的本质普遍异化的必然结果，因而也是人的思维的必然结果"。② 可见作为独立的思维形式的辩证法显然也是黑格尔逻辑学的积极内核。马克思还说，"由于黑格尔根据否定的否定所包含的肯定方面把否定的否定看成真正的和唯一的肯定的东西，而根据它所包含的否定方面把它看成一切存在的唯一真正的活动和自我实现的活动，所以他只是为那种历史的运动找到抽象的、逻辑的、思辨的表达"③，这里马克思明确说明了黑格尔辩证法的逻辑维度和历史运动维度。意味着"否定性的辩证法"只是在把握现实、观照人的社会生成和自然地向人而生时才是"否定性的"。

其次，《1844 年经济学哲学手稿》中无论是对私有财产积极扬弃的共产主义的宏观叙事，还是对劳动异化的微观考察；无论是"人类与自然的和解以及人类本身的和解"的主张，还是自然主义、人道主义、共产主义统一的理想，都是按照黑格尔的思维逻辑程式进行的。在《共产党宣言》中马克思不仅肯定了资本主义的积极成果，而且再现了《1844 年经济学哲学手稿》中的宏观历史进程。在《资本论》中马克思按照黑格尔的从抽象到具体的方法，即从普遍性到特殊性再到个别性，展开自己的全部论证，"马克思写于 1857 年的《政治经济学批判》中《资本章》的结构草案就充分证明了这一点"。④ 马克思还说，"我公开承认我是这位大思想家的学生，并且在关于价值理论的一章中，有些地方我甚至卖弄起黑格尔特有的表达方式。辩证法在黑格尔手中神秘化了，但这决没有妨碍他第一个全面地有意识地叙述了辩证法的一般运动形式"。⑤ 这说明，作为合理内核的黑格尔辩证法的

① 《马克思恩格斯全集》第 42 卷，人民出版社，1979，第 163 页。
② 《马克思恩格斯全集》第 42 卷，人民出版社，1979，第 177 页。
③ 《马克思恩格斯全集》第 42 卷，人民出版社，1979，第 159 页。
④ 陈晏清、王南湜等：《马克思主义哲学高级教程》，南开大学出版社，2001，第 122 页。
⑤ 《马克思恩格斯选集》第 2 卷，人民出版社，1995，第 112 页。

思维形式，不存在单纯的"否定性"问题。

再次，我们可以把《精神现象学》看作法国革命的思想回声，代表了青年黑格尔对法国革命表现的自由精神的渴望和对其"绝对自由和恐怖"实践的反思。可见马克思说的黑格尔的"否定性的"辩证法，恰恰是对这一隐含的实践关怀维度的揭示。作为绝对精神展开过程之异化、外在化表现出的否定性形式，实际是现实资产阶级革命时代主题的理论折光。

二　对马克思辩证法的二维理解与辩证精神实践的历史反思

国内马克思辩证法研究硕果累累，主要体现在：一是确立了马克思辩证法对黑格尔辩证法的颠倒，是在主体上实现了由绝对观念到实践着的人类总体的转换，在辩证法的原型上实现了由绝对观念、物质自然到实践原型的转换，并成为教科书化共识；[①] 二是实现了研究范式上由自然主义到生存论范式的进展；[②] 三是开启了黑格尔的"实践"对马克思哲学创立的意义研究和"实践智慧的辩证法"研究；[③] 四是提出了由矛盾的辩证法向和谐辩证法转变的新思路。[④] 但是，这些理论创见分别存在如下问题：基于实践的理论辩证法只能解释超验目标而不能把握现实有限事物；生存论范式如果仅在理论视域上展开而不解释当代最为重大的现实生存——经济与社会发展，它实质上还是抽象化的；实践智慧的辩证法与理论辩证法缺乏必要的沟通；没有阐明从矛盾辩证法到和谐辩证法的逻辑中介。

这些问题产生的根源在于，将思维逻辑的辩证法与实践把握的辩证法混淆了；这样，人们就只能概念化解释人的无限自由的生存活动，不能解释现实人的实际生存；不能解读20世纪70年代以来因经济全球化造成的国际秩序，更不能解读中国30年改革开放的伟大实践，也不能说明"批判－否定性"的辩证法何以实现"对话与宽容"及"自强不息"，更不能说明怎样过渡到"实践智慧"与"和谐思维"。

固然，辩证法的革命性本质出自马克思的名言："辩证法在对现存事物

---

① 陈晏清、王南湜等：《马克思主义哲学高级教程》，南开大学出版社，2001，第122页。

② 贺来：《辩证法的生存论基础——马克思辩证法的当代阐释》，中国人民大学出版社，2004。

③ 王南湜：《作为实践智慧的辩证法》，《社会科学战线》2003年第6期。

④ 张奎良：《和谐社会与和谐辩证法》，《学术论坛》2006年第4期。

的肯定的理解中同时包含对现存事物的否定的理解，即对现存事物的必然灭亡的理解；辩证法对每一种既成的形式都是从不断的运动中，因而也是从它的暂时性方面去理解；辩证法不崇拜任何东西，按其本质来说，它是批判的和革命的。"① 如果从上下文来看，马克思这里讲的是辩证法的自为的外在性实践把握维度，而非内在性的思维逻辑维度。

其实，辩证法无论在康德还是黑格尔那里都首先是一种相对独立于现实的逻辑形式。黑格尔的辩证逻辑不仅是对康德存在论意义上的二律背反的批判性改造，也是对形式逻辑的批判性继承。黑格尔的逻辑既是绝对观念自身存在（自在）的逻辑，又是存在自身的自我展现（自为）的逻辑；既是存在自身绝对抽象同一、自己规定自己的主观内向的逻辑，又是存在自身自己分化自己、给予自己以客观性的内容并扬弃分化、回归于统一的外向性逻辑。马克思对黑格尔辩证法的实践改造中，将黑格尔自我意识实践展开的辩证法，变成人的实践活动的辩证法，并作为辩证法的现实基础；把黑格尔的绝对观念的存在变成人的现实存在，人的"实际生活过程"。

这就决定了马克思辩证法的两个维度，一是基于实践本源性结构的内在性的辩证的逻辑思维形式；二是受现实宏观实践场域约束的、带着主体价值取向的外向性的方法论原则——被实践环境所约束又把握实践的辩证精神。

对于思维逻辑的辩证法，马克思不仅为其确立了实践性生存活动的本源，同时也继承了黑格尔辩证法这一相对独立的思辨形式。黑格尔的内在性的思维逻辑将"知性或理智""辩证的或否定理性""思辨的或肯定理性"囊括其中，将之作为"每一逻辑真实体的各环节"。② 这样黑格尔的辩证思维就将康德空间性的知性逻辑与自己时间性的历史逻辑融为一体。知性的形式思维成为一切辩证逻辑环节的前提，为辩证思维确立了确定性明证性的形式基础。马克思对黑格尔辩证法的这一维度，尤其是其知性前提，是作为自明的东西继承下来并未展开，却被后来研究者忽略了。

对于辩证精神的辩证法，马克思继承了黑格尔"否定性"的"推动和创造原则"，辩证精神实际上就是黑格尔所说的"思想中所把握到的时代"和马克思所说的"时代精神的精华"。不同在于，"在黑格尔看来，思维过程，即他称为观念而甚至把它转化为独立主体的思维过程，是现实事物的造

① 《马克思恩格斯选集》第 2 卷，人民出版社，1995，第 112 页。
② 黑格尔：《小逻辑》，商务印书馆，1980，第 172 页。

物主，而现实事物只是思维过程的外部表现。我的看法则相反，观念的东西不外是移入人的头脑并在人的头脑中改造过的物质的东西而已"。① 这个"物质的东西"不是费尔巴哈的"自然"和自然化的"人"，也非黑格尔作为独立主体和客观存在的"意识"。因为意识"只能是被意识到了的存在，而人们的存在就是他们的现实生活过程"。② 于是，在马克思那里，黑格尔的自我意识的自由自为的否定性创造原则，变成现实的人的能动的实践活动；黑格尔"人的发生的历史"成为"主体的人的现实的历史"，③ 整个世界历史成为人通过人的劳动而诞生的过程，"自然界对人来说的生成过程"。④ 那么，辩证精神就不是黑格尔的绝对精神通过异在的自我发现，而是对反映现实实践场域（社会存在）的时代精神的实践把握。如果说，"'时代精神'就是标志社会不同发展阶段的、具有特定历史内涵的'生活世界'的'意义'"，⑤ 那么，作为时代精神精华的辩证精神就必须受到特定的"生活世界"的限制和实践场域的约束。这就是马克思对黑格尔辩证法的"颠倒"所确立的唯物论原则。它是辩证精神的存在论前提。

通过分析可以得出下述结论。

第一，马克思的辩证法有思维逻辑形式和实践的辩证精神两重维度。作为前者不存在单纯的否定性问题，后者作为主体把握实践的精神理念必然带有否定或肯定性的价值取向，这种取向最终受制约于特定时代的"生活世界"或实践场域。

第二，作为逻辑的辩证法包括知性逻辑并以知性逻辑的明证性、确指性为前提（第一环节），它的有效边界是在确指性的对象间的"联系"和自身"发展"界域。第一环节的知性前提是达于真理性知识的形式依据；第二环节的"否定"是过渡环节，表征对象与他物的差异和"联系"；辩证否定承认事物在运动中的确定性状态的存在，单纯的"否定"就是诡辩和怀疑主义；第三环节的"否定之否定"表征对象的现实"发展"。

第三，作为主体的外向性的把握实践的方法论原则不是纯粹不受限制的无限自由的绝对否定性，而是受实践场域或条件约束，并带着主体的价值取

---

① 《马克思恩格斯选集》第 2 卷，人民出版社，1995，第 112 页。
② 《马克思恩格斯选集》第 1 卷，人民出版社，1995，第 72 页。
③ 《马克思恩格斯全集》第 42 卷，人民出版社，1979，第 159 页。
④ 马克思：《1844 年经济学哲学手稿》，人民出版社，2000，第 154 页。
⑤ 孙正聿：《哲学通论》，中国人民大学出版社，2000，第 214 页。

向的辩证精神。它作为时代主题的反射和回声，可以是否定性的，也可以是肯定性的，关键在于"生活世界"的现实状态和时代主题。

19 世纪是冲突的世纪。这决定了马克思的辩证精神是否定性的，它反映了那个时代极为尖锐的社会矛盾和时代主题。在马克思那里，虽然"否定"是事物发展的动力和自性，但却是与"肯定"相伴的，并且最终是为了"肯定"的动力和方法性范畴。恩格斯在论证了黑格尔否定之否定的思维规律的同时，也论证了辩证法的否定性精神；但是，依然像马克思一样承认肯定的作用，甚至一样承认"英国是唯一可以完全通过和平的和合法的手段来实现不可避免的社会革命的国家"。① 当世界进入"帝国主义和无产阶级革命"时代的 20 世纪时，否定性辩证法得到列宁从理论和实践两个方面的历史性高扬，对立统一规律取代否定之否定规律成为辩证法的实质核心，斗争性成为"绝对的"。辩证精神的实践把握改变了世界的政治版图和历史的走向，无产阶级革命与专政的实践强化了辩证法的否定性精神。

毛泽东将对立统一规律做了"矛盾论"诠释，并确立了辩证法把握实践的唯物论前提——将实事求是作为对中国革命实践进行辩证思考的本体论基础，将实践场域的"实际"作为理论的出发点和立足点，天才地运用了马克思主义的阶级斗争理论，以矛盾对立的形式揭示了中国社会矛盾的现实和解决矛盾的形式，取得了中国革命实践的伟大胜利，显示了否定的辩证精神巨大的实践力量。

然而，辩证精神对实践的成功把握，固化了辩证精神的否定性形式，而忽略了辩证精神实践前提的实践场域。而将否定性上升为辩证思维的逻辑程式时，必然产生两个结果：或是陷入黑格尔所说绝对否定的怀疑主义和虚无主义，或是走入恩格斯所说"在绝对不相容的对立中思维"的形而上学思维方式。不幸的是，这种形而上学化的"辩证思维程式"在新中国成立后逐渐成为新中国社会主义建设进程的指导思想，否定性的辩证法成为政治第一、革命至上的意识形态范式的思维逻辑基础；成为"斗争哲学"、"阶级斗争为纲"论、"无产阶级专政下继续革命"论的方法论基石。在把握实践上更是离开了活生生的实践场域，沉迷于教条主义的理想幻境，成为"文化大革命"的理论支点，成为中国社会主义探索步入"迷途"的思想助力，

① 恩格斯：《1886 年 11 月 5 日资本论英文版序言》，《资本论》第 1 卷，人民出版社，1976，第 37 页。

从而营造了"十年动乱"的历史悲剧。梁启超在"五四"后曾说过，国民若使永远专持"否定"的态度，没有积极的主张拿出来，恐怕成了世界上虚无的国民。确实，绝对否定性的辩证法导致了"怀疑一切、打倒一切"，造成了"十年浩劫"中的文化虚无。

一些人至今没有充分注意作为思维逻辑的辩证法与把握实践的辩证精神的差异，并忽视其理论前提，使辩证思维的肯定性遮蔽和知性前提的遗弃。这是导致辩证法的低俗化理解泛滥、陷入黑格尔早就指出的诡辩和怀疑主义以及人们对辩证法嘲讽与鄙视的主要原因。在实践把握上，过于强调"反思"而忽视对辩证精神的本体论前提——生活世界或实践场域的直面认知，以至于对中国人民伟大的创新实践"理论失语"，也使辩证精神失去解释时代的方法论魅力。

恩格斯在谈到辩证法时说，"每一时代的理论思维，从而我们时代的理论思维，都是一种历史的产物，在不同时代具有非常不同的形式。"[1] 那么，随着时代的发展和主题的转换，辩证精神的转向也就成为历史的呼唤。

三 辩证精神的肯定性转向与中国奇迹的创生

中国经济奇迹必须从改革开放所造成的巨型社会制度变迁中去解释，这场深刻的变迁又是国家主导的，因此应当从作为国家意志的意识形态范式变迁中去寻找。党的十一届三中全会标志着中国实现了意识形态范式从政治第一、革命至上、教条主义到经济中心、改革思维、实事求是的历史性转变。意识形态范式转变的方法论基础，则是辩证精神由否定性到肯定性的精神转向。

1. 辩证精神的肯定性转向与改革开放

新时期最鲜明的特点是改革开放，最显著的成就是快速发展，这是中国共产党对中国奇迹原因的抽象表达。意识形态理念由革命到改革、由封闭到开放，实质上实现了辩证思维由否定性到肯定性的转向。因为改革是制度的肯定性自我完善，而非否定性的制度革命；开放意味着制度的共存并立和相互交融，而非否定性的两极排斥和你死我活。教条主义是辩证精神的天敌，辩证精神教条化更意味着辩证精神的死灭。辩证精神的重生在于对其唯物论前提的恢复和重建，在于对辩证思维的知性逻辑前提的重建。这一前提重新确

---

① 《马克思恩格斯选集》第 3 卷，人民出版社，1972，第 465 页。

立就是由教条主义到"实事求是"的转变。正是因此，邓小平才将全部理论、战略、政策建诸具体国情之上，开辟了中国特色社会主义道路的创新实践。

2. 辩证精神的时代交响与社会主义市场经济的建立

"市场经济模式是中国奇迹的主因"几乎是所有经济学家的共识，但是将社会主义与市场经济制度结合起来，仍是绝大多数经济学家认为不可能的创想。原因在于都信奉"市场经济等于资本主义"的理论教条，都在知性思维视域中认为公有制产权形式的社会主义与市场经济不能兼容。以至于倡导改革的匈牙利经济学家雅诺什·科尔内（János Kornai）直到 1990 年还认为，国有企业按市场行事那样的"市场社会主义的基本思想破灭了"。有人认为，"原苏联、东欧社会主义国家的解体，在很大程度上与没有能够在社会主义范畴内找到计划与市场有效结合的途径和形式有关"。① 邓小平关于社会主义市场经济的论述，不仅基于对中国改革开放实践的理论总结，而且基于肯定性的辩证精神。从辩证法的意义上说看似对立的两个事物是可以相容的。这一理论创建和实践选择，成为 20 世纪后半期具有世界意义的伟大事件。

3. 辩证精神的肯定性转向与经济转轨路径的正确选择

20 世纪后半期世界经济转轨大潮中，共识性的观点是由于中国选择了"双轨过渡"在实现了转轨绩效上伟大的领先，由于独联体国家选择了基于"华盛顿共识"的"休克疗法"，导致"失去的十年"。笔者认为，决策者们之所以选择截然不同的转轨路径，关键在于奉行不同的思维形式。"华盛顿共识"是新自由主义经济学家从现代成熟的市场经济抽象出的标准模式，是知性思维的产物；"休克疗法"也是基于知性思维原则得出的计划与市场绝不相容后的必由之路；他们都是基于"在绝对不相容的对立中思维""是就是，不是就不是"② 的形而上学思维方式。它的缺陷是无视市场经济制度建立的"历史过程"，想超越历史完成经济模式的瞬间置换。然而，经济转轨不是精神展开的逻辑过程，而是社会的制度变迁过程。无论是市场经济制度信息，还是系统的法制化规则，还是主体交易的制度平台，它的建立与完善都是一组过程集合，都是对计划经济的否定之否定。把握这一实践过程知性思维无能为力，辩证思维却游刃有余。从双轨并存到并轨运行，从计划经

---

① 马林：《发展社会主义市场经济完善计划与市场相结合的新体制》，《著名学者论社会主义市场经济》，人民出版社，1993。

② 《马克思恩格斯选集》第 3 卷，人民出版社，1995，第 734 页。

济为主、市场经济为辅，到社会主义市场经济模式的确立，就是辩证思维的逻辑轨迹和辩证精神的实践展开。

4. 辩证精神的肯定性转向与中国的产权革命

诺贝尔奖得主道格拉斯·诺思（Douglass C. North）证明，有效率的产权制度是西方世界兴起的关键原因，也是决定经济效率的关键要素。产权经济学证明，计划经济下公有制企业由于找不到产权实现形式导致产权模糊和产权虚置、缺少责任主体，必然导致经济低效。而计划经济在与市场经济的制度竞赛中纷纷败北，又对此理论做出了经验证实。于是，如何建立有效率的产权制度，成为所有转轨国家面临的攻坚难题。东欧、独联体国家基于形而上学思维采取"全盘私有化"措施，结果不仅没有带来预期效率，却陷入"转轨经济危机"。中国人民以特有的辩证智慧通过三次大的产权革命，解决了这一世界性难题并创造了中国的经济奇迹。首先，农业改革创造了"统分结合"的联产承包责任制，实现了公有产权财产占有权与用益权的分离，实现了空前的经济效益，为改革开放创造了良好的开局。这实际上是辩证思维的肯定性转向的结果。其次，国企改革是改革难题，破解这一难题的创新方式是将股份制作为国有经济主要的实现形式，建立现代企业制度。其理论前提是，股份制不姓公，也不姓私，关键看控股权掌握在谁手里。于是，国有经济退出一般性经济领域，进入大有可为的命脉产业和关键领域，使国有企业从全面亏损变为充满活力。毫无疑问，改革的基础依然是肯定性辩证思维。再次，确立了公有制为主体多种所有制形式共同发展的基本经济制度，不仅调动了全民的创富能力，而且为转变和优化产业结构创造了所有制前提；更重要的是，正是这种经济制度使国家具有了超常的宏观调控能力，创造了中国经济在 2008 年全球金融危机中一枝独秀、高速增长的经济奇迹。这种两极兼容并生、互相促进、互相转化、共同发展的经济制度，无疑是辩证精神的运行逻辑和实践形式。

总之，由于辩证精神由否定性到肯定性的转向，促成了国家意志的意识形态理念的变革，使我国成功实现了从高度集中的计划经济体制到充满活力的社会主义市场经济体制、从封闭半封闭到全方位开放的伟大历史转折，创造了举世瞩目的中国奇迹。

原载《哲学研究》2011 年第 6 期

作者单位：辽宁大学哲学公共管理学院

"经济哲学"研究正名

马　涛

经济哲学从 20 世纪 80 年代随着中国改革开放的步伐兴起以来，已经走过了 40 多年的历程，虽然在某些中国现代性发展过程中的重大现实问题如社会公正、公平与效率、分配正义以及某些专题研究领域如货币哲学、资本哲学、财富哲学等的研讨上取得了丰硕的成果，但至今未能在学科体系上形成共识，也就无法确立学科的体系框架，自然也妨碍了经济哲学学科的深化。例如，有人把经济哲学归属于马克思主义哲学的一个分支，有人把经济哲学归结为理论哲学的经济哲学，或作为应用哲学、部门哲学的经济哲学，有人把经济哲学看成一个交叉学科，探讨经济、经济学与哲学的关系，有人把哲学理论知识在经济现象和经济领域的应用归属于经济哲学，有人把探讨经济学中的哲学传统定义为经济哲学，等等，不一而足。概念指称和意义混乱，缺乏明确的辨析和界定，研究视野模糊。如此一来，研究者就自说自话，也就自然使人不知"经济哲学"到底是何谓。笔者提出，经济哲学研究要想进一步深化，首先必须"正名"，在范畴层面上明确界定"经济哲学"概念的内涵和研究框架，否则，名不正则言不顺。

一

"经济哲学"四个字的主题是"经济"，这就决定了经济哲学研究的学科体系框架应是围绕经济和经济学中的"哲学"问题展开，研究的主要内容首先是经济学中的哲学问题。经济学尽管早已成为一门独立的学科，但其中仍存在有大量的哲学问题，历史上的许多著名的经济学家同时也是著名的哲学家，如斯密、约翰·斯图亚特·穆勒、马克思、哈耶克等人。哈耶克强调："仅仅是一名经济学家的人，不可能成为杰出的经济学家。比自然科学中的情形更为真实的一点是，在社会科学中，几乎没有哪个具体问题能够仅仅依靠一门学科作出恰当的回答……在英国这个经济学长期领先的国家，几乎所有伟大的经济学家同时也是哲学家。"① 这是因为经济学理论的发展，不能没有哲学理念的支持。理论经济学中的许多假设，都蕴含有哲学的前提。历史上，哲学对经济学理论的创立、发展及范式革命都发生有重要的影响。马歇尔就强调经济学不仅是一门研究财富的学问，更是一门研究人的学问。哲学也就是人学。对于经济学家需要哲学思维，凯恩斯的表述更为清晰：经济学研究"在某种程度上他必须是……哲学家。……他必须透过一般了解特殊，并在同一闪念间触知抽象与具体。他必须根据过去，为了未来，研究现在。人类的天性或其社会结构，他都必须心领神会，不容有被漠视的地方"。② 从经济思想发展的历史看，是经济思维和哲学思维的有机统一才创造诞生了经济学的大师。

经济学中的人性和理性的假定就深受西方哲学的影响。

受西方功利主义哲学家边沁、霍布斯人性论的影响，新古典经济学中把经济活动中的人设定为是个体的、鲁滨逊式的只知追求个人私利的"经济人"。经济人具有理性，能对事物及面临选择的后果进行正确判断，并在利益最大化动机下采取正确的行动。新古典经济学的经济自由主义主张就是建立在这一"理性人"假设基础上的。他们强调因为经济人能够准确预测未来、对政府政策变动采取防范对策，这就导致了政府干预政策的失灵。因此，他们主张政府应充分尊重市场个体的行为选择，鼓励市场竞争，政府的职责是维护好市场的公正与公平。凯恩斯学派则强调人理性是有限的，市场中又充满了各种不确定性，企业家的投资决策也要受情感等"非理性"因素的支配。因此，在凯恩斯看来，经济周期和危机在某种程度上就是企业家对未来是乐观还是悲观的预期所导致的。正是在这一认识的基础上，凯恩斯学派强调经济的非均衡分析。奈特也是从这一市场的"非理性"（不确定

---

① 弗里德里希·冯·哈耶克著《经济、科学与政治》，冯克利译，江苏人民出版社，2000，第28页。

② 约翰·梅纳德·凯恩斯著《艾尔弗雷德·马歇尔传》，滕茂桐译，商务印书馆，1990，第11页。

性）出发，肯定了企业家在利润创造上的重要作用。从某种程度上说，一部经济学理论的发展史，就是一部关于经济人性和理性探讨的发展史。西方经济理性的现代发展也离不开哲学理性的渗透和影响。

二

经济哲学还需要研究哲学方法论对经济学的影响。人们要正确地认识客观世界，必须掌握科学的方法。经济学研究中也是如此。受哲学唯理论影响的经济学家，在经济方法上多强调演绎法的作用，他们认为要构建一个好的经济学理论模型来分析解释经济现象，就必须抽象演绎法，先提出假设，给定约束条件，再进行实证回归分析，最后得出结论。数理经济学就是这一研究方法的典范：首先构建理论模型，再通过分析各种经济变量之间的函数关系得出研究结论。与此相应，在进行经济分析时，多主张一般均衡分析和静态分析，在经济政策上强调自由放任和自由竞争。与之相反，受哲学经验论影响的经济学家则多强调经验归纳法在经济学研究中的重要性，主张以历史演化的方法作为分析认识经济现象和构造经济理论的主要方法，在对经济现象进行经济分析时多强调非均衡分析、动态演化分析，强调经济发展中制度、产权约束的重要性。

古典经济学的大师亚当·斯密采取了"抽象分析，再具体化"的方法，从现实的经济生活中提炼出几个或是一些基本的经济学范畴，如分工、商品、交换、价值等，再用其对现实经济运行进行"实证性分析"，构造了一种自由资本主义发展阶段的经济学"逻辑"。李嘉图、约翰·穆勒都强调抽象演绎法在分析经济现象上的重要性，如约翰·穆勒提出经济学在实质上是一门抽象科学，其研究方法是先验的，只从人类的一个动机——生产财富——进行抽象。从这一意义上说，经济学就是一门类似于几何学的先验科学。穆勒认为，政治经济学就是许多理性演绎分析的集合。弗里德曼也持相同观点，认为经济学的理论模型中，"模型是抽象的、完整的，它是一种'代数学'或'逻辑学'"[①]。奥地利学派更是明确提出："像所有其他的科学理论一样，经济理论的命题显然是从一系列假设中演绎出来的"，"一旦

---

① 密尔顿·弗里德曼著《弗里德曼文萃》，高榕、范恒山译，北京经济学院出版社，1991，第212页。

我们充分理解了这些假设的性质，那么它们在现实中的对应物的存在就是不容置疑的"①，强调的就是经济学研究的对象和任务是经济现象中的一般性质和一般关系，研究目的是建立普遍适用于一切经济现象的一般理论法则。罗宾斯提出经济学的重要原理都是从近于公理的假设中演绎出来的。强调演绎法的合理之处在于凸显了抽象思维在经济认识中的作用，缺点则表现为对理性能力的过分崇拜，理性演绎发展的极致是数理经济学与数学模型的运用，但数学模型对现实的把握是相对的、有条件的，仅靠数学推导很难深刻揭示经济现象的本质和规律。

哲学经验主义也对经济学的研究具有重要的影响，这可以历史学派、制度学派和演化经济学派为代表，他们倡导运用历史演化的方法分析经济现象，强调制度和文化在经济发展中的作用。他们批判坚持哲学唯理论的新古典经济学在对经济关系的分析上忽视了宗教、道德、制度等因素的作用，把政治经济学变成了一部单纯的利己主义的自然历史。他们的理论贡献是强调分析经济问题必须结合诸如宗教和伦理道德等文化因素才能得到全面的说明，因为无论生产、分配、分工和交换这些经济活动，还是价格变化，经济危机的发生，都要受到人们或集体的动机、情感和行动的制约，这些问题的解决则有赖于改善人们的心理、道德状况。不同国家文化传统不一样，因此经济学的研究一定要结合各国的不同国情和历史传统，经济研究不仅应研究生产技术的发展和"经济制度"的特点，还要研究意识形态、政治制度等对经济的影响。

笔者认为，在明确上述研究框架主题的基础上，哲学界和经济学界都可以大显身手，哲学家可以从哲学的角度来探讨，形成经济哲学的本体论、辩证法和价值论、历史论等，经济学家则可以从经济学的角度去探讨，形成经济学方法论、经济规律论和经济文化论等相关内容，并在人性和价值考量的基础上去完成对人类行为的经济学分析，去解读重大的经济现象，去提供好的政策方案。经济哲学在确定了的研究主题和领域后，才会使今后的研究工作更加规范和深化，当然也有助于经济学界和哲学界之间在经济哲学研究上的"视域融合"，构建起经济哲学的学科体系框架。

原载《中国社会科学报》2019 年 4 月 3 日

作者单位：复旦大学经济学院

---

① 丹尼尔·霍斯曼：《经济学方法论纲要》，王欣译，《经济学动态》1990 年第 12 期。

20 世纪以来马克思政治经济学
研究的多维度开展

——马克思《1844 年经济学哲学手稿》《资本论》新解

何　萍

　　《1844 年经济学哲学手稿》和《资本论》是马克思政治经济学研究生涯中的两部最重要的著作。《1844 年经济学哲学手稿》是马克思研究政治经济学的起步之作。这部著作既是一部政治经济学的探索之作，又是一部哲学思想的创新之作。作为政治经济学的探索之作，这部著作在政治经济学的理论创造上远未达到像《资本论》那样的成熟水平，但它却借助实践哲学的创造而建构了政治经济学研究的理论框架，从而表达了马克思政治经济学的批判品格，凸显了马克思的政治经济学与资产阶级政治经济学的本质区别。《资本论》是马克思研究政治经济学的成熟成果，但无论在形式上，还是在内容上，都不能称之为一部完成了的著作。在形式上，马克思本人只完成了《资本论》第一卷的整理工作，《资本论》第二卷和第三卷是马克思身后，由恩格斯整理发表的，其中有相当大的部分仍然以手稿的形式存留下来，并未正式发表；在内容上，《资本论》并没有完成对资本主义经济运动的一切形式的研究，比如，关于资本积累在世界范围内的实现问题、关于地租的资本主义化问题、关于金融资本问题，等等。正是这些未完成的工作，为日后的马克思主义思想创造打开了广阔的空间。自 19 世纪末开始，东西方国家的马克思主义理论家结合人类历史的变革和资本主义社会的新变化阐发这两部著作中的哲学、经济学和生态学思想，创造了当代马克思主义的文化批判理论、以资本积累理论为核心的政治经济学和生态学马克思主义哲学，构造了当代马克思主义的理论风貌。这一切表明，《1844 年经济学哲学手稿》在政治经济学上的不成熟性和《资本论》的未完成性并不是一个缺点，而是一个优点，因为它使马克思的政治经济学成了一个无限开放的思想体系，成了一个可以为日后的马克思主义理论家从事理论创新的文本。鉴于此，本文试图在马克思文本的解读与当代马克思主义理论创造的张力中，探讨当代马克思主义的文化批判理论、以资本积累理论为核心的政治经济学、生态学马克思主义哲学与马克思政治经济学的内在关联，说明这些理论是如何从马克思的政治经济学中生发出来的，从一个方面阐发马克思政治经济学的多重内涵及其当代价值。

一　马克思"实践"概念的阐释与马克思主义文化批判理论的建构

"实践"是《1844年经济学哲学手稿》的核心概念。这个概念的全部意义是在与"异化劳动"的辩证关系中呈现出来的。根据马克思的定义，"实践"是人的"自由的有意识的活动"①，即是人的生命的生产，人的本质、人的类特性、人的自我创造的活动；"异化劳动"是资本主义私有制条件下的劳动，它是劳动的现实化，但这种现实化是以"工人的非现实化""对象的丧失和被对象奴役"，"异化、外化"②的形式呈现出来的。"异化劳动"的这一意义表明，"异化劳动"是"实践"的对立面，是对人的实践存在的否定。在马克思看来，"异化劳动"尽管是对人的实践存在的否定，但它是人的实践存在的一个必要的环节。这是从两种意义上而言的。首先，从实践存在的结构看，"异化劳动"给予了实践感性形式，是人的感性的存在；其次，从实践的历史进程看，"异化劳动"造成了人与自然、人与社会、人与自身的分离，是人获得社会性、从而获得人的解放、个体自由的历史条件。这样，马克思就通过异化劳动这个概念，把"实践"植根于资本主义的经济形态之中，并由此而建构起他的唯物史观和资本主义批判理论。自19世纪末开始，东方和西方的马克思主义哲学家结合资本主义社会的新变化，分别在这两个向度上阐发了马克思"实践"概念的文化内涵，建构起马克思主义的文化批判理论。

在唯物史观的向度上，19世纪以来的马克思主义哲学家结合人类历史

---

① 《马克思恩格斯全集》第3卷，人民出版社，2002，第273页。
② 《马克思恩格斯全集》第3卷，人民出版社，2002，第268页。

的新发展阐发马克思"实践"概念的文化内涵，建构了以文化领导权为基本内核的文化批判理论。

在这一向度上，最早阐发马克思"实践"概念的文化内涵的是拉布里奥拉。拉布里奥拉是第二国际杰出的马克思主义哲学家。他与同时代的马克思主义哲学家一样，重视经济基础的研究，但是，他反对用庸俗唯物主义和机械唯物主义的观点来解释经济基础，把经济基础视为社会形态中的一个因素，而主张用历史哲学的观点来阐释经济基础，把经济基础看作是人们的经济活动，亦即人们自己创造自己的历史活动。他认为，在马克思那里，经济不是社会生活中的一个因素，而是社会生活本身，是人们的实际经验过程，上层建筑不是悬置于这一过程之上并与之相对立的因素，而是从这个过程中生长出来的，因而是经济系统中的一个有机组成部分。不仅如此，经济还与一定民族文化传统积淀而成的风俗、习惯、信仰、愿望和倾向等相联系，具有民族文化的特性。在马克思看来，不论是在前一种意义上，还是在后一种意义上，经济作为社会生活本身，都是人的文化创造活动。马克思把人的这种文化创造活动称之为"实践"。可见，马克思的"实践"概念本质上是文化哲学的概念，它所表达的是以经济活动为中心的人的文化存在。在这里，拉布里奥拉并没有提出"文化领导权"的概念，但是，他的研究思路和研究方法却成为葛兰西文化哲学研究的先导。

葛兰西继承了拉布里奥拉的马克思主义哲学传统，并且更直截了当地阐明了马克思"实践"概念的文化内涵，在此基础上，提出了"文化领导权"的概念。葛兰西认为，马克思的实践哲学是改造世界的哲学，马克思的"实践"概念就是指的文化改造活动。所谓文化改造活动，就是把大众的自发的、零散的、非批判的世界观引导到自觉的、"融贯一致的"、批判的世界观，把大多数人提高到新的、更高的文化水平。为了实现这种改造，就必须要有文化领导权。在葛兰西那里，文化领导权不是观念的东西，而是一种相对独立的社会权力。作为一种社会权力，文化领导权的相对独立性来自两个方面的规定：其一，它是国家结构中有别于政治权力的一种社会权力。政治权力指的是政治国家的"统治"权力，它体现的是统治集团的意志，行使这种权力的方法是"强制"，而文化领导权指的是市民社会或伦理国家的控制权力，是一定社会集团对本集团的成员和对其他集团实行的文化意识形态的操纵，行使这种权力的方法是"同意"；其二，它与统治权力的关系是不确定的。它可以与统治权力相一致，在这种情况下，统治集团同时掌握了政治权力和文化领导权，也可以与统治权力不一致，在这种情况下，文化领导权为不居统治地位的集团所掌握，而掌握着文化领导权的集团有可能进而掌握统治权。可见，能否行使领导权，行使什么样的领导权，是判断一个社会集团是否有广泛的社会基础，它所选择的社会制度是否具有合理性的标准。葛兰西说："我们自己的研究所依据的方法论标准如下：一个社会集团的霸权地位表现在以下两个方面，即'统治'和'智识与道德的领导权'。一个社会集团统治着它往往会'清除'或者甚至以武力来制服的敌对集团，他领导着同类的和结盟的集团。一个社会集团能够也必须在赢得政权之前开始行使'领导权'（这就是赢得政权的首要条件之一）；当它行使政权的时候就最终成了统治者，但它即使是牢牢掌握住了政权，也必须继续以往的'领导'。"① 这说明，文化领导权在一定的情况下，可以不受政治权力的控制，而反过来制约政治权力。这是文化领导权相对独立性的突出表现。应该承认，葛兰西对文化领导权的分析并不是马克思"实践"概念中已有的内容，而是他思考发达资本主义国家的结构和无产阶级革命的问题而提出来的，但它却揭示和发展了马克思"实践"概念中蕴含着的深刻的文化批判内涵，并赋予了这个概念现时代的内容。正是这样，葛兰西的文化批判理论，尽管一度受到批评和排斥，被视为马克思主义的异端，但随着发达资本主义国家的充分发展并在经济、政治、文化、意识形态等各个方面对欠发达国家的影响力日益增强，最终还是得到了思想界的普遍认可。在马克思主义哲学内部，阿尔都塞率先从认识论的高度概括葛兰西的文化批判理论，把它作为一种方法，运用于剖析上层建筑的结构，提出了意识形态的国家机器理论；威廉姆斯将葛兰西的文化批判理论与马克思的文化概念进行对比分析，说明当代社会从物质的生产、生活到人们的观念、意识形态都受到文化/权力结构的支配，从而把文化领导权转化为一种文化模式。在马克思主义哲学之外，葛兰西的文化领导权理论被当作一种方法，广泛地运用于语言学、社会学、政治学、国际关系学等各个领域，成为人们分析统治集团和臣属阶级之间、国家与国家之间的权力结构，揭示当代社会的权力运作机制，思考当代社会的民主、公平、正义等问题的新思维。透过这些理论，我们可以清楚地看到，马克思"实践"概念通过葛兰西的阐释，已经获得了新的时代内涵，从而成为人们研究当代社会问题的重要思想资源。

---

① 葛兰西：《狱中札记》，曹雷雨、姜丽、张跣译，中国社会科学出版社，2000，第38页。

在资本主义批判理论的向度上，法兰克福学派的马克思主义哲学家通过阐发马克思的"异化劳动"概念的文化内涵，创造了以现代性批判为主题的批判的社会理论。

在法兰克福学派的马克思主义哲学家看来，马克思的"异化劳动"概念具有双重的意义：首先，它提出了新哲学建构的基本原则。他们认为，马克思的"异化劳动"概念讲的是资本主义条件下的劳动，在这里，马克思是把劳动原则运用于资本主义社会，把资本主义社会当作劳动的感性世界。这样一来，马克思就通过对"异化劳动"的阐释，颠覆了黑格尔的哲学。在黑格尔那里，"社会和经济范畴都是哲学的概念"，而在马克思那里，"所有哲学概念都是社会的和经济的范畴"①。马克思所做的这一颠覆工作，不是要把哲学概念下降为经济学的范畴，不是要取消哲学，而是要把哲学从思辨的思维中解放出来，使哲学现实化，变成批判和否定现存社会秩序的思想武器。就此而言，"马克思的理论是一个'批判'的理论"②。霍克海默把这种批判理论定义为批判的社会理论，强调这种理论既不是传统的抽象思辨哲学，亦不是苏联的正统马克思主义和卢卡奇专注的形而上学，而是关于感性的、经验世界的哲学，即实践哲学。当然，这样一种实践哲学也有别于葛兰西的实践哲学：葛兰西的实践哲学是以政治批判为核心的政治学，而作为批判的社会理论的实践哲学则是以政治经济学批判和社会批判为核心的社会哲学。在这个意义上，霍克海默把法兰克福学派的批判的社会理论定义为社会哲学，是十分恰当的。其次，它是考察晚期工业社会的理论根据。法兰克福学派的马克思主义哲学家认为，马克思的"异化劳动"概念所揭示的资本主义的异化现象并没有随着资本主义物质生产的增长而消失，反而变得越来越广泛而严重了。从这一观点出发，他们把马克思的"异化劳动"概念运用于考察晚期工业社会，阐发了马克思"异化劳动"概念的文化批判内涵，并通过对文化工业的批判和启蒙精神的反思，建构了以现代性批判为主题的文化批判理论。在他们看来，文化工业的实质就是文化的资本化，就是使文化的生产服从于资本积累的需要，成为资本家追逐利润的一个部门，这势必造成文化从内容到形式的全面异化；而当这种文化异化借助于启蒙的欺

---

① 马尔库塞：《理性和革命：黑格尔和社会理论的兴起》，程志民等译，上海人民出版社，2007，第 223 页。

② 马尔库塞：《理性和革命：黑格尔和社会理论的兴起》，程志民等译，上海人民出版社，2007，第 224 页。

骗和谎言越出它的生产场所，对人们的休闲娱乐生活、消费及整个生活方式发生影响时，就造成了全社会的异化。这种全社会异化的突出表现，就是国家极权主义和大众文化。所谓国家极权主义，就是把人们的生产和生活、劳动与消费、工作与休闲、经济、政治和意识形态全部纳入社会管理的程序之中，使个体的内心精神生活失去了自主性和创造性，成为资本运动的一个片段，从而使人的个体生活完全异化了；所谓大众文化，就是以娱乐游戏的形式消解艺术的文化创造本质、以技能培训的形式来消解神圣的教育理念，使教育不再执行培养人的品格和自由精神的功能。这是典型的文化异化，而隐藏在这种文化异化背后、决定文化异化本质的，就是资本的运动和作为近代启蒙精神的现代性。正是在这个意义上，霍克海默把现代性作为晚期工业社会的标志，因此，对现代性的批判就是对晚期工业社会的批判，也就是对当代资本主义的文化批判。

法兰克福学派的批判的社会理论对 20 世纪的马克思主义哲学产生了持续的影响。20 世纪 50 年代，法国的马克思主义哲学家列菲弗尔吸取了法兰克福学派的思想成果，从文化哲学的高度阐发了马克思的异化劳动概念的文化内涵，并把它运用于分析发达资本主义国家条件下的人们的生活方式，创造了马克思主义的日常生活批判理论。自 20 世纪七八十年代开始，法兰克福学派有关现代性批判的理论不仅在欧洲，而且在欧洲以外的国家产生了广泛的影响。中国受此影响，从 20 世纪 90 年代开始，也转向了研究马克思主义的现代性理论，并联系这一理论反思中国的现代化精神，深化了马克思主义哲学中国化的理论研究。

法兰克福学派的批判的社会理论的形成及其在今天的影响表明，当代马克思主义的现代化批判理论与马克思的"异化劳动"概念有着深厚的联系，可以说，是马克思的"异化劳动"理论的当代形态。这个哲学形态虽然不同于葛兰西的实践哲学，但是，它们同属于当代马克思主义的文化批判理论，代表了 20 世纪以来马克思主义哲学的发展方向，也展示了当代马克思主义文化批判理论的多元风貌。

二 马克思资本积累理论的研究与马克思主义政治经济学研究主题的变换

19 世纪末至 20 世纪初，西欧资本主义发生了新的变化：金融资本的产生，打破了单一的产业资本结构，使资本的内在构成变得复杂起来；帝国主义现象的出现，把资本主义国家与非资本主义国家紧密地联系起来，形成了资本主义世界经济体系，使人们看到了资本积累和世界市场在资本主义发展中的意义。由于这两个变化，金融资本的问题、资本积累的问题，成为这一时期马克思主义政治经济学研究的主题。围绕着这个主题，马克思主义阵营内部发生了激烈的争论。希法亭、布哈林、列宁坚守马克思的劳动价值论，主张从资本的技术构成和资本竞争的向度考察垄断资本的形成，分析帝国主义的本质，从资本主义的内部市场说明资本积累的问题。与之不同，罗莎·卢森堡提出了剩余价值的实现问题，主张从资本的价值构成和资本主义对非资本主义国家的剥削和控制的向度考察帝国主义现象，从资本主义的外部市场说明资本积累问题。在这场争论中，列宁、布哈林占据了主导地位，罗莎·卢森堡则被视为错误的一方，受到了来自各个方面的批评。尽管如此，罗莎·卢森堡从来就没有从人们的视线中消失，她所提出的问题不断地被提起，而每一次的提起都会带来马克思主义政治经济学理论的革新。因此，我们要了解 20 世纪马克思主义政治经济学的新变化，了解这个变化是如何发生的，以及它今日的风貌，就需要走进罗莎·卢森堡的问题，分析人们是如何看待和评价她的问题的。

概括地说，罗莎·卢森堡的问题就是如何看待帝国主义时代的资本积累问题。在罗莎·卢森堡看来，马克思的经济学说是由两个部分构成的：一个部分是剩余价值的生产，另一个部分是剩余价值的实现，即资本积累的问题。这两个问题不能用同一个图式来说明。剩余价值的生产追求的是商品数量的日益增多，因而可以用简单再生产图式来说明，而剩余价值的实现追求的是日益充足的货币供应量，因而只能用扩大再生产图式来说明。在帝国主义时代，资本主义国家解决货币需求问题的途径就是向非资本主义国家或地区扩张，对非资本主义国家或地区进行疯狂的掠夺，把非资本主义国家或地区作为实现资本积累的条件，于是，货币需求的问题、资本主义的外部市场问题，就成为帝国主义时代扩大再生产的核心问题，而解决这个问题的基本框架就是资本主义与非资本主义的构成。罗莎·卢森堡的这些问题贯穿于 20 世纪 50 年代以来的马克思主义政治经济学的研究之中。

最先直面并力图解决罗莎·卢森堡问题的，是 20 世纪 50 年代兴起的消费不足论。消费不足论的基本观点是：资本主义经济的停滞和萧条是由消费不足造成的，而消费不足是垄断资本的本质特征，由此决定，停滞和萧条是帝国主义经济不可消除的现象。最早提出消费不足论的是霍布森，但是，霍布森的消费不足论的理论框架是 19 世纪的，因而没能成为政治经济学的新的理论形态。真正使消费不足论成为一种新的政治经济学理论的，是保罗·巴兰和保罗·斯威齐。巴兰、斯威齐在他们合著的《垄断资本：论美国的经济和社会秩序》一书中，把他们的政治经济学理论与 20 世纪初的马克思主义政治经济学理论区分开来。他们强调，20 世纪初的马克思主义政治经济学的各种不同观点都是从"竞争经济这个假设"来定义垄断资本，霍布森①的消费不足论也不例外，然而，现行的美国经济的发展表明，从"竞争经济这个假设"是不能说明垄断资本及其世界性扩张的，实际的情况是，垄断资本及其世界性扩张是受着"剩余的利用方式"②支配的，因此，要揭示垄断资本的本质及其内在矛盾，对帝国主义、军国主义、帝国主义战争和殖民地问题给予科学的解答，就必须采用"剩余的利用方式"这个概念。关于"剩余的利用方式"，巴兰和斯威齐下的定义是："一个社会所生产的产品与生产它的成本之间的差额"③的自由利用；这种利用方式通常有三种：一是用于消费，二是用于投资，三是将它浪费掉。这个定义表明，"剩余的利用方式"讲的是消费和货币需求的问题。初看上去，巴兰和斯威齐与罗莎·卢森堡谈的是同一个问题。其实不然。罗莎·卢森堡的"剩余价值的实现"讲的是生产社会的问题，因此，她讲的消费和货币需求，无论如何都与资本主义的生产有着十分密切的关系，而巴兰和斯威齐的"剩余的利用方式"概念讲的是消费社会的问题，因此，他们讲的消费和货币需求与资本主义生产并不相关，而与资本主义社会机构相关。对此，斯威齐直言不讳。他在《资本主义发展论》中批评罗莎·卢森堡"在讨论扩大再生产时"暗中保留了"简单再生产的假定"④，而他和巴兰的"剩余的利用方式"的概念讲的是美国这样的垄断资本主义社会的特点和内在矛盾。他们对比了"剩余的利用方式"在竞争资本主义时代和垄断资本主义时代的特

① 霍布森不是一个马克思主义者，他的政治经济学理论也不是马克思主义的，但是，列宁在写《帝国主义是资本主义的最高阶段》一书时吸取了他的有关金融资本的思想。
② 保罗·巴兰、保罗·斯威齐：《垄断资本：论美国的经济和社会秩序》，南开大学政治经济系译，商务印书馆，1977，第 13 页。
③ 同上，第 14 – 15 页。
④ 保罗·斯威齐：《资本主义发展论》，陈观烈、秦亚男译，商务印书馆，2009，第 259 页。

点，指出，"剩余的利用方式"在竞争经济时代通常是个体资本家的行为，而在垄断资本时代则是变成了公司的行为，并通过一定的制度使其社会化了。因此，在垄断资本主义时代，剩余的利用方式是联结经济现象与非经济现象的复杂机构，"并在基础和上层建筑两者的运转中可能要起重大的作用"[①]，决定着垄断资本时代的经济运行方向，从而也构成了这一阶段资本主义的内在矛盾。据此，巴兰和斯威齐将垄断资本主义的内在矛盾概括为："它总是形成越来越多的剩余，可是它不能提供为吸收日益增长的剩余所需要的因而是为使这个制度和谐运转所需要的消费和投资出路。既然不能吸收的剩余就不会被生产出来，所以垄断资本主义经济的正常状态就是停滞。在一定的资本总额和一定的成本与价格结构之下，这个制度的开工率不会高过生产出来的剩余数量能够找到必要出路的那一点。而这就意味着现有人力和物力的经常使用不足。或者，把这个论点用稍为不同的措辞来说，这个制度的开工率在它的赢利变动线上必须处在这样一点：它低到不使形成的剩余比所能吸收的更多。既然赢利变动线总是在向上移动，'平衡的'开工率就必然会有相应的下降倾向。如果听其自然——即是说，当不存在构成这个制度的所谓'基本逻辑'的一部分的抵销力量时——垄断资本主义会越来越深地陷入长期萧条的泥沼中。"[②] 为了解决这一矛盾，"刺激需求——创造和扩充市场——就在日益增大的程度上变成了垄断资本主义商业政策和政府政策的主题"[③]；"垄断资本主义的问题不是要不要刺激需求。它必须刺激需求，否则就只有灭亡。"[④] 通过这一论证，消费和货币需求概念的内涵发生了一个根本性的变化。这个变化可以看作是罗莎·卢森堡的资本积累理论的一次嬗变。

如果说巴兰和斯威齐的消费不足论通过对"剩余的利用方式"的论证改变了罗莎·卢森堡资本积累理论的内涵，那么，20 世纪六七十年代发展起来的世界体系论则通过重新图绘世界体系而改变了罗莎·卢森堡的资本积累图式。世界体系论的最著名的代表人物是沃勒斯坦。沃勒斯坦从总体上是认同罗莎·卢森堡的资本积累图式的。他认为，罗莎·卢森堡的资本积累图

---

① 保罗·巴兰、保罗·斯威齐：《垄断资本：论美国的经济和社会秩序》，南开大学政治经济系译，商务印书馆，1977，第 14 页。

② 同上，第 105 - 106 页。

③ 同上，第 107 页。

④ 同上，第 108 页。

式从剩余价值实现的视角考察世界资本主义体系，把国际贸易，即生产流动资本的物质因素作为资本主义国家与非资本主义国家之间的基本交换方式，作为联结资本主义和非资本主义生产方式的纽带，强调资本主义国家对非资本主义国家雇佣劳动的需求，这个"视野是完美的"[①]，它的不足在于使用了"资本主义"和"非资本主义"这样的术语。因为这两个术语已经不能充分地、精确地表达世界体系的变化与现状了。据此，沃勒斯坦提出了"核心国家""边缘国家或地区""半边缘国家或地区"的术语，以此取代罗莎·卢森堡的"资本主义"和"非资本主义"的术语。他强调，"核心国家""边缘国家或地区""半边缘国家或地区"是一个经济概念，它们表达了世界各国和地区的经济发展状况及其在世界体系中的位置，其中，"核心国家"是指经济上发达的资本主义国家，这类国家在世界体系中处于主导地位；"边缘国家或地区"是指经济上欠发达国家和地区，这类国家在世界体系中处于依附地位；"半边缘国家或地区"是指一些工人贵族的国家或地区，或社会主义国家，这类国家处于中间阶层，起着平衡和调节核心国家和边缘国家之间的矛盾，"保证资本主义世界体系平稳发展"[②] 的作用。但是，世界体系本质上是"一个历史社会体系"[③]，它在实际的形成和演化过程中，不仅要受到经济运动的支配，而且要受到政治、意识形态和文化因素的强烈影响。这里所说的经济运动，是指无休止的资本积累以及由此而引起的世界扩张，这是世界体系中的自然的和理性的因素，决定着核心国家和边缘国家或地区之间的矛盾关系；这里所说的政治的、意识形态的和文化因素是指包含民族解放运动、生态运动、世界的民主化诉求、国家权力对资本积累的抵御、东亚经济复兴、世界革命等以多种形式出现的反抗体系的运动，这是世界体系中的政治的、文化的和价值观念的因素，这些因素会触发世界体系的结构性危机，使核心国家、边缘国家或地区和半边缘国家或地区在世界体系中的位置发生变化，从而改变世界体系原有的内部结构，形成新的结构，促使世界体系发生周期性的演变。沃勒斯坦强调，这是考察世界体系的新范式，这个范式与 19 世纪的研究范式根本不同。19 世纪的研究范式只强调世

---

① 伊曼纽尔·沃勒斯坦：《沃勒斯坦精粹》，黄光耀、洪霞译，南京大学出版社，2003，第130 页注⑬。

② 同上，第 115 页。

③ 伊曼努尔·沃勒斯坦：《历史资本主义》，路爱国、丁浩金译，社会科学文献出版社，1999，第 1 页。

界体系中的经济的、知识论等理性因素，而不承认政治的、军事的、意识形态的和文化等非理性因素的作用，由此决定，19 世纪的发展观念本质上是缺乏"时空"观念的，按照这种发展观念，人们只研究发达资本主义国家，而不研究欠发达国家或地区和半边缘国家或地区，因此，它只能说明某时、某地的资本主义，而不能揭示一个"历史资本主义"①。这就是"欧洲中心论"的理论根源。与之不同，他的研究范式把无休止的资本积累运动与反抗体系的运动之间的相互抵制、相互作用看作是世界体系的内在机制，并通过这种内在机制的研究，把经济的、政治的和文化的因素有机地整合一起，揭示了世界体系的复杂构成，同时又在长时段、大空间中描述了 15 世纪以来资本主义的周期性演变，从而展示了"历史资本主义"的图景。在这一图景中，"发展"不再仅仅指发达资本主义国家，而同时包括欠发达国家或地区和半边缘国家或地区；不再仅仅指资本主义体系的历史性变化，还指资本主义在地理空间上的扩张。这就打破了"欧洲中心论"，承认了欠发达国家或地区和半边缘国家或地区发展的合理性。

沃勒斯坦的研究范式相对于 19 世纪的政治经济学研究范式来说，的确是一种革新，但是，它并没有完成马克思主义政治经济学研究主题的转换。因为他在改造马克思主义政治经济学的研究范式时，过于追求描述世界体系的宏观历史图景，而忽视了对支配世界体系的资本积累运动本身的研究，没有揭示 20 世纪资本积累在内容上和运行机制上的变化，因此，他的研究范式不能充分地解释 21 世纪发生的全球金融危机现象。在我看来，造成沃勒斯坦研究范式这一缺陷的根本原因，是他轻视了马克思的《资本论》。他说过马克思是"当代知识学术史和政治史上的不朽伟人"，但他把马克思的伟大限定在 19 世纪，把马克思的著作只是"当作战友，从他所处的历史背景下来理解他的论述"②。正是这一态度，遮蔽了他的眼界，使他放弃了《资本论》而求助于布罗代尔的历史学方法，而布罗代尔历史学方法又只能给他一个宏观的历史学视野，不能给予他有关当代经济学的知识，这就使他的研究范式缺失了当代经济学的内容。这种内容的缺失，必然造成研究范式的空泛，而空泛的研究范式是不能解释 2007 年秋在美国爆发并在全球蔓延的

---

① 伊曼努尔·沃勒斯坦：《历史资本主义》，路爱国、丁浩金译，社会科学文献出版社，1999，第 1 页。
② 同上，《导言》第 2 页。

金融危机现象的。这注定沃勒斯坦的世界体系论要被新的马克思主义政治经济学研究所代替。

与沃勒斯坦不同，21 世纪的马克思主义政治经济学研究是在开发马克思《资本论》的思想资源中展开的。20 世纪 90 年代以来，世界资本主义的快速发展和 2007 年秋爆发的全球金融危机向人们昭示了这样一个事实：金融资本是一种完全不同于产业资本的经济形式，它有着自身相对独立的运行机制，并且已经在当代资本主义的结构中占据主导地位。但是，这并不意味着产业资本就不存在了，或者，已经在当代社会的经济中不起任何作用了。2007 年爆发的全球金融危机证明，金融资本一旦背离了产业资本，脱离了社会管理的控制，就会出现危机，因此，人们要认识金融资本的规律，学会控制金融风险，就不能完全否定产业资本，而要处理好金融经济与实体经济之间的关系。[1] 这一事实再度证明了马克思《资本论》的当代价值。于是，马克思《资本论》的研究再度活跃起来，成为 21 世纪马克思主义政治经济学理论建构的重要思想资源。当然，这一时期的《资本论》研究不是回到19 世纪的问题上，不是叙述剩余价值生产理论，而是回到罗莎·卢森堡的问题，从当代金融危机的视角阐发《资本论》中的资本积累思想。保尔·泽瑞姆卡在《从马克思的模型看低剩余价值对积累的历史性需求》一文中对比分析了马克思在《资本论》第 1 卷第 9 章和第 24 章[2]以及《资本论》第 2 卷、第 3 卷中论述资本积累的思路，证明马克思不仅研究了剩余价值的生产问题，而且也详尽地研究了剩余价值的实现问题，研究了货币需求和危机问题，后者是更为重要的方面。这就是说，我们只有把马克思的剩余价值生产理论纳入他对资本积累问题的研究之中，置于货币需求和危机的理论框架下，才能准确地把握其中的思想，反之，如果孤立地读《资本论》的第一卷，把剩余价值的生产当作《资本论》的全部内容，就会落入生产主义的陷阱，把马克思的政治经济学与其他的政治经济学混为一谈。[3] 保尔·泽瑞姆卡对《资本论》所做的这一考据性研究，为我们从货币需求和危机的

---

[1] 有关金融资本与产业资本、金融经济与实体经济的关系，已经成为当代马克思主义政治经济学研究的重大课题之一。有关这个问题的讨论，详见何萍、骆中锋《国外马克思主义学者看全球金融危机》，《教学与研究》2015 年第 11 期。

[2] 这里的第 9 章和第 24 章是英文版的《资本论》的章节，这两章在中文版的《资本论》中，分别为第 7 章和第 22 章。

[3] 详见何萍《从"这次危机"的讨论看历史唯物主义研究视角的开新》，《天津社会科学》2015 年第 2 期，第 9 页。

视角阐发《资本论》的思想提供了史料根据，同时，也为我们今天读《资本论》提供了一条新思路。

　　除此之外，西方左派还对《资本论》的方法做了新的阐释。在他们看来，马克思在《资本论》序言中所强调方法不外两种：一种是选择当时资本主义最发达的英国作为资本主义的典型形态进行个案研究；另一种是强调思维的具体性。这两种方法说到底都是经验分析方法，也是历史哲学主张的科学批判方法。这种方法教导人们，要历史地看待个案的选择和思维的具体性，根据资本主义的新发展而赋予这两种方法新的内容。根据这一原则，西方左派建构了马克思主义政治经济学研究的新方法。新的研究方法包括两个方面的内容：其一，强调多元模式存在的合理性，并对其进行比较研究，尤其是要对发达国家和欠发达国家等多个国家和地区的经济发展模式进行比较研究①；其二，把金融资本作为一种世界经济形式，从危机的向度考察金融资本的动荡，揭示金融资本的内在结构及发生危机的偶然性机制。②

　　一个多世纪以来，马克思主义政治经济学的研究所经历的上述嬗变表明，资本积累问题已经成为当代马克思主义政治经济学研究的主题。这个主题不仅引导人们认识和分析 20 世纪以来资本主义经济运动中的新问题，而且还开启了人们阅读马克思《资本论》的新视野。正是因为有了这一系列的研究和阐释，《资本论》才成为了我们这个时代的思想武库。

三　马克思劳动价值论的生态学思想探究 与生态学马克思主义哲学的创造

　　生态问题的出现，从总体上看，是由两个方面的原因引起的：一个是人们对自然规律以及"对自然界的习常过程所作的干预所引起的较近或较远的后果"③认识不足；一个是资本积累越出了社会生产的界限扩展到对自然资源的掠夺，从而造成了自然的异化。前者是哲学的认识论问题，后者是政

---

① 详见何萍《从"这次危机"的讨论看历史唯物主义研究视角的开新》，《天津社会科学》 2015 年第 2 期，第 12 - 13 页。

② See：John Bellamy Foster：*Foreword*；Richard Antunes：*Introduction*，in István Mészáros：*The Structural Crisis of Capital*，Monthly Review Press，2010，New York，pp. 9 - 11，20 - 21.

③ 恩格斯：《自然辩证法》，《马克思恩格斯选集》第 4 卷，人民出版社，1995，第 384 页。

治经济学的问题。20 世纪 70 年代在西方世界兴起的生态运动主要是由后一个原因引起的，因此，生态学的理论建构首先在经济学领域发展起来。马克思主义生态学的理论建构也不例外。马克思主义生态学产生于 20 世纪 80 年代，在理论上，主要以马克思的劳动价值论为思想资源。于是，如何理解和阐释马克思劳动价值论的生态学思想就成为生态学马克思主义理论建构的中心问题，贯穿于从 20 世纪 80 年代到今天的生态学马克思主义理论发展的全过程。正是这样，我们要把握生态学马克思主义理论的实质，了解它的逻辑进程和今日风貌，就必须研究生态学马克思主义者是如何理解和阐释马克思劳动价值论的生态学思想的。

历史地看，生态学马克思主义对马克思劳动价值论中的生态学思想的讨论经历了一个从政治经济学扩大到认识论和本体论的过程。

20 世纪 80 年代到 20 世纪末，生态学马克思主义只限于政治经济学领域讨论马克思劳动价值论的生态学思想。美国生态学马克思主义理论家詹姆斯·奥康纳（James O'Connor）认为，马克思在劳动价值论中区分了交换价值和使用价值、抽象劳动和具体劳动，资本利润、资本生产过程和需求、资本的生产条件，其中，交换价值、抽象劳动、资本利润和资本生产过程讲的是资本家对工人的剩余劳动的剥削问题，而使用价值、具体劳动、需求和资本的生产条件讲的是资本主义生产的环境问题，是有关生态学的问题。传统的马克思主义为了揭示资本家剥削工人的秘密，论证无产阶级革命的必要性和必然性，只研究交换价值、抽象劳动、资本利润和资本生产过程，而不去专注使用价值、具体劳动、需求和资本的生产条件，在此基础上建构的科学社会主义理论只有革命的内容，而无生态学的内容，因此，传统马克思主义的政治经济学和科学社会主义理论不能为生态学马克思主义所用。生态学马克思主义要建构自己的理论，就必须说明使用价值、具体劳动、需求和资本的生产条件的意义，要把使用价值、具体劳动、需求和资本的生产条件作为交换价值生产和资本积累的限度，说明当代生态危机的根源是资本家无止境地追求资本积累而造成了对作为生产条件的自然环境的破坏，因此，若要解决当前的生态危机，就必须根除资本主义的生产方式，建立社会主义的生产方式。这两种生产方式的根本区别就在于：资本主义生产方式的目的是资本积累，是获得交换价值，而社会主义生产方式的目的是获得使用价值，以最大限度地满足人们的广泛需求、保护生产环境。① 这样，奥康纳就通过重新阐发马克思的劳动价值论而建构了马克思主义的生态学经济学和生态社会主义理论。但是，奥康纳割裂了马克思的劳动价值论与唯物史观的内在联系，没有看到生产力概念是劳动价值论的本体论基础，因此，他拒绝把唯物史观作为生态学马克思主义的理论框架。由于拒斥了唯物史观的理论框架，他不得不到生态主义那里去寻找理论框架，从而把马克思主义的生态经济学和生态社会主义置于生态主义的理念之下。这样一来，生态学马克思主义理论就成了马克思主义与生态主义的混合物，在这个混杂的结构中，生态主义的理论框架窒息了劳动价值论的内容，而生态主义的理念消解了生态学马克思主义的马克思主义性质。既然生态学马克思主义不具有马克思主义的性质，又何以能称之为生态学马克思主义呢？生态学马克思主义与生态主义的界限究竟何在呢？这就是生态学马克思主义的内在矛盾，也是生态学马克思主义的理论困境。

为了克服生态学马克思主义理论的内在矛盾，使生态学马克思主义走出自身的理论困境，福斯特、柏克特、克拉克等人返回到马克思的劳动价值论，力图在哲学世界观和方法论的高度提炼马克思劳动价值论中的生态哲学思想，建构马克思主义生态学的理论框架。他们的工作，从总体上看，是围绕着两个方面展开的。

第一个方面是以"劳动"概念打通马克思主义政治经济学与哲学之间的关系，阐明马克思劳动价值论的本体论性质及其与马克思资本主义理论的内在关联。福斯特等人认为，马克思的劳动价值论是建立在对"劳动"概念的理解之上的。在马克思那里，"劳动"讲的是人与自然、人与社会之间的代谢关系。这种代谢关系包含了两个方面的内容：一个方面是强调自然系统具有代谢功能，并把自然的代谢作为一种方法，运用于考察人类与自然的交互过程，另一个方面是把劳动看作是代谢交换的一部分，强调人类发展的历史进程是在依靠自然并在与自然的关系中前进的。据此，马克思提出了"社会代谢"这一概念，用于指称物质和能量在"人与自然之间的动态交换"，从而对社会做了生态学意义上的规定。进而，马克思把资本主义的生产方式规定为一种特殊的社会代谢，指出这种生产方式导致了有限生态环境的退化和污染，并破坏了自然系统再生产的自然循环和过程。可见，正是资

---

① 见詹姆斯·奥康纳《自然的理由——生态学马克思主义研究》，唐正东、臧佩洪译，南京大学出版社，2003，第 531 – 534 页。

本主义这种特殊的社会代谢机制，造成了自然循环和过程的断裂。这样，马克思就把一个生态系统的特定的生态环境以及由资本主义生产方式所决定的特定的社会交往纳入劳动价值论的研究之中，深刻地揭示了资本主义制度内在的不可持续性。这就是马克思的生态唯物主义的代谢分析方法。这一方法应该作为生态学马克思主义的理论框架。①

第二个方面是阐明马克思的阶级分析方法中的生态学思想。他们认为，马克思的阶级分析方法是以分析资本主义社会的剩余价值生产和剥削关系为现实内容的，因此，也必然包含着劳动价值论中的生态学思想，能够帮助人们分析当代的生态危机现象，解决生态经济学面临的自然与经济价值的关系、资本的自然、熵定理对于经济系统的意义、可持续发展的观念等诸多难题。①在自然与经济价值的关系分析上，马克思的阶级分析方法主要是通过对重农主义的批判中表现出来的。重农主义把土地当作财富的源泉，而在马克思看来，在资本主义条件下，土地是资本生产的一部分，它只有与资本的价值联系起来才具有研究的意义。这样，马克思就以他的阶级分析方法把重农主义的最重要的土地要素融入了他对价值和资本积累的分析之中，揭示了资本的价值与其自然基础之间的联系，从而解决了自然与经济价值之间的关系问题。这一方法有助于生态经济学家弄清土地、价值和使用价值的关系，知道市场的估价根源于以劳动力与从土地开始的生产的必要条件分离为基础的劳动力的商品。②在资本和自然分析上，马克思强调生产的社会关系是自然的可利用性的基础，从理论上和实践上说明了资本的自然问题。这一方法有助于生态经济学批判新古典经济学的可持续发展观念，建立多元方法论的可持续发展观念。③在熵定理对于经济系统的意义上，马克思把资本主义的阶级剥削观点引入了对生产的新陈代谢的说明，这一思想与热力学第一定理和第二定理的观点是一致的。不仅如此，热力学和代谢开放系统一直是马克思分析机器的大规模生产的核心问题。这些思想对于解决经济中的问题有着重要的方法论意义。④在可持续发展的观念上，生态经济学家对资源短缺和环境退化生态现象的说明常常是含糊不清的，也不能找到解决人类可持续发展这一问题的途径，而导致这一问题的关键，在于没有区分资本积累的环境和人类发展的自然条件。马克思的劳动价值论则明确地把资本积累的环境和

① See: Brett Clark and John Bellamy Foster: *Marx's Ecology in the 21st Century*, World Review of Political Economy, 2010, No. 1, pp. 144 – 148.

人类发展的自然条件区分开来，指出，资本积累的环境危机是资本主义制度下的生产劳动和自然条件之间的代谢断裂的结果，这种断裂影响到人类发展的自然条件，从而导致了人类发展的自然条件的危机，因此，要克服人类发展的自然条件的危机，实现人类的可持续发展，首先必须以革命的方式根除资本主义制度，建立共产主义的社会制度。马克思的这一理论有助于生态经济学家说明他们所提出并力图解决的三个问题：自然资源的普遍匮乏、个体的人、社会和自然之间的生态平衡、实现对自然资源区的共同享有和管理。上述四个方面表明，马克思的阶级分析方法中包含着丰富的生态学内容，这个方法对于人们解决生态经济问题、思考当代生态危机和人类可持续性发展具有重要的理论意义和实践意义，应当成为建构生态学马克思主义理论的重要方法。

福斯特等人对马克思劳动价值论的生态学思想的开掘，不仅为生态学马克思主义理论框架的建构提供了方法论的根据，开创了 21 世纪生态学马克思主义发展的新格局，而且揭示了马克思劳动价值论的当代价值，有力地驳斥了当前流行的马克思劳动价值论的过时论。

值得提出的是，福斯特等人所阐发的马克思劳动价值论的多层内容，早在恩格斯那里就已经有了。恩格斯在批判资产阶级政治经济学时曾经指出："政治经济学家说：劳动是一切财富的源泉。其实，劳动和自然界在一起它才是一切财富的源泉，自然界为劳动提供材料，劳动把材料转变为财富。"[①]在这里，恩格斯实际上已经论及生产条件，尤其是自然环境对于劳动价值创造的意义了。但是，恩格斯绝不把劳动价值论的内容局限于政治经济学领域，而是更强调它的唯物史观的和认识论的意义。他在论述了自然界对于劳动价值创造的意义后，紧接着说："但是劳动的作用还远不止于此。它是一切人类生活的第一个基本条件，而且达到这样的程度，以致我们在某种意义上不得不说：劳动创造了人本身。"[②]这是他和马克思共同创造的唯物史观的基本观点，在此基础上，恩格斯提出了两次提升的思想，强调人对自然规律和社会规律的认识和把握是人的自由的前提，指出资本主义的生产方式必然破坏人与自然之间的和谐关系，因而必然为社会主义生产方式所代替。他

---

① 恩格斯：《自然辩证法》，《马克思恩格斯选集》第 4 卷，人民出版社，1995，第 373 页。

② 恩格斯：《自然辩证法》，《马克思恩格斯选集》第 4 卷，人民出版社，1995，第 373 - 374 页。

说："在今天的生产方式中，面对自然界以及社会，人们注意的主要只是最初的最明显的成果，可是后来人们又感到惊讶的是：人们为取得上述成果而作出的行为所产生的较远的影响，竟完全是另外一回事，在大多数情况下甚至是完全相反的；需求和供给之间的和谐，竟变成二者的两极对立，每十年一次的工业周期的过程就显示了这种对立，……以自己的劳动为基础的私有权，必然进一步发展为劳动者丧失所有权，同时一切财产越来越集中在不劳动的人的手中"①。这些论述说明，马克思的劳动价值论不仅具有政治经济学的内容，而且有着唯物史观和认识论的内容，三者在基本观点上是根本一致的。回顾恩格斯的这些论述，我认为，福斯特等人以"社会代谢"为核心概念阐发马克思劳动价值论的生态学内涵，可以说是恩格斯的这一思想的新发展。但两者的侧重点却不相同：恩格斯在这里更重视劳动价值论的唯物史观和认识论意义，而福斯特等人却更重视劳动价值论对于资本主义批判的意义。两者相比，福斯特等人对劳动价值论的生态思想的阐释更具有针对性和现实性，而恩格斯对劳动价值论的生态学思想的阐释更具有理论的抽象性和普遍性。由此决定，福斯特等人的生态学马克思主义理论的适用性是有限的，它能够说明西方资本主义社会的生态危机现象，却很难说明中国这样的社会主义国家出现的生态问题，相反，恩格斯对劳动价值论的生态学思想的阐释，既可以为西方马克思主义学者建构生态学马克思主义理论所借鉴，也可以成为中国这样的社会主义国家建构自己的马克思主义生态学理论的思想资源。因此，我们在面对中国的生态问题时，不仅要了解当代西方生态学马克思主义的理论，更要重视恩格斯对劳动价值论的生态学思想的阐释，要结合中国社会发展的现实，建构适合中国国情的生态学马克思主义理论。

本·阿格尔曾经把马克思的辩证法概括为三个部分：①异化的理论和对异化的批判；②深深植根于内在矛盾的制度的理论；③危机的理论和过渡的战略。② 第一个部分是《1844 年经济学哲学手稿》的核心思想，第二、三个部分是《资本论》的内容。这三个部分的思想在当代马克思主义文化批判理论的建构、政治经济研究学研究主题的变换和生态马克思主义哲学的创造中得到了丰富和发展，从而证明：马克思的《1844 年经济学哲学手稿》

---

① 恩格斯：《自然辩证法》，《马克思恩格斯选集》第 4 卷，人民出版社，1995，第 386 页。

② 见本·阿格尔《西方马克思主义概论》，慎之等译，中国人民大学出版社，1991，第 7 页。

和《资本论》依然是我们这个时代最有价值的著作，马克思的政治经济学是马克思主义理论不断创新的丰厚土壤。

原载《天津社会科学》2017 年第 1 期
作者单位：武汉大学哲学学院，西方马克思主义哲学研究所

货币与个人交往的偶然性

范宝舟

从哲学的意义上来看，交往是表征人在与自然之间进行物质、能量、信息交换的对象性活动中形成的人与人的物质交往及作为其产物的精神交往等社会关系总和的整体性范畴。个人在生产实践中实现人与自然、人与他人、人与社会之间的统一，不断通过交往确认自身的本质力量、审美旨趣和价值关怀在社会中的回应和反响。正是在交往中，人通过与他者的相互作用反观自身，并不断地调适自身，从而在交往中实现个人价值与社会价值的统一。然而，在商品化逻辑的冲击下，货币对日常生活世界的"殖民化"，人与人之间的关系被抽象为人与货币的关系，货币便由绝对的手段上升为绝对的目的，获得至高无上的权力。这样，对个人来说，交往是一种偶然的、外在的东西，它不是出于个人交往目的本身发生的自愿行为，而是一种在货币牵引下的、被迫的、仅仅作为满足个人实现追求货币目的的受制约的行为。货币成为现代社会的宗教信奉的世俗之神，在人们交往中显现出无限膨胀的力量，不断催生出个人交往的偶然性，使个人交往成为一种异化的交往。正如马克思指出的，在大工业和竞争的时代，"货币使任何交往形式和交往本身成为对个人来说是偶然的东西"①。在当今社会，随着金融改革的推进，货币作为价值的最凝缩的符号形式越来越与它的物质实体内容相分裂，成为现代社会世俗化的精神景观，使得个人交往进一步地被货币符号所产生的幻象所渗透和笼罩。因此，从理论上阐明个人交往的偶然性的深刻内涵、货币与

---

① 《马克思恩格斯选集》第 1 卷，人民出版社，1995，第 127 页。

个人交往的偶然性的内在关系以及在实践中如何消解个人交往的偶然性，对塑造个性、健全人格乃至推进社会主义市场经济建设具有重要的现实意义。

一　个人交往的偶然性表现

个人交往的偶然性从个人与交往行为本身的关系来说，表现为个人交往行为同个人自由意愿的分离，从而成为一种被迫的、不自主的行为。在交往中，个人把交往作为一种纯粹的手段而使之成为满足个人需求的功能性存在，个人在交往中失去本真的存在而丧失自身。从个人与社会交往形式的关系而言，表现为作为个人之间相互作用的产物——社会交往形式成为不依赖于个人力量的异己的存在物。个人在社会交往形式面前表现为对社会规范的屈从和能动性的泯灭，成为强制所有个人交往必须遵循的规范逻辑，从而失去对现存社会交往形式的自觉批判与反思的能力。从个人与他人的关系而言，个人与自身的任何关系表现为在个人对其他人的关系中得到实现。诚如黑格尔对自我意识的分析那样，自我意识之所以是自在自为的，就在于它为另一个自在自为的自我意识而存在。在交往中个人总是按照自己所属的社会角色和自身所具有的尺度和关系来确立与他人交往的方式和路径。

第一，对个人来说，社会交往以异化形式存在着。马克思在《詹姆斯·穆勒〈政治经济学原理〉一书摘要》中从交换和贸易来探讨人们的社会联系，并把交换和贸易看作是对人的本质的积极实现，提出了"社会交往的异化形式"思想。马克思指出，国民经济学把社会看作一系列的相互交换及通过相互交换结合的现实运动，实则是"把社会交往的异化形式作为本质的和最初的形式、作为同人的本性相适应的形式确定下来了"①。这表明原本属人的本质的交往却让渡给了在人之外独立存在的履行交换职能的某一个或某一类中介，这个中介就是穆勒强调的交换和贸易，社会交往不是交往本身，而是异化为交换和贸易。由于交换或物物交换，作为在私有权范围内联合的社会的、类的行为和社会联系，导致个人私有化和社会化之间的内在矛盾，因而，这种社会交往对于个人来说是外部的、外化的、类的行为。在此基础上，马克思还进一步分析社会联系的异化形式问题。在马克思看来，人的本质是社会关系的总和。社会联系和社会交往作为人在实现自己

---

① 《马克思恩格斯全集》第 42 卷，人民出版社，1979，第 25 页。

本质过程中的创造物，与人的本质是同一的，体现的是每个人自己的活动、自己的生活、自己的享受和自己的财富。但是，在现实中，人却不是以真正的人的存在样式出场，而是呈现出非人的状态。所以"只要人不承认自己是人，因而不按照人的样子来组织世界，这种社会联系就以异化的形式出现"，并且"人自身异化了以及这个异化的人的社会是一幅描绘他的现实的社会联系，描绘他的真正的类生活的讽刺画"①。个人交往的偶然性体现为个人交往不是凭借个人自身内在的某种东西，而是个人自身之外的某种东西，如金钱、财富、资本、地位、权威等为绝对依据，一旦个人不拥有这些外在东西的时候，交往就会远他而去，落得"门前冷落鞍马稀"的境遇。

第二，交往的需要和交往本身是以手段而不是以目的出现。马克思在《1844年经济学哲学手稿》中分析异化劳动时指出，人同自己的劳动产品、自己的生命活动、自己的类本质相异化的直接结果就是人与人之间的交往关系的异化。由于劳动、劳动产品等成为对个人来说是异己的关系，那么这一异己关系的发生就在于劳动、劳动产品有一个不依赖于个人而存在的主人。人与人的异化就表现为个人受他人的支配、制约、利用乃至强迫、压制的关系。也就是说，人与人的异化是人与自身相对立时候的人与他人的相互对立。人与人的关系体现的是"丛林原则"，把他人看作是自己存在的手段，把自己也看作是他人存在的手段，彼此之间成为一种以邻为壑的关系。因此，个人与他人之间交往，同劳动一样成为一种维持个人自身生命活动的手段，而不是生命活动的目的本身。交往成为个人受制约的行为，而不是自觉自愿的行为。人们不是为交往本身而去交往，而是为了生活或生存不得已而去交往，为交往所困所累，乃至疲于奔命。因此，个人交往的偶然性体现的不是个人本身的本质，不是个人本身真正的本来面目，而是为了个人的某种目的，违背个人的真实意愿而显现出来的个人的一种非本真的状态。在《德意志意识形态》中马克思进一步指出，"劳动向自主活动的转化，同过去受制约的交往向个人本身的交往的转化，也是相互适应的"②。也就是说，个人活动的自主性同个人作为真正个人参加的交往是一致的，相反，受制约的交往则是个人自主活动的桎梏。在资本主义社会，一方面形成普遍的社会物质变换、全面的关系、多方面的需求以及全面的能力体系，另一方面个人

---

① 《马克思恩格斯全集》第42卷，人民出版社，1979，第25页。
② 《马克思恩格斯选集》第1卷，人民出版社，1995，第130页。

的自主活动又受到有限的生产工具和有限交往的束缚，使个人的活动限于以物为媒介的受制约的交往之中，在这种交往中每个人不能作为真正的个人对它进行控制，从而失去自由，相反，每个人被设定在特定的范围内活动。

第三，个人交往是在一定条件下的受制约的交往。个人交往的受制约性不仅体现在特定历史时期的地域空间的局限和阻碍上，或语言符号乃至文化习俗的差异所导致的隔阂上，还体现在个人交往发生和拓展的社会内在机制上。在原始社会，人与人之间的交往表现为一种意识到了的畜群式的本能，其交往是由共同需要和共同目的所决定的共同的交换。在这种交往关系中，个人与现存的共同体直接地联系在一起。共同体表现为主体，个人从属于共同体。自然分工转向社会分工以后，私人利益和公共利益之间的矛盾导致国家这种共同体形式的出现。这种不依赖于个人，而且通过交往形成的力量反过来决定和限制个人，成为某种异己的、在个人之外存在着的权力。在普遍的交换和交往的大工业社会，诚如马克思恩格斯所指出的，一定条件下的个人交往的"条件"归结为两点："积累起来的劳动，或者说私有制，以及现实的劳动。如果两者缺一，交往就会停止。"① 其一，积累起来的劳动发展了私有制，导致个人之间的对立，从而使生产力成为与个人相分离的特殊世界，这样生产力相对于个人来说，已经不再表现为个人的力量，而是私有制的力量，作为现代交往形式的私有制成为个人力量得以体现的载体；其二，积累起来的劳动表征为资本关系，同时也带来分工的日益精细和扩大，由此个人被置于相互联系的依赖关系之中。由于个人屈从于分工，屈从于一定的、极其片面的、机械般的现实劳动，那么个人多方面的需要的满足就越来越依赖于相互之间的交往。并且，分工越发达，积累就越增加，分工所包含的资本与劳动之间的分裂就越尖锐，个人在越来越依赖于个人的联合的同时，也越来越依赖于资本；其三，积累起来的劳动体现为人格化的资本，有着强烈的增殖和扩张欲望，交往被资本的扩张逻辑所设定。因此交往不是交往本身，而是服从于或服务于资本的扩张和增殖。个人之间交往关系为资本所设定，为物所设定。现实的劳动，不仅是资本积累的前提，而且是个人生命活动的手段。因而，个人交往是以积累起来的劳动和现实劳动的相互结合为条件的个人交往。

当然，个人交往的偶然性，不是绝对的、抽象的，而是具体的、历史

---

① 《马克思恩格斯选集》第1卷，人民出版社，1995，第127页。

的。当货币代替血缘、身份、等级成为社会交往的内在机制，无疑是人在那个历史阶段上自主活动的结果，对人的个性发展、人的自由和创造能力的提升、人的交往广度和深度的开拓有着重要的社会历史意义。但是以货币作为社会交往机制和媒介，并没有带来人的彻底解放，相反，它把人与人之间的关系异化为物的关系，遮蔽了人自身的真实目的，成为个人交往的新的约束机制，这种交往形式对个人的活动而言成为外在的偶然的东西，交往及交往的需要是作为手段出现，个人也成为偶然的个人。

二　货币是个人交往偶然性生成的根源

马克思指出，在大工业和竞争中，"货币就是产生下述现象的根源：迄今为止的一切交往都只是在一定条件下个人的交往，而不是作为个人的个人的交往"①。也就是说，货币作为通约物的符号，最直接也最有效地把人自身的价值物质化和客观化，成为个人交往的目的性追求，交往本身却被放置在获得货币的手段之列，从而使交往本身和交往形式成为对个人来说的偶然的东西。在货币面前，个人交往是受制约的交往，货币成为个人交往偶然性现象生成的根源。

第一，货币作为个人之间互动的最高象征物，表现为一切社会关系的"黏合剂"，并以纯粹的抽象形式来体现纯粹的互动，把属人的本质目的的交往外化为人与货币的抽象关系，使货币成为可供纷繁复杂的社会关系进行通约的"公分母"，把人性的交换关系转变为纯粹功能性的交换过程，从而催生了个人交往的偶然性。马克思指出："在货币上共同体只是抽象，对于个人只是外的、偶然的东西；同时又只是单个的个人满足需要的手段。"②在货币化的社会中，货币作为衡量社会经济价值和个体价值的标准渗透在个人物质生活、精神生活和文化生活之中。货币不仅把带有质的差别与形态迥异的事物联系在一起，甚至成为相互对立、距离遥远的社会分子的"黏合剂"。在社会生活中发生的一切事件，通过货币的流动逐次展开，从而把货币幻象成为一元化的存在，上升到本体论的地位。对个人来说，货币不仅是个人需要和满足需要的对象之间以及人的生活和生活资料之间的牵线人，而

---

① 《马克思恩格斯选集》第1卷，人民出版社，1995，第127页。
② 《马克思恩格斯全集》第46卷上，人民出版社，1979，第176页。

且也是把个人与他人的存在联系起来的纽带，从而人与人关系中的内在维度、人与人之间的内在情感被人与货币之间的抽象关系所取代。马克思曾指出货币的这种特征，他说："正是商品世界的这个完成的形式——货币形式，用物的形式掩盖了私人劳动的社会性质以及私人劳动者的社会关系，而不是把它们揭示出来。"① 特别是在资本主义社会，一切社会关系都变成了纯粹的金钱关系，"它使人和人之间除了赤裸裸的利害关系，除了冷酷无情的'现金交易'，就再也没有任何别的联系了"②。戴维·弗里斯比在《现代性碎片》一书中指出："货币不仅代表了被视作迷宫的社会内部的运动，它在交换中的功能还创造了构成经济迷宫的那些联系。所以说，货币就是编织社会之网的蜘蛛。"③ 货币作为人类实践活动的产物，加速了个体的人的社会化进程，然而它在加强与推动社会整合的同时，也把人们的生活世界给"殖民化"了。货币横亘在人与人之间，导致人与人之间关系的疏远，使得人与货币的关系变得更为紧密和直接。哈贝马斯在《交往行动理论》中进一步指出，货币与权力同化更增强了货币作为社会关系的"黏合剂"的作用。他认为，货币作为一种专门的交换机制，借助资本主义所形成的经济体系，在促使企业之间的内部交往的同时，"也使非经济环境的交换，如私人家务与国家之间的交往，都通过货币的渠道"④。这样，国家机器由于依赖于以货币为轴心的经济体系，被迫适应货币的运行需求进行改组，使货币与权力同化，货币成为执行权力的权力，从而货币成为整个社会的内部体系的交换媒介，产生了驾驭所有社会关系的结构效应。

第二，货币作为个人的特征和本质力量的代表和化身，使货币从体现个人自身价值和人格特征的介质和手段上升为人的本质力量本身，从而货币从绝对的手段上升为绝对的目的。西美尔指出："对于大多数人来说，货币象征着目的论序列的终点，并提供给他们以各种兴趣统一联合的一个尺度、一种抽象的高度、对生活细节的统合，以至于它竟然减少了人们在宗教中寻找满足的需要。"⑤ 货币成为绝对的目的在于它作为获取另一种价值的手段，

① 《马克思恩格斯文集》第 5 卷，人民出版社，2009，第 93 页。
② 《马克思恩格斯选集》第 1 卷，人民出版社，1995，第 274 页。
③ 戴维·弗里斯比：《现代性碎片》，卢晖临、周怡、李林艳译，商务印书馆，2003，第 116 页。
④ 哈贝马斯：《交往行动理论》，洪佩郁、蔺青译，重庆出版社，1994，第 227 页。
⑤ 西美尔：《货币哲学》，陈戎女、耿开君、文聘元译，华夏出版社，2002，第 107 页。

能够把每一个特殊事物的价值具体化并显现出来，从而使自身不会被消融在其他事物的相对性之中。货币所具有的这种对具体事物实行超越的手段和职能，即货币成为一切价值相对性的化身，恰恰导致其他实体性的价值不可能具有同样的绝对性，使得货币成为唯一具有绝对性的东西。所以，货币作为最有力、最直接的符号就因为它是一切价值相对性的化身，从而货币获得了凌驾于一切的、高高在上的地位，使我们相信货币就是值得我们孜孜以求、全力侍奉的全能的神。如果说中世纪人们相信上帝能带来统一、平等、平安，把为上帝而活着作为信条的话，那么商品经济时代，货币代替上帝披上了目的形式的外衣成为世俗之神被顶礼膜拜。马克思批判蒲鲁东取消货币的主张时指出，货币的历史是由经济条件决定的，而不是由君主的意志决定的。他指出，货币是商品流通过程中的最后形式。在货币取得一般等价物的形式之后，个人的活动及其活动的结果——产品，即人的本质力量的体现，必须先转化为交换价值的形式，转化为货币，才能实现其活动及结果对满足自身的需要，才能通过这种物的形式取得和表明自己的社会权利和社会存在。因此，个人把自身作为人的特征和本质力量寄托在货币身上，不是孤立的脱离现实社会关系的、简单的心理扩展的精神过程，相反，恰恰是商品经济社会中的关于货币的绝对手段和绝对目的的辩证法在人的精神意识中的一种观照而已。个人力量越来越渺小，而货币的力量由于具有社会属性而无限膨胀，货币成为个人的特征和本质力量，"货币的力量多大，我的力量就多大。货币的特性就是我的——货币占有者的——特性和本质力"[1]。于是，人们信赖的是货币，而不是人本身。每个人行使支配别人的活动或支配社会财富的权利，就在于他是货币的所有者。马克思一针见血地指出，"他在衣袋里装着自己的社会权力和自己同社会的联系"[2]。正因为如此，个人交往所体现的不是个人本身的东西，而是体现为个人本身之外的货币，货币的有无决定着一个人交往的深度和广度。

第三，货币是个人能从别人那里取得商品的最强有力的"社会的抵押品"，它赋予个人对劳动、享乐、幸福，乃至社会关系等的普遍支配的特权，当货币成为主体时社会交往成为冰冷的理性计算。这是货币造成个人交往偶然性的社会现实基础。马克思指出，货币"正是劳动（从而交换价值

---

[1] 《马克思恩格斯全集》第 3 卷，人民出版社，2002，第 361 页。

[2] 《马克思恩格斯全集》第 46 卷上，人民出版社，1979，第 163 页。

中所包含的劳动时间）的一般性即社会性的物化，使劳动的产品成为交换价值，使商品具有货币的属性，而这种属性又意味着有一个独立存在于商品之外的货币主体"①。由于货币充当了把观念世界、愿望世界转化成生活、转换成现实存在的中介而赢得了作为具有真正创造力的万能的地位，货币成为人的劳动、人的交往与人的本质异化的东西，成为支配着人的意识和人的行为的社会力量。个人不是离群索居的孤立的"鲁滨逊"式的个人，而是受制于一定社会关系的现实中的个人。人的劳动和人的存在是社会的劳动和社会的存在。这样，"在货币（交换价值）上，个人的物化不是个人在其自然规定性上的物化，而是个人在一种社会规定（关系）上的物化，同时这种规定对个人来说又是外在的"②，原有的社会交往关系不再以无形的存在与个人对立，而是作为有形的存在即货币与人的对立。所以，尽管对货币的欲望在人类社会历史发展过程中具有普遍性，但是把货币作为绝对的手段上升为绝对的目的，只能存在于具备了特定的社会规定性的特殊阶段上和特殊时代里。马克思指出，"在利己的需要的统治下，人只有使自己的产品和自己的活动处于异己本质的支配之下，使其具有异己本质——金钱——的作用，才能实际进行活动，才能实际生产出物品"③。这样，作为产品的产品与作为交换价值的产品之间的内在矛盾造就了货币的先验权力。尤其是随着资本主义生产社会性的空前呈现，货币的权力渗透进社会的各个层面上来，使得一切社会关系和社会交往都转换成货币，为货币所主宰。货币作为人的最高目的，转化为人开展各种活动的原动力，成为浸润在人的身体里的"幽灵"，赋予人以货币的宿命。

三　个人交往的偶然性的消解

在我国社会主义市场经济建设过程中，由于对货币本质及其功能正确认识的缺位，导致诚信危机、人情冷漠、以邻为壑、权钱交易等个人交往的偶然性现象依然存在。这给社会主义市场经济建设带来了极大的负面效应。但货币作为个人交往的偶然性生成的催化剂，并非是货币本身的过错。从历史

---

① 《马克思恩格斯全集》第 46 卷上，人民出版社，1979，第 115 页。
② 《马克思恩格斯全集》第 46 卷上，人民出版社，1979，第 176 页。
③ 《马克思恩格斯全集》第 3 卷，人民出版社，2002，第 197 页。

的层面来看，货币改变了由血缘关系和宗法关系所建构的人与人之间的地方性交往和简单交往的状态，形成了普遍的社会物质交往，全面的关系、多方面的需求以及全面的能力体系，促进了世界历史性普遍交往的形成，实现了人的局部解放和个人生存意志、生存价值的确认和张扬。因此，消解货币所带来的个人交往的偶然性，不是简单粗暴地去消灭货币，而是要尊重劳动，大力发展生产力，加强制度建设，树立个人正确的货币价值观。

第一，尊重劳动，大力发展生产力，推动社会财富的增长，从物质基础上消解个人交往的偶然性。一方面，货币作为价值尺度的深层次根源在于对劳动的认同和肯定。马克思指出："充当等价物的商品的物体总是当作抽象人类劳动的化身。"① 交换价值是对象化在商品使用价值中的无差别的社会劳动量，即人的体力和智力的付出与消耗，因而各种商品才能够进行衡量和比较。马克思指出："价值表现的秘密，即一切劳动由于而且只是由于都是一般人类劳动而具有的等同性和同等意义，只有在人类平等概念已经成为国民的牢固的成见的时候，才能揭示出来。"② 可见，货币本质上体现的是马克思劳动价值论的精神，唯有通过劳动获得的货币才能为社会所承认。另一方面，货币作为一般财富的物质代表，必须表现为财富的生产，货币不可能使自身增殖。马克思指出，"如果没有其他财富的积累，货币本身会按它积累的程度而丧失它的价值……货币的独立性只是一种假象"③。而财富的生产必须表现为个人在生产中的相互关系的结果。也就是说，货币所表征的社会财富，是同生产力相适应的交往关系的结果。随着生产力的发展，偶然的个人交往不可能持续下去。马克思揭示了交往关系和交往形式在人所经历的对人的依附阶段、对物的依附阶段和人的自由个性发展阶段所受到的生产力的重要影响。生产力的发展把个人从血缘、宗法关系中解放出来，建构出适应资本主义大工业生产的社会关系。同样，生产力的发展会推动人们走出货币幻象，冲破物的束缚，为实现人的自由个性发展本质创造条件。

第二，加强制度建设，营造具有现代意义的货币伦理环境，正确引导和规范人与人之间的交往行为。社会主义市场经济的建立是对传统的高度集中的社会主义计划经济的反思和批判。它既要运用经济杠杆激发个人的积极性

---

① 《马克思恩格斯文集》第 5 卷，人民出版社，2009，第 73 页。
② 《马克思恩格斯文集》第 5 卷，人民出版社，2009，第 75 页。
③ 《马克思恩格斯全集》第 46 卷上，人民出版社，1979，第 185 页。

和创造性，推动社会财富的增长，又要通过相应的制度建设，规范货币占有的路径、机制和方式，对违法占有货币的行为进行审查、打击乃至取缔，保护货币合法持有人的正当权益，营造尊重个人的平等、互助、团结协作的良好的社会关系氛围，从而防止拜金主义的滋生和蔓延，引导和规范个人的交往行为，消解阻碍社会主义市场经济发展的个人交往的偶然性。建立社会主义市场经济体制，一方面在于社会主义制度从人与人的最基本的社会关系——生产关系上设定了有效地克服货币至上、金钱万能的内在机制基础，从而为消除个人交往的偶然性提供制度保障；另一方面社会主义制度对人的思想、道德和伦理等人格素质的各层面的规定和要求，能够确立一种崭新的、体现时代精神的人的精神风貌，为人与人之间的交往走出货币的束缚和困扰提供了一种无形而有力的社会文化氛围的支撑。尤其是虚拟经济中的新货币形态、电子商务中新的信用工具的出现，不仅改变了传统的经济交换方式，也对传统的社会交往形式带来革命性变革。这更需要适应社会主义市场经济秩序的建设，形成新的货币伦理观念和相应的社会信誉体制机制来保证社会生产力的发展。

第三，辩证看待货币在个人交往中的作用，引导个人树立正确的货币观。由于社会关系的物化，货币成为能从别人那里取得商品的"社会的抵押品"。"货币所以是这种抵押品，只是由于它具有社会的（象征性的）属性；货币所以能拥有社会的属性，只是因为各个人让他们自己的社会关系作为物同他们自己相异化。"① 表面看来，个人的交往似乎拥有货币便拥有了畅行无阻的"通行证"。其实，货币与个人所要追求和实现的特定目的之间并不存在必然的、内在的联系，它不过是获得这些目的的辅助性工具而已。因为"人是一种'制造工具'的动物，货币或许是这个事实的最清楚的表达和展示，然而，这个事实本身又与人是一种'目的性'动物这一事实联系在一起"② 。因此，从本质上讲，货币尽管是社会关系的体现，但是它并不能代替社会关系，它只是在特定历史时期建构社会关系的一个工具；尽管货币是一个人能力的体现，但是它并不能等同于一个人的能力，只是在人的能力序列的整体作用下生成的结果。货币的存在不是由货币自身来单纯设定的，货币在经济活动中发挥流通、交换作用的程度同社会生产力发展的程度

---

① 《马克思恩格斯全集》第 46 卷上，人民出版社，1979，第 107 页。
② 西美尔：《货币哲学》，陈戎女、耿开君、文聘元译，华夏出版社，2002，第 140 页。

是一致的。由此，货币在个人交往中发挥作用的路径、方式和程度也是与制度、习俗、观念世界、社会环境和人的价值观的发展状况相一致的。货币力量产生的基础在于人本身的力量，而不是人的力量产生于货币的魔力。即使是在商品交换领域也是如此。马克思指出："在货币转化为商品或者商品转化为货币时，价值只是改变自己的形式，但既不改变自己的实体（对象化劳动），也不改变自己的量，即一定量的对象化劳动。"① 交换价值作为对象化劳动，其实只是劳动能力的对象化活动。所以，在社会交往中货币发生作用的深层根基是建立在人的劳动能力基础上的对象化活动。毕竟货币是人的实践活动中的创造物，人是货币的主人。无论货币的魔力强大到何种程度，都不过是人类实现交换、满足人的需要的工具而已。

原载《哲学动态》2012 年第 3 期

作者单位：上海财经大学人文学院经济哲学系

---

① 《马克思恩格斯全集》第 32 卷，人民出版社，1998，第 38 页。

新政治经济学批判的时代性特征

马拥军

党的十九大报告指出："经过长期努力，中国特色社会主义进入了新时代，这是我国发展新的历史方位。""新时代"同三个"意味着"的世界历史背景和五个"是"的时代特征联系在一起，具有丰富的内涵。对"新时代"内涵的深刻理解对于建构"新政治经济学批判"具有极为重要的意义。不了解中国特色社会主义新时代的特点，所谓"建构中国特色社会主义政治经济学"就是一句空话。

一 "中国特色社会主义新时代"的历史特点

十九大报告关于"新时代"的判断意味深长：首先，"从站起来、富起来到强起来的伟大飞跃"要求实现思维方式的伟大变革。古语说"乍富不知新受用，乍贫难改旧家风"，如果缺乏方位感，仍然用贫穷时代的思维方式看待"富起来"乃至"强起来"的时代，就会犯下保守主义的错误。其次，"科学社会主义在二十一世纪的中国焕发出强大生机活力，在世界上高高举起了中国特色社会主义伟大旗帜"，要求我们理直气壮地坚持社会主义道路和共产主义方向，充满信心地投入新时代的伟大斗争。再次，"中国特色社会主义道路、理论、制度、文化不断发展，拓展了发展中国家走向现代化的途径，给世界上那些既希望加快发展又希望保持自身独立性的国家和民族提供了全新选择，为解决人类问题贡献了中国智慧和中国方案"，这表明人类新文明已经在东方露出了鱼肚白，我们必须勇敢地承担起自己的国际责任，为人类命运共同体的建构和新文明的创立做出自己应有的贡献。

十九大报告用五个"是"阐发了新时代的时代特征。其中，第一个"是"和第五个"是"表明了新时代的时间和空间方位，第二至四个"是"则是对民族复兴中国梦的进一步发展。首先，"承前启后、继往开来、在新的历史条件下继续夺取中国特色社会主义伟大胜利"，表明历史条件已经发生了变化，新时代必须有新举措。其次，"我国日益走近世界舞台中央、不断为人类作出更大贡献的时代"，表明中国已经成功地走出天下史，融入世界史，天下的"中央之国"被边缘化后，正在化为人类新文明的中央之国。再次，"决胜全面建成小康社会、进而全面建设社会主义现代化强国""全国各族人民团结奋斗、不断创造美好生活、逐步实现全体人民共同富裕""全体中华儿女勠力同心、奋力实现中华民族伟大复兴中国梦"，表明"国家富强""人民幸福""民族振兴"的中国梦内涵更加丰富，它正在成为全世界的世界梦、全人类的人类梦的有机组成部分。

三个"意味着"和五个"是"表明了"新时代"的"新"不仅是对于经济来说的，而且是对于政治、文化、社会、生态的整体来说的；不仅是对于中华民族来说的，而且是对于整个国际共产主义运动、对于整个人类文明来说的。笔者认为，在马克思社会形态理论的意义上，"中国特色社会主义新时代"的特点可以概括为三个方面。

首先，中国特色社会主义新时代是社会主义初级阶段走向结束的阶段。按照当初的设想，社会主义初级阶段的目标是"生产力达到中等发达国家水平"，时间节点是"21世纪中叶"。但是以美元计，中国目前已经成为世界第二大经济体，人均GPD、人均可支配收入均已进入"中等发达国家""中等收入国家"中的前50%；如果以购买力平价计算，中国的经济总量2015年就已经跃居世界第一。单纯从经济指标来看，社会主义初级阶段的目标实际上已经实现。下一步是争取到2020年收入翻番并全面建成小康社会，然后再用两个"十五年"到"21世纪中叶"成为"社会主义现代化强国"，这不仅意味着"富强"即在经济上成为世界第一大经济体，从而生产力由"中等发达国家"水平进入"发达国家"水平，而且意味着"民主、文明、和谐、美丽"，意味着"全面小康"变为"全面发展"。这表明社会主义初级阶段正在走向结束。这是十九大之前习近平在"7·26"讲话中谈到的"我国社会主义初级阶段不断变化的特点"中最突出的特点。

其次，中国特色社会主义新时代是向社会主义中级阶段过渡的阶段。

邓小平当初之所以说中国的社会主义实际上"不够格"①，是由于生产力水平太落后。按照马克思和恩格斯的设想，共产主义是资本主义的自我否定，生产力水平比发达资本主义国家高，而1956年底中国进入社会主义社会的时候却连"中等发达国家水平"都没有达到。这就意味着，社会主义初级阶段并不是作为共产主义第一阶段的社会主义社会（因为那个阶段的生产力水平高于发达资本主义国家），而是通往那个阶段的一条道路，即"中国特色社会主义道路"。如果把共产主义第一阶段称为社会主义高级阶段（生产力水平高于发达资本主义国家），而把中国从进入社会主义社会到生产力达到中等发达国家水平的阶段称为社会主义初级阶段，那么，中国从中等发达国家水平到发达国家水平和向共产主义第一阶段过渡的阶段，可以称为"社会主义中级阶段"。目前的中国特色社会主义新时代在超出"初级阶段"之后，将要进入的就是这样一个阶段。它表明，中国特色社会主义还要跟发达国家的资本主义共存很长一段时间，直到中国具备进入社会主义高级阶段的条件从而表现出相对于发达资本主义国家的比较优势为止。到那时，才能实现社会主义对于资本主义的和平演变，从而开辟通往共产主义高级阶段的道路，然后与发达资本主义国家一起共同进入作为共产主义第一阶段的社会主义高级阶段；此前只能是社会主义和资本主义共存的"人类命运共同体"时期，对于中国来说，也就是"社会主义中级阶段"，这是"中国特色社会主义道路"的第一个阶段即"社会主义初级阶段"之后的第二个阶段。这是"中国特色社会主义新时代"的第二个特点。很多人纠结于"新时代"到底是个"大时代"概念（如革命的时代、建设的时代、改革开放的时代；或和平与发展的时代等等）还是个"小时代"概念（仅仅限于社会主义初级阶段的后半段），就是由于仅仅把视野局限于国内，没有注意到三个"意味着"的世界历史背景和五个"是"的世界历史意义。一旦抓住了三个"意味着"和五个"是"所表明的特征，就可以看到，"中国特色社会主义新时代"虽然开端于社会主义初级阶段的后半段，但它的终端并没有确定；它既是一个"小时代"概念，也是一个"大时代"概念的开端环节。

再次，"中国特色社会主义新时代"是人类新经济、新文明诞生的阶

① 参见《邓小平文选》第3卷，人民出版社，1993，第225页："现在虽说我们也在搞社会主义，但事实上不够格。只有到了下世纪中叶，达到了中等发达国家的水平，才能说真的搞了社会主义，才能理直气壮地说社会主义优于资本主义。"

段。在 1825 年英国爆发第一次过剩经济危机之前，人类一直处于短缺经济时代，人类的全部文明包括经济制度、政治制度、社会制度、文化制度，都是为了解决短缺问题而建立的，由此导致对经济增长的崇拜和迷信。在短缺经济条件下，"物质生活的生产方式制约着整个社会生活、政治生活和精神生活的过程"，因此只能属于"经济的社会形态"，即广义的"市民社会"。相形之下由生产力的高度发展导致的相对过剩问题是 1825 年以后人类历史上新出现的问题，只有马克思、恩格斯创立的科学社会主义才能解决这样的新问题。马克思认为："亚细亚的、古希腊罗马的、封建的和现代资产阶级的生产方式可以看做是经济的社会形态演进的几个时代。……但是，在资产阶级社会的胎胞里发展的生产力，同时又创造着解决这种对抗的物质条件。因此，人类社会的史前时期就以这种社会形态而告终。"① 相对过剩的消灭与阶级的消灭是同一个过程的两个不同方面。恩格斯指出：阶级的划分"是以生产的不足为基础的，它将被现代生产力的充分发展所消灭。……通过社会化生产，不仅可能保证一切社会成员有富足的和一天比一天充裕的物质生活，而且还可能保证他们的体力和智力获得充分的自由的发展和运用，……于是，人在一定意义上才最终地脱离了动物界，从动物的生存条件进入真正人的生存条件。"② 马克思口中从"经济的社会形态"到"人类社会"或者恩格斯口中从"生产力的充分发展"到"一切社会成员的体力和智力获得充分的自由的发展和运用"，都是指从短缺经济到过剩经济、由前共产主义社会到共产主义社会、从旧文明到新文明。1956 年底进入社会主义初级阶段的中国仍然处于短缺经济阶段，这就决定了它无法完全摆脱旧经济、旧文明的种种特征。改革开放前的计划经济之所以失败，恰恰由于计划经济只适用于过剩经济时代。改革开放以来，中国从短缺走向过剩，在实践上和理论上都经历了三个阶段：第一阶段，2000 年起，中国开始出现产品过剩，一时间，关于"过剩经济"的讨论成为热门话题。第二阶段，中国加入世界贸易组织，这不仅缓解了过剩，而且促进了产能的大幅度扩张。于是"过剩经济讨论热"成为明日黄花，讨论"过剩经济"的学者讪讪而退。第三阶段，随着 2008 年国际金融危机的到来，世界市场萎缩，中国进入产能过剩的时代，投资和出口均碰到天花板，中国不得不启动"内需拉动"政

---

① 《马克思恩格斯文集》第 2 卷，人民出版社，2009，第 592 页。
② 《马克思恩格斯文集》第 3 卷，人民出版社，2009，第 563 - 564 页。

策。到党的十八大召开时，内需也已基本饱和，于是"经济新常态"成为时髦话题。从此以后中国社会的主要矛盾不再是人民群众日益增长的物质需要同落后的物质生产之间的矛盾，而是人民群众日益增长的美好生活需要与不平衡不充分的发展之间的矛盾。用恩格斯的话说，新阶段的问题已经不仅仅是"富足"和"充裕"的物质生活，而且是"体力和智力的充分的自由的发展"的问题。这要求用"全面生产"代替片面的物质生产，以满足人民群众日益增长的非物质需要。

新经济、新文明向马克思主义学者提出了建构"新政治经济学批判"的要求。

二　中国特色社会主义新时代政治经济学批判的三个特征

习近平反复强调"革命理想高于天"，强调把中国特色社会主义共同理想与共产主义远大理想结合起来。只有在这一语境中看待"中国特色社会主义政治经济学"，才能理解它的"新政治经济学批判"的特征。正如《资本论》一样，"新政治经济学批判"既不是单纯的"哲学批判"，也不是原来意义上的"政治经济学"；它本质上是对旧的政治经济学的批判。这是因为，旧的政治经济学是以短缺经济作为时代前提的，而"政治经济学批判"则是以过剩经济作为自己的时代前提的。

人们曾经忽视《资本论》的"哲学批判"特征，长期把它视为旧的政治经济学，因而错误地与"计划经济"联系在一起；现在又有学者单纯强调《资本论》的"哲学批判"特征，忘记了从"哲学批判"到"政治经济学批判"是马克思思想历程的一次伟大飞跃。《资本论》的副标题就是"政治经济学批判"，它是从马克思的哲学批判和意识形态批判发展来的，因此必须同时关注《资本论》的"批判"特征和"政治经济学"特征。忽略"批判"特征，单纯把《资本论》当作政治经济学来解读，就会导致对《资本论》的历史特征的模糊理解；忽略这种批判的"政治经济学"特征，回到马克思已经超越的"哲学批判"立场上，则会抹杀马克思的政治经济学批判的伟大飞跃和第二个科学发现即剩余价值理论，从而把揭示资本主义自我否定客观规律的科学批判还原为对"资本逻辑"的道德批判。

基于以上误解，人们曾经误以为《资本论》不适用于社会主义市场经济，后来又认为《资本论》只能用来批判和驾驭"资本逻辑"，浑然不解中国特色社会主义共同理想与共产主义远大理想的内在联系。众所周知，《资本论》的剩余价值理论揭示了"利润"本质上是"剩余价值"，因而"利润率"必然以"剩余价值率"作为基础。利润率是资本的价格，资本供不应求利润率就高，供求相抵利润率就低，供过于求就没有利润。随着经济的发展，资本必然由供不应求到供过于求。这在现象层面上表现为平均利润率螺旋式下降的规律。中国改革开放以来就完整地经历了从资本短缺到资本过剩的发展阶段。正是由于这样的原因，习近平早在福建工作期间就提出："《资本论》中所揭示的科学原理并没有过时……越是发展社会主义市场经济，越是要求我们必须深刻地去学习和掌握《资本论》。"[①] 在担任总书记之后，习近平又反复强调《资本论》的现实意义，比如在"5·17"讲话中他指出："有人说，马克思主义政治经济学过时了，《资本论》过时了。这个说法是武断的。"只要理解《资本论》的"政治经济学批判"特征，就可以看到，《资本论》第一卷第一篇谈的就是市场经济的一般特征，因而适用于一切形式的市场经济，第二篇谈到"货币转化为资本"，这是对资本主义生产方式的产生过程的逻辑描绘；《资本论》第三卷对"利润率下降趋势的规律"的研究，则是对资本主义生产方式走向灭亡的逻辑描绘。因而，《资本论》不仅阐发了资本的产生和自我扩张，而且阐发了它的自我否定和自我扬弃。这表明，"资本逻辑"既包含资本自我展开和自我扩张的逻辑，也包括自我否定和自我扬弃的逻辑。从社会主义初级阶段到社会主义中级阶段，再到社会主义高级阶段，正是通过"社会主义道路"，以实践的方式体现了生产力和生产关系、经济基础和上层建筑之间的矛盾运动。正是在这一意义上，1984年10月《中共中央关于经济体制改革的决定》通过之后，邓小平说这个决定"写出了一个政治经济学的初稿，是马克思主义基本原理和中国社会主义实践相结合的政治经济学"。[②] 当前，随着经济新常态的到来，人们感觉到"钱越来越难赚"，这实际上是资本过剩导致利润率下降的客观状况的主观反映，它表明中国特色社会主义政治经济学也必须向前发展。

从"中国特色社会主义新时代"的三个特点来看，作为"新政治经济学批判"，中国特色社会主义新阶段的政治经济学必须体现三个时代性特征。

---

① 习近平：《对发展社会主义市场经济的再认识》，《东南学术》2001年第4期。
② 《邓小平文选》第3卷，人民出版社，1993，第83页。

一是生活必需品由"短缺"向"过剩"时代的转折。凯恩斯认为，全部经济学成立的前提是短缺，正是由于资源相对于人类需要的短缺，才要求经济学研究如何以最少的投入获得最大的产出。但是需要有两种：一种他称为"绝对需要"，即对生活必需品的需要，如每人每天必须摄入几千卡路里的热量，少了会营养不良，多了会营养过剩；另一种他称为"相对需要"，不管邻居过得多么好，我总想相对于邻居过得更好，因此这表面上是一种物质需要，实际上是通过相互比较表现出来的社会需要，这种需要曾经被其他经济学家称为虚荣和炫耀的需要。凯恩斯认为，一旦绝对需要能够获得满足，传统经济学就终结了，必须创建新的经济学。[①] 凯恩斯自己的宏观经济学仍然属于传统经济学，这是因为，20世纪30年代以前的过剩危机只是有效需求不足的危机，并不是绝对需要满足之后的危机。凯恩斯认为，只要通过货币政策和财政政策解决社会总需求不足的问题，就可以拉动经济继续发展。"凯恩斯革命"的后果，一方面是形成了福利国家，通过满足绝对需要克服了传统的相对过剩危机，另一方面是平均利润率继续下降，并且导致了严重的后遗症：消费主义和滞胀。加尔布雷思批判了经济学的"传统智慧"，试图创建"丰裕社会经济学"。他认为，资本主义的消费社会和滞胀危机只是表明物质产品和私人产品的过剩，不表明精神产品和公共产品的过剩。因此，应当通过公共品投资和教育投资拉动经济。[②] 遗憾的是他的理论带有明显的民主社会主义色彩，不可能得到美国统治阶级的青睐。美国资产阶级宁愿采取导致两极分化的新自由主义政策，也不愿继续牺牲已经大大下降的平均利润率。正在这时候，东欧剧变和中国的改革开放为美国的过剩资本提供了出路。资本外流的结果，中国和其他发展中国家的人民固然受到剥削，但美国的实体经济也空心化了。中国用不到40年的时间走完了资本主义国家几百年的经济道路，现在也已经进入经济发展的"新常态"。在使用价值生产中，这表现为生活必需品的过剩，也就是凯恩斯所说的"绝对需要"的满足；在价值和剩余价值生产中，这表现为平均利润率的降低和边际利润的消失，也就是"钱越来越难赚"。经济新常态呼唤解决过剩问题的经济学。这种经济学与解决短缺问题的经济学具有截然不同的性质，不可混淆。中国应当以马克思的"政治经济学批判"为根据，

---

① 约翰·梅纳德·凯恩斯：《劝说集》，李井奎译，中国人民大学出版社，2016，第211页。
② 加尔布雷思：《丰裕社会》，徐世平译，上海人民出版社，1965，参见第十八、十九两章。

借鉴加尔布雷思的"丰裕社会经济学"，实现中国特色社会主义政治经济学由短缺经济学向过剩经济学的理论创新，为全面建成小康社会提供理论支撑。

二是生产目的由"创造利润"向"满足需要"时代的转折。在新时代，社会主义初级阶段的主要矛盾已经由"人民群众日益增长的物质文化需要同落后的社会生产之间的矛盾"，转变为"人民日益增长的美好生活需要和不平衡不充分的发展之间的矛盾"。在社会主义初级阶段的早期，"创造利润"的生产方式有助于提高资本的生产效率，从而促进物质生产力的发展，所以有其必然性。中国特色社会主义进入新时代以后，人民群众的物质需要同落后的物质生产之间的矛盾初步得到了解决，但人民群众日益增长的"文化需要"当下已经表现为政治、文化、社会、生态需要，却仍然供给不足，因而社会主义初级阶段主要矛盾的状况已经发生了改变。需要结构的变化必然带来经济结构的变化。这可以通过三个环节加以说明：第一步是农、轻、重的经济结构的变化。恩格尔系数反映了物质生产内部结构的这种变化。这个系数表明的是食品支出占全部家庭支出的比例。比例越大，说明经济发展水平越低，比较越小，说明经济发展水平越高，恩格尔系数的变化要求经济结构由食品生产转向服装生产，由农业转向轻工业，然后转向房地产业、重工业。第二步是第二产业向第三产业的转化。如同恩格尔系数一样，第二产业占全部产业的比重也有一个比例，这个比例也在下降，它说明产业结构需要向第三产业转型。第三步是供给侧结构性改革。它不仅包括科技创新带来的新产业部门，而且包括了满足政治、文化、社会、生态需要的非产业部门。政治、文化、社会、生态需要的满足方式同物质需要的满足方式不同，单纯的物质生产不能为它们提供有效供给。西方出现的"非物质生产"表明，当今时代已经进入由片面的物质生产向马克思所说的"全面生产"过渡的时期。同物质生产不同，全面生产的成败绝大多数不能以"创造利润"的指标衡量，而必须以"满足需要"的指标衡量。"新政治经济学批判"必须反映这种变化。

三是经济发展衡量尺度由单纯的经济指标向社会人文发展指标的转折。物质需要绝大多数可以通过货币或资本加以衡量，但政治、文化、社会、生态需要的满足方式同物质需要的满足方式不同，它们有的可以用货币标准加以衡量，但绝大多数难以量化为货币指标。所有不能货币化的指标都超越了市场经济的价值生产，还原为作为非价值生产的使用价值生产，甚至超越有用性，由产业部门进入"事业"部门。这不仅说明，单纯以利润作为衡量标准的经济指标已经过时，需要补充非利润指标；而且说明，甚至连"文化产业"的概念都已经不足以反映"全面生产"的指标，因而传统的"企业单位"和"事业单位"的划分正在过时。联合国建立了人文发展指数，把经济指标之外的人均寿命和受教育程度等纳入衡量指标，这是一种宝贵的尝试，因为人的健康和生命、受教育程度等等的确不能用金钱衡量。所谓"人命关天"，更不要说友谊、爱情、亲情和民主、自由、平等等非经济、非物质指标了。

中国的"全面小康社会建设"需要新的政治经济学指标，"人民群众对幸福美好生活的向往"呼唤新的政治经济学批判理论。中国特色社会主义新时代政治经济学的建构必须适应新的需要，回应新的呼唤。

三　建构"新政治经济学批判"的三点建议

正如中国的哲学家们没有意识到社会主义初级阶段正在走向终结，从而应当超越对"资本逻辑"的批判，走向对"全面发展和自由发展"的建构一样，中国绝大多数经济学家都没有意识到"传统经济学已经终结"的事实，总想把新时代的经济甚至社会问题纳入已经过时的经济学框架。这就难怪，供给侧结构性改革先是被混同于供给学派的理论，在习近平澄清后又被经济学家们局限于强调"创新"的熊彼特理论。这连马云和刘强东的水平都没有达到，因为作为企业家，至少马云和刘强东还认识到，智能时代的到来会使机器人和人工智能占据多数传统的工作岗位从而导致大规模的失业现象，而哲学家和经济学家却还在满足于讨论"经济增长放缓的意义"以及"如何在新的条件下实现经济增长"。

正如树不能长到天上去、人不能长成大象一样，传统意义上的"经济"也不可能一直增长下去。中国经济已经进入由高速增长过渡到中高速增长的时期，今后还会进入低速增长的时期，最终人类经济将进入所谓的"平衡经济"时代，以质的发展代替量的增长。这是客观规律，任何人、任何政党、任何国家都无法改变。笔者甚至可以断言，如果上帝存在，那么上帝也无法改变。新政治经济学批判必须适应时代条件的变化，把研究目标由单纯的经济增长变成经济、政治、文化、社会、生态的全面发展。

根据中国特色社会主义新时代政治经济学的特征，在建构新政治经济学批判时应当注意三点。

一是超越所谓"资源有限，欲望无穷"的经济学基本假设，采纳需要层次和需要结构理论作为经济学基本假设。很多人认为科学社会主义关于共产主义的理论不可能实现，理由是科学社会主义强调"生产力高度发达，能满足所有人的需要"，而"资源有限，欲望无穷"是经济学的基本假设，这一假设不可能被违背。与此相反，圣雄甘地指出：地球上的资源足以满足人类的需要，但不足以满足人类的贪婪。以人类当前的生产能力，粮食足够吃、衣服足够穿、房子足够住，之所以每年还有人饿死、冻死，是由于市场经济只为"需求"（Demand）生产，不为需要（Needs）生产。需求是有支付能力的需要。没有钱的需要、穷人的需要不能化为"需求"，不可能得到满足。因此，为货币生产和为满足需要生产是两种不同的生产方式。资本主义是利润至上主义的生产方式，为了利润的持续增长必须在穷人和富人之间人为制造"需求差异"，即凯恩斯所说的"相对需要"，从而导致发达国家的"消费社会"现象和发展中国家的赤贫现象并存。由绝对需要决定的刚性需求是有限的，而由相对需要决定的弹性需求是无限的。问题是在拜金主义影响下，弹性需求会刺激人的贪婪心，把有限的需要变成无限的欲望。需要有其层次和结构，在每一层次上，需要都是有限的，获得满足后会导致更高一级需要的显现。"欲望无限"意味着低级需要的自我复制和高级需要的自我抑制。这是一种病态，是资本自我增殖的人格化表现。它的必然结果是人的片面发展和畸形发展，因而与社会主义制度的要求是相悖的。在社会主义初级阶段的早期，在短缺经济条件下，这种社会病态难以医治，因为那时候物质需要还支配着更高级的需要，政治需要、文化需要、社会需要、生态需要还处于一种潜在的状态，但在中国特色社会主义新时代，在物质需要有可能得到满足的条件下，我们应当深入研究需要的层次和结构，特别是马克思和恩格斯关于人的自然需要、社会需要与精神需要的理论，应当成为新政治经济学批判的基本假设。至于马斯洛的需要层次论，即人的需要分为生理需要、安全需要、归属与爱的需要、尊重的需要、自我实现和自我超越的需要的理论，也应当作为新政治经济学批判的借鉴，因为它也证明了每个层次的健康需要的有限性，证明了所谓"无穷的欲望"是一种病态。只有通过考察需要层次和结构的变化才能反映经济社会的进步程度。目前中国出现的许多问题如"三高"，是营养过剩导致的；如抑郁症等"富贵病"，则是社会产品和精神产品的供给不足导致的。

　　二是扬弃以短缺经济为前提、以利润至上主义为衡量标准的物质生产经济学，建构超越物质生产和"非物质生产"分野的"全面生产"理论。加尔布雷思的"新社会主义"经济学本来可以超越凯恩斯经济学，解决滞胀问题，但由于它有损于统治阶级利益而遭到抵制，相反，尽管新自由主义经济学对于整个社会来说是一种倒退，但它反映了资产阶级的利益，因而受到青睐。新自由主义经济学至少有三大缺陷：第一，它陷入了萨缪尔森所说的"合成的谬误"，看不到整体不等于而是大于或小于部分之总和，误以为微观经济学的结论在宏观层面也适用，其结果必然是导致宏观经济的崩溃。第二，新自由主义经济学不仅缺乏宏观视野，而且缺乏历史视野。它对市场作用的过度强调和对"供给创造自己的需求"的迷信体现了典型的短缺经济学思维，因而属于已经逝去的时代。第三，新自由主义经济学未能区分价值生产和使用价值生产，把利润生产即剩余价值生产同效用生产即使用价值生产混淆起来。效用生产或使用价值生产是为了满足凯恩斯所说的绝对需要，而利润生产或剩余价值生产是为了满足赚钱的需要，即凯恩斯所说的相对需要。新自由主义以研究"有限资源的配置"自诩，给人的印象是研究使用价值生产的资源配置，实际上关心的却是提高利润率的资源配置。正如大卫·哈维在《新自由主义简史》中所说的那样，只要冷静客观地审视一下，就可以看到新自由主义所开的药方无一应验。不幸的是，中国当前的主流经济学界盛行的恰恰是新自由主义经济学，而且经济学家们热衷于放大新自由主义的三大缺陷，作为自己正面的政策主张。所谓"国有企业没有效率"，表明新自由主义者是以利润率而不是以使用价值的生产效率，更不是以"满足人民群众日益增长的物质文化需要"作为衡量标准的。他们心目中的唯一标准就是"赚钱"，即让私人获取利润。这同马克思的观点形成了鲜明的对比。在《1844年经济学哲学手稿》中，马克思指出：对于社会主义者来说，贫困和财富具有与旧经济学完全不同的含义："富有的人和人的丰富的需要代替了国民经济学上的富有和贫困。富有的人同时就是需要有人的生命表现的完整性的人，在这样的人的身上，他自己的实现作为内在的必然性、作为需要而存在"；因此，"不仅人的富有，而且人的贫困，——在社会主义的前提下——同样具有人的因而是社会的意义。贫困是被动的纽带，它使人感觉到自己需要的最大财富是他人。"[①] 可见，马克思不仅在人的自

---

　　① 《马克思恩格斯文集》第1卷，人民出版社，2009，第194-195页。

我实现（"他自己的实现"）的意义上，而且在人的社会需要的满足（"自己需要的最大财富是他人"）的意义上讨论穷和富的问题。单就物质财富的生产、流通和分配、消费来说，《资本论》不仅在第三卷研究了剩余价值的分配所导致的资本主义必然灭亡的经济后果，而且在第一卷一开篇就区分了使用价值生产和价值生产，在第二卷研究了使用价值补偿和价值补偿。在马克思看来，价值生产只是与"需求"相关，使用价值生产才与"需要"相关。在《1857－1858年经济学手稿》中，马克思认为在未来共产主义社会的"自由人联合体"中，甚至物质生产也要被超越，满足社会需要和精神需要的非物质生产、全面生产必将成为核心议题。目前，发达国家已经出现了所谓"非物质生产"，这同中国特色社会主义新阶段的全面小康社会建设一样，都呼唤超越物质生产和非物质生产的"全面生产"理论。

三是以完善联合国人文发展指数为基础，形成新的数量经济学模型，打造新的宏观经济调控利器。中国特色社会主义新时代的经济发展状况不仅体现在量的方面，而且体现在质的方面，因此原有的量化指标不足以反映客观实际。例如，以购买力平价计算和以美元计算，结果就相差巨大。再如，以发展速度看，发达国家的发展速度肯定比不上发展中国家。发展中国家和发达国家的经济增长对比，就像小孩子和成年人身体发育的对比一样：小孩子长得快，但到一定年龄，身体就不再进一步发育，吃得再多也没用，只会变胖，导致"三高"等病症。正是由于同样的原因，所有发达国家的经济增长速度都很低，人为地刺激经济增长只会导致病态。这当然不是说，经济就不再发展变化。正如成年人虽然不再长身体，但心理、精神仍在成长一样，发达国家虽然物质生产将进入平衡状态，但从"全面生产"的角度看，更高级的需要凸显出来以后，在社会产品和精神产品的供给等方面也要求有一个大的增长。中国的经济新常态表明，中国已经由量的增长转换到质的提高阶段。既然如此，就必须建立新的能体现经济社会发展的指标体系。联合国人文发展指数比纯粹的经济发展指标更能体现经济社会的发展，但从"满足需要"的角度看，这一指标仍未能全面反映各种需要，尤其是未能反映需要满足的层次和结构，因而不能作为"全面生产"的衡量指标。考虑到有些指标用货币无法衡量，有的非物质生产甚至无法用经济指标衡量，有必要组织编制新的衡量指标，为"全面生产"条件下的宏观调控提供更好的服务。

习近平在主持起草的党的十八大报告时首次提出，"发展中国特色社会主义是一项长期的艰巨的历史任务，必须准备进行具有许多新的历史特点的伟大斗争"，在"7·26"讲话中概括出四个"伟大"，即具有许多新的历史特点的伟大斗争、中国特色社会主义伟大事业、党的建设新的伟大工程、实现中华民族伟大复兴的伟大梦想，把此前多次重要讲话中提出的伟大斗争、伟大工程、伟大事业这"三个伟大"，同实现中华民族伟大复兴中国梦的伟大梦想联为一体。在十九大报告中，习近平不仅进一步概括了四个"伟大"之间的关系，而且提出了解决新时代中国社会主要矛盾的八个"明确"和十四个"坚持"。在这一背景中看待"中国特色社会主义新时代"，我们就会发现，新政治经济学批判既要发挥它的"批判性"，即伟大斗争的一面，又要发挥它的"建设性"，即伟大事业、伟大工程、伟大梦想的一面。这不仅对中华民族的伟大复兴具有重要的现实意义，而且对整个国际共产主义运动史、对全部人类文明都具有极为迫切的理论意义。脱离三个"意味着"和五个"是"的时代特点，无论是去研究《资本论》还是去讨论中国特色社会主义政治经济学，都不可能得到中肯的结论。

原载《江海学刊》2018 年第 3 期
作者单位：复旦大学马克思主义学院

马克思对政治经济学
分配正义的批判

郝　云

研究分配正义问题不能离开政治经济学。就此，恩格斯深刻指出："社会的公平或不公平，只能用一种科学来断定，那就是研究生产和交换的物质事实的科学——政治经济学。"① 以往的分配正义，包括亚里士多德等的分配正义并不是建立在经济学的基础上，而是建立在政治和其他目的上的。西方政治经济学的分配理论立足于从生产和再生产过程来论及分配正义问题，这为分配正义的研究提供了新的思路。同时，西方政治经济学也存在一些谬误和局限性，要进行分析和批判性研究。马克思关于分配正义的真知灼见是在对政治经济学批判中形成的，这为当今我们对分配正义问题的研究提供了诸多启示。

一

西方政治经济学指的是从古典政治经济学开始到新古典主义为止的经济学说思想。② 这段时间的经济学家们把自己的经济学大都叫作"政治经济学"或"国民经济学"，它们与现代经济学在范式和研究方法上有很大的不同。自古典政治经济学开始，分配问题就是其研究的重点，有的甚至把分配

---

① 《马克思恩格斯全集》第 19 卷，人民出版社，1963，第 273 页。
② 《不列颠百科全书》第 13 卷（中国大百科全书出版社，2007，第 403 页）认为，政治经济学这个词出现在 17 世纪初，亚当·斯密对此提出全面而系统的研究，18 世纪末以后的政治经济学著作都更加注重价值和分配问题。20 世纪政治经济学发展为经济学。

确定为政治经济学研究的本题。在研究分配问题上，虽然不同时期、不同学派呈现出不同的特征，但还是有几条逻辑线索可寻的。

首先，从生产与分配的关系中探讨分配正义问题。政治经济学把分配视为再生产过程的一个环节，《政治经济学大辞典》中对分配的解释是"一般指产品的分配，是社会再生产过程的一个环节。社会再生产过程是生产、分配、交换和消费的统一体。"① 可见，政治经济学的分配正义，是从产品的分配入手的，而产品的分配又是从社会再生产过程的诸多环节的关系中，特别是生产环节的关系中来探讨。这样，分配并不是像从前那样是政治的要求，法权的规定以及等级制度的产物，而是参与生产过程的市场主体们的利益追求以及财富的分配问题。

从生产和分配的关系出发，首先要确定财富从何而来，这是分配的根据和正义的标准，政治经济学的"按应得分配"的标准是按对财富的贡献来确定的。古典政治经济学的代表人物亚当·斯密和大卫·李嘉图对财富的来源进行了较深入的分析，他们从生产要素的生产过程出发探讨了劳动、资本、土地等在生产过程中的地位和关系，揭示了价值的来源和财富的来源，以此来确定分配的原则。斯密从"劳动价值论"出发揭示了价值的源泉和财富的源泉，他认为，商品的价值是由生产商品所耗费的劳动量决定的，从而正确地说明了价值的源泉。但是，他认为商品的价值是由商品交换中所能购买到的劳动量所决定的，又把交换价值与价值相混淆，这使其劳动价值论具有二元的性质。由此决定了其分配理论的二元性，一方面，认为资本主义工资、利润和地租都是工人在生产过程中创造的价值的一部分，另一方面，认为工人得到了全部的劳动成果，利润是对资本家支出的一种补偿，地租是自然力的一种产物。李嘉图认为政治经济学主要是确立分配原则的，提出"确立支配这种分配的法则，乃是政治经济学的主要问题"②。他继承和发扬了斯密的劳动价值论，从劳动价值论出发，把全部产品价值视为是由劳动创造的，它是社会上一切阶级收入的源泉。同时也认为工资、利润和地租是基本收入，他在《政治经济学及赋税原理》中确认社会产品是在地主、资本家、商人之间分配。

显然，在古典政治经济学的劳动价值论那里，认真探讨了生产与分配的

---

① 张卓元主编《政治经济学大辞典》，经济科学出版社，1998，第20页。
② 李嘉图：《政治经济学及赋税原理》原序，商务印书馆，1976，第3页。

问题，尤其是劳动价值论的提出，强调了劳动者在生产和价值创造中的独特地位，揭示了价值的创造与收入的分配有不一致的一面，看到了价值创造与财富创造的区别，带有许多科学性质。但另一方面，由于没有弄清使用价值与价值的关系，没有从生产方式的本质出发来分析问题，从而不可能真正得出正确的分配公正理论。

亚当·斯密在价值分配和财富分配中的二元的模糊观被马克思所称作的庸俗经济学家们从另一个方面所发挥，成了庸俗的"要素价值论"。在亚当·斯密那里，利润和地租都是劳动所产生的产品或其价值的扣除部分。而在萨伊的"三位一体"的公式中，资本主义社会的这三种收入是由不同的来源产生的，即工资是劳动的报酬，利息是资本的报酬，地租是土地的报酬，这样剩余价值即超过工人必要劳动时间生产出的价值就完全被抹杀了。他的错误在于：收入是由价值创造而来的，而价值的创造是由三个要素实现的，由于前提错了，结论也就错了，他把产品的分配当作价值的分配。

其次，从生产要素的分配比例来探讨三大阶级间的分配正义问题。在确定按生产要素的贡献来进行财富分配的原则后，接下来就有要素所有者之间如何分配的问题，即要素的贡献如何确认以及他们之间的比例关系如何，这是分配正义的核心问题，站在不同的阶级立场就会有与之相应的正义标准。

亚当·斯密站在自由资本主义立场上认为，按照自由平等竞争的原则是最能实现分配公正的。通过提倡要素的自由竞争，以这种自然秩序来调节市场的资源配置，从而确定分配的份额，这样，每个阶级都得到了普遍的幸福。"一国君主，对其所属各阶级人民，应给予公正平等的待遇；仅仅为了促进一个阶级的利益，而伤害另一阶级的利益，显然是违反这个原则的。"①他把三者自动调节描绘成一个自然和谐的过程，虽然肯定了劳动的作用，但是在三大阶级的利益分配上还是站在维护资本主义利益的立场出发来确定的。大卫·李嘉图则揭示了三大阶级的矛盾对立。他认为，全部价值由劳动产生，并在三个阶级间分配：工资由必要的生活资料价值决定，利润是工资以上的余额，地租是工资和利润以上的余额，由此说明了工资与利润、利润与地租的对立，从而揭示了无产阶级、资产阶级以及地主阶级的对立关系。不过，他是站在资产阶级的立场上反对地主阶级的。萨伊则完全站在资产阶

---

① 亚当·斯密：《国民财富的性质和原因的研究》下，郭大力、王亚南译，商务印书馆，1983，第221页。

级的立场上，为资本家的利益而辩护。他主张，低工资率对全社会都有利。
"所谓低的工资率只对雇主有利的见解是不正确的。工资率的降低和跟着而
来的竞争的不断作用，必定使产品价格下降，因此从工资下降得到利益的乃
是消费阶级或换句话说整个社会。"①

当然，也有持不同观点的，特别是主张财富分配与人的幸福的关联以及
财富的结果公平问题的主张，甚至站在维护生产者利益的角度出发反对资产
阶级的分配正义。历史学派经济学从宏观的角度，主张国家来平衡市场主体
的利益，以求使生产者的利益得到保证，实现结果公平。李斯特在《政治
经济学的国民体系》中对魁奈、亚当·斯密、萨伊、马斯·库柏等人信奉
的所谓"世界主义经济学"进行了分析和批判。认为，魁奈最先把研究扩
展到全人类，不以国家概念为考虑对象。萨伊则根据普遍自由贸易的概念，
马斯·库柏甚至否认国家的存在。在李斯特看来，以斯密为代表的英国古典
经济学的一个主要缺点是，把个人的经济动机的作用无限地夸大，而导致一
种"支离破碎的狭隘的本位主义和个人主义，对于社会劳动的本质和特征
以及力量联合在更大关系中的作用一概不顾，只是把人类想象成处于没有分
裂为各个国家的情况下与社会（全人类）进行着自由交换，只是在这样的
情况下来考虑自然而然发展起来的私人事业"。② 李斯特将自己的经济学称
为"国家经济学"，由此，他提倡注重国家整体利益，反对个人的或人类共
同的利益。

总之，西方政治经济学在要素的分配问题上揭示了矛盾，他们从各自的
利益出发论证最符合本阶级的分配利益。虽然，在维护分配利益上各持立
场，但在解决这些矛盾上，也出现了调和论的思想。如巴斯夏的"和谐经
济论"，穆勒的折衷主义思想等。但是，他们都没有通过从剩余价值的角
度，揭露资本主义生产方式的秘密。

随着政治经济学的发展进入 19 世纪末，古典政治经济学分配正义的研
究受到了现代经济学的批判与发展，现代经济学一方面对分配问题的研究的
重视程度大大降低，主要关注财富的增长问题，另一方面，对分配正义的研
究进行了拓展，不仅仅研究要素分配的正义，还要考虑正义与效率的关系以
及经济增长与分配正义的关系等等。但是，在发展的同时也丢掉了一些有价

① 萨伊：《政治经济学概论》，陈福生译，商务印书馆，1997，第383页。
② 李斯特：《政治经济学的国民体系》，陈万煦译，商务印书馆，1961，第152页。

值的东西，如将分配与生产过程联系起来进行研究、阶级利益的表述、贫富差距的关注等等。因此，马克思对政治经济学分配正义的批判及发展就显得更有价值。

<h1 style="text-align:center">二</h1>

马克思对西方政治经济学分配理论的批判既有否定，又有肯定，还有建构，正如西方马克思主义学者艾伦·伍德所说："马克思并没有把自己主要看作一个政治经济学家，毋宁说，他更加认为自己是一个政治经济学批判者，尝试在一个更完备的社会历史理论中保留古典政治经济学中某些有价值的东西。他批评政治经济学家，是因为他们看待社会现象的方式是片面的，他们未能看到社会生活各要素的内在联系。"① 马克思的批判性建构理论具体体现为以下几个方面。

首先，从生产关系决定分配关系的立场出发来讨论分配的定位问题。西方政治经济学虽然谈到了生产和分配的关系，但是是从单一的、平行的、抽象的分配出发来谈分配，没有突出生产的决定作用，甚至还有的认为分配决定生产。针对这些观点，马克思明确指出，生产决定消费，生产关系决定消费关系。"分配的结构完全决定于生产的结构。分配本身是生产的产物，不仅就对象说是如此，而且就形式说也是如此。就对象说，能分配的只是生产的成果，就形式说，参与生产的一定方式决定分配的特殊形式，决定参与分配的形式。"② 同时，马克思也看到，分配不仅包括生活资料的分配，也有生产资料的分配，针对政治经济学认为，分配只是产品的分配，马克思指这是一种浅薄的认识，分配是与整个生产过程有关的，包括生产资料的分配。他说："照最浅薄的理解，分配表现为产品的分配，因此它离开生产很远，似乎对生产是独立的。但是，在分配是产品的分配之前，它是①生产工具的分配，②社会成员在各类生产之间的分配（个人从属于一定的生产关系）——这是同一关系的进一步规定。这种分配包含在生产过程本身中并且决定生产的结构，产品的分配显然只是这种分配的结果。"③

① 李惠斌、李义天主编《马克思与正义理论》，中国人民大学出版社，2010，第 8–9 页。
② 《马克思恩格斯选集》第 2 卷，人民出版社，1995，第 13 页。
③ 《马克思恩格斯选集》第 2 卷，人民出版社，1995，第 14 页。

　　既然生产资料的分配也是一种分配，且从发生时间上看是先于生产的，生产必须从生产工具的一定的分配出发，这是否说明分配也可以决定生产呢？马克思认为，生产实际上有它的条件和前提，这些条件和前提构成生产的要素。"在所有的情况下，生产方式，不论是征服民族的，被征服民族的，还是两者混合形成的，总是决定新出现的分配。因此，虽然这种分配对于新的生产时期表现为前提，但它本身又是生产的产物，不仅是一般历史生产的产物，而且是一定历史生产的产物。"①　显然，马克思从整个生产方式的角度出发，认为生产工具的分配还是在生产中，通过生产过程表现和产生出来的。当然，马克思并不否认生产从单方面看决定于其他要素。"作为生产要素的分配，它本身就是生产的一个要素。因此，一定的生产决定一定的消费、分配、交换和这些不同要素相互间的一定关系。当然，生产就其单方面形式来说也决定于其他要素。"②

　　总之，按照马克思的观点，政治经济学家们的错误在于，把生产过程的各个环节割裂开来或并列起来研究问题，且把分配放到首要位置，只看到了分配方式的变化而看不到分配方式背后的生产方式和生产关系的决定作用。

　　其次，从"劳动价值论"与"按要素分配"理论的关系出发看分配正义。古典政治经济学的"劳动价值论"是马克思主义经济学的重要思想来源，而劳动价值论又是和剩余价值论相联系的。在古典政治经济学那里，虽然提出了劳动价值论，但是由于不了解剩余价值论，在分配理论中，没有突出劳动要素的地位，没有正确处理要素之间的关系，没有从生产关系的角度看待分配关系的不平等。而这恰恰是我们研究马克思的分配正义理论以及马克思看待政治经济学"要素分配理论"是否符合公正分配原则的基石。

　　单从"按要素分配"的角度看，马克思并不否定其公正性。在某种程度上，马克思是肯定政治经济学的"按生产要素的贡献分配"的。在《资本论》中，马克思认为财富不仅是劳动创造的，"劳动并不是它所生产的使用价值即物质财富的唯一源泉。正像威廉·配第所说，劳动是财富之父，土地是财富之母"③。马克思在《哥达纲领批判》中也指出："劳动不是一切财富的源泉。自然界同劳动一样也是使用价值（而物质财富就是由使用价

---

① 《马克思恩格斯选集》第2卷，人民出版社，1995，第15页。
② 《马克思恩格斯全集》第30卷，人民出版社，1995，第40页。
③ 《资本论》第1卷，人民出版社，1975，第56－57页。

值构成的！）的源泉，劳动本身不过是一种自然力即人的劳动力的表现。"①
这说明不仅劳动创造使用价值——财富，而且其他要素也创造财富。

这里可以从三个方面来理解它们的关系：一是财富的源泉不仅仅是劳动，财富的创造是由多种要素构成的。二是"物质财富是由使用价值构成的"表明，既然物质财富的来源是使用价值，那么，财富的分配是使用价值的分配而不是价值的分配，自然也不能按价值即劳动量来分配，只能按提供的生产要素的贡献来分配。三是由于商品的价值是使用价值和价值二重性的统一，价值创造和财富创造也应该是二重性的统一，价值分配与财富分配也是二重性的统一。因此，按劳分配与按要素分配也是二重性的统一，只不过这种统一在不同的社会制度中的形式是不一样的。在要素分配中，劳动要素在不同制度下的待遇是不一样的，在剥削阶级社会里不可能有按劳分配。

按照这个分析，政治经济学劳动价值论与分配理论的关系在古典政治经济学那里是比较模糊的，虽然提出了"劳动价值论"，但没有搞清这个关系，或混淆了价值分配与财富分配的关系。古典政治经济学把劳动看成商品价值的唯一来源，而财富的来源则是劳动、资本和土地。也就是参与分配的不仅仅是劳动者，还有资本所有者和土地所有者。可以看出，他们把价值的创造与财富的创造是分开的，尽管没有这么表述。马克思通过对商品价值的研究，揭示了资本运行的秘密，在古典政治经济学的基础上提出了劳动价值论和剩余价值理论。从而揭示了资本主义社会按要素分配的不公正性，存在要素的地位和竞争不平等以及资本剥削劳动的情况。证明以资本主义要素分配方式实行分配是不平等的。但另外，按要素分配又是平等的。马克思并不否定要素参与分配，从某种程度上肯定要素分配的贡献。认为，消费资料的任何一种分配，都是由生产条件的分配所决定的，而作为生产条件的生产要素就应该作为消费资料的分配标准。马克思在《哥达纲领批判》中指出："消费资料的任何一种分配，都不过是生产条件本身分配的结果；而生产条件的分配，则表现生产方式本身的性质。例如，资本主义生产方式的基础是：生产的物质条件以资本和地产的形式掌握在非劳动者手中，而人民大众所有的只是生产的人身条件，即劳动力。既然生产的要素是这样分配的，那么自然就产生现在这样的消费资料的分配。"② 这种肯定是从一般意义上讲

① 《马克思恩格斯选集》第 3 卷，人民出版社，1995，第 298 页。
② 《马克思恩格斯选集》第 3 卷，人民出版社，1995，第 306 页。

的，即使是社会主义社会也存在着各种要素的参与。只不过在资本主义社会，资本要素占统治地位导致了要素分配的不合理性。社会主义社会的要素以劳动者作为主导的方面，同时存在着劳动者所拥有的要素资源。

再次，从资本主义制度本身的批判来解决分配正义的前提问题。马克思认为，政治经济学把资本主义制度当作正义的前提。资本主义私人占有方式成了分配正义的基础。政治经济学如果撇开一定的政治制度和经济制度谈公正是没有可能的。

马克思认为，在谈财富公正性时不能离开所有权、分配关系以及其他关系。从所有权来看，人们为什么要对财产进行占有？他认为，财富是以是否真正拥有或占有财产为前提的，离开了财产的所有和占有，不能说明任何问题。在资本主义生产方式下，劳动的地位是被决定的，生产要素的地位、所有权决定了它的分配地位和状况，"一个除自己的劳动力以外没有任何其他财产的人，在任何社会的和文化的状态中，都不得不为另一些已经成了劳动的物质条件的所有者的人做奴隶，他只有得到他们的允许才能劳动，因而只有得到他们的允许才能生存"[1]。这说明，不同所有制形式决定了不同的分配方式，严格讲，分配不是按要素的贡献分配的，是按要素所有权分配的。西方分析的马克思主义学者罗默也认为："剥削存在的决定因素是财产的初始分配，从更一般的意义上讲，是生产资料私有权制度，这种制度允许财产分配被积累为代代相传的巨大的不平等。"[2] 这些观点深刻揭示了资本主义社会自由市场的平等交换体制背后存在着资本对劳动的剥削关系，劳动一旦与生产资料结合，劳动者就不自由了。剩余价值的生产一方面使资本家的财富在增加，而劳动者却陷入贫困。社会陷入贫富两极分化。这种让资本剥削劳动的分配制度就是一种弱肉强食的非正义法则。

总之，马克思通过对西方政治经济学分配正义论的分析和批判，确立了其分配正义理论，从根本上揭示了分配正义的实质问题，为当今我国确立社会主义分配正义原则，进一步搞好分配体制改革提供了重要的分析方法和路径。

作者单位：上海财经大学马克思主义学院

---

① 《马克思恩格斯选集》第 3 卷，人民出版社，1995，第 298 页。

② 罗默：《在自由中丧失——马克思主义经济哲学导论》，段忠桥等译，经济科学出版社，2003，第 118 页。

论经济学的工程学
传统及其伦理转向

朱成全

现在，越来越多的经济学家自认为是科学家，其基本目标是掌握经济运行的规律，就如何设计新的经济体制问题而出谋划策，充当着各类市场和市场型机制的设计顾问。在这种情况下，经济学不再单纯地从事科学研究，而是一种工程学。就像土木工程师将物理学和力学原理运用于桥梁设计一样，经济学家也将经济分析的原理运用于机制转换技巧的设计。哈佛大学的经济学家阿尔·罗思曾经对一项饶有趣味的名为《工程师性的经济学家》的个案研究进行了描述。在 20 世纪 90 年代中期，罗思先生参与了国民适配计划的工作，其目的是设计一种让居民与医院相适配的新机制。相对于土木工程学，经济工程学还能对理论模型和计算机模型加以运用并进行实地试验。[①]本文旨在对经济学的工程学传统的表现及其原因、缺憾及其原因，以及经济学的伦理转向作一概述或分析。

一　经济学的工程学传统的表现及其原因

经济学大师阿马蒂亚·森在《伦理学与经济学》论著中指出：经济学有两个根源——伦理学根源和工程学根源。对于经济学的"工程学"方法的特点是：只关心最基本的逻辑问题，而不关心人类的最终目的是什么，以

---

① Hal R. Varian：《从纯科学向工程学转化的经济学》，余家驹译，《纽约时报》2002 年 8 月
29 日。

及什么东西能够培养"人的美德"或者"一个人应该怎样活着"等这类问题。在这里，人类的目标被直接假定，接下来的任务只是寻求实现这些假设目标的最适手段。较为定型的假设是，人类的行为动机总是被看作简单的和易于描述的。①

在这里，森重申了经济学理论是从最基本的假定——"理性经济人"出发演绎出来的，尤其是借助于数学推导出来的。森指出：这种工程学方法在经济学中应用，包括几位应用工程师的贡献。如，里昂·瓦尔拉斯这位19世纪的法国经济学家，对于解决复杂经济关系中技术问题，尤其是那些与市场功能有联系的问题做出了重大贡献。17世纪的经济学家威廉·配第作为数字经济学的先驱，在其著作中就有一个清晰的逻辑中心。这与配第对自然科学和机械科学的浓厚兴趣不无关系。②

经济学的工程学传统主要表现在：一是19世纪70年代边际革命使经济学研究对象由古典经济学对"人与物"的研究转向对"物"的研究，而局限于资源稀缺、利益最大化、效用最大化等，使得研究内容局限于工程学。在古典经济学的创始人、经济学的鼻祖亚当·斯密那里，对于人的心理和道德法则的分析是其理论的出发点。斯密的《国富论》要寻找出实现国家富足的一般经济规律，而《道德情操论》的任务就是为这种规律提供人性原理。约翰·穆勒在其论文《论政治经济学的含义及其适当的研究方法》中明确指出："政治经济学研究的是就取决于人性法则而言的财富生产和分配问题。"③ 马歇尔认为："经济学是一门研究财富的学问，同时也是一门研究人的学问。"④ 二是自然科学的发展使得数量分析特别是边际增量分析、统计方法和均衡概念等逐渐被应用到经济学研究中，从而使研究方法日益形式化。虽然古诺在1838年出版的《财富原理的数学原理研究》是最早应用微积分研究经济学的名著，但是，古诺的数理经济学的思想直到"边际革命"出现后才得到应有的重视。19世纪70年代，西方经济思想领域出现了"边际革命"，其代表人物是杰文斯、瓦尔拉斯和门格尔。"边际革命"强化了

---

① 参见阿马蒂亚·森《伦理学与经济学》，王宇、王文玉译，商务印书馆，2000，第10－11页。

② 参见阿马蒂亚·森《伦理学与经济学》，王宇、王文玉译，商务印书馆，2000，第11页。

③ See John. Stuart. Mill. On the Definition of Political Economy and the Method of Investigation Proper to it. Essays on Some Unsettled Questions of Political Economy, London：Longmans Green&Co. , 1844.

④ 马歇尔：《经济学原理》上卷，朱志泰译，商务印书馆，1964，第23页。

"经济人"的理念，它的基本规律是边际效用递减律。"边际革命"以后，边际分析方法广泛地应用于消费、生产、投资等市场经济规律研究。边际分析的延伸孕育了微观经济学和宏观经济学的数量经济模型，如消费函数模型、生产函数模型、货币需求函数模型、投资函数模型等。自战后以来，数学在经济学中的应用已是专门化、技术化、职业化，甚至到了登峰造极的程度，从而使经济学这座大厦更严密，表达更准确，思维更成熟。数学化已经成为经济学发展的主流趋势，主要表现在：第一，计量经济学的崛起。"计量经济学"一词是挪威经济学家拉格·弗里希于20世纪20年代创造的。后来，库普曼、克莱因、迪鲁布等做出了巨大的贡献，尤其是诺贝尔奖获得者克莱因从20世纪50年代开始提出最早的宏观经济计量模型，为宏观经济研究开辟了新的视野。而在"微观"经济研究方面进行探索的开创者是贝克尔，他将经济计量原则首次引入原来无法以数学来计量的领域，如爱情、利他主义、慈善和宗教虔诚等，并取得了巨大的成功。第二，统计学在经济学中的大规模的应用。计量经济学之所以在20世纪得到了长足的发展并成为经济学中一个极有魅力的分支，首先得益于统计学在经济学中的广泛应用，并最终成为构建计量经济学体系的一个重要基础。例如，弗里德曼的《1867－1960年美国货币史》就是成功运用统计分析的一部经典性著作，他通过一些一系列的数据统计分析，得出了货币实际数量的长期变化和实际收入的长期变化之间具有一种密切的相关性的结论，从而构建了其货币数量学说。第三，博弈论的引进。博弈论从本质上说是用数学方式表述的。博弈的数学研究在20世纪才开始。较早在数学中研究博弈论的是泽墨罗、波依尔等数学家。将博弈论研究的数学成果系统引入经济学，是冯·诺伊曼和摩根斯特恩的贡献。此后，纳什明确提出了"纳什均衡"这一基本概念，阐明了博弈论与经济均衡的内在联系，特别是奠定了"非合作博弈"的理论基础。后来的研究者，如泽尔藤、豪尔绍尼等，都围绕"纳什均衡"展开了博弈论的精致化研究，他们三人获得了1994年诺贝尔经济学奖。20世纪80年代，博弈论迅速成为主流经济学的重要组成部分，事实上，它几乎吞没了整个微观经济学。

事实上，经济学发展关节点上的"大家"都是关注这一传统的。经济学发展的线索主要有：亚当·斯密→李嘉图→马克思→约翰·穆勒、马歇尔→凯恩斯→萨缪尔森。

斯密第一个将实证科学的逻辑理性方法完整地运用于经济学理论的建构

中，这表现在：①他效仿牛顿自然哲学的实证方法，建立了"原子"社会经济观。正如自然科学把物质的运动从逻辑上还原于原子或分子运动一样，他试图把一切经济现象还原为抽象个人的行为。他最先着手研究伦理人的特征，写成了《道德情操论》，然后试图把关于人的本性的抽象原理运用于对整个社会经济问题的分析，写成了《国富论》。②在分析经济现象时，他信奉如此观念：像物理世界那样，人类的经济活动也受一种冥冥之中存在的"第一推动力"，他把它称为"看不见的手"。受此"手"的驱动，类似自然哲学"原子"的"经济人"通过自利和互利的经济行为，最终达到社会普遍丰裕的结果。③他模仿自然哲学关于世界是一个具有因果关系的机械体系的观点，把社会经济现象视为一个通过自由竞争即可趋于平衡（均衡）的因果关系链。④他把实证科学的抽象法变为经济理性的抽象分析法，即注意收集实际的材料，通过比较、归纳来认识这些材料；进而进行分析，找出其中本质性的因素，从本质上规定概念，在分析规定概念的前提下，运用演绎法来建立论述的体系。他主张抽象法与现象描述法的统一。

李嘉图将理性逻辑演绎法引向极端。从纯粹假定的思想原则出发演绎出客观存在的具体，或直接运用于复杂的现实世界。这被熊彼特称为"李嘉图怪癖"。

马克思在《资本论》第一卷第一版的序言中还写道："分析经济形式，既不能用显微镜，也不能用化学试剂。二者都必须用抽象力来代替。"① 科学抽象在政治经济学研究中的作用，就在于从个别的、错综复杂的经济现象中揭示其本质，并从本质的规定说明这些现象。它包括以下环节和内容：第一，从实际出发，详细占有材料。第二，以概念运动为主体的各种思维形式的辩证统一，以实现逻辑和历史的相统一。第三，定性研究和定量研究的统一。

约翰·穆勒认为，经济学是一门抽象、趋势科学的结论，而这门科学所采用的方法应当是演绎法。特别是，他是西方科学哲学学派——第一代实证主义代表人物之一，提出了实证原则以及"归纳五法"（即求同法、求异法、求同求异并用法、共变法、剩余法）。他第一次明确地提出了"经济人"这一概念。

马歇尔最初是研究原子物理学的，并取得了物理学博士学位，后转向了经济学研究。马歇尔在《经济学原理》中论述了经济学在模仿物理学。如，

---

① 《马克思恩格斯全集》第 44 卷，人民出版社，2001，第 8 页。

均衡来自物理学的"力的平衡"。数学方法也来自物理学，但是他在书的正文中没有用到数学工具，仅仅是在脚注或尾注中用到了数学方法，这说明他对数学方法在经济学的运用是持怀疑态度的。他还运用了演绎与归纳、个量分析方法。

在英国和美国《科学哲学》杂志中有大量的纪念凯恩斯的论文，甚至有的就认为凯恩斯就是一位科学哲学家。特别是，其父约翰·内维尔·凯恩斯的《政治经济学的范围与方法》对其影响极大。内维尔·凯恩斯对以前的经济学方法论的争论进行了总结，认为以前的经济学方法论的争论是作为一门实证的抽象的演绎的科学与作为一门伦理的现实的归纳的科学之间的争论，他认为经济学既是抽象的，也是现实的，既是演绎的，也是归纳的，既是数学的，也是统计的，既是假说的，也是历史的。这也深深地影响了后来的"两个剑桥"对凯恩斯《就业、利息和货币通论》的理解，美国麻省剑桥的萨缪尔森等人为主要代表偏重经济学是实证经济学，而以英国剑桥大学的琼·罗宾逊夫人为主要代表偏重的是规范、归纳的经济学。

萨缪尔森在其博士论文《经济分析基础》导言中论述了其哲学基础——证伪主义、实用主义、操作主义、工具主义。他在其通用的教科书《经济学》中讲述了"观察渗透理论"等科学哲学的理论，指出经济学是介于科学与人文之间。在经济学方法论上，还出现了一次非常著名的争论，即萨缪尔森与弗里德曼的争论。西方经济学及其理论总是从其假定开始的，所以，经济学及其方法论方面的争论往往会涉及假定的现实性问题，即经济学中的假定总是具有非现实性。弗里德曼认为，只要经济学的预测是可靠的或正确的，无论经济学的假定正确与否，经济学及其理论也就是有效的或正确的。甚至他还认为，假定越是不现实，乃至荒谬，经济学及其理论反而是有效的或正确的。这就是说，经济学及其理论的有效性或正确性和假定现实性无关。这被萨缪尔森称为 F——扭曲。但是，萨缪尔森认为，经济学理论正确与否是与其出发点——假定紧密相关的，只有假定是正确的，经济学理论才是正确的，相反，假定不正确，经济学理论怎么会正确呢？实际上，萨缪尔森与弗里德曼的争论主要停留在科学层次，即工程学层次。

经济学之所以具有工程学传统，是因为其研究的是物，尤其对国家来说，是物的生产和分配问题。经济学的本意是"一门传授或自称是传授国家致富之道的科学"。斯密就其著作取名为《对国民生产财富性质和原因的考察》。就国家而言，政治经济学告诉我们调节财富生产、分配和消费的法则。约翰·穆勒在其论文《论政治经济学的含义及其适当的研究方法》中明确指出："政治经济学研究的是就取决于人性法则而言的财富生产和分配问题。"① 马歇尔就曾指出："经济学是一门研究财富的学问，同时也是一门研究人的学问。"② 莱昂内尔·罗宾斯在其《经济科学的性质和意义》中提出了教科书通常所用的经济学的"稀缺"定义，即经济学是把人类行为当作目的与具有各种不同用途稀缺手段之间的一种关系来研究的科学③，这也是经济学最标准的"工程学"定义，或者说，经济学主要探究的是如何更有效地配置稀缺性资源，以创造更多的财富，提高社会整体福利。

二　经济学的工程学传统的缺憾及其原因

　　首先要提到的是，哈耶克和波普尔的"工程学"观点。哈耶克通过对个人与社会的关系的研究进一步论证了自由市场理论。由于习俗和习惯是人类文明的真正来源，社会秩序或规则是自发形成的，而不是人的理性制定的，所以，人的理性对这些规则是不能完全理解的。这就是说，作为社会的整体是不可能由理性来设计的。于是，社会发展不可能按照计划经济或改革来运行。哈耶克和波普尔是好朋友，两人的思想相互影响，波普尔曾经在伦敦经济学院哈耶克教授的研究班上宣读过以《历史主义贫困论》为题的相关论文，后来在哈耶克主编的《经济学》杂志上发表。④ 当然，波普尔活动的大本营就在伦敦经济学院。波普尔坚决反对历史主义（即历史决定论），认为社会是无法预测的。其"主要论据如下：自然界的演变过程和人类无关，而人类历史的历程则和人类（作为认识的主体）是密切相关联的。主体本身就参与了客体（历史）的发展过程；因而客观规律或阶段就会受到主体的影响而改变。预言本身就参与着并影响着历史的过程，所以预言也就不可能是对客观规律的描述或宣告。这就是说，历史主义必然要做预言，而预言又恰好以自身对历史的作用而取消了规律的客观性。预言之影响到历史

---

① See John. Stuart. Mill. On the Definition of Political Economy and the Method of Investigation Proper to it. Essays on Some Unsettled Questions of Political Economy, London: Longmans Green&Co., 1844.

② 马歇尔：《经济学原理》上卷，朱志泰译，商务印书馆，1964，第23页。

③ 莱昂内尔·罗宾斯：《经济科学的性质和意义》，朱洪译，商务印书馆，2000，第20页。

④ 参见卡·波普尔《历史主义贫困论》，何林、赵平等译，中国社会科学出版社，1998，第142页。

的进程，就意味着历史主义的预言的自我否定"①。波普尔认为，历史主义就等于决定论，也就等于总体论。"总体论的或空想的社会工程从来就不是一种'私人的'，而总是一种'公共的'性质。它的目的在于按照一种明确的计划或蓝图重行塑造'社会整体'；它的目的在于'掌握关键的位置'并扩大'国家的权力……直到国家几乎变得等同于社会'；不止于此，它的目的还在于从那些'关键的位置上'来控制在塑造发展中社会的未来的各种历史势力，或则是通过扼阻这种发展，或则是通过预见到的进程并对准它而调整社会。"②　"总体论的基本立场是'把人类社会当作一条巨大的、无所不包的发展洪流'，但是'这样的一部历史是写不出来的'，因为'任何写出来的历史都只是总体发展的某一狭隘方面的历史'"③。所以，要想"建立和指导整个社会体系并规划全部社会生活，在逻辑上就是不可能的事"。④　"逻辑上既不可能，事实上就更不可能了"。⑤　波普尔认为，总体论"必然引向乌托邦工程学。"⑥　总体论是不可能的。与"乌托邦工程学"相对抗，波普尔提出了"零碎工程学"，即"要以零敲碎打的改良来对抗全面的社会革命"⑦。"对于改革的范围，零碎工程师能够以开放的心灵来解决他的问题，而总体论者却做不到这一点。"⑧　"正如物理工程师的主要任务是设计机器并改进和检修机器一样，零碎社会工程师的任务就是设计社会制度并重建和运转现有的社会制度。"⑨　但是，"零碎技术家或工程师承认，只有少数社会制度是自觉地设计的，而大多数却只是作为非人类行为所设计的结果而成长的"⑩。总的来说，哈耶克和波普尔是反对对社会进行"工程学"设计的。

　　所以，经济学的工程学传统的缺憾就在于它仅仅强调经济学研究物，仅仅强调经济学是科学，而忽视了经济学还研究人，尤其是人的规范或价值问

---

①　卡·波普尔：《历史主义贫困论》，何林、赵平等译，中国社会科学出版社，1998，第145页。

②　同上，第60页。

③　同上，第147页。

④　同上。

⑤　同上。

⑥　同上。

⑦　同上。

⑧　同上，第62页。

⑨　同上，第58页。

⑩　同上。

题。在自然科学中，研究者比较容易保持"价值中立"，而在经济学中，研究者既是观众，又是演员，很难保持"价值中立"。经济学中没有普遍的永久性的法则，而自然科学中却有，这是因为经济学在实践的过程中能够使整个社会经济文化背景发生改变，也就改变了自己适用的宏观经济条件，使自己成为不能适应新情况的理论。波普尔认为："在社会科学中极少能发现有似于我们在物理学中所遇到的那种客观而理想的真理探索。……认为客观性以及真理的理想在社会科学中是完全不能适用的。"① "物理世界是由在所有的时间和空间中都永远不变的一个物理上的一致体系所支配的，所以物理规律或者说'自然规律'在任何地点或任何时间都是有效的。然而，社会学规律或社会生活规律在不同的时间和地点却是不同的。"② 因此，"社会规律的历史相对性使得大部分物理方法不能应用于社会学"③。"某些物理学的特有方法就不能应用于社会科学。"④

正是由于经济学与自然科学有重大的区别，所以，以自然科学的标准来要求经济学肯定是有问题的，必将使经济学陷入"科学困境"⑤，即陷入波普尔所说的"工程学问题"。波普尔说："我最好还是说，我充分欣赏反对教条式的方法论上的自然主义或'唯科学主义'（用哈耶克教授的术语）进行斗争的重要性。"⑥ "经济学就不能向我们提供任何有关社会改革的有价值的报导。只有假—经济学才力求为合理的经济计划提供一个背景。真正科学的经济学只能是有助于揭示贯穿着各个不同历史时期的经济发展的推动力。它也许还能帮助我们预见未来时期的轮廓，但是它并不能有助于我们为任何新的时期而制定任何详细的计划并付诸实施。"⑦ J. M. 布坎南说："假如我们围绕所谓的'具有自然科学性'的经济学和政治学打转……我们就在促进人类进入衰败过程。"⑧

---

① 卡·波普尔：《历史主义贫困论》，何林、赵平等译，中国社会科学出版社，1998，第 17页。

② 同上，第 8 页。

③ 同上。

④ 同上。

⑤ 参见朱成全《经济学的"科学困境"及其出路》，《经济学动态》2004 年第 10 期。

⑥ 卡·波普尔：《历史主义贫困论》，何林、赵平等译，中国社会科学出版社，1998，第 54页。

⑦ 同上，第 44 页。

⑧ J. M. 布坎南：《经济学家应该做什么》，罗根基、雷家端译，西南财经大学出版社，1988，第 88 页。

第一，对象问题。虽然大多数经济学家都承认经济学是研究稀缺的资源和人的无限的欲望之间矛盾的一门科学，但是，依然有一些经济学家不完全承认这一定义。事实上，当今一些经济学如现代新制度经济学等确实很难适合这一定义。即使经济学是研究稀缺的资源和人的无限欲望之间矛盾的，经济学也必须一方面研究资源，另一方面研究人，更应该研究人与物之间的关系。人和物之间矛盾的解决，关键在于人，如果人与人之间的矛盾没有解决好，人和物的关系就肯定解决不好。所以，如果深究经济学的研究对象的话，就会发现：经济学更应当是关于人的学问，经济学并不仅仅研究物。波普尔认为，社会现象是复杂的，因此，"即使是存在着有象物理学领域中的一致性那样不可变易的一致性。……我们也很可能发现不了它们"①。

第二，价值问题。在自然科学中，人们容易做到"价值中立"。但是，当经济学家按照自然科学的模式建立经济学体系时，经济学家很快就会发现：当人们面对各种社会现象，尤其遇到人们切身利益的经济问题时，总要做出好坏与否的判断，即价值判断。无论用强制的高压手段，还是用温和的劝说，人们在价值判断上都不可能完全统一起来。由此，经济学到底是建立一个"完善的"价值判断，还是应该彻底摆脱价值判断？如果回答是前者，那么，评价一个价值判断的"完善的"标准是什么？建立这个标准意味着要建立另外一套价值判断，依此类推，也许可以提出许多标准。这是否意味着经济学将被淹没在无休止的争议，乃至偏见、谎言之中？如果答案是后者，那么，人们又会发问：经济学能够摆脱价值判断吗？如果能够摆脱，那么经济学家又是通过什么方式来摆脱呢？这一方式又怎么能够保证价值判断不以隐蔽的方式在经济学中得以存在呢？这就提出了一个非常根本的问题：人们接受或证明经济学的"科学标准"究竟是什么？在经济学中，科学的标准究竟存在还是不存在？②

第三，假定问题。西方经济学及其理论总是从其假定开始的，所以，经济学及其方法论方面的争论往往会涉及假定的现实性问题，即经济学中的假定总是具有非现实性。弗里德曼认为，只要经济学的预测是可靠的或正确的，无论经济学的假定正确与否，经济学及其理论也就是有效的或正确的。

---

① 卡·波普尔：《历史主义贫困论》，何林、赵平等译，中国社会科学出版社，1998，第14页。

② 参见陶永谊《旷日持久的论战——经济学的方法论之争》，陕西人民教育出版社，1992，第70页。

甚至他还认为，假定越是不现实，乃至荒谬，经济学及其理论反而是有效的或正确的。这就是说，经济学及其理论的有效性或正确性和假定现实性无关。这被萨缪尔森称为 F——扭曲。对经济学中假定的现实性问题争论最多的就是经济学的最基本的假定——理性经济人的假定。

事实上，亚当·斯密也不认为经济人的"自利心"是人们行为的唯一动机，同情心同样也支配着人类的行为。就连提出每一个人的行为受自利原则驱使是"经济学第一原则"的爱奇沃思（Edgeworth），也承认这个原则并不是一个非常现实的东西。① 阿马蒂亚·森把"理性经济人假设"斥之为"理性的白痴"。他建议，应该建立一种比理性原则更为复杂的理论结构。即使人们能够以理性的方式行动，正统经济学的理性经济人假定也不必然是有道理的。这是由于我们都会犯错误，都会陷入混乱，"冷静的理性方式可以充斥我们的教科书，但世界要丰富得多"②。"理性人假设"本身是虚弱的，它的合理性来自一些增强的补充性假设，如完全竞争、市场均衡、充分信息以及同质性假设，还应该加上个人有足够强大的信息处理和计算的能力。③ 而这些补充性假设却是难以得到现实有力支持的。

第四，实验问题。实验方法的主要优势集中体现在"可重复性"和"可控制性"，在一定程度上促进了经济学的"科学化"。但是，在经济学研究中，记录下来的数据随着现实背景的变化特别是一些未加观察因素的变化，一般说来，是独一无二的和无法重复的，而且经济数据的收集和单独证实通常也意味着极为昂贵的成本。因此，花费相对低廉的成本，亲自进行能够重复的实验室查证，对职业经济学家来说，是相当有难度的。同样，自然市场本身缺乏控制或难以控制，使得在复杂情境下采集到的数据并不完备与精确，很难进行辨识和用于理论的检测。所以，实验经济学必须要对实验现象做极大的简化，才能在实验室里发现一个决策环境。这难免会引起经济学家对实验经济学的激烈争论。有人指出：经济学中的实验，不同于物理学等自然科学中的实验，它是十分有限度的。④ 波普尔认为："历史主义否认在

① 季德、利斯特：《经济学说史》下册，徐卓英、李炳焕等译，商务印书馆，1986，第 627 - 628 页。

② Sen, A. K. On Ethics and Economics, Oxford：Blakwell Press, 1987, p. 11.

③ 肯尼斯·J. 阿罗：《经济理论与理性假说》，《新帕尔格雷夫经济学大词典》，经济科学出版社，1992，第 72 - 78 页。

④ 参见蔡志明《经济学中的实验方法与技术——兼论实验经济学的发展》，《华东师范大学学报：哲社版（沪）》1997 年第 3 期。

精确相同的条件之下重复进行大规模社会实验的可能性。"[1] "大规模的社会学实验决不是物理学那种意义上的实验。"[2] 实验经济学也在一定程度上体现了科学主义的思潮。

第五，过度的数学化问题。一般说来，美国主流经济学有比较明显的夸大数量分析作用的倾向。对经济学学位论文的通过、学术论文的发表、学术会议论文的评价等方面都偏重于数学模型方面。20世纪60年代被称为"奇怪的60年代"，因为数学模型的崇拜现象广为流行，甚至出现了"没有理论的经济计量"和"与理论相矛盾的经济计量"趋势，"其中竟有按照特定的意识和愿望来编造经济理论和经济计量"；对此，里昂惕夫很不为然，在分析了1972－1981年发表在《美国经济评论》上各种文章的类型之后，给美国《科学》杂志写了一封信，指出："专业经济学杂志中数学公式连篇累牍，引导读者从一系列多少有点道理但却完全武断的假设走向陈述精确而却又不切实际的结论。"[3] 这就是说，一些经济学家把数学当作经济分析的唯一手段，不顾条件地加以应用。这种应用很大程度上是一种形式主义的应用。数学登堂入室，喧宾夺主，成了经济学的"主人"，成了经济学家头脑的"主人"，经济学家成了数学的"奴仆"。这种过分数学化的趋势，标志着经济学在逐渐脱离经济现象发生的历史、文化、伦理等人文因素，也就标志着经济学在科学主义道路上走过了头。

第六，理论体系问题。实证经济学和规范经济学的关系，一直是在经济学界争论不休的。实证经济学研究的是"是什么"，而规范经济学研究的是"为什么"。休谟认为，从"是什么"推不出"为什么"（这被人们称为"休谟铡刀"）。此后的经济学家都争论了这一问题，但都没有解决。这就说明了经济学理论体系的这一构成是有问题的。

对于经济学理论体系中微观经济学和宏观经济学这两部分构成之间的关系，也是争论不休的。通常所说的微观经济学和宏观经济学之间的争论乃至矛盾，主要表现在两个方面：第一，在方法上，前者注重个体（或个量）分析方法，后者注重整体（或总量）分析方法。微观经济学一直以个量分析为基础。其核心内容是从"理性经济人"出发，来构建其理论体系。宏

---

[1]　卡·波普尔：《历史主义贫困论》，何林、赵平等译，中国社会科学出版社，1998，第11页。

[2]　同上。

[3]　转引自朱绍文《经典经济学与现代经济学》，北京大学出版社，2000，第376－377页。

观经济学则采用了总量分析的方法分析了总供给、总需求、总生产、总收入、总消费、总投资、总储蓄、总就业等一系列总量。"阿罗定理"说明，个人福利的简单总和不一定与社会福利相一致。第二，在出发点上，前者从确定性出发，后者从不确定性出发，从而显示了经济学内部的断裂。新古典经济学模型中一般均衡状态实现的基本前提，是假定各交易人对未来具有完全的预期。凯恩斯则对自由竞争的市场经济将自动趋向充分就业的均衡这一传统观念进行了批判。他首先否定的是完全预期的假定。他认为，市场上各交易当事人的行为，并不是根据完全信息和精密计算所做出的准确无误的决策，而是出于三个非理性的心理因素，即"心理上的消费倾向"、"心理上的灵活偏好"以及"心理上对资本未来收益的预期"。这三大心理因素发挥作用的基础，是未来的不确定性。如果未来可以准确地预见，人们就无需为牺牲目前的消费而保留一部分可能根本用不着的收入以防不测；也不会让手头滞留大量的货币，而白白丧失利用它们盈利或享乐的机会；更不会对未来的资本收益做出过于乐观或过于悲观的估计。虽然萨缪尔森等创立了新古典综合学派，为宏观经济学和微观经济学之间的沟通做出了一次综合，但是，两者之间的关系依然没有彻底解决。①

　　第七，预测问题。其一，经济学理论与经济现实之间难以消除的相互作用。对社会的预测关键是涉及人在预测中的作用。否则，如果历史按照固有的逻辑或规律前进，那么，人的自由意志体现在何处？人在历史发展中的作用如何体现？即如果说，无论人们做什么，历史将固定不变地发展，人的作用就不会体现，此时，人的责任与道德存在的价值在哪里？可见：人处于社会历史之中，却又要预测社会。这难免会给经济学预测带来困难。其二，经济学理论是对经济世界的解释，却又影响经济世界，经济世界便发生自我调节，因而，经济学所预测的事件可能不会发生。这就像在量子力学中"我们既是观众，又是演员"，使得微观粒子的速度和位置不能同时预测一样。

　　这里，再强调两个人的观点。一是上面所说的波普尔的观点。波普尔认为，预测社会发展是不可能的②，这是因为人类的发展受到不断增长的知识的影响。人们今天无法知道未来人们能知道什么。比如，经济增长理论模型

---

① 参见杨立雄《"个体主义"抑或"整体主义"》，《经济学家》2000年第1期。
② 参见卡·波普尔《历史主义贫困论》，何林、赵平等译，中国社会科学出版社，1998，第14页。

中含有技术知识这一自变量，但我们怎么知道未来技术增长状况呢？我们无法知道预测技术的发展，我们也就无法确定性地预测某地区未来经济增长的状况。对未来，我们所能知道的只能是：技术发展快的国家或地区经济增长快，技术发展慢的国家或地区经济增长慢。二是希克斯所强调的观点，即经济学涉及的是历史事件，历史事件是独特的不可重复的。对历史事件，人们只能理解而不能预测。经济学不是自然科学，如果是人文学科的话，它的特征就应当是"理解"，它的预测也就是不恰当的。① 总之，经济学的预测和自然科学的预测有极大的不同，经济学的预测是相当困难的，甚至是不可能的。

第八，检验问题。对经济学的检验，集中表现在是对其假设，还是预测（或预言）检验呢？如果是前者，那么，由于经济学假设的非现实性，所以，都有证据说明经济学假设的真实性或虚假性，检验的结果也就无法统一起来。如果是后者，那么，预测有经验事实（或观察证据）。人们就认为，经济学的理论就得到了证明，这就是人们通常所说的"实证原则"。但是，科学哲学的发展表明："实证原则"是有问题的。事实上，从个别的经验事实的真，进而推出经济学理论的真，借助的是归纳法，而归纳法是有问题的。在这里，再次提到弗里德曼的观点，即上面所说的 F——扭曲。这就是说，弗里德曼强调经济学及其理论的有效性或正确性就在于预测的有效性或正确性，而不在于假设的真实性，即假设不相关。这更是引起了经济学界的激烈争论。

之所以出现经济学"工程学传统"的困境，是因为没有把握经济学的本性。事实上，经济学的根本目的是提高国民和社会的福利，这不仅涉及自然资源的利用问题，而且涉及人与人之间的社会关系。在研究生产力的技术关系方面，主要涉及资源如何更好地配置，这偏重于基于效率的实证研究；在研究人与人之间的生产关系中，主要涉及财富应该如何分配以及贫困等问题，由于存在一定的价值判断，所以更偏向于规范的分析。一般地说，把不涉及价值判断的资源配置问题看成是依赖于一种有效的手段和工具，而涉及价值判断的分配等问题则反映了人类社会的发展目的。显然，工具的使用往往离不开目的的设定。这就是说，工程学传统总是在价值分析规范之下的，即在森所说的经济学的"伦理学传统"之下。

---

① 参见潘天群《经济学何以预测》，《经济学家》2001 年第 5 期。

　　虽然现代主流经济学强调经济学的实证性，抛弃经济学中的伦理因素，但是，这是难以做到的。其实，"伦理学就是对资源分配的研究"①。现代主流经济学本身也由"是什么"的研究转向"应该是什么"的研究。经济学的三大研究内容——"生产什么"、"如何生产"和"为谁生产"，其本身就蕴涵着"应然性内容"。人在研究生产什么、如何生产的同时，必须会考虑到为谁生产，也就必然会涉及人与人之间的关系。同时，决定生产什么的因素是人的效用，这就必然会涉及效用的取舍问题，更是涉及人与人之间的关系。

　　如果对经济学的研究对象进行反思的话，就会发现：人力资源稀缺是一切经济问题的总根源；解决资源稀缺的根本点在于人类自身。事实上，自然科学等已证明：潜在的自然资源是无限的。所以，自然资源"稀缺"实际上反映了人还没有充分利用无限的自然资源和缺乏节制欲望的能力。经济学是关于人的学问。从逻辑角度来看，这主要有三个理由：第一，人的欲望是经济学的逻辑起点。没有人的欲望，经济活动就无从发生；第二，人是经济活动的主体。人的欲望只有通过人的经济活动，才能得到满足。第三，人是经济活动的目的。从历史事实角度来看，至少有以下三个理由：第一，西方经济学的研究对象由人和物的关系，转向人与人利益关系的研究。这主要体现在产权理论、制度变迁理论、博弈论、信息经济学。第二，新自由主义经济学思潮。它强调以法治国、以德治国，强调政治自由与经济秩序。第三，发展经济学。"可持续发展"是指："既满足当代人需要，又不对后代人满足其需要的能力构成危害的发展。"特别是，阿马蒂亚·森最终把体现社会经济发展成败的指标确定在死亡率上。人类自身寿命的变化是唯一可以确切地反映社会、经济、政治、文化、自然环境总体发展水平的最高综合指标。②

　　经济学具有道德特质。这主要表现在：西方经济学伦理道德观的发展；利他主义经济学的发展。西方经济学伦理道德观的发展经历了古典经济学伦理道德观、新古典经济学伦理道德观、当代新自由主义经济伦理道德观。古典经济学伦理道德观集中体现在斯密的《道德情操论》和《国富论》上。在《道德情操论》中，斯密从人的同情心出发来探讨伦理学问题。在《国富论》中，他在其伦理学的基础上探讨了经济发展的问题。他认为，"自

---

①　哈耶克：《致命的自负》，冯克利、胡晋华等译，中国社会科学出版社，2000，第12页。
②　陈惠雄：《人本经济学原理》，上海财经大学出版社，1999，第18－20页。

私"和"自利"是两个不同的概念。自私是一种损人利己的行为，是不符合社会道德的。而自利则是一种自爱的行为，个人在追求自身利益的时候，也促进了别人的利益，因而，自利是符合社会道德的。新古典经济学的经济伦理道德观是以福利经济学的面貌出现的。福利经济学本质上是规范经济学，它认为，使福利增加的就是"好的"，使福利减少的就是"坏的"。由于在均衡状况情况下，交换双方得到最大的满足，而均衡状况又是以完全自由竞争为条件，所以，自由竞争符合社会利益，也最具有道德属性。如果利他主义经济学排斥了道德，则肯定是不对的，这是因为个人内在的偏好毕竟会受到道德等的影响。道德与偏好交织在一起，理应被纳入效用函数之中，因此，利他主义经济学也可纳入正式的经济学之中。对利他主义机制的解释，一是生物遗传和文化继承之解释，二是社会行为互动之解释。其中，无不包含有道德、价值因素。[1]

三　经济学的伦理转向的可能路径

从经济思想史的角度看，当前主流经济学的工程学传统（或者科学主义至上）的态度是对古典经济学人文传统的一种反动。科学哲学的文化转向及其提出的"什么都行"的多元方法论，使得我们在经济研究中必须改变极端科学标准的研究方法，重归古典经济学的伦理传统。

在古典政治经济学的创始人，经济学的鼻祖斯密那里，对于人的心理和道德法则的分析是其理论的出发点。斯密的《国富论》的任务是寻找实现国家富足的一般经济规律，而《道德情操论》的任务就是为这种规律提供人性原理。斯密在《道德情操论》中把基于个人利益的利己主义称为"自爱"，这就是国富论开头所说的"自利"。在对利己主义的控制上，《道德情操论》寄重托于同情心和正义感，而在《国富论》中则寄希望于竞争机制。斯密竭力要证明的是：具有利己本性的个人是如何在资本主义生产关系和社会关系中控制自己的感情和行为，尤其是"自私"的感情和行为，从而为建立一个有必要确立行为准则的社会而有规律地活动，在"看不见的手"的引导下促进社会的利益。可见，斯密在《国富论》中所建立的经济理论体系，就是以他在《道德情操论》中所阐述的

---

[1]　参见杨春学《利他主义经济学的追求》，《经济研究》2001 年第 4 期。

人性法则为基础的。对于这种从人性出发的研究方法，斯密的好友、著名哲学家大卫·休谟在《人性论》中指出，学术研究必须"直捣这些科学的首都或心脏，即人性本身"。① 古典经济学的继承者约翰·斯图亚特·穆勒是如此定义政治经济学的：政治经济学研究的是就取决于人性法则而言的财富生产和分配问题。或者说，这门科学相关于财富生产和分配的道德和心理法则。

一个摆脱当前经济学研究中"伦理"贫困化的可能路径是回顾新古典经济学的研究范围——与追求财富的行为相关的"有意义的命题"。在"有意义命题"中存在文化、心智与事实之间的三重纠结，我们无法回避文化的多样性和历史的复杂性对于人性法则的影响。按照1993年诺贝尔经济学奖得主诺斯的观点，不同民族和国家独特的历史塑造了不同的文化，而文化中的外显习俗和内在价值观则通过"心智模型"（联结"事实 - 认知 - 行动"的决策系统）影响对事实的含义的判断，就是说，相同的事实在不同的文化背景下可能表现出完全不同的含义。可以说，由于对基本事实的判断存在系统性的差异，任何极端科学主义的方法论在经济学和其他社会科学中都是不能实现的，不论是在预测还是在描述的意义上。② 正如阿马蒂亚·森所说："每个被研究的国家有不同的社会 - 经济结构，这些社会—经济结构组成不同的社会——经济机器，而不同的社会——经济结构机器又产生不同的因果关系。因此，应该相应地构建不同的因果模型并对这些关系中出现的数量使用不同的概率测算方法。"③

科学命题，有意义命题和古典政治经济学的研究范围三者的关系如图1所示：

有意义的命题是一个最大的命题集合，包括了所有与人的活动相关的命题，而科学标准则认为只有可以进行逻辑实证检验的命题才具有学术研究的合法性。因此，科学命题是一个比有意义命题小得多的命题集合，众多伦理的、精神层面的问题因无法实证而被取消掉。经济学的研究范围必然是和理

① 休谟：《人性论》上，关文运译，商务印书馆，2016，第3页。
② 参见道格拉斯·诺斯《理解经济变迁的过程》，钟正声、邢华等译，人民大学出版社，2007。
③ Sen, Amartya. Sri Lanka's Achievement: how and when [A], in T. N. Srinivasan and P. K. Bardhan (eds.), Rural Poverty in South East Asia [C]. New York: Columbia University Press, 1998.

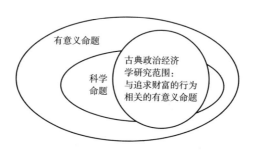

图1 命题的性质与经济学的研究范围

性人的追求财富的行为相关的命题，它们中的一部分因为可以实证而属于科学命题——并因此属于现代主流经济学的研究范围，而另一部分因为无法实证而属于这个集合之外。古典经济学关注伦理维度，其研究范围是所有与追求财富的行为相关的命题，而不是其是否可以实证。这种对研究范围的广泛的界定的理由正如森所说，由于伦理考虑影响了人类经济行为中对于目标的元排序，因此，将更多的伦理思考引入经济学对于增强主流经济学的解释和预测能力是大有裨益的，并能祛除主流经济学在伦理上的贫困。

当前，试图恢复古典经济学伦理传统的未来经济学研究路径已经初现端倪。在由联合国开发计划署（UNDP）牵头，以阿马蒂亚·森的工作为理论基础，由巴基斯坦籍经济学家 Mahbub ul. Haq 领导和组织编制的"人类发展指数"（HDI）中，人类发展被定义为不断扩大人类选择的过程。不同于传统发展理论将经济增长当作目的的理路，人类发展路径把经济增长视为促进人类发展的手段。作为 HDI 的理论基础的人类发展分析路径，其内容是不断修正和扩充的，甚至"人类发展"概念本身也发生了微妙的变化。UNDP指出，扩大选择的基础是提高人们的能力，扩大人们可以做和可以实现的事情的范围。人类发展的基本能力是健康长寿、受教育权、体面的生活，并且能够参与社区生活。这个升级版的定义的显著特点是强调了参与社区生活，即政治自由和集体行动的重要性。①

追随森和 UNDP 的工作，未来经济学的发展在定量领域可以通过不断扩展和深化人类发展路径的研究来实现。我们可以通过心理学、伦理学、文化史等多学科综合研究的方法论路径，加深对人类发展的认识，并通过将治理

---

① UNDP. Human Development Report, 2001. New York: Oxford University Press.

和环境等因素嵌入人类发展指数而增加经济学的伦理性。对定量方法的重视表明伦理经济学并没有完全否定实证科学原则，而是对其进行了批判性的改造，使之从价值层面回归到工具层面，可以为经济学的科学精神与伦理关怀的结合服务。

而在未来伦理经济学发展的定性领域，我们可以追随诺斯等的思路，按照各国历史和现实的特点，强调对非正式规则、正式规则和物质条件之间关系的理解，将人的选择行为植入更加有文化背景和人性因素的理论框架之中。这样可以使得个人不再是新古典经济学中简单的输入－输出间的效用转换器，而是可以成为更加有主动性的"有灵魂"的人。唯有这样，才能解释集体行动、非亲属利他行为、心智变迁等一系列新古典经济学无法解决的问题。

按照这种定性和定量的研究框架，我们不仅是回归，而且是发展了古典政治经济学的伦理精髓。①

原载《自然辩证法研究》2012 年第 1 期

作者单位：东北财经大学马克思主义学院

---

① 参见朱成全、汪毅霖《经济学人文传统的回归与科学哲学的文化转向》，《经济学家》2009
年第 9 期。

社会主义市场经济哲学探赜

夏国军

资源或财富的占有是人类谋求生存的基本需求或必要需求，因此财富创造与分配是人类社会永恒的主题之一，对于作为人类特定社会形态的社会主义社会自然也不例外。问题的关键似乎在于如何创造和分配财富，就社会主义而言尤其如此。自第一个社会主义国家即苏联建国伊始，这个问题便立刻成为社会主义经济建设的核心话题。一直以来，探讨的结果是人们形成一种固见，即社会主义的财富创造与分配只能由中央政府统一计划，换言之，高度计划的经济才是社会主义的特质；与此相对，市场经济就是资本主义的象征。事实上，这是一种极其错误的认知，理应对其正本清源，否则它将遗毒无穷。

一 社会主义市场经济是历史的必然

根据马克思的社会发展逻辑，社会主义是仅次于共产主义的高级社会形态，而它的高级性至少外化为这样一些表征，即生产力发展水平高于既往的任何社会形态，物质财富较既往任何社会形态都充裕，财富或资源配置方式是最先进的，等等。一般而论，人类社会的发展应该是从低级到高级的阶梯式进步；既然如此，那么特殊而论，社会主义社会就应该是资本主义社会充分发展的逻辑后承。然而，这种后承关系应该是扬弃关系，而不是完全否定的关系。在资本主义社会，市场对于资本主义财富或资源的创造与分配发挥了空前的作用，而为了肯定市场的这种巨大作用，人们把资本主义经济冠以市场经济之名。事实上，市场作为资源配置的形式早在商品交换活动发端时就已出现了，但受种种因素的制约它在资本主义社会之前一直没有发挥出太大的作用，或者说主导作用。因此，市场经济在资本主义社会的产生象征着人类经济生活水平的提高和人类社会的进步。显而易见，资本主义制度尤其是经济制度成就了市场作用的充分发挥，而市场作用的充分发挥同时也极大地推动了资本主义的经济发展，两者相辅相成，相得益彰。

或许，正是资本主义经济制度与市场作为资源或财富分配形式之间的相互成就使人产生了一种错觉，即市场经济专属于资本主义社会，是资本主义社会的特权。这样的判断可能太过表象化了，只见表象而未见本质，似乎有把时间上先后的表象间的关系武断为因果关系的嫌疑；因为依据这种错觉，假如社会主义社会首先充分发挥了市场的作用而令市场经济繁荣发展，那么市场经济自然就成为社会主义社会的专利或特权，就是社会主义社会的独有之物了。这简直是一种奇怪荒诞的逻辑。问题的关键在于，市场实质上就是一种中性的资源或财富的分配形式，是任何从事商品经济活动的社会都需要的，而它的作用在资本主义社会得到充分发挥，这是人类历史发展中的必然之偶然。经济生活是人类社会生活的重要内容，甚至是重中之重，而经济生活质量的提高需要市场发挥的作用与日俱增，二者之间具有一种正比关系，这些属于人类历史发展的必然范畴；至于市场何时在何种社会制度下能够发挥巨大作用，以致形成以市场为资源或财富分配主导形式的市场经济模式，这就具有一定的偶然性了。但是，由这里所谓的必然逻辑决定，市场作用的充分发挥一定是在人类高级的社会形态中，即必须是生产力的高度发达，有种类繁多且数量和规模巨大的商品需要交换的社会。社会主义社会显然属于这样的社会形态，所以社会主义社会必然需要市场作为主导的资源或财富的分配形式。一言以蔽之，社会主义经济必然是市场经济，这是人类历史发展的一种必然。这是我们正确认知社会主义经济发展形式所应具备的一种正确的、必要的历史感；而一旦缺失了这种历史感，就必然会犯严重的认知以及实践错误。当年，马克思主义的经典作家穷尽毕生精力所期望告知人类就包括这样一种历史感，比如，马克思和恩格斯指出，资本主义的最高形态即国家垄断资本主义将资本国有化将有助于为社会主义革命提供直接的物质前提，是无产阶级社会主义革命的入口处；① 同样，列宁也说："国家垄断资

---

① 《马克思恩格斯全集》第46卷，人民出版社，2003，第497-499页。

本主义是社会主义的最充分的物质准备，是社会主义的前阶。"① 作为马克思主义的传承者，这种历史感或历史逻辑必须深深地、牢牢地扎根于头脑之中。

二　社会主义市场经济是目的因与形式因的统一体

借用亚里士多德的目的因和形式因这两个范畴，可能更有助于说明社会主义与市场经济之间的关系。② 邓小平曾经指出："社会主义的本质，是解放生产力，发展生产力，消灭剥削，消除两极分化，最终达到共同富裕。"③ 根据邓小平对社会主义本质的界定，社会主义的目的因主要在于经济发展，既然如此，那么根据马克思的社会发展理论，社会主义经济应该是超越于资本主义经济之发展程度之上的更高的经济形态。所谓"更高的"内涵至少应该包括社会主义的社会生产分工比资本主义的更细，社会生产部门门类比资本主义的更多，社会产品的种类和数量比资本主义的更加丰富，等等；这些内涵越丰富，同比资本主义的增高幅度越大，对社会资源与财富分配形式的客观要求就越强。对于这种强度与日俱增的要求的满足，我们难以想象，如果缺失了市场这一资源或财富的分配形式何以可能。换言之，社会主义社会仍然需要市场作为重要的资源或财富配置手段，也只有市场这样的形式因才能成就社会主义经济发展的目的因。确切地讲，我们至此所谈的作为目的因和形式因之统一体的社会主义市场经济实质上仅是应然意义上的。

然而，在实然的意义上，社会主义的经济发展恐怕更无法超脱市场这一资源或财富的分配形式。因为，曾经和现有的社会主义国家并不是遵循马克思预言的共产主义革命规律诞生的："共产主义革命将不是仅仅一个国家的革命，而是将在一切文明国家里，至少在英国、美国、法国、德国同时发生的革命，在这些国家的每一个国家中，共产主义革命发展得较快或较慢，要看这个国家是否有较发达的工业，较多的财富和比较大量的生产力。因此，

---

①　《列宁选集》第 3 卷，人民出版社，2012，第 266 页。

②　参见夏国军《社会主义与市场经济关系的哲学追问》，《学术月刊》2015 年第 2 期；《目的因与形式因的张力：新形势下资本主义、社会主义与市场经济关系辨正》，《海派经济学》2016 年第 4 期。

③　《邓小平文选》第 3 卷，人民出版社，1993，第 373 页。

在德国实现共产主义革命最慢最困难，在英国最快最容易。"① 事实与马克思的预言恰好相反，作为共产主义革命前阶的社会主义革命反而首先在工业生产比德国还要落后的俄国首先取得了胜利，之后建立社会主义政权的国家在工业生产水平上甚至连俄国都不如。社会主义如果想取得对资本主义的全面而彻底的胜利，那么必须补上经济发展这一课，而补课的具体目标包括近期目标和长远目标，其中近期目标是追赶英美等发达资本主义国家的经济实力，长期目标则是超越英美等发达资本主义国家的经济实力。对于这些目的的实现，市场的机制和作用是不可或缺的。

无论如何，毋庸置疑的是，社会主义市场经济是人类社会发展的历史必然。社会主义社会，作为人类社会发展的高级阶段和进步的标志，既然社会财富没有充裕到各取所需的程度，自然需要像既往的社会那样，甚至有过之无不及地从事社会财富创造和以交换的方式分配所创造的财富，从而满足人民群众日益增长的经济生活的需求，提高人民的生活质量，增强人民生活的幸福感。人民性是社会主义国家的根本特性，人民的福祉是社会主义社会经济发展的根本目的，如果没有市场充当资源或财富分配的形式，社会主义经济发展的目的就无法达成。社会主义社会是人类社会发展的高级形态，也理应是人类经济发展的高级形态，而市场是业已充分发展的资本主义经济所充分验证的对于高级社会形态必不可少的有效的资源或财富分配形式，所以社会主义社会必然要选择市场机制，大力发展社会主义市场经济。

作者单位：上海财经大学人文学院

---

① 《马克思恩格斯文集》第 1 卷，人民出版社，2009，第 687 页。

德国古典时期的经济哲学思想研究

张东辉

  经济哲学是对经济现象和经济规律的理性追问，是经济学与哲学的联姻。这样的关联给哲学与经济学的相互推动提供了重要契机，一方面，哲学必须从高冷的思辨回归生活世界，透过经济现象和经济规律来联系社会现实，把握时代精神；另一方面，经济学需要哲学为其奠基，需要借助哲学思维来反思和追问经济的本质，使经济回归正轨，给它重新注入人文的情怀和人性的光辉。同时，经济哲学的兴起也是时代的呼唤。在当前新时代的背景下，在 40 年改革开放的市场经济实践中，我国学术界理应对中华民族举世瞩目的经济实践做出深层的理论反思和规划展望，提出具有鲜明中国特色的经济哲学思想。

  当前经济哲学研究方兴未艾，百业待兴，亟须一部系统的《西方经济哲学思想史》做到有史可鉴，有源可溯，从而确立其作为一门独立学科的始源性与合法性。本课题正是基于编写这样一部思想史的系统考虑而设计的，目前暂仅涉及近代德国部分。

  然而，就现阶段而言，整个经济哲学的研究成果仍显得比较散乱，学科性质不够明晰，缺乏一定的系统性和规范性。回顾人类思想的长河，西方哲学史和经济思想史中蕴含着丰富的经济哲学资源，自亚里士多德以来的很多哲学家和思想家其实都对经济现象做了有益的理性反思和哲学思考。然而，现代的经济研究大多遗忘了经济学的本质和始基，普遍缺乏经济哲学的意识，沉浸在经济现象的量化分析和模型建构中不能自拔，忽略了经济和经济学的人性之基与人学之本。以德国古典哲学为例，康德、费希特和黑格尔在中、英、美各国的经济思想史中居然鲜有提及，甚为遗憾。难能可贵的是，英国经济史学家博纳（James Bonar）在其《哲学与政治经济学》中系统梳理了西方哲学家、包括德国古典哲学家的经济思想，熊彼特在《经济分析史》中也认识到了德国古典哲学家的重要性，此外，英国学者罗尔的《经济思想史》在论述德国浪漫派经济学家亚当·缪勒时，谈到费希特的经济哲学。但总体而言，整个德国古典时期的经济哲学思想在经济思想史中仍是缺位的。在这样的现状下，德国古典哲学研究的学术价值和优势就凸显出来，笔者尝试从以下三个方面做出努力。

（1）力图推进当前学界在德国古典哲学的经济思想领域的研究。德国古典哲学在哲学、政治、法权、宗教、审美、历史等各个领域都成就斐然，彪炳史册，但唯独经济领域至今仍缺乏关注与研究，甚为遗憾。笔者试图表明，康德、费希特和黑格尔的经济思想是与他们的哲学体系紧密关联的，体现了丰富的经济哲学思想，具有重要价值。

（2）进一步促进马克思经济哲学的研究。学界通常将马克思经济哲学的起源直接追溯到英国古典政治经济学，至多涉及黑格尔市民社会理论对马克思的影响，往往忽视了德国古典哲学家的经济思想可能对马克思产生的影响。笔者试图论证，康德、费希特和黑格尔的经济哲学思想对马克思的政治经济学批判和科学社会主义产生过积极影响。

（3）通过揭示德国古典哲学家对经济学和经济现象的关注与论述，表明德国古典哲学尽管以思辨著称，但从未远离生活世界和经济社会，具有宝贵的实践品格。康德、费希特和黑格尔的经济哲学不仅广泛受益于斯图亚特、斯密、李嘉图和密尔，而且对后来的经济学家例如李斯特、西斯蒙第等人产生了重要影响。笔者力图表明，他们的经济哲学思想将经济规律上升到对人本身和未来社会的哲学思考，充分体现了经济哲学将哲学与经济学融贯起来的特色，这也给马克思经济哲学的诞生奠定了重要基础。

康德、费希特和黑格尔的经济哲学表现在他们对经济现象所做的哲学思考，通过对财产、贸易、市民社会和国家职能等现象的剖析，表达了他们对人和人类社会的深切关怀，体现了他们对世界和平、民生幸福和现代国家的关注与期许。质言之，他们的经济哲学思想最终涉及的乃是经济的终极目的，即人的自由的普遍实现，这也是他们哲学体系的最高原则。

（1）康德的经济哲学试图为新兴资产阶级在经济和政治上的合法性提供哲学论证，他从实践理性的角度维护私有制的正当性，并在经济活动和商业贸易中看到经济所带来的启蒙效用和文明化进程。康德极力表明经济的现代性对人类文明具有的积极推动作用。他还乐观地主张，经济贸易以"人是目的"原则为基础将有助于国际的永久和平。

（2）费希特知识学从形而上学的角度看是对康德先验哲学的直接继承与发展，但两人在经济哲学上却建构出迥然不同的范式：康德可以说是现代性的倡导者，费希特在很大程度上则更像是现代性的批判者。如果说法国的卢梭吹响了反现代性的第一声号角，那么，费希特经济哲学的现代性批判就是卢梭的号角在半个世纪后的德国产生的回响。总体上看，费希特对自由市场和经济贸易持保守和批判态度，主张闭关锁国，互不往来；他的国内经济政策倾向于民主社会主义，心系劳苦大众，提倡普惠民众，关注民生幸福，注重共同体的普遍利益。他旗帜鲜明地提出经济与德行的悖谬，对经济理性和经济的现代性具有高度的警惕，并做了高瞻远瞩的批判，意义重大。但他偏激地将人的道德品行与经济活动彻底对立起来，认为经商导致德行堕落，世风败坏，这与康德的经济乐观主义可以说大异其趣。

（3）黑格尔经济哲学的主要旨趣在于克服现代个体主义的危机，试图从现代社会的经济制度中寻求一种整体性的社会精神，力图重建一种浪漫化、理想化的古希腊伦理共同体。他论证了财产对自由意志和人格的塑造所起的关键作用，深刻描述和揭示了市民社会的本质和内在矛盾，对资本主义体系的经济现代性进行了前所未有的深入剖析。黑格尔在斯图亚特和斯密的影响下，从经济现象的经验认识层面超脱出来，把社会分工和交换体系同人类意识的发展史结合起来，强调经济生活包含着丰富的社会关系和社会共识，并塑造着一个潜在的精神共同体。因此，正是通过对经济现象的考察，我们能够确切把握人类的精神实质和人类的社会性存在方式。与此同时，黑格尔也深刻地洞察到，现代经济体系只是社会共同体中的一个关涉需要的体系，过于强调个体利益的保全，因此是无法孤立自足的。他指出，现代国家作为一种伦理共同体，必须将全部经济生活纳入自身的监管和支配之下，以实现个人意志与普遍意志的和谐统一，最终实现人类的自由。

总之，康德、费希特和黑格尔的经济哲学从经济现象出发上升到了对经济本质的追问，上升到了对人和人类社会的形而上学思考，表达了他们对自由的探索与追求。——这正是经济哲学不同于经济学，并必定为经济学奠基的关键所在。他们的经济哲学思想对马克思产生了重要影响，集中体现在劳动理论、国家学说、资本主义批判和科学社会主义四个方面。本课题的论证正好印证了恩格斯的结论：德国社会主义者以继承康德、费希特和黑格尔而感到骄傲；没有德国古典哲学，科学社会主义就永远不会创立起来。

作者单位：上海财经大学人文学院

恩格斯关于"价值规律和利润率"的重要增补及其对当代中国的意义[*]

陆晓禾

《资本论》第三卷出版后，恩格斯发表了两篇作为《资本论》第三卷增补的文章，一篇是"价值规律和利润率"，另一篇是"交易所"。恩格斯首先做了说明，第三卷出版后引起许多不同的解释和争论，这并没有出乎他的意料，这样的争论，对于一部包含许多新东西，却只有一个匆忙写成、有的地方还留有缺口的初稿来说，是很自然的。恩格斯解释说，他的编辑宗旨是，提供一个尽可能真实的文本，用马克思自己的话来表述马克思新得出的各种成果，而为了排除理解上的困难，在第三卷出版后，对一些重要的、其意义在原文中没有充分强调的观点作个别较为重要的补充，插进来说几句是会有用处的。恩格斯认为，事实上已经有两点需要做简短说明的，就是"价值规律和利润率"以及"交易所"这两点。由恩格斯的说明，我们可以了解，恩格斯要插进来说的这两点，对于马克思、对于《资本论》第三卷，是重要的和不应忽略的。有关交易所问题，将另文研究。本文将着重讨论"价值规律和利润率"，并从伦理方面对其当代意义做些探讨。

一 问题的提出：关于价值规律和利润率的三种观点

对于价值规律与一般利润率之间的矛盾，还在《资本论》第二卷出版

---

* 本次收入略有修订，原文刊于《毛泽东邓小平理论研究》2017 年第 7 期，第 31 – 37 页。——作者

后就引起了争论。恩格斯在《资本论》第三卷序言中，谈到了这一情况，并且认为，对这个矛盾，"也只有马克思学派才取得了一些成就"①。在《资本论》第三卷中，马克思自己阐述了他的研究结果。他在分析不变资本与可变资本之和转化为成本价格、利润转化为平均利润、价值转化为生产价格的基础上，论证了全部平均利润的总和等于全部工人所创造的剩余价值总额，生产价格即生产成本加平均利润的变动，最终还是取决于生产商品的社会必要劳动时间的变化，因此他认为，生产价格与价值的背离只是价值规律实现形式的改变，而"所有这些现象，似乎都和价值由劳动时间决定相矛盾，也和剩余价值由无酬的剩余劳动形成的性质相矛盾"，原因是，"在竞争中一切都颠倒地表现出来"②。但是，马克思这一"平淡无奇"的解释，令"曾经期待出现真正的奇迹"的一些人感到失望，由此引发了又一轮的质疑和争论。恩格斯敏锐地注意到，争论所反映的问题，确实存在着进一步解释和补充的必要。

　　引起恩格斯注意的是三种观点。第一种观点认为，马克思的这种解决简直是故弄玄虚。持这种愤怒观点的是意大利社会学家和经济学家洛里亚·阿基尔，他认为："任何一个稍有点理智的经济学家都不会，而且将来也不会去研究这样一种价值，商品既不按照它来出售，也不能按照它来出售"；"马克思说，虽然个别价格会偏离个别价值，但全部商品的总价格始终和它们的总价值一致，或者说始终和商品总量中包含的劳动量一致，这样说也无济于事"③。既然马克思之前说了商品是按照由劳动决定的价值来交换，现在又断言商品是按照完全另外一种比例进行交换，由此来看，马克思的理论是"十足的谬论"，"重大的理论上的破产"，"庄重的科学上的自杀行为"④。恩格斯认为，先不说洛里亚否定价值规律的观点如何武断，即便看洛里亚自己的理论，就很荒谬。洛里亚认为，商品交换的比例就是价值，价值和价格是同一的，价格是由需求和供给决定的。那么，如果把两个商品放到没有供求关系的第三者手里，商品的价值是否就化为乌有了？也就是说，洛里亚否定了商品的价值是由商品中包含的劳动量决定的这一马克思的观点，用商品交换的比例来取代商品的价值，显然是说不通的。

---

① 恩格斯：《序言》，《资本论》第3卷，人民出版社，2004，第26页。
② 《资本论》第3卷，人民出版社，2004，第231页。
③ 《资本论》第3卷，人民出版社，2004，第1006页。
④ 《资本论》第3卷，人民出版社，2004，第1007页。

　　第二种观点是同时代的德国经济学家韦尔纳·桑巴特提出的。他认为：
"在马克思那里，价值概念按其物质规定性来说，不外是劳动的社会生产力
构成经济存在的基础这样一个事实的经济表现；价值规律最终支配着资本主
义经济制度下的经济过程，并且对这种经济制度来说普遍具有这样的内容：
商品价值是最终支配着一切经济过程的劳动生产力借以发挥决定性作用的一
种特有的历史形式。"① 恩格斯肯定了桑巴特"对于马克思体系的轮廓，总
的说来作了出色的描述"，同时指出，桑巴特"这样理解价值规律对资本主
义生产形式的意义，不能说不正确。但是，在我看来，这样理解未免太空泛
了，还可以提出一个比较严密、比较确切的说法；我认为，这样理解并没有
包括价值规律对于那些受这个规律支配的社会经济发展阶段的全部意义"②。

　　第三种观点是德国经济学家和哲学家康拉德·施密特在关于《资本论》
第三卷的文章中提出的。恩格斯认为，这篇精辟的文章论证了，马克思怎样
从剩余价值中引出平均利润，从而第一次回答了到现在为止的经济学从来没
有提出过的问题：这个平均利润率的水平是怎样决定的。自从我们知道，首
先由产业资本家占有的剩余价值是产业利润和地租的唯一源泉以来，这个问
题也自然而然地解决了。③ 但同时指出，施密特把价值规律叫作"为说明实
际交换过程而提出的一种科学假说"，直接宣称"资本主义生产形式内的价
值规律是一种虚构"，"这种理解是完全不正确的。价值规律对于资本主义
生产来说远比单纯的假说，——更不用说比虚构，即使是必要的虚构，——
具有更重大得多、更确定得多的意义"④。

　　恩格斯总的评论是，无论桑巴特还是施密特，更不用说洛里亚了，"都
没有充分注意到：这里所涉及的，不仅是纯粹的逻辑过程，而且是历史过程
和对这个过程加以说明的思想反映，是对这个过程的内部联系的逻辑研
究。"⑤ 换言之，价值规律和利润率的关系，既不是像桑巴特理解的那样空
泛，也并非如施密特宣称的是科学假说或虚构，更不是洛里亚断定的十足的
谬论，而是需要采取历史的和逻辑的方法来"比较严密和比较确切"地阐
述的经济现象，以便能够充分理解"价值规律对于那些受这个规律支配的

　　① 《资本论》第 3 卷，人民出版社，2004，第 1012 页。
　　② 《资本论》第 3 卷，人民出版社，2004，第 1012 页。
　　③ 《资本论》第 3 卷，人民出版社，2004，第 1012 - 1013 页。
　　④ 《资本论》第 3 卷，人民出版社，2004，第 1013 页。
　　⑤ 《资本论》第 3 卷，人民出版社，2004，第 1013 页。

社会经济发展阶段的全部意义"。① 正是恩格斯所强调的这个"全部意义",笔者认为是我们今天特别应该注意的。

二 价值规律、利润率和生产价格规律

那么,究竟应当如何看待价值规律理解上发生的这些问题呢?恩格斯指出,具有决定意义的是马克思《资本论》第三卷中的一段话:"全部困难是由这样一个事实产生的:商品不只是当作商品来交换,而是当作资本的产品来交换。这些资本要求从剩余价值的总量中,分到和它们各自的量成比例的一份,或者在它们的量相等时,要求分到相等的一份。"② 也就是说,马克思已经预见到价值规律在理解上会发生困难,原因就在于现在交换的已经是资本的产品这一事实,从而要求等量资本获得等量利润。那么,当作商品来交换与当作资本的产品来交换的区别在哪里呢?恩格斯举例说,假定有两个工人,都占有自己的生产资料,他们的平均劳动时间和劳动强度相同,并且直接交换彼此的商品,两人在一天内附加到他们产品上的新价值一样多,但是,每个人的产品会由于以前体现在生产资料中的劳动不等而具有不同价值。如果我们把已经体现在生产资料中的价值部分代表资本主义经济的不变资本,新追加价值中用于工人生活资料的部分代表可变资本,新价值中余下的部分代表剩余价值,并且这部分价值在工人都占有生产资料的情况下属于工人,那么,这两个工人在扣除只是由他们预付的"不变"价值部分的补偿后,会得到相等的价值,但代表剩余价值的部分同生产资料价值的比率——它相当于资本主义的利润率——对两人来说却是不同的。换言之,按商品价值即劳动时间的交换,实际上忽略了剩余价值部分同生产资料价值的比率。因此,马克思认为:"商品按照它们的价值或接近于它们的价值进行的交换,比那种按照它们的生产价格进行的交换,所要求的发展阶段要低得多。按照它们的生产价格进行的交换,则需要资本主义的发展达到一定的高度。"③ "因此,撇开价格和价格变动受价值规律支配不说,把商品价值看作不仅在理论上,而且在历史上先于生产价格,是完全恰当的。这适用于生产

---

① 《资本论》第3卷,人民出版社,2004,第1012页。
② 《资本论》第3卷,人民出版社,2004,第1014页。
③ 《资本论》第3卷,人民出版社,2004,第197页。

资料归劳动者所有的那种状态；这种状态，无论在古代世界还是近代世界，都可以在自耕农和手工业者那里看到。这也符合我们以前所说的见解，即产品发展成为商品，是由不同共同体之间的交换，而不是由同一公社各个成员之间的交换引起的。"①

恩格斯认为，马克思如果来得及把第三卷再整理一遍的话，应该会把这段话大大加以发挥，而现在这段话只是他关于这个问题的阐述内容的一个大致轮廓。因此，为了回应上述争论及有关错误理解，正确理解价值规律的全部意义，恩格斯认为有必要完成马克思来不及做的工作。他从五个方面对此进行了阐述。

首先是价值规律普遍适用的经济阶段。恩格斯阐述说，在社会初期，产品是由生产者自己消费的，公社成员用多余的产品跟外人交换，从而引起了此后产品到商品的转化。问题是，无论是在交换促进共同体解体之前还是之后，进行交换的劳动者，无论是农民还是手工业者，都只有按花费在产品上的劳动时间，才能彼此交换产品，因为花在这些产品上的劳动时间，不仅对于互相交换的产品量的数量规定是唯一合适的尺度，而且也根本不可能有其他尺度。农民和手工业者准确地知道从而不会愚蠢到用 10 小时劳动的产品来与另一个人一小时劳动的产品相交换。因此，在自然经济的整个时期内，只可能有一种交换，即互相交换的商品量趋向于愈益按它们所体现的劳动量来计量。从价值由劳动时间决定这一点出发，如马克思在《资本论》第一卷中所叙述的，全部商品生产，以及价值规律的各个方面借以发生作用的多种多样的关系就发展起来了。其中最重要和最关键的进步，是向金属货币的过渡。这种过渡造成了价值由劳动时间决定这一事实，从此在商品交换的表面上再也看不出来了。从实践的观点看，货币已经成了决定性的价值尺度，而且由于进入交易的商品种类愈益繁多，来自遥远地方的商品所必需的劳动时间愈益难以掌握，用劳动时间作为价值尺度的意识随着货币计算的习惯也愈益模糊，货币在人民大众的观念中也开始代表绝对价值了。这样，恩格斯总结说："只要经济规律发生作用，马克思的价值规律对于整个简单商品生产时期来说便是普遍适用的，也就是说，直到简单商品生产由于资本主义生产形式的出现而发生变形之前是普遍适用的。"② 具体时期就是，"从开始出

① 《资本论》第 3 卷，人民出版社，2004，第 198 页。
② 《资本论》第 3 卷，人民出版社，2004，第 1018 页。

现使产品转化为商品的那种交换时起，直到公元 15 世纪止这个时期内"，马克思的价值规律"在经济上是普遍适用的"①。

其次是平均利润率的产生。恩格斯阐述说，简单商品生产向资本主义商品生产转化中，商人的作用，是革命的要素，是世界发生变革的起点。有意思的是，他指出，"中世纪的商人决不是个人主义者；他象他的所有同时代人一样，本质上是共同体的成员"②。可见，现在说商品经济就是个人主义未必有道理，商业、商人，一开始本质上是从属于共同体、公社、民族的。在农村，占统治地位的是从原始共产主义中生长出来的马尔克公社。按公社原则，每个农民都有同样大小的份地，也相应地享有同样大小的权利，份地及其权利由于继承遗产等原因而发生了再分割。以后的一切同业公会都是按照马尔克公社的样子建立起来的，首先是城市行会，它的规章制度不过是马尔克的规章制度在享有特权的手工业中而不是在一个有限土地面积上的应用。③ 这些行会组织的中心点就是，每个成员都同等地分享那些对全体来说都有保证的特权和利益。因此，建立商业公会包括更狭隘的具有垄断性质的公会和公司，是为了对付竞争者和顾客，保障整个组织的权益。恩格斯认为，只是在这里，才第一次遇到了利润和利润率，而且是商人有意识地和自觉地力图使这个利润率对于所有参加者都是均等的，就像马尔克公社的权利要按照含权份地所占比例来分配一样。"因此，相等的利润率，在其充分发展的情况下本来是资本主义生产的最后结果之一，而这里在其最简单的形式上却表明是资本的历史出发点之一，甚至是马尔克公社直接生出的幼枝。"④这里，我们看到，恩格斯不仅说明了价值规律适用的经济阶段，而且揭示了平均利润率的共同体来源。

第三是从基于平等权益到通过竞争的平均利润化。恩格斯认为，原始的利润率必然是很高的，因为一方面垄断贸易能够获得高额垄断利润，另一方面经商所冒的风险也非常大，海盗、外国关卡、周转迟滞等，所以利润中必须包含很高的保险金。这种高利息率和高利润率最初只在本商会内有效，接着是不同团体利润率的平均化，先是同一民族在不同市场上的利润率平均

---

① 《资本论》第 3 卷，人民出版社，2004，第 1019 页。
② 《资本论》第 3 卷，人民出版社，2004，第 1019 页。
③ 这是作为旧的上层建筑的公社原则的作用，同样，共同体主义也是。同时也可以理解，西方社会的平等、权利观念，最初根源于公社，有其悠久的历史起源和演变过程。——作者
④ 《资本论》第 3 卷，人民出版社，2004，第 1021 页。

化，然后是同一市场输出同种商品或类似商品的各民族之间逐渐发生的利润率平均化，但这种过程是通过相反的道路，即竞争而非马尔克方式达到的。最后，当这些商会的背后是一些较大的国家并获得它们的保护和庇护时，商会的费用直接成为多余的负担了，商会贸易愈益让位于单个商人的贸易，从而利润率平均化也愈益通过竞争的方式进行。

第四是资本主义剩余价值意义上的利润平均化。恩格斯认为，产业资本是在商业资本和高利贷资本以后才发展起来的。当生产还主要掌握在自有生产资料的劳动者手里时，他们的劳动并不为任何资本提供剩余价值，商业资本只能从本国产品的外国购买者或外国产品的本国购买者那里赚取利润。可以看出，最初的商业资本和生息资本是从消费者从流通领域获取回报的，而非如后来那样，分享产业资本的剩余价值。只是到后来，由于外国竞争和销路困难，才迫使制造出口商品的手工业者把商品低于价值卖给出口商人。也就是，当时在国内单个生产者之间的零售贸易而非国际贸易中，商品还是按价值交换的。"在价格的形成上逐渐引起这种变革的工具是产业资本。"① 产业资本萌芽于中世纪，领域上始于航运业、采矿业和纺织业：在航运业中，没有水手即雇佣工人是不行的；同样的，在合伙劳动者构成的矿业组合中，也几乎全部变成了靠雇佣工人进行开采作业的股份公司；纺织业中的商人则开始成为包买商，让小织造工人直接为自己服务，供给他们纱，付给他们固定工资，让他们把纱织成织物。这里，可以看到资本主义雇佣劳动从而剩余价值形成的开端。恩格斯指出，在商业资本、高利贷资本平均利润率已经存在的情况下，推动商人去承担包买商业务的唯一原因是，在出售价格与别人相等的情况下可望获得更大利润。当包买商雇佣小织造主为自己服务时，他就打破了生产者只能出售自己制成的产品而不能出售别的东西这样一种传统生产限制，商人资本家购买了暂时还占有生产工具但已经不再有原料的劳动力，这样，他就保障了织工经常有活干，却也因此能够压低织工的工资，使他们完成的劳动时间的一部分得不到报酬，包买商成了超过他原来商业利润以上的剩余价值的占有者。为了加快销售和周转，他会把他的剩余价值小部分给买者，即卖得便宜些，然后他的竞争者也会变成包买商，这时他的额外利润变成普通利润了，平均利润率再次形成。到工场手工业时，自己充当出口商人的工场手工业者有可能比他的落后竞争者（包买商 + 小织造主）卖

---

① 《资本论》第3卷，人民出版社，2004，第1024页。

得更便宜些，同一过程再次发生。大工业更是如此，不断更新的生产革命使商品的生产费用愈益降低，无情地排挤了以往的一切生产方式，使自给自足的小生产和自然经济陷于绝境，使不同商业部门、工业部门的平均利润率转变为一般利润率。这样，对整个交换来说，价值转化为生产价格的过程就大致完成了。换言之，不按商品价值而是按生产价格出售，就是这样通过利润平均化的过程达到的。而"这种转化是在当事人的意识或意图之外，依照客观规律进行的"①。

最后是价值转化为生产价格后的超额剩余价值问题。竞争是否会使得超过一般利润率的利润降为一般水平，从而会从最初产业占有者手里把超过平均水平的剩余价值重新夺走？恩格斯认为，这在理论上完全没有困难，而在实践上却很困难，因为占有超额剩余价值的生产部门，可变资本较多、不变资本较少，因而资本构成较低，例如农业，从属于资本主义经营恰是最晚和最不充分的，因为工业占支配地位的整个交换的利润已经平均化了。相反，把生产价格提高到商品价值以上，这是资本构成较高部门的产品中所包含不足的剩余价值提高到平均利润率水平所必需的，在理论上困难而实践上最容易和最先办到的，因为它是同前资本主义方式生产的因而比较贵的同类商品竞争，所以即便放弃一部分剩余价值，也仍然能够获得当地通行的利润率。值得注意的是，"这种利润率本来和剩余价值没有直接关系，因为在按照资本主义方式生产之前，也就是在产业利润率成为可能之前，这种利润率早已从商业资本中产生了"②。换言之，这种利润率与产业资本中产业工人新创造的剩余价值没有直接关系，它是以前商业资本利润平均化产生的，来自用传统生产方式获得的平均利润。

综上所述，恩格斯在价值规律和利润率问题上，主要发挥和明确了两个重要观点：一是马克思所表述的价值规律对于整个简单商品生产时期来说是普遍适用的，适用于生产资料归劳动者所有的那种经济形态；二是商品不按价值而是按生产价格交换，是通过利润平均化过程达到的。恩格斯通过历史与逻辑的研究，论证了历史上有过两种利润平均化，前一种是始于原始共产主义马尔克公社原则的商业资本的利润平均化，后一种是从产业资本开始的资本主义意义上的利润平均化，但是以商业资本中产生的利润率为基础，由

---

① 《资本论》第3卷，人民出版社，2004，第1027页。
② 《资本论》第3卷，人民出版社，2004，第1027页。

于利润平均化的作用，支配商品生产的规律也发生了变化，从价值规律转化为生产价格规律。因此，资本主义商品生产与简单商品生产不同，是受作为价值规律转化形式的生产价格规律支配的。这样来看，我们今天简单地说，按价值规律办事，从恩格斯的观点来看，是空泛的和不确切的。不仅马克思的《资本论》，而且恩格斯对《资本论》的这一重要增补给予我们的启示是，价值规律、生产价格是具体的历史的，而并非脱离经济发展阶段的抽象范畴或规律。

三　生产价格规律及其对当代中国的意义

生产价格规律是资本主义发展到一定高度的经济规律，它是由"商品不只是当作商品来交换，而是当作资本的产品来交换"[①] 这一事实产生的，因为现代资本要求按照平均利润率而非商品价值来获取回报。马克思揭示的资本主义生产方式的两大发展趋势，即劳动生产率提高和平均利润率下降，都受这一生产价格规律的支配。为了获取低于生产价格、超出平均利润之上的超额剩余利润，资本被驱使着不断提高劳动生产率，降低生产成本，提高资本有机构成，而这又造成可变资本的不断缩小因而剩余价值率或利润率的不断下降。生产价格规律对我们今天理解和处理各种经济问题都具有重要意义。中国特色社会主义市场经济，显然不是简单商品生产，中国市场经济已经卷入资本主义经济全球化。如果我们承认生产价格规律的重要意义，承认恩格斯所强调的"全部意义"，那么如何恰当地理解和能动地应用于今天的经济实践，特别是从伦理方面来认识和处理相关经济实践中的问题，显然具有重要意义。笔者这里试从经济伦理方面提出一些问题和看法，以期引起进一步的讨论。

第一，利润平均化以及平均利润的产生，是生产价格形成和生产价格规律存在的关键。换言之，如果利润平均化不能实现，平均利润不能真正形成，那么生产价格及其规律也难以完全成立。但是，利润为什么要平均化？在恩格斯看来，作为西方资本主义历史出发点之一的利润平均化，依据的是马尔克公社的平等权益原则，即同样的所有权（份地）享有同等的权利，用到商业资本和生息资本上就是，等量资本应该获得等量利润或利息回报，

---

① 《资本论》第3卷，人民出版社，2004，第196页。

因为每一资本本质上没有区别。除了平等权益外，利润平均化还取决于一个重要条件，即自由竞争。资本需要自由流动，从利润率低的部门往利润率高的部门流动，从而客观上造成了利润率的平均化，形成生产价格。而且，为了获取低于生产价格、超出平均利润之上的超额剩余利润，资本必须提高劳动生产率，降低生产成本，提高资本有机构成和加快资本周转时间。利润率的高低，以及能否获取超额剩余利润，取决于资本有机构成的差别和资本周转时间的不同。对于个别资本来说，资本主义的平均化利润，如恩格斯所说："仍然是一张普洛克拉斯提斯的床，以它为标准，超额的产业剩余价值都会被毫不留情地砍掉。"① 因此，不仅生产价格的形成，而且生产价格规律下的生产，都涉及自由、平等和效率原则。平均利润、利润平均化需要资本自由流动、充分竞争，使资本和各要素市场能够起到有效配置资源的作用。而垄断和各种壁垒的存在，决定了利润平均化的不完全性。当然，现实经济中，由于市场结构和政府作用的不同，利润平均化的程度会有很大不同，生产价格规律的作用和范围也会有很大差异。因此对任何一个市场经济来说，都有一个利润是否应该平均化、哪些领域应该平均化以及多大程度平均化的问题。我国改革开放以来，发生过民营企业与国有企业是否应当享有同等国民待遇、外资企业是否应该享有超国民待遇等争议，特别是目前仍然存在着绑架中国经济的房地产一枝独大的问题，造成土地供给量、土地价格和社会资源严重失衡，不仅土地的垄断性和拍卖制度推高了地价进而也推高了房价，而且主要银行提供给地产的贷款高达这些银行全部贷款的百分之七八十②，而实体经济，尤其是中小企业的资源配置包括获得银行的融资贷款，却严重不足。不充分的竞争，对土地财政的过度依赖，制度性歧视的行政和行业壁垒等，都影响了利润平均化需要的自由、平等和效率条件，说明了在实现利润平均化从而遵循生产价格规律方面，还有很多问题需要解决。

第二，鼓励创新，把握机遇，赢取与剩余价值没有直接关系的传统生产方式的利润空间。如上所述，把生产价格提高到商品价值以上，是把资本构成较高部门产品中包含不足的剩余价值提高到平均利润率水平所必需的。这

---

① 《资本论》第3卷，人民出版社，2004，第1026页。
② 转引自黄奇帆《房地产与实体十大失衡及其五项应对举措》，2017年5月28日，搜狐网，https://www.sohu.com/a/144197763_481741。

是同前资本主义方式生产的因而比较贵的同类商品竞争。有必要分析两种情况。一种是《共产党宣言》中所陈述的：资产阶级"商品的低廉价格，是它用来摧毁一切万里长城、征服野蛮人最顽强的仇外心理的重炮"。① 这个低廉的价格，就是用高于英国商品价值的生产价格而按低于当地通行的利润率出售的价格，英国资本家获取的这部分超额剩余价值，并不是英国雇佣工人直接创造的，而是其落后的竞争对手用传统生产方式创造并被转移给英国资本的剩余价值。另一种是发生在德国的情况。恩格斯在讨论住宅问题时谈到过：德国的个体生产和手工生产方式及其所有制形式已经并正在被机器大工业生产所取代，这对于在世界市场上出现较晚的德国来说，意味着全家人从自己的小园圃和小块田地上辛苦得来的东西，由于竞争而被资本家从劳动力价格中扣除了，也因为他们把全部剩余价值送给买主，使得大部分德国出口商品价格低廉得令人吃惊。② 中国的改革开放，与19世纪列强坚船利炮入侵时不同，是我们主动参与全球化。认识生产价格规律，可以通过竞争和创新，提高我国企业的资本有机构成，赢取生产价格带来的超额剩余价值。这里特别要注重的是产业资本而非代工资本。改革开放后，中国参与的这次经济全球化，出现了不同以往的生产价格规律的复杂情况。例如，代工生产或贴牌生产，其特点：一是性质类似于马克思提到的英国当年的"血汗制度"，即由一些中间人接受订单交给工人去做，中间人赚取资本家支付的劳动价格与中间人实际付给工人的那部分劳动价格之间的差额；二是这类企业自身在争夺国际订单中处于脆弱地位，有的利润率甚至不到2%，始终处于国际产业链的低端，随时有可能竞争失败而归入发达国家的贴牌生产后备大军中；三是高端发达国家的发包企业两头占有超额利润，既压榨国内生产价格中包括劳动的生产成本和属于国内资本的平均利润，同时赚取本国生产价格的超额利润。这些高端企业占有百分之九十以上高额利润，拥有能够改进技术的利润，却没有改进技术的责任；而代工企业有改进技术的压力却没有能够改进技术的利润回报。如何在全球化市场经济的条件下，充分利用生产价格规律的重要作用，正视和处理好经济全球化中出现这些经济伦理问题，是我国企业面临的严峻挑战。

---

① 马克思、恩格斯：《共产党宣言》，《马克思恩格斯文集》第2卷，人民出版社，2009，第35页。
② 恩格斯：《论住宅问题》，《马克思恩格斯文集》第3卷，人民出版社，2009，第246页。

　　第三，利润平均化与劳动者的权益问题。利润平均化和生产价格规律，要求的是，等量资本在剩余价值的总量中分到相等的一份，表达的是资本的要求，而不是劳动的要求。但是，资本的要求，平均利润和生产价格规律的实现，离不开劳动，无论是直接的还是间接的。把生产价格提高到商品价值之上获得的超额剩余价值，也是用落后生产方式的劳动创造的，或者说资本有机构成低和可变资本多的劳动创造的，并且也只有通过新生产方式的直接劳动创造的商品出售才能获得。特别是，由于资本主义生产方式的根本矛盾，资本有机构成的提高，资本周转时间的加快，同时意味着可变资本的减少和相对过剩工人人口的扩大，因而意味着劳动的相对过剩和贫困化的增长。由于劳动力不能如资本那样有更多的自由跨国流动，也进一步影响国内劳动与资本的博弈地位。我国改革开放后，于2003年颁布了《最低工资规定》，要求所有用人单位对所有在法定工作时间或劳动合同约定的工作时间内提供了正常劳动的劳动者，都要依法支付最低劳动报酬。此后每年都根据各地就业者及其赡养人口的最低生活费用、城镇居民消费价格指数、职工个人缴纳的社会保险费和住房公积金、职工平均工资、经济发展水平、就业状况等因素调整最低工资标准。尽管最低工资标准遭到许多人的诟病，但笔者认为，这一标准的制定不仅维护了劳动者取得劳动报酬的合法权益，保障了劳动者个人及其家庭成员的基本生活，而且表达了被生产价格规律掩盖的劳动的要求，要求资本在追求它们的平均利润的同时，至少要提供给它们的劳动者维持其最基本生存需要的最低工资。当然，对于实行社会主义市场经济的中国来说，仅仅采取最低工资标准还是不够的。如果资本有机构成的提高和资本周转时间的加快，同时意味着可变资本的减少和相对过剩工人人口的扩大，因而意味着劳动的相对过剩和贫困化的增长，那么中国特色的社会主义市场经济，尤其是在以国有企业和公众公司为主体的现代管理经济的条件下，能否使劳动与资本成正比的提高，是我们面临的历史使命。

　　在《剩余价值学说史》中，马克思批评李嘉图"没有说明，怎样竞争会使价值转化为生产价格，从而，引起一种永久与价值背离的现象"[1]，指出，李嘉图"与其假定这个一般利润率，宁可说必须要研究这个一般利润率的存在，在什么程度以内，与价值由劳动时间决定的法则相符合；并且，

---

① 马克思：《剩余价值学说史》第2卷，上海三联书店，2009，第47页。

他也许会发现，这个一般利润率的存在，不但不和它符合，且还在外表上和它是矛盾的，其存在必须由许多中项去展开。这种展开，和单纯把它包摄在价值法则之下，是极不相同的"①。笔者认为，恩格斯关于"价值规律和利润率"的增补，就是用历史和逻辑的方法完成的这种"说明"和"展开"，是值得我们当下仍然重视的对"马克思学派"的重要贡献。

原载《毛泽东邓小平理论研究》2017 年第 7 期
作者单位：上海社会科学院哲学研究所

---

① 马克思：《剩余价值学说史》第 2 卷，上海三联书店，2009，第 14 页。

"经济时代"与经济正义

毛勒堂

由于资本逻辑在现代世界的生成以及其在全球不遗余力地演绎和深入拓展而导致的经济全球化，因"经济原则"对生活世界的不断强制和无度吞噬而导致的社会经济化，使得现时代的人被挟制于"经济帝国"及其意识形态之中，从而"经济原则"被提升为生命的至上逻辑，经济世界观也因此成了人们热衷拥抱的行动指南。正是在如此这般的存在情势中，有关经济正义的话语或作为无批判的意识形态之遮蔽，或作为不甘堕落的思想之努力，成为今日学界的热点话题之一。然而，经济正义何以在现代世界凸显？经济正义的本质为何？经济正义在当今的价值何在？对这些问题的检讨，不仅有助于揭示上述问题，而且在根本上有助于检审现代人自身的经济方式和存在方式并由此谋划超越之路。本文企图从经济哲学的视阈对以上问题进行初步探讨和应答。

一 "经济时代"及其殖民后果：现代经济正义话语凸显的存在境遇

就一般而言，关于经济正义问题的思考和有关经济正义的话语早已有之。远在古希腊几百年前的古希伯来，就已经出现了关于经济正义的思想萌芽，那时人们就把对原始土地均分后设立的"界石"之遵守视为正义的重要标志。在古希腊，思想家们对经济正义的思考和探讨就更为明显了，而这突出地表现在亚里士多德对分配正义、交换正义和矫正正义的讨论中。然而，我们想指出的是，尽管对经济正义问题的思考早已存在，但严格说来，经济正义作为一个时代性的课题和普遍性的话语凸显出来，乃是与人类历史上"经济时代"的降临、"市场社会"的生成和"资本逻辑"的建构以及随之而来的生活世界殖民化紧密相关的。

"经济时代"的生成是一个历史的过程，对于其起源、演变、运行机制及其特质等问题，不少思想家给予了深入的思考和揭示。在马克思看来，人类社会历史由前"经济时代"向"经济时代"的演进，在根本上乃是社会生产方式发展之结果，它是以社会生产力的不断进步、社会分工的进一步发展、交往关系的不断扩大、世界市场的不断生成和商品货币关系的不断强化为基础的，且伴随着诸如"原始积累"之血与火的辛酸历史而逐渐完成的社会历史过程。所以马克思指出："商品生产和发达的商品流通，即贸易，是资本产生的历史前提。世界贸易和世界市场在 16 世纪揭开了资本的现代生活史"①。然而这是通过"对直接生产者的剥夺，是用最残酷无情的野蛮手段，在最下流、最龌龊、最卑鄙和最可恶的贪欲的驱使下完成的"②，因此这一"历史是用血和火的文字载入人类编年史的"③。

卡尔·波兰尼则用"The great transformation"来描述由前"经济时代"向"经济时代"（或市场社会）的转变。他认为在前"经济时代"，"人类的经济是浸没（submerged）在他的社会关系之中的。他的行为动机并不在于维护占有物质财富的个人的利益；而在于维护他的社会地位，他的社会权利，他的社会资产。只有当物质财富能服务于这些目的时，人们才会珍视它"④。易言之，在"经济时代"以前，经济生活并没有成为社会生活的轴心，经济财富本身并不具有自主性，它只不过是社会生活的手段性组成部分。因此，经济活动是从属于社会政治生活的，其并没有成为目的本身。在那时，人们的经济生产是为自己的用途而生产，生产的动机和储存的原则不是为了利润，而是为了满足团体成员的需要。所以，卡尔·波兰尼指出："宽泛而言，我们已知的、直到西欧封建主义终结之时的所有经济体系的组织原则要么是互惠，要么是再分配，要么是家计，或者是三者之间的某种组合。这些原则在特定

① 《马克思恩格斯选集》第 2 卷，人民出版社，1995，第 166 页。
② 《马克思恩格斯选集》第 2 卷，人民出版社，1995，第 268 页。
③ 《马克思恩格斯选集》第 2 卷，人民出版社，1995，第 261 页。
④ 卡尔·波兰尼：《大转型：我们时代的政治与经济起源》，冯钢、刘阳译，浙江人民出版社，2007，第 40 页。

社会组织结构的帮助下得到制度化，这些组织结构的模式包括对称、辐辏和自给自足（autarchy）。在这个框架中，财物的有序生产和分配是由通过普遍的行为准则规训过的各种个人动机来保证的，在这些动机中，逐利动机并不突出。习俗和法规、巫术与宗教相互协作，共同引导个体遵从一般的行为准则，正是这种行为准则最终保证他在经济体系中发挥自己的作用。"① 如此可见，在前"经济时代"，社会的经济或市场还是处于较为孤立的、属于被调节的状态。然而，随着生产力的发展以及经济交往的不断扩大和深入，原来孤立的市场连接起来变为市场体系，原先被调节的市场变成自我调节的市场。这"意味着要让社会的运转从属于市场。与经济嵌入社会关系相反，社会关系被嵌入经济体系之中。经济因素对社会存续所具有的生死攸关的重要性排除了任何其他的可能结果"②。如此一来，人类经济行为的动机便完全托付于实现最大金钱收益为导向的利润经济或资本经济。而当一个以资本增殖作为人类经济活动的唯一指归，以市场自我调节为经济运行的根本方式，且整个社会围绕经济旋转的时代开始之时，"经济时代"就降临了。

加拿大著名的文化学者 D. 保罗·谢弗在对"经济时代"的起源做了细致的考察分析后认为，追溯"经济时代"的最初起源时间，那么非 1776 年莫属，因为那一年发生了对未来人类生存状况意义深远的三件大事：其一是美国《独立宣言》的签署，由此改变了人民、国家和世界对政府、统治行为、自由、民主、政治和政治程序的观点；其二是在英国詹姆斯·瓦特蒸汽机的应用，由此引发了技术革命的浪潮；其三是亚当·斯密《国富论》一书的问世，它开启了人们从新的视角和思路来认识和把握财富③。正是它们的相互结合以及新教伦理和资本主义的兴起，为"经济时代"奠定了理论和实践的基础。

"经济时代"的特质在于，它是一个经济关系主宰社会关系、经济生活统治社会生活的时代，一个经济增值成为时代轴心和生活世界核心主题的时代，一个资本逻辑成为社会内在运行机制、利润成为衡量万物存在尺度的时代，一个充斥着浓厚的资本主义、"物质主义"、"发展主义"和"利己主

---

① 卡尔·波兰尼：《大转型：我们时代的政治与经济起源》，冯钢、刘阳译，浙江人民出版社，2007，第47页。

② 许宝强、渠敬东主编《反市场的资本主义》，中央编译出版社，2001，第2页。

③ D. 保罗·谢弗：《经济革命还是文化复兴》，高广卿、陈炜译，社会科学文献出版社，2006，第3-4页。

义"价值观和行为方式的时代。对于"经济时代"，人们曾经有过热情的欢呼和乐观的期待，认为随着"经济时代"的到来，人类的自由、平等、博爱和美好生活将如期而至。然而，伴随着"经济时代"的巩固和市场社会对人类的不断增长的钳制，社会进入了一个由"资本"和"市场"主导的历史流变之中，并内在地遭遇了诸如贫富分化、阶级对立、经济危机、生态恶化等关乎人类生死命运的重大现实难题和社会灾难。正是在如此的存在困境和殖民化生活世界中，经济正义话语作为对以"资本"为核心的"经济时代"之哲学反思和价值检审而出场。

在"经济时代"的生成过程中，较早对经济正义进行批判性思考努力的当属空想社会主义者，当他们看到"经济时代"带给人们的不幸和痛苦之现实后，对"经济时代"的经济之正义性问题进行了反思，并提出了虽具有"空想性质"却不乏尖锐批判性的思考，其致思理路是反对财产私有、主张财产公有制，从而确立了以财产公有为核心价值的经济正义视野。然而，诚如恩格斯所言，"人们自觉地或不自觉地，归根到底总是从他们阶级地位所依据的实际关系中———从他们进行生产和交换的经济关系中，获得自己的伦理观念"①，经济正义作为人们对自身居于其中的经济生活世界的价值评判和伦理诉求，"它或者为统治阶级的统治和利益辩护，或者当被压迫阶级变得足够强大时，代表被压迫者对这个统治的反抗和他们的未来利益"②。所以伴随着"经济时代"的逐渐生成和资本逻辑的全面确立、巩固和拓展，作为资产阶级意识形态的近现代西方经济正义思想也随之产生和演变，譬如，近代西方就产生了以霍布斯、洛克、休谟和亚当·斯密等为代表的契约论经济正义思想，以边沁、穆勒和葛德文等为代表的功利主义经济正义思想等，而在当代则有以罗尔斯、诺齐克和哈耶克等为代表的自由主义经济正义思想等。尽管这些经济正义思想内部有某种程度的差异和不同的侧重点，但其作为资产阶级的意识形态，基本的立足点乃是一致的，即维护和论证私有制及其基础上的自由市场制度之合理性与合法性，并以此规定经济正义的阐释方向。总之，随着"经济时代"的生成及其内在引发的诸多灾难性后果的不断呈现，以及人们对此问题的求解之思想自觉，构成了现代经济正义话语凸显的生存论基础。

---

① 《马克思恩格斯选集》第3卷，人民出版社，1995，第434页。
② 《马克思恩格斯选集》第3卷，人民出版社，1995，第435页。

二　经济正义：一个经济哲学的批判性阐释和划界

改革开放以来，我国的社会主义市场经济实践在不断深入，其间也出现了诸如贫富差距过大、区域发展不平衡、城乡差别扩大、生态环境不断恶化等一些切实关乎民生的重大社会现实问题，致使国内学界对经济正义问题的探讨和思考逐渐升温。但是由于学科的深度专业化和专家的狭隘专业视野，也由于经济正义课题本身的复杂性和艰深性，使得对经济正义的探讨存在不尽一致乃至意见相左的景象。在有关经济正义的探讨中，如下两种话语颇为典型。

其一是立足于国民经济学（增加国民财富之科学）立场规约经济正义的话语。在这种话语看来，所谓"经济"，就是以最少的投入获取最大产出的人类活动，其本质在于利润，从而经济与正义价值无涉，因此所谓的经济正义是一个纯粹的"伪问题"。即使承诺了经济正义的实存性，那么经济正义的根据和真理仍在于效率和利润，即经济效率和经济利润才是经济正义的核心规定。这实质上就是用经济利润吞没正义价值。由此出发，将经济正义价值无批判地诉诸"自由市场竞争"来规范，以至于将市场的"优胜劣汰"作为经济正义的基本原则，大行"社会达尔文主义"的经济逻辑，从而将生命的冷暖交由市场无情裁决，正所谓"市场原教旨主义"。

其二是立足于先验的伦理学浪漫主义立场确立经济正义的话语。这往往以先验的形而上的"应当"作为逻辑基点，通过诉诸抽象的逻辑演绎规定经济正义在于经济起点、经济过程、经济结果公平，从而实现"至善"。但是由于它缺少相应的理论前提之澄清，以及其逻辑上具有的思辨形而上学性质，结果却稳当地落入了无批判的先验伦理浪漫主义窠臼，从而无力触动坚硬的现实问题，甚至由于经济正义存在论基础的晦暗不明，由于排山倒海般的资本霸权，由于"经济学帝国主义"的强势话语，先验伦理浪漫主义的经济正义话语被淹没于经济学话语的大潮中，导致对经济正义的思考自觉或不自觉地倒退到经济学的思维原则和价值立场，从而有关经济正义的伦理学话语宿命般地成为资本的注脚。

如此可见，关于经济正义的经济学话语和先验的伦理浪漫主义话语，虽有某种程度的进路差异，然而二者在根本上却是以对资本经济的无批判承诺为前提的，从而自觉或不自觉地落入资本的意识形态怀抱中。如此一来，经济正义所应具有的对现实经济生活世界的批判性反思和革命性超越维度就黯然失落了。因此，问题的重要性就在于我们在何种理路以及在何种视野中确立对经济正义的原则规定和批判划界。在此，我们试图立足于经济哲学的基本立场展开对经济正义的批判性思考。经济哲学，作为哲学对经济生活世界的理性追问和哲学批判，乃是结合哲学和经济学的学科优势，对经济生活中遭遇的关乎人类前途命运的重大经济问题及其意识形态进行深度的哲学追问和现实的革命改造，因而内在地包含着对人类基础性存在方式的经济活动之哲学检审，以捍卫社会经济生活中人的存在价值和生命尊严，承载起对人类命运的深切关怀和人之自由提升的哲学使命，从而为人类提供一个更具牵引力的经济生活世界图景，超越欠缺的现实社会经济生活，营建诗意的人类居所。

从经济哲学维度阐释经济正义，首要地涉及对"经济"和"正义"的理解。对于何谓"经济"？有不少流行的观点，如"经济是增加国民财富的活动""经济是通过对稀缺资源的有效配置并使它们得到最大的满足，以最小的耗费取得最大的效果"。虽然这样的说法道出了经济的部分属性，但并未能从根本上揭示出经济的实质。对此，卡尔·波兰尼做了细致的分辨和解析，他指出，在涉及人类行为时，"经济"这一术语包含实质含义和形式含义，其实质含义源于人的生活离不开自然和他的同伴，是指人与其自然环境和社会环境之间的互换。而形式含义则源于手段－目的（means-ends）关系的逻辑特性，它指的是这样一个确定的选择状态，即因为手段不足而造成要在手段的不同使用之间进行选择。因此，经济的两个含义是完全不同的，实质含义源于事实，形式含义则源于逻辑，而只有借助经济的实质含义才能对历史地经历的经济体做出科学的分析。然而，现实中经济概念的实质含义和形式含义却被无知地混淆起来了①，结果导致对经济的狭隘化理解，并因此深刻地影响到人们的经济方式和生存方式。事实上，历史唯物主义对经济本质做了深入的揭示，认为经济活动并非简单地就是增加国民财富的活动，也非抽象地就是投入和产出的函数关系。马克思曾指出："人们的生活自古以来就建立在生产上面，建立在这种或那种社会生产上面，这种社会生产的关系，我们恰恰就称之为经济关系"②，"经济范畴只不过是生产的社会关系的理论表现，即其抽象"③。恩格斯则指出："我们视之为社会历史的决定性基

① 许宝强、渠敬东主编《反市场的资本主义》，中央编译出版社，2001，第33－34页。
② 《马克思恩格斯全集》第30卷，人民出版社，1995，第481页。
③ 《马克思恩格斯选集》第1卷，人民出版社，1995，第141页。

础的经济关系，是指一定社会的人们生产生活资料和彼此交换产品（在有分工的条件下）的方式"，"此外，包括在经济关系中的还有这些关系赖以发展的地理基础和事实上由过去沿袭下来的先前各经济发展阶段的残余（这些残余往往只是由于传统或惰性才继续保存着），当然还有围绕着这一社会形式的外部环境。"① 这就是说，经济现象作为人类特有的社会活动和生命存在方式，既包含着人与自然之间的物质能量的交换活动，也包含着人与人之间的社会生产关系。因此，从生存论的层面看，经济是人类始源性的生命存在方式和人类成就自我的基础存在方式，其根本则是人与人的社会存在关系。至于对"正义"，也存在不同的解读和阐释。本文是从哲学的原则高度确立正义的阐释定向的，在哲学的视阈中，正义乃是人特有的对自身存在方式、存在意义所进行的理性反思和价值审视，本质地关涉到合理性和合目的性的价值统一，因此折射了对存在的终极人文关怀和意义诉求。

　　结合对"经济"的生存论理解和对"正义"的哲学把握，并基于经济哲学的基本立场，所谓经济正义，是对人类经济方式所进行的正义与否的价值评价和哲学审视，是对经济生活世界的正义追问和理性反思。它是经济领域中的正义问题，是社会正义的重要内容和主要形式。因此，经济正义不仅包含着对形而下的"效率"之追求，更注重经济生活中的形而上的终极价值之承诺，即经济正义在根本上把经济的正义性规定为经济对人的价值、人的尊严、人的发展、人的自由之确证和提升，倡导正义价值对于经济利润的优先性和根本性。同时，由于经济是一个复杂的系统，既存在着人与自然的物质交换活动，又涉及人与人之间的社会生产、分配、交换和消费关系，因此经济正义又必然地牵涉到经济的目的和手段的统一、效率和公平的统一、自然和人类的统一、当代人和后来人的利益统一，由此追问我们在社会生活中"经济什么""如何经济""为谁经济"等至关本质的本体论问题。这是经济正义所蕴含的内在精神和所要探讨的核心主题。当然，由于人类社会是一个历史的生成过程，其存在和展开都受制于特定社会的生产方式，因而经济正义的观念形态和价值原则也是历史而具体的。但是经济正义作为对经济生活世界的哲学反思和意义追问，乃是一个批判和反思的范畴，它表达了人类对当下经济生活世界的忧虑和不满，从而要求超越现实经济状况的价值主张和要求。事实上，人类正是在对经济正义的价值追求和自觉反思中，不断

---

① 《马克思恩格斯选集》第 4 卷，人民出版社，1995，第 731 页。

完善和超越现有的经济理念和经济方式，在不断提高经济效率的同时，自觉把握经济的意义维度，求解经济发展和社会进步的动态平衡，在诉求经济的合理性和合目的性的辩证张力中建构富有意义的经济生活世界，以促进人的自由存在之本质。

经济正义的论域是十分丰富的，所涉及的主要内容包括以下几方面。第一，观念形态的经济正义，即经济正义的价值理念和思想样态。其意义在于为人类经济行为提供具有深度牵引力的生命远景和思想指引。第二，经济制度正义。它是从哲学伦理的价值层面对经济制度和体制所进行的正义检审和理性追问，是基于对人和人类生活意义的基本理解而做出的制度合法性审视。第三，经济活动正义。它是对经济行为主体在从事经济交往过程中的行为是否具有正义性的价值拷问，是以正义的价值观和正义的社会制度、体制作为自身的依据和原则。如果我们从生产、交换、分配和消费四个方面规定经济活动，那么在经济活动中，经济正义可以进一步划分为生产正义、交换正义、分配正义和消费正义。第四，全球经济正义、代际经济正义以及种际正义。若将经济正义的追问由一国范围而扩展到世界范围，那么就会衍生出全球经济正义问题；而一旦把经济正义的价值考量观照到当代人和未来人之间的经济关系，那么就会呈现出代际经济正义的问题；如若把经济正义的价值关切深入生态关系，则会引导出环境正义和种际正义问题。总之，经济正义是正义的价值理念在经济世界中的观照，并通过现实的富有正义价值理念的经济制度来牵引和约束人类的经济行为及其交往关系，从而规导经济生活中利益和意义、经济和道德、手段和目的的和谐统一，使之趋于人类自由的正义之善，以确保人之为人的存在之真理。正如真理是思想体系的首要德性一样，经济正义是经济生活世界的首要价值，它力求超越狭隘的利己主义和资本经济的眼界，关心人类绝大多数人的生存状况，关注自然生态价值，注重人的全面发展和人性完善，指向一个充满社会凝聚力和价值关怀的意义世界，诉求人的自由自觉之存在本质，使人拥有人的世界、人的社会关系和人自己。

三 经济正义：超越"经济时代"不可或缺的思想资源和价值支撑

从历史的观点来看，"经济时代"的生成具有历史的必然性，并且在客观上极大地促进了人类社会的发展。由于"经济时代"是奠定在牟利动机基础之上的，因此如何千方百计地提高效率以获取最大利润便成为其核心主题，由此在追求经济增值的过程中，其不自觉地促进了科学技术的不断进步，极大地提升了世界生产率，拓展了世界性的交往关系。对此，若套用马克思的话来说，它"比过去一切世代创造的全部生产力还要多，还要大。自然力的征服，机器的采用，化学在工业和农业中的应用，轮船的行驶，铁路的通行，电报的使用，整个大陆的开垦，河川的通航，仿佛用法术从地下呼唤出来的大量人口，——过去哪一个世纪料想到在社会劳动里蕴藏有这样的生产力呢？"[1]

　　然而，我们又必须清楚地意识到，尽管"经济时代"的力量以各种形式表明了人类进步和发展的巨大成就，也给人们的生活带来了值得尊重的益处和机会，但由于"经济时代"是以理智形而上学作为自己观念世界的哲学基础，以资本原则作为其世俗社会的运行机制的，因此它把更高的优先权分配给了利润、市场、资本积累而不是人和人类的幸福。在经济社会里，一切事物都在经济大缸里被染上了它的色彩，从而人们以经济的和资本的观点看待所有事物，对生活世界采取了抽象的资本格式化和理智形而上学的抽象强制。如此的结果是，人不再享有人的和主体的地位，而是被当作商品和客体来对待，资本和货币成为衡量人的存在合法性的根本依据，"它使人和人之间除了赤裸裸的利害关系，除了冷酷无情的'现金交易'，就再也没有任何别的联系了"，一句话，"它把人的尊严变成了交换价值"[2]。如此一来，"经济时代"导致了自身无法消弭的殖民化后果，对此我们可以标志性地概括为：富裕世界中难以堪忧的贫困，核武器对峙下胆战心惊的脆弱和平，现代科技威逼下"盖娅"母亲早孕早产导致的生境破碎，不断生成的经济动物背后人之为人本质维度的无奈脱落，在无畏地建立通往虚无太空的航道之际却迷失了回家的路，等等。显而易见，如果"经济时代"一意孤行地运转下去，那么环境危机就没有解决之日，生态灾难将无以避免；如果"经济时代"不反思自己的世界观而执意采取资本原则的疯狂逻辑，那么贫困、饥饿、不平等将是人类的命运，也因此将给世界和我们的生活带来更多的暴力、冲突和恐怖主义；如果"经济时代"还

---

① 《马克思恩格斯选集》第 1 卷，人民出版社，1995，第 277 页。
② 《马克思恩格斯选集》第 1 卷，人民出版社，1995，第 275 页。

是抱着经济主义的信条而阔步前行，那么我们当下世界体系的更加混乱和动荡的后果将会如期而至。事实上，人类正处在一个丧失了理性秩序和意义维度的殖民化生活世界，我们正担负着沉重的人地危机之恶果、人际冲突之危害、人心失衡之焦虑和意义丧失之虚无。因此，扬弃并超越"经济时代"，开创更加优越的社会时代，成为我们时代的思想主题和现代人的历史担当。历史的经验深刻地启示我们：思想革命往往是社会革命的先导，比强大的军队更能推动历史前进步伐的是一种引导时代的思想。因此，要引导并实现"经济时代"的成功转身，就需要全新的思想创造和全新的价值支撑。而经济正义作为对经济生活世界的意义追问，作为对现代人经济存在方式的理性审视和哲学批判，以及对当下狭隘的资本经济的超越性思想努力和价值牵引，现实地构成了扬弃和超越"经济时代"不可或缺的思想资源和价值支撑。

由于经济正义的思想理念和价值原则是以经济哲学的基本立场为前提和基础的，它以形而下的经济基础视阈和形而上的正义价值维度的有机结合作为自己的价值审视坐标，因此，经济正义不赞成把人的价值实现置放到远离经济基础的抽象正义价值世界内，空疏地诉求人之本质的实现和人性的解放，因为若脱离了经济的生产、分配、交换和消费，不仅人类改善生活和不断提升生命质量的希望会落空，而且人类社会中潜在的矛盾冲突和暴力对抗也会不断地发生。同样，经济正义也拒绝把人降格为经济的附庸和"资本"的抽象物料，因为人类若丧失了超越现实经济存在方式的正义价值诉求，用资本来定义人的本质，那么人类开启可能世界的通道和人的自由解放道路将被彻底封锁，人类及其历史也因此将在虚无中"终结"。质言之，经济正义反对以经济价值吞没正义价值，也反对用正义的名义拒斥经济意义，主张以整体性、根本性、历史性和批判性的哲学立场来确立经济正义的基本价值视野，确立一种更加广泛、持久、深刻且具有根本意义的对待生命、对待生活、对待他人、对待社会和对待自然的方式。从人之生命存在的终极价值意义上，把经济的根本合法性依据导回到对人的生命价值和尊严的守护上，从而把人性美德置于更强大的地位，以追求经济和社会文明发展的合理性和合目的性。在人与社会的关系层面上，经济正义主张通过构建合理的社会经济关系确保每个人基本的经济需求和公平的经济关系，并进一步实现平衡、和谐与平等的人际关系。在人与自然的关系方面，经济正义主张以"有机的世界和宇宙观"为方法论基础，从人类生命的存续和自然生态的良好运行的整体视角和长远考量出发，尊重自然、关怀大地，构建和谐的人地关系。总之，扬弃"经济时代"是历史的诉求，也是现实的呼唤，在此过程中，经济正义现实地构成了超越"经济时代"的不可或缺的思想资源和价值支撑。

原载《道德与文明》2011 年第 5 期
作者单位：上海师范大学哲学与法政学院哲学系

"游戏化"之经济哲学批判

李　振　窦丽梅

　　"纯哲学"或"类哲学"如何讨论"游戏概念""游戏逻辑""游戏意义"姑且不论，我们研究的对象和问题，并非一般意义的经济规则、金融符号批判，而是经济领域中有确定"所指"的、越来越多的"游戏化"现象。为了提高经济绩效，国内外许多企业主体不由自主地将"游戏"元素纳入经济活动之中，让用户产生类游戏体验，从而鼓励用户参与、增强用户黏性、强化品牌体验，低成本地实现营销目标。国外 LBS 社群的四方（Foursquare）签到设计、耐克加（Nike +）的跑步应用以及三星国度（Samsung Nation）的在线品牌社区都包含了大量"游戏色彩"，以提升用户服务、增强用户体验。在我国，百度、腾讯、阿里巴巴等互联网企业已经开始进行"游戏化"尝试，例如蚂蚁森林、微信运动以及百度地图 VR 游戏等。在互联网技术和社会化环境中成长起来的网络消费者或网络原住民（net generation），更加渴望乐趣、挑战和社交，往往把"玩游戏"视为行动列表中最优先的事。① 正是基于广泛的"游戏市场"和游戏需求前景，我们认为探究"经济游戏化"必然成为现代经济哲学领域的一个越来越重要的研究课题。

---

① 游戏与整个现实生活的连接程度日益密切，以至于"游戏产业"已经成为朝阳产业。根据数据分析权威机构 Newzoo 发布的新版《全球游戏市场报告》显示，2017 年全球电子游戏消费达到 7495 亿元，其中近四分之一来自中国市场。国内外企业正在为满足"'游戏人'一代"（gamer generation）消费者的需求而努力，但是大部分游戏化经济实践并未帮助企业实现既定的商业目标。市场研究机构高德纳（Gartner）曾在报告中指出，80% 的游戏化应用都会因低劣的设计而走向失败。

一　游戏化：一个经济哲学新课题

显然，"游戏化"是"游戏"的动词化，其不仅具备了"游戏"的所有特点和属性，而且还包含了游戏实践类型、游戏元素及其结构运行、实践体验等具体行动方案的理解和把握。从经济操作层面看，"游戏化"就是通过"游戏"方式来解决经济所遇到的困难和问题。① 随着网络技术、大数据时代的来临，日益广泛渗透到社会各个阶层的"电子游戏"，显示出其区别于"传统游戏"的两个重要特征，即"游戏逻辑""游戏规则""游戏技巧"可以被广泛适用于各种"非游戏"环境，并由此延伸出两个重要概念——"严肃游戏和游戏化"。事实上，"游戏化和严肃游戏"皆利用"游戏思维""游戏逻辑""游戏技巧"来解决问题并激励"游戏人"。不同的是，"严肃游戏"试图把这种应用限定于具体的游戏空间，而"游戏化"则可以不受约束地使用和扩展游戏概念。因此，我们认为"游戏化"并不局限于游戏本身，它既可以包含全部"游戏元素"成为一个完整的游戏（即严肃游戏），也可以由部分游戏元素、游戏技巧、游戏方法组成。显然，这里的关键问题在于，将"游戏"设计元素纳入"非游戏"环境是如何可能的。

具体而言，通过引入游戏逻辑原则、游戏技巧和方法、游戏机制、游戏框架以及具体的游戏界面等等，"游戏化"确实起到了诱发用户积极体验、吸引用户并改变其行为的"游戏化功能"。这里的"游戏化"实际上指向用户"乐趣"（fun）和"游戏性"（gamefulness）。② 通过为用户提供"游戏"或"类游戏"体验，能够从中发现消费乐趣，使商业流程变得更具吸引力，使得"消费=生活"的逻辑越发深入和完备起来。通过消费积分、消费排行榜、消费徽章、消费挑战等"游戏化"元素可以组合成一个带有趣味的"生活新界面"，驱动用户积极参与游戏化的消费、消费活动，提高体验价值。尤其随着大数据、网络化和人工智能手段的不断提高，"人机交互"的"游戏化"或"玩游戏"则体现出一种更自由、更多样化、更具有个体性特

---

① 我们之所以使用"游戏经济化"而不是广泛熟知的"游戏经济"这一说辞，就在于其动词属性，强调游戏性质的渗透、扩展和社会化效应。

② 或者按照最一般的汉语术语，就是"玩"。现代文明解放了"人的本能和欲望"，将"吃喝玩乐"视为"人的基本属性"。而且，随着生活水平的不断提高，"玩"则越来越被放大为"人的本质属性"和"本质需求"。

征，受到经济界普遍认可和追捧，甚至被视为具有提升商品销售和消费的质量和生活品质的一种越来越重要的发展趋势。

将"游戏化"引入生产、流通、销售、消费各个环节，引发整个社会生活的"游戏化革命"。一方面，"游戏化"能够吸引用户（消费者）参与经济过程的三个阶段——识别需要、体验服务和评价服务，成为"实现消费"的越来越重要的媒介；另一方面，"游戏化"的生产本身也对各种商品价值进行"赋值"和增值，通过"游戏化"提升核心价值和增值服务，使经济实体环境场景化、服务的传递表达戏剧化，让顾客在接受和参与服务的过程中获得"游戏体验"，实现经济价值和个体生活价值——幸福、快乐的价值增值。或者更进一步说，"游戏化"的最终结果不仅仅是"厂商的经济价值"，而是销售"幸福和快乐"。①

由此可见，"游戏化"已经被确认为一种提升服务、增强体验和实现"综合价值"的一种越来越重要的有效途径。它并非专指"游戏产业"本身，而是经济行为与游戏逻辑、游戏要素的相互结合和彼此利用。尤其必须指出的是，在行为经济学、经济人类学、知觉现象学和"体验经济"越来越流行的语境下，侧重"经济人"的"人格属性""心理感觉"的即时性，结合游戏机制、游戏逻辑、游戏要素与"人的经济行为"之间的有机结合，利用"游戏挑战"和"故事吸引"消费者完成任务并持续参与的发展路径元素（progress paths）、利用"虚拟物品"和"真实货币"激励消费者进阶升级的反馈与奖励元素（feedback and reward）、帮助消费者通过社交网络创造竞争与合作关系的社会联结元素（social connection），以及让消费者体验到乐趣的界面设计和体验元素（interface and user experience）等，则成为经济模式创新的重要内容。

我们的问题是，"享受游戏"创造的体验，如激烈的冲突、冒险、智力挑战等为什么这么重要？不同类型的游戏确实可以带给消费者不同的游戏性体验，如在竞争类游戏中，消费者需要集中精力把技巧发挥到极致以应对挑战；在更激烈的"眩晕类游戏"中，消费者对现实世界的感知则侧重于"旋转和颠倒"；而在备受争议的"投机性游戏"中，消费者之所以乐此不

---

① 游戏化是一种方式，能为人们提供真正意义上的快乐，能帮助人们在发展的同时实现自己的目标。参见凯文·韦巴赫、丹·亨特《游戏化思维：改变未来商业的新力量》，周逵、王晓丹译，浙江人民出版社，2014，第86页。

疲甚至沉溺其中，最关键的在于其产生一种控制不确定性的错觉；在越来越成为主流模式的"模拟类游戏"中，消费者对所扮演的角色会产生强烈的认同感、参与感。但无论何种游戏都需要消费者集中注意力，不断学习新技能和突破挑战，这可以驱动"心跳加快""血脉膨胀"的"沉浸"于其中的感觉体验。显然，"参与游戏化"的消费者能够获得类似游戏"游戏人"一样的体验，例如社交、情感、娱乐和认知体验，等等。体验、经验作为人类存在的感性形式，很难转化或还原为"理性"，不同形式的"看"（looking、watching、observation，等等）和"做"（doing、action、making，等等）的"人成为人"的本质属性的内在诉求。以我们观看各类竞技比赛为例，通过该节目我们会获得更直接的"竞技体验"，甚至产生直接的代入感和学徒体验。这也是现代"体验经济"盛行的重要原因。

正是基于"游戏符合人性"的内在诉求特征，"游戏化"能够满足数字时代"游戏化生存"的内在需求，帮助提高经济竞争优势。随着"游戏人"（崇尚游戏的用户、消费者）人群的增多和年龄的增长，他们也会更加青睐经验值、升级、排行榜等游戏概念。一方面，"游戏化"已经从一个战术概念转变为战略需要，企业从"游戏一代"群体中招聘员工和留住人才。因此"游戏化"可以与内部企业文化、企业管理运行规则相结合，通过能创建"类游戏"体验的游戏化技术激励员工，提高员工敬业度，为消费者创造更多价值；另一方面，将点数、徽章、等级、奖励、竞争等游戏元素用于生产效能激励，并吸引消费者主动参与营销活动的全过程，增强用户黏性，提高用户忠诚度和销量等，从而扩展企业文化空间，有效提升利润空间。[①]

总体而言，我们认为，"游戏化"要素在经济领域的广泛运用，在本质上可以视为一种"激励"方式，通过使用不同"游戏元素"吸引和激励生产者和消费者的积极参与，让顾客感知、获得多重体验。经济"游戏化"不同于传统或经典的经济运行方式，的最大特点，就在于其具备"游戏"属性。其实现目标和机制，皆与直接的现实生活的"规则世界"相背离，主要是通过"游戏人"的积极反馈系统告诉"游戏人"，通过"自愿原则"要求每个"游戏人"自愿地接受目标、规则和反馈的设定。显然，这里"自愿参与"的游戏化激励机制，增强顾客体验和提高顾客幸福感，是问题

---

① 我们认为，在企业竞争日趋激烈、企业员工更强调创新素养的大背景下，为了更好地适应时代变奏，将"游戏"引入企业文化是一种越来越重要的创新形式和内容。

的关键。在越来越盛行的"网络游戏"中，注重"游戏人"之间的"社会关系"，通过游戏指令、"游戏人"间的竞争和鼓励利他行为等来促进"游戏人"的社会化价值体验。

二　"游戏化"之经济实践

一般而言，我们对于经济哲学研究侧重于哲学论析，"哲学逻辑"的力度和特征往往大于"经济逻辑"本身的解析。但是，为了能够更好地与经济学对话，我们不得不采取"经济学的术语和方法"，以"经济理性"来"限制"经济学内部的"哲学冲动"范围。基于此，我们通过日常经济生活中的"经济实践"现象批判，来进一步阐发"游戏化"所内涵的普遍的经济哲学批判特征。

（一）广告的游戏化

游戏化最初表现为将具体的、完整的游戏与"广告"结合起来以提高"广而告之"的传播效果。将"游戏因素"内置于广告世界之中，通过"有兴趣、有乐趣"的各种游戏元素提升广告受众的接受度。为传递品牌、产品或服务信息而专门开发的游戏，并非提供娱乐的游戏产品。"广告的游戏化"作为产品促销或品牌宣传的有效方式，让消费者体验到乐趣，当"游戏人"（消费者）对"广告游戏"的内容产生积极联想时，他们会将这种正面的评价迁移到品牌上。[1]

当然，将"游戏"与广告相结合是经济领域游戏化最普遍、最常见、最喜闻乐见的一种形式，一般属于"严肃游戏"的应用范畴。也就是说，这里的"游戏逻辑"和"经济逻辑"之间有着明确的边界，"游戏"只是手段而已，"游戏属性"不能误导"产品的属性"，"游戏逻辑"要服务于"产品本身"的属性、性能。"游戏元素"嵌入产品广告，创建带有"游戏性质"的标语、口号、联想和活动。从深度看，超越"语言游戏"之上的参与式广告游戏，通过追踪个人成绩、挑战朋友和播放音频游戏等，让受众

---

[1]　仅就目前看来，广告漫画、广告夸张成为其中最突出的形式。而借鉴"游戏元素"的最突出的形式是"语言游戏"。如故意通过通假字、错别字来使得产品品牌凸显。但是，我们认为这恰恰是广告世界未来必然发生彻底变化的关键期。

联想到与他人合作和竞争的参与感。广告的"游戏化"或致力于深度参与感的广告，对"游戏经验"丰富的年轻一代人群更具吸引力，因为他们能够产生更丰富的心流体验，获得更多的游戏乐趣。从表现形式看，游戏化广告一般适用于那些购买决策易受社会压力和环境不确定性影响的产品。正因为如此，许多企业善于利用群众的参与氛围、舆论偏向等，来增强各种划算的"理性消费"——其实是"非理性的行为"。一个最突出的例子，就是在每年"双11"期间，各平台公开每个时段的销售额，刺激更多的消费者以"消费游戏者"身份参与其中，获得一种即时满足感。

（二）消费者主权的游戏化

打着"消费者至上""消费者是上帝""消费者主权"的旗号，是现代经济行为主体文明化的一种最突出形式和内容。通过"游戏化"能够以低成本的方式鼓励消费者参与有关产品的各种活动，增强消费者的"消费黏性"，实现经济利润目标。一般而言，经济行为主体都是通过"货币激励"的方式——打折、会员福利、赠券等，提升经营业绩。但这一传统方式已经在"游戏一代"的心目中失效。而基于"游戏化"的激励机制则可以有效提高消费者的产品识别率和产品忠诚度。例如，通过"游戏化""口碑推荐系统"，可以激励消费者参与评价和评分任务，有效提高评价质量；通过"游戏化设计"能有效提高网站的吸引力，让用户体验到乐趣并积极参与互动，等等。我们可以通过对无线（Threadless）T恤公司的案例研究表明，游戏化能够有效驱动参与者，使他们不断获得乐趣，并持续参与产品开发和众包创新。

游戏化还可以通过游戏和类游戏体验对"现实生活世界"产生影响，提高消费者购买意愿和支付意愿，实现产品"溢价"——通过产品参与提升现实生活价值。许多积极参与虚拟游戏的人（消费者），一般都有这样的体验，即参与虚拟游戏类似于自己的"第二人生"（Second Life），消费者在"虚拟游戏世界"的"自我形象""自我感知"与真实生活世界有着内在的一致性、模仿性。若从"游戏逻辑"的视角看，"游戏人"的参与动机、参与机制本身就是源于现实生活的各种幻想——逃离现实、拥有强大力量、社交、娱乐、竞争等等，这些"游戏元素"在虚拟游戏世界表现得淋漓尽致，二者现实生活则被隐含、隐藏和包装起来，但这实质对于消费意愿起着直接或间接的影响。

（三）经济主体行为的游戏化

如果将视角转向经济行为主体（以 CEO 为代表）本身，就会发现一个非常有趣的现象。即要成为成功的企业家，其中一个越来越重要的职能就是提升企业的品牌契合度，善于通过各种手段（包括游戏化技巧）构建"企业与社会"（而不仅仅是"企业与市场"）的"亲密关系"。因为市场始终在"社会之中"，要想达到"市场的认同"，必须注重社会要素的整体影响。在提升企业品牌契合度的过程中，加强企业品牌、企业品质对于顾客、消费者、受众的影响力——在品牌认知、品牌情感和行为方面（对品牌产生满意、信任、忠诚等）的长期互动关系，积极参与"品牌价值""品牌社区""企业文化""品牌社会责任"等的构建。比较常见的游戏策略是通过"游戏徽章""虚拟奖励""排行榜""差异游戏空间"等，提高品牌忠诚度。一个突出的现实案例是三星国度（Sumsung Nation），其通过游戏化机制，把不同品牌之间的竞争视为一种"挑战游戏"的动力，激励消费者的游戏情感和游戏行为的积极投入，并由此带来信任、承诺、重复购买、增加互动等品牌契合结果。

由上我们可以看出"游戏化"已经成为现代经济运行的一个重要趋势和内容。而且，随着网络化、大数据、智能时代的来临，"游戏化"必将成为一个越来越重要的"全球化"创新要素。由此必然带来的游戏化的经济哲学反思问题。

三　"游戏化"之经济理性批判

由前述可知，"游戏化"对于现代经济运行的意义主要体现在广告、消费者主权乃至经济行为主体的选择方面，通过"游戏元素"增强消费者的"消费黏性"、提高品牌的社会契合度等。面对这一越演越烈的"游戏化"现象和潮流，我们必须进行审慎的哲学反思。

（一）"游戏理性"还是"游戏非理性"

我们能否按照一般经济原理，运用经济人、经济理性模型来解释人们积极参与游戏化经济活动的原因呢？我们认为，从参与游戏的动机和结果看，理性计算和决策本身无法说明游戏参与者的"内在兴趣"。"游戏化"具有

"游戏"自身的属性，它能满足人们的"游戏心理""游戏人格"需要。哲学和美学意义上所讲的"游戏"，① 并非日常流俗语境下的"玩笑""嬉闹""娱乐"，而是更带有"非功利主义"色彩的"自我需要"特征。人在理性、功利计算的世界中所展现出来的个体存在形式本身，必然带有或多或少的"非我"属性。通过各类自我参与的"游戏"，则能激发"游戏人"的自主感、满足感、存在感。通过可视化的"游戏元素"和"游戏界面"（徽章、点数、排行榜等），让行为者知晓自身能力的提升，看到自己对企业或者品牌做出的贡献，满足行为者的"行动需要"。从游戏逻辑的设计思路看，任何游戏都兼具"理性和非理性"的双重功能，不仅给予"游戏人"极大的选择权，让他们自主选择迎接挑战、获取机会和资源等，满足用户的"理性判断"和"自我价值实现"的需要，通过互动、分享、竞争、合作等元素与其他"游戏人"建立社会关系，满足社会交往需要。

必须注意的是，"游戏场景"的设置本身在许多情况下起着非常重要的作用。尤其是在那种内在理性和意志力不稳定的情形下，通过提供更大范围、更高程度的"游戏刺激"，如游戏积分、等级特权和其他物质层面的奖励，鼓励参与者进行连续的"游戏决策"活动。② 许多人具备"积极"的"自我调节"能力，会将"外部动机"积极整合为"内部动机"，在将点数、积分、排行榜等"游戏元素"与外在挑战、合作等结合时，就会激发"内部动机"，并通过外在的点数、积分和排行榜等显示自身的存在价值。显然，我们这里的分析逻辑已经超越了"理性和非理性"的二元逻辑，变成类似于"游戏心理学"的猜测和设想。

（二）"游戏体验"还是"游戏功利"

一般而言，在市场经济占据主体地位的全球化、网络化时代，任何游戏设计者一开始必然存在"功利性"的目标设定，过分强调"游戏人"的"非功利性"本身必然带有空想的色彩。或者说，"良好的游戏体验"（可完成的任务、清晰的目标、及时充分的反馈、主控感、能深入而毫无压力地投

---

① 席勒、胡伊青加等将"游戏"视为人自身存在系统的完美方式，儿童游戏、动物游戏、神圣游戏是"人"反观自身存在特征缺陷的最佳入口。伽达默尔在《真理与方法》中亦有一节专门谈到"从游戏进入真理"是探究人存在真理的一条重要方式。
② 按照经济学心理术语，存在着"内在心理动机被外在环境所挤出"的现象。许多自我心理调适、不适皆源于参与者的心理"内在心理和外在心理"的匹配与否。

人行动、忘我、感觉不到时间的变化等等）本身可以吸引参与者，并对他们的态度和行为产生积极影响。这种"心理体验"本身也并非"纯心理"后果，而是带有功利主义的嫌疑。问题在于，游戏参与者大都是"自觉自愿"地参与各种游戏之中，完全被"游戏现象"所吸引，全神贯注于"游戏逻辑"之中。当"技能水平和挑战难度"高度匹配时，就会产生极度兴奋的心理体验。

以"在线消费者"为例，"在线者"既是消费者也是电脑使用者，他们既有传统消费者的特征，也会与计算机系统进行交互从而呈现出新的特点。网站设计、游戏页面、网评环境等等皆具有重要的"造境"作用，会促使参与者更容易集中注意力完成参与、品鉴和购买行动，通过"购物游戏"获得胜任感、自主感、控制感、临场感和沉浸感。"游戏人"被激发到某种程度时，游戏不仅会对"游戏人"产生心理诱惑，还能成为一种能改善健康、感觉幸福快乐的重要生活方式和内容。显然，这里的"功利和非功利"已经通过"游戏化"彻底融为一体，将游戏元素应用于消费实践并不是被动地满足"游戏人"需求，而是不断在任务挑战与"游戏人"技能水平间实现平衡，促使参与者形成心理体验，使营销绩效最大化。

（三）"游戏刺激反应"还是"游戏反应刺激"

表面上看，二者之间的区别似乎是无关紧要的。"孰前孰后"竟然那么重要吗？其之所以重要，就在于这涉及游戏的内在机理和性质的判定问题。① 在游戏化环境下，如果参与者的经济行为由"外在游戏刺激"引起，那么通过"游戏刺激"改变消费者的"心理反应"状态，促使消费者采取下一步经济行动。这主要属于纯心理学的判定形式；如果参与者的经济行为由"心理游戏反应"渴求外在的游戏刺激，那么通过"内心反应"则起着更深入、更持久的心理暗示、蓄势价值，成为刺激持续发生的动力源。这主要属于社会心理学的判定形式。我们认为，按照马克思主义哲学的经典逻辑，"环境的改变和人的改变的一致"是社会发生变化的内在机理。这里的"一致"其实是一个相互循环、彼此推动的机制问题。② 人们"渴望游戏"

---

① "第一"的本体论问题是哲学性质判定的核心问题。"孰先孰后"的顺序问题。
② 试想只要存在着"二"就始终存在着"孰先孰后"的比较差异，不可能在实践层面上实现"逻辑上的一致"。按照中国智慧的说法，只有"不分先后"，才可能实现实践层面上的内在"和合"统一。

属于客观的内在的"心理反应"，一旦有着"游戏刺激"就会激发这一"内在反应"，实现一定的经济活动。也正是基于这一"社会游戏心理"基础，游戏设计者通过设定各种形式的挑战游戏、游戏任务、游戏奖励、游戏徽章、游戏排行榜、获胜条件等"刺激元素"让参与者在情感上获得强烈的游戏体验，并在行为上执行和完成任务。

因此，我们认为"游戏反应刺激"机制或者模型更符合"社会游戏"的基本事实和规则。但是，在具体游戏环境下，强调"游戏刺激反应"则更具有场景性和应用价值。统而言之，"游戏化"通过驱动内外游戏因素——内部激励相关的元素（如虚拟头像、及时反馈、控制程度等）和外部激励有关的元素（如排行榜、徽章、等级等）——影响经济行为主体对目标系统的使用态度。当然，尽管"游戏化"可以有效提升品牌价值和鼓励消费价值创造行为，但"游戏化"效果仍会受到年龄、游戏经验、收入、受教育程度等人口统计特征的影响。一般认为，对于具有丰富游戏经验的"游戏人"和年轻一代消费者而言，更偏爱游戏的积极作用；就收入和受教育程度较高的群体而言，"游戏化"也有一定的效果。就消费类型（即哲学意义的生存样式而言），侧重于体验型消费者更加注重与产品的互动，而经济型消费者在做出购买决策前通常有众多选择，并且易受价格和品牌影响。"游戏情节""游戏感"的提升对诱发购买欲望也有积极的作用。

归结起来，我们认为，游戏化之所以具有越来越强烈参与经济行为的最重要功能，还不是西方主流经济学的"理性选择"，而是"超越理性"。在大数据、智能时代，"游戏化"普遍流行的发展势头越来越浓重，这意味着一个崭新的"游戏化时代"的来临。许多人担心，智能化时代后，我们的剩余时间和闲暇时间越来越多，人会变得"无意义"。"游戏化时代"的来临恰恰契合与满足这一趋势。通过"游戏化"获得生存和生命的意义，或许本身就是人内在本质的一种复归和实现。

四　未尽问题

（一）"经济游戏"之于现代"文明游戏"意味着什么

"经济游戏"无疑是现代文明游戏的一个极其重要的组成部分，甚至是最核心的内容。如果我们能把其游戏的内在机理、逻辑和机制研究清楚，必将对揭示现代文明的本质有着直接的价值。"经济游戏化"的程度越来越强烈和普遍，游戏人与经济人、游戏规则与经济规则、游戏机制和经济机制之间的耦合是如何实现的？其中的内在连接究竟是什么，都需要深入反思。其中一个重要可以引以为鉴的转化机制就是"游戏化教育"。既然教育越来越崇尚"游戏化"，通过游戏化可以提升教育职能，那么，经济游戏化本身是否也正是通过自觉不自觉"游戏化"实现自身的"经济教育职能"呢？

（二）如何批判"金融游戏化"

"金融"被视为现代经济的血液，"金融业"则被视为现代经济的动脉。这一正面积极评价并不能掩盖金融本身所内涵的消极方面。金融游戏规则最核心的原则就是"金融自由化"，通过金融要素的自由流动实现金融资源的最合理配置。尽管我们批判新自由主义、市场原教旨主义，但是我们从来不敢批判和质疑"金融自由化"这一个"金融原则"。因为这已经成为全球金融规则的基石。问题在于，这一基石本身内在的包含着自身否定的因素，如果不敢对其进行深入批判，依然将"金融自由化游戏"视为金科玉律、天经地义的金融创新内容，全球金融一体化就可以建构起来吗？我国金融开放的根本原则如果不坚持"金融自由化"，世界如何理解和接受中国金融资本呢？这些问题都极难回答。

（三）"游戏元素"在企业文化中应该占据怎样的地位

探究游戏化运行的深层机制，必须深度研究"游戏元素"应用于企业经济过程中的具体作用范围，并对其存在疆界进行界定和区分。个别独立运行的游戏元素是否与整个企业所积极构建的"游戏规则"相协调、配合呢？偶尔个别的"出离"是否具有特别的意义呢？这里的问题应该不能一概而论，应该就事论事，做出实事求是的判断。这样一来，问题就来了。一个经济行为主体应该拥有自身的"游戏规则""游戏故事"，以此提升参与者的忠诚度和认同感。归根结底，"游戏人"在企业营造的游戏文化中能否获得不同程度的自主性体验、成就感、沉浸感和乐趣，这些都需要再研究。

（四）"游戏化类型"的深度比较是个难题

一般我们比较倾向于"游戏化"的短期分析，而对游戏化经济活动的长期效应缺乏洞察。尤其在全球化、大数据的跨文化语境下，通过不同文化群体（生产样式）游戏行为或游戏意愿、游戏认知、游戏态度等变量测量不同游戏化类型的复杂效果，并进行深入的比较研究，这是将"游戏化"概念做实的一个重要研究思路。通过长期、动态的比较研究，揭示游戏化经济活动中"游戏人"行为变化或心理特点发展的连续性及转折点，以此揭示不同文化群体的游戏差异性状。

（五）大数据时代"游戏化"发展趋势是什么

前面我们已经提到过，大数据、高智能、万物互联时代开启了游戏化的崭新时代。问题在于如何把握这一时代发展脉搏和前沿问题呢？我们认为最重要的研究工作则是关注大数据产业、智能产业在实际活动中，其"游戏设计元素"究竟能够起到怎样的抑制作用，这需要根据各行业的具体竞争情形做出判断。

（六）从"游戏经济"到"游戏哲学"的过渡如何可能

在经济领域范围内热闹非凡的"游戏化"如果缺乏哲学的观照必将陷入类似新古典经济学"自我言说"的封闭循环世界之中。因为还存在大量的"游戏"负面现象，在"游戏经济"活动中，如果"游戏化"用来迷惑人们，使其不去关注工作的实际报酬、意义和奖励的技术，被用来驱使人们去做一些并不符合自身利益的事，则可能会成为企业"剥削的工具"。或者说，如果参与者只是为了好玩而参与游戏化，而系统的设计实际上却是为了让他们消费产品，这便会产生"动机与效果"相互背离的现实问题。只有在充分掌握了大量"经济游戏"实践案例的基础上，我们才可能将其上升到"哲学批判"的层次，自觉扬弃经典的审美游戏、真理游戏、存在游戏的判断模式，扩展"游戏化"经济哲学分析的范围和层次，提升经济哲学参与时代、塑造时代的能力。

作者单位：同济大学马克思主义学院，上海财经大学人文学院

罗尔斯产权民主思想的公平诉求及其局限性

——兼评其对马克思批判抽象财产权观点的回应

李淑梅　陈　颖

罗尔斯在 1971 年出版的《正义论》中，以提高社会最不利者的生活期望为着眼点，探讨了如何在社会成员之间进行权利、机会和财富的公平分配问题。他虽然提出了产权民主思想，但是着墨不多。为了澄清他的正义理论同资本主义福利国家政策的区别，他后来进一步强调了产权民主思想。他认为，资本主义福利国家虽然通过国家税收的再分配方式增加社会不利者的收入，但却允许少数人拥有大量生产资料和财富，从而无法保障广大公民的经济和政治主体地位，无法保障公民政治自由的公平价值。为了克服福利国家制度的缺陷，罗尔斯回应了马克思对古典自由主义抽象财产权思想的批判，强调了生产资料分布于广大公民手中的重要作用。罗尔斯在后来的《正义论》修订版序言中指出，假如重写《正义论》他会阐明他的产权民主思想与福利国家观念的差别。罗尔斯的这一思想指出了调整生产资料所有权对于坚持社会公平正义的重要作用，体现了公平的价值诉求。但是，罗尔斯不赞同马克思关于废除资本主义私有制的观点，而是试图将生产资料私人占有普遍化，这种改良方案不能有效解决资本主义社会的不正义问题。尽管如此，罗尔斯的产权民主思想对于我国当前的产权制度调整和完善仍旧具有一定的启发意义。

一　对古典自由主义和福利国家抽象财产权观点的修正

罗尔斯的产权民主思想是针对资本主义福利国家提出的。福利国家政策看上去是对古典自由主义的矫正，但仍然固守着古典自由主义的抽象财产权观点。罗尔斯受到马克思批判自由主义抽象财产权观点的启发，对古典自由主义的财产权观点进行了修正和调整，提出建构产权民主制度，并将其作为福利国家的替代方案。

在历史上，自由主义是伴随着资本主义生产方式的形成而产生的，它极力为资产阶级的自由和财产权辩护。洛克认为自由是人的天赋权利，并认定以劳动为基础的私有财产权也是人的基本权利。马克思批判道，古典自由主义所承认的只是形式的自由，而回避了每个人实际上是否拥有财产、是否占有生产资料的问题，抹杀了阶级分化和对立的事实，是对资产阶级牟取私利活动的抽象普遍化、唯心化的表达，是为其披上的公正外衣。他明确指出："自由主义的词句是资产阶级的现实利益的唯心的表达。"① 资本主义国家虽然在政治法律上废除了人们在财产、文化程度和职业上的差别，使之拥有了平等的自由权利，但这些差别依然存在于市民社会中，并且后者恰恰是资本主义政治法律制度赖以存在的现实基础。在资本主义社会，生产资料私有制和社会分工造成人们活动的异化；资本贪婪的逐利本性使之超出市场的需要而生产，致使市场供需矛盾加剧，进而导致经济危机，使生产力遭受巨大的破坏；资本利润率下降规律遏制着资本家的逐利欲望和行为。资本主义生产方式内在矛盾的发展使之必然会走向解体，被以公有制为基础的社会主义、共产主义社会所代替。然而，自由主义以消极自由理论为资本主义制度服务。

马克思对古典自由主义的批判引起罗尔斯的重视，罗尔斯把马克思对古典自由主义的批判概括为四个方面：古典自由主义提倡的权利是利己主义的个人的权利；资本主义社会推崇的抽象的政治权利和自由仅仅是外在形式；立宪政体和私有财产保护的仅仅是消极自由；资本主义私有制下的劳动分工具有狭隘的、贬低人的价值的特征。在罗尔斯看来，马克思不但批判了古典自由主义的利己主义，而且批判了以生产资料私人所有权为基础的资本主义制度。罗尔斯在一定程度上肯定了马克思对古典自由主义的批判，认为这是"来自社会主义传统的合法反对意见"②。马克思的批判促使罗尔斯对古典自由主义抽象的财产权观点进行具体的分析和修正，他区分了基本权利和非基

---

① 《马克思恩格斯全集》第 3 卷，人民出版社，1960，第 216 页。
② 罗尔斯：《作为公平的正义》，姚大志译，中国社会科学出版社，2011，第 213 页。

本权利，提出了调节非基本权利、实现产权民主的构想。但是，他并不赞同马克思关于共产主义社会的论述，认为这种超越了正义的理想社会带有乌托邦幻想的性质。只有适用正义原则的社会，即用正义原则调节社会矛盾和冲突的社会，才具有现实可行性。

古典自由主义的自由体现在个人权利上。罗尔斯认为，洛克等自由主义者抽象地谈论个人权利，将非基本权利也视为必须维护的基本权利了。由于缺乏对非基本权利的限制和调节，因此，经过一个较长的历史发展过程，势必会凸显出一系列两极分化问题，造成严重的社会不公平。在现代福利国家中，财产就集中于少数人手中，从而对民主政体构成威胁。为了解决该问题，罗尔斯把古典自由主义抽象的原子式的私人变成为了增进自身利益而进行社会合作的公民，把古典自由主义作为基本权利的生产资料所有权等变为非基本权利，试图通过社会调节，来限制生产资料所有权在少数人手中集中，使之广泛分布于公民手中，实行产权民主制度。在他看来，关于生产资料和自然资源的所有权以及馈赠权等属于广义的财产权，而不属于正义原则所保护的狭义的、基本的财产权范围。此外，人力资本即个人"受过教育与训练的能力与技艺"等也属于非基本权利，也要进行社会调节，使之广泛分布，以保障公民在享受良好教育和技能训练等方面机会平等。因此，产权民主就是主张物力资本和人力资本的广泛分布、保障公民社会主体地位的观点。所谓正义的社会就是既要保障公民的基本权利，又要对非基本权利加以公平调节的社会。如果抽象地谈论个人权利，混淆基本权利和非基本权利，而不允许限制和调节非基本权利，就会违背社会的公平正义。

产权民主主要关注的是作为生产前提条件的生产资料和人力资本的广泛拥有，而不是作为生产结果的收入的再分配。罗尔斯指出，产权民主"不是通过在每个时期结束时再分配收入给那些所得较少的人，而毋宁说是在每个时期的开始就确保生产资料与人力资本（受过教育与训练的能力与技艺）的广泛所有权"[1]。而福利国家制度则是在生产结束后，通过税收和福利等再分配环节来适当增加社会不利者的收入，以缓解社会矛盾，这样，就允许少数人对生产资料的垄断。

在罗尔斯看来，产权民主和自由（民主）的社会主义都是正当、正义

---

[1] 罗尔斯：《正义论（修订版）》序言，何怀宏、何包钢、廖申白译，中国社会科学出版社，2009，第4页。

的体制，都能实现两个正义原则所表达的主要社会政治价值，只是在生产资料私有还是公有上有所区别。一个国家究竟应该采取其中哪种体制，这取决于它的历史条件与传统、制度与社会力量等。就西方国家而言，适合采用生产资料分散私有的民主制。罗尔斯假设，马克思可能会说，"任何在生产资料方面允许私有财产的政体都不能满足两个正义原则，甚至也不能做很多事情以实现由作为公平的正义所表达的关于公民和社会的理想"①。但在罗尔斯看来，产权民主制就是公平正义的体制，这充分体现在它的特点和功能方面。

二 产权民主制的特点和功能

罗尔斯认为，产权民主制度是极为重要的政治力量和经济力量，它通过公民广泛、实际地拥有生产资料所有权，使社会成为公民间互利互惠的合作体系。这可以保证公民平等地参与政治生活，行使政治自由权利，可以促使社会公平地运用公共资金，实现人力资本的广泛分布，并可以有力地保障财富和收入分配的公平正义。具体而言，产权民主制具有下述特点和功能。

第一，提供平等的社会合作的前提条件，重视社会背景正义。在罗尔斯看来，社会背景正义至关重要，可以说，合乎正义原则的各种政策都是为了确保社会背景正义。罗尔斯把社会理解为自由平等的公民为增加自身利益而相互合作的体系，而产权民主回答了公平的社会合作之可能的前提条件问题。注重社会合作前提条件的正义性是罗尔斯对古典自由主义和福利国家政策的超越。古典自由主义主张个人的天赋权利，它所维护的是自由放任的资本主义体制，而对于市场自由竞争造成的贫富分化问题等无能为力；福利国家仅在生产结束后的再分配环节调节财富和收入，而并不关注作为生产前提的生产资料所有权的分配是否公正的问题。福利国家的再分配政策是以承认"下等阶级"的存在及其合理性为前提的。"下等阶级"在一个时期的分配结束后才能被辨认出来，福利国家制度的目标也仅在于通过社会福利来保障"下等阶级"最低标准的体面生活，这无法改变存在着巨大阶级差别的社会现状。并且"下等阶级"由于丧失了生产资料所有权，不是独立的利益主体，因而只能依赖政府的福利救济维持生存。这样，社会也无法成为自由平

---

① 罗尔斯：《作为公平的正义》，姚大志译，中国社会科学出版社，2011，第214页。

等的人们互利互惠的合作体系了。与之不同，产权民主制"从一开始就将足够的生产资料普遍地放在公民手中，而非少数人的手中，以使他们能够在平等的基础上成为完全的社会合作成员"①。它通过生产资料广泛分布的公平的社会背景，保证每个社会成员都是拥有生产资料的独立的利益主体，使他们之间的关系成为相关利益者之间的关系，按照互利互惠的原则进行合作。

第二，维护公民的政治参与权利，保障政治自由的公平价值。古典自由主义把自由理解为摆脱国家外在干预的消极自由，忽视了一些公民不积极参与公共政治生活、行使政治权利的问题，对现代社会出现的政治冷漠症无能为力。针对这种情况，罗尔斯反思了洛克等古典自由主义者对自由的抽象、片面的理解，认为他们所维护的只是贡斯当所说的"现代人的自由"，即免除国家的外在限制的自由，而忽视了贡斯当所说的"古代人的自由"，即公民参与国家政治生活的自由。与之不同，卢梭"强调贡斯当称为'古代人的自由'的东西——平等的政治自由和公共生活的价值"。② 卢梭试图把社会制度建立在公民普遍意志的基础之上，用"公共理智"限制和调节人们的财产权，解决社会不平等问题，这是将社会基本结构作为正义主题的最早努力之一。不过，卢梭的平等思想中包含着潜在的极权主义倾向："公意"在某种意义上为社会设立了一个形而上的"绝对君权"。尽管如此，卢梭关于通过社会制度限制和调节财产权的设想仍富有启发意义。罗尔斯试图将洛克强调的现代人的自由与卢梭强调的古代人的自由适当结合起来，将个人政治参与的维度纳入自由概念之中。

罗尔斯不仅修正了自由概念，而且具体区分了"自由"和"自由的价值"。在他看来，在现代社会，虽然每个人都有自由，但是，每个人自由的价值不尽相同。那些占有大量财富的人拥有较大的实现政治自由的手段，相反，"当社会中的较不利者由于缺乏手段而不能有效地行使他们那一份与别人相同的影响力时，他们就陷入对政治事务的冷淡和抱怨之中"。③ 这样，就暴露了公民之间政治自由价值的不公平问题，这对立宪民主政体构成严重的威胁。因此，罗尔斯力图通过产权民主和差别原则的共同作用，使公民积

---

① 罗尔斯：《作为公平的正义》，姚大志译，中国社会科学出版社，2011，第 170 页。
② 罗尔斯：《作为公平的正义》，姚大志译，中国社会科学出版社，2011，第 8 页。
③ 罗尔斯：《作为公平的正义》，姚大志译，中国社会科学出版社，2009，第 177 页。

极行使自己的政治权利，保障政治自由的公平价值。政治自由的公平价值是指，"所有公民，无论他们的社会地位是什么，都能保证拥有发挥政治影响的公平机会"①。就政治选举而言，竞选不能接受私人或特殊财团的资助，而要由广大生产资料所有者提供的公共资金来支持，以防止竞选被私人或特殊利益集团操控。生产资料所有权的广泛分布使得公民的政治权利同切身利益挂钩，这能够促使广大公民关心公共问题，积极行使自己的政治权利，维护共同利益，从而克服政治冷漠症。罗尔斯还主张建立持续的、常态化的公共论坛，以便为每个公民提供参与协商和讨论的机会。

在罗尔斯看来，福利国家制度只是强调国家对收入分配的干预，而忽视了广大公民积极参与政治生活这一现代民主制度的关键问题。尽管福利国家通过再分配能够保障社会不利者的基本生活需要，但它并不关注社会不利者的人格独立、自尊以及道德能力等，缺少保障这些权利的相关政策，致使社会不利者沮丧和消沉。而生产资料所有权的广泛分布则能够保障广大公民以生产资料所有者和利益相关者的主体身份平等地参与政治生活，行使自己的政治权利。

第三，公平地运用公共资源，实现人力资本的广泛分布。罗尔斯认为，生产资本不仅包括生产资料的物质资本，而且包括人力资本。参与市场竞争的人既是市场主体，也是作为受过教育和训练的人力资本而存在的。同生产资料所有权要广泛分布一样，人力资本也要广泛分布，这就要保障每个人享有受教育的平等机会。因此，公共资金不仅要用作政治选举的费用，也要用来培养和发展人们的道德能力，要为人们提供教育和技术训练的平等机会等。

第四，通过市场价格的调节和政府税收的改进，促进收入分配公平和生产效率提高。罗尔斯指出，同福利国家过多干预经济以及分配上的"配给正义"不同，产权民主制强调要充分发挥市场体系的作用，在市场竞争程序的规范下，通过市场价格的分配功能和配置功能的调节，合理地配置资源和公平地分配收入。通过市场价格的调节，便会达到高效的资源配置和公平的财富分配。此外，还要将产权民主与差别原则结合起来，对税收和财产权进行调整。罗尔斯认为，限制福利国家对经济的过多干预、充分发挥自由市场的作用固然重要，但是，市场的运作势必会在政治和经济领域造成一系列

① 罗尔斯：《作为公平的正义》，姚大志译，中国社会科学出版社，2011，第213页。

两极分化的严重后果。因此，要保障生产资料分配的公平以及财富和收入分配的公平，不能单靠市场的作用，而要把社会和经济过程置于适当的政治法律制度之中。民主政体的政府分配部门的任务即是"通过税收和对财产权的必要调整来维持分配份额的一种恰当正义"①。他主张征收遗产税、累进税以及对财产权进行法律限制等，他特别强调要征收继承和遗赠税，以便保障生产资料和人力资本长久、持续地广泛分布，保障资本主义社会制度长治久安、公平有序。

由上可见，罗尔斯的产权民主思想涉及社会背景制度正义、生产资料所有权分布、保障公民政治权利的民主、保障教育等机会平等、自由市场以及政府税收等社会生产和生活的各个领域和方面，这是他为了克服资本主义社会各个领域和层面的矛盾和问题而提出的方案，是实现整个社会结构公平的价值诉求。在罗尔斯看来，市场价格和政府税收的调节等，可以保障社会背景正义，可以抑制财富的集中及其对资本主义政治民主制度的威胁，促进生产资料所有权和人力资本的广泛分布。罗尔斯的产权民主思想与正义的两个原则在价值诉求上是一致的，是为满足两个正义原则服务的，通过它们的结合，可以促使福利国家制度过渡到更为公平的产权民主制度。

三　产权民主思想的价值和缺陷

罗尔斯的产权民主思想直面资本主义福利国家存在的不公平问题，并寻求解决的路径，这是具有一定的理论价值的。它聚焦于生产资料所有权问题，将其作为主要的调节对象；主张自由市场也可以不与生产资料私人占有相结合；凸显了资本主义社会公民政治权利行使的不平等问题；将民主的理解从政治领域向经济领域延伸。但是，他的生产资料所有权和人力资本广泛分布的设想是温和的改良方案，是难以实现的幻想。

第一，反对生产资料所有权掌握在少数人手中，但缺乏对实现产权公平可行途径的探讨。罗尔斯揭露了古典自由主义对生产资料所有权的崇拜，他力图打破这种崇拜，对抽象的财产权进行具体分析，对少数人掌握大量生产资料进而左右政治权力的危险发难，这在一定程度上是向马克思思想的接近。马克思对生产资料所有权等资本主义社会的主导价值进行了深刻的批

① 罗尔斯：《作为公平的正义》，姚大志译，中国社会科学出版社，2009，第218页。

判。他指出，在流通领域或商品交换领域，"占统治地位的只是自由、平等、所有权和边沁"。① 在马克思看来，基于商品交换的自由、平等、所有权以及边沁的利益最大化原则是资本主义社会的主导价值。正如分析的马克思主义者科恩评论的："马克思在那些价值与市场之间建立了一种特殊的联系，无论这是否正确，它们都当然是自由资本主义文明的首要价值，也因而是吸引了其政治哲学家的价值。"② 马克思认为，在资本主义私有制社会，是不可能存在真正的自由平等权利的，所有权不过是生产资料资本家所有制的法律用语，而生产资料资本家私有制才是基本的社会关系。如果仅从商品交换以及在此基础上的法权关系看，资本主义制度好像是公平合理的，但若深入社会生产领域进行考察，资本的剥削本质便会暴露无遗。因此，作为资本主义法律规定的所有权实质上只是掌握生产资料的资产阶级的权利，资本主义国家也是由掌握生产资料的资产阶级所控制的。早在《德意志意识形态》中，马克思就考察了意大利、荷兰、英国等国家的负债问题，并明确指出："一旦资产阶级积累了钱，国家就不得不向他们求乞，最后则干脆被他们收买去了。"③ 进入垄断资本主义时期以后，这种情况更为严重。罗尔斯聚焦于生产资料所有权问题，提出少数人占有大量社会财富并借以操纵国家政治权力的危险，揭露了现代资本主义社会的弊端，触及了西方资本主义国家的主导价值，因而具有一定的合理性。

虽然罗尔斯认为生产资料集中于少数人手中是不正义的，但是他关于调节生产资料所有权的主张实质上是对资本主义私有制的维护。同时，在少数人掌握大量生产资料的现实社会条件下，怎么能够实现生产资料的广泛分布？这显然也是不现实的。假使他的设想有所实现，产权民主也不可能成为一种稳定的制度，因为在自由市场、私有制基础上，个体之间追逐私利的竞争必然会导致优胜劣汰，导致大资本对小资本的兼并，从而又会造成资本在少数人手中的积累和积聚，仅靠调整税收是无济于事的。

第二，提出自由市场条件下生产资料可以私有也可以公有的见解，但并未认清资本主义私有制和社会主义公有制的本质区别。针对福利国家制度下国家过多干预经济、阻碍市场活力和经济效率的弊端，罗尔斯主张自由市场

① 《马克思恩格斯全集》第23卷，人民出版社，1972，第199页。
② 科恩：《拯救正义与平等》导言，陈伟译，复旦大学出版社，2014，第11页。
③ 《马克思恩格斯全集》第3卷，人民出版社，1960，第418页。

经济，并突破了自由市场同资本主义制度不可分割的传统观念，认为"自由市场的使用和生产资料的私人占有之间没有本质的联系"，自由市场经济可以是，也可以不是私有制的。在他看来，产权民主制度和自由（民主）的社会主义都既克服了自由放任的资本主义的任意性，又克服了福利国家资本主义和国家指令性计划的社会主义对经济的过多干预，都是注重各种生产资本广泛分布的体制。他提出的社会主义可以同市场相结合的见解具有一定的借鉴意义，但他并未认清资本主义市场经济与社会主义市场经济的本质区别，以及基于不同经济基础的资本主义和社会主义政治制度的根本不同。

第三，试图将民主从政治领域向经济领域延伸，但仍局限于资产阶级的形式民主。罗尔斯提出的正义的两个原则和产权民主思想都是为了维护和进一步完善资本主义民主制度。正义的第一个原则所维护的人人自由平等权利本身就体现着政治制度的民主性质，这个优先原则又规制着适用于社会经济领域的差别原则，从而使社会结构的目标不再单纯追求经济效率以及专家治国、精英统治，而是要保障每个人在政治地位和受教育上的平等机会；要调整财富和收入在个人之间的分配，改善社会不利者的物质生活水平。因此，罗尔斯将他所理解的差别原则称作"民主的解释"。此外，产权民主思想也是他推进民主的努力。在他看来，必须对生产资料所有权和人力资本的分布加以调节，限制少数人占有大量生产资料和自然资源，限制他们利用经济地位和社会影响的优势获取受教育和技术训练的优质资源。可见，罗尔斯力图克服的只是在政治层面谈论民主的局限性，使民主向社会经济领域延伸，以避免少数人对多数人的统治。然而，他是在维护资本主义经济和政治制度的前提下强调民主，因而不可能寻求到解决阶级差别和对立、实现实质民主的路径。

第四，主张由福利国家制度过渡到产权民主制度，却面临着理论和现实之间的矛盾。为了纠正自由资本主义市场的任意性缺陷，福利国家对经济活动进行一定的计划和干预，实行收入和财富的再分配，但又带来经济滞胀等一系列问题。罗尔斯认为，福利国家对经济的外在干预不仅阻碍了市场活力和经济效率，而且听任生产资料所有权在少数人手中集中，忽视了少数人利用特殊的经济地位享有优越的公共资源和控制国家政治权力的问题。福利国家仅靠再分配这种"事后调节"方式是不可能有效纠正财富拥有的不公平问题的，而必须对生产资料和人力资本的分布进行"事先调节"，即在生产前提下就保障较大的社会公平，这种起点公平能够有效克服"事后补救"

的局限性。然而，罗尔斯是在福利国家的社会背景下提出产权民主思想的，但到了 20 世纪 80 年代，英美等国实行新保守主义政策，大力削减社会福利，使经济和社会生活中的两极分化加剧。这使得罗尔斯试图改进福利国家制度、推行产权民主制度的设想陷入困境。于是，他"试图保存福利国家的残存内容以抵御新右派的攻击，为的是保持最低水准的再分配以减少贫困和提供基本的公共服务"①。罗尔斯虽然不赞同古典自由主义抽象的财产权观点，但他仍然是以抽象的个人主义为理论基础的，仍然属于马克思曾经尖锐批判的自由主义派别。

　　马克思通过揭示资本主义社会的基本矛盾及其必然发展趋势阐明，只有根本变革资本主义生产方式，消除资本的统治，建立以公有制为基础的社会主义和共产主义社会，才能实现人的解放。马克思认为，社会主义、共产主义社会是广大劳动者自己的真正的共同体，它不是要剥夺个人的财产，而是要改变财产的特定社会性质，即要使财产失去剥削和奴役他人劳动的阶级性质，是要重建个人所有制。在那里，人们将通过自由的协作和联合而实现对生产资料的共同占有，使之成为人们的共同财产。这种财产不会变为脱离了一个个现实个人的抽象的"社会财产"，而是掌握在"联合起来的个人的手里"②，由联合起来的个人共同支配和使用，为每个人需要的满足和能力的自由发展提供条件。

　　尽管罗尔斯的产权民主思想是温和的改良方案，但他不满意福利国家只是主要关注收入的再分配问题，主张在发挥市场活力的基础上实现生产资料所有权的公平分配和教育等机会平等，这对我们有一定的启发性。中国是在经济落后的情况下进行社会主义建设的，为了建设现代化强国，在马克思主义指导下，从自身国情出发进行体制改革，建构了以公有制为基础、多种所有制共同发展的社会主义市场经济体制，既充分利用市场提高经济效率的优势，又坚持社会主义制度，探索出了中国特色社会主义发展道路，取得了巨大的成就。当前，"完善产权制度"是我国经济体制改革的重点，这可以从下述主要方面着手：其一，把政府与市场的关系作为经济体制改革的核心，进一步推进政府简政放权，使企业切实拥有对人、财、物的支配权，使企业作为拥有产权的市场主体参与市场竞争，追求自身利益。其二，打破不同所

---

① 金里卡：《当代政治哲学》，刘莘译，上海译文出版社，2011，第 101 页。
② 《马克思恩格斯文集》第 2 卷，人民出版社，2009，第 53 页。

有制之间的壁垒，探索国有企业的混合所有制改革，采取国有资产控股、集体经济和非公有制经济参股以及相互持股等形式，提高经济活力和效益，并鼓励和扶持非公有制经济的发展。例如，我国农村实施"土地所有权、承包权、经营权分置"的改革，并积极探索"三权分置"的多种实现形式，推进农业的现代化。其三，注重增加人们的财产性收入，增强收入和财富分配的公平性。我们不仅要关注个人消费品的公平分配，而且要重视生产资料所有权的合理分配。股份制改革就能够使民众以持有一定股份的方式获得收入；农村实行"三权分置"也有利于增加农民的财产性收入。我们还要推进财税制度的改革，处理好劳动要素和生产要素在分配中的比例关系，扩大中等收入群体，削高补低，加大精准扶贫力度，注重扶贫和扶智、扶志的结合，打击非法收入，实现共享发展。其四，重视人力资本的合理使用和培养。我们一方面要广揽人才，合理使用人才，依法保护知识产权，另一方面要大力培养人才，实现教育等公共资源的均衡配置，努力提高教育质量。其五，全面推进社会主义民主建设，坚持人民在公共生活中的主体地位。我们要在党的领导下，加强社会主义选举民主和协商民主建设，依法保障人民在经济治理、社会治理、国家政治治理以及生态环境治理中的主体地位和作用，增强人民的民主意识和主人翁精神。

总之，罗尔斯的产权民主思想力图克服古典自由主义和福利国家的抽象财产权观念，将生产资料所有权等当作可以调节的非基本权利，试图将公平的分配由福利国家的个人消费品的分配拓展到作为生产前提的生产资料所有权的分配，打散集中于少数人手中的生产资料，使之由广大公民拥有。但是，罗尔斯所要调整的只是生产资料所有权，而并不是要求变革资本主义生产资料私有制。因此，他所理解的公平仍然带有形式的色彩。我国要以马克思关于社会主义、共产主义社会"重建个人所有制"的思想为指导，深化体制改革，推进产权制度的调整和完善，更好地维护人民群众的根本利益和权利，推进社会主义民主建设，充分发挥社会主义制度的优越性。

原载《哲学研究》2018 年第 11 期

作者单位：南开大学哲学院

经济的空间批判

——对哈维资本主义经济和空间关系研究的探讨

强乃社

　　近二十年来，在人文与社会科学领域有一种逐渐得到人们重视的思潮即所谓的空间转向。这是一种跨学科的话语，也是一种研究范式的变化，影响到了我们对经济的了解和认识。经济和空间的关系自古就有，也受到人们的关注和探讨，比如区位经济、区域经济、空间经济、城市经济、经济地理、金融地理等。经济活动本身是在一定的时间和空间进行的，所以经济和空间不能分开。那么，这种所谓的空间转向和我们经济哲学有什么密切的关系呢？简单来说，就是在经济活动的把握和理解中，对经济学科、经济知识的把握和建构过程中，空间变成一种重要的范式。空间不仅仅是经济活动的背景、容器，而且是经济活动本身的一个重要方面，是经济活动的因素、动力、结果等。空间是生产出来的，而不是自然的。在当代资本主义经济的批判性研究过程中，列斐伏尔、哈维、苏贾等人比较明确提出这点。尤其是哈维的研究，开启了政治经济学的空间批判思路，在和马克思主义有关系的研究中，有很大的影响，有很丰富的成果。

　　空间从外延来说，包括了地理空间、社会空间、精神空间和赛博空间。经济活动都和这些空间有密切的关系。赛博空间也是最近知识经济、信息经济等形成发展以后，逐渐得到人们重视的一种空间。今后赛博空间对经济的重要性将更加呈现出来。金融地理、金融与空间的问题也会凸显。这里根据哈维等人的研究，针对当代资本主义发展中的空间和经济的关系，展开一些讨论，主要是对经济活动进行一种空间视野的批判性分析的一些来龙去脉、重要内容，尤其关于 2008 年金融危机的反思，进行一些概括和提炼。这有可能是经济哲学研究需要面对的重大问题。

一 哈维相关研究的线索和方法

（一）线索

美国学者大卫·哈维本是英国地理专业学生，1957 年获剑桥大学地理系文学学士，1961 年以《论肯特郡 1800－1900 年农业和乡村的变迁》一文获该校哲学博士学位。后任布里斯托尔大学地理系讲师。1969 年移居美国。20 世纪 50 年代，地理学中发生了变化，就是对地理学中的数量方法进行了批判，走向了实证主义。哈维 1969 年的《地理学中的解释》主要是对地理学的实证主义的探讨。他重视方法论的问题。但是，后来他很快发现，实证主义并不能解决社会正义问题。对正义问题的关注，与罗尔斯 1971 年的《正义论》出版有关系，哈维从一个相对具体的、地理学角度理解自由主义的正义概念。他认为社会正义的问题和城市与地理学的研究有关。1973 年出版的《社会正义与城市》就表明了这种转折。他逐步走向了批判理论，他在地理学中注入马克思主义的视角，或者说，在马克思主义社会历史理论中增加地理学的内容。他的资本主义批判是空间和地理学的视角。

哈维 1982 年出版的《资本的局限》是阅读马克思《资本论》的一个产物，是对资本主义发展的新的情况比如剥夺性积累、时间和空间的布展新特点的解释；其 1985 年出版的《资本的城市化》提出一种新的解释框架，即城市化是资本积累的一种形式，城市化的核心逻辑是资本的逻辑；同年出版的《意识与城市经验》揭露资本主义社会中政治经济与城市空间、城市社会弊病的关联性。他在这些著作中，对资本无限积累的要求和空间所能够容纳的积累要求之间形成了矛盾有很多的揭示。1990 年哈维出版了《后现代性的条件》。该书的一个重要论点是，资本主义文化中的变化，包括向后现代的变化，与资本主义发展中的时空压缩现象有关。

进入 21 世纪，哈维对当代资本主义的分析更加深入。他在 2000 年又出版了另一本讨论后现代性的著作《希望的空间》。在这部著作中，他进一步对自己的观点进行了阐发，比如不平衡的地理发展中，阶级和经济的重新理解。阶级不仅仅是一种经济结构下的同质的人的群体，更是不同地理和区域的群体，有共同的诉求，但是也有彼此的矛盾甚至对抗。积累也可以通过空间的转移而导致危机延后。在全球化背景下，身体和全球是空间的两个界限，这些界限也是资本空间的界限，虽然为积累而企图超越，但是这并不容易。身体成为资本积累的一种策略，那就是让身体为存活而奋斗，并将这种延续理解为人的成功。其实这种成功就是资本的成功。

哈维 2003 年出版了《巴黎，现代性之都》和《新帝国主义》。前者是资本主义历史地理学的探索，资本主义的空间发展首先充分体现在 19 世纪末期巴黎的重建上。巴黎的重建是现代资本主义经济、政治和文化的发展与城市空间发展的过程，这可以看作资本主义空间地理学的一个案例。《新帝国主义》指出资本主义当代发展中最明显的一个特点是，在资本积累的压力下，资本主义国家采取了旧的剥夺性积累的策略，采取了国家干预策略，在世界范围内呈现出列宁和阿伦特所言的帝国主义特点，资本帝国主义继续掠夺和地理扩张。

2005 年哈维出版了《新自由化的空间》和《新自由主义简史》，2009年出版了《世界大同与自由地理学》。这些著作视野很宏大，对资本主义当代发展中的新自由主义的意识形态进行了比较多的分析和批判。这个时候他的视角有地理的视角，尤其是《世界大同与自由地理学》对自由的地理阐释很有价值，对所谓的普世价值进行了批判。他认为这种普世的价值代表的是资本所有者的利益。但是他已经将空间作为一个因素而不是全部因素或者核心因素来进行论述。他对资本主义当代发展尤其是新自由主义在全球的蔓延进行批判和分析。对于哈维来说，资本主义的危机是内在的，是资本无限积累受到有限空间限制的表达。

2008 年从美国开始的金融危机是一件大事。哈维对金融危机做出了很积极的回应。他认为空间和金融危机有非常紧密的联系。他 2010 年出版了《资本之谜和资本主义的危机》（*The Enigma of Capital and the Crisis of Capitalism*）、《〈资本论〉导读》（*A Companion to Marx' Capital*）。在《资本之谜和资本主义危机》中他提出了解释资本主义危机的一个框架。他认为资本危机是资本整体危机，系统性危机。他的解释也是系统性的。他提出了资本发展中有很多氛围（spheres），这些氛围是多样的，包括经济、政治、文化以及空间等因素。这些因素在当代资本主义条件下，彼此围绕在资本积累这个资本主导型的逻辑下，一旦发生变化，这些氛围之间不能彼此协调，资本的危机就发生了。空间是一个重要的因素。但是，他从来不认为空间因素是决定性的。

2012 年他出版了《反叛城市：从城市权到城市革命》①。其中哈维的探索有很多值得重视的地方，其中有两个方面值得重视，第一，他对城市社会运动中追求城市权很重视，城市权概念获得比较深入的探讨。他对这个问题的直接探讨是 2008 年开始的，他这一年在《新左派评论》上撰文《论城市权》，后来在 2012 年新书中做了一些简单修改后再行发表。这篇论文他还在 2009 年《社会正义与城市》新版中作为附录发表。可以说他很重视对城市权的探索。简单来说，他认为在新的条件下，城市权是重要的社会运动目标，这种权利的目的是城市管理应该有更多民主。第二，哈维一直对马克思的解放理论非常重视。在一个社会基本城市化的条件下，进行解放，进行革命，他认为这种革命就像列斐伏尔所说的那样，需要的是城市革命。虽然这种革命不是拿起枪杆子进行巷战，但是，那种都市条件下的改良活动，那种都市条件下的草根活动，都是重要的革命方式，是限制私人所有霸道、限制资本肆虐的一种重要方式。

（二）方法

在《社会正义与城市》中，哈维指出，什么是空间这个问题是一个哲学问题，但这个问题很难有哲学的回答。空间需要从活动论的角度也就是社会生产的角度进行分析。当代社会生产的主要方式还是资本主义的，是资本主导、市场主导的形式，空间就受到这种生产的影响。同时，这种生产也是特定社会的生产的一种表达或者表现。

对哈维而言，空间是一种关系中的空间。不能将空间理解为绝对的，"如果我们将空间理解为绝对的，那么空间就成为物自体而独立存在。"② 相比之下，相对空间观点更加符合实际。"相对的空间观点假设空间可被理解为一种对象之间的关系，只有对象存在且彼此联系的时候存在。还有另外一种意思，其中空间被理解为相对的，我将这种称为关系论的空间——这种空间，以莱布尼兹而言，包含在对象自身，其意思为对象存在，只有他自身包含并体现在自身与其他对象的关系之内的时候才可以称之为存在。"③

如果追问什么是空间，那么这种追问必然成为一种哲学问题。这个问题

---

① David Harvey, *Rebel Cities: From the Right to the City to the Urban Revolution*, Verso, 2012.

② David Harvey, *The Social Justice and City*, The University of Georgia Press, 2009, p. 13.

③ David Harvey, *The Social Justice and City*, The University of Georgia Press, 2009, p. 13.

的探讨，"其论证必然是本体论的。进而，这种哲学问题被当作有独立于其他事情的哲学的或者语言论的解决方式。"① 其实空间自身的探讨，就是将空间概念化。"适当的空间的概念化问题将通过相关的人类实践活动解决。换言之，没有来自直接面对空间特点的哲学问题的哲学回答，需要从人类的实践中得到答案。"② 对于他来说，"什么是空间这个问题，应该用这样的问题来替代：人类不同的实践何以形成和使用不同的空间概念？"③ 所以，我们很难从他那里获得直接的对空间是什么的回答。他的答案总是在社会活动的深处，在社会发展过程的探讨中，比如积累活动中的空间有限性、不平衡发展等。这种思路是对空间是什么问题的一个回答路径的分析，也可以看作空间问题进行探讨的方法论的界定。这也是将空间政治化、政治经济学化的根本所在。

可以将哈维的方法概括为活动论、关系论和本体论的结合。在这种方法论指导下，他探讨了资本主义和社会主义两种社会过程和不同的空间形式。社会主义和资本主义是不同的活动方式。由于人的活动创造了空间，空间是在资本主义条件下存在的，所以，如何探讨和分析这种社会与空间的关系就成为他重要的工作，尤其是作为一个地理学家，他关注道德哲学和政治哲学中最流行的正义理论同城市这种特定空间形式之间的关系。他这种理念一直没有发生改变。在1996年出版的《正义、自然和差异地理学》中，他对空间的哲学探索是一个首要的任务："我希望提供一种唯物主义的框架，来分析空间、地方和环境并将之整合到社会过程理论以及实际政治的研究之中"④。概括起来说，这种唯物主义是地理的、历史的唯物主义；地方和环境是空间的重要方面；在社会理论中，不止一个人已经意识到，空间被忽视了，需要整合空间来理解和说明社会历史。

空间是以人的活动为根本的，而不是别的；空间是人的活动空间而不是独立的空间自身。至今为止，哈维的空间概念基本和政治概念联系起来，似乎回到了活动的空间组织上，政治活动获得了独立的地位，而空间依然占据从属地位，他看到的是空间从属于资本、政治。空间是事物自身的一种不可移易的特征吗？有自身的独立性吗？这个问题很难回答。应该说，在哈维那

---

① David Harvey, *The Social Justice and City*, The University of Georgia Press, 2009, p. 13.
② David Harvey, *The Social Justice and City*, The University of Georgia Press, 2009, p. 13.
③ David Harvey, *The Social Justice and City*, The University of Georgia Press, 2009, p. 13.
④ 哈维：《正义、自然和差异地理学》，胡大平译，上海人民出版社，2010，第53页。

里，空间不是独立的，它从属于活动，人的活动，尤其是人的政治经济和社会活动。在很多时候，他将城市化理解为空间实践或者空间活动；这种空间活动中需要进行政治经济学的探讨。

对于哈维来说，空间、地理、城市是紧密联系的，从根本上看，这些与人们的实践活动尤其是经济活动和政治活动联系在一起。这些是不能分开的，这些现象的后面是资本的逻辑，是政治的逻辑。对哈维来说，似乎政治和经济是第一位的，而空间不是。这多少和列斐伏尔他们试图从空间上寻找马克思主义发展出路有些不同。

二 空间实践、空间矛盾与空间修复

当代资本主义社会的经济发展如何理解有不同的看法。其中，以哈维为代表的资本主义的空间政治经济学批判是比较突出的一种新观点。这种观点也是经济哲学研究中的一个值得重视的问题。这种研究强调空间的社会性，强调资本主义发展中空间的有限性和资本的积累的无限性之间的矛盾，虽然空间修复是解决矛盾的努力，但不能改变资本主义内在的危机倾向，也无法解决资本的内在矛盾，最多不过是拖延资本主义危机的爆发。在这种探索中，他有自己对空间问题的政治经济学探索，对空间是什么、空间如何与资本主义生产联系、资本主义危机和发展与空间的关系等进行了探索。他近来对城市权的探索是值得重视的一个问题，他那种激进的扫除私有制度的主张，似乎被城市空间活动中追求剩余价值的生产、使用、分配的民主控制的主张所代替，而后者是追求城市权的主要内容之一。

哈维的空间思想涉及很多学科，比如地理学、城市与区域研究、政治学、社会学等。但是让哈维能够超越地理学的空间研究而形成重要的思想的，应该是其空间政治经济学研究。哈维的思想很复杂，他也没有直接对自己空间政治经济学进行概括。我们挑选他对空间实践、空间性、空间矛盾、空间修复和空间压缩等作为关键词来理解他的空间政治经济学批判。

（一）实践与空间

究竟在哈维那里如何理解空间的含义？他没有直接回答空间是什么，而是解释空间包含了什么，空间活动与实践是什么，以一种描述和相关活动的陈列，来回答如何理解空间的问题。他在不同的地方有一些比较概括的解释。这里重点探讨两种解释，即空间是空间实践，是多种实践交织成的网络。

（1）在1988年《后现代状况》中，他探讨了列斐伏尔的三种空间，即所谓的生活空间、空间表达和表达的空间。他认为这些空间也是空间实践，是人的一种活动。他将这些活动和实践相对具体化，对空间做出比较深入的解释。[①] 总的看来，空间表现为人们活动中彼此接近或者分开的距离和间隔，也是人们一种利用或者占用空间的过程，这里人们可以支配和利用空间，空间当然可以创造出来。所有的空间与人的活动联系在一起。不同的空间就是人们不同的空间活动、空间实践。

第一部分空间实践是我们社会生活和生产中的空间实践，可以看作与物理性空间直接关联的。这是一种生产和再生产方式在空间中的展现活动和相互作用。

首先，这种空间表现为一种间隔或者距离，生产诸多因素在流动，交通运输系统本身形成一种空间，作为其他要素空间移动的途径，同时市场也需要占有空间，形成市场和都市等级制度，生产活动也表现为空间上的聚结。其次，表现为人的活动对空间的占用和利用，比如占用土地，形成建筑环境，还形成社会空间，这些空间也形成了社会民众的划分标志，形成了沟通和相互帮助的社会网络。再次，客观的地理的空间中存在支配和控制的关系，比如空间以私有财产的形式存在，国家和政府的空间划分，排外的社群和邻里存在，形成管辖和监督的区域分离等制度。最后，从创造空间的角度看，形成交通运输、建筑环境以及土地平整清理，社会基础的领土结构形成等。

第二部分空间实践是空间表达。各种表达空间的方式都包含了一切符号和含义、代码和知识，它们使得这些物质实践能够被谈论和理解，无论是按照日常的常识，还是通过处理空间实践的学术上的学科的专业术语。

首先，这种空间表现为距离，比如社会、心理和身体的尺度。人的空间表达中一个著名的事件就是绘制地图。其次，空间作为一种空间表达，它首先是个人空间，个人以此表达自己的存在，个人有内心地图，人和人之间由于空间不同而形成等级，在不同的空间中形成不同的话语等。再次，空间表

---

① 哈维：《后现代状况——对文化变迁之缘起的探究》，阎嘉译，商务印书馆，2003，第275页。

达中有一种被禁止的空间，形成了人和社会中的领土规则。人也是划分为社群的，这也是一种空间控制和支配，甚至地区文化也是为这种人和人的隔离、等级、彼此限制服务的，而地理政治学和等级制度则是表达空间中的支配和控制的重要方式。最后，空间表达也可以创造出来，比如地图和视角表达交流形成了新的系统，同时有新的艺术和建筑的话语形成，符号学也是一种空间创造的专门学问。

第三种空间实践是表达出来的空间。这些是内心创造的，它们为空间实践想象出了各种新的意义或者可能性。这些创造可以是代码、符号、空间话语、乌托邦计划、想象的景色，甚至物质构造如象征性空间、特别建造的环境、绘画、博物馆以及类似的东西。

这种空间更加接近一种主观的空间。首先，形成空间的吸引和排斥，同时也形成距离，也有欲望的表达空间形成，而接近和拒绝是一个问题的两个方面。其次，这种空间以一定目的被利用，如人们很熟悉的控制和支配，家庭也是人的一种表达性的空间，对人的控制的社会化过程中，家庭占据重要地位。开放的场所也表达了一种可能的控制意图，那些通俗的表演场所比如街头、市场和广场也是支配和控制的地方，这种支配是以吸引的方式进行的。最近比较突出的是插图和涂鸦、广告，也是赤裸裸的一种指导、利诱、支配与控制的欲望的显现。再次，表达性空间中，支配和控制的关系也很突出，比如形成不熟悉感觉、惧怕，财产和拥有一定获得社会地位的要素也可形成表达性空间，也可以形成纪念性的意识空间，形成一些象征性障碍与象征性资本。从某种角度看，传统也是一种表达的空间，比如建构传统等。最后，从创造的角度看，人们形成乌托邦计划、想象性景色、科幻小说的本体论和空间，制造空间和场所神话，空间诗歌，构建欲望空间，等等。

哈维是从空间实践的丰富内涵来理解空间。空间和空间实践是一致的。可以说空间实践决定了空间，空间自身的特性也是非常具体的，没有抽象的可以到处应用的空间。空间已经是社会活动和社会事物自身的特性，不仅仅是场所、地点等的意思。哈维的其他含义也是从这个角度分析的，比如资本主义的地理学就是资本主义发展的空间实践。这在哈维早期形成从实证主义到批判理论的转变过程中就已经形成。哈维认为，什么是空间，需要从人类不同的实践活动怎样生产和利用空间的角度来理解。

（2）哈维在 2003 年《新自由主义化的空间》的一篇文章《空间作为关键词》中，自称不顾困难重重对空间含义进行探讨，提出最新的对空间的解释。他认为最早在《地理学中的解释》中提出三种空间依然奏效:① 第一是绝对时空,第二是相对时空,第三是关系性类型时空。

　　早在1973年的《社会正义与城市》中,哈维已经认识到,要理解资本主义条件下的城市化,关键就是必须理解空间的特征。关于空间的特征有几种比较重要的观点。第一种把空间当作物自体,将空间当作格子来放置事物。第二种将空间作为物体彼此共时态存在的一种关系。第三种是关系性空间概念,这是莱布尼兹研究过的,空间包含着事物自身之中,事物包含和表达了对其他对象的关系,包括空间关系。

　　空间是怎样的不取决于自身,而是取决于环境。环境则是由人的行为决定的,应该用人的行为的特点来解释。这些和列斐伏尔与苏贾的解释是有区别的。比如去听音乐会,这里有绝对性的空间,没有在音乐厅这个空间中的人是不能听到音乐的。同时,演奏者和听众之间的空间在一定范围内是相对的,因为有相对关系存在。进而这种空间关系是关系性的也是实际存在的,比如有些能够听见,有些不能听见。听到的效果和一些听众听到的效果并不相同。

　　绝对空间是固定的,我们在这个框架中记录或者计划事情。这是牛顿或者笛卡尔的空间,通常被表达为已经存在、不可移动容器,可以进行标准化测量,可以计量。测量学上欧几里得空间,还有各种地图、工程图等形式的空间,这是个体化的空间。从社会来看,这个空间就是私有财产和其他有地域限制的设计(国家、行政单位、城市计划、城市网格等)的空间。在这个时空中所有的不确定性和模糊都是禁止的。相对性空间是和爱因斯坦的名字联系在一起的,是非欧几何学中的空间。关系性空间则是从社会生产活动的关系中进行,形成与事物、活动本身不可分割的那种空间,事物或者活动与其他事物、活动在相互联系中存在,这种存在具有空间特征和关系,这就是关系性的空间。他认为这种划分是他在30年前就做出的,也无须做出修正。他用列斐伏尔的三个类型的空间的概念和自己进行比对,是因为这样可以说明不同空间的互参特征,不是明确的定义说明,而是一种建议性的框架。

　　他对这些概念做了更加仔细的说明。他绘制了两张表格。第一张表格是

---

① David Harvey, *Spaces of Neoliberalization*: *Toward to a Theory of Uneven Geographical Development*, Franz Steiner Verlag, 2005, p. 93.

"空间性的一般含义"。① 第二张表格是关于马克思主义空间性的概念的含义。② 我们理解，空间有自身的一般性的界定，但是在不同的研究者那里，在不同的视角中，空间并不表现出来同样的品格。"空间性的一般含义"的表格中，表格的纵向是物质空间（经验的空间）、空间的表达（概念化空间）和表达的空间（既有空间）三栏，横向是绝对空间、相对空间、关系空间三栏。第二张表格是"马克思主义理论空间性的含义"。纵、横向三栏与第一张表格相同，内涵则有区别。

表格的横向栏目中，绝对、相对、关系性空间三栏就是哈维自己主张的，而纵向栏目中，物质的空间、表达的空间和空间的表达三个类型的空间，和列斐伏尔有很大关系，可以看作一种推进。这些栏目的纵横结合，形成了很复杂的空间概念的矩阵。这其实表明空间概念的复杂性，空间概念在不同的活动中，纵向三栏物质空间、空间表达、表达空间和空间实践有密切的关系，侧重强调人的活动，而横向三栏有自己的科学基础，是人类认识历史上空间概念演变的过程中形成的，是对空间不同角度的理解和探索。纵横结合，就有了很多的含义。比如，物质空间和绝对空间交叉，就有人们平常所见的所谓的墙体、桥梁、门、台阶、地板、屋顶、街道、建筑物、城市、山峦、大陆、水体、物理界限和障碍等。

哈维所阐释的马克思主义空间概念也非常复杂。比如，绝对空间和物质性空间的结合，其内涵就是有用的商品、具体劳动过程，纸币和硬币（本地货币）、私有财产、国家界限、固定资本、工厂、建筑环境、消费空间、占领空间、攻占巴士底监狱、攻打冬宫等。这些就是一种空间和空间实践，是绝对空间和物质性空间，是人们经验性空间。

但是，这种绝对空间也有被人们的行动所利用和使用而形成的，有一种空间在人的活动中被表达出来的特征，比如，剩余价值和具体劳动之间存在一种内在的联系。劳动本身可能面临一种认定上的张力：劳动是剥削性的，还是人的创造性自我实现？其实是结合的。私有财产和阶级形成占据特定空间而形成排斥，对于他者的排斥，对于其他阶级和阶层的排斥；不平衡地理发展形成的马赛克式的不同和变化，多样的发展态势，形成可能的级差和不

---

① David Harvey, *Spaces of Neoliberalization*: *Toward to a Theory of Uneven Geographical Development*, Franz Steiner Verlag, 2005, p. 105.

② ibid. , p. 111.

同类型发展之间的级差之间互动的压力。这些都是人的活动和人的活动形成的空间表达。

在相对空间和表达性空间的结合中，交换价值的理解也有了自己的深刻内涵：积累是资本家最关心的，也是在相对性时空中完成的；要形成一种商品链条才能完成这种要求；通过时间而使空间虚无化；资本投入人工环境的制造中，为的是交换价值形成并持续；当然，为了交换，形成了世界市场和世界网络，国家之间形成了地缘政治学的关系，等等。

可以说马克思的政治经济学批判就是在这样的一种矩阵中进行的，这是一种复杂的、与时空联系在一起的分析，不是简单的，而是复杂的；不是单线的而是网格状的关联。[①] 用他自己的语言来概括，就是在空间和资本、经济的关系分析中，"没有关系性的视野，就无法理解马克思的政治经济学批判"[②]。

总结起来，哈维将空间和空间实践、空间性联系起来的观点，对理解经济和社会具有重要的意义。空间是人类生活中绝对的、相对的和关系性空间的结合。人们的活动有物质性的，也有精神性的因素，其实人的空间概念也是如此。空间概念和空间实践是互动中发展起来的。空间从来没有单一的绝对的意义，它是复杂的、多样的。

从历史上也比较容易证明这点。在封建欧洲时代，场所具有确切的法律、政治和社会意义，明确了一定范围中的社会关系和社群的相对自治权利。随着社会发展，塑造空间和时间概念的革命的过程逐渐发展起来。而透视的根本法则，彻底结束了中世纪艺术和建筑实践的各种法则。问题是，这种透视法则统治到了 20 世纪。透视的地图和绘图的固定点是很重要的原则。透视法则突破了中世纪几乎所有的空间限制。

空间更多与统治、贸易等联系在一起。后来随着社会的发展，地图在近代社会的商业和军事、国家统治以及对外扩张中不断发展起来。"地图博取了一切幻想的和宗教信仰的因素，也博取了涉及它们之产物的一切经验符号的因素，已经成了对空间现象进行实际安排的抽象和严格的功能体系。它们日益运用在地产权、领土边界、行政和社会控制范围、交通路线等等。人口

① David Harvey, *Spaces of Neoliberalization: Toward to a Theory of Uneven Geographical Development*, Franz Steiner Verlag, 2005, p. 111.

② ibid., p. 97.

被确定在一个范围内，有人说地图第一次使得一种集权成为明显可能。"① 地图和社会统治联系起来，"总体化的地图观使得强烈的民族感、地方感和个人身份能够在地理上的差异当中建立起来。"②

空间既然和社会活动有关，是社会活动的产物，也对社会活动构成重要影响，那么，在资本主义条件下，社会和空间的关系到底是如何的？彼此之间关联的重要特征是什么？哈维在很多地方进行了深入探索。其中一个突出的特点是，对哈维来说，就是空间矛盾的存在。

（二）空间矛盾

资本和空间之间的关系是复杂的。资本具有无限积累的特征，但是资本在一定时间占用和利用空间是有限的，二者之间发生了一种矛盾的关系，这就是所谓的空间矛盾。

空间和人类活动是相互联系的。空间是人类活动的条件和前提，更是活动的结果和对象。人类对空间的认识与人类的空间实践是联系起来的。对于哈维来说，近代以来社会的发展是资本主义凯旋和危机的历史。这个社会的核心是追求货币据为己有，由此获得理由、正当性和尊严等。

近代资本主义发展开始，市场的追求和货币的追求导致空间扩张，这种扩张是国内的也是国际的。进而，社会生活中各种关系进一步的货币化，改变了时间和空间的品质。时间和空间的意义在于它是否有钱可赚。比如，绘制地图是空间实践历史上的重大事件。此时空间是对私人使用开放的，也导致了脱离意识形态的中立特性。当然，空间和时间品质的变更可能是追求金钱目标的结果。对于资本主义来说，有效率的空间结构和社会必需的周转时间是联系在一起的，是追求利润量化的根本规范。

随着时代的发展，资本主义发展中出现了空间的障碍和必要条件并存的特点。"在资本主义生产中，在所有方面为排除空间障碍而做出的创新，在资本主义的历史中都是极有意义的。它把这种历史转变成了一件非常地理化的事情——铁路和电报、汽车、无线电和电话、喷气式飞机和电视，以及近年远程通信的革命，都是这方面的例子。"③ 但是这种空间的变更是有限的。

① 哈维：《后现代状况——对文化变迁之缘起的探究》，阎嘉译，商务印书馆，2003，第312页。
② 同上，第314页。
③ 同上，第290页。

因为空间不能因为资本积累的阻碍而消灭它，资本只能在有限空间进行无限积累的追求。这就是所谓的空间矛盾。"空间的矛盾只有通过空间的创造才能够完成，比如形成铁路、公路、机场、远程运输等。生产流通和消费在某个时刻的空间上的合理化，最终或许不适应未来某个时刻资本积累的情况。空间结构的创造、重建和增长是一桩成问题而且花费昂贵的事情。"① 这种空间的变化是缓慢的。但是，这种变化又是必然的。这个时候，空间创造就是一个重要的社会生产手段。"空间创造的能力成了扩大社会力量的一种重要手段。在物质条件方面，这意味着谁能够影响交通运输、物质和社会基础设施方面投资在空间的分布，或者说谁能够影响管理、政治和经济力量在地域上的分布，谁就能够经常获得物质上的回报。"②

资本主义发展过程中，社会力量和资本的地理基础关系很密切。"资本积累将通过重新塑造其地理基础而不断建构这种社会力量。换言之，重建力量关系的任何斗争，都是一种重组它们的空间基础的斗争。"③ 这是资本主义生产、资本主义社会下空间的秘密所在。这是理解资本主义社会矛盾的关键所在。

概括言之，所谓的资本主义的空间矛盾就是指资本积累需要空间，空间是积累现实化的一个条件，也是一种现实表现。但是空间是有限的，无限积累的要求和一定条件下的空间的有限性之间有矛盾。空间扩张是资本发展中的关键因素，甚至是资本历经危机得以幸存的关键。这种空间上的矛盾的存在、发展和解决，是资本主义形成和发展历史中的一个重要的现象。这种矛盾不能彻底解决，不能以传统意义上革命的方式进行变化，只能以一种相对缓和的方式进行。这就是所谓的空间修复。

（三）空间修复

进入 21 世纪后，哈维对空间修复理论的论述比较多，相对比较系统。其主要的思路可以概括为：在资本主义发展中，为了资本积累的正常进行，无限进行，对既有的时间和空间关系需要重建，甚至进行破坏性重建，既有的时空关系重建以后，可以满足剩余资本追逐利益的要求。这是资本发展的

---

① 哈维：《后现代状况——对文化变迁之缘起的探究》，阎嘉译，商务印书馆，2003，第 293 页。
② 同上，第 293 页。
③ 同上，第 297 页。

时空动力学问题。但是从中长期来看，时空修复都没有解决过剩的问题。

在一定地域中，出现了资本和劳动力的盈余，表现为失业率上升，市场上没有卖掉的商品的亏本处理，闲置或者过剩的生产能力，货币资本缺少生产性和营利性投资机会。"这种盈余可能通过以下方式得到吸收：通过投资长期资本项目或社会支持（如教育和科研）来进行时间转移，以推迟资本价值在未来重新进入流通领域的时间；通过在别处开发新的市场，以新的生产能力和新的资源、社会和劳动可能性来进行空间转移"，或者是时间和空间上同时采取措施以吸收资本和劳动力的盈余。[①] 资本这种时间上的转移和空间上的转移就是所谓的空间修复。他指出，"修复一词具有双重含义。一方面，整个资本的其中某一部分在一个相较长的时期内（取决于其经济和物理寿命），以某种物理形式被完全固定在国土之中和国土之上。某些社会支出（比如公共教育或医疗保健体系）也通过国家投入而得到地域化，在地理上被固定下来。另一方面，时间空间修复喻指一种通过时间推迟和地理扩张解决资本主义危机的特殊方法。"[②]

问题是这两种取向之间并不能和谐一致，它们很多时候会产生矛盾和冲突，在实际活动中，导致资本主义经济甚至社会的危机。修复并不能解决问题，尤其从中长期来看更加明显。"空间的生产，全新的劳动区域分工的形成，新的和更便宜的合成资源的开发，作为资本积累动态空间的新地域的开拓，以及资本主义社会关系和制度安排（比如有关合同和私有财产方面的法规和安排）对先前社会结构的渗透，都为吸收资本盈余和劳动盈余提供了重要的途径。然而这种地理扩张、重组和重构经常会威胁已经固定在空间（嵌入在国土）中但还没有实现的价值。这一矛盾不但不可避免，而且由于新的地域实现有效运转也需要在物质性基础设施和建筑环境方面投入大量固定资本，因而将会不断重复出现。大量固定在空间中的资本为别处实现空间修复的障碍。……如果资本没有或不能转移，那么过度积累的资本一定会由于通货紧缩导致的衰退或萧条而直接贬值。"[③]

空间修复是普遍存在的。这个过程可能产生两种后果：第一，剩余资本暂时得以安置。这种转移危机可能从一个地方到另外一个地方发生，整个资

---

①　哈维：《新帝国主义》，初立忠、沈晓雷译，社会科学文献出版社，2009，第89页。

②　同上，第94页。

③　同上，第94—95页。

本主义生产领域依然保持相对的稳定性。这种地区之间的移动性所产生的总体效果是,临时降低了过度积累和贬值所带来的严重危机,虽然有时候这些地区性的危机很严重。第二,竞争更加激烈。①

这当中一个重要的问题何时会因为修复不足以解决问题而形成危机,我们经常如何面对资本主义的危机,哈维自己的表述是:"一个国家提高强劲的国内发展,在什么时候达到资本过剩而必须寻求空间修复的关键点。"②很多国家发生的危机和空间危机直接相关,因为空间比如房地产、比如区域发展等,都是吸收大量资本剩余的方式,这种繁荣什么时候产生危机,甚至幻灭,什么时候更多的人就能够意识到资本的局限性。

时空修复的结果导致国内政治和国际政治的变化。比如,资本的地域性贬值更加严重,或者爆发地缘政治斗争。国家之间的冲突形式主要为贸易战和货币战,往往隐藏着军事对抗。虽然不是所有危机都必然如此,但是这些对抗和矛盾的出现确实有如此背景。

空间修复不能解决资本主义矛盾,这有两种情况:一个是空间修复自身面对的资本积累被打断的威胁没有消除;另一个是空间问题自身的重要性不能高估,空间在探索当代资本主义发展过程中,并具有不重要的决定意义。

从资本积累的角度看,空间矛盾不能解决,导致资本主义危机的爆发。这种危机有多种原因,但是空间是一个很重要的方面。在有关研究中,2008年从美国开始的金融危机是一个非常重要的案例,哈维也及时做了分析。这在一定意义上是很好的经济活动,尤其是危机状态下经济活动的空间批判性分析的案例。

三　金融危机的空间逻辑

在马克思主义理论、马克思的历史唯物主义原理中,资本主义危机是一个重要的问题。这种危机可能表现为政治、经济、文化等的危机,也可能表现为其中的一种危机或者多种危机综合形成的危机。如何解释危机,危机之后的资本主义如何走向,这是当代马克思主义理论必须直面的问题。从马克思的危机理论来看,资本主义过剩的危机,已经逐渐发生了变化,这种危机

---

① 哈维:《新帝国主义》,初立忠、沈晓雷译,社会科学文献出版社,2009,第98页。
② 同上。

可能不会直接导致社会危机和政治危机。经济危机也有很多的延缓、消除甚至破解的方式。在我们这个时代，2008年世界资本主义经济危机是一个绝好的案例，让我们来考察资本主义的矛盾所在，它的生命力所在，它未来发展可能有的路径。

2008年开始于美国的资本主义金融危机如何理解？智慧的猫头鹰在黄昏才起飞。后危机时代的今天，经济哲学的探索显得更加重要和可能。很多具有左派积极批判色彩的学者认为是自由主义的学说和资本主义自身的固有矛盾发生所致。

哈维作为一个比较激进的地理学家、马克思主义研究者。按照他的一贯立场，资本主义危机是资本不能盈利的危机，是资本的正常流动受到影响或者停止的危机。资本企图通过扩张包括地理扩张来解决危机，进行所谓的空间上的修复，但是不能解决资本主义内部的危机倾向。他近来出版专著《资本之谜与资本主义危机》《〈资本论〉导读》指出，2008年美国开始的金融危机是资本主义的系统性危机，可以从空间的角度、地理学的角度来分析危机的根源、表现，并对其出路进行一些探索。他的观点值得我们关注。这种分析在解释当代重大经济事件即经济危机中具有非常重要的意义，也对我们理解空间的意义和价值有很多启发。

（一）国外关于金融危机的哲学研究回顾

这里论及的金融危机，主要是指2008年9月从美国开始的世界范围的金融危机，它表现为银行、保险等一些行业的机构破产，或者货币流动性变得困难。世界范围内各个国家对金融机构进行挽救，力度很大，目前看来效果还不明显，金融和经济秩序恢复正常尚需时日，甚至在进行并不顺利的重建。金融危机的探讨中，经常还有两个事件与此紧密联系，一个事件是2007年初在美国发生了次贷危机，即美国房屋抵押贷款中信用比较差的次贷，由于房价下跌和贷款利率上升，购房人还款困难，违约率上升，银行行使抵押权利，使很多购房人丧失赎回权。次贷危机和美国的金融危机有直接关联。另外一个事件是，美国金融危机迅速扩散，世界金融秩序受到冲击，进一步影响到很多国家的经济，大约在2008年底世界范围内许多国家实体经济受到重大影响，这就是所谓的经济危机，世界范围的经济危机、衰退和停滞，现在已经是一个不争的事实。

金融危机的探讨是很多学科的重要课题。经济学、金融学等对金融危机的形成、构成特别是应对之道，进行了比较多的探讨。同时，哲学、社会学等也开始进行了探讨。尤其是面对如此长时间、大范围、深层次的金融、经济甚至社会危机，哲学的探索在一定意义上具有自己的优势。由于马克思的危机理论是很多人研究的一个重要参照系，我们这里主要将国外一些与马克思研究有关的对金融危机的哲学研究做一初步述评。

国外对于金融危机的哲学探讨，对于资本主义的批判比较明确而深入。一些学者对马克思的危机理论表示赞成，认为资本主义金融危机实际是这个社会制度的问题。资本主义制度下资本恣意追逐利润，市场越界横行，是危机的根本原因。

1. 全球化时代危机的治理

德国《时代》周报 2008 年 11 月 6 日发表哈贝马斯的访谈录《破产之后》①。哈贝马斯对当下的金融危机的形成、原因、影响、应对等进行了分析。他的研究主要是政治哲学的角度。他对于私有化的批判和担忧、对国家和经济活动关系过分紧密的担心、对市场恣意妄为的批评、对新自由主义即华盛顿共识的批判，有很鲜明的特点。从他早先关于晚期资本主义合法性危机理论的发展角度看，他对全球化时代的金融危机的理解有一个变化，认为在当下金融危机条件下，原来以民族国家为基础的社会治理方式遭遇挑战。哈贝马斯在这个访谈中也谈到，他在 1973 年出版的《合法化危机》中提出，晚期资本主义条件下，经济危机的干预是需要国家的，但国家在自由主义理论中是保持其守夜人角色的，国家在很多方面是听命于经济活动的追逐利益的指令的，国家在面对危机时，其政策制定和实施实际上不能得到公众的支持，因为人们不能接受单独的市场追逐利益的取向，这些危机也是合理性、合法性等的危机。②

这些问题的出现一个重要背景是民族国家。哈贝马斯对于社会治理方式进行了一系列探索，很重要的一个特点就是他很重视超越民族国家背景下的社会治理方式，包括危机处理方式。依照他的理解，③全球化过程对既有的领土和社会界限形成了很大冲击。经济生产的国际化，很多企业的行为依据不是本国的治理行为，更多的依据国际金融市场和劳动力市场情况做出决

---

① Thomas Assheuer, Nach dem Bankrott, *DIE ZEIT*, 06. 11. 2008. Nr. 46.
② 哈贝马斯：《合法化危机》，曹卫东译，上海人民出版社，2000，第 5、6、7 章。
③ 哈贝马斯：《包容他者》，曹卫东译，上海人民出版社，2002，第 140 - 141 页。

策。国家对于本国经济的控制力下降。实际上，这次金融危机的形成，显然很大程度上不是很多国家自己造成的，问题的解决也需要在超越民族国家的意义上进行，多个国家同时采取救援措施。治理当前金融危机需要在欧盟、全球共同采取行动。在哈贝马斯看来，对于一个日益变化的市场，国家活动要赶得上市场发展，政治必须建立在超越国家水平的采取共同行动的能力基础上，但是，市场和政治本身建立的基础是冲突的，在国际范围内也是如此。

哈贝马斯对于新自由主义提出了明确的批判，他认为私有化、市场的重要性被高估，公共领域比如杂志、报纸、电视等出售给利润最大化的追求者，甚至文化和教育也交付给市场决定的资助者的情绪和利益。其实国家机构不能按照经济原则和企业做生意。按照哈贝马斯的意思，危机已经在这些机制中埋伏。市场的作用的世界范围大行其道，比如，20 世纪 90 年代制订臭名昭著的华盛顿共识，对市场非常崇拜，私有化、自由化等等，一个核心就是，让富人更富有，而让财富能够渗透而不是浇灌到穷人身上。实际上世界范围穷人和富人的差别扩大，贫穷区域情况并无明显好转。

2. 新自由主义需要反思

齐泽克是当代左派思想家的重要人物。他对金融危机的探索主要是针对新自由主义提出批评和反思。他 2008 年 10 月和 11 月先后在《伦敦书评》发表短文，《不只要做，还要说》《运用你的幻想》提出自己的看法。[①]

第一篇短文主题是对人们面对金融危机的时候所采取的拯救措施的批评和怀疑，首当其冲的是对新自由主义及其措施的反思。目前所遭遇的危机，和人们的认识以及预期不能分开。人们不知道在这场灾难中如何应对，原因就是，危机和人们的行为是一致的。人们经常对于只说不做已经给予了足够的批评，但是，在没有明白危机的实质、主要原因的时候，甚至都不能明白拯救危机的措施的实质性影响的时候，匆忙做出挽救的举动。做得太多了，说的、讨论得很少，是有问题的。华尔街和普通街的斗争已经开始了，挽救的举动给华尔街扔大量的金钱，这些挽救行为挽救的不是那些穷人，而是富人。而且，这些方法是因为新自由主义已经奉行了很长时间的一个虚伪的教条：穷人能够在富人变得富有以后，自己也富有起来。市场从来都不是中立

---

① Slavoj Žižek, Don't just do something, talk; London Review of Books, 2008, 10, 10; Use Your Illusions, London Review of Books, 2008, 11, 14.

的，市场是一个决策者有偏向、有自己利益追求的市场。

第二篇文章提出一些人不带幻想甚至期望地给奥巴马投票，认为奥巴马不能解决什么根本问题。但齐泽克认为必须有幻想，不能让思维能力停歇，让自己的大脑休息。他认为现在发生的是金融崩溃（meltdown）。这是一个很重要的时刻，对于这个事件的反思，对于这个制度的反思不能停歇。金融崩溃使得人们对于全球资本主义的甚嚣尘上的非理性不能忽视。对于很多事情，人们可以等待，有时间协商和推迟做出决策，比如有人挨饿、气候变暖等，但是对于银行出了问题，人们认为没有时间进行反思和推迟做出决策，"挽救银行"的叫声响彻云霄，民主的决策程序性已经被悬置起来了。花钱不是为了救命而是为了恢复信心。其实我们可以很明确地提问，难道社会和自然的需要如此不重要吗？在新自由主义那里，世界粮食市场不是为了穷人的食物，而是为了利润生产。这个是天经地义的事情。他对法国新自由主义思想家索曼（Guy Sorman）的胡言乱语给予批评：这位思想家认为危机很快会过去，一切将很快恢复正常，因为我们有市场。其实在这里有意识形态的斗争：现有的一切是不完美的，但不能对现有的一切进行批评，因为他们是人性的表现。眼前的金融崩溃并不能自己被揭露，这需要做很多工作。在一定意义上金融崩溃是好事情：也许可以从市场的梦想中醒来。可怕的是我们将现实合法化，继续做那个梦。

他的两篇文章提出问题的角度是比较鲜明的左派立场，他提出的批评是针对资本主义、资本和市场。

3. 虚拟难道不是真实的吗？

法国哲学家巴迪乌2008年10月17日在《世界》杂志发表短文《危机是那个实在的表现》，对于所谓的实体经济和虚拟经济的区分提出了批评。[①]

全世界范围内救助金融机构的呼声一片，抢救银行成为国家的最大责任。人们认为这是和真实的经济（生产、货物流通领域）不一样的，一个已经丧失了理智、掠夺性的、不负责任的系统，一个虚拟的经济系统出了问题。作者认为这种区分是荒唐的，经济作为整体，不能将金融和所谓的实体经济区分开来，就像心脏和血液不能从身体健康中区分出去一样。过去五个世纪以来，金融资本主义是资本主义的核心、重要的构成部分。危机本身就

---

① Alain Badiou, "Of Which Real is this Crisis the Spectacle?" *Le Monde*, 2008, 10, 17. http://www.cinestatic.com/infinitethought/2008/10/baidiou - on - finacial - crisis. asp.

是实在的一个组成部分，而不是它的一个外在的表现。

我们不能在资本主义的生产机器房间，发现比资本主义的商业柜台后面和投机屋里有更多真实的东西。返回到真实或者实在，不是从虚幻回到实在，而是那些居住在这个地球上的人回到一个直接的和反思的生活中。不是回到那些像电影一样的金融生活中，不是从这些灾难电影一样的场景中回来，真实的是这个电影的观众。应该回到电影观众这里来。他们才是真实的。

作者对资本主义做出了批评：我们很久以来已经知道一个简单的事实：资本主义不是别的，是抢劫，本质上是非理性的，发展中充满了剥夺。他认为马克思 160 年前将资本主义政府定义为资本的代理人，是非常精辟的。

在金融危机中，真实在彼岸。所谓的民主的崇拜，也不过是资本在控制着的一个把戏，政府是那些银行的臣仆；而所谓的当下时代是一个意识形态终结的时代，在拯救银行的呼声中，已经表露了意识形态时代依然阴魂不散。人文解放依然没有丧失他的力量。共产主义被玷污和糟蹋。

4. 华盛顿和华尔街的蜜月与金融危机

《新左派评论》2008 年 9 - 10 月号刊发文章《金融政体的改变?》① 认为金融危机的发生意味着，一个旧的金融政体的结束，一个新的金融政体的开始。第二次世界大战以后资本主义金融体系有两种治理模式，一种是凯恩斯主义和布雷顿森林体系占据主导地位的时期，其存在时间为二战结束到 1975 年。另一种治理模式可以称作所谓的新自由主义、华盛顿共识、全球化共识模式，存在时间是从 1975 年到 20 世纪初，其主要特点是所有政府应该自由化、私有化、解除管制——该处方在金融危机爆发前世界经济政策方面占据统治地位。这些在目前遭遇到了困难，应该对这个发展模式进行反思，对于亚洲国家的发展方式的合法性给予适当考虑。2009 年 1 - 2 月号刊登文章《中心爆发危机——新华尔街系统的后果》。② 文章认为，这次危机是华尔街和华盛顿共谋的结果，这个共谋的思想基础就是新自由主义。在作者看来，全球金融危机根源于新华尔街体系的动力系统，这些从 20 世纪 80 年代以来渐次形成，大西洋彼岸的模式，其地理、意识形态和经济的意义已

---

① "Robert Wade, Financial Regime Change?" *New Left Review*, 53, September-October 2008.

② Peter Gowan, "Crisis In the Heartland—Consequences of the New Wall Street System." *New Left Review*, 55, January-February 2009.

经破产。

金融危机的形成不是因为中东削减石油产量、中国的廉价商品蜂拥而至，甚至不是次级抵押贷款的问题，这些发生在华尔街资本主义的心脏地带。虚拟的金融经济对于实体经济而言，它是重要的，直接参与了经济活动的各个环节。

当然这不是说金融危机是单一的原因造成的，华尔街的体系形成并繁荣昌盛，和一个合法的系统形成有关，汇率风险的私人化、汇率监管的缺失，是重要问题。金融衍生品在一定意义上是特殊的金融活动和过程，有可能形成积极的作用，但是，各种转移和保险没有使得风险消失，也没有转移，相反这些机制有放大和快速传递的功能。连著名的投机人巴菲特也不能搞清楚很多金融衍生品的运作机制和风险如何，此次危机前一走了之。有意思的是，作者认为最近 20 年来，华尔街和华盛顿之间有一个很长的蜜月期，它们在经济规制方面很和谐，它们和谐的基础就是都认可一种所谓的新自由主义或者自由市场的意识形态。

5. 其他一些探讨

对于金融危机的探索是多方面的，比如，德文《马克思主义杂志》2009 年第 1 期是《危机》（*Krise*）专号，共有 9 篇主题文章。对于世界金融、经济危机进行了分析，与哲学联系比较密切的篇目有《金融危机——国家对经济的专断规制结果》《走出危机之路》《2008 年危机和历史唯物主义》《经济危机与新自由主义意识形态危机》。[①]

还有文章专门探索金融危机背景下中国道路的含义、意义问题。德国《社会主义》杂志，2009 年 1 月号有专栏《中国道路》（*Der chinesische Weg*），探索中国道路，从金融危机的目前势态来分析，中国的社会主义可能是资本主义的一个有力的克服道路。这个专栏有两篇文章，一篇是《中国特色社会主义市场经济——过渡状态》，另一篇是《超越资本主义？》[②]。这些文章在金融危机背景下继续探讨中国社会发展的道路，对于其发展的世界发展意义、社会主义发展历史的意义进行探讨，值得重视。这些探索是社

---

① Gretchen Binus, Result Staatmonopolistischer Regulierung der Wirtschaft; Lukas Zeise, Wege aus der Krise; John Case, Der Crash 2008 und der historische Materialismus; Vladimiro Giacche, Wirtschaftkrise und Krise der neoliberalen Ideologie, in dem *Marxistische Blaetter*, 2009, 1.

② Sozialistische Marktwirtschaft mit chinesischen Besonderheiten—Eine Zwischenbilanz; Eine Alternative zum Kapitalismus? *Sozialismus*, 2009, 1.

会发展理论、社会主义发展理论、历史唯物主义发展理论的一个重要方面。虽然持论有些地方明显有问题，但可资参考。

还有值得一提的是一些哲学爱好者从哲学的角度做出了一些探索，在公众中产生了不小的影响。比较突出的就是已经偃旗息鼓一定时间的美国金融业者索罗斯，这时候又重现江湖，并撰写《金融市场新范式：2008 信用危机及其意味》。① 这位自称求学期间哲学成绩不错，但是专业成绩有时候欠佳的学生，在金融危机问题上很有发言权。20 世纪 90 年代的东南亚金融危机和此人密切关联。此次金融危机他基本全身而退，躲过一劫。他认为主流经济学理论、认识理论等存在一个问题，那就是人从一开始就对赖以生存的世界缺乏正确和完整的认识，原因在于，我们试图去认识世界，但是我们自身又是这个世界的组成部分。存在认知缺陷的人类与真实的世界之间相互作用、相互影响。人不仅认知世界，而且直接参与世界。这种参与由于一种目的而有操控功能。比如，任何投资者都是影响金融市场波动的参与者，如果不能把参与功能或操纵功能考虑到市场的资产估值模型中，那么所有的估值模型最终都会证明是失败的。哲学家们注意到自我指涉陈述中的认知不确定性问题。说谎者悖论最终启发罗素提出了自相关性陈述和非自相关性陈述的区别。分析哲学家也研究了言语行为上的认知不确定性问题，而言语行为是对某一境况的陈述，同时又对所指称的对象产生了影响。但是，索罗斯认为哲学家都把兴趣主要集中在问题的认知方面，对社会活动与自然现象在结构上存在差异这一事实却没有给予适当的关注。他并不明白后期维特根斯坦、塞尔、哈贝马斯等人在语用学研究中，对于这个问题形成了新的理解，即人的话语具有认知和做事的两种功能。索罗斯欣赏卡尔·波普提出的应该使用一样的方法去研究自然现象和社会活动的方法。这些让索罗斯对于人的行为及其后果对金融的影响保持一种敏感。他以前曾经写作《金融炼金术》也是对所谓的自反性理论的一种说明。他反对供给和需求曲线对于未来人们行为的决定性。他认为供给和需求是人们自己的一种选择而不是纯粹的、客观的外在于人的行为的一种现象。

在当代条件下，各种主义之争依然重要。凯恩斯主义、新自由主义、新左派的观点和主张是我们必须注意的。资本主义和社会主义依然是人们思考和认识问题的重要维度、重要途径。马克思主义对资本主义的分析和批判对

---

① 乔治·索罗斯：《索罗斯带你走出金融危机》，刘丽娜、綦相译，机械工业出版社，2008。

我们未来的认识和决策具有重要的意义。我们应该在新的时代条件下，发展马克思主义。金融危机对于我们的社会历史观建构也有很大的意义。历史唯物主义的社会危机理论是我们进一步探索的指南。在当代条件下，社会发展形态问题、意识形态问题，都值得我们重视。尤其是新自由主义将意识形态和经济发展必然性、社会趋势判断、人性特征认识等混同起来，为其灌输和实施鸣锣开道。

在诸多当代研究中，哈维的研究具有重要的意义和价值。其研究的主要特色可以概括为金融危机的空间解释。

（二）金融和空间

2008 年美国的金融危机，首先从房地产抵押次级贷款的危机开始，后来影响到整个金融体系，进而蔓延到实体经济。以前的危机，20 世纪 30 年代、20 世纪 70 年代的资本主义危机，"主要是城市发展危机和资产市场的危机。表现的地方、主要损失都是在这个地方发生和完成的"①。目前的金融危机和以前的是不同的，这种危机的形成机制也和以前有所不同。

这次危机与新自由主义有关。其实，危机发生以后，人们首先提出的问题是："自由市场的新自由主义作为资本主义发展的主导性的模式走到尽头了吗？"② 实际上，新自由主义是经济的也是政治的，是与阶级力量有关的一个工程。"用一些个人自由、自主、个人责任，与私有化、自由市场和贸易的优点的言辞作为面具，将恢复和巩固资产阶级权力的政策合法化。"③这个工程是成功的。国家对银行的保护是应该的，但是民众的死活没有人关心。走在新自由主义道路上的国家，财富和权力的集中难以置信。④ 但是没有证据说新自由主义已经死亡。

新自由主义政策之下，财富在集中，但是工资水平一直在下降。资本和劳动的关系中，资本需要的是廉价和顺从的劳动力。资本并不是很难做到这点。移民、自动化等都可以做到这点。似乎劳动力从来都是多余的，人口甚至也是多余的。⑤ 问题是，"劳动力所得和他所花费之间的鸿沟如何填平？"

---

① David Harvey, *The Enigma of Capital and the Crisis of Capitalism*, Profile Books, 2010, p. 8.

② ibid. , p. 10.

③ ibid.

④ ibid.

⑤ ibid. , p. 16.

在美国解决的办法就是信用卡工业的兴起。[1] 信贷消费从这个当中必然产生。但这只是将劳动力剩余的危机向后推，或者削弱这种危机的程度。其实，信贷在这里控制了劳动力市场的供需关系，当然还有与劳动力有关的一些商品、服务，比如"金融机构控制着房屋的供给和需求"，[2] 而不是相反。

另外一个角度看，工资很长时间的持续减少，允许富有的人更加富有。这些剩余的货币来做什么？投资。但是投资到哪里？是直接的生产领域，还是别的地方？"他们多数人更愿意投资在资产价值领域。"[3] 因为在当代发达经济体中，甚至大多数经济体中，"投资金融比投资做东西赚钱得多。"[4] 资本家以追求利润的方式生产了过剩。他们必须将获得的剩余资本进行再资本化和投资。这些新的获得盈利的出口在哪里？低工资和低的实业利润结合，"越来越多的钱进入到资产投机，因为那是能够获得利润的地方。"[5] 这导致经济活动的金融化。

金融化在历史上也与国家霸权有关系。资本对霸权的尊重建立在霸权能够为自己带来利润的基础上。"这些东西是没有国界的，它不对现有的霸权表达尊重，它仅仅对那些给它利润的才表示兴趣和尊重。"[6] 霸权首先和特定的地理和空间有关，"在金融化的过程中，在霸权形成的过程中，财富依然留在或流向欧洲和美国，那些发达国家。"[7]

这种情况首先是一种地理现象。在全球性资本主义形成过程中，经济和社会发展非常明显，但"这种发展及其后续的危机的地理学是不平衡。"[8]地理上的不平衡是哈维经常使用的一个术语，意思是经济社会发展过程中，在发展的规模、水平的地理分布上，都是不同的。资本主义发展一个方面要克服这种不平衡，因为在一定地域，资本获得盈利就需要市场的开放和发育；另外一个方面，资本主义发展也必然形成这种不平衡。因为，资本的空间展开是逐步的，发展水平必然不同。资本流动的原因是因为地理上的不平衡，获得利润或者实现利润需要不同的地理空间。资本通过在空间的不断流

---

[1]　David Harvey, *The Enigma of Capital and the Crisis of Capitalism*, Profile Books, 2010, p. 17.

[2]　ibid.

[3]　ibid. , p. 21.

[4]　ibid. , p. 23.

[5]　ibid. , p. 29.

[6]　ibid. , p. 34.

[7]　ibid. , p. 35.

[8]　ibid. , p. 36.

动，从没有利润的地方流向有利润的地方，以避免资本流动中断而导致危机，这就是所谓的空间修复。资本的全球流动不能离开金融，也离不开地理和空间的要素。按照哈维的论述，全球资本流动中，地理的系统也建立起来进行工作，以促进资本从剩余的地方流动到稀缺的地方。"其中首要的目的是克服任何潜在的影响资本流动到世界市场的障碍。这就打开了剩余资本吸收问题的空间修复的可能性。"① 但是修复不能解决问题。危机倾向依然存在。当然危机形成因素是复杂的，单一的地理因素并不能说明危机。但是地理和空间的角度是有价值的。

（三）空间与经济危机

人们依然需要在一定的空间中居住，从事各种活动包括经济活动。值得注意的是，"在这个时代，房屋和家的建设已经成为主要的剩余价值生产和吸收剩余的工具。现在大多数人口居住在城市，城市的生产已经更多和资本的积累交织在一起，甚至到了如此程度，很难将城市和积累二者区分开来"② 。这个时候，资本的积累、流动和危机，就与空间形成了一种内在的关联。空间是积累的条件，积累则是空间发展的重要动力因素。"地理差异的人文景观是如此生产的，其中社会关系和生产系统、日常生活方式、技术和组织形式、对自然的不同关系等这些都在制度安排下汇聚一起，形成不同品质的不同地方。这些地方又是差异政治学、对抗性的生活形式的标志。所有这些要素都是在地方上聚集在一起。"③ 这些因素导致了地理上的不平衡，这种不平衡是无限多变的、不断产生影响的。哈维所说的这些不平衡，一个重要表现是，不同收入的人居住在不同地域、住宅区。一定量收入的人居住在一起或者基本一致的区域或者住宅，比如蓝领、白领、富人等居住的地区有很大差别。这些可以称为居住隔离。一定范围内人的同质化、建筑和生活方式的同质化等。这些同质化是区域性的，整体是异质化的。这里人和人是分层的、分阶级的。阶层和阶级是经济的，但也是空间的。

对于资本主义发展过程中的这些现象，应该从资本本身的发展要求去探索。我们是否可以有一个地理原则来解释那些非常复杂的资本主义再生产

---

① David Harvey, *The Enigma of Capital and the Crisis of Capitalism*, Profile Books, 2010, p. 50.
② ibid., p. 147.
③ ibid., p. 148.

呢？回答是肯定的。首先，"所有资本积累的地理局限不得不克服"①。其次，"生产必然要货币、生产手段和劳动力（大部分包括在本地市场）的空间集中，这些要集中在一个地方才能够形成新商品的生产，然后才能够运输和销售到另外的地方"②。这个时候，地理和空间的因素就成为关键的因素，一旦这些因素不能具备或者受到影响，那么资本主义再生产就不能进行，也就是经济危机发生了。

资本主义生产的一个结果就是资本盈余的形成。这些盈余再次进入生产。在资本盈余需要吸收这个过程中，空间发挥了重要的作用。

市场是有场所的，"为优越的场所竞争是竞争的特别重要的类型"③。但是场所、空间是具体的，空间竞争与其他竞争也有区别，因为空间竞争具有垄断特征，空间具有排他性，一定空间不可以容纳多个主体进行活动的。在市场为基础的经济中空间竞争中的独断因素具有非常重要的结果。比如，一旦一些生产者在本地受到保护，交通费用很高，那么这些就变成了场所性的垄断，其他资本的流动就受到影响甚至不能进行。

还有，"一般而言空间的生产，特殊来说城市化，成为资本主义治下的大买卖。这是一个重要的途径，资本的剩余在其中得以吸收。全球劳动力的重要部分用于建筑和维持人工环境。大部分联合性的资本，通常是以长期贷款的形式使用，被安排到城市发展的建设中。债务推动的投资通常成为危机形成的震中。城市化、资本积累和危机的形成之间的联系值得仔细考察"④。在资本发展历史上就出现过这种情况，比如 19 世纪末的巴黎重建，二战以后西方国家城市的重建。2008 年的金融危机何以从房地产市场开始，也是这个原因。经济金融化以后，空间作为投资对象的吸金作用更加重要，其稀缺性使得这种投资产品很特殊，一定条件下很容易形成高额回报的投资领域。但是，一旦条件变化，这也是危机的源头，甚至中心。日本 20 世纪 80年代房地产泡沫的破裂、1997－1998 年东南亚一些国家和地区的危机，都有这个因素。

关键在于，空间作为资本发展的一个重要条件，不能无限扩张。而资本需要无限扩张才能够生存。这是个矛盾。即使靠不断的空间修复，即资本在

---

① David Harvey, *The Enigma of Capital and the Crisis of Capitalism*, Profile Books, 2010, p.155.
② ibid., p.159.
③ ibid., p.164.
④ ibid., p.166.

空间中的转移，也不能解决问题。空间修复是有限的，一旦到一定程度，这种修复无效或者无法进行的时候，危机就来了。

（四）危机解释的两种框架

哈维一直对马克思的资本主义危机理论有很大的兴趣，他的理论志向也非常宏大。他希望能够理解当代资本主义及其危机。危机是如何形成的？他提出了两个框架。第一框架认为，资本是需要在很多领域中进行积累的，这些领域一旦有了问题，就会导致危机。这些活动领域包括：技术和组织形式；社会关系；制度和管理安排；生产和劳动过程；对自然的关系；日常生活和种的再生产；人们对世界的认识和理解。[①] 第二个框架提出，资本发展中有自己的局限和障碍，这些来自几个方面。这些方面一旦出现不能解决的情况，危机就发生了。影响资本流动的因素主要有不能积累足够的原始资本进行生产；劳动的稀缺性，劳动组织化对获得利润的影响；劳动分工之间的不匹配和不平衡发展；资源、土地和环境方面的危机；法律强制和劳动推进的技术发展问题；资本控制和命令之下的工人的抗拒；需求的不足和无效；货币金融危机。[②] 这两个框架之间有相互交叉的地方，但是角度有别，一个从资本的积累条件来分析，另一个从资本积累的障碍和局限来探索。但是共性在于，危机不是一个因素形成的，也不是一种途径能够解决的。但是我们需要掌握其中的重要的、可以实现的问题来进行解决。从地理、空间的角度看问题的解决需要空间正义。

从地理和空间的角度来看，开始的时候，资本主义"不平衡发展的动力学，和这种世界范围资本主义发展的时间和空间的展开，非常紧张，因为资本寻求生产地理景观（结构上或者是物理的或者是社会的），一定时间形成一种景观，而后必须进行重建"[③]。在世界范围内，这种城市化变化的动力学已经戏剧化地得到表现。地缘政治冲突很多，这些来自地域化权力有特殊品格，它们有一个逻辑，并不特别符合资本的循环和积累的需要。近来的全球生产和去工业化导致大量的创造性的破坏，有些是通过地方性危机，有些是通过洲际危机实现的，比如1997至1998年的东亚和东南亚危机。所谓

①　David Harvey, *The Enigma of Capital and the Crisis of Capitalism*, Profile Books, 2010, p. 123.

②　David Harvey, *A Companian to Marx's Capital*, Verso, 2010, p. 337.

③　ibid. , p. 338.

的创造性破坏，就是既有的资本投资，表现在一定的空间基础上，对空间进行占领、整治，形成一定功能和用途。但是，为了有更多利润，后来的投资将对已经形成的空间进行新的改造，破坏了既有的格局，形成了新的空间。这个过程在资本发展中是经常性的。这种破坏是为了获得更多利润。

这些破坏性建构的发生条件和解决的途径可能就是金融、经济危机。但是没有人希望这种危机的频繁发生。这些问题的解决需要革命和社会运动。这也是哈维为什么一直在鼓吹革命的根本原因。他认为资本主义遭遇的危机，必须经过一场革命才能够解决。金融与经济危机和所有危机一样是一种空间矛盾下形成的危机。

总的来说，在当代的经济哲学研究中，空间和经济的关系已经非同寻常。哈维的研究，对资本主义经济进行了空间角度的分析批判，是我们研究的一个值得参考的个案。我们可以更加深入地进行这个角度的分析。比如，城镇化、房地产等空间产品生产，对于中国特色社会主义市场经济的意义和价值的探讨。从经济的一般分析、经济知识的生产等，都可以从这个角度进行，以此丰富经济哲学的研究。

作者单位：中国社会科学院哲学研究所

四　探索历程

经济哲学与经济伦理学

刘可风

"经济哲学"是一个多义的组合词，在不同的学者那里，经济哲学或是指经济学研究的某种理论层次或境界，或是指不同学科特别是经济学和哲学共同感兴趣的问题域，或是指一个交叉学科。这些理解都有其合理性，是具有不同学术背景和学术旨趣的学者对"经济哲学"这一概念的自我约定。

笔者在 1997 年 5 月 31 日《光明日报》理论版发表的一篇短文《经济哲学何以必要和可能》中，对以往学者关于经济哲学的不同理解做了简要分析。例如，英国新剑桥学派的罗宾逊夫人 1962 年出版的《经济哲学》就是理论经济学的巅峰著作之一，她其实并无建立新的交叉学科之意，也无意与哲学家交流，而是在研究经济学中最矛盾、最难解、最深奥、最智慧的问题。又如，中南财经大学（现中南财经政法大学）郝侠君教授等四位学者，在 1989 年出版了《经济哲学》（湖北人民出版社），这部著作的创新点在于它是国内开先河的第一部经济哲学专著，而它备受争议的是把经济哲学明确定义为应用哲学的一个新的分支，即经济哲学是哲学特别是马克思主义哲学在经济领域的应用，因而该书的体例基本上沿用历史唯物主义教科书的叙述方式，阐明生产力与生产关系、经济基础与上层建筑的辩证关系，以及政治经济学中劳动的二重性、商品的二重性、价值与剩余价值、劳动与资本等等的辩证关系。

在 22 年前的短文中，我对后一种理解提出了质疑，哲学当然要面对社会实践，应用于经济活动，但仅凭这一点并不意味着"经济哲学"一定必要。因为哲学所把握的现实，不是当下的"现存"，而是大跨度的历史；哲学不是用来解释充满经验知识的经济世界，而是探索深植于经济社会生活而又无法用经济学等实证学科解决的问题。如果沿用甚至照搬所谓哲学原理的语言范式，与政治经济学语言混搭拼接，这样的"经济哲学"不但会丧失哲学自身的批判性，而且会令经济学界反感，使其认为这是一些哲学学者不甘"哲学贫困"，越界对经济现象做肤浅的归纳和大而化之的论述而已。

只有一种经济哲学是充分必要的，即经济学研究拓展到一定的广度和深度所内生的或者说回归的根本问题，是经济学的树之根、水之源。所以，罗宾逊夫人所研究的关于形而上学、道德与科学的问题，关于亚当·斯密古典经济学、马克思主义经济学、马歇尔新古典经济学、凯恩斯主义经济学的价值及效用问题，关于发展与欠发展问题，才是真正意义上的经济哲学研究领域。再往前追溯，马克思的《1844 年经济学哲学手稿》可以说是经济哲学的正根。

经济哲学的一个重要分支是经济伦理学。何为经济伦理，笔者认同万俊人先生的观点，经济伦理可以从内外两个角度来理解：内在理解是指一切经济生产方式、经济生活方式、经济制度选择的内生的积极或消极的伦理道德价值，外在理解是指对上述经济实践活动和经济制度的伦理反思和批判性价值反思。其实，罗宾逊夫人的《经济哲学》的第一章的部分内容讲的就是经济伦理问题。

笔者近 20 年来致力于经济伦理学研究，先后主编和撰写了《经济伦理学》教材和《当代经济伦理问题求索》专著，在《哲学研究》等刊物发表了《论市场经济领域中道德的适度定位问题》《中西经济伦理的语境差异及其沟通》《国际经济伦理学的发展状况概略》《经济伦理学视域中的公平与效率》《经济伦理冲突与经济伦理学困境》等文章。个人认为，经济伦理学不宜用以宣扬经济和伦理天然和谐的"道德性神话"，恰恰相反，它面对的是三大难题：如何正视经济发展与伦理瓦解的冲突并寻求缓解的路径，如何厘清经济伦理与经济道德的本末关系，如何在重建经济伦理中对道德做出合理取舍并精准定位。只有承认这些深刻矛盾，并加以研究，经济伦理学才是必要和可能的，也才是有意义的。

简言之，经济伦理就是指经济与伦理的关系。人类无论是群体还是个体都要追求两个价值：经济价值（获利欲望）和伦理价值（道德要求）。这两个价值取向常常是冲突的，这种冲突自古就有，有时激烈到难以调和。古希腊哲学家亚里士多德提出的拥有多少财富的人最幸福的财富伦理问题，中国先秦诸子百家的义利之辨，都是早期人类社会经济与伦理冲突的理论表现。但是在古代以农耕或游牧为主的自然经济条件下，由于宗族和家庭作为经济生产单位和伦理实体是同构的，经济的就是伦理的，伦理的就是经济的，经济和伦理也会有矛盾，但一般并不尖锐，基本上不构成普遍关注的问题。所以那时不可能产生经济伦理学，甚至连经济学也没有，那些经邦济世的经济学问题的雏形都包容在古代伦理学思想中。经济伦理真正成为一个问题，发生在现代市场经济社会。因此，经济伦理问题是一个现代性问题。也只有当经济和伦理的冲突在现代市场经济社会集中地大面积地爆发出来之后，经济伦理学乃至经济哲学才迫切地成为必要和可能。从这个意义上说，经济伦理学是现代社会中经济与伦理的矛盾激化的产物。

经济和伦理之间原本潜在的区别是必然要显现的，它们的这种本质区别必然带来普遍而深刻的矛盾。经济伦理学的首要任务，不应该只是强调经济和伦理的一致性，掩盖甚至抹杀二者之间本质上的矛盾，而应该揭示和正视二者矛盾，清晰地剖析其源流脉络，寻求设置不可逾越的边界和底线，提出有限的而不是万能的解决方法，从而找到一条现在可以缓解或减轻二者冲突、将来实现和解甚至消融二者冲突的路径。

问题不在于市场经济条件下经济和伦理必然冲突这个事实，而在于许多经济哲学和经济伦理学研究往往不从事实出发，而从原则或概念出发，把经济伦理学的出发点和前提放在"市场经济是道德经济"这一应然判断上，并且有意无意地将其转换为实然判断。尽管对大多数研究者来说，提出这个命题的愿望是好的，但这的确是一个混淆了价值和事实、"应该"和"是"的伪命题，是市场经济的"道德性神话"。市场经济的道德性神话与非道德性神话同样是一种神话，从某种意义上说，道德性神话比非道德性神话更加偏离市场经济的本质和事实。因为市场经济不同于其他任何一种经济体制，它是彻头彻尾地以利己作为价值导向的，它承认并鼓励所有进入市场的经济主体的根本动机，无论从信念、情感、意志、理性上，都是利己的。只有在"私恶即公利"的意义上，或者可能通过利他手段实现利己目的的意义上，才能看到道德的影子；而一旦与利己目的相悖，这种手段就会被自然地毫不犹豫地放弃——当然假如我们同意安·兰德（Ayn Rand）所谓只有自私利己才是道德的观点，那市场经济真可以称作典型的道德经济了，但这恐怕没有多少人会赞同。如果我们是以市场经济需要道德的规范和约束为理由，来证明市场经济是道德经济，那么，所有的经济体制和经济形态都有这种需要，我们同样可以说，自然经济是道德经济，计划经济是道德经济，因而市场经济是道德经济这句话就成了套话和废话；如果我们是从市场经济天然禀赋新的道德价值，来说明市场经济就是道德经济，具有比其他经济体制更高的道德合理性，则缺乏有力的事实依据。相反，市场经济天生与道德不相容，并且内含破坏道德的冲动，倒是有充分的根据的。

　　进一步分析，问题还在于，经济伦理学研究常常把伦理与道德这两个概念混为一谈。虽然这两个概念是密不可分的，甚至是你中有我、我中有你的，但它们确有精微的区别。经济伦理学研究恰恰应该在同中求异，在异中求同。如果我们完全混淆了二者的界限，在经济伦理学研究上是有害的，会使我们在理论和实践上陷入困境。简言之，经济伦理是人们在经济活动中形成的伦理关系和伦理秩序，是实存的价值实体，而经济道德则是每一个经济人如何维护经济伦理的自主选择，这种选择因个人的独特经历、在伦理秩序中的地位、各种主客观条件而千差万别，产生不同的道德偏好和道德厌恶。所以，经济伦理是经济道德多样性的统一。在任何特定的经济伦理实体中，除了一致的道德规范，人们内心的经济道德标准和道德选择总是不一的。当经济伦理关系遭到破坏，经济伦理实体被瓦解时，如果我们片面强调经济道德，忽视经济伦理，或者误把经济道德等同于经济伦理，就是舍本求末，实际造成经济道德与经济伦理的错位和断裂，最终达致事倍功半、本末倒置的后果。"皮之不存毛将焉附"，伦理不存道德焉附。这就是为什么在当下的经济领域，甚至蔓延到非经济领域，越大讲诚信，坑蒙拐骗的丑闻越多，越高谈道德，失德败德的行为越多的症结所在。

作者单位：中南财经政法大学哲学院

面向中国实际研究经济基本理论问题

董德刚

在我 40 多年的理论生涯中，经济哲学是一个重要的研究方向，在这个领域出版了三部专著，发表了数十篇论文，并长期从事这方面的教学。经济哲学的主要特点就是面向中国亟须发展经济、实行改革开放的实际，运用马克思主义哲学思想，深入研究经济基本理论问题，并试图对解决这些问题提供若干思路。

一　个人专著《创造更高的劳动生产率——
社会主义经济哲学引论》

本书是在博士学位论文基础上修订而成的，25 万字，1998 年由经济科学出版社出版。

其主要内容是：从我国经济建设实践以及人们经济观念的实际出发，针对我国存在的现实问题，围绕如何创造更高的劳动生产率这个中心，以历史唯物主义基本理论和方法为指导，参考西方发达国家的经验，发掘马克思关于物质财富具有劳动和物质条件两个源泉以及生产者和所有者的关系构成社会结构之基础的思想，以当代物质生产中劳动与资产两个基本要素为"经"，以生产力、生产关系以及上层建筑为"纬"，首先，在生产力层面研究劳动与资产及其技术性结构，兼及经济管理和科学技术的作用，以助开发物质财富的源泉；其次，在生产关系层面研究劳动与资产两要素的提供者即劳动者与所有者的利益，以及他们相互之间和各自内部的利益关系问题，以利建构提高劳动生产率的主体动力机制；最后，联系上层建筑主要是国家，研究宏观经济体制和对外开放问题，以便为提高劳动生产率创造良好的宏观环境和条件，这是前两个层次研究的补充和扩展。该书的基本结论是，要在坚持劳动的主导作用和劳动者中心地位的前提下，实行劳动与资产的有机结合，让社会财富的一切源泉充分涌流。在这个基本思想之下，该书比较深入地阐发了劳动社会化理论，资产重要作用论，劳动与劳动者利益关联度理论，所有者权利理论，所有权社会化理论，劳动者、所有者和消费者"三者兼顾的经济学"等。

该书出版后，杨春贵、崔自铎、陈柏灵、边立新等分别在 1998 年 1 月 26 日《经济日报》、1998 年 3 月 2 日《光明日报》、1998 年 3 月 12 日《人民日报》、1998 年 5 月 28 日《市场报》、《中国社会科学》1999 年第 1 期发表了评介文章。该书获"中共中央党校 1995 至 1998 年度优秀科研成果二等奖"。

二　个人专著《邓小平经济哲学思想——以"三个有利于"为根本的建设哲学》

该书 28.2 万字，2001 年由河南人民出版社出版。

该书认为，邓小平经济哲学思想的最高概括，就是以"三个有利于"为根本的建设哲学。它以我国社会主义初级阶段为立足点，以马克思主义所揭示的社会发展一般规律和价值取向与我国特殊国情相结合为基本方法，以实现中国式现代化为目标，由经济建设中心论、经济发展战略论、经济体制改革论、思想政治保证论四个部分构成，其中，经济建设中心论是总论，它主要回答经济建设在我国社会主义发展中的地位和作用问题，其他三论则是分论，分别从生产力、生产关系、上层建筑三个层面来回答怎么样发展经济的问题。它们是"一总三分"的关系。而经济建设中心论和经济体制改革论，是邓小平经济哲学思想中的"华彩乐章"，因而也是该书的两个重点部分。

该书面世后，赵家祥、吴元梁、郭湛等分别在 2001 年 12 月 5 日《中国经济时报》、2001 年 12 月 25 日《光明日报》、2002 年 1 月 10 日《人民日报》、2002 年 1 月 14 日《北京日报》、2002 年 2 月 25 日《经济日报》、2002 年 3 月 4 日《学习时报》、《理论前沿》2002 年第 10 期发表了关于本书的评介文章。该书是我承担的 1998 年国家社会科学基金一般项目的最终成果。2002 年 6 月，此书获中南五省（区）人民出版社第二十四次优秀图书奖；同年 9 月，又获第 17 届北方十五省、自治区、直辖市哲学社会科学优秀图书奖。

三　《经济哲学》，24.9 万字，2003 年由中共中央党校出版社出版

该书是由董德刚牵头、集体合作的专著，作者还有庞元正、边立新、赵理文、张峰和江涛。该书以经济重大问题为线索，主要研究了经济理论的人性假设、人力资本与知识经济、所有制以及产权辨析、经济效率与社会公平、市场经济与经济竞争、市场经济与企业分析、市场经济的宏观调控、市场经济与伦理道德、市场经济与民主政治等专题。该书是"十五"国家重点图书出版规划项目"新兴哲学丛书"之一，该丛书由庞元正、董德刚、韩庆祥主编，包括《经济哲学》《政治哲学》《管理哲学》《价值哲学》《公共哲学》《历史哲学》《生态哲学》《语言哲学》《科学哲学》九部专著，由中共中央党校出版社出版。

四　在报刊上发表的经济哲学论文

（1）《论资产在当代物质生产中的重要作用》，《中共中央党校学报》1997 年第 3 期，中国人民大学复印报刊资料《理论经济学》1998 年第 2 期转载。

（2）《论劳动的社会化》，《现代哲学》1997 年第 3 期。

（3）《社会主义经济哲学引论》，《哲学动态》1997 年第 5 期。

（4）《社会主义公有制与所有权的社会化》，《河北学刊》1997 年第 4 期，中国人民大学复印报刊资料《社会主义经济理论与实践》1997 年第 9 期转载。

（5）《从"所有者的经济学"走向"三者兼顾的经济学"》，《燧石》1998 年第 1 期。

（6）《论市场经济的社会功能》，《珠海论坛》1998 年第 4 期。

（7）《从理论上概括社会主义经济建设的经验教训》系提交 1998 年 5

月在上海召开的"经济哲学高级论坛"的论文，被编入张雄、陈章亮主编的《经济哲学——经济理念与市场智慧》一书，作为第五章第五节"市场发育与发展的前提：劳动与资产的有机结合"，云南人民出版社，2000，第379－401页。

（8）《论所有者权利》，收入董德刚文集《哲学与现实》，经济科学出版社，1999。

（9）《邓小平经济哲学思想论纲》，《哲学动态》2000年第6期。

（10）《社会主义市场经济理论的重大突破和发展》，《中共中央党校学报》2000年第4期，中国人民大学复印报刊资料《社会主义经济理论与实践》2001年第1期转载。

（11）《近年来经济哲学研究概况》，《教学与研究》2000年第10期。

（12）《恩格斯怎样看待马克思的劳动价值论》，《理论学习》2001年第11期，《党建文汇》《宁波日报》等转摘。

（13）《试析剥削概念》，《理论动态》2001年11月30日。

（14）《如何看待我国现阶段的剥削现象》，《前线》2002年第2期，中国人民大学复印报刊资料《社会主义论丛》2002年第5期转载。

（15）《从单一要素价值论到系统价值论——劳动价值论的创新》，《求索》2005年第1期。

（16）《所有制问题也要进一步解放思想》，《南方周末》2008年2月28日，被人民网等众多网站转载。

（17）《逐渐淡化"公私二分"，走向社会所有》，《南方周末》2010年4月28日，人民网和《北京日报》等众多网站和报刊转载（摘）。

（18）《对所有制若干热点问题的思考》，《中国教育报》2010`年5月5日，被人民网等网站转载。

（19）《关于经济哲学两个问题的研究》，《党政干部学刊》2015年第6期。

（20）《今天应当怎么看"消灭私有制"?》，《中国民商》杂志2019年第5期，爱思想网、胡耀邦史料信息网、参考网及中国民商网等转载。

五　经济哲学方面的教学成果

多年来，在中央党校哲学部，本人和其他教师为博士生、硕士生及在职研究生开设了经济哲学研究课程，讲授过很多经济哲学研究专题。本人讲授的题目主要有：《经济哲学研究概况》《邓小平经济哲学思想》《所有制以及产权辨析》《战略与经济哲学》。指导了多名以经济哲学为研究方向的博士研究生。他们的博士论文题目分别是：《所有制问题的哲学研究》（焦丽萍，2006），《企业社会责任的哲学研究》（满河军，2008），《消费哲学研究》（张爱丰，2008），《市场秩序基础理论的哲学审视》（刘希良，2009），《论当代中国分配正义》（黄有璋，2010），《论我国社会主义市场经济》（汪强，2012），《信用哲学引论》（杨文礼，2013）。还指导了博士后研究报告《新时期民营企业伦理问题研究》（岳公正，2010）。

作者单位：中央党校哲学教研部

经济伦理的实现机制

龚天平

近十年来，笔者主要围绕我国社会主义市场经济条件下，经济伦理到底如何真正落实即经济伦理的实现机制问题进行了深入研究，在《哲学动态》《光明日报·理论版》《北京大学学报》《中国人民大学学报》《武汉大学学报》《伦理学研究》等报刊上发表了40余篇论文，主要提出了如下观点。

一 深入探讨了经济伦理实现机制的前提性问题

第一，反思了经济伦理范畴的内涵。我国学界对经济伦理范畴的理解主要有经济的伦理、伦理的经济、经济与伦理这样三种方式。虽然各有道理，但都没有揭示经济伦理的实质。经济伦理是一种植根于人们经济交往关系中的伦理道德观念、规范和实践活动，其内涵有三：一是指经济关系的伦理意识即经济伦理意识，是人们关于经济关系的善与恶、是与非、正当与不正当、应该与不应该等价值取向的各种心理过程和观念；二是指经济行为的伦理准则即经济伦理规范，是指导和评价经济主体行为的善恶价值取向、调整主体与主体之间利益关系的行为规范；三是指经济主体的道德实践即经济伦理实践，是经济活动中经济主体的一切可以进行善恶评价的行为和活动，可分为经济个体道德活动和经济组织道德活动。当前经济伦理实践有提倡议、订守则，社会责任投资，创建伦理管理体系等形式。经济伦理意识、经济伦理规范和经济伦理实践这三方面相互联结、相互制约、相互依存而构成一个有机整体。

第二，追踪了经济伦理实现机制的思想。伦理思想史上许多思想家针对经济伦理的实现机制问题提出了许多具有相当重要的意义和启示的真知灼见。亚里士多德提出优良政体、实行法治、权力监督"三位一体"的美德论方案，霍布斯、洛克、休谟等提出建立政府、保护产权、遵守自然法则的契约论方案，边沁、穆勒提出自由放任、政府适度干预的功利论方案，罗尔斯、诺奇克提出福利国家或最低限度国家的自由主义方案，麦金太尔、沃尔泽、米勒等人提出政府积极作为的社群主义方案，生态主义者提出技术、经济、政治、文化、社会的全方位生态化建构的生态主义方案。通过检视这些方案，我们至少可以得出的启示是：落实经济伦理不能脱离政治体制；他律机制是经济伦理通达现实的依凭；制度安排是实现经济伦理的必要支撑。

二　系统揭示了五大经济伦理价值原则的内涵和意义

第一，自由原则。作为市场经济最为基本的首要的经济伦理价值，经济自由是自由一般向经济活动的拓展，是经济主体拥有出于自己意志的经济活动权和财产权。在内容上，它包括经济主体的生产、分配、交换和消费的自由、财产权；在性质上，它表现为经济活动的消极自由和积极自由。从经济伦理学意义上看，经济自由与经济社会发展密切联系，它是市场资源优化配置的基本要求，是经济发展和繁荣的内在动力，是人类文明进步的推动力量。社会主义市场经济下经济自由的实现需要以责任伦理为预设前提、保障财产所有权、坚持按劳分配、以社会主义制度为保障等条件。

第二，平等原则。经济平等一直是经济伦理学关注的重大主题。当代功利主义、自由主义、阿马蒂亚·森分析的马克思主义者虽然较为精细地论说了经济平等，但都没有挖掘经济不平等的社会历史根源，而是囿于资本主义私有制前提进行讨论，因而都提不出实现经济平等的根本途径。当代中国社会主义市场经济下经济平等伦理观的确立要坚持历史唯物主义基本原理，立足中国现实，并契合中国优秀传统伦理道德文化。社会主义市场经济平等伦理原则主要指经济权利平等，即社会成员都拥有平等地追求自己满意的生活所需的经济条件的权利，同时包括经济机会平等、经济规则平等和经济结果正义等三个维度。

第三，公正原则。公正的一般性规定是权利平等，即人们对一定社会的制度、法律等分配权利与义务的合平等性和合平等程度的要求和判断。经济公正是指经济权利的平等。在市场经济中是指经济主体凭借自己的资源进行竞争并获得平等待遇。对于它的衡量标准是程序公正和结果公正。作为一种经济伦理，经济公正既是经济发展的伦理基础，又是社会公平正义的道德前提，还是个人的自由全面发展的工具理性。社会主义市场经济下的经济公正应达成标准统一、经济主体发展机会均等、权利与义务对等、按贡献分配、保障机制健全等要求。

第四，信任原则。经济信任是引领当前中国完善和发展社会主义市场经济体制的经济伦理价值。作为信任一般在市场经济活动领域的延伸或体现，它以信任感为本质，表现为经济主体的一种态度，是经济主体之间以信任为纽带而发生的一种社会经济交往关系及主体对这种关系的经济伦理评价。基于制度的信任和基于信誉的信任、对企业中介机构的信任和对政府管制的信任等构成经济信任价值系统。经济信任对于市场经济的健康发展、整个社会的持续进步和企业的良性发展具有极为重大的意义。在我国发展和完善社会主义市场经济、深化经济体制改革的背景下，我们应结合当前实际情况，大力构建、培育以产权制度为基础，以法制信任、政府信任、中介信任、经济主体道德信任为内容的经济信任体系。

第五，绿色价值原则。绿色价值原则虽然拥有悠久历史，但其在当今的崛起则是由资本逻辑的深入推进和持续多年的经济增长所导致的严峻的环境危机促成的，是人们在深刻反思以往生产生活方式后得出的价值定律。其内涵是指以资源环境和绿色价值为前提，借助于制度和技术创新的推动，以增进绿色价值、谋求社会福祉和安康，实现经济、政治、社会和文化可持续之目标的价值原则，本质上是指经济、社会与生态环境的协调统一。绿色价值代表的是财富、自然资本和人与自然和谐共生，因而构成经济发展的约束条件。作为一种经济伦理原则，绿色价值原则意味着经济活动必须在经济要求和伦理要求上双重符合，既能创造效益价值，也能增进绿色价值，即绿色－经济双重效益。其在经济活动各个环节的具体规范是绿色生产、正义分配、公平交换和简约适度、绿色低碳消费。

三　系统论述了经济伦理实现的六大机制的内涵、意义及其建构方法

第一，共识引领机制。社会共识是生活于一定时代、一定地理环境中的

共同体（包括群体、政府组织）中的人们通过理性协商而共同享有的一系列价值观念、规范及形成这些共识的基本程序，主要包括价值共识和程序共识。它形成于人与人的相互交往活动中，冲突是其出现的必要条件，合作则是其出现的可能条件。社会共识是经济主体经济伦理实现的现实起点，它既可以为经济伦理实现提供精神滋养和价值牵引，也可以为经济伦理实现提供舆论支持和对话平台。社会主义市场经济条件下，社会应达成经济与伦理辩证统一的社会共识，也应达成围绕经济伦理基本矛盾之子矛盾——自由与责任相统一、权利与义务相统一、公平与效率相统一、利己与利他相统一的社会共识。

第二，制度安排机制。经济主体实现经济伦理必须寻求制度支持。作为协调经济关系的柔性约束，经济伦理单纯依靠经济主体的自律机制和社会的舆论作用等非强制性方式，有可能被搁置、虚化而不能实现，因此它需要寻求制度支持；作为调整人与人的社会关系的强制性成文规则，优良制度的惩恶扬善培育良知、增进信任和合作、维护自由、防范或化解冲突等功能，使制度支持经济伦理成为可能。制度支持经济主体经济伦理的实现有两种方式：一是把经济伦理制度化，这可以彰显经济伦理原则、稳定经济伦理规范、强化经济伦理行动、增进经济伦理秩序等；二是提供完善的法律制度、社会经济政治制度、现代企业制度、契约信用制度等制度环境。

第三，市场交换机制。市场交换表面上是经济主体之间的物品互换，但实质上它是主体之间的社会经济关系，是主体之间的利益交换和权利让渡。市场交换是人区别于动物的基本表达，是人的本质力量的体现；它能带动经济发展，并为个人的自由与全面发展提供充足的时间保证和丰厚的物质基础；它能塑造、匡扶良好的社会道德，帮助个人提高德行与修养；它能提升人的幸福感，帮助个人健全其人格；它是自由、平等的基础。市场交换具有交换正当、交换自由、交换平等、后果无害等道德规则。

第四，资本节制机制。市场经济下的资本并不是非道德的，而是与伦理密切相连。它具有不容忽视的伦理正负效应。伦理正效应主要表现在三个方面：①发展生产力，为道德建设提供坚实的物质基础；②发展社会关系，为个人的全面发展创造可能；③创造高一级的道德形态并为其提供新的精神特质。伦理负效应则表现在四个方面：①腐蚀公共善；②加剧人的异化；③破坏社会和谐；④造成自然的异化。社会主义市场经济条件下，经济主体不能忽视资本的伦理效应，必须通过坚持以人为本、合理定位资本、明晰所有权、以制度约束资本并发展经济伦理和环境伦理、提倡高尚道德等措施，才能使资本的伦理效应得以抑负扬正，从而服务于整个社会的进步和协调发展。

第五，利益合作机制。利益合作是我国经济主体实现经济伦理的机制或操作性平台。当代新兴经济理论、博弈论、伦理学和政治哲学等都对它做了富有启发的探讨。利益合作是经济主体的伦理特性，是经济活动中主体之间为达到某一共同目的而发生的相互协调的联合行动，是以主体的同情利他和利益为纽带而发生的一种社会经济交往关系，是主体之间的一种经济伦理关系。对于经济主体来说，利益合作具有实现利益需求、延续交往关系、彰显他者意识、展示道德情操等伦理意涵。利益合作是市场经济发展的动力和经济效率的源泉，是社会合作的基础，它可以强化并提升经济主体的道德素质。社会主义市场经济下经济主体之间的利益合作，需要培育社会网络，发展社群中介；准确定位政府职能，加强制度安排；确立"用心"意识，以同情心和信任伦理作为引领。

第六，主体调控机制。以当下社会主义市场经济条件下最为重要的经济主体即企业为个案，探讨企业作为经济主体的内部调控机制，即主体内部各种影响因素之间相互联系、相互作用的关系及其调节形式，主要包括价值牵引机制、宣教机制、自律机制、校正机制等。这四大机制之间相辅相成、相互配合、相互联动，从整体上构成一个主体实践经济伦理的行动系统。

四 确立了经济伦理实现机制建构起来后中国经济主体落实经济伦理将会导致的优良结果或目标

第一，伦理经济：经济伦理实现的优良目标。经济主体在现实世界落实经济伦理后所应达成的结果和优良目标，是促进经济主体按照经济伦理规则行事，从而形成一种合乎伦理的经济秩序，即伦理经济。伦理经济是经济主体运用经济伦理规则来引导、规范和塑造自身的经济行为，并监督、控制经济运行过程，以着眼于实现某些具有伦理性目的的经济活动。它具有伦理性、经济性特点，是经济主体对经济伦理的实践。伦理经济是伦理与经济的关系发展的必然产物，人类经济发展是一个从伦理经济到非伦理经济到新伦理经济的历史辩证运动过程。社会主义市场经济下伦理经济的发展要从市场、政府和社会三个层面同时进行：市场层面要在社会主义基本经济制度基础上充分利用市场的自愿自发激励机制，政府层面要在社会主义民主政治制度保障下切实维护政府的公益性目标，社会层面要结合市场的自愿机制和政府的公益目标发展社会经济。

第二，经济共享：经济伦理实现的道德使命。伦理经济的发展造成的后果是整个社会的经济和财富共享，所以经济共享是经济伦理实现的道德使命。经济共享是一个与生产密切相连的分配意义上的范畴，是指人们共享经济领域得到道德和法律认可的财富、权利、机会等，是人们之间建立在利益基础上的一种经济伦理关系；它是依规公平分享，而不是平均享有；它是与劳分享，与按劳分配一致且相互制约。其伦理价值意蕴在于：增强经济发展动力，促进经济繁荣；维系社会稳定，促进社会进步；保有人的获得感，彰显人的尊严。社会主义市场经济条件下，我们必须用一整套“社会主义”制度节制、约束市场经济，以便把市场经济排斥经济共享的负面效应遏制在最低限度，采取坚持生产资料公有制和按劳分配主体地位、消除贫困、扶持弱势群体并强化社会保障制度建设等措施，才能最大限度地实现经济共享。

作者单位：中南财经政法大学哲学院

资本的内在否定性研究

沈 斐

2008 至 2011 年，我在上海财经大学人文学院攻读马克思主义哲学博士学位，师从张雄教授。其间，受博士生联合培养项目委派，赴美国塞勒姆州立大学（6 个月）、哈佛大学（6 个月）研修社会经济学，师从当代马克思主义学者 Richard Levy 教授。受张雄教授历史哲学宏大视野和现代性批判社会思想的启蒙，我开始意识到资本是这个货币化生存世界最大的形而上学，从此将自己的研究锁定在 "资本内在否定性" 专题上。

我的博士论文《资本的内在否定性探究》试图做以下工作。第一，梳理资本内在否定性的逻辑预设、理论渊源。在古希腊、中世纪和近代西方学术传统中，揭示马克思关于资本内在否定性思想生成的历史承继性与超越性。第二，解读资本内在否定性思想。资本内在否定性的实质在于，由资本主客二分带来的资本属性的二元对立和资本生产过程的社会异化现实；更为重要的是，这种内在否定蕴含了历史进步的规律，蕴含了扬弃私有制、追求每个人自由发展的历史价值论明证。第三，以资本内在否定性为轴心解读《资本论》。在马克思的《资本论》及其经济学手稿中，资本内在否定性既是劳动、商品、价值的二重性背后的深刻动因，又是马克思由经济发展图式过渡到历史进化图式、提出社会三形态演化理论的根据。马克思用历史唯物主义的研究，将国民经济学的世俗时间和德国古典哲学的精神时间，综合在资本的逻辑活动与历史展开的双重过程之中，把革命的观念纳入历史时间的洪流，并以资本内在否定性的铁律澄明一种指向未来的历史哲学结论。第四，解读当代资本主义空间脱域性的悖论。资本扩张的无限性与扩张空间的有限性的内在张力，决定了资本主义的发展限度。从空间中的生产到空间自身的生产，资本开创了人类社会空间的伟大变革，然而消费恐怖主义社会的到来与空间生产自身的悖论，提示资本主义的限度已然逼近，一种总体性革命的可能性与发展社会主义空间的趋势正在彰显。该博士论文被评为上海财经大学"优秀博士论文"。在此基础上修改完成的《资本的内在否定性探究》一书，2011 年由人民出版社资助出版。

2012 至 2014 年，我在复旦大学理论经济学流动站做博士后研究，合作导师是张晖明教授。我参与了张晖明教授主持的复旦大学重大课题"中国崛起的政治经济学诠释与政治经济学理论创新研究"之子课题——"经济学价值观与方法论比较研究"。如果说读博士期间，我对"资本内在否定性"还主要是在历史渊源、理论表现、本质特征、时代内涵以及人类历史进化意义等层面上的宏大叙事，那么做博士后期间，我面临的新任务是，如何运用资本内在否定性的分析框架，去考量当代资本主义的理论与实践，并对"中国崛起"的政治经济学做出方法论层面的探索与建构。我深知"批判的武器不能代替武器的批判"。中国经济和中国道路的独特性，决定了我们既不能照搬西方主流理论，也不能完全沿用传统马克思主义经济学。而马克思的资本内在否定性思想，为中国的社会主义政治经济学在方法论上做出了准备。

我的博士后出站报告《资本的内在否定性：基于方法论视角的政治经济学批判》试图做以下工作。第一，"资本内在否定性"是马克思的唯物辩证法在《资本论》中的具体表达。作为一种方法论，它以现实与理论的双重批判为研究目的、以特定的资本积累结构为研究对象、以"中间层次"的演化分析为研究方法。所谓"中间层次"，是指在生产力和生产关系、抽象和具体、宏观和微观的研究之间，对特定的资本生产与积累方式展开研究。第二，"方法论的资本内在否定性"是一种唯物史观的分析和建构工具，它以历次经济发展的长波周期为时间框架，以特定资本积累的社会结构为空间框架，沿经济理论与经济现象的双重批判路径展开，既考察西方政治经济学的发展历程及其与资本主义经济变迁的内在勾连，又考察发达国家的资本积累结构及其与世界经济长波之间的联动。第三，这一方法一旦运用于"市民社会的解剖学"，就会发现，资本主义市场经济并非唯一的、固定不变的市场经济模式，市场社会也不是市场经济的唯一社会形式；发展和巩固社会主义市场经济，关键在于是否守住土地公有、国有企业为主等底线，是否具有超越资本主义的历史自觉。社会主义是资本主义自我否定自我扬弃之后的社会形态。当代中国需要借鉴福利社会、超越市场社会，坚定不移地全面建成小康社会，并一步步朝向满足人民美好生活需要，趋近"自由人联合体"的社会。

2014 至 2015 年，我的课题"资本积累结构中的政府与市场研究"获国家留学基金委资助，赴美国佛蒙特大学访学。合作导师是当代生态经济学家 Joshua C. Farley 教授。访学期间，我写作发表了《资本内在否定性框架中的跨国资本和全球治理》（《马克思主义研究》2015 年第 11 期）、《价值观革命：绿色发展何以超越资本逻辑》（《毛泽东邓小平理论研究》2016 年第 9 期）、《经济学史可否脱离经济史？》（《经济学家》2016 年第 10 期）、《中国经济学研究的话语权思考》（《南京社会科学》2016 年第 10 期）、《从〈资本论〉的双重经济学看五大发展理念》（《中国浦东干部学院学报》2016 年第 3 期）、《资本的内在否定性与经济社会形态的演化》（《海派经济学》2016 年第 3 期）、《新斯密马克思主义与中国道路》（《马克思主义与现实》2016 年第 4 期）等论文。同年，《资本内在否定性：新方法与新典型》一书由天津人民出版社出版。马克思的《资本论》以 19 世纪的英国为典型样本，以美国为当代资本主义的新典型，以资本内在否定性为新方法，分析美国社会资本积累结构的演化，论证资本主义朝向自身对立面、朝向社会主义和共产主义转化的逻辑必然与历史必然。

2016 年以来，我在中国浦东干部学院开始《资本论》专题的教学研究，受学员关注问题的牵引，我开始关注全球化问题和人类命运共同体研究，先后发表《〈资本论〉视野下全球化困境与中国方案》（《马克思主义研究》2017 年第 7 期）、《人类命运共同体何以超越乌托邦：基于新政治经济学批判的视角》（《马克思主义理论学科研究》2017 年第 2 期）、《"美好生活"与"共同富裕"的新时代内涵：基于民主社会主义经验教训的分析》（《毛泽东邓小平理论研究》2018 年第 1 期）、《对改革开放 40 年我国自由观念之变的哲学反思》（《马克思主义研究》2018 年第 11 期）、《政治经济学批判视野下的"一带一路"建设》（《当代经济研究》2019 年第 1 期）等论文。国家社科一般项目"《资本论》视野下全球化的美国困境与中国方案"于 2017 年立项。

资本的内在否定性研究，是上海财经大学经济哲学队伍孵化出的一朵小小浪花。我深知，这项研究还远未完成。下一个五年、十年乃至我的一生，只要资本主义的生产方式还在继续，只要理论的批判与实践的改造还在进行，资本内在否定性就将作为"普照的光"，照亮我的学习和研究。

作者单位：中国浦东干部学院

让经济哲学学术成果在现代化
建设中发挥应有的作用

——重庆经济哲学学者群对中国经济哲学研究的贡献

何关银

马克思主义经济哲学是马克思开创的学术领域，其学术依据是充分的。在《1844 年经济学哲学手稿》《资本论》《政治经济学批判大纲（1857 – 1858）》《政治经济学批判导言》等著作中，都可以找到丰富的马克思经济哲学的成果。但是，由于各种原因，经济哲学研究几经曲折。20 世纪 90 年代，在上海财经大学、复旦大学、南京大学的一批学者的努力下，经济哲学又掀起了新一轮研究高潮。重庆市委党校率先带头、重庆一批学者也加入了经济哲学研究，对中国经济哲学研究做出了积极的贡献，现将一些主要情况介绍如下。

一 重庆市委党校率先加入经济哲学研究的背景

中国改革开放的深入发展和现代化建设的推进，以及重庆作为直辖市所承担的重任等等，迫切要求重庆市委党校在对干部坚持进行马克思主义世界观、方法论教育的同时，密切联系经济社会发展实际进行教学研究。显然，传统"教科书"的哲学体系及内容，满足不了这一需求。于是在 21 世纪初，重庆市委党校就派教师与中国经济哲学研究极有影响的上海财经大学联系，希望引进经济哲学研究成果、参加经济哲学研究。上海财经大学张雄教授，对来自重庆市委党校同志们的期盼给予了热情的回应和积极的支持。在重庆市委党校的影响下，重庆西南大学、三峡大学、重庆工商大学、重庆区县党校等单位，陆续有一批同志也积极地加入了经济哲学研究，逐渐形成了中国西南地区开展经济哲学研究的学者群。

二　中共重庆市委党校用经济哲学成果
对领导干部进行教育的情况

重庆市委党校运用经济哲学成果的路径主要有三个：一是在厅局级、县处级领导干部班开设用经济哲学成果分析重庆问题的专题讲座；二是开设经济哲学专业的在职领导干部进修班；三是开设经济哲学专业硕士研究生的招生及教学。

从 2003 年开始到 2018 年共计招收毕业领导干部为主的经济哲学专业在职领导干部班进修 427 人，国家教委批准的硕士研究生 71 名，罗晓梅教授、何关银教授在厅局级、县处级领导干部进修班开设经济哲学讲座 50 多次。

三　重庆学者群及学术
带头人的主要观点成果介绍

重庆一批学者参加了马克思主义经济哲学研究，并取得了明显的成果。主要有：扩大了经济哲学的学者队伍，经济哲学在领导干部队伍中产生了影响，提高了重庆地区的学术水平。最明显的效果之一，争取到了国家、省级多项研究课题。罗晓梅教授、何关银教授运用经济哲学成果，共争取到七项国家社科基金课题（其中罗晓梅教授五项、何关银教授两项）；共同获得重庆市政府一等奖四项；出版《西部生存方式变革与自我发展能力提升》《西部自我发展能力提升的政策创新研究》等多部经济哲学专著。西南大学刘荣军教授以经济哲学的财富理论为主要内容，2007 年获国家社科基金一项，成果 2009 年由人民出版社出版。在这些课题中，经济哲学是重要的内容、学术支撑点和方法论。

（一）　学术带头人及其"后起之秀"的主要观点介绍

重庆经济哲学学者群已经涌现了罗晓梅教授、何关银教授、刘荣军教授等学术带头人；也涌现了张志勇教授、詹洪伟教授、黄顺君副教授等一批经济哲学后起之秀。经济哲学在重庆为代表的西南地区已经扎根、开出了绚丽的学术之花，其前景可期。学术带头人及其"后起之秀"的主要观点介绍如下。

1. 罗晓梅教授对经济哲学研究有四个方面的结论

第一，提出了共产党的哲学基础从政治哲学转向经济哲学的观点。罗晓梅教授在《中国共产党战略思想的哲学意蕴探析》（《探索》2009 年第 6 期）一文中认为，共产党在革命时代由于主要任务是夺取政权，哲学意蕴或哲学基础自然是政治哲学；共产党执政后，主要任务是发展生产力，经济哲学成为其哲学基础就是必然的。第二，提出了经济哲学是 21 世纪现代化建设的理论力量源泉。2006 年 4 月 24 日，罗晓梅教授在中共中央党校《学习时报》发表接受采访文章，指出，21 世纪随着现代化建设发展、随着信息技术的发展，人的主体性必然会上升，经济哲学是帮助人的主体性正确定位、发挥的哲学，必然从"部门哲学"上升为 21 世纪现代化建设的理论力量源泉。第三，指出党的能力提升与哲学范式转换相联系。罗晓梅教授发表了《哲学范式转移与党的实践能力飞跃》（《探索》2004 年第 6 期），她认为，共产党的哲学基础从政治哲学转向经济哲学，在学术上讲就是哲学范式的创新，提高了党领导革命的能力、领导建设的能力。第四，提出马克思资本理论向现代性的嬗变。罗晓梅教授、何关银教授在《西南师范大学学报》2006 年第 5 期联名发表文章，梳理了马克思《资本论》的逻辑主线，指出了马克思资本理论本来就有向现代性嬗变的"基因"。

2. 何关银教授展开了对经济哲学四个基本理论的研究

第一，现代化实践中的经济哲学。2005 年 8 月重庆出版社出版了何关银教授、罗晓梅教授共同主编的《现代化建设实践中的经济哲学研究》，全书概括了现代化建设实践中 10 个方面的经济哲学意蕴；2009 年 4 月，河南人民出版社出版了何关银教授的专著《经济认识论研究》，全书从经济哲学视域论述了市场经济的优势，社会主义市场经济实践同经济哲学理论选择的逻辑联系。

第二，关于经济哲学的研究范式。《重庆大学学报》2007 年第 4 期，发表了何关银教授《论经济哲学的研究范式》一文，文章认为，包括哲学在内的社会科学已由"体系"进入了"范式"时代。经济哲学相对于"教科书哲学"的优势在于范式。文章对以问题为中心的经济哲学共识进行了比较系统的概括。

第三，对经济哲学意义上的资本的探讨。《重庆邮电大学学报》2006 年第 5 期，发表了何关银教授《作为经济哲学的资本范畴及其现代性意义》一文，文章认为，资本范畴是解读马克思实践唯物主义的核心范畴，资本内生地包含着实践内涵、人文内涵就是资本的经济哲学意义。

第四，梳理经济哲学研究的进展与重大成果。《重庆大学学报》2012 年第 2 期，发表了何关银教授《经济哲学把握经济实践架构整体性突破的探索》一文，文章后来被中国社科院在网上全文转载推荐。文章认为，货币哲学、资本哲学、财富哲学三次举全国之力进行的经济哲学重大现实问题研究，是一种好做法，推进了经济哲学研究取得的重大进展。认为这三次全国性的学术攻坚，是经济哲学把握经济实践架构的整体性突破。

3. 原西南大学教授刘荣军教授的成果

他主持了国家课题两项，在《哲学研究》《哲学动态》《马克思主义研究》等高层次刊物发表文章 60 多篇。刘荣军教授对经济哲学基础理论贡献主要体现在两个方面。

第一，关于市民社会研究。《马克思主义研究》2017 年第 8 期，发表了刘荣军教授《马克思市民社会概念的现代社会转型与重要意义》一文，文章认为，市民社会概念是马克思现代社会分析的基础。

第二，关于财富哲学研究。2009 年人民出版社出版了刘荣军教授专著《财富，人与历史》，作者在书中对马克思的财富哲学进行了系统的、有创新性的研究。同时，作者还在《哲学研究》《哲学动态》发表了深入研究财富哲学的文章。

（二）重庆经济哲学"后起之秀"学术势头强劲

（1）重庆市委党校张志勇教授，博士毕业于中央党校，现任中共重庆市委党校研究生部副主任。已经主持国家课题一项，省级课题四项，公开发表文章 70 余篇。获重庆市政府二等奖一项，三等奖两项。

（2）重庆工商大学詹宏伟教授主持国家课两项，在《江汉论坛》《广西社会科学》《学术研究》等刊物上发表文章 30 多篇，出版专著两本。

（3）重庆市委党校黄顺君副教授主持国家课题一项，主持或主研省级课题五项，在核心期刊发表文章 10 篇。其专著《经济哲学视域中的社会资本研究》由上海人民出版社出版。

作者单位：重庆市委党校

上探方圆大道，下求经纬毫厘：
经济哲学的探索之路

王　程

2013 年，我考入上海财经大学，成为人文学院的博士研究生，师从张雄教授研习经济哲学。从那一刻起，经济哲学深邃的学术底蕴、极具穿透力的思辨方式、关注现实的宽广胸怀深深地吸引了我，在张雄教授的悉心指导下，我这个学术门外汉被引入这个充满了魔力的殿堂。

我的博士论文的研究领域是"社会主义市场经济观念形态"，它的研究视角在于，从百年来社会主义与市场经济结合的历史路向中找寻市场经济观念在中国的特殊内涵，从而发现社会主义在中国社会的真实意义。按照黑格尔的观点，真理应体现在具体之中，经济哲学研究恰恰精准地体现了这一点。它将形而上的哲学思辨与形而下的现实生活紧密地结合在一起，通过反思的形式发现经济现象的本真意义。在撰写博士论文的过程中，本人阅读了大量该领域的著作、论文和案例资料，最终形成了 30 万字的专著。

在张雄教授和上海财经大学鲁品越教授、卜祥记教授等专家的帮助下，基于博士论文而撰写的理论文章《社会主义市场经济观念形态——一个被不断反思的命题》在《教学与研究》上全文发表；该文认为，社会主义与市场经济不仅仅是一种外部结合，而应作为一种内生关系加以研究，这种观点的提出在国内尚属首次。该篇论文也获评安徽财经大学优秀科研成果奖。

博士毕业后进入安徽财经大学马克思主义学院工作并在复旦大学从事博士后研究，专业从事马克思主义基本原理、经济哲学的教学和科研。由于博士期间积累了一定的理论功底，迅速成为学院教学和科研的骨干力量，在博士毕业后的三年内，独立发表学术论文八篇，其中 cssci 期刊五篇，重点大学学报三篇。申报的课题"国际贸易正义问题的中国方案研究"获得国家社会科学基金一般项目立项，同时获得省级项目两项，校级项目四项。与导师张雄教授合著的《改变中国人的十四个观念——改革开放四十年经济哲学诠释》已由上海财经大学出版社出版。

在工作实践中，发现经济哲学研究对于教学工作也有着重要的意义，基于经济哲学理论，逐步总结出了一套财经类高校思想政治教育方法——"以经济现象"为媒介的教学法，运用这种方法，课堂教学质量一直稳居学校前列，引起了媒体的广泛关注，受到《安徽青年报》的专题报道。获得安徽省第四届普通高校青年教师教学竞赛一等奖（第一名），被授予"安徽省教坛新秀"并按照规定推报"安徽省五一劳动奖章"。

对于博大精深的经济哲学来说，我还属于刚刚入门的学习者，经过这几年的不断学习，在运用经济哲学理论分析现实问题，思考社会未来进步方向时认为，经济哲学话语体系创新的研究应当注重以下几点。

其一，在坚持马克思唯物史观方法论的指导下，吸纳中国传统哲学文化元素与西方最先进的学术成果，将当代中国叙事从"照着说"转变为"接着说"和"重新说"。首先，唯物史观作为科学的世界观和方法论，在新时代的经济哲学话语体系创新中必须起指导作用。唯物史观是彻底的唯物主义和彻底的辩证法。就唯物史观对经济哲学的指导意义而言，它体现为一种政治经济学批判精神，这种精神能够根据时代的变迁对问题意识、历史意识进行时空检验，从而引领经济哲学的前提、方法不断去伪存真，通过反思达到真理域。其次，新时代经济哲学的话语体系创新，必须注入民族精神。经济哲学话语体系的创新，脱离了中华民族传统文化精髓，只会成为没有灵魂的空中楼阁，尤其在现代性二律背反凸显的社会，中国传统哲学是拯救西方二元对立式思维的良方。中国经济哲学作为民族自省的一种方式，必须代表一个民族对自身的理解程度，因此，如何在唯物史观的指导下将中国古代哲学的精华融入经济哲学话语体系，是新时代经济哲学研究新的理论突破点；再次，正确对待西方最先进的理论成果。坚持唯物指导，弘扬中华传统文化精神，并不等于完全拒斥西方。21世纪以来，以拉康、齐泽克为代表的后现代现象学、把"非理性"作为新论域的主流经济学都成为代表学术界最前沿的理论成果，值得经济哲学高度关注，正如马克思当年撰写《资本论》所运用的是19世纪最先进的哲学与经济学原理一样，新时代经济哲学话语体系的创新也必须整合运用当代最先进的智力资源，避免沉醉于幽静孤闭的自我直观中。

其二，根据时代的发展，对原有范畴的外延与内涵加以拓展和深化并增加新的范畴研究。当社会历史条件发生转变时，对范畴的理解应跟随历史的变迁与时俱进地加以推进。一直以来，经济哲学研究以货币－资本－财富－经济正义为核心范畴，以社会主义市场经济为研究的实践场域，取得一系列丰富的成果。但如上文所述，新时代的物质生产方式与交往关系已经发生了改变，这些范畴本身所具有的外延与内涵已经发生了变化，与这些范畴相勾连的存在环境也在日新月异的变革中，因此，必须在原有范畴的研究中，融入新的范畴体系。笔者提出，在话语体系创新的过程中，应重点考察金融化、数字化、共享化这三个范畴的意义。首先，资本金融化虽然在20世纪初就已经开始，但是它在数字化的背景下又有了新的脱域形式，数字化与金融化呈现出整体性融合的特征。尤其是区块链革命的到来，使去中心化、自治性、智能化合约成为资本金融最新的运行方式，比特币与区块链技术在新经济中开始扮演明星角色，它将解放和加速经济体系的重建，并且解决我们还没有意识到的问题。在这一背景下，资本－金融－数字化已经成为新的范畴链，需要新的话语体系加以解答；其次，由此带来的"金融内化""数字内化"，导致人类生命存在形式发生转变，资本主体的定位已处在异质多元化的维度，作为"单体"的个人，通过符号化的操作，可以使自己的生命在各种不确定性维度中找到获利的空间，人类如何在金融化、数字化的世界追求自由的定在，这是一个达致人类心智进化的精神现象学问题；最后，金融化，数字化所带来的财富范畴效应呈现出"共享化"特征，一方面，资本在追求剩余的过程中，通过共享的方式不断接力洗盘，创造新的寄生空间，另一方面，广大用户通过共享，感受到了财富效应的满足，那么，如何从制度安排上规制共享经济的负面效应，体现新时代以人民为主体的价值判断，激发人民在共享中的创造力，从经济理性上升到政治理性之后，再升华为人的自由理性，需要经济哲学进一步加以研究。

其三，经济哲学话语体系的创新，需要以鲜明的问题意识为导向。问题导向既是马克思主义的鲜明特征，又是哲学社会科学保持强大生命活力的根本途径，经济哲学话语体系的创新，本身就是为了回应时代问题而存在的，只有在解决时代重大问题中，才能达到对固有的理论范式和经济范畴摧陷廓清、全面升华的效果。在新时代条件下，资本与劳动的关系、公平与效率的关系、社会化与私有化的关系、市场经济与法的关系等一系列问题已呈现出新的变化，如何回应这些时代赋予理论工作的历史任务，要求我们把握时代脉搏、顺应时代要求、回应时代呼唤，使经济哲学的研究话语始终处于历史进步的前沿阵地中。

作者单位：安徽财经大学马克思主义学院

经济性：现代性批判的政治经济学话语

张　斌

一　经济性概念开启经济哲学学习与研究之门

现代性首先是人类经济实践活动的产物，它与现实经济生活融为一体，并且密不可分。就其深刻和内在的特性而言，现代性本身与人类经济活动中的经济性有关，与传统的理论经济学分析态度相连。每次读到导师张雄教授这段话，就不免为导师敏锐的学术感和深刻的洞察力所折服。正是在导师的引领下，我才迈入经济哲学的门槛。

众所周知，现代性及其批判已成为当今哲学、文学、政治学、社会学、法学、经济学等研究领域的核心话语之一，但由于还缺乏对现代性的整体性把握，现代性批判不免呈现多元纷争的局面。而且马克思特殊进路的现代性审视与批判仍相当程度上受到质疑或曲解。因此，立足于历史唯物主义立场对现代性的缘起进行经济性维度的查审依然具有"前沿性"与"创新性"，对此我深信不疑。当然，风险依然存在，本质上关涉着全新的话语塑造问题，特别是能否为现代性研究提供新的诠释框架，更进一步把这个研究与马克思政治经济学批判进行有效对接，进而深化对资本主义金融化的批判。在导师和学科组各位老师的不时勉励与指导下，完成了博士论文《现代性的缘起：经济性维度的解析》。其后，随着《麦当劳文化的西方资本主义经济文化特质解读》《现代性批判的本体论追问》《市场制度的形塑：西方的历史考察与审视》《经济性：现代性批判的新维度》《现代性研究论》《西方选举制度的经济哲学解读》《马克思现代性源起思想探析》《西方民主政治制度的普世幻象》等论文的发表，我围绕现代性缘起与发展、现代性批判逻辑主线等对经济性概念的理解与认知逐步深化。在复旦大学政治学博士后流动站工作期间，博士后合作导师刘建军教授的一席话让我对经济哲学的研究有了更为深入的认知，他说政治学研究的重要前途和方向应该是引入经济哲学的分析范式。那时起，我隐隐觉得对经济性概念的探究应是我学术生涯的始终工作了。

二　现代性缘起与经济性批判的若干观点

（一）现代性的形态区分

我尝试提出了现代性发生以来的三种形态。首先是"常识的现代性"，也称为"传统的现代性"。其含义在于伴随着中世纪的解体，而过渡到新社会发展阶段的现代性，也是启蒙思想视域下所指认的现代性，更多是以哲学、文化或政治观念的综合复杂形态展示在我们面前。第二种现代性是"经济的现代性"。它表征着常识现代性发生的一次断裂，或是裂变，所指认的是斯密视域下的"国家"现代性。黑格尔语境下的现代性本质上也是这个范畴，甚至他比斯密更明显地着眼于市民社会的经济体系性质分析。第三种现代性则是"资本的现代性"，亦称"批判的现代性"。我把资本的现代性视为马克思所指认的现代性，这是现代性历史上发生的第二次断裂，因为更富有批判与建构融为一体的意蕴与特征，故而也被称为批判的现代性。现代性的这种区分必要性在于，一是证明现代性发育的历史继发性，正是不同的断裂点能够凸显现代性发育的真正起源因素；二是为现代性的多元现实呈现寻求源流，从而为当今现代性的多元争议明确界限；三是从现代性的不同形态嬗变与走向探求这种变化发生的内在机理，结论是导致现代性起源的核心要素，即经济性仍是导引当今现代性继续发展的关键。

（二）经济性是现代性演绎的逻辑主线

现代性发生的核心要旨在于政治与经济顺序的转换，经济性即针对这种转变的客观抽象。对经济性的还原是理解现代性源起、发展最为重要的通途，经济性不是单纯地对人类经济活动的抽象，而是对人类社会尤其是近代以来，最为重要的经济政治关系发生变化，进而影响整个社会变迁的作用机制的抽象，作为一种动态的描述则是针对这种变化过程，作为一种静态的规定则是对变化所呈现结果的凝练式总括。

现代性三种形态的演绎本质上是经济性主导的结果。现代性生成的三个路向汇聚之处就在于对政治与经济、私人与公共、政治社会与市民社会等概念的重新定义与调整，对现代而言也同时意味着是一种框定与设计。现代社会根本上的逻辑在于经济性。其表现首先在于主体性资本，这是现代主体哲学与利益欲融合的产物。经济所获得的自洽性、自治性集中体现在货币、资本运动中，尤以主体性资本为核心。其次的表现是理性经济人，它是现代经济学不可动摇的前提，更是现代性社会最为重要的内核之一。最后就是市场社会。资本主义制度的确立是经济性演绎的必然逻辑结果，作为一种制度化形态，资本主义制度涵盖了现代性到此为止的全部内容。现代性在基本立场和观点上都有一个不变的核心即经济性，某种意义上说现代性即经济性。

（三）马克思政治经济学批判的哲学话语

马克思立足时代对经济性动向的把握最为深刻，他把对现代性的批判直接落脚在资本主义制度上完全切中了问题的本质，人类感性实践活动是最终克服和扬弃经济性的根本道路。经济性演绎到资本主义制度以后，所有问题暴露出来。马克思对经济性的批判就是立足历史唯物主义立场上的政治经济学批判。马克思的批判是基于商品为逻辑起点的全面的批判。商品关系是经济性演绎的重要基石。正是商品的二重性演绎了近代社会的政治经济结构。马克思的批判是彻底的批判。基于阶级的经济政治双重属性的深入考察，马克思把对市民社会分析推向深入，结果便是对资本主义社会生产关系的批判。马克思的批判是现实的批判。对经济性演绎的把握使得马克思对现代性批判始终有着历史的向度与现实的根基，这也是他把现代性批判的矛头直接对准资本主义的根本依据。马克思正是通过对资本的彻底批判而深入现代性批判的。马克思批判诠释的深刻道理就在于：在经济性作用机理下，人与人的关系注定是货币为媒介的物的关系，社会关系则注定是资本为媒的工具性关系。事实上，社会的本性不应是货币、资本，也不是经济性。人与人之间关系本质在于劳动实践基础上的社会关系，只有在这种关系中，人的全面自由才有可能。作为一个过渡环节，经济性须被扬弃，对经济性的消解与重构预示着新社会发展范式的到来，新的社会动力则是广大人民群众。

三　经济性概念作为一种理论及方法在
政治制度分析上的延伸

"经济性"社会的哲学内涵主要是世俗主义、经济个人主义与价值通约主义。商品化是经济性社会的表象，货币化是经济性社会的内涵，资本逻辑是经济性社会的动力系统，资本主义制度是经济性社会的制度化形态。经济性社会具有独特的双重结构即形式化结构和本质化结构。本质化结构的存在是导致西方民主政治制度普世性破灭的根源。竖立在资本逻辑之上的政治力量及其制度根本目的就是结构化的资本逻辑，这是其服务的根本宗旨。在以资本逻辑为轴心的西方民主政治制度中，"商赋人权"重构了自由、民主与平等的价值原则。西方民主政治制度标榜的自由本质，是商品化为逻辑起点以财产权为核心的经济自由。经济性社会的本质化结构及其金融垄断资本导控下的政治"崩溃"注定制度再塑遥不可及。

金融化资本的全球扩张是当今时代的最大特质，也是经济性社会本质化结构演绎的必然。金融主导的资本积累模式的形塑是当代经济性演绎的新形态。这种模式的特征在于运行上具有强烈的独立性、范围上具有广泛的渗透性、剩余价值（利润）上具有彻底的掠夺性、实业竞争上具有高度的垄断性、规则制度上具有强大的消解性。金融积累模式的剥夺性直接激化了资本主义的基本矛盾。金融积累模式的内在悖论是无法通过金融化本身给予克服的。金融积累模式进而导致分配正义偏斜和政治权力重构，而这两个问题恰恰是政治制度构建与运行的核心问题。西方政治制度在金融化背景下的"人心换回"和有力践行必须要以能够在分配、权力承诺等方面给予民意的有效回应，否则政治制度便会陷入内外交困状态中。西方民主政治制度的再塑必须要打破经济性社会与生俱来的陷阱，而要消解由此带来的诸多限制性因素，在现行制度框架下又是遥不可及的事情。最终，源于人类历史发展进程中孕育的资本主义制度及附属其中的西方民主政治制度注定也将是一个历史过程。

作者单位：安徽财经大学马克思主义学院

五　年会与学术动态

年会辑要

自 1998 年开始，以上海财经大学研究团队为主体、由国内众多高校和研究机构从事经济哲学研究的学界同仁共同参与的全国经济哲学学术研讨会，就开始有计划地举办，围绕系列主题召开了系列研讨。自 2013 年 5 月全国经济哲学研究会正式成立以来，全国经济哲学研究会的年会按年度举办，从未中断。同时，也围绕热点问题举办了一系列的学术会议。

1. 1998："经济哲学：哲学与经济学的联盟"——全国经济哲学高级研讨会

1998 年 5 月 26 - 29 日，"经济哲学：哲学与经济学的联盟"——全国经济哲学高级研讨会在上海蓝天宾馆召开。会议在上海哲学学会经济哲学专业委员会主任张雄教授的创意与组织下，由《中国社会科学》杂志社、上海市哲学学会、上海市经济学学会、空军政治学院、浦东华夏社会发展研究院等联合主办，旨在加强哲学和经济学工作者之间的沟通和对话，促进哲学和经济学两大学科的联盟。著名经济学家于光远、蒋学模出席会议，来自中国社会科学院、中国人民大学、中共中央党校、南京大学、中山大学、武汉大学、南开大学、复旦大学、上海财经大学、上海交通大学、同济大学、上海社会科学院、苏州大学、中南财经政法大学等国内著名高校和科研机构的近 80 位哲学、经济学专家学者荟萃一堂，对我国以往的经济哲学研究做了一次比较全面的总结和深刻反思，着重对如下四个方面的问题进行了深入的讨论。①现代经济哲学兴起的学术背景。现代经济哲学的兴起主要是由"两个危机"——"经济学危机"和"哲学危机"——所促成的。搞经济研究，没有哲学不行；不从哲学上解决问题，很多经济问题解决不了。社会主义政治经济学的研究，要以马克思主义哲学为指导，来探索社会主义经济发展规律。我国正在发生深刻的社会转型，这要求各学科间相互渗透和相互结合，改变"各自为政"的研究方式，取长补短，进行协同研究，这是我国改革和发展的现实需要。改革开放以来经济和社会发展中呈现的纷繁复杂、正负共存的现实问题，需要哲学的头脑和辩证法的观点才能正确看待和理解。现代经济哲学的兴起，必将带动哲学和经济学这两大学科的新的突破和发展。中国经济学理论的发展应当实现"五化"，即数学化、哲学化、心理学化、社会学化和政治学化。②经济哲学的学科定位。当前国内有关"经济哲学"学科性质、研究对象和研究内容的界说近 20 种。经济哲学以经济实践和经济理论中的基本问题（元问题）为对象，运用哲学的基本观点和方法，结合经济学及其他相关学科知识，探讨社会经济系统运行以及人们对它的认识、研究与价值选择的共同本质和一般规律，是以对这些问题的整体把握（宏观地、历史地考察问题）和根本把握（注重揭示深层本质和规律）为特色的一门哲学应用学科或交叉科学。经济哲学并非单纯的应用哲学，是关于经济学研究中的哲学问题的理论思考，其学科功能是既推动经济学又推动哲学发展。就经济哲学研究现状来看，还没有必要把哲学和经济学内容和边界明细化，关键是要研究问题、探讨问题，不应当把时间和精力花费在概念游戏上。中国经济学目前很需要经济哲学为其正名：经济学不仅是理论，更是方法。马克思主义经济学和马克思主义哲学本身就是联盟的。③经济哲学研究的技术路线和思路。经济哲学研究应当如何展开，是研究经济哲学要解决的一个关键问题。经济哲学研究有两个基本向度：一是从哲学的特殊视角出发，对经济学进行研究；另一个是从经济学的特殊视角出发研究哲学。第二个向度应是经济哲学研究的最根本的一个向度。当前的经济哲学研究应当重视对经济哲学的两条技术路线，即经济学的哲学传统和哲学的经济学传统的研究。在当代中国，经济哲学研究的任务是利用两门学科的优势，开展对我国社会经济运动的哲学研究，揭示出社会主义现代化的规律，促进中国社会的健康转型。经济哲学应当重视对我国建立社会主义市场经济体制过程中重大现实问题的研究。经济哲学研究大体有三种思路：第一种思路是以经济学的基本理论为切入点，着重比较研究经济学大家的经济思想，从中做出哲学概括；第二种思路是以经济实践中的重大问题为出发点，力求对它们做出哲学和经济学相结合的分析，提出一些解决问题的理论和方法；第三种思路是运用马克思主义哲学的一些基本原理和范畴，解释和说明现实的经济问题，以实现哲学与实践的对接。④经济伦理相关问题研究。经济伦理问题是近年来我国理论界十分关注的一个重要课题。当代经济伦理研究的复兴，深层次的原因来自当代资本主义选择了经济的最大限度增长，它客观上加剧了社会公共伦理道德的丧失。随着当代经济伦理问题的深入讨论，人们预先设定的阻碍经济理论和伦理学、政治哲学以及法律哲学之间富有成效地进行交流的种种逻辑壁垒减少了，而涉及伦理学的一些问题的实际对抗，可能随着经济学从伦理学中吸收大量的营养而被一一解决。社会主义市场经济伦理的构建应该包括四个基本观念，即天人合一的自然观、满足人的全面需要的生产观、力求公平的分配观，以及充分、健康而有节制的消费观，并且形成当代中国经济伦理学渗透模式的基本原则。要合理解决公平与效率的关系，在理论上要坚持将"获得的公正"、"转让的公正"及"矫正的公平"作为一个辩证统一的社会公平价值标准。市场经济并不必然经过一个道德沦丧阶段。在中国建立市场经济，并不仅仅是经济体制的简单转换问题，还必须对文化传统进行改革。此外，会议还探讨了企业伦理精神、经济学的属性、范式结构、发展社会主义市场经济与提倡共产主义道德的关系等问题。这次高级研讨会的举行，对于推动我国经济哲学的深入研究，对于促进哲学和经济学两大学科的完善和发展，其意义和作用是不可低估的。《中国社会科学》《哲学动态》《毛泽东邓小平理论研究》《社会科学》《经济学动态》《经济科学动态》《社会科学动态》《唯实》《经济学情报》等学术报刊对会议进行了相关报道，取得了良好的社会反响。

2. 2003：全国货币哲学高级研讨会

2003 年 12 月 24 – 26 日，"全国货币哲学高级研讨会"在上海财经大学召开。在十六届三中全会全面推出社会主义市场经济制度改革与创新的关键时期，我国正在由传统的计划经济向市场经济转型，在货币的社会功能不断凸显，并深刻地改变着中国社会历史进程的背景下，由《中国社会科学》杂志社和上海财经大学人文学院联合主办了全国货币哲学高级研讨会。民进中央副主席、全国政协常委、著名社会学家邓伟志出席会议；经济学知名学者茅于轼、盛洪、汪丁丁、李维森、张军、石磊、马涛、程恩富等，哲学知名学者俞吾金、陈学明、孙承叔、段忠桥、赵修义、张雄、鲁品越、徐大建、桂起权等出席会议。来自《中国社会科学》杂志社、北京大学、中国人民大学、北京天则经济研究所、复旦大学、武汉大学、华东师范大学、上海财经大学、东华大学、华侨大学、广西大学、中南财经政法大学、上海大学等国内知名高校和科研单位的 70 余位专家学者参加了会议，这次会议的一个显著特点是哲学、经济学和社会学三大领域专家学者共同聚焦货币哲学问题，对国内外以往的货币哲学研究做了一次比较全面的总结和深刻反思。会议总体方针是"不提倡研究体系构建，只研究重大现实问题"，着重讨论七个重大问题。①研究货币哲学的理论与实践意义。专家们指出：从货币这一现代社会的纽带来切入现代经济生活、切入现代文化、切入现代人的精神困境，从更深层次探讨货币哲学意义有二，一是它有助于当代中国人在市场经济条件下，培育健康的货币心理。二是展开货币哲学讨论是国内经济哲学研究走向深入的需要。中国政府当时面临的很大问题实际上是和货币有关。关注货币问题的讨论，不仅仅是经济学的话语，也是哲学、社会学、政治学的话语。货币化历史潮流，既是历史的进步，同时也带来了许多弊端。在社会主义条件下，我们要发挥货币的社会功能，但一定要防止"货币拜物教"，要在全社会引导建立健康的财富观，特别要防止"权钱"交易。②货币哲学研究的学科归类及其合理合法性讨论。专家认为，货币哲学研究成为可能是因为经济学价值判断内含着哲学的分析。货币哲学研究在我国尚处于起步阶段，目前就属于这种"问题哲学"，它发展到一定程度，将会形成一定的范畴体系，可以向"领域哲学"或"部门哲学"过渡。但是在研究货币哲学这个概念上有三个方面值得重视：一是要研究货币如何带来人类复杂矛盾的心态，二是如何理解货币作为一般等价物与新特权产生的关系，三是货币的社会交往功能的内在矛盾及其特性分析。③关于马克思货币哲学研究思想的解读。学者们指出，从社会关系的角度来揭示货币存在的社会本质，仍然是科学真理。从人性和人的自由、平等、公正的角度来揭示货币幻象的本质，是马克思货币哲学思想的核心要义。④关于西美尔货币哲学思想的评价。学者们对西美尔的货币哲学思想展开了激烈争论。⑤关于货币力量的深层本体论的解析。专家们认为，在一定的历史时期内，货币是便利的、有效率的，但在某些情况下甚至在一定的历史时期，货币也会具有不便利、非效率的缺陷。这与社会结构的变迁有密不可分的内在联系。⑥关于对现代性的批判，理应包含对货币的哲学批判。有专家认为，货币先于现代性而存在，却强力地催动着现代性的萌动和发生；现代性只是在货币经济对现代生活施以重大影响的经济事件中，才是成熟的，货币符号以其特有的张力，构成一种现代性社会不可或缺的"能动的关系结构"，其对象不仅是可交换的物品，而且有针对货币交换者周围集体和周围世界的意义。所以对现代性的批判，理应包含对货币的哲学批判。⑦关于新货币革命中的伦理与技术问题。

有学者认为，货币从它坠地之日起就注入了伦理的血液。在信息化高度发展的新形势下，货币的物理形态正在消失中，数字化的电子货币正在与人们的经济活动趋近"零距离"，新的货币革命将使人类的交易行为更加依赖于道德的力量和更加凸显伦理的价值。会后，《中国社会科学》《哲学研究》《哲学动态》《学术月刊》《教学与研究》《人民日报》等重要报纸杂志发了部分论文及会议综述，对大会做了全面详细的报道；社会科学文献出版社出版了《中国经济哲学评论·2004 货币哲学专辑》。

3. 2006：全国资本哲学高级研讨会

2006 年 5 月 27 日，"全国资本哲学高级研讨会"在上海财经大学召开。随着我国社会主义市场经济深度发展，传统的货币迅速向现代资本集聚并转换，现代资本体系的迅速发育和发展，客观上提出了诸多与资本相关联的重大理论与实践问题，社会主义与资本主义在资本的运用及功能发挥方面究竟有何区别，换言之，社会主义资本如何在阳光下最大化运营，如何消解资本的负面效应，如何克服由资本带来的社会两极分化问题，期待着学界的理性解答。上海财经大学经济哲学团队适时关切此问题的研究，与中国社会科学院哲学研究所《哲学研究》编辑部共同发起主办全国资本哲学高级研讨会。来自《中国社会科学》杂志社、《哲学研究》杂志社、北京大学、中共中央党校、复旦大学、南京大学、东南大学、上海财经大学、台湾成功大学、台湾实践大学、台湾科技大学、湖南省社会科学院、南京师范大学、东北财经大学、重庆市委党校等 30 多所国内知名高校和科研单位的近百名专家学者出席会议，这次会议的显著特点是哲学、经济学和社会学三大领域专家学者共同聚焦资本哲学问题，对国内外以往的资本哲学研究和我国社会主义市场经济与资本的关系做了比较全面的总结和深刻反思。会议着重对六个问题进行了探讨。①资本范畴的当代诠释。有学者指出，资本范畴有三个基本维度：物的维度、社会关系的维度、精神生活的维度。也有学者提出，资本范畴内含着文化维度的轴心，表现为对文化拜物教观念的批判。还有学者指出，知识作为资本，从生产函数看，它具有收益递增效应。②主体性资本与主体性哲学的双向追问。有学者就主体性资本与主体性哲学的关联展开了深入的探讨，主体性资本主要有四个方面的特征：资本的自因说、资本的"脱域性"、资本的"他者"设定以及"普遍永恒资本"。现代性后果不仅指向主体性哲学，更涉及主体性资本，二者的关联表现为：主体性哲学的启蒙与发展离不开主体性资本的发育和生成；主体性哲学只有通过主体性资本的证明，才能被指认为是现存的、可感的、可量度的和可通约的。③资本与现代性的勾连问题。有学者就资本与现代性问题展开了深刻的批判，他们认为资本扩张过程推进的生活世界货币化，是资本带给人类社会的最根本变革，其充满矛盾的过程是现代性生成过程的深层主线。④资本与中国现代化历史进程。有学者认为资本是人类社会发展不可逾越的一个阶段，资本不是资本主义的特有现象，社会主义也可以有资本，并可以运用资本为社会主义现代化建设服务。中国要实行现代化，必须充分发挥资本推动生产力发展的巨大作用。当前我国资本市场发育及运行中所积累的经验和教训值得反思。⑤《资本论》的当代意义。有学者认为，《资本论》是哲学与政治经济学双向批判的结晶，它集中体现了马克思在哲学与经济学的结合中，研究人类社会和人类解放的大思路。《资本论》留下深刻的启示是：搞哲学的不能陶醉于哲学理性批判，应当关注现实社会的经济运动，关注并批判吸取同时代经济学家的研究成果，只有将哲学批判与经济学批判相联系，才能揭开"历史之谜"的谜底。会后，《哲学研究》《哲学动态》等国内权威杂志刊发了部分会议论文及会议综述，对大会做了全面详细的报道；社会科学文献出版社出版了《中国经济哲学评论·2006资本哲学专辑》，在学术界产生了广泛影响。

4. 2008：面向共同未来：经济学家与哲学家对话会

2008年5月31日至6月2日，"面向共同未来：经济学家与哲学家对话会"在上海财经大学召开，会议由《中国社会科学》杂志社、上海财经大学人文学院、上海财经大学经济哲学研究中心联合主办。该会旨在推动跨学科的沟通合作，在不同学科的交叉互动和视界融合中寻找更富有现实解释力与思想创造性的学术生长点。著名哲学家陈先达到会指导。来自中国社会科学院、《中国社会科学》杂志社、《哲学研究》杂志社、《经济研究》杂志社、《经济学家》编辑部、北京大学、中国人民大学、清华大学、首都师范大学、复旦大学、上海财经大学、浙江大学、南京财经大学等国内知名高校和科研单位的30多位著名哲学家和经济学家参加了会议，会议就我国哲学和经济学在未来将面临的重大问题从四个方面展开对话。①打破学科壁垒，推进理论创新。与会专家就经济学与哲学的学科壁垒问题发表了自己的观点，有专家认为哲学与经济学研究中现在所面对的问题是：中国火热的改革开放实践所带来的重大社会变革对理论的强烈需求，与哲学在某种程度上的"非在场性"和日益计量化或数学化的经济学的实证性及理论视域的狭隘性，形成了强烈的反差。"貌合神离"的哲学与经济学的关系，相互隔离的原因究竟何在，如何打破学科壁垒、使哲学抛弃抽象的思辨，成为"在场性"的哲学，使在场性的经济学成为"有大众立场"的经济学。马克思主义哲学的创新，要求我们必须在加强哲学对话的同时，走出哲学对话。哲学与经济学的对话才是真正意义上的思想与现实的对话。没有马克思主义经济学作为理论支撑，就不可能真正理解马克思主义哲学。当前马克思主义哲学研究的困境在于哲学对经济学的漠视。②现代性与西方经济学理论传统的哲学追问。有学者围绕现代性与西方经济学理论传统的价值内核、人性假设、消费主义等具体问题展开深度的哲学追问。他们认为现代性问题直接关涉到对西方经济学理论传统的追问，涉及哲学与中国经济学的理论创新；与此同时，现代性对于中国而言是一个正在面对和亟待研究的问题，涉及中国特色现代性的构建。尤其是世俗主义、经济个人主义、价值通约主义等西方理论经济学传统问题值得我们反思。③马克思思想原点逻辑的构建：哲学批判抑或经济学批判。有学者认为没有马克思的经济学批判就没有历史唯物主义；没有历史唯物主义也就没有马克思的经济学革命；经济学革命是以哲学革命为基础的。④演化经济学的哲学基础及当代经济学建构的科学方法与路径。有学者认为，中国经济学应当是科学揭示当代中国经济运行和发展规律的重要理论，它必须适应当代国际经济环境对中国社会主义经济提出的挑战，必须适应中国社会主义初级阶段经济科学的发展要求。因而，我国的经济学教学与研究面临如何适应现代经济全球化和社会主义市场经济发展规律的需要，实现马克思主义经济学在中国的现代化、具体化的问题。大家普遍认为，对于经济学和哲学的发展而言，打破学科壁垒势在必行，因为，现实社会的发展是各个领域彼此互动的结果，解决发展中存在的问题，必须依赖各个学科之间的广泛交流，开放的事业需要开放的社会，开放的社会需要开放的社会科学。会后，《中国社会科学》等国内权威杂志刊发了部分论文及会议综述，并对大会做了全面详细的报道；中国社会科学出版社出版了《思想路径与现实基础：哲学与经济学的对话》，在学术界产生了广泛影响。

5. 2009："金融危机的伦理反思"全国高级研讨会

　　2008年，美国次贷危机引发的金融危机对全球经济产生了深远的影响。金融危机不仅是金融领域的危机，也是政治、经济、社会、文化以及伦理的危机，伦理学应该进行深刻反思。2009年，上海财经大学人文学院与上海伦理学会共同主办了"金融危机的伦理反思"全国高级研讨会。中国逻辑学会副会长、上海财经大学党委书记马钦荣教授；中国伦理学会副会长南京师范大学王小锡教授；上海市伦理学会会长、华东师范大学朱贻庭教授到会并致辞。来自上海财经大学、上海社会科学院哲学所、复旦大学、中山大学、南京师范大学、湖南师范大学等 10 余所高校的专家学者 80 余人参加了会议，其中近 30 位教授做了精彩的发言。这次会议设了 1 场主题演讲和 3 场专题讨论。与会专家学者各自从不同学科出发，在经济伦理反思的总体框架下，对金融危机爆发的根源及其防范机制等问题各抒己见：国际金融危机所引发的种种认识幻象，是否意味着技术的忏悔遮蔽着道德的查审；为什么最具有现代金融监管技术和体系的华尔街却因监管不力引发重大危机；对当代金融危机的伦理反思的深度解读，必然要追究到政治制度与经济制度的深层本体论问题。许多学者强调指出，这场危机不但是金融、经济领域的危机，更是一场深刻的观念危机。对于金融危机背后折射出来的新自由主义理论范式的危机，美国政府以制造泡沫来追求 GDP 增长的行政伦理危机，以及当下盛行的享乐主义消费观念，企业以利润最大化为目标的非道德经营理念，学者们都进行了哲学层面的批判和反思。另外，与会学者还就如何在全社会建立健全的信用体系，有效防范金融风险提出了相应的对策措施。总之，本次研讨会集中展示了国内经济伦理学界对于金融危机研究的最新理论成果，对于进一步加强经济伦理学的学科建设，提升经济伦理学的学科地位具有重要的意义。

主要参会论文分别发表在多种学术刊物上。张雄：《财富幻象——金融危机的精神现象学解读》，《中国社会科学》2010 年第 5 期；赵修义：《如何对金融危机进行伦理反思》，《道德与文明》2010 年第 2 期；蔡学英：《金融危机下的伦理反思与文化重建》，《伦理学研究》2011 年第 3 期；汪荣有、段建斌：《金融危机的伦理反思》，《江西师范大学学报》（哲学社会科学版）2010 年第 5 期；吴晓轮：《金融产品设计与发行操控者的美德建设——源于金融危机的伦理反思》，《道德与文明》2010 年第 1 期；赵晓伟、刘俊琪：《金融危机的伦理反思》，《湖南医科大学学报》（社会科学版）2010 年第 3 期。另外，《解放日报》《文汇报》等新闻媒体对会议进行了相关报道，其中郝云、陶国富的《金融危机的伦理反思——全国学术研讨会综述》发表在《哲学动态》2010 年第 3 期；卜祥记的《祛蔽：金融危机认识幻象的伦理追问——"金融危机的伦理反思"全国学术研讨会综述》发表在《江南社会学院学报》2010 年第 2 期。

6. 2010：全国财富哲学高级研讨会

2010 年 6 月 26 – 27 日，"全国财富哲学高级研讨会"在上海财经大学召开，会议由中国社会科学院哲学所、《哲学研究》杂志社、上海财经大学人文学院、上海财经大学现代经济哲学研究中心联合主办。这次研讨会收到论文 40 余篇，中国社会科学院时任副院长李慎明研究员做了主题报告，来自中国社会科学院、中国人民大学、中共中央党校、复旦大学、上海财经大学、武汉大学、中山大学、华东师范大学、东华大学、中南财经政法大学等科研院所和高校的专家学者 80 余人参加了研讨会。与会专家从哲学、经济学、政治学、社会学等不同视角，围绕财富范畴的寓意及其社会本质、马克思的财富观及其当代意义、虚拟经济和虚拟财富的哲学解读、国际金融危机发生的深层原因透析、改革开放 30 多年中国人财富观的嬗变等问题进行了热烈而又深入的研讨。会议主要讨论了如下问题。①财富范畴的寓意及其社会本质。其一，财富范畴是历史的、流变的，但它是社会进步的标志；其二，财富是人性欲望的沸腾与社会权力交织的产物；其三，财富在私有制社会中的社会本质是不平等的；其四，财富是量度人类实践行为属性及社会内在矛盾的重要尺度；其五，财富应当有着多维度的释义；其六，经济学财富范畴与哲学财富范畴的区别。②马克思的财富观及其当代意义。学者们提出了五方面的观点：一是以劳动主体为价值取向的人本财富观；二是马克思对财富内涵的界定包含物质性、社会性和主体性三个方面；三是生活是财富本质的现实表达，这是马克思否定性历史辩证法的题中之义；四是马克思财富观对于考察当下我国的财富理论和实践具有重大的现实意义；五是关于马克思财富观的当代意义，学者们讨论最为激烈的是财富分配的社会公平公正问题。③虚拟经济与虚拟财富的哲学解读。与会专家认为，虚拟经济是智能化时代的产物，虚拟经济走向极端所导致的危机并不证明虚拟经济本身存在的不合理性；在当代资本市场的发展与财富创造的关系上，我们应当高度警惕过分虚拟化给社会带来的负面效应；股市等虚拟经济不创造真实财富；虚拟经济过热必然导致泡沫经济。④对国际金融危机发生的深层原因进行透析。一是从虚拟资本运动导致虚拟经济和实体经济体背离的视角，解读美国金融危机发生的深层次原因；二是从道德伦理及人文精神视角对金融危机进行深入的反思；三是从历史精神沉积的角度对金融危机进行存在论追问；四是充分彰显马克思主义理论资源对于解释当下金融危机的穿透力。⑤改革开放 30 多年中国人财富观的嬗变。首先，肯定了 30 多年中国改革开放带来的国富与民富的事实是不容置疑的；其次，总结了改革开放30多年中国人财富观的嬗变经历了四个阶段；再次，中国人财富观念的嬗变深刻地反映了中国人财富伦理观的变化；最后，辩证审视改革开放30多年中国财富增长模式，需要重视当前制约中国经济进一步增长的瓶颈因素。会后，《中国社会科学》《哲学研究》《哲学动态》等国内权威杂志刊发了部分论文及会议综述，对大会做了全面详细的报道；社会科学文献出版社出版了《中国经济哲学评论·2010财富哲学专辑》，在学术界产生了广泛影响。

7. 2013："中国经济改革的哲学在场性：走向新'政治经济学批判'"高级研讨会、全国经济哲学研究会成立大会暨第一次年会

2013年10月19－20日，"中国经济改革的哲学在场性：走向新'政治经济学批判'"高级研讨会、全国经济哲学研究会成立大会暨第一次年会在上海财经大学召开。此次会议由全国经济哲学研究会、中国社会科学院哲学研究所《哲学研究》编辑部、上海财经大学人文学院、上海财经大学现代经济哲学研究中心联合主办，《社会科学报》协办。上海财经大学校长樊丽明教授出席会议并致欢迎辞。来自中国社会科学院、北京大学、中国人民大学、复旦大学、上海财经大学、南京大学、中山大学、华东师范大学、同济大学、中央财经大学、中南财经政法大学等国内近30余家高校、科研院所的专家学者110余人参加了会议，收到论文80余篇。会议主要围绕以下五个方面的问题展开了深入的研讨。①新"政治经济学批判"的深刻本质在于追求经济的政治与哲学实现。有专家指出，政治经济学是关于社会财富的学问，政治经济学批判是以政治经济学作为反思对象的哲学批判程序，它既是思辨的政治经济学，也是一种更为深刻的社会存在论追问，其要义是追求经济的"政治与哲学的实现"。马克思曾把"政治经济学"表述为关于"市民社会的解剖学"，而把"政治经济学批判"直接作为《资本论》的副题。政治经济学批判之所以具有强大的思想穿透力和实践变革力，其独特优势在于：政治经济学批判始终坚持哲学、政治学与经济学互动的传统，对经济所关涉的思想维度、政治维度以及历史价值维度的偏重，使得单一的经济学分析视角，直接转入综合系统分析的哲学社会科学的优势学术资源中，从而使思想家、理论家、政治家在考量物质生产力发展和社会财富运动的同时，对追求历史进步和人类解放亦给予高度关注。②新"政治经济学批判"将人类经济学理论引入新的境界。有专家指出，当代西方主流经济学，其理论前提是经济理性，其目标是解决资源稀缺问题，鼓吹经济理论的超意识形态性。实际上，这是把现实的人转换成抽象的人，把人的欲望当作与社会现实条件不相干的绝对的存在，把价值立场从经济活动和经济认识中予以消解。这种经济学理论对大数据时代的盘根错节的社会结构矛盾、社会复杂有机体中经济活动风险的不确定性、现实社会中人的行为发生的复杂性的把握，日益失去有效的解释力，无法为当代经济危机提出令人信服的"诊断"，并开出相应的治理"药方"。新"政治经济学批判"把经济学、政治学、哲学的方法有机整合起来，弥补经济学理论视野不足的缺陷，深化对当下经济问题内在症结的理解和把握，将会把人类经济学理论引入新境界。③有学者认为，应当注重唯物史观与政治经济学的关系，过去马克思主义的哲学完全是从哲学的通道里研究马克思早期思想的两度转变。其实，我们可以采用另外一个角度即政治经济学批判的角度。马克思是经济学家同时是哲学家，他的生涯证明了经济哲学的重要性。马克思的政治经济学批判敲响了资本主义必然灭亡的丧钟，又带来了20世纪资本主义与社会主义并存的时代。如果从政治经济学批判的角度理解马克思的思想进程，回溯到马克思早期世界观两度转变，我们似乎更接近马克思学说中的轴心原理。也有学者认为，《资本论》是《共产党宣言》的经济哲学版。在货币化的生活世界里，资本已经成为架构西方存在论的根据，它既是社会物质流转的润滑剂、倍增器，又是人们感觉世界的兴奋剂、崇拜物，更是精神意志的"逻各斯"。资本的理论最重要的意义在于它事实上掌握了解释资本主义利润这把钥匙。资本的概念是研究资本主义经济中生产与分配规律的中心工具。在今天，《资本论》的叙事中究竟讲什么故事已经不太重要了，重要的是它的政治经济学批判中所内涵的存在之链，与我们现实的创造历史活动的精神批判工具有无关联。所谓存在之链主要是指反思过的抽象公理与历史哲学的意义世界联系在一起的思辨形式，它不与表象的质料或其他任何形式的物质联系在一起，而是始终保持着具有普遍性特质的纯有性显现。这个链条里面包含八方面内容：资本与精神的关系、从货币批判到权力批判、个人与现代性的关联、从利益的自然和谐到人的自然和谐、资本逻辑与社会批判逻辑、社会危机理论、经济性的修复（资本内在否定性的历史哲学诠释）、经济规律与历史宏大规律进化的关系。④中国经济改革的深度推进，迫切需要哲学、经济学、政治学等共同参与的新"政治经济学批判"。专家认为，马克思的理论体系建构为我们树立了打破学科壁垒，有机融合哲学、经济学、政治学、社会学等诸多学科，建立理论联盟的典范，理论的整体性视野成为马克思思想的显著特征。

30多年的改革开放，一方面，中国的经济、政治、文化、社会等日益成为彼此交融的有机复杂整体。经济改革的深度推进，离不开顶层设计来整体统筹各子系统之间的"共振"关系；另一方面，中国改革离不开对世界历史进程的自觉把握，然而，经济全球化浪潮却与意识形态扩展、政治理念的推广、文化霸权等交织在一起，日益呈现出复杂性。因此，中国经济改革的深度推进，迫切需要哲学、经济学、政治学等共同参与的新"政治经济学批判"。新"政治经济学批判"提升了对重大社会经济问题的理解深度。还有学者认为，新"政治经济学批判"，把事实判断与价值判断结合起来，促进经济关怀与人文关怀的辩证统一，凸显了人民财富论的当代主题，为更好地理解中国当下社会主义市场经济建设中出现的异化、自由与平等、资本逻辑与货币化生活、社会消费等现实问题，提供了有效的精神指引、理论指导和方法借鉴。⑤西方马克思主义政治经济学批判的批判。专家认为，西方马克思主义秉承了马克思的批判传统，但在批判路径上日益远离对资本主义经济关系的审视和剖析，转而走向技术批判、文化批判、意识形态批判和哲学批判。西方"马克思学"在一定程度上努力还原马克思政治经济学批判的经济哲学本性，虽然这种"还原"仍然带有各种偏见，但无疑为从经济哲学角度对当代中国和世界问题进行诊断提供了有益的借鉴。所以，新"政治经济学批判"不是简单模仿西方马克思主义政治经济学批判，而是要对他们的思想观点、解释路径进行深刻反思。会后，《中国社会科学》《哲学研究》《哲学动态》《学术月刊》等国内权威杂志刊发了部分论文及会议综述，中央电视台、《中国社会科学报》、《文汇报》、《解放日报》、《社会科学报》先后对会议做了报道，社会科学文献出版社出版了《中国经济哲学评论·2015政治经济学批判》著作，在学术界产生了广泛影响。

8. 2014："全面深化改革的理论预设：市场经济运行模式的再认识"全国经济哲学研讨会暨全国经济哲学2014年年会

2014年6月21-22日在河北大学召开了"全面深化改革的理论预设：市场经济运行模式的再认识"学术研讨会。改革开放30余年，中国的社会主义市场经济体制运行取得了骄人业绩，但经济改革远未达到完成时，党的十八届三中全会提出"让市场在资源配置中起决定性作用"的命题，标志着全面深化改革进入了深水区，它既需要改革实践的不断牵引，更需要先进思想及理论的指导。为此，全国经济哲学研究会、上海财经大学人文学院与河北大学共同主办了"全面深化改革的理论预设：市场经济运行模式的再认识"学术研讨会。来自中国社会科学院、复旦大学、上海财经大学、武汉大学、同济大学、西南财经大学、中南财经政法大学、河北大学、辽宁大学、上海社会科学院等10余所国内重点高校及科研院所的40余位专家学者参加了会议，会议主要就以下三个问题进行了深入研讨：①把握全面深化改革的寓意，需要破除一种认识幻象：把社会主义社会、资本主义社会、市场经济模式与计划经济模式这四个概念混杂在一起，既把它们视为同一辈分的概念群体，又把它们按照某种必然性原则加以分类：资本主义社会必然与市场经济模式相勾连，社会主义社会必然与计划经济模式相勾连。有学者就此做了深刻的批判并予以观念矫正，指出：社会主义社会与资本主义社会同属社会制度范畴，而市场经济与计划经济同属经济运行模式范畴。尽管马克思强调，社会制度通常指社会基本的经济制度以及与之相适应的政治制度，但不可以把社会经济制度直接等同于具体的经济运行模式。经济运行模式主要关涉资源配置的路径与方式问题。无论在何种社会经济制度下，不同国家所推行的经济运行模式，都会存在着共同的基本特征，这些特征构成了市场经济与计划经济的根本区别。②辨析制度分殊。有学者认为，马克思"社会三形态理论"是我们今天理解社会主义市场的一个最重要的理论根据，资本主义与社会主义都回避不了"人对物的依赖"属性，该属性决定了在全面深化改革的实践活动中，国家对市场经济运行模式的一种选择和制度创新尤为必要。一是资本主义市场经济的社会轴心是资本。中国的社会主义市场经济的社会轴心是"人民性"。二是社会主义与市场经济的关系，深刻地反映在政府与市场的关系上。计划与市场的关系在今天已经深化为政府与市场的关系。它涉及政府在资源配置上的定位问题。市场起决定作用与更好地发挥政府作用是相辅相成的关系。三是劳动价值是社会主义原点和本质。社会主义和市场经济正是在劳动价值本体上交集。③澄明市场灵魂。有学者认为，一方面，社会主义的"市场灵魂"，理应注重人性解放、文明进步的原则。另一方面，社会主义的"市场灵魂"，理应秉持社会主义市场经济分配正义原则。在资本主义世界，社会分配的公正问题成了烫手的山芋，其根源在于资本主义社会的制度矛盾。社会主义市场经济如要超越资本主义市场经济，彰显社会主义制度的优越性，显然必须比资本主义制度令人信服地妥善处理社会分配公正问题。会后，《哲学动态》《学术月刊》《上海财经大学学报》等国内权威杂志刊发了部分论文及会议综述，《新华文摘》全文转载1篇，《中国社会科学文摘》全文转载1篇。《中国社会科学报》等对会议做了报道，在学术界产生了广泛影响。

9. 2015："政治经济学批判：《21 世纪资本论》与《资本论》"高端学术论坛

2015 年 5 月 23 日在上海财经大学召开"政治经济学批判：《21 世纪资本论》与《资本论》"高端学术研讨会。法国经济学家皮凯蒂 2013 年出版的《21 世纪资本论》在国际和国内引起强烈反响，哲学界、经济学界、政治学界都颇为关注。沿着货币哲学 – 资本哲学 – 财富哲学的研究路径，深度考问《21 世纪资本论》显得尤为重要。在上海财经大学经济哲学团队创意及组织下，由全国经济哲学研究会、中国社会科学院《哲学研究》编辑部共同主办此次会议。来自《中国社会科学》编辑部、《哲学研究》编辑部、《新华文摘》编辑部、中国社会科学院、中央编译局、北京大学、复旦大学、上海财经大学、同济大学、西南大学、东北财经大学、江西财经大学、河北大学、辽宁大学、上海社会科学院、台湾实践大学、浦东干部管理学院等 20 余所重点高校和科研单位的 50 余名专家学者到会，并就 21 世纪资本范畴的内涵、全球资本逻辑的扩张与全球经济正义、资本与当代生存世界的金融化、资本与中国现代性发育、全面深化改革的实践推进中所出现的财富分配、社会公正以及人的全面发展等问题展开深度研讨，最具关切的问题有四。①如何辩证地评价《21 世纪资本论》。皮凯蒂在书中对全球经济正义的价值判断，虽然有着令人信服的思考，但单纯对资本的技术分析，其经验形式不能阐明人类生命的真正本质，不能阐明世界历史进化运动的深刻内涵，实属未加反思的著作。②如何解读 21 世纪资本范畴内涵。从马克思时代到皮凯蒂时代，社会历史发生了重大的转变，对资本范畴内涵的理解，理应跟随历史的变迁与时俱进地加以推进。有专家指出，范畴随着实践的变化不断地改变，皮凯蒂对资本范畴的解读独树一帜，它有着时代发展的根据。21 世纪资本有着丰富的内涵，不仅包括物权化的资本，还应包括金融资本、人力资本、自然资本、制度资本等等，不能将资本局限于狭隘的理解之中。进入 21 世纪以来，全球资本金融导致直接性融资占比趋高，资本的内涵发生了深刻的变化，表现出独特的时代特征：资本金融化的强力发展、工具理性智能化、生存世界的经济性与人类整体主义的冲突更为激烈。③全球经济正义的存在论追问。《21 世纪资本论》的中心议题是全球经济正义问题，书中运用大数据分析，得出如下重要结论：资本收益率高于经济增长率是一切社会不平等的根源，这种状况决定了未来财富分配的悲观格局，资本主义的自由市场机制是催生这种根源性不平等的温床。与会学者认为，对一切社会不平等根源的探究，离不开哲学的批判与追问。有专家指出，经济正义的绝对性与相对性。经济正义具有制度性安排的道德属性，它规范着社会交往关系中的原则，经济正义的标准也应随着社会历史的变迁而变化。经济正义不是平均主义，也不是脱离社会历史条件的绝对正义，而是在历史动态发展中，人们对自己劳动付出而在分配机制中获得相应收益的经济权利诉求。还有专家指出，政治经济学批判视域下的 r > g 问题，认为 r > g 与平均利润率下降规律并无本质冲突。④如何实现 21 世纪中国资本运行的制度创新及世界意义。研究《21 世纪资本论》是国内学者与国际学术界对话的一个契机，如何在实践的发展中继承和发扬马克思主义政治经济学批判，将理论与现实紧密地结合，找到 21 世纪资本运行的新模式，这也将影响发达国家的政策走向，成为全球合适的制度借鉴。学者们认为，既要关注公共资本的独特作用与意义，还要以不断创新的精神深度参与全球化，更要让资本在社会主义阳光下最大化运行。会后，《哲学动态》《学术月刊》《马克思主义与现实》等国内权威杂志刊发了部分论文及会议综述，《中国社会科学报》《社会科学报》等对会议做了报道，在学术界产生了广泛影响。

10. 2015："全球资本逻辑与全球经济正义"学术研讨会暨全国经济哲学 2015 年年会

2015 年 11 月 14 日在中南财经政法大学召开"全球资本逻辑与全球经济正义"全国学术研讨会。伴随着我国经济国际化程度的不断提高，与国外的经济交往不断增加，国际资本的影响也逐步加大，我国利用外资规模已跃居全球首位，同时对外投资也在强劲增长。目前，我国已进入全面建成小康社会的决胜阶段，如何促进经济平等和社会公正、促进人的全面发展、有效节制资本逻辑并发挥其积极作用，迫切需要以马克思主义哲学为指导的经济哲学和经济伦理学给出正确回答。在上海财经大学经济哲学团队的策划与组织下，由全国经济哲学研究会主办，湖北省哲学学会、中南财经政法大学哲学院、经济伦理研究所承办会议。来自中国社会科学院、中央编译局、复旦大学、南京大学、上海财经大学、吉林大学、河北大学、河海大学、中央财经大学、东北财经大学、湖北省委党校、重庆市委党校等高校和科研机构的 70 余名专家学者出席了会议，研讨会开幕式由中南财经政法大学党委书记张中华教授致辞、副校长刘可风教授主持。全国经济哲学研究会会长、上海财经大学人文学院院长张雄教授从发展的视角对经济哲学的研究概况和历程进行了精确而简洁的回顾和展望，指出：21 世纪全球资本金融化导致直接性融资占比趋高，金融危机和欧债危机的爆发，深刻显示了马克思在《资本论》中所揭示的资本具有内在否定性的哲学真谛。毋庸置疑，资本主义主导的现代金融体系在新的经济秩序和分工中占据核心地位，金融战争在某些领域已经替代传统的军事战争，政治家们纷纷思考 21 世纪资本金融大格局的战略，并强调这远远比考量传统军事大格局战略更紧迫。有专家指出，新的全球经济高涨，将会使"经济正义"这一警戒性和防备性的德行话语，永远消失在人类共同操守的德行目录中，这是一种认识幻象。未来的人类在新的经济发展平台上，更需要呼唤一种新的经济正义精神。人类生存的资源仍处在极度的匮乏中；人类的心灵并未完全扩展到充满友谊和慷慨的境地；人类新的交易规则无法终止所有权和责任的划分；人类的秉性尚不能消解利己主义和利他主义的矛盾。因此，人类仍然需要认真地讨论 21 世纪世界所面临的经济正义问题。本次学术研讨会收到论文 42 篇，部分成果发表在《中国社会科学》《哲学研究》《伦理学研究》等学术期刊上。

11. 2016："应对全球气候变迁——正义·规则·人类福祉"国际学术研讨会暨全国经济哲学研究会 2016 年年会

2016 年 5 月 15 - 16 日由全国经济哲学研究会、美国耶鲁大学哲学系联合主办的"应对全球气候变迁——正义·规则·人类福祉"国际学术研讨会在上海财经大学人文学院同新楼召开。来自中国、美国、南非、澳大利亚、荷兰等国内外著名专家学者、国际大法官 40 余人济济一堂，就全球气候问题所关涉的公正、人权、政府责任、企业行为、公民自律、法律约束、国际条约及准则七大问题展开了专题研讨。上海财经大学党委书记丛树海教授出席会议并致辞。美国耶鲁大学全球正义研究中心主任托马斯·博格教授，中国社会科学院学部委员、哲学所原所长李景源研究员也分别致辞。本次会议就合理排放的对策提出了九个方面的思考点。

第一，减少排放应当以正义为本。讨论排放问题归根结底是一个正义论的本质问题。上海财经大学党委书记丛树海教授指出，全球气候变迁问题不只是工具理念上的问题，更是价值理性层面上的问题，不只是一个简单的大气温室气体浓度上升的环境问题，更是一个关系到经济、社会、文化以及人的发展的整体性问题，是同各个国家和民族发展的阶段、生产方式、生活方式、价值观念、人口规模、资源禀赋、治理模式以及国际产业等因素密切相关的问题，也正如本次国际论坛主题所显示的那样：是一个关乎正义、规则、人类福祉的问题。美国耶鲁大学全球正义研究中心主任托马斯·博格教授指出，"奥斯陆准则"的本质是正义问题，人类是主体，每个人都是平等的，排放问题讨论的基准应是正义原则，因此，我们更应当对发展中国家和弱势群体给予更多的关照和理解。中国社会科学院学部委员李景源研究员深刻地解读了中国特色社会主义生态正义的三个重要含义：既要金山银山，又要绿水青山；生态兴、文明兴，生态衰、文明衰；人类生产力本质上就是绿色生产力。国家发展和改革委员会国家应对气候变化战略研究和国际合作中心战略规划部副主任柴麒敏以参加《巴黎协定》谈判的亲身经历，运用大量的实证数据分析指出，造成气候变化恶果的责任应该由谁来负？有人说谁污染谁付费，但是在气候变化问题上，因为它是一个长尺度的过程，涉及1750年以来到现在所有的排放，这些责任怎么去追究？因此，分析气候变化的正义原则应包括：历史责任的原则、各自能力的原则、预警的原则。

第二，减少排放应当首先回到科学的计算上。托马斯·博格教授指出，据世界卫生组织统计，每年约有330万人死于空气污染。如此灾难逼迫我们每一年都会以一个相同的标准降低人均碳排放量，当然，各个国家排放标准各异，如中国是7吨，大多数欧洲国家也是7吨左右，而美国是17吨，澳大利亚17吨，还有一些国家可能达到28吨甚至更高，但一些贫穷的非工业化国家甚至低于1吨，他认为，7吨以上的国家必须要降低排放标准。回到数据上的分析又引发了如何计算的问题。上海财经大学徐大建教授提出：是计算生产还是计算消费？这里面直接关系到发达国家如何计算，发展中国家如何计算，中国如何计算等等，复杂的环节正是各个国家的经济结构不同，欠发达国家所生产的东西虽然在排放气体，但它不消费，它出口到发达国家，如果把这个东西全部计算到生产国，这是不公正的。

第三，减少排放要注重依法治理。会上，多数国外专家和法官一致认为，减排问题应贯通到法律、法庭、法官等环节中去。国际法庭大法官亚普·施皮尔认为，学术界的讨论，要么关注人权法，要么关注责任法、国际法以及宪法等方面，仅此手段还不够，我们还要考虑到所有法的范围，以便能够最终实现我们的目标的法理基础。因此，要从国际法层面讨论气候变化问题，单靠国家立法、州立法，无法协调全球问题。这个世界像贵国习总书记所讲的，要用全球利益共同体来解决国际综合治理问题。但是，华东师范大学赵修义教授指出，涉及国与国之间的问题，法律很难制定，也很难有效，没有一个机构可以来判定谁违法，其实联合国有很多东西是道义性的，约束力是很弱的。江西财经大学张定鑫教授认为，国际法也是一个抽象概念，不同的国家、不同的政治制度如何执行异质多样的共有法律条文，其真正的执行力令人怀疑。

第四，减少排放要回归到人权问题的思考。耶鲁大学哲学系教授詹姆斯·西尔克指出，我们应当关注在应对气候变化以及它影响时，人权方面的问题。主要关涉到人的发展权、人的尊严的权利、健康的权利、程序上的权利以及避免跨国境的人权侵犯等五个方面。湖南师范大学唐凯麟教授提出了代际储存的重要理念，重点阐述了代际储存和碳排放问题之间的关系，他指出，代际储存关涉的原理就是现代人和后代人的人权问题。上海《文汇报》理评部副主任杨逸淇提出，从中国的实践看，科技创新在应对气候变化、推动绿色发展中发挥了重要的作用。那么如果要回到人权的话，中国现代化的过程本质上就是实现社会公平正义，这实际上就是利益调整过程，对中国这样一个发展中国家来说，在推动人权事业的发展过程中，加强国际间人权问题的交流与合作非常重要。全国经济哲学研究会会长、上海财经大学张雄教授指出，人权与自由相关联。可是，西方自现代性发育至今形成的人权观充满着幻象。过分地拔高人权对现实问题思考的地位，无助于经济社会现实的问题的解决。首先我们要深刻反思人权是什么这个问题，人权究竟是外在给予的还是自我意识到的，还是本身就不存在的，是人的一种自由本质被拒斥，如果把这个问题思考透了，排污的人权论就应当转向一种更深层次的政治哲学批判。

第五，减少排放要重视政府的责任。上海市环境科学院低碳问题研究中心主任胡静以大量的数字、图表展示了一个重要的案例：上海在政府的积极支持和引导下，在解决排污问题上既取得了巨大成就，也存在着特殊的困难，政府既有合理的顶层设计，又有有效的抓手，从而将国际特大型城市的排污降低在较低的水平，这是世界之举。澳大利亚环境法庭法官布莱恩·普林斯顿为会议提供了诸多案例，这些案例非常实证、非常有说服力，旨在说明发达国家应用法律的约束有效地制约政府在排污问题上的不作为，或监管缺位，治理环境污染是政府不可推卸的公共责任，如果政府不作为，法律应对政府进行问责。

第六，减少排放应当注重企业责任方的细分。长期以来，人们对企业排放的理解存在着不少误区，简单地把企业排放的责任仅仅归属在一个领域或一个环节，要么是生产问题，要么是销售问题，实际上应当从整体与局部关系的角度来考量责任方的细分问题，这也是企业内部的排放的公平与公正问题；亚普·施皮尔教授指出，企业必须达到排放的允许值，否则企业必须迅速降低的排放量，这样一种减排义务，对于相对不发达国家的企业来说，要在不增加成本的情况下减低到允许排放值。南非斯泰伦布什大学菲利普·萨瑟兰教授提出，不要大而笼统地抽象理解企业概念和企业责任，应该深入企业责任的细分问题，必须关注到生产环节、销售环节、供应商环节、消费者环节，如果对企业责任有这样一个深度的分解，就能够获得计算企业排污的相对合理的尺度，比较公平、公正、合理的解决企业排污的责任问题。张雄教授指出，当前中国企业的排污，为世界提供了可以借鉴的中国方案，在关乎全球气候和国家排污标准的大局时，中国政府与企业共同担当排污的成本支付问题，让一种制度的先进性去化解和排除企业排污所带来的阵痛。应当看到，中国企业减排已经有了实质性的推进，已牵动了数以万计的钢铁工人的生计和失业问题，武汉钢铁集团和上海宝山钢铁集团都在服从"去产能、去库存、调结构"的国家大局，稳定、合理、合法地解决下岗工人的转岗以及再就业问题。无论是它们的钢铁产能还是规模和总量都可以堪称世界前列。从它们的感情、心情和境界，说明了排污给企业带来多么大的难度，生存问题和排污问题艰难地考验着中国企业的命运，同时也看到中国工人为减排做出了巨大牺牲和贡献。

第七，减少排放要提倡人人有责的道德理念。华东师范大学赵修义教授、湖南师范大学王泽应教授都不约而同地把排放问题与道德自律相联系。赵修义教授提出，要提倡减排面前人人有责的道德理念，排污问题都指责政府与企业，为什么不考虑针对大众呢？因为现在气候问题之所以搞成这个样子，我觉得和人类工业化、后工业化、消费主义时代所形成的生活方式、消费方式密不可分，人人都说雾霾、交通堵塞，但是还拼命买车、抢车，政府很难，政府要干预，老百姓不干了，特别是装空调、开汽车这些事情，谁听你的？你加大罚款，罚款之后有钱人都在不断排放，没钱的人既"享受"着排放的雾霾，又提高不了自己的生活，矛盾越来越大，所以，关注排放也更要关注每个人的道德自律。上海社会科学院陆晓禾研究员认为，改变人类的生活方式，可以归纳为治标与治本，治标的话实际上也有涉及标准里面的"本"，比如说博格教授说的新能源的发现，这个方面也是的。但是，我们讲的这个本，关涉到造成污染这个灾难的根源，其中也内含着每个人的生活方式和生活态度。上海财经大学范宝舟教授进一步指出：要注意到每个人的需求以及人的需求是否要加以引导，甚至在某些方面要做必要的限制。上海财经大学郝云教授认为，人人自律是社会走向理性和文明的根本前提，康德道德自律的思想，受理性意志力的控制，它是自我反思的结果，当然这个理性不光是一个习惯、习俗能产生的，而是要有一个自觉的认知，从而使自律的行为具有可普遍性，为所有的人所遵循。这就要呼吁世界各国人民大众关注地球的生命、关注生命的质量，从我做起，自觉减排。

第八，减少排放要遏制资本逻辑的负面影响。全国经济研究会副会长、上海财经大学鲁品越教授指出，我们处在一个幻象的时代，也就是一个被资本逻辑所支配的世界，身体让我们这么做，思想却让我们那么做，我们每时每刻都处在两难境地，这就是人类的生存空间：当发达国家在一点一点降低消费的时候，生产国的产品已经卖不出去了，于是我们就出现了大量的过剩产品，这是资本逻辑告诉我们的，我们没办法，我们也希望发达国家少消费一点，节约资源，但是它们如果真的节约了，我们的经济下行压力就更大了。我们何尝不想要一片蓝天？如果这样做了，我们的成本就会非常高，我们的产品一件也卖不出去，中国将重新回到20世纪六七十年代极度贫困状态，这是资本逻辑的边缘。是国际的资本逻辑迫使发展中国家在排污问题上始终处于无所适从的两难境地。中国社会科学院魏小萍研究员提出，资本追逐利润还带来很多非理性的行为，如非理性生产、非理性消费，这些问题仅仅通过一系列的协定或者原则，是否真正能够矫正资本逻辑所具有的这种内在的矛盾，巴黎协定还有奥斯陆原则在资本逻辑的冲击下，受到了极大的挑战。

第九，减少排放要靠国际关系中各国之间的合作博弈，要靠一系列案例的推进，要靠共同的意识、共同的责任、共同的行动。要呼吁从个别信念产生整体主义精神、整体主义的理念、整体主义的价值观，我们必须要有这样的东西。《解放日报》的党委副书记周智强提出，国际利益调整关涉到博弈问题，对国家来说，也是这么一个过程。问题是，谁来买面临着一个发展的问题。如果是以不发展为代价来减排，这不是大家所愿意看到的。中国经济伦理学会会长、南京师范大学王小锡教授指出，由于国与国之间的利益诉求、政治制度和文化背景之间的不同，构成了在利益排放问题上的复杂矛盾关系，它需要从哲学高度辩证理性地对待国际的博弈、沟通协调及其发展的关系。全国经济哲学研究会秘书长、上海财经大学卜祥记教授提出减少排放要有共同的责任、共同的行动、共同的意识，如果大家都处在一个封闭的自我意识、一个高度个性化的理论视域内，我们就找不到共同的理念，也就无法达成一个为各方所接受的世界性减排方案。在上海财经大学马拥军教授看来，单有共同意识还不够，还应当寻求解决问题的共同前提，这个共同前提是对先进制度的接纳、人类共同利益的协调、世界各国人民相互之间的交往、交流和理解以及对跨国资本的合理限制。

12. 2017："纪念《资本论》第一卷出版 150 周年"研讨会暨全国经济哲学研究会 2017 年年会

2017 年 6 月 2 - 4 日，由全国经济哲学研究会主办、东北财经大学马克思主义学院承办、东北财经大学经济学院协办的"纪念《资本论》第一卷出版 150 周年"研讨会暨全国经济哲学研究会 2017 年年会，在东北财经大学之远楼召开，来自国内高校和科研机构的 70 余名专家学者，围绕"纪念《资本论》第一卷出版 150 周年"的会议主题展开研讨。研讨会进行了六个阶段的大会发言，国内经济哲学研究的知名专家和学者围绕《资本论》文本及其思想进行了深入的研讨，集中在劳动、剩余价值论、资本逻辑、整体性等概念和相关理论形成了具有创新型的观点。

全国经济哲学研究会会长张雄对这次研讨会召开的意义进行了深刻的阐释。他指出，《资本论》对于 21 世纪历史发展进程而言，其学术价值和历史意义在于，它深刻地揭示了并回到历史进化的第二大形态，就是人对物的依赖，这是现代性社会的特征和本质。《资本论》第一卷至少提供了四个方面的重要原理和思想：马克思从货币转化为资本的逻辑批判中，深刻揭示了现代性社会资本占有剩余价值的剥削根源；马克思从资本的生产过程的历史与逻辑的批判中，深刻揭示了现代性社会的生产本质；从资本的内在否定性原理方面，深刻揭示了现代性的历史进程性；从货币史、交换史和工业史考察的角度，深刻揭示了现代性社会，工业文明发展的历史必然性和经济危机周期性爆发的规律。

南开大学原副校长逢锦聚提出，《资本论》是马克思主义理论宝库的集大成者，不仅政治经济学、哲学、科学社会主义，还有政治、经济、文化、社会，甚至是生态文明都可以从中找到理论渊源，它是马克思主义经典中的经典。《资本论》所揭示的一般规律，是指导我国社会主义现代化建设的理论指南，是我们在建设中国特色社会主义事业中坚持和发展马克思主义的必修课。因此，对待《资本论》的态度，既不能完全否定，也不能教条主义。中央党校副教育长韩庆祥认为，经济哲学最基本或者说最核心问题是资本逻辑与人的逻辑的关系。马克思是在书房和现实互动当中解释资本逻辑和人的逻辑及其关系的，围绕历史尺度和人的尺度的统一展开其经济哲学，基于历史尺度和价值尺度有机统一来研究资本。中国改革开放和现代化进程中也应该从历史尺度和价值尺度相统一的基础上来看待资本在中国特色社会主义建设中的作用：要弄清楚资本的本质；要按照历史尺度和价值尺度来看待资本；要在利用资本的同时限制资本；把握资本主义社会出现困境的根本原因；既要不忘初心，又要继续前进；构建共商、共建、共享的人类命运共同体。吉林财经大学副校长丁堡骏重新诠释了"两个马克思"的概念，即一个是脚踏欧洲热土，站在人类资本主义生产方式最前沿，探讨人类的发展未来，创建科学社会主义的马克思，另一个则是把目光投放到处在前资本主义社会的俄国的马克思。并在此基础上提出，第一个马克思揭示了人类社会的理想，第二个马克思是关注了特殊历史条件，只有把两个马克思统一起来才能作为建设中国特色社会主义的理论依据。上海财经大学教授鲁品越通过对比微观经济学、新古典主义经济学和马克思主义经济学，得出结论，即马克思主义经济学才是唯一的完整的经济学，其完整性最突出的表现在它指出制约着人们的交换交易行为，同时也决定经济流量的是错综复杂的社会关系，换言之，社会关系是社会经济的真正秘密。而且，《资本论》背后的哲学是以劳动为基础、以人民为中心的马克思主义哲学。南开大学教授何自力认为，马克思主义政治经济学的生命力来源于强烈的历史感。何教授进一步指出，从哲学角度来解读，历史观有四个维度，即时间维度、空间维度、实践维度和整体性的维度。经济学如果缺乏历史感就是造成个人主义方法论、形而上学的观点、用自然主义的观点看待社会、片面依赖数据、追求超越历史和歪曲生产关系一般与特殊辩证关系的经济学。因此，当前中国特色社会主义政治经济学的建构必须体现历史感，建构以人民利益为中心、富有历史内涵、实践的、具有中国风格的经济学，在中国的土地上解决中国面临的问题。中国社会科学院哲学研究所研究员魏小萍提出，《资本论》论证思路的核心概念是劳动价值。马克思从劳动价值这个方面开始突破，提出劳动力概念，进而展开对资本主义的批判，而且资本逻辑中的价值判断与价值观判断也是围绕劳动价值展开的。上海财经大学人文学院教授卜祥记从哲学角度解读《资本论》集中讨论了马克思早期思想和后期思想的关系，尤其是马克思哲学和经济学之间的关系。内蒙古大学特聘教授叶险明认为《资本论》的意义非常伟大，但是谈《资本论》伟大意义的同时也要注意它的限度。中国政治经济学批判面临的最大的问题就是权力逻辑和资本逻辑的关系，因为在中国，一切大的问题究其根本都是以资本逻辑为主导，在这个基础上形成权力逻辑和资本逻辑的共谋，因此，要在中国进行政治经济学批判，前提是破解中国以行政权力结构为特征的社会。复旦大学经济学教授马涛提出，当前经济学研究面临的一个困境就是"道"与"术"的问题，马克思政治经济学与西方主流经济学之间的区别就是"道"与"术"的区别，中国现在的很多问题用西方经济学解读都是见"术"不见"道"。复旦大学长江学者邹诗鹏主张从历史意义上来理解《资本论》，因为我们现实所想的和马克思核心思想的空间完全不同，中国道路持续前进的动力来源于吸收资本的前提下，真正融入人类文明。会议产生了良好的学术影响，由李淑英、郭晶撰写的《纪念〈资本论〉第 1 卷出版 150 周年研讨暨全国经济哲学研究会 2017 年年会》综述在《哲学动态》2017 年第 12 期发表；由李淑英、郑尚植撰写的《探寻〈资本论〉之"道"》载于 2017 年 6 月 12 日的《中国社会科学报》。

13. 2018："中国改革开放 40 周年的经济哲学反思"研讨会暨"全国经济哲学研究会 2018 年年会"

由全国经济哲学研究会和上海市哲学学会联合主办，上海财经大学人文学院哲学系承办的"全国经济哲学研究会 2018 年会"于 2018 年 8 月 26 日在上海财经大学举行。来自中国社会科学院、中共中央党校、中国人民大学、中共中央编译局、复旦大学、武汉大学等高校和科研机构的专家学者，以及新闻媒体、学术期刊的记者、编辑共约 80 人出席本次会议。与会专家学者围绕"中国改革开放 40 周年的经济哲学反思"这一主题，分别从以下三个方面展开了深入讨论。

一、何谓经济哲学：40 年后的诠释

伴随着过去 40 年中国经济社会的巨大变迁，中国的经济哲学研究走过了一段坚实的发展道路。中国马克思主义哲学史学会会长、中国人民大学校长助理郝立新教授指出，经济哲学在中国作为马克思主义哲学的重要分支，在过去 40 年间取得了诸多令人瞩目的成绩。并且，改革开放 40 年的伟大实践，也为中国经济哲学研究的繁荣提供了必要的现实基础和前提。上海市哲学学会会长、复旦大学哲学学院吴晓明教授认为，经济哲学代表着一种超出的意图，即超出作为知性科学的经济学，以便达到"事物自身的领域"。这里的"事物自身"主要指的是特定的社会历史现实，它们是存在于经济现象背后的实体性内容。

马克思哲学的根本在于他的政治经济学批判，这启示我们必须从政治经济学批判的路径去梳理马克思的哲学方法、哲学立场和基本理念。全国经济哲学研究会会长、上海财经大学人文学院哲学系张雄教授指出，40年来走到今天，中国的经济哲学研究已经初步有了自己的话语体系。从政治经济学批判的路径出发，中国经济哲学研究依次走过了"货币化生存世界批判""资本逻辑批判""财富幻象批判""金融化生存世界批判"四个阶段，其间催生出了大量高水平的研究成果，不仅有力地推动了中国马克思主义哲学研究走向深入，同时也为从现代性发育发展的角度理解中国的改革开放历史进程做出了重要贡献。

中共中央党校韩庆祥教授认为，理解经济哲学有多种方式，第一种是对经济活动的本体论理解，即追问经济活动的本质；第二种是辩证法的理解，也就是用哲学来研究经济；第三种是对经济活动的价值观的理解，也就是针对经济问题所进行的道德评价和价值引导；最后一种理解方式是经济活动的人学理解，亦即追问经济学的人性预设。韩庆祥教授强调，只有从经济哲学的多维视角反思经济实践和中国道路，才能打破单纯从财富创造角度的狭隘理解，并把公平正义、人民幸福等丰富多元的内涵纳入研究视野中去。

任何一个学科在经过一段时间的发展以后，都必须展开方法论层面的反思，唯有如此方能达到对自身的理论自觉并找到下一步发展的空间。武汉大学哲学系何萍教授认为，中国经济哲学发展到现在，应该有以下几方面的方法论反思：首先是关于经济哲学的理论定位问题，究竟定在哪一个位置上；其次是关于经济哲学的研究方法问题；最后是经济哲学的研究视野问题。何萍教授特别强调，不能把经济哲学定位于某种部门哲学或实证哲学，而应当将其理解为马克思主义哲学的基础性学科。

二、直面重大现实问题的中国经济哲学研究

本次"全国经济哲学研究会年会"的会期虽然只有短短的一天，但就在这一天时间里，与会专家学者交流深入，观点碰撞激烈，诸多与改革开放40年历史进程密切相关的重大现实问题都成为争论的焦点。湖南师范大学唐凯麟教授指出，虽然我们日常都在使用社会主义市场经济这样的术语，但是，对于何谓社会主义市场经济，以及社会主义市场经济的特点、边界乃至社会主义与市场经济的关系等重大问题，我们仍然需要在学理上做进一步的澄清。中共中央党校许全兴教授认为，社会主义与市场经济关系的问题的确重要，但是，如何理解社会主义条件下资本与劳动的关系同样值得我们重视。如果我们坚持实事求是的态度，就不能只讲劳动关系，而不讲劳动与资本的关系。

40 年改革开放的巨大成就，无疑得益于 1978 年那场由"真理标准问题大讨论"所开启的思想解放潮流。复旦大学余源培教授指出，正是在思想解放的大背景下，人们才开始意识到物质利益的重要性。从经济哲学角度看改革开放 40 年，利益原则是整个改革的"牛鼻子"，关系到整个改革全局。如今改革虽然进入新时代，但是，对人民日益增长的利益的关心仍然是最基本的出发点。复旦大学孙承叔教授认为，对人民利益的关心涉及经济哲学的境界问题。如果我们仅仅从市民社会的角度看问题，那么，人民的幸福、社会的稳定等问题就无法纳入思考的范围之内。相反，只有从马克思所讲的人类社会的角度看问题，才能使市场经济服务于社会主义的建设，才能真正提升经济哲学研究的境界。

40 年改革开放的历程走到今天也面临许多严峻的问题。复旦大学经济学院李维森教授指出，尽管当前中国经济面临着下行的压力，但由于中国的高储蓄率和庞大的外汇储备，我们仍然可以对未来一段时间的中国经济保持谨慎乐观态度。至于未来如何确保经济增长，李维森教授认为，关键要靠坚持和落实法制化市场经济改革方向，唯其如此，企业家才会有信心做长期投资，才会进行企业创新和产业升级。针对当前国际形势的新变化，上海财经大学鲁品越教授提出，对外开放极大地发展了中国生产力，但中美贸易战给中国经济带来的威胁，提醒我们在进一步坚持对外开放时，要在战略层次扬弃比较优势原理，确立马克思主义政治经济学的理论指导。

三、经济哲学视阈下改革开放 40 年中国人观念的变迁

本次"全国经济哲学研究会年会"的一大亮点在于，会议共收到 15 篇从经济哲学角度反思改革开放 40 年中国人观念变迁的论文，这 15 篇论文分别聚焦如下观念：货币观念、财富观念、资本观念、市场经济观念、自由观念、消费观念、欲望观念、经济正义观念、自然观念、金融观念、个人观念、劳动观念、创新观念、发展观念以及法的观念。向大会提交上述论文的青年学者，其中有一部分在大会上做了发言，另外一部分则以论文形式做了交流。

上海财经大学马克思主义学院曹东勃副教授反思了货币观念变迁与改革开放 40 年历程的辩证关系。在票证经济时代，现实中货币功能和商品交换规模的相对局限性，决定了这一时期人们货币观念的半封闭性和单一性。随

着 1978 年党的十一届三中全会吹响改革开放的号角，现代意义上的货币观念开始萌动。"时间就是金钱，效率就是生命"成为这一时期人们货币观念的生动写照。1992 年到 2012 年是中国经济高速增长的时期，在这一时期，从"货币疯狂"到"货币联想"，货币在发挥解放人性作用的同时，也催生出异化和扭曲的"交易型人格"。货币对人性的酸蚀效应呼唤着"货币理性"的回归，党的十八大以来的一系列制度建设和发展理念的辩证与创新，正是有助于在一个货币化生存世界中防范货币对人性的酸蚀。

复旦大学马克思主义研究院宁殿霞博士后重点探讨了财富观念的变迁对于改革开放 40 年中国现代性发育发展的重要意义。改革开放 40 年是中国人传统财富观念向现代财富观念嬗变的关键期。伴随着中国市场经济体系的构建与完善，财富创造模式也从最初的积累过去转向激活未来，财富的保存主要经历了"藏""存""投"等形式，财富衡量尺度则从物质财富、货币财富逐步转向以数据显示的财富。十八大以来，党和国家的一系列政策体现出财富的人民性和共享性，预示着人民财富论的谱写和财富共享时代的来临。

上海财经大学人文学院博士生熊亮认为，改革开放 40 年中国人消费观念的嬗变，反映了中国社会经济发展能级水平以及文化变迁的事实。40 年来中国人消费观念的变迁，再现了社会主义市场经济"货币－资本－财富"发展逻辑所带来的人心智的变化与提升。中国人终于告别了传统"新三年、旧三年、缝缝补补又三年"的消费观念，转向具有现代性特质的"消费欲望、消费冲动、消费个性、消费自由"的哲学程式。随着中国特色社会主义进入新时代，消费观念也随之出现五个显著的追求进步的趋势：理性消费、绿色消费、共享消费、移动消费、网络化平等消费。

学术动态

本栏目主要反映了近年来各兄弟院校围绕"经济哲学"举办的各种形式的学术活动。随着国内经济哲学研究的不断推进，各兄弟院校采取学术讲座、学术工作坊、较大规模的学术研讨会以及邀请外籍专家举办系列讲座等一系列形式，交流经济哲学研究的理论成果，扩大了经济哲学研究在国内外的学术影响力，拓展了经济哲学研究的问题域，提炼出众多理论热点，不断推进经济哲学学术共同体的建设。由于时间仓促，目前本栏目统计出的只是部分兄弟院校的部分学术活动。

1. 复旦大学哲学院学术活动

（1）"谈谈《资本论》的手稿和版本"讲座

主讲人：史博德（复旦大学历史系教授）

2018年4月13日，第一讲：《资本论》第一卷的七个版本

2018年4月20日，第二讲：《资本论》第三卷的手稿和编纂

（2）校庆报告会：西方马克思主义对马克思政治经济学批判思想的继承与发展

主讲人：鲁绍臣（复旦大学哲学学院副教授）

2018年5月8日

（3）纪念马克思诞辰200周年·重读《资本论》系列讲座：

主讲人：内田弘（东京专修大学荣休教授）

2018年5月25日，第一讲：马克思与亚里士多德

2018年5月28日，第二讲：《资本论》与原始递归函数

（4）"二十一世纪的社会主义：理念、实践和战略"国际学术工作坊

2018年5月26－27日，由复旦大学当代国外马克思主义研究中心、复旦大

学哲学学院和德国罗莎·卢森堡基金会主办的"二十一世纪的社会主义：理念、实践和战略"国际学术工作坊在复旦大学光华楼西主楼 2401 举行。来自德国罗莎·卢森堡基金会、伦敦大学金匠学院、复旦大学、北京大学、清华大学、上海大学和华东理工大学等高校和研究机构的学者参与了本次工作坊。

（5）"现象学与《资本论》"工作坊顺利举行

2018 年 6 月 13 日，"现象学与《资本论》"工作坊在复旦大学光华楼西主楼 2401 举行。华侨大学哲学与社会发展学院教授李忠伟、南京大学哲学系副教授马迎辉和复旦大学哲学学院副教授吴猛分别围绕着"现象学前沿问题"、"从现象学到《资本论》"以及"从《资本论》到现象学"三个会议主题做了专题报告。来自我院和上海财经大学、华东师范大学和海军军医大学的 20 余位师生参加了工作坊的报告和讨论。

（6）"重新发现社会主义"的系列讲座

主讲人：Michael Brie（德国罗莎·卢森堡基金会批判社会分析研究所资深研究员）

2018 年 9 月 18 日，第一场：What's so wrong about capitalism? Reasons to rediscover socialism

2018 年 9 月 20 日，第二场：Revolution，reform or experiments-what is the right path to socialism? The first wave of socialism；Francois-noel Babeuf and Robert Owen

2018 年 9 月 25 日，第三场：Voluntary agreements or dictatorship of the proletariat? The dispute between Pierre-Joseph Proudhon and Karl Marx

2018 年 9 月 26 日，第四场：Why did the Soviet and the Swedish way to socialism failed? The second wave of Socialism

2018 年 9 月 27 日，第五场：Will there be a third wave of socialism in the 21st century? Visions，projects，actors

（7）"《资本论》的政治哲学思想与当代世界的未来"学术研讨会

2018 年 12 月 22－23 日，为纪念马克思诞辰 200 周年，进一步深化马克思政治经济学批判思想背后的政治哲学内涵，由教育部重点研究基地复旦大学当代国外马克思主义研究中心、复旦大学哲学学院举办的"《资本论》的政治哲学思想与当代世界的未来"学术研讨会圆满落下帷幕。来自中国社会科学院哲学所、清华大学、南京大学、吉林大学、华东师范大学、东北师范大学、厦门大学、重庆大学、西南大学、东南大学、江苏大学、华南理工大学等高校及科研机构的 30 余位学者参加了研讨。会议围绕《资本论》的生命政治哲学思想、《资本论》与中西方政治哲学思想的对话、当代资本主义转向、《资本论》的共产主义思想与社会主义的未来、《资本论》形式分析方法的政治哲学内涵等 5 个主题展开讨论。本次研讨会主题集中，讨论深入，扩展并深化了《资本论》的研究论域。每个话题表征的都是我们时代最迫切的现实问题，这不但要求我们考察今天与 150 余年前出版《资本论》时的重大差异，也要求我们挖掘《资本论》政治哲学思想的当代意义。这种双重考察就意味着不仅仅是从文本学上复活《资本论》的研究，而且回应的是具有未来维度的重大问题。

（8）《资本论》与形式分析工作坊顺利举办

2018 年 12 月 27－28 日，"重读《资本论》"系列讲座之"《资本论》与形式分析"工作坊在复旦大学光华楼西主楼 2401 室举行。来自中国社会科学院哲学所的杨洪源老师、首都师范大学黄志军老师、华东师范大学孙亮老师、南京大学李乾坤与周嘉昕老师，以及复旦大学吴猛与鲁绍臣老师参与了本次工作坊，他们分别就"《资本论》的形式分析"这一主题进行学术报告与讨论。复旦大学马克思主义学院的林青老师以及十余名学生也参与了本次活动。

2. 南京大学马克思主义社会理论研究中心学术活动

（1）学术会议

1）2017 年 6 月 14 日，第四届当代资本主义研究暨纪念《资本论》第一卷出版 150 周年国际学术研讨会。

2）2017 年 11 月 12 日，第六届广松涉哲学国际学术研讨会。

3）2018 年 5 月 3－4 日，纪念马克思诞辰 200 周年学术研讨会。

4）2018 年 5 月 26 日，与哈维面对面：哈维思想研讨会。

5）2018 年 6 月 18 日，阿尔都塞：历史与今天——纪念阿尔都塞诞辰一百周年学术研讨会。

6）2018 年 11 月 8 日，MEGA2 视域中的《资本论》及其手稿研究研讨会。

（2）学术讲座

1）主题：当代图景下"活劳动"为我们创造了什么？

主讲人：奈格里；

2017 年 6 月 7 日

2）主题：我如何成为一个马克思主义经济学家。

主讲人：弗莱德·莫斯利（Fred Moseley）；

2018 年 5 月 2 日

3）主题：全球化与韩国资本主义经济危机。

主讲人：丁声镇（Seongjin Jeong）；

2018 年 5 月 4 日

4）2018 年 5 月，哈维南大国际课程系列讲座。

3. 中南财经政法大学哲学院学术活动

1）主题：数字资本主义时代的生命政治。主讲人：蓝江；

2018 年 4 月 20 日

2）主题：国外学界《资本论》研究的最新进展。

主讲人：唐正东；

2018 年 4 月 20 日

3）主题：马克思主义理论探析。

主讲人：王南湜；

2018 年 4 月 23 日

4）主题：关于"构建人类命运共同体"的哲学思考。

主讲人：赵智奎；

2018 年 5 月 11 日

5）主题：人工智能的主体地位与社会责任。

主讲人：孙伟平；

2018 年 6 月 22 日

6）主题：《资本论》第一卷（1867）在日本的收藏及 1920 年代的马克思主义热潮。

主讲人：大村泉；

2018 年 10 月 18 日

4. 同济大学马克思主义学院学术活动

（1）"改革开放与新时代——庆祝改革开放 40 周年"学术研讨会

为深入学习贯彻习近平总书记在庆祝改革开放 40 周年大会上的讲话精神，深入研究陈云同志等老一辈革命家在改革开放中做出的历史性贡献，2018 年 12 月 25 日，同济大学与陈云思想生平研究会、陈云纪念馆管理委员会、中共上海市委党史研究室、上海市中共党史学会等单位联合主办的"改革开放与新时代——庆祝改革开放 40 周年"学术研讨会在中法中心

C501 顺利举行。同济大学党委书记方守恩，中共中央党史和文献研究院院务委员徐永军，中国社会科学院原副院长、当代中国研究所原所长朱佳木，中央纪委驻文化部纪检组原组长李洪峰，中央纪委驻中国科学院纪检组原组长王庭大，陈云同志长女陈伟力、次女陈伟华、次子陈方，中共上海市委宣传部副部长、陈云纪念馆管委会主任潘敏，陈云思想生平研究会会长龙平平，中共中央党史和文献研究院第三研究部主任姜淑萍，中共上海市委党史研究室主任徐建刚、副主任严爱云，中央纪委宣教室纪律检查委员闫群力，陈云同志秘书顾宗宏等参加会议。参加会议的还有来自中央机关、军队、地方和科研院所、高校的 80 余名专家学者。

（2）"马克思主义理论在中国改革开放四十周年的发展与实践"研讨会

2018 年 6 月 15 日，由同济大学马克思主义学院、上海市政治经济学研究会联合主办的"马克思主义理论在中国改革开放四十周年的发展与实践"研讨会在同济大学中法中心 C401 隆重召开。本次研讨会在同济大学党委副书记、马克思主义学院党委书记冯身洪书记的致辞中揭开了序幕。研讨会主要围绕马克思主义政治经济学、哲学理论在中国改革开放四十年以来的指导作用和未来发展方向进行了热烈讨论。来自全国高校、党校系统、研究机构和学术期刊的 20 余位马克思主义理论专家学者参加了会议，10 余名与会学者先后进行发言。

（3）"习近平新时代中国特色社会主义思想"学术研讨会

2017 年 11 月 3 日下午，由上海市经济学会经济理论教学研究专业委员会主办，同济大学马克思主义学院承办的"习近平新时代中国特色社会主义思想"学术研讨会在同济大学逸夫楼 113 会议室举办。来自上海财经大学、同济大学、上海对外经济贸易大学、上海立信会计金融学院、上海理工大学、上海社会科学院的专家学者以及我院部分师生参加了此次研讨会。

（4）"习近平新时代中国特色社会主义思想论坛"

由教育部高等学校社会科学发展研究中心、同济大学、新华社瞭望智库联合主办，以学习、宣传、诠释党的十九大报告为主题的"习近平新时代中国特色社会主义思想论坛"，于 2017 年 11 月 11 日在我校召开。来自中央党史研究室、中央文献研究室、中央党校、中国社会科学院及北京大学、吉林大学等全国 10 余所高校的知名学者数十人与会，共同学习研讨"习近平新时代中国特色社会主义思想"的理论贡献及其丰富内涵，为贯彻落实十九大精神提供重要借鉴。

（5）"新中国70年：道路、理论、制度、文化"论坛

2019年9月21日，由上海市习近平新时代中国特色社会主义思想研究中心和同济大学马克思主义学院共同主办的"新中国70年：道路、理论、制度、文化"论坛在同济大学中法中心C501会议室召开。同济大学党委副书记、马克思主义学院党委书记冯身洪，上海市委宣传部理论处处长陈殷华，上海市教委宣传处副处长江鸿波分别致辞。同济大学马克思主义学院院长徐蓉教授主持开幕式。

（6）"中国经济变革的新阶段——政治经济学透视"学术讲座

2017年12月14日下午，马克思主义学院在综合楼1503室举办了题为"中国经济变革的新阶段——政治经济学透视"的学术讲座。本次讲座特邀英国伦敦大学亚非学院卢荻教授主讲，学院副院长（主持工作）龚晓莺教授出席并主持了本次活动，我院2016级和2017级的硕士研究生们积极参加并进行了学习。卢荻教授是英国伦敦大学亚非学院教授，中国人民大学经济学院特聘教授，《政治经济学评论》和Journal of Post Keynesian Economics编委，曾任联合国贸易发展署和国际劳工组织顾问，日本早稻田大学和香港中文大学访问教授。主要研究领域为中国经济变革、全球化与后进发展、政治经济学的比较研究。

（7）马院杜欢政教授为古巴政府部长访华团做专题报告

2016年3月27日，马克思主义学院杜欢政教授在杭州为来自古巴政府的部长访华团做了以"浙江经济现状及发展动力研究"为题的报告。古巴经济计划部第一副部长卡尔瓦哈尔·瓦尔维尔德·霍阿金率领古巴劳动和社会保障部、工业部、科技环保部、内贸部、财政价格部、农业部、国家统计局和投资银行部门等二十位政府高层领导组成了深化学习规划系统发展研讨班。此次专题报告主要围绕浙江和古巴发展的现状：地理位置、文化发展、经济发展、产业结构、基础设施等几块进行对比，剖析了浙江这样一个资源小省是如何发展成为经济大省的原因，还特别介绍了浙江通过发展循环经济推动区域经济转型发展的经验。此外，古巴政府访华团就古巴和中国发展过程中经济发展和环境保护以及经济改革中民营体制等问题交流讨论。

（8）美国驻上海总领事馆芮力领事到访同济大学循环经济研究所交流区域循环经济发展

2017年3月20日，美国驻上海总领事馆科技环保卫生领事芮力、经济专员陈欣荣莅临访问同济大学循环经济研究所，就中美绿色合作伙伴计划

（植物环保瓶项目）进展、长三角区域循环经济发展进行交流。会议由同济大学循环经济研究所所长、同济大学马克思主义学院教授杜欢政主持，参加会议的有同济大学循环经济研究所研究员王云飞、王韬，科研秘书徐韵涵。

中美绿色合作伙伴计划（植物环保瓶项目）是杜欢政教授团队与美国可口可乐公司合作开展的项目，分别由杜欢政教授、可口可乐公司总裁担任中、美方项目负责人。旨在通过技术、政策与商业模式创新，以农业废弃物（如玉米秸秆）替代石油，生产聚酯应用于包装和纺织领域，充分利用农作物并减少对化石燃料的依赖。该技术将有效改善环境问题、缓解资源紧张，对中国的绿色发展具有重要意义。

会上，芮力领事对杜欢政教授团队通过政策、技术、商业模式集成来解决环境问题的方法表示认可，对中国推行绿色发展解决城市环境问题表示高度赞赏。此外，芮力领事对杜欢政教授团队实证研究基地——由杭州市环境集团有限公司投资建设的杭州天子岭资源循环利用产业园——表现出浓厚兴趣，希望前去杭州天子岭垃圾填埋厂（天子岭循环经济产业园）参观访问。杭州天子岭垃圾填埋场是国内将艺术、文化元素融入环保产业的示范工程，已成为世界银行的教学案例，具有一定的国际知名度。双方就以下两点达成共识：一是继续推动中美绿色合作伙伴计划（植物环保瓶项目）合作，二是推动同济大学与美国高校在环保技术领域的交流合作。

（9）台湾综合研究院副院长黄宗煌先生访问同济大学循环经济研究所

2015年8月14日下午，台湾综合研究院副院长黄宗煌先生、台湾清华大学教授兼董事长曾晴贤先生、恒春民谣促进协会陈丽萍女士等一行专家访问同济大学循环经济研究所。此次台湾专家团访问同济大学循环经济研究所的主要目的是希望在节能减排、资源循环利用、土壤重金属复育等方面达成共识以及寻求合作。黄宗煌先生一行与杜欢政教授（同济大学马克思主义学院教授、同济大学循环经济研究所所长）在同济大学综合楼循环经济研究所会议室进行座谈。同济大学循环经济研究所致力于国内循环经济领域内的政策和技术研究。"台湾综合研究院"（简称"台综院"），是台湾最著名的智库之一，致力于台湾整体建设、发展战略规划、政策分析研究的非营利、超党派、专业化公共智库。二者将在循环经济领域开展合作，包括资源回收、生态保护、培训合作等方面。这一举动将为祖国两岸实际的环保问题提供了解决方案，对我国经济社会的发展将产生深远的影响，也为两岸在循环经济领域的合作持续深化和提升注入了新的动力和活力。

六 学术机构与人才培养

"全国经济哲学研究会"的成立与发展

1. "全国经济哲学研究会"的成立

在 2013 年 10 月 19 – 20 日于上海财经大学举办的"中国马克思主义哲学史学会经济哲学研究分会"成立大会上，学会秘书长卜祥记教授做了"关于'全国经济哲学研究会'申报、批准和筹备过程的介绍"的报告。

受"全国经济哲学研究会"会长张雄教授的委托，我来介绍一下"全国经济哲学研究会"申报、批准和筹备召开本次成立大会的背景与过程。

"全国经济哲学研究会"从申报到今天的成立大会，大致经过了四个阶段。

（1）筹建学会的由来和酝酿阶段。近年来，在与国内知名专家学者进行学术交流时，不少专家学者都有提出，能否组建"全国经济哲学研究会"。带着这些建议，我们的学术团队进行了认真的研究论证。基于以下三点考虑，我们开始寻求申报的机会。第一点考虑是经济哲学研究在全国日益为热点；第二点考虑是上海财经大学依托财经学科的优势条件以及马克思主义哲学二级学科博士点，而且运用这个平台打造出了马克思主义经济哲学博士点。考虑到经济哲学学科的发展，尤其是聚合全国优秀同行专家的力量，利用全国研究的资源，来共同打造经济哲学发展的未来；第三点考虑是如果有一个全国性的学术组织，就更能够走出国门，加强国际性的学术交流。基于这三点考虑，我们开始寻找申报的机会和形式。经过多方了解和论证，大家认为直接申报成立一级学会难度很大，这样就考虑在现有国家一级学会下增设一个二级学会。

（2）赴中国社科院、哲学所以及中国马哲史学会，向有关领导汇报。带着这样的设想，张雄院长带领我院从事经济哲学研究的骨干力量首先给中国社科院哲学所的老领导李景源老师和新领导谢地坤所长汇报了我们的想法；听了我们的汇报后，他们给予了积极的鼓励和大力支持，对于我们设想的挂靠马哲史学会，作为马哲史学会下的二级学会的方案给予了肯定，并激励和要求我们尽快提出申请报告。有了这样的鼓励和支持，带上这个理念，利用 2012 年暑期在井冈山大学召开"马哲史年会"的机会，张雄院长亲自向梁树发会长和当时的徐素华秘书长汇报了我们的想法，并邀请他们来到我们的团队基地考察。在上海财大人文学院，梁会长和徐素华副会长再度听取了我们详细的汇报，了解了方方面面的情况，明确表示愿意接纳全国经济哲学研究会作为马哲史学会下的二级学会。回京后，他们把我们的设想和筹备方案在马哲史学会的常务理事会上进行了讨论和表决，获得了常务理事的普遍支持。

（3）走程序阶段。在这里，我们要感谢马哲史学会的梁树发会长、徐素华副会长，在申报成立全国经济哲学研究会的过程中，走了这么多的程序，花了这么多精力，不辞劳苦，在大热天辛苦奔波。还要感谢中国社科院以及哲学所，从学会管理处到所领导再到社科院科研局，然后又由社科院院办公会批准，层层审批，一路绿灯，最后又由马哲史学会向民政部报批。在这个过程中，还牵涉到补手续、补报材料、补报证明等，中国社科院哲学所的魏小萍研究员也付出了很多精力！最后，在 2012 年 9 月 24 日得到了民政部的批准。

（4）召开筹备会。2013 年 5 月 11 日，在上海财经大学人文学院同新楼召开了"全国经济哲学研究会"成立的筹备会议。与会嘉宾主要是来自中国社会科学院、清华大学、中国人民大学、复旦大学、南京大学、中共中央党校、中南财经政法大学、湖南师范大学、南京师范大学、上海财经大学、河北大学、辽宁大学等国内知名高校和科研院所的哲学、经济学专家学者 40 余人。大家济济一堂，就全国经济哲学研究会的章程、领导体制机制、组织架构以及召开全国经济哲学研究会成立大会暨第一届学术研讨会等重要事宜进行商讨。

一直以来，全国经济哲学研究会的申报和筹备工作受到了上海财经大学校领导的高度关注。2013 年 5 月 11 日，校长樊丽明教授出席了全国经济哲学研究会成立筹备会，做了大会致辞，对全国经济哲学研究会的批准成立表示祝贺，并全程听取了与会专家学者的报告。

全国经济哲学研究会成立筹备会的举办还受到了全国哲学社会科学规划办公室的关注，并在其网站首页予以报道。为此，2013 年 6 月 16 日，樊校长带领张雄会长和全国经济哲学研究会行政办公室主任夏国军副教授，专程访问了全国哲学社会科学规划办余主任和教育部社科司的有关领导，详细介绍了全国经济哲学研究会的申请、批复、组织建设以及未来的学术动向、研究规划等，相关领导对本会的举措给予了充分的肯定和好评，并对学会今后的一些学术研讨领域和问题提出了宝贵的意见和建议。

最后，从成立全国经济哲学研究会最初的想法，得最后到批准，这整个过程凝结着学术界对我们的期待，凝结着中国社科院、中国社科院哲学所对我们的期待，凝结着中国马哲史学会对我们的期待。在这里请允许我代表筹备组，向为研究会成立做了大量工作的机构、部门、专家和学者，表示衷心的感谢，没有你们的支持和辛劳就没有我们这个学会的成立。同时，对各位专家光临"全国经济哲学研究会成立大会"表示热烈的欢迎和衷心的感谢！

2. 全国经济哲学研究会第一届顾问、会长、秘书长、副会长及常务理事名单

2013 年 10 月 19－20 日，在上海财经大学举办了"中国马克思主义哲学史学会经济哲学研究分会"的成立大会。经自荐、推荐与审核等环节，确定并通过了会员名单；经全体会员酝酿和表决，确定并通过了第一届顾问、常务理事名单；经第一届常务理事会讨论与表决，确定并通过了第一届副会长、副秘书长等名单，并上报"中国马克思主义哲学史学会"。

全国经济哲学研究会第一届顾问名单

序号	姓名	单位、职务/职称
1	李景源	中国社会科学院学部委员、中央政治局集体学习主讲人、中国社会科学院哲学研究所原所长、研究员、博士生导师
2	陈先达	中国人民大学哲学系教授、博士生导师
3	逄锦聚	南开大学原副校长、教育部高等学校经济学学科教学指导委员会主任委员，教育部社会科学委员会委员，全国高校教学评估专家委员会副主任、经济学教授、博士生导师
4	许全兴	国务院哲学学科评议组成员、中央党校原研究生院院长、教授、博士生导师
5	唐凯麟	湖南师范大学教授、博士生导师，国务院学位委员会哲学学科评议组成员
6	俞吾金	复旦大学国外马克思主义研究中心主任、教授、博士生导师，国务院学位委员会哲学学科评议组成员
7	程恩富	中国社会科学院马克思主义研究院原院长、教授、博士生导师
8	余源培	上海市政协常委、民进市委学习委员会主任，复旦大学哲学学院教授、博士生导师
9	马钦荣	上海财经大学原党委书记、教授、博士生导师
10	陈学明	复旦大学哲学学院教授、博士生导师

全国经济哲学研究会第一届会长、秘书长名单

职务	姓名	单位、职务/职称
会长	张　雄	上海财经大学人文学院院长、教授、博士生导师
秘书长	卜祥记	上海财经大学人文学院教授、博士生导师

全国经济哲学研究会第一届副会长名单

序号	姓名	单位、职务/职称
1	魏小萍	中国社会科学院哲学研究所研究员、博士生导师
2	鲁品越	上海财经大学现代经济哲学研究中心主任、教授、博士生导师
3	刘可风	中南财经政法大学副校长、教授、博士生导师
4	韩庆祥	中共中央党校研究生院院长、教授、博士生导师
5	王小锡	南京师范大学公共管理学院院长、教授、博士生导师，南京师范大学马克思主义研究院院长；中央马克思主义理论研究和建设工程重大项目首席专家
6	张　宇	中国人民大学经济学院党委书记、副院长、教授、博士生导师
7	陈少峰	北京大学文化产业研究院副院长，北京大学哲学系教授、博士生导师
8	李维森	复旦大学经济学院教授、博士生导师
9	邹广文	清华大学人文社会科学院哲学系党支部书记、教授、博士生导师
10	段忠桥	中国人民大学教授、博士生导师
11	荣　剑	中山大学教授、博士生导师
12	唐正东	南京大学哲学系主任、教授、博士生导师
13	宫敬才	河北大学哲学系教授、博士生导师
14	邹诗鹏	复旦大学哲学学院教授、博士生导师
15	徐大建	上海财经大学人文学院哲学系主任、教授、博士生导师
16	李勇强	中央电视台经济频道主任

全国经济哲学研究会第一届副秘书长名单

序号	姓名	单位、职务/职称
1	马　涛	复旦大学经济学院教授、博士生导师
2	郭忠义	辽宁大学法学院教授、博士生导师
3	龚天平	中南财经政法大学哲学学院教授、博士生导师
4	马拥军	上海财经大学马克思主义理论教学科研部教授、博士生导师
5	郝　云	上海财经大学人文学院副院长、副教授、博士生导师
6	范宝舟	上海财经大学马克思主义理论教学科研部副主任、副教授、博士生导师
7	刘荣军	西南大学期刊社编辑

全国经济哲学研究会第一届常务理事名单

序号	姓名	单位、职务/职称
1	张　雄	上海财经大学人文学院院长、教授、博士生导师
2	魏小萍	中国社会科学院哲学研究所研究员、博士生导师
3	鲁品越	上海财经大学现代经济哲学研究中心主任、教授、博士生导师
4	刘可风	中南财经政法大学副校长、教授、博士生导师

续表

序号	姓名	单位、职务/职称
5	韩庆祥	中共中央党校研究生院院长、教授、博士生导师
6	王小锡	南京师范大学公共管理学院院长、教授、博士生导师,南京师范大学马克思主义研究院院长;中央马克思主义理论研究和建设工程重大项目首席专家
7	陈少峰	北京大学文化产业研究院副院长、北京大学哲学系教授、博士生导师
8	李维森	复旦大学经济学院教授、博士生导师
9	段忠桥	中国人民大学教授、博士生导师
10	唐正东	南京大学哲学系主任、教授、博士生导师
11	宫敬才	河北大学哲学系教授、博士生导师
12	邹诗鹏	复旦大学哲学学院教授、博士生导师
13	徐大建	上海财经大学人文学院哲学系主任、教授、博士生导师
14	卜祥记	上海财经大学人文学院哲学系常务副主任、教授、博士生导师
15	范宝舟	上海财经大学人文学院党委书记、教授、博士生导师
16	朱成全	东北财经大学马克思主义学院院长、教授、博士生导师
17	马　涛	复旦大学经济学院教授、博士生导师
18	郭忠义	辽宁大学法学院教授、博士生导师
19	龚天平	中南财经政法大学哲学学院教授、博士生导师
20	马拥军	上海财经大学马克思主义理论教学科研部教授、博士生导师
21	郝　云	上海财经大学人文学院副院长、副教授、博士生导师
22	夏国军	上海财经大学人文学院教授、博士生导师
23	刘荣军	华侨大学哲学院教授
24	曾祥云	南京政治学院上海分院基础部主任
25	何关银	重庆行政学院哲学教研部、中共重庆市委党校
26	马　艳	上海财经大学经济学院教授
27	张晖明	复旦大学经济学院教授
28	车玉玲	苏州大学政治与公共管理学院
29	段　钢	上海社科院《社会科学报》副总编辑
30	陆晓禾	上海社会科学院哲学研究所
31	罗晓梅	中共重庆市委党校副校长、重庆行政学院副院长
32	吕世荣	河南大学哲学与公共学院
33	朱书刚	中南财经政法大学马克思主义学院副院长
34	冯秀军	中央财经大学马克思主义学院
35	张　彦	上海财经大学人文学院
36	徐德忠	369会网董事长
37	龙静云	华中师范大学教授
38	汪先平	安徽财经大学马克思主义研究中心

续表

序号	姓名	单位、职务/职称
39	杨海洋	西南财经大学人文学院院长
40	唐晓勇	西南财经大学马克思主义学院院长
41	李会明	中国现代国际关系研究院
42	李淑梅	南开大学哲学院教授

3. 全国经济哲学研究会第二届顾问、会长、秘书长、副会长及常务理事名单

2018 年 8 月 26 日，在上海财经大学举办的"中国改革开放 40 周年的经济哲学反思"研讨会暨"全国经济哲学研究会 2018 年会"上，经常务理事会酝酿表决，产生了第二届顾问、会长、秘书长、副会长、副秘书长等名单，并上报"中国马克思主义哲学史学会"。

全国经济哲学研究会第二届顾问名单

序号	姓名	单位、职务/职称
1	李景源	中国社会科学院学部委员、中央政治局集体学习主讲人、中国社会科学院哲学研究所原所长、研究员、博士生导师
2	陈先达	中国人民大学哲学系教授、博士生导师
3	逄锦聚	南开大学原副校长，教育部高等学校经济学学科教学指导委员会主任委员，教育部社会科学委员会委员，全国高校教学评估专家委员会副主任、经济学教授、博士生导师
4	许全兴	国务院哲学学科评议组成员、中央党校原研究生院院长、教授、博士生导师
5	唐凯麟	湖南师范大学教授、博士生导师，国务院学位委员会哲学学科评议组成员
6	程恩富	中国社会科学院马克思主义研究院原院长、教授、博士生导师
7	余源培	上海市政协常委、民进市委学习委员会主任，复旦大学哲学学院教授、博士生导师
8	马钦荣	上海财经大学原党委书记、教授、博士生导师
9	陈学明	复旦大学哲学学院教授、博士生导师

全国经济哲学研究会第二届会长、秘书长名单

职务	姓名	单位、职务/职称
会长	张雄	上海财经大学人文学院院长、教授、博士生导师
秘书长	范宝舟	上海财经大学人文学院院长、教授、博士生导师

全国经济哲学研究会第二届副会长名单

序号	姓名	单位、职务/职称
1	魏小萍	中国社会科学院哲学研究所研究员、博士生导师
2	鲁品越	上海财经大学现代经济哲学研究中心主任、教授、博士生导师
3	卜祥记	上海财经大学人文学院哲学系常务副主任、教授、博士生导师
4	刘可风	中南财经政法大学副校长、教授、博士生导师
5	韩庆祥	中共中央党校研究生院院长、教授、博士生导师
6	王小锡	南京师范大学公共管理学院院长、教授、博士生导师,南京师范大学马克思主义研究院院长;中央马克思主义理论研究和建设工程重大项目首席专家
7	陈少峰	北京大学文化产业研究院副院长,北京大学哲学系教授、博士生导师
8	李维森	复旦大学经济学院教授、博士生导师
9	段忠桥	中国人民大学教授、博士生导师
10	唐正东	南京大学哲学系主任、教授、博士生导师
11	宫敬才	河北大学哲学系教授、博士生导师
12	邹诗鹏	复旦大学哲学学院教授、博士生导师
13	徐大建	上海财经大学人文学院哲学系主任、教授、博士生导师
14	陈 忠	上海财经大学人文学院院长、教授、博士生导师
15	马 涛	复旦大学经济学院教授、博士生导师
16	何 萍	武汉大学马克思主义学院教授、博士生导师
17	朱成全	东北财经大学马克思主义学院院长、教授、博士生导师

全国经济哲学研究会第二届副秘书长名单

序号	姓名	单位、职务/职称
1	郭忠义	辽宁大学法学院教授、博士生导师
2	龚天平	中南财经政法大学哲学学院教授、博士生导师
3	马拥军	复旦大学马克思主义学院教授、博士生导师
4	郝 云	上海财经大学马克思主义学院党委书记、教授、博士生导师
5	夏国军	上海财经大学人文学院教授、博士生导师
6	刘荣军	华侨大学哲学院教授
7	毛勒堂	上海师范大学哲学院教授、博士生导师
8	申唯正	浙江师范大学马克思主义学院
9	王善平	

全国经济哲学研究会办公室主任名单

序号	姓名	单位、职务/职称
1	夏国军	上海财经大学人文学院教授、博士生导师
2	康 翟	上海财经大学人文学院讲师

全国经济哲学研究会第二届常务理事名单

序号	姓名	单位、职务/职称
1	张 雄	上海财经大学人文学院院长、教授、博士生导师
2	魏小萍	中国社会科学院哲学研究所研究员、博士生导师
3	鲁品越	上海财经大学马克思主义学院教授、博士生导师
4	刘可风	中南财经政法大学副校长、教授、博士生导师
5	韩庆祥	中共中央党校研究生院院长、教授、博士生导师
6	王小锡	南京师范大学公共管理学院院长、教授、博士生导师,南京师范大学马克思主义研究院院长;中央马克思主义理论研究和建设工程重大项目首席专家
7	陈少峰	北京大学文化产业研究院副院长,北京大学哲学系教授、博士生导师
8	李维森	复旦大学经济学院教授、博士生导师
9	段忠桥	中国人民大学教授、博士生导师
10	唐正东	南京大学哲学系主任、教授、博士生导师
11	宫敬才	河北大学哲学系教授、博士生导师
12	邹诗鹏	复旦大学哲学学院教授、博士生导师
13	徐大建	上海财经大学人文学院哲学系主任、教授、博士生导师
14	卜祥记	上海财经大学人文学院哲学系常务副主任、教授、博士生导师
15	范宝舟	上海财经大学人文学院党委书记、教授、博士生导师
16	陈 忠	上海财经大学人文学院院长、教授、博士生导师
17	朱成全	东北财经大学马克思主义学院院长、教授、博士生导师
18	马 涛	复旦大学经济学院教授、博士生导师
19	郭忠义	辽宁大学法学院教授、博士生导师
20	龚天平	中南财经政法大学哲学学院教授、博士生导师
21	马拥军	上海财经大学马克思主义理论教学学科研部教授、博士生导师
22	郝 云	上海财经大学人文学院副院长、副教授、博士生导师
23	夏国军	上海财经大学人文学院教授、博士生导师
24	刘荣军	华侨大学哲学院教授
25	毛勒堂	上海师范大学哲学院教授、博士生导师
26	申唯正	浙江师范大学教师
27	康 翟	上海财经大学人文学院讲师
28	曾祥云	南京政治学院上海分院基础部主任
29	何关银	重庆行政学院哲学教研部、中共重庆市委党校
30	马 艳	上海财经大学经济学院教授
31	张晖明	复旦大学经济学院教授
32	车玉玲	苏州大学政治与公共管理学院
33	段 钢	上海社科院《社会科学报》副总编辑
34	陆晓禾	上海社会科学院哲学研究所
35	罗晓梅	中共重庆市委党校副校长、重庆行政学院副院长

续表

序号	姓名	单位、职务/职称
36	吕世荣	河南大学哲学与公共学院
37	朱书刚	中南财经政法大学马克思主义学院副院长
38	冯秀军	中央财经大学马克思主义学院
39	张　彦	上海财经大学人文学院
40	徐德忠	369会网董事长
41	刘友忠	安庆师范学院副校长、高级政工师
42	龙静云	华中师范大学教授
43	汪先平	安徽财经大学马克思主义研究中心
44	杨海洋	西南财经大学人文学院院长
45	唐晓勇	西南财经大学马克思主义学院院长
46	李会明	中国现代国际关系研究院
47	李淑梅	南开大学马克思主义学院教授
48	肖安宝	广西大学马克思主义副院长、教授
49	张雪魁	上海社会科学院研究员
50	陆雪飞	江南大学马克思主义学院副教授
51	张　斌	安徽财经大学马克思主义学院副院长
52	何华征	遵义师范学院马克思主义学院教授
53	耿步健	南京财经大学马克思主义学院党委书记
54	韩美群	中南财经大学马克思主义学院副院长

相关研究机构概况

1. 同济大学马克思主义学院市场经济研究所

市场经济研究所前身为经济研究所，成立于 2008 年，承担政治经济学和劳动经济学两个学科的建设和研究生培养的任务，2013 年更名为市场经济研究所，所长龚晓莺教授。

市场经济研究所着重研究社会主义市场经济的基本理论与现实实践问题，包括所有制调整和经济体制改革、宏观调控和政策实施、金融体制改革、城乡居民收入分配、劳动关系和市场建设发展等重大理论问题和实际问题。市场经济研究所还与浙江省义乌市场发展中心合作建立了同济大学义乌市场研究基地，直接介入区域经济的实证和实践研究，以推动地方经济发展。

2. 同济大学马克思主义学院循环经济研究所

循环经济研究所成立于 2014 年，所长为杜欢政教授。循环经济研究所主要承担资源、环境经济学方向的学科建设，研究可持续发展、生态环保等问题，其中特别是城市矿产和循环经济问题。具体研究内容包括：在浙江省开展资源产出率理论研究，在永康市开展实证探索；围绕有机废弃物中的农业畜禽养殖废弃物、病死猪和农业废弃物（秸秆）三类有机废弃物中重点类别，选择海盐、杭州、广州三个城市开展深入持久的理论研究和示范工程建设；与杭州富伦集团、利乐公司合作，开展低值包装废弃物回收体系建设和生产者责任延伸制度（EPR）中社会责任分担的理论研究和实证探索等。在推动国家和地方政府关于循环经济政策决策方面，起到了积极作用。循环经济研究所还联合建设马克思主义实践教学基地展开研究工作。实践教学基地包括大周镇循环经济教育示范基地、杭州天子岭循环经济教育示范基地、海盐中小城市有机废弃物协同处理教育基地等。

3. 上海师范大学经济哲学研究中心

　　为推动和促进经济哲学研究，开展经济哲学学术交流，培养经济哲学研究人才，2014 年 12 月设立上海师范大学经济哲学研究中心，中心主任为毛勒堂教授。该中心承担马克思主义经济哲学的教学和研究以及经济哲学研究方向的研究生培养工作。近年来，该中心着重开展关于经济正义、资本逻辑批判、劳动哲学等课题的研究。

人才培养

单位	序号	姓名	专业	导师	博士论文题目	答辩年份
上海财经大学人文学院	1	邓安琪	马克思主义哲学	卜祥记	唯物史观视域中的齐泽克拜物教理论研究	2019
	2	董志芯	马克思主义哲学	范宝舟	金融化与经济空间再生产	2019
	3	姚黎明	马克思主义哲学	鲁品越	话语权及其社会构建	2019
	4	刘红梅	马克思主义哲学	李笑野	唯物史观视域中的中西方家庭文化对比研究	2019
	5	李 晓	经济哲学	张 雄	论虚拟经济对实体经济的作用	2019
	6	张亚军	经济哲学	夏国军	人类命运共同体的经济哲学解读	2019
	7	高晓丽	马克思主义哲学	张 雄	马克思与西美尔货币哲学思想比较研究	2018
	8	王嘉曦	马克思主义哲学	范宝舟	金融化生活世界中的财富幻象问题研究	2018
	9	赵得生	马克思主义哲学	卜祥记	对有机马克思主义思想的批评性研究	2019
	10	赵 蔚	马克思主义哲学	范宝舟	马克思文化哲学思想及其现实意义研究	2019
	11	赵 彤	经济哲学	张 雄	关于股市"野蛮人现象"的经济哲学反思	2018
	12	平成涛	马克思主义哲学	张 雄	现代性反思:从康德、黑格尔到马克思	2018
	13	赵建芬	马克思主义哲学	范宝舟	诚信思想的历史哲学溯源及现代转化	2020
	14	宁殿霞	马克思主义哲学	张 雄	生存世界金融化的哲学批判	2017
	15	王卫华	马克思主义哲学	范宝舟	马克思资本批判理论的人学价值意蕴研究	2017
	16	张以哲	马克思主义哲学	张 雄	走向政治经济学批判:马克思早期哲学思想转变探析	2017

续表

单位	序号	姓名	专业	导师	博士论文题目	答辩年份
上海财经大学人文学院	17	桑朝阳	经济哲学	徐大建	马克思货币思想发展内在逻辑的文本解读	2019
	18	申唯正	经济哲学	张　雄	21世纪：金融理性与政治理性的冲突	2017
	19	陈红梅	马克思主义哲学	张　雄	马克思法哲学思想要义探析	2019
	20	罗山鸿	马克思主义哲学	范宝舟	大数据时代人的主体性悖论研究	2017
	21	游　跃	马克思主义哲学	马拥军	黑格尔法哲学批判在马克思唯物史观形成中的地位	2019
	22	奚　隽	马克思主义哲学	鲁品越	公共风险与社会安全的哲学透视	2019
	23	张柏川	经济哲学	张　雄	互联网金融的哲学思辨	2019
	24	郭娆锋	经济哲学	徐大建	欧洲主权债务危机与资本主义的基本矛盾	2016
	25	程建家	马克思主义哲学	马钦荣	马克思的财富现象批判及其当代意义	2015
	26	张朋光	马克思主义哲学	马拥军	资本之镜——生活世界的资本化及其批判	2015
	27	张　璇	马克思主义哲学	鲁品越	西方生态哲学思潮论争及其出路——立足于唯物史观的哲学透视	2017
	28	赵海瑞	马克思主义哲学	张　雄	马克思现代批判五个纬度及当代启示	2015
	29	郑柏茹	马克思主义哲学	张　雄	21世纪金融化生存世界的哲学解读	2016
	30	周露平	马克思主义哲学	卜祥记	《资本论》与唯物史观——《资本论》的哲学意义探析	2015
	31	周　巧	马克思主义哲学	卜祥记	阿马蒂亚·森正义思想研究	2018
	32	马玉林	经济哲学	徐大建	哈耶克文化进化论研究	2015
	33	任瑞敏	经济哲学	张　雄	经济学数学化发展的哲学分析	2015
	34	孙　强	经济哲学	张　雄	改革开放以来中国货币政策有效性分析	2017
	35	高石磊	马克思主义哲学	张　雄	马克思的"公共性"范畴哲学探析	2014
	36	何华征	马克思主义哲学	马钦荣	新媒体时代人的生存问题的现代性解读	2014
	37	杨　俊	马克思主义哲学	范宝舟	经济权力生成论——基于唯物史观的思考	2014
	38	元晋秋	马克思主义哲学	鲁品越	《资本论》的人学思想研究	2014
	39	张玉琳	马克思主义哲学	卜祥记	改革开放以来中国社会阶层结构变迁与财富观的分化、冲突和重建	2016
	40	张志伟	马克思主义哲学	马拥军	无神论信仰的历史唯物主义诠释	2014
	41	单许昌	经济哲学	徐大建	空间经济生成的动力机制及其结构研究	2014

单位	序号	姓名	专业	导师	博士论文题目	答辩年份
上海财经大学人文学院	42	李成彬	经济哲学	张雄	创意型城市的经济哲学研究	2015
	43	冯丽洁	马克思主义哲学	马钦荣	马克思的财富观研究	2013
	44	黄顺君	马克思主义哲学	卜祥记	实践本体论视域中的社会资本研究	2013
	45	马玉阶	马克思主义哲学	马拥军	世界历史理论视野中的新国际主义	2013
	46	王玉	马克思主义哲学	鲁品越	当代中国市场失范的哲学分析	2013
	47	张斌	马克思主义哲学	张雄	经济性范畴的哲学分析	2013
	48	胡滨	经济哲学	徐大建	中国快速城市化社会风险研究	2013
	49	左勇华	经济哲学	张雄	企业博弈的演进和策略分析	2013
	50	关春华	马克思主义哲学	卜祥记	资本主义起源的经济哲学追问	2012
	51	李华	马克思主义哲学	卜祥记	"有之思"的唯物史观评析	2013
	52	沈广明	马克思主义哲学	张雄	马克思货币学说研究	2013
	53	王珊	马克思主义哲学	鲁品越	虚拟经济时代的资本逻辑及其精神现象	2013
	54	杨娟	马克思主义哲学	张雄	作为反思对象的财富范畴及其"幻象"透析	2013
	55	刘珍英	马克思主义哲学	马钦荣	辩证逻辑：资本批判的利器	2013
	56	冉思伟	马克思主义哲学	马钦荣	空间深层生成论探析	2013
	57	贺巍	经济哲学	张雄	互联网时代下的消费方式研究	2012
	58	李秀辉	经济哲学	张雄	市场泡沫状态的哲学解读	2012
	59	娄波	经济哲学	徐大建	企业社会责任治理：国际标准与本土创新	2016
	60	潘维军	经济哲学	徐大建	技术变革的偏向性与经济增长	2012
	61	罗萍	马克思主义哲学	卜祥记	马克思早期"社会观"的经济哲学分析	2011
	62	裴江滨	马克思主义哲学	鲁品越	蚁族：在历史的转折点上	2011
	63	沈斐	马克思主义哲学	张雄	资本的内在否定性探究	2011
	64	颜景高	马克思主义哲学	张雄	历史转折的文化动因探析	2011
	65	杨彤丹	马克思主义哲学	张彦	公共健康法哲学初探——基于公共健康视阈的权力与权利分析	2012
	66	张劲松	马克思主义哲学	马钦荣	社会批判理论的后现代转向——基于鲍德里亚理论的一种阐述	2011
	67	桂徽	马克思主义哲学	鲁品越	中国当代社会主义市场经济秩序生成机制研究——资本力量与文化基因的互动	2010

续表

单位	序号	姓名	专业	导师	博士论文题目	答辩年份
上海财经大学人文学院	68	李文菊	马克思主义哲学	鲁品越	继承与超越——对中国特色社会主义的哲学探寻	2010
	69	孙丽娟	马克思主义哲学	卜祥记	奥康纳"生态学马克思主义"思想研究	2010
	70	张　卓	马克思主义哲学	张　雄	虚拟经济范畴解读	2010
	71	赵明强	马克思主义哲学	鲁品越	物权的生成及其本质的哲学探究	2013
	72	郑小霞	马克思主义哲学	张　雄	马克思经济哲学视阈中的现代性批判	2010
	73	黄　河	马克思主义哲学	马钦荣	消费主体发展论——一种消费力的视角	2010
	74	曹东勃	经济哲学	张　雄	中国老年产业开发的经济哲学思考	2010
	75	董方堃	经济哲学	张　雄	养老保障制度中的政府责任研究	2010
	76	王劲松	经济哲学	鲁品越	经济学三大范式的思想溯源与逻辑建构	2010
	77	李卫东	马克思主义哲学		文物艺术品拍卖的哲学思考	2012
	78	秦菊波	马克思主义哲学		马克思主义视域下阿伦特公共性思想研究	2010
	79	邱　丽	马克思主义哲学		中国公民社会培育与和谐社会构建	
	80	陈　伟	马克思主义哲学		变革时代的国家观念——邓小平政治哲学思想发展及其研究	
	81	张家喜	马克思主义哲学		财富创造论	
	82	王博识	马克思主义哲学		马克思主义哲学与中国传统文化关系研究	
	83	詹宏伟	马克思主义哲学		中国改革与个人主体的生成和发展	
	84	余成跃	马克思主义哲学		转型期我国社会公正问题探究	2011
	85	速继明	经济哲学		资本与技术:现代性批判的双重视域——马克思与海德格尔的历史哲学解读	
	86	鲍伶俐	经济哲学		资本逻辑与经济空间生成及扩张机制	2010
	87	石　弘	马克思主义哲学		论马克思的跨越发展思想	
	88	肖安宝	马克思主义哲学		资源哲学刍议——资源效率的制度分析	
	89	熊振均	马克思主义哲学		农村公社与东方社会结构	
	90	郭　蓉	经济哲学		经济决定论的反思	
	91	季小江	经济哲学		当代中国企业家精神现象研究	

续表

单位	序号	姓名	专业	导师	博士论文题目	答辩年份
上海财经大学人文学院	92	陈荒明	经济哲学		行政编制效用分析及对策——兼论行政编制不确定性	
	93	张雪魁	经济哲学	徐大建	知识、不确定性与经济理论	
	94	任重道	经济哲学		正义与发展：罗尔斯与森的比较研究	
	95	左克红	马克思主义哲学		中国"乡村建设"思潮和实践的哲学评析	
	96	窦莉梅	经济哲学	张 雄	拍卖市场拍品价格形成的经济哲学分析——兼谈构建中国拍卖业市场拍品价格形成的规范化对策	
	97	姚震宇	经济哲学		理性、权力与经济繁荣——奥尔森经济增长思想研究	
单位	序号	姓名	专业	导师	博士论文题目	答辩年份
南京大学哲学系	1	张 亮	马克思主义哲学	张异宾	阿多诺："崩溃的逻辑"的历史建构	2001
	2	袁久红	马克思主义哲学	张异宾	正义与历史实践——当代自由主义正义理论批判	2001
	3	郝清杰	马克思主义哲学	侯惠勤	功利主义的张扬与超越——马克思视野中的功利观	2001
	4	王 岩	马克思主义哲学	林德宏	社会主义市场经济视域中的集体主义研究——整合·超越：实用主义价值取向与中国传统价值观	2002
	5	李志祥	马克思主义哲学	张异宾	人与社会——西方马克思主义社会批判理论浅析	2002
	6	仰海峰	马克思主义哲学	张异宾	符号之境——早期鲍德里亚思想的文本学解读	2002
	7	庞晓明	马克思主义哲学	张异宾	认识与结构—阿尔都塞认识论研究	2002
	8	刘怀玉	马克思主义哲学	张异宾	现代日常生活批判道路的开拓与探索——列斐伏尔哲学思想研究	2003
	9	王昭凤	马克思主义哲学	张异宾	德波的景观概念	2004
	10	何怀远	马克思主义哲学	张异宾	发展的科学视域——"生产主义"批判与超越	2004
	11	李 宁	马克思主义哲学	张异宾	技术现代性的悖反逻辑——鲍德里亚的媒介批判理论	2004
	12	杨渝玲	马克思主义哲学	张建军	经济学、科学与情境——当代西方经济学方法论争论的哲学审视	2004
	13	杨思基	马克思主义哲学	张异宾	拨开"物象化"的迷雾	2004
	14	程文晋	马克思主义哲学	刘林元	社会主义市场经济精神论——中国经济改革实践的理性思考	2004
	15	李燕萍	马克思主义哲学	侯惠勤	财产权、宪政和社会正义	2005

单位	序号	姓名	专业	导师	博士论文题目	答辩年份
南京大学哲学系	16	姜喜咏	马克思主义哲学	侯惠勤	马克思哲学视野中的所有制思想研究	2005
	17	阎秀荣	马克思主义哲学	张异宾	黑格尔到马克思——问题域与方法的嬗变	2006
	18	颜　岩	马克思主义哲学	张异宾	批判的社会理论及其当代重建——凯尔纳晚期马克思主义思想研究	2006
	19	杨汇智	马克思主义哲学	姚润皋	经济转型期的制度变迁与人的发展	2006
	20	张金鹏	马克思主义哲学	张异宾	信息方式:后现代语境中的批判理论——波斯特信息方式理论的文本学解读	2006
	21	刘力永	马克思主义哲学	张异宾	资本主义国家与社会主义的政治战略——普兰查斯思想研究	2007
	22	汤建龙	马克思主义哲学	张异宾	自由解放的乌托邦——安德瑞·高兹哲学思想解读	2007
	23	王秋梅	马克思主义哲学	侯惠勤	新自由主义意识形态批判	2007
	24	李怀涛	马克思主义哲学	张异宾	马克思拜物教批判理论研究	2008
	25	李永红	马克思主义哲学	张异宾	西方学界关于马克思经济学价值原理争论的哲学批判	2008
	26	陈红桂	马克思主义哲学	张异宾	策略－关系与资本主义国家——雅索普政治理论的方法及其应用研究	2008
	27	周嘉昕	马克思主义哲学	张异宾	马克思的生产方式概念	2009
	28	孙乐强	马克思主义哲学	唐正东	马克思再生产理论研究	2010
	29	宋晓杰	马克思主义哲学	唐正东	政治主体性、绝对内在性与革命政治学——奈格里政治本体论研究	2011
	30	孙登峰	马克思主义哲学	胡大平	西方马克思主义之晚期资本主义研究引论	2011
	31	付清松	马克思主义哲学	胡大平	不平衡地理发展与解放政治的希望空间——基于资本界限与幸存的叙事	2011
	32	刘　钊	马克思主义哲学	唐正东	李嘉图经济学理论与马克思哲学思想的发展	2012
	33	林　密	马克思主义哲学	胡大平	意识形态、日常生活与空间——西方马克思主义的社会再生产理论研究	2012
	34	黄徐平	马克思主义哲学	张异宾	马克思哲学的"社会"概念	2012
	35	翁寒冰	马克思主义哲学	唐正东	马克思对黑格尔的五次批判——一种反思性的学术解读	2013

续表

单位	序号	姓名	专业	导师	博士论文题目	答辩年份
南京大学哲学系	36	陈硕	马克思主义哲学	刘怀玉	历史唯物主义的批判与重建——萨特实践辩证法再解读	2013
	37	牛俊伟	马克思主义哲学	刘怀玉	城市中的问题与问题中的城市——卡斯特《城市问题》研究	2013
	38	赵涛	马克思主义哲学	张异宾	网络时代知识生产方式转型研究	2013
	39	郑如	马克思主义哲学	姚顺良	唯物史观的实证社会学诠释——库诺夫《马克思的历史、社会和国家学说》的文本解读	2013
	40	郭云峰	马克思主义哲学	唐正东	马克思的时间概念：一种历史性的解读	2014
	41	卓承芳	马克思主义哲学	刘怀玉	时空压缩状况下的后马克思主义技术社会批判——维希留速度政治哲学研究	2014
	42	丁瑞媛	马克思主义哲学	张异宾	平田清明的市民社会理论研究——以《市民社会与社会主义》的文本学解读为中心	2014
	43	杨乔喻	马克思主义哲学	张异宾	形式断裂中的逻辑延续：阿尔都塞与阿尔都塞主义研究	2015
	44	赵吕生	马克思主义哲学	唐正东	资本主义生产过程颠倒特性的形成及其批判——基于对马克思《资本论》及其手稿的解读	2015
	45	徐丹	马克思主义哲学	唐正东	尤尔的《工厂哲学》对马克思哲学发展的影响	2015
	46	游力	马克思主义哲学	张异宾	马克思主义与存在主义的一种联姻——铃木亨《劳动性实存》思想研究	2015
	47	吴琼	马克思主义哲学	刘怀玉	奢侈消费意识形态批判研究——以马克思反鲍德里亚	2016
	48	王巍	马克思主义哲学	刘怀玉	马克思历史辩证法视域中的共同体理论	2016
	49	陈中奇	马克思主义哲学	唐正东	马克思与费尔巴哈学术关系的历史原像	2016
	50	刘丽	马克思主义哲学	胡大平	思想史视域中的戴维·哈维的历史地理唯物主义理论研究	2016
	51	张义修	马克思主义哲学	张异宾	马克思"对象化"概念的演变	2016
	52	李乾坤	马克思主义哲学	张异宾	价值形式、国家衍生与批判理论：德国新马克思阅读运动研究	2017
	53	张杰	马克思主义哲学	唐正东	马克思权力批判思想研究	2017
	54	张福公	马克思主义哲学	张异宾	基于MEGA2的马克思工艺学笔记及其哲学效应研究	2018

单位	序号	姓名	专业	导师	博士论文题目	答辩年份
南京大学哲学系	55	刘冰菁	马克思主义哲学	张异宾	"景观社会"中的异轨与突围:居伊·德波的激进哲学研究	2018
	56	王勇	马克思主义哲学	刘怀玉	论德里达对马克思的解构主义化:从总体走向延异	2018
	57	孔智键	马克思主义理论	张亮	文化研究、政治性解读和社会本体论:新左派视野中的《大纲》	2018
	58	洪北顿	马克思主义理论	胡大平	劳动的空间分工与地方——多琳·梅西"后马克思主义"空间理论研究	2018

单位	序号	姓名	专业	导师	博士论文题目	答辩年份
同济大学马克思主义学院	1	甘梅霞	马克思主义基本原理	杨小勇	经济开放下的中国生产方式变迁及其对劳动收入份额的影响	2017
	2	赵云伟	马克思主义基本原理	杨小勇	社会主义市场经济条件下劳动正义问题研究	2014
	3	徐寅	马克思主义基本原理	杨小勇	社会主义市场经济条件下财政政策在供给侧结构性改革中的作用	2019
	4	陈健	马克思主义基本原理	龚晓莺	人类命运共同体思想研究——以"一带一路"实践为例	2019

单位	序号	姓名	专业	导师	博士论文题目	答辩年份
河北大学哲学系	1	黄云明	马克思主义哲学(经济哲学方向)	宫敬才	马克思劳动伦理思想的哲学研究	2015
中南财经政法大学哲学院	1	阮航	企业伦理学	刘可风	先秦儒家经济伦理基本理论问题研究	2008
	2	郭志文	企业伦理学	刘可风	中国企业社会责任行为驱动力研究	2014
	3	阳芳	企业伦理学	刘可风	企业薪酬分配公正研究	2009
	4	笪宁	企业伦理学	刘可风	当代中国中小企业竞争伦理研究	2014
	5	刘雪梅	企业伦理学	刘可风	企业文化核心竞争力研究	2008
	6	黄晓天	企业伦理学	刘可风	企业伦理视野中的企业裁员管理研究	2011
	7	侯振远	企业伦理学	刘可风	企业质量伦理研究	2014
	8	刘英为	企业伦理学	刘可风	企业伦理决策研究	2014
	9	刘建明	企业伦理学	刘可风	诚信品质视角下的中国企业信用建设研究	2018
	10	解丹琪	经济伦理学	刘可风	元代经济伦理思想研究	2017
	11	杨忠益	经济伦理学	刘可风	国企高层管理人员腐败问题的经济伦理研究	2016
	12	雷智	经济伦理学	刘可风	金融伦理对信托公司核心竞争力的影响研究	2019
	13	张翠	马克思主义哲学	刘可风	民主理论的批判与重建——哈贝马斯政治哲学思想研究	2009

续表

单位	序号	姓名	专业	导师	博士论文题目	答辩年份
中南财经政法大学哲学院	14	倪瑞华	马克思主义哲学	刘可风	英国生态学马克思主义哲学研究	2010
	15	龙正荣	马克思主义哲学	刘可风	马克思自然力理论研究	2016
	16	许慧	马克思主义哲学	刘可风	马克思的生活哲学研究	2018
	17	刘英	马克思主义哲学	王雨辰	论生态学马克思主义对历史唯物主义的辩护	2014
	18	巩在峰	马克思主义哲学	王雨辰	美国生态学马克思主义研究	2018
	19	何为芳	马克思主义哲学	龚天平	论环境正义	2014
	20	李海英	马克思主义哲学	龚天平	论产权正义	2015
	21	张军	马克思主义哲学	龚天平	城市发展的哲学批判	2017
	22	王泽芝	经济伦理学	龚天平	古典经济学道德观演化研究——从斯密、李嘉图到约翰·穆勒	2018
	23	蒋谨慎	马克思主义哲学	陈食霖	生态学马克思主义发展伦理思想研究	2018

单位	序号	姓名	专业	导师	博士论文题目	答辩年份
东北财经大学马克思主义学院	1	任小军	经济学方法论	朱成全	论经济学中的价值判断	2008
	2	崔绍忠	经济学方法论	朱成全	论女性主义经济学对新古典经济学的挑战和超越	2008
	3	江海燕	经济学方法论	朱成全	以公平看发展	2012
	4	汪毅霖	经济学方法论	朱成全	以自由作为发展的理论框架与实证方法	2010
	5	丁玉海	经济学方法论	朱成全	法经济学理性主义的逻辑与历史分析及其启发	2010
	6	陈俊杰	经济学方法论	朱成全	国际政治经济学范式论	2011
	7	孙博	经济学方法论	朱成全	国际贸易学:科学与人文的统一	2011
	8	刘丽艳	经济哲学	朱成全	计量经济学涵义及其性质研究	2012
	9	李立男	经济哲学	朱成全	经济美学研究	2012
	10	孙梁	经济学方法论	朱成全	制度语言学问题研究	2013
	11	罗影	经济哲学	朱成全	布坎南宪政经济学思想研究	2013
	12	汤薇	经济学方法论	朱成全	生态经济学在主体功能区中的应用研究	2013
	13	王智丽	经济哲学	朱成全	国际贸易学中的人本化问题研究	2014
	14	刘帅帅	经济学方法论	朱成全	德国历史学派经济思想研究	2018
	15	徐雅	经济学方法论	朱成全	马克思国际贸易思想研究	2019
	16	李东杨	经济哲学	朱成全	习近平分配正义观研究	2019

单位	序号	姓名	专业	导师	博士论文题目	答辩年份
上海师范大学哲学与法政学院	1	刘严宁	马克思主义哲学	毛勒堂	马克思的资本逻辑批判理论及其当代回响	2016
	2	李留义	马克思主义哲学	毛勒堂	现代性境域中的生态危机研究	2016

后 记

　　编写《中国经济哲学年鉴》的事情已经酝酿多年。随着国内经济哲学研究的不断深入、影响力不断提升和研究队伍日渐壮大，以"年鉴"的形式总结反映经济哲学的研究成果、学术动态和人才培养，聚焦学术热点，引领研究方向，已经成为一件亟待完成的工作。在"中国马克思主义哲学史学会经济哲学研究分会"会长张雄教授亲自策划下，《中国经济哲学年鉴（2019）》即将出版。本卷"年鉴"是按年度计划出版的《中国经济哲学年鉴》的第一卷，因此带有鲜明的回顾性和总结性特点。就本卷涉及内容的时间跨度看，它力图涵盖自改革开放以来的经济哲学研究；从栏目设置看，力图从总体上反映40余年来经济哲学的成长道路；就"特载"、"专文"和"学术纵横"、"探索历程"栏目内容的多样化表述方式看，也是试图通过经济哲学研究的倡导者、开创者和长期从事经济哲学研究的众多学者，以亲历者的身份讲述自己的经济哲学研究之路，总结多年来的学术心得，比较全面地反映国内经济哲学研究的成果。也正是由于这个考虑，《中国经济哲学年鉴（2019）》未能全面反映很多从事经济哲学研究的青年学者的学术成果。同时，由于时间紧迫和经验不足，许多长期从事经济哲学研究的学者的成果未能收入进来，这是非常遗憾的。在正在编写的《中国经济哲学年鉴（2020）》中，我们已经改变了栏目设置，扩大了选稿范围，以期全面反映国内经济哲学研究的理论进展。

　　在《中国经济哲学年鉴（2019）》即将出版之际，我们对中国社会科学院哲学研究所的前所长李景源先生和鉴传今研究员表示由衷的感谢。他们不仅见证了以上海财经大学学术团队为主体的经济哲学研究的发展历程，而且长期以来合作举办了一系列全国性学术研讨会。我们还要对《中国社会科学》杂志社的孙麾研究员、《哲学动态》的贾红莲研究员、《中国社会科学》杂志社的李潇潇副研究员等长期以来给予我们的大力支持表示特别感谢。

我们还要感谢"中国马克思主义哲学史学会"。在经济哲学发展急需再上一个台阶的关键时期，他们接纳并促成了"中国马克思主义哲学史学会经济哲学研究分会"的成立，为凝聚经济哲学研究队伍、打造经济哲学学术共同体提供了坚实的学术平台。同时，对于长期以来关心、呵护和支持经济哲学研究，热心参加2013年以前由上海财经大学人文学院主办的经济哲学会议、2013年以来由全国经济哲学研究会主办的系列年会的专家学者，对于鼎力支持《中国经济哲学年鉴（2019年）》编写工作的各兄弟单位和专家学者，表示衷心的感谢。在《中国经济哲学年鉴（2019年）》的编写过程中，上海财经大学人文学院的硕士研究生谢戎，一个人承担起与国内专家学者的联络和稿件汇总工作；在稿件的引文核对工作中，上海财经大学人文学院的博士生邓安琪、李娜、易美宇、邹丽琼，以及硕士生谢戎、李茜付出了艰辛的劳动。上海财经大学人文学院康翟老师依据夏国军教授保存整理的"中国马克思主义哲学史学会经济哲学研究分会"资料，提供了相关基础信息。在汇总各单位的学术动态、学术机构和人才培养等信息过程中，相关单位的特约编辑也付出了大量的时间与精力。作为反映全国经济哲学研究系列成果的《中国经济哲学评论》一直由社会科学文献出版社出版发行。在此一并表示感谢。

我们相信，有国内众多学术前辈的指引和帮助，有"中国马克思主义哲学史学会"的指导和关心，有大量专家学者的参与和支持，"中国马克思主义哲学史学会经济哲学研究分会"一定会有光明的发展前景，国内经济哲学研究一定会在打造学术共同体、创新中国哲学话语中，贡献更丰富的理论成果。

图书在版编目（CIP）数据

中国经济哲学年鉴. 2019 / 张雄主编. －－北京：
社会科学文献出版社，2020.12
ISBN 978 - 7 - 5201 - 7418 - 3

Ⅰ.①中… Ⅱ.①张… Ⅲ.①经济哲学 - 中国 -
2019 - 年鉴 Ⅳ.①F0

中国版本图书馆 CIP 数据核字（2020）第 190526 号

中国经济哲学年鉴（2019）

主　　编／张　雄
执行主编／卜祥记

出 版 人／谢寿光
责任编辑／周雪林

出　　版／社会科学文献出版社
　　　　　地址：北京市北三环中路甲 29 号院华龙大厦　邮编：100029
　　　　　网址：www.ssap.com.cn
发　　行／市场营销中心（010）59367081　59367083
印　　装／三河市东方印刷有限公司

规　　格／开本：787mm × 1092mm　1/16
　　　　　印 张：35.25　字 数：602 千字
版　　次／2020 年 12 月第 1 版　2020 年 12 月第 1 次印刷
书　　号／ISBN 978 - 7 - 5201 - 7418 - 3
定　　价／128.00 元

本书如有印装质量问题，请与读者服务中心（010 - 59367028）联系